Analisi tecnologica e funzionale dell'industria in pietra non scheggiata del Neolitico medio dell'Italia settentrionale

Tre casi studio dell'area veneta

Anna Lunardi

BAR International Series 2864

2017

Published in 2017 by
BAR Publishing, Oxford

BAR International Series 2864

Analisi tecnologica e funzionale dell'industria in pietra non scheggiata del Neolitico medio dell'Italia settentrionale

ISBN 978 1 4073 1602 4

Printed in England

BAR
PUBLISHING

BAR titles are available from:

BAR Publishing
122 Banbury Rd, Oxford, OX2 7BP, UK
EMAIL info@barpublishing.com
PHONE +44 (0)1865 310431
FAX +44 (0)1865 316916
www.barpublishing.com

Alla mia famiglia:
Fabio, Virginia e Lorenzo

Ringraziamenti

Numerose persone mi hanno supportata, sostenuta e incoraggiata durante il faticoso e impegnativo cammino che mi ha permesso di portare a termine questo lavoro.

In primo luogo, intendo porgere i miei più sinceri ringraziamenti ai due referenti di questa ricerca: la Professoressa Annamaria Ronchitelli (Università degli Studi di Siena) per aver accettato di coordinare la mia Tesi di Dottorato e per aver sempre dimostrato nei miei confronti la più cordiale, premurosa e generosa disponibilità a livello scientifico e umano; il Professor Paolo Biagi (Università Ca' Foscari di Venezia) per il rigoroso e paziente supporto scientifico, la scrupolosa revisione critica dei testi e il costante aggiornamento bibliografico.

Desidero ringraziare la Dottoressa Alessandra Aspes (già Direttore del Museo Civico di Storia Naturale di Verona), la Dottoressa Elodia Bianchin Citton (già Direttore della Soprintendenza per i Beni Archeologi del Veneto), il Professor Alberto Broglio (Università degli Studi di Ferrara) e il Professor Lawrence H. Barfield († University of Birmingham) per aver consentito lo studio dei materiali archeologici presi in esame in questa ricerca.

Un sentito grazie, inoltre, al Dottor Antonio Dal Lago (Museo Naturalistico Archeologico di Vicenza) per aver agevolato l'accesso ai materiali di Fimon Molino Casarotto e per il supporto prestato; grazie alla Dottoressa Laura Longo (già Conservatore della Sezione di Preistoria del Museo Civico di Storia Naturale di Verona, Nanyang Technological University of Singapore), alle Dottoresse Nicoletta Martinelli e Anna Vaccari (Museo Civico di Storia Naturale di Verona) per aver agevolato l'accesso ai materiali di Quinzano Veronese e Rivoli Monte Rocca e per la disponibilità che mi hanno sempre dimostrato.

Ringrazio il Dottor Vittorio Rioda (Istituto Italiano di Paleontologia Umana di Roma) e il Professor Giampaolo De Vecchi (Università degli Studi di Padova) per il prezioso esame di determinazione delle materie prime effettuato rispettivamente sulle rocce veronesi (Quinzano Veronese e Rivoli Monte Rocca) e su quelle di Fimon Molino Casarotto; la determinazione petrografica delle HP metaofioliti è stata condotta dal Professor Claudio D'Amico (Università degli Studi di Bologna), a cui rinnovo i miei ringraziamenti.

Desidero esprimere sincera gratitudine alla Dottoressa Barbara A. Voytek (University of California, Berkeley) che ha curato, con disponibilità e sollecitudine, la traduzione in inglese dell'*abstract* e delle didascalie di questo lavoro.

Sono inoltre riconoscente al Signor Dino Delcaro (C.A.S.T. Centro di Archeologia Sperimentale di Torino), il quale mi ha introdotto all'entusiasmante mondo dell'archeologia sperimentale e mi ha supportato nella selezione e nella raccolta delle pietre verdi, e alla Dottoressa Elisabetta Starnini (Soprintendenza Archeologica della Liguria e Università degli Studi di Torino) per il supporto scientifico fornitomi.

Ringrazio per l'autorizzazione alla pubblicazione delle loro immagini: BAR Publishing, Gloder Alessandro, Istituto Italiano di Paleontologia Umana, Museo Civico di Storia Naturale di Verona e Rivista di Scienze Preistoriche.

Infine, sono riconoscente a Fabio per il suo costante e indulgente sostegno. Dedico questo lavoro ai miei amatissimi Virginia e Lorenzo che sono "nati e pazientemente cresciuti" durante questo studio.

Sommario/Table of contents

ABSTRACT

This work is based on the study of tools belonging to the general definition of "non-chipped stone" industries or macrolithic tools, a category often neglected by archaeologists who prefer other artifacts which have ample and concentrated scientific literature. Only in the last few years has the potential informative value become available due to the study of wear traces (so-called traceology) on the non-chipped tools, leading to profitable research in international circles and in Italy. The research presented here can be directly placed within that current wave.

The archaeological definition of a non-chipped stone assemblage includes tools for grinding (querns and handstones), tools for smoothing and polishing (abraders and burnishers/polishers), percussion tools (pestles, pecking stones, hammers), tools for cutting (axes, adzes, chisels), multifunctional tools (pounder-polishers and anvils), as well as objects that, in first analysis, do not appear to be true and proper tools.

The geological-chronological environment of the study corresponds to the development and diffusion of the Square Mouthed Pottery (SMP) culture in the territory of central western Veneto during the entire sixth millennium BP. This phase coincides with the consolidation of the production economy and Neolithic technology that expressed itself in a homogenous cultural-ideological *koine* that united a large part of northern Italy. From an archaeological point-of-view such cohesion emerges from sharing stylistic and symbolic aspects that are recognizable in the ceramic morphologies, in decorative techniques and styles, in funerary rituals, as well as in the production of female figurines and pintaderas. The study of the non-chipped stone tools showed that they also played a fundamentally unifying role, especially in the case of the grinding tools which were basic to the sustenance of the Neolithic community. This was also true for the polished stone cutting tools that were used to clear the forests and that became distinctive for some individuals as symbols of social prestige even after death. Against this consolidation, the different choices of settlement and of economic activity, above all, gave the SMP culture a dynamism and vitality that helped it to establish itself in a large heterogeneous territory, adapting to locally available resources as well as resisting external pressures for a long time.

Within this research a total of 176 macrolithic tools were examined from three sites which cover the complete chronological development of the SMP culture. The oldest site is Quinzano, located at the foot of the Lessini Mountains (Verona) which, based on the ceramics and lithics, belongs to the archaic SMP1 phase. This phase marks the limit between the early Neolithic Fiorano culture and the beginning of the SMP culture. The site appeared in a clay quarry that was worked during the first half of the Twentieth century and the archaeological materials were collected mainly by workers assigned to the extraction of the clay. During the Neolithic a probable open-air site and cemetery had been there. The latter contained at least 13 burials which had characteristics typical of the SMP funerary rites: the bodies were deposited on their sides, in a crouched position within a circular ditch. Some were accompanied by grave goods including axe blades.

The site of Fimon Molino Casarotto arose probably near the old bank of the lake of the same name (near Vicenza). The carbon 14 dates fall within the two centuries preceding the middle of the sixth millennium BP. The characteristic morphology and decoration of the ceramics place the site in the mature SMP1 phase. The excavations revealed three houses which had been wooden structures resting on wooden palettes that were fixed in the lacustrine mud. In the center of each house was a large fireplace that had been reconstructed several times. It appears that each occupation resulted in a large accumulation of refuse formed by the shells of mollusks, vegetation remains, bones, as well as fragments of lithics and ceramics. The local economy was based principally on collecting local resources (lake shellfish, water chestnuts, fish, tortoise, deer, wild boar). Less importance was assigned to food-production (rare examples of caryopses belonging to the genus *triticum* and scarce bones of ox and sheep/goat). The site of Fimon is interpreted as a seasonal site, mainly occupied in the summer for hunting, and connected to a main site that has not yet been identified.

Rivoli is situated on Mount Rocca, a small calcareous relief found in the Adige river (Verona). The neolithic site has three habitation levels: the oldest is least documented and belongs to the phase SMPII, while the most recent belongs to the phase SMPIII. The excavations revealed different types of structures: rock alignments with an oblique ditch, cobbled paving, holes with straw, and numerous pits of different dimensions. There were also remains of plaster that might have been decorated. The local economy was based mainly on raising of pig and sheep/goat favored by the nearby presence of pasture and slopes adaptable to herds. The role of hunting slightly increased (red deer, roe deer, chamois). The increase in percentages of deer and the parallel decrease of oxen between the two SMPIII phases as well as the lack of agricultural land suggests a semi-nomadic lifeway which is typical of other coeval SMP sites. Other elements common to different sites of the SMPII and SMPIII phases are the high-altitude location which favors defense in case of attack and permits the control of communication routes and transportation of goods. In the case of Rivoli one can think of the export to the north of the high-quality flint from Baldo and the Lessini mountains. These deposits can be worked with daily expeditions from the site. One may also consider the cultural import/influx of North Alpine metal and ceramic goods.

This research had a principal objective: make use of the study of the non-chipped stone tools to contribute to the analyses of the economic and cultural system in a way that can be correlated with the techno-functional and social transformation that was driven by the formation of a productive economy. From the SMP sites examined the non-chipped stone tools were the object of an analysis that allowed the retrieval of interesting data on methods of collecting raw materials, the techniques of manufacture, the kinematics of use, and the functions to which were added the different types of management (reuse, multiple uses, maintenance operations on used surfaces). The research was possible due to a methodology based on an integrated approach that involved aspects of morphology, technology, function and experiment.

From the point of view of the technological analyses, it is possible to reconstruct the exploitation of different rock sources as is known from numerous archaeological and ethnographic contexts. In the study area this variability of raw materials depends both on the geological location of the sites examined in alluvial soil as well as on the circulation of allocthonous raw materials. The technological study is based on the following points: a) identification of the rock and the its provision area and b) reconstruction of the noted operational chain (*chaîne opératoire*). The applied methodologies combined macroscopic and microscopic examination of the rocks, facts concerning the territory, and petrographic analysis of several samples. Concerning the provenience, there are three distinct groups of rocks: local, regional and allocthonous. The first two groups comprise mainly porphyries, serpentinites, calcareous rocks, sandstones and basalts, found in an area whose precise distance is not always calculable given the alluvial nature of the land. The third group is made up of the HP-metaophiolites (above all eclogites and jades) or green stones in the archaeological jargon. These rocks in general are very hard and are found in the zone of Liguria-Piedmont where they are present both in primary outcrops at high altitudes as well as in secondary deposits in the valley. Both these sources could have been exploited during the Neolithic to supply the precious green stone to northern Italy and a great part of continental Europe. The circulation probably involved roughout preforms and the possible source for the sites examined was the workshop of Rivanazzano (Pavia). About half of the tools had been preliminarily worked in ways that varied depending on the type of tool and the time of manufacture (flaking, pecking, polishing, hammering, resharpening and rejuvenating).

The study of function (or functional study) consists of the analyses of wear traces created on the surfaces of the tools following contact with another surface which causes mechanical and chemical alterations. This functional study is conditioned by several characteristics of the non-chipped stone industry: the large dimensions of some tools, the long time needed for manufacture and use of the experimental tools, the tendency toward polyfunctional use and for reuse of some pieces, and, finally, the need to restore functionality of the used surface. The fundamental presupposition for the description of the use-wear traces is the observation of the characteristics of the rock on unused places. The use-wear traces were observed both at a macroscopic and microscopic level at low and medium magnifications (in general <50X) and often involved various "levels" of the lithic surfaces, defined as "elevated or high topography" and "gentle or low topography." The principal types of use-wear traces observed on the pieces are the following: striations; levelling or homogeneous zones; percussion impacts; polish or sheen; and wear of the crystals or grains within the rock (loss of grains, abrasion of their peaks, hollows and grain extractions, grain edge rounding, fractures). The morphology of the wear traces depends upon the interaction of different parameters: type of raw material, the treated/worked substance, the kinetics of use and its length of time. The tracelogical analysis, furthermore, is based on comparisons of evidence derived from the experimental tools (the worked materials, kinetics of use, and time of use) and that of the archaeological pieces.

To support the techno-functional analyses, experimental reproductions of the non-chipped stone tools were made using raw materials analogous to those of the artifacts. The objective was to reproduce the entire operational chain (acquisition of the raw material, working the blank/preform, use of the tool, possible polyfunctional usage), applying both the archaeological data, namely the archaeobotanical/zoological remains and the cultural material, as well as ethnographic comparisons. The experimentation led to data not directly inferable from usual archaeological studies that are used to reconstruct the "know how" of ancient humans: examples include quantifiable data (amount of time for manufacture and for usage, the quantity of transformed material, the average length of use of an active surface); and qualitative data (gestures, efficacy of a tool, quality of the transformed material). The experimental reproduction involved different activities allied with the sphere of food-production and craft-production, applying different kinetic activities (used as stationary props or bases for hammering activities, used in active modes, and mixed forms of stationary and active usages). These activities had been the grinding and pulverizing; the polishing and smoothing; the pounding and chopping; the texturizing/pecking, flaking and hammering; works of wood carpentry (cutting, removal of bark, etc.). At regular intervals traceological analyses were done of the active surfaces of the experimental replicas. Thanks to the reworking of the results obtained, a techno-functional typology of the non-chipped stone tools could be created and an attempt made to reconstruct a varied picture of the strategic economic activities within a single Neolithic community.

The first group of objects are those tools used in "*percussion posée*" (Leroi Gourhan, 1971): these are tools for grinding that include querns and handstones and tools for polishing and smoothing that include whetstones and polishers. A second group of objects are the tools used in "*percussion lancée*" (Leroi Gourhan, 1971): these tools include pestles, hammers and pecking stones, and polished stone cutting tools such as axes, adzes, and chisels. Finally, there are the tools that were used in mixed modes, "*percussion lancéee et posée*" (Leroi Gourhan, 1971): they include so-called pestles-polishers and bases for working/manufacture.

Concerning the methods of provision and of manufacture of rocks used for the artifacts, one can compare a variety of behaviors dictated by the nature of the raw material and by the type of tool. Rocks available in the local detrital alluvial deposits, somewhat different from site to site (prophyry, sandstone, limestone, serpentinite, flint, etc.), were exploited with particular attention paid to the characteristic morphology and size of the source rock to produce all types of instruments (querns, handstones, abraders, polishers, pecking stones, pounder-polishers) not including axes in polished stone. For these, with the sole exception of a fragment produced with local rock, there was exclusive use of greenstone (ecologite and jade) coming from a geographic area of the Western Alps.

Within the complex one notes homogeneous technological treatment in all the sites for the same types of instruments. The pieces made of cobbles and blocks of local and regional rock were worked only in the case of tools for grinding, using precise technological procedures for the preparation of, and the periodic rejuvenation of, the active surface via pecking/hammering. More complex, and probably only partially done locally, was the operative chain of production of tools in polished stone: for these artifacts, in fact, there was a radical transformation of the original blank via flaking, pecking, and polishing more or less extensively as well as periodic resharpening of the used cutting edge. The use of rock that was not available locally suggests long-distance exchange, and the archaeological data allow us to hypothesize that the trade involved both finished and semi-finished products. In either case, there would be evidence of the periodic maintenance of the cutting edges at the sites where the tools were used.

The analysis of functional aspects has shown important results for reconstructing the working different types of substances of vegetal origins, of animal and mineral, for food and for crafts. These include in particular the preparation of food (grinding grains), the acquisition and manufacture of wood with axe blades. There were also activities involving stone, bone/antler/teeth, the treatment of skins/hides, the preparation of dyes (pulverizing red ochre for coloring hides, fabrics, ceramics, clay statuettes, etc., as well as for use of the pintaderas), and finally activities involving pestles, such as fracturing and hammering different substances. The functional study was thus useful in the identification of worked raw materials, including those with a strictly food usage such as grains, and also those perishable objects (wood and hides) which are only exceptionally preserved in the archaeological record. Finally, the results from the functional study helped inform on craft activities producing objects and utensils from stone and animal raw materials. The variety of the substances treated corroborates hypotheses about the complex economic structure of the local SMP communities. The versatility of the subsistence strategies has been, in fact, documented by the re-elaboration of the archaeobotanical and zoological data and the analysis of the functions of the flint tools. In other words it is possible not only to confirm the locally differentiated economic panorama that emerged from the archaeobotanical and archaeozoological studies, but also to expand these considerations to new categories of tools and new activities that are now recognizable.

The research also included a study of the spatial distribution of the artifacts with a goal of determining preferred workspaces for economic and craft activities and associating the tools with specific structures. At Fimon Molino Casarotto 80 per cent of the artifacts and a large part of the chipped stone tools were found in House 1 (fig. 65). The grindstones and polishers, the axe blades and numerous flint tools were concentrated in the central area, deposited almost concentrically about the fireplace. The axe blades were mainly found in the southern part of the house that probably was the rear of the structure and thus the most internal and protected area of the dwelling. The other tools of daily use were mainly found in the northern zone. A similar situation has been documented in New Guinea (Pétrequin, Pétrequin 2000).

A major concentration of grindstones was located in the northern area of the site of Rivoli (Verona) (fig. 64). They were found within the largest pits. These structures potentially were meant to be abandoned and used for discard. A similar situation is known from in transalpine sites (Hammon, Milleville 2006). On the other hand the axe blades were found principally in the Neolithic occupation level, in particular in the southern zone of the settlement.

The concentration of artifacts in a determined zone of the settlement could be correlated with a functional specialization like the case of House 1 at Fimon Molino Casarotto, or rather a discard area like at Rivoli Veronese. The different activities completed by about half of the non-chipped stone tools involved a strictly domestic setting within a larger social sphere. Several activities, in addition, attest to a prolonged or a periodic occupation: for example, concerning the grinding of grains, the number of querns and handstones is not small. Such a fact means that there was supply storage and deferred consumption of grain for times of need. Given the lack of bodily remains among the sites, this fact, revealed by the use-wear traces on the querns and handstones, acquires relevance in terms of enriching the picture of the economic subsistence activities practiced locally.

Another find of great interest regards the practice of recognizing the reuse of several types of tools. This phenomenon, specifically for tools used over extended periods of time (e.g., querns) supports the hypothesis of long-term or periodic occupation of the settlements studied during a time in which in northern Italy the acquisition of typically Neolithic components came to be consolidated and stabilized (Riedel 1990).

The new economy, founded on the exploitation of local agro-forest-pastoral resources and on the accumulation of excessive foodstuffs, mainly grains, led to general demographic growth and had notable repercussions on the ideological and cultural spheres. In particular, among them, there was the need to construct habitable architecture and institutions adapted to the sedentary and semi-sedentary lifestyle that was characterized by more stable and articulated social relationships. There was also the need of institutions to conserve and distribute the foodstuffs obtained from agriculture and husbandry, to defend camps and corrals from external attacks, as well as to mediate cooperative intervention. Above all, there developed the first true form of internal social differentiation of a community due to the opportunity to accumulate goods and to engage in redistribution and exchange. Testimony of this social evolution is found in the funerary rites that respected the status and the role of the dead that had been achieved during the lifetime. There was, in fact, the introduction of the first true role distinction, not only within the single nuclear family, but also at the community level. Some individual males achieved prestigious roles that were maintained even after death: weapons and objects of prestige produced from precious raw materials like arrowheads and axe blades that marked their elevated social status. On the other hand the individual females were normally associated with objects of daily use (ceramics, querns) or personal ornaments.

Although this study sought to provide some methodological and analytical results regarding techno-functional aspects of the stone tools, it was not intended to argue for conclusions nor to be a final work. It should instead be considered a work in progress regarding a new and interesting aspect of the material culture (at the very least) produced by groups which occupied northern Italy during the course of the sixth millennium BP. It is expected that the study will be enriched by future contributions to help fill the gaps in our current knowledge and to provide starting points for a widened and productive scientific debate.

B. A. Voytek

1 INTRODUZIONE

1.1 Terminologia

Oggetto di studio di questa ricerca sono i reperti in pietra tradizionalmente esclusi dall'esame dell'industria litica scheggiata. Si tratta di un campo di indagine archeologica relativamente nuovo e promettente per gli interessanti risultati finora conseguiti utili ad arricchire le conoscenze sul modo di vivere dell'uomo preistorico. I presupposti indispensabili per una corretta trattazione della problematica coinvolgono la definizione d'insieme della categoria di reperti e la proposta di una terminologia utile a identificare e analizzare i singoli tipi di strumenti. A livello nazionale ed internazionale, ogni Autore definisce spesso in modo autonomo il *corpus* delle proprie ricerche (tab. I). L'assetto terminologico viene organizzato adottando diversi parametri (materia prima, morfologia, modo di impiego, ecc.) e si riscontra ancora una parziale mancanza di omogeneità e di condivisione nell'ambito della comunità scientifica. A questo contribuiscono vari fattori, tra i quali la diversificazione da regione a regione delle materie prime impiegate e degli usi cui sono destinati gli strumenti, l'eterogenea appartenenza geografica e culturale degli studiosi e l'applicazione di metodologie e approcci analitici diversificati (Rowan, Ebeling 2008). Di conseguenza, molti studiosi concentrano la loro analisi su sottogruppi di strumenti omogenei dal punto di vista della materia prima o della forma/funzione dei supporti: è questo il caso dei reperti in pietra verde, degli strumenti in pietra levigata, degli strumenti da taglio (per esempio: D'Amico *et al.* 1997; 2003a; 2006; Thirault 2004; Vicino 2009a), degli strumenti abrasivi e quelli per macinare (per esempio: Luzzi 1996; Dubreuil 2004; Hamon 2006; 2008a; Vicino 2009b).

1.1.1 Tante denominazioni per tanti tipi di strumenti

Gran parte dei lavori finora pubblicati in Italia sono dedicati agli aspetti petro-tipologici dei materiali in pietra levigata, rappresentati da asce, accette e scalpelli prodotti quasi esclusivamente con pietre verdi delle Alpi occidentali (Venturino Gambari 1996; Pessina, D'Amico 1999; D'Amico 2005; D'Amico *et al.* 2002). Al contrario sono ancora poco numerose le indagini estese agli strumenti per macinare, pestare e levigare, in quanto tradizionalmente ritenuti reperti statici e scarsamente indicativi, anche dal punto di vista numerico degli esemplari per contesto archeologico, ai fini della ricostruzione delle economie locali (Luzzi 1996; Starnini, Voytek 1997a; Garibaldi *et al.* 1999; Hamon, Milleville 2006; Vicino 2009b).

In Italia il primo lavoro che ha esaminato sistematicamente e in un'ottica olistica l'eterogeneo insieme di manufatti in pietra è stato condotto da E. Starnini e B. A. Voytek sui materiali neolitici provenienti dagli scavi di L. Bernabò Brea (1940-1950) nella Caverna delle Arene Candide (Savona, Liguria) (Starnini, Voytek 1997a). Le Autrici hanno definito "*ground stone assemblage*" e "*non chipped stone tools*" il complesso di reperti, distinguendolo in due sottogruppi in base alle caratteristiche tecnofunzionali e litologiche dei reperti: a) "*edge tools*" includono *axes, adzes* e *chisels* dotati di tagliente e ottenuti esclusivamente da rocce del tipo "pietre verdi" (principalmente eclogiti e giade alpine); b) "*grinding tools*" comprendono *handstones, grindstones, whetstones, burnishers, hammers* e *pebbles* destinati alla lavorazione di sostanze diverse e prodotti prevalentemente con varie litologie locali tra cui arenarie, quarziti e calcari.

Per i reperti provenienti dal medesimo sito ligure, ma frutto degli scavi diretti da S. Tiné (1972-1977), P. Garibaldi, E. Isetti e G. Rossi hanno invece utilizzato la denominazione neutra di "industria litica non in selce" - introdotta da E. Starnini (1994; 1995) - nella quale riuniscono tutti i manufatti esclusi dall'analisi dell'industria litica scheggiata. Essi comprendono basi di lavorazione, trituratori, percussori, strumenti da taglio, levigatoi, lisciatoi e brunitoi a loro volta distinti in diverse tipologie (Garibaldi *et al.* 1999).

Terminologie quali "*pietra verde*" (Garibaldi *et al.* 2003; D'Amico 1998; Compagnoni *et al.* 2006; Montagnari Kokelj *et al.* 2006) e "*pietra levigata*" o "*industria in pietra levigata*" (Pedrotti 1996a; De Marinis 1996; Salzani 1996; D'Amico 2000; 2002; D'Amico *et al.* 1997; 2000; 2006; Lunardi 2003a; Pessina *et al.* 2006) sono impiegate per descrivere i reperti lavorati per levigatura al fine di ottenere superfici taglienti. In questa denominazione rientrano a pieno titolo asce, accette e scalpelli, ma vi possono venire incluse anche altre categorie di manufatti, quali anelloni ed oggetti di ornamento personale (Traversone 1996; Bernabò Brea *et al.* 2006). Da una parte, le due denominazioni "*pietra verde*" e "*pietra levigata*" possono essere impiegate come sinonimi, poiché gran parte dell'industria in pietra levigata della regione padano-alpina è realizzata con pietra verde di origine liguro-piemontese (D'Amico, Starnini 2000; D'Amico 2002; D'Amico *et al.* 2002). In realtà, l'espressione "pietra verde" rinvia più strettamente alla problematica legata al riconoscimento petrografico delle metaofioliti di alta pressione (tra cui principalmente eclogiti alpine e Na-pirosseniti) sfruttate in maniera preferenziale per la produzione di strumenti da taglio: nel linguaggio archeologico corrente queste litologie vengono genericamente contraddistinte proprio come pietre verdi a causa del colore più o meno intenso che comunemente le contrassegna (D'Amico 1998; 2000; 2002; Compagnoni *et al.* 2006). Dall'altra parte, "pietra levigata" viene in alcuni casi utilizzata senza una specifica valenza tecnofunzionale per definire anche gli strumenti che non hanno subito, nel corso della loro fabbricazione, operazioni di levigatura, ma presentano comunque superfici levigate o lisciate in seguito al loro uso prolungato (Carrisi 2003; Casini *et al.* 2006).

Nella letteratura internazionale sono adottate sia terminologie generali, come "*ground stones*" (Wright 1991; 1992; Adams 1996; Antonović 1992; 2003; Dubreuil 2004; Dubreuil, Savane 2013; Dubreuil *et al.* 2015) "*outillage en pierre non taillée*" (De Beaune 2000) e "*utillaje pulimentado*" (Orozco-Köller 2000), sia terminologie riferite a specifiche categorie funzionali, come "*outillage de mouture et de broyage*" (Dubreuil 2002; Hamon 2003a; 2003b; 2004), "*grinding stones*" (Hersh 1981; Bofill *et al.* 2013) e "*artefactos de molienda*" (Menasanch *et al.* 2002) (tab. I). Una simile eterogeneità terminologica riflette la difficoltà di attribuire una denominazione univoca, condivisa ed indipendente dal contesto crono-culturale considerato a complessi di manufatti dotati di caratteristiche alquanto eterogenee per morfologia, dimensioni, materia prima, tecniche di trattamento delle superfici e tracce d'uso. Di conseguenza, vengono a mancare i presupposti tradizionali in base ai quali si tracciano le terminologie in Archeologia, vale a dire la natura della materia prima, oppure le caratteristiche formali dei reperti, o ancora la loro supposta funzione.

Accanto alla tradizionale nomenclatura "*ground stone*" (Wright 1991; Adams 1996; 2014b), si è affermata di recente la designazione versatile e neutra di "*macrolithic artefacts*" o "*macrolithic tools/implements*", adottata per definire l'insieme degli strumenti, generalmente non ricavati da rocce silicee, caratterizzati da aspetti morfodimensionali, litologici e tecnofunzionali che variano in funzione dell'ambito crono-culturale dei contesti esaminati (Zurro *et al.* 2005; Hamon 2008b; Adams *et al.* 2009). Data la difficoltà di traslare in modo chiaro e sintetico tale epiteto nella lingua italiana in questo lavoro si è preferito adottare la definizione generale e ritenuta ugualmente imparziale di "industria in pietra non scheggiata". Infatti, pur presentando alcuni limiti di ordine tecnologico[1], tale epiteto è già stato proposto ed utilizzato nel dibattito scientifico nazionale (Starnini 1994; 1995; Lunardi, Starnini 2013).

Più ancora della designazione generale che svolge una semplice funzione di etichetta di un insieme peraltro composito, acquista importanza il problema della denominazione delle singole tipologie di strumenti. Per alcune categorie più comuni e rappresentative del periodo neolitico, come per esempio macine, macinelli, asce e scalpelli, si riscontra un certo consenso fra gli Autori per quanto concerne la caratterizzazione di questi strumenti. Spesso, però, i termini adottati acquistano valenze e sfumature di significato diverse, grazie all'impiego di sinonimi o accezioni semantiche specifiche, in base al tipo di funzionamento cui sono sottoposti (De Beaune 2000: "*dalles*" e "*meules*"; "*broyeurs*" e "*molettes*"; Thirault 2004: "*hache*" ed "*herminette*"), alla sostanza trattata (Roux 1985: "*meules à grains*" e "*meules à végétaux*") o alla forma della superficie di lavoro (Wright 1992: "*grinding slabs*" e "*querns*"; Garibaldi *et al.* 1999: "macine per cereali", "macine per minerali" e "basi per affilare"). Per quanto concerne altri tipi di strumenti con caratteristiche morfologiche, tecnologiche e funzionali meno standardizzate rispetto agli strumenti per macinare e da taglio sono in uso denominazioni diverse sia in funzione del contesto culturale sia dei requisiti funzionali dei reperti. A titolo d'esempio, si richiamano alcuni lessici e si rinvia allo schema sintetizzato in tabella I per una sintesi generale, anche se sicuramente non esaustiva: a) area francofona: "*pilons*", "*mortiers*", "*percuteurs*", "*galets de concassage*", "*enclumes*", "*polissoirs*", "*abraseurs*" (De Beaune 2000; Dubreuil 2002; Hamon 2006); b) area anglo-americana: "*mortars*", "*pestles*", "*pounders*" (Wright 1991); "*abraders*", "*anvils*", "*hammerstones*", "*mortars*", "*pestles*", "*pecking stones*", "*polishing stones*" (Adams 1996; 2014b; Anastassova 2008); c) Italia: "trituratori", "percussori", "levigatoi", "lisciatoi", "brunitoi" (Garibaldi *et al.* 1999; Vicino 2009a; 2009b).

Questi strumenti sono spesso ottenuti da ciottoli o da blocchi litici non lavorati o parzialmente modificati per esigenze d'uso e sono stati selezionati proprio in base alle caratteristiche morfodimensionali dei supporti e alla tessitura della materia prima. Spesso la loro inclusione nell'industria in pietra non scheggiata dipende principalmente dalla presenza, in una o più superfici del manufatto, di tracce riconducibili al loro utilizzo, in quanto in tali aree la materia prima presenta abrasioni, solcature, picchiettature, striature, lisciature frequentemente distinguibili anche a occhio nudo. Strumenti con queste caratteristiche sono associati alla trasformazione di sostanze diverse di origine vegetale, animale e minerale mediante attività di frantumazione, polverizzazione, percussione, levigatura e lisciatura. In diversi contesti crono-culturali sono stati identificati manufatti litici che presentano tracce d'uso di natura e morfologia diverse localizzate su superfici differenti del medesimo supporto: probabilmente si tratta di strumenti associabili ad un impiego polifunzionale, articolato nel tempo e nella trasformazione di sostanze diverse. Questi reperti vengono spesso definiti grazie ad una combinazione di due termini che ne specificano la polivalenza: "*meules/mortiers*", "*pilons/broyeurs*" (De Beaune 2000), "*pestles/handstones*" (Wrigh 1991) e "*pounders/polishers*" (Lunardi 2009a).

Unitamente ad altre specificità dei reperti non scheggiati rispetto alle industrie in selce, il frequente utilizzo polifunzionale e prolungato nel tempo di alcuni tipi di strumenti conferisce a questa industria eterogenea uno *status* di rilievo nell'ambito dei sistemi di produzione e di consumo delle antiche comunità umane (Rowan, Ebeling 2008).

[1] Le tracce di una sbozzatura preliminare delle lame d'ascia sono spesso cancellate dalla successiva levigatura.

Tabella I - Comparazione delle terminologie impiegate nei diversi paesi per designare l'industria in pietra non scheggiata e le singole tipologie di strumenti.

Table I - Comparison of terminology used in different languages to define the non-chipped stone tools.

TERMINO LOGIA	AREA ANGLO-AMERICANA	AREA FRANCOFONA	AREA SPAGNOLA	ITALIA
GENERALE	*Ground stone / Ground stone tools* (Wright 1992; Dubreuil 2004; Dubreuil *et al.* 2015);	*Outillage en pierre non taillée* (De Beaune 1993; 2000)	*Utillaje pulimentado* (Orozco-Köller 2000)	*Industria litica non in selce* (Garibaldi *et al.* 1999)
	Macro-lithics tools, Macrolithic implements / non-flint implements (Hamon 2008b; Adams *et al.* 2009)	*Macro-outillage* (Hamon, Blanchet 2015)	*Macrolithicos / utillaje macrolític* (Clemente *et al.* 2002a; Risch 2003; Bofill *et al.* 2008; Delgado-Raack *et al.* 2008)	*Industria litica non scheggiata* (Starnini 1994; 1995; Lunardi, Starnini 2013)
GRUPPI FUNZIONALI	*Polished stone tools* (Mansur 1997; Težak-Gregl, Burić 2002)	*Pierre polie* (Ricq-de Bouard 1996)	*Utillaje pulimentado* (Orozco-Köller 2000)	*Industria in pietra verde/pietra levigata* (Venturino Gambari 1996; D'Amico *et al.* 1997; 2000; 2006; Pessina *et al.* 2006)
	Grinding stones (Hersh 1981; Fullagar, Field 1997; Bofill *et al.* 2013)	*Outillage de mouture et de broyage* (Nierlè 1983; Dubreuil 2002; Hamon 2004; 2006)	*Artefactos de molienda* (Menasanch *et al.* 2002)	*Industria su pietra abrasiva* (Vicino 2009b)
	Ground stones (Wright 1992; Starnini, Voytek 1997a; Dubreuil 2004; Conard, Zeidi 2013; Dubreuil, Savane 2013)			
STRUMENTI	*Adze* (Hampton 1999; Stout 2002)	*Herminette* (Pétrequin, Pétrequin 2000; Thirault 2005)	*Azuela* (Orozco-Köller 2000)	*Ascia* (Pessina, D'Amico 1999; Lunardi 2003a)
	Axe (Hampton 1999; Stout 2002)	*Hache* (Pétrequin, Pétrequin 2000; Thirault 2005)	*Hacha* (Orozco-Köller 2000)	*Accetta* (Pessina, D'Amico 1999; Lunardi 2003a)
	Chisel (Hampton 1999)	*Ciseau* (Pétrequin, Pétrequin 2000; Thirault 2004)		*Scalpello* (Pessina, D'Amico 1999; Lunardi 2003a)
	Quern / Grinding slab (Adams 1996; Wright 1992)	*Meule* (Pétrequin *et al.* 1997; De Beaune 2000; Hamon 2006)	*Metate / Molino* (Hayden 1987; Adams 1996; Orozco-Köller 2000; Risch 2003)	*Macina* (Luzzi 1996; Garibaldi *et al.* 1999; Lunardi 2008a)
	Handstone (Wright, 1992)	*Molette* (De Beaune 2000; Hamon 2006)	*Mano / Moleta* (Hayden 1987; Orozco-Köller 2000; Adams 2002; Menasanch *et al.* 2002)	*Macinello* (Luzzi 1996; Lunardi 2008a)
	Pestle / Pounder / Hammer stone / Pecking stone (Wright 1991; Adams 1996; 2014b; Hansen, Eigeland 2009)	*Broyon / Pilon / boucharde* (Monnier *et al.* 1997a; De Beaune 2000; Hamon 2006) *Galet de concassage, percuteur* (De Beaune 2000; Hamon 2006)	*Percutore* (Orozco-Köller 2000; Menasanch *et al.* 2002; Risch 2003)	*Pestello / trituratore / percussore* (Garibaldi *et al.* 1999; Carrisi 2003; Lunardi 2008a)
	Abrader / polishing stone (Adams 1996; 2014b)	*Lissoir / polissoir / abraseur* (Monnier *et al.* 1997b; De Beaune 2000; Hamon 2006)	*Alisador / Afilador* (Orozco-Köller 2000; Bofill *et al.* 2008)	*Levigatoio / lisciatoio / brunitoio* (Garibaldi *et al.* 1999; Lunardi 2008a; Vicino 2009a)
	Anvil (Adams 1996)	*Enclume / bloc-enclume* (Monnier *et al.* 1997a; De Beaune 2000)		*Incudine* (Garibaldi *et al.* 1999)

1.1.2 Strumenti e catene operative

Gran parte dei materiali archeologici che rientrano nei *macrolithic implements* hanno la prerogativa di "*ayant servi d'outils*" (De Beaune 2000, 28). Ciò che li contraddistingue, infatti, è la presenza di tracce d'uso, su una o più superfici, che ne testimoniano l'uso come strumenti, indipendentemente dal fatto che essi abbiano subito una preliminare fase di modificazione tecnologica del supporto originario (De Beaune 2004, 139). Per strumento, dunque, si considera ogni tipo di supporto, modificato o meno da interventi tecnologici, che sia dotato di una zona di prensione o in alternativa una superficie che assicuri uno stabile appoggio a terra e di almeno una superficie di lavoro dove siano riconoscibili tracce d'uso. Una ridotta parte dell'industria in pietra non scheggiata, tuttavia, può essere costituita da reperti che non rientrano pienamente nella definizione di strumento che è stata data. Escludendo il gruppo solitamente ben riconoscibile e classificabile degli ornamenti personali (Traversone 1999; Micheli 2004; 2012), alcuni ciottoli e blocchi litici di varia natura si presentano privi di tracce di lavorazione e d'uso: potrebbe trattarsi di materiali che prefigurano un potenziale uso perché conservati in attesa di essere utilizzati, oppure oggetti selezionati per le particolari caratteristiche formali e cromatiche legate a rituali o simbolismi. Risale infatti al Paleolitico Superiore la pratica di decorare con motivi zoomorfi o geometrici, incisi o dipinti, alcuni ciottoli non sempre sottoposti a un utilizzo pratico (De Beaune 1989c; Aranguren, Revedin 1997; Arrighi *et al.* 2008; Dalmeri *et al.* 2005; Cristiani, Dalmeri 2011).

Una categoria a parte è quella costituita dagli abbozzi di lavorazione, vale a dire manufatti la cui lavorazione è stata interrotta e non più portata a termine. Benché non possano essere sottoposti ad analisi funzionali, essi sono molto utili allo studio dell'industria in pietra non scheggiata perché forniscono interessanti dati relativi alle catene tecnologiche di lavorazione degli strumenti e alle eventuali cause che ne abbiano indotto l'interruzione. All'interno del *corpus* di studio presentato in questo lavoro sono assenti abbozzi di lavorazione a differenza di altri contesti neolitici del territorio padano-alpino (D'Amico, Starnini 1996; Venturino Gambari, Zamagni 1996a; 1996b; Starnini, Voytek 1997a; Garibaldi *et al.* 1999).

A fronte di tale premessa, in questa ricerca si è scelto prendere in esame la composita categoria degli strumenti e di escludere altre due classi di reperti: a) gli oggetti ornamentali (anelloni ed elementi di *parure*), i quali, da un lato, presentano tracce di lavorazione del supporto, ma, dall'altro, non sono associabili ad un uso concreto in grado di "segnare" la superficie mediante la formazione di usure; b) i blocchi e i ciottoli potenzialmente funzionali probabilmente raccolti in attesa di un possibile impiego futuro, o rifiutati perché non rispondenti a precise esigenze d'uso; in questi supporti non sono quindi presenti tracce funzionali. Tali materiali sono compresi nella categoria degli indeterminati (paragrafo 3.4).

Un'osservazione a parte deve essere riservata alle lame d'ascia e agli scalpelli privi di tracce d'usura sul tagliente e in genere rinvenuti in contesti funerari. Questi reperti sono stati inclusi nell'analisi qui presentata in base a due considerazioni: in primo luogo, perché si tratta di oggetti concepiti e prodotti come strumenti; in secondo luogo, perché risulta impossibile stabilire se l'assenza di usure sia originaria, cioè le lame siano state intenzionalmente prodotte con lo scopo di non venire usate, oppure sia la conseguenza di una riaffilatura del tagliente non seguita da un successivo impiego dello strumento.

Ciascuna tipologia di strumento è contraddistinta da tre parti, a volte non facilmente distinguibili: a) la parte attiva, costituita da una o più superfici di lavoro, è la parte funzionale su cui si formano le tracce d'uso. In alcuni casi, quando l'uso prolungato dello strumento provoca la perdita di efficacia della parte attiva, è necessario intervenire con operazioni tecnologiche in grado di ripristinarne l'originaria funzionalità; b) la parte di prensione o di appoggio è presente negli strumenti che durante l'uso vengono tenuti in mano ed applicati sul materiale da trattare (uso attivo), i quali sono dotati di una zona di manipolazione che facilita la presa salda e agevole di una o due mani. Nel caso delle lame levigate, la zona di prensione è costituita da un manico generalmente in legno (conservato solo in contesti eccezionali) che funge da elemento intermediario tra la mano dell'utilizzatore e lo strumento vero e proprio. Diversamente, gli strumenti che si appoggiano a terra e sui quali viene fatto lavorare il materiale da trattare (uso passivo) presentano una o più superfici generalmente piane e stabili; c) la parte intermedia rappresenta una porzione più o meno ampia dello strumento interposta tra la superficie attiva e la zona di prensione o di appoggio.

Tutti gli strumenti sono associati alla messa in atto di una serie di azioni tecniche a loro volta inserite in una "*chaîne operatoire*" (*operational sequence or operational chain*): si tratta di un concetto teorico e astratto, ma adatto ad esprimere la segmentazione cronologica di gesti tecnici e di processi mentali richiesti per la soddisfazione di un bisogno collegato ad un progetto preesistente (Lemonnier 1992; Sellet 1993; Audouze 2002). In riferimento a questa teoria diventa imprescindibile considerare lo strumento come il frutto di un articolato processo che inizia dal reperimento della materia prima e che può esaurirsi in diversi modi (es. scarto, riutilizzo, rottura, deposizione in un contesto funerario, ecc.) (fig. 1). Una catena operativa prevede infatti una successione di operazioni tecnologiche e funzionali, tanto che è possibile frazionarla in sottosistemi operativi che riguardano: 1) l'acquisizione della materia prima; 2) la produzione dello strumento; 3) l'eventuale manutenzione periodica; 4) l'impiego, lo scarto e l'eventuale riutilizzo (Sellet 1993). Tuttavia, nel momento finale possono intervenire diversi fattori e processi di origine fisica, chimica o biologica in grado di produrre modificazioni chimiche e meccaniche postdeposizionali sui singoli reperti, le quali, a loro volta, hanno la capacità di alterare l'analisi funzionale e conseguentemente la ricostruzione delle catene operative degli strumenti (Mansur 1997).

Al fine di poter comprendere gli aspetti tecnofunzionali relativi agli strumenti presi in esame si ritiene opportuno premettere una breve presentazione della terminologia descrittiva adottata, improntata su alcuni aspetti intrinseci agli strumenti stessi, nel tentativo di rappresentare in modo flessibile le molteplici articolazioni proprie dell'industria in pietra non scheggiata. Tali aspetti, descritti e discussi in dettaglio nella sezione dedicata alla metodologia, riguardano le caratteristiche morfodimensionali, le caratteristiche tecnologiche e quelle funzionali. La terminologia descrittiva adottata riprende la nomenclatura proposta da A. Leroi-Gourhan (1971) e successivamente rielaborata da altri Autori (De Beaune 2000; 2004; Hamon 2006; Adams *et al.* 2009; Adams 2014b).

È necessario, infine, tener conto di alcuni aspetti che contraddistinguono lo strumentario in pietra non scheggiata. Il primo riguarda la mancanza di una associazione diretta e univoca tra la forma del supporto e la sua funzione. In questo senso, per esempio, non tutte le macine presentano forme standardizzate: questo è imputabile non solo al fatto che sono stati impiegati supporti differenti per forma e dimensione in base alle disponibilità delle fonti detritiche, ma anche al diverso stato fisico nel quale questi strumenti sono stati trovati negli scavi. Questo dipende principalmente dal grado di usura dello strumento, dall'eventuale riutilizzo del blocco, dalle modalità del suo abbandono e da eventuali danneggiamenti postdeposizionali. Inoltre, è vincolante tener presente che non tutti gli strumenti con caratteristiche morfofunzionali simili a quelle di una macina tradizionale sono stati necessariamente utilizzati per macinare (si pensi, per esempio, a una mola per levigare oggetti in pietra o in osso). Infine, possono verificarsi fenomeni di polifunzionalità e reimpiego di uno stesso supporto che portano a modificazioni anche significative delle caratteristiche formali e dimensionali degli strumenti. Il secondo aspetto deriva dall'osservazione che manufatti parzialmente simili possono essere usati per svolgere funzioni analoghe (macinare, levigare, frantumare) a condizione che la materia prima da cui è prodotto lo strumento presenti caratteristiche tessiturali e fisiche (durezza, coesione, ecc.) idonee. Ciò significa che, con alcune eccezioni, strumenti con funzioni simili debbano essere ottenuti da rocce con proprietà fisiche simili, soprattutto riguardo alla tessitura, alla coesione interna e alla durezza (Schoumacker 1993). La necessaria integrazione delle diverse nomenclature (morfodimensionale, tecnologica e funzionale) è finalizzata ad inquadrare ogni singolo reperto nell'ambito della sua particolare storia tecnologica, economica e culturale, cioè di ricostruirne la specifica catena operativa (fig. 1).

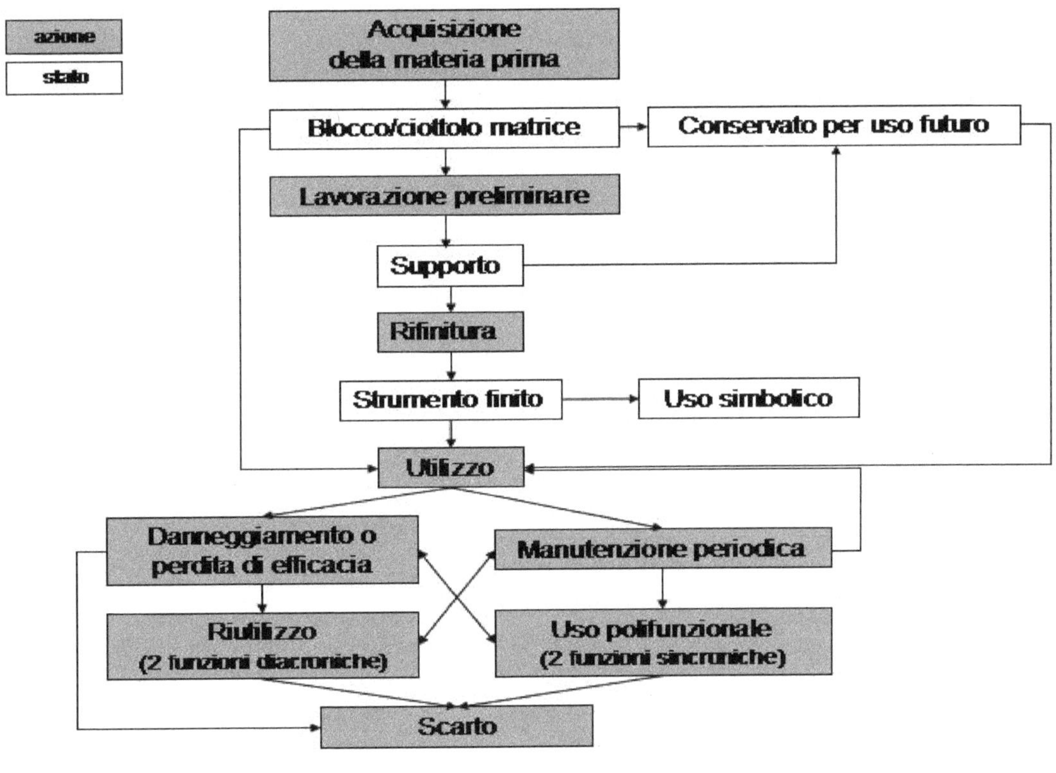

Figura 1 - Schema teorico delle catene operative in cui sono coinvolti gli strumenti in pietra non scheggiata.
Figure 1 - Theoretical representation of the operative sequences of the non-chipped stone tools.

1.1.3 Terminologia morfologica

Uno degli aspetti che denota maggiore variabilità nello strumentario in pietra non scheggiata concerne le caratteristiche morfometriche dei supporti. Lo studio morfologico rappresenta l'approccio di indagine più comunemente adottato dagli archeologi anche perché favorisce facili comparazioni tra diversi complessi di materiali. La definizione delle forme e delle dimensioni è importante sia per i reperti non modificati da interventi tecnologici, perché riguarda direttamente la scelta di un supporto idoneo in quanto tale, sia per quelli lavorati a vario grado con tecniche diverse, in quanto rivela l'intento di modificare il blocco iniziale per conferirgli caratteristiche formali adatte alla funzione da svolgere.

L'analisi della morfologia di un singolo manufatto in pietra non scheggiata registra in realtà un preciso momento del ciclo di vita di quell'oggetto che può corrispondere alla fase conclusiva della catena operativa, oppure a un qualsiasi stadio intermedio (Nierlè 1983). Ciò dipende dal fatto che la morfologia è un aspetto suscettibile di modificazioni imputabili a eventi accidentali (es. frattura del supporto) o intenzionali (es. rilavorazione di un supporto danneggiato, uso polifunzionale, frattura rituale del supporto) che possono verificarsi nel corso della vita del singolo reperto. A volte, però, si tratta di eventi non più riconoscibili e quindi difficilmente ricostruibili in assenza di tracce certe o in caso di sovrapposizione di segni successivi. L'eterogeneità di forme e dimensioni che contraddistingue l'industria litica non scheggiata corrisponde, da un lato, a una variabilità tipologica intrinseca al contesto crono-culturale di appartenenza e, dall'altro, a una varietà all'interno della stessa classe di strumenti che dipende dalla natura dei supporti oltre che dalla storia d'uso del manufatto. Se a queste condizioni si aggiunge la frequenza dello stato frammentario che caratterizza soprattutto gli strumenti di maggiori dimensioni (macine e macinelli), risultano chiari i limiti di una ricerca che si basi esclusivamente sull'osservazione delle caratteristiche morfometriche. A ciò si aggiunga l'assenza di rispondenze specifiche o esclusive tra la forma di un utensile e il modo in cui esso veniva usato (Van Gijn 1999). Per questi motivi l'approccio morfologico rappresenta il punto di partenza di questa ricerca e affiancherà l'analisi tecnofunzionale degli strumenti in pietra non scheggiata.

Gli elementi morfologici che sono stati presi in considerazione in questo lavoro comprendono: a) Faccia: indica una superficie più o meno estesa, ad andamento regolare e di profilo variabile (lineare, inclinato, concavo o convesso) in relazione alla forma naturale del supporto, oppure conseguente a modificazioni determinate da interventi tecnologici o dall'uso dello strumento. La faccia può assumere o meno una valenza funzionale e può essere sottoposta ad azioni di abrasione, lisciatura, martellinatura; b) Margini: bordi che delimitano il perimetro del supporto. I margini possono essere sottoposti all'uso principalmente per azioni di pestatura e frantumazione; c) Estremità: porzioni di margini di varia forma (normalmente piatta o convessa) situate in posizione prossimale e distale rispetto a chi utilizza lo strumento. Una o entrambe le estremità possono essere usate soprattutto per azioni di pestatura e frantumazione; d) Sezione: profilo che si ottiene immaginando che un piano attraversi lo strumento, tagliandolo in un punto significativo del supporto, generalmente situato a metà della lunghezza. Si distinguono una sezione trasversale, quando passa perpendicolarmente all'asse principale della superficie attiva, e una sezione longitudinale, quando, invece, corre parallelamente ad esso. L'osservazione della sezione fornisce interessanti elementi che l'analisi tridimensionale a volte non riesce a cogliere, come l'affossamento della superficie attiva rispetto ad un livello originario, oppure la regolarità del suo profilo; e) Parte prossimale e parte distale: quando possibile, lo strumento viene orientato secondo la direzione del suo impiego: in questo senso, la parte prossimale è quella più vicina a chi utilizza lo strumento e corrisponde spesso alla zona di impugnatura/immanicatura o alla superficie attiva, mentre la parte distale è quella più lontana dall'utilizzatore stesso nel momento di utilizzo dello strumento.

1.1.4 Terminologia tecnologica

Solo una parte dei *macrolithic tools* presenta tracce di interventi tecnologici finalizzati alla modifica del supporto e alla preparazione della superficie di lavoro. In generale si riscontra che la messa in atto di operazioni tecnologiche sul supporto è condizionata principalmente dalle modalità di reperimento della materia prima e dall'uso a cui lo strumento viene destinato (Adams 1996; 2010; Hamon 2006); solo in secondo luogo possono intervenire aspetti di carattere socio-culturale (Dubreuil 2002; Barfield 2003; Adams 2010). Gli interventi tecnologici distinguono specialmente gli strumenti impiegati in modo potenzialmente prolungato nel tempo per attività inerenti la sussistenza collettiva, in particolare macine e macinelli e strumenti da taglio. Confronti etnografici (per esempio: Roux 1985; Hayden 1987) e riscontri archeologici (per esempio: Wright 1992; Hamon 2006) mettono in luce una successione di interventi che riguardano macine e macinelli, in particolare: a) la rimozione di grosse schegge dal blocco originario per conferire allo strumento la sua forma generale; b) l'asportazione di piccole schegge dal masso per regolarizzarne la forma generale; c) la martellinatura della superficie di lavoro al fine di renderla abrasiva e quindi funzionale.

Grazie anche al rinvenimento di abbozzi a vari stadi di lavorazione, di percussori e mole abrasive, l'analisi tecnologica degli strumenti da taglio fornisce dati esaurienti sulle fasi di produzione delle lame in pietra levigata (Wright 1992; Thirault 2004; 2005; 2006; Pétrequin *et al.* 2012). Semplificando un processo che può risultare anche molto articolato, esse consistono principalmente nelle seguenti fasi di lavorazione (fig. 2): a) sbozzatura del supporto ottenuto da un ciottolo oppure da una scheggia appartenente ad un blocco più grande; b) bocciardatura del supporto al fine di regolarizzarne e rifinirne la forma della lama e delineare il tagliente; c) levigatura su mola litica del tagliente per renderlo affilato ed eventualmente estesa al corpo della lama.

Gli elementi che consentono di descrivere uno strumento dal punto di vista tecnologico sono i seguenti: a) Supporto: qualsiasi ciottolo, masso o scheggia di dimensioni e forma varie, sottoposto a lavorazione o sfruttato allo stato naturale, dal quale è stato ricavato lo strumento; b) Abbozzo: indica la prima fase di lavorazione di un supporto che generalmente consiste nel delineare la forma sommaria del futuro utensile. L'abbozzo perciò poteva rappresentare l'inizio della catena tecnologica, a volte non completata a causa di anomalie fisiche o errate operazioni tecniche, oppure poteva essere conservato in attesa di completarne la lavorazione o per essere immesso in una rete di scambi; c) Tecniche di fabbricazione: ogni intervento di tipo tecnologico finalizzato all'ottenimento dello strumento a partire dal supporto scelto e realizzato mediante asportazione di materia prima dal supporto stesso. Le tecniche di fabbricazione riconosciute e descritte nel capitolo dedicato all'analisi tecnologica sono la scheggiatura, la bocciardatura, la levigatura, la lucidatura e la martellinatura; d) Tecniche di ripristino funzionale: ogni intervento di tipo tecnologico finalizzato a ripristinare la superficie attiva usurata rendendola nuovamente funzionale. Queste operazioni permettono di rinnovare una superficie attiva e di mantenerla efficace nel tempo, modificandone spesso le caratteristiche morfodimensionali, attraverso interventi che si ripetono periodicamente. Le tecniche di ripristino funzionale riconosciute e descritte nel capitolo dedicato all'analisi tecnologica sono la riaffilatura ed il ravvivamento.

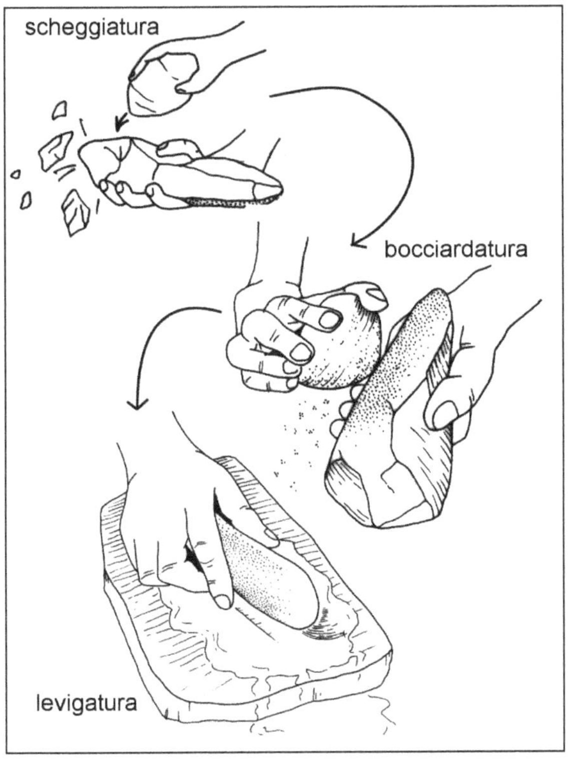

Figura 2 - Schematizzazione della catena operativa di produzione delle lame d'ascia in pietra levigata.
Figure 2 - Schematic representation of the operative sequence of the polished stone axe blades.

1.1.5 Terminologia funzionale

L'insieme di attività che scaturisce da vari contesti etnografici di impiego di *macrolithic tools* si mostra alquanto diversificato in relazione alle condizioni di vita delle singole popolazioni e alle risorse disponibili (per esempio: Julien 1985; Roux 1985; Hayden 1987; Adams 1988; De Beaune 1989a; Mills 1993; Hampton 1999; Pétrequin, Pétrequin 2000). Tale *background* è vitale per ottenere informazioni sulle risposte date all'ambiente dai gruppi umani preistorici nonché sui possibili impieghi dei manufatti archeologici, i quali peraltro possono essere gli unici testimoni di specifiche attività. Nei reperti archeologici l'unico approccio che consente di ricostruire con sufficiente affidabilità l'uso degli strumenti è l'analisi delle usure, supportata da una adeguata attività di sperimentazione: la prima è contrassegnata da una bibliografia di riferimento in costante crescita negli ultimi anni, mentre la seconda rimane vincolata a tempi di lavorazione e di riproduzione generalmente molto lunghi. Questi condizionamenti certamente influiscono sull'approccio adottato nello studio dello strumentario non scheggiato (Aimar *et al.* 1996).

Al fine di descrivere ogni aspetto funzionale nel modo più sistematico e oggettivo possibile si ritiene indispensabile descrivere i seguenti elementi:

a) Usure o tracce d'uso: costituiscono ogni modificazione che interviene sulla superficie attiva di uno strumento come risultato dell'interazione con un'altra superficie (Adams 1988; 1993; 2002; 2014a; Adams *et al.* 2009; Procopiou 2004). Le usure possono essere osservabili in parte macroscopicamente e soprattutto microscopicamente a diverse scale di ingrandimento (Adams *et al.* 2009; Adams, 2014a; 2014b; Dubreuil *et al.* 2015);

b) Superficie di lavoro o superficie attiva: si riferisce ad ogni superficie di contatto tra lo strumento e il materiale in corso di lavorazione e rappresenta la zona dove si formano le tracce d'uso. Tutti gli elementi morfologici (facce, margini, estremità, margini taglienti) possono connotarsi, totalmente o parzialmente, come superfici di lavoro di uno strumento. Spesso la cinematica d'uso condiziona il tipo di superficie che viene utilizzata;

c) Strumento attivo: strumento che si muove durante l'utilizzo;

d) Strumento passivo: strumento che non viene mosso durante l'utilizzo; in genere massa, forma ed estensione della superficie attiva non consentono una manipolazione e una presa agevoli dello strumento. Gli elementi attivi e passivi possono essere utilizzati in maniera indipendente (es. lisciatoio per lisciare le pareti di un vaso in ceramica, mola per levigare una lama d'ascia), oppure possono essere impiegati in modo associato (es. macina e macinello, mortaio e pestello);

e) Funzionamento o cinematica d'uso (*kinematics*): si riferisce al modo in cui lo strumento viene utilizzato, evidenzia cioè il movimento che esegue il singolo strumento (o che viene eseguito con esso) e i gesti compiuti durante il suo utilizzo. Questo concetto acquista rilevanza grazie all'approccio teoretico introdotto da A. Leroi-Gourhan (1971) che intende cogliere ogni fenomeno umano nella sua integrità e completezza grazie all'analisi della tecnica intesa come stretta relazione tra gesti e strumenti. Negli ultimi anni l'impianto filosofico di Leroi-Gourhan è stato ripreso con successo, rimuovendone però i condizionamenti del pensiero evoluzionistico e rielaborandolo alla luce delle recenti metodologie analitiche, in modo tale da risultare ora molto utile per definire in senso ampio l'impiego di un oggetto (Sigaut 1991; De Beaune 2000; 2004; Audouze 2002; Bril, Roux 2002). Da questo punto di vista le caratteristiche che consentono di ricostruire il modo in cui uno strumento veniva utilizzato riguardano: 1) la posizione di utilizzo dello strumento (attiva o passiva); 2) le caratteristiche dello strumento (dimensioni, peso, morfologia, materia prima); 3) la posizione del corpo e l'uso delle mani (postura, grado di abilità richiesto, forza necessaria, ecc.); 4) la tipologia e la localizzazione delle tracce d'usura; 5) le caratteristiche della materia prima (tessitura, durezza, compattezza, ecc.); 6) il metodo di percussione, cioè il gesto tecnico di azione sulla materia (appoggiata, lanciata, mista) (Leroi-Gourhan 1971);

f) Funzione o processi di trasformazione (*processing systems*): riguarda/no la finalità per la quale lo strumento è stato prodotto, cioè i modi di lavorazione e di trasformazione dei materiali trattati. Il presupposto fondamentale allo studio dei processi di trasformazione è la preliminare ricostruzione della cinematica d'uso dello strumento. Da questo punto di vista, le caratteristiche da considerare riguardano: 1) la/e materia/e trasformate (natura, qualità, stato fisico); 2) le caratteristiche fisiche del materiale trattato (duro/soffice, coerente/incoerente, secco/umido, ecc.); 3) lo scopo finale dell'operazione di trasformazione (macinare, pestare, tagliare, levigare ecc.); 4) il modo di contatto tra superficie di lavoro e sostanza sottoposta a trasformazione (adesione, frizione, fatica, azioni tribochimiche: Adams 2002; 2014a; 2014b; Adams *et al.* 2009); 5) qualità e omogeneità del prodotto ottenuto in relazione al suo impiego (farina alimentare o polvere colorante); 6) durata del processo di trasformazione; 7) specializzazione, polifunzionalità, riutilizzo;

g) Attività: è l'insieme dei gesti eseguiti al fine di eseguire un determinato compito. Ogni attività costituisce la risposta adattativa ai problemi posti dall'ambiente naturale e dalla struttura sociale; ciascuna, inoltre, si trova in stretta e costante interazione con le altre nell'ambito socio-economico-culturale locale;

h) Polifunzionalità: è la facoltà di uno strumento di essere sottoposto ad un utilizzo polivalente sincronico o diacronico espletato attraverso cinematiche e processi di trasformazione simili o diversi. Comunemente si tende a credere che uno strumento venga fabbricato per svolgere un'unica funzione nel corso della sua vita. In realtà, determinate circostanze possono indurre l'uomo a servirsi dello stesso supporto per assolvere altre funzioni, non necessariamente intervenendo con ulteriori operazioni tecnologiche (Adams 1996; 2010; 2014a). Nel caso di impieghi polifunzionali la prerogativa principale consiste nello sfruttamento di una materia prima idonea per tessitura, durezza e coesione a svolgere più funzioni (Schoumacker 1993; De Beaune 2000).
In base alle suddette considerazioni si distinguono tre tipi di polifunzionalità (fig. 3): a) strumento composito (*reused artifacts* e *multiple-use tools* in Adams 1996): è un supporto usato in modo sincronico su due o più superfici attive per impieghi simili durante la stessa catena operativa. In questo caso le tracce d'uso sono ben riconoscibili perché non si sovrappongono, ma sono situate in zone diverse dello strumento (es. un pestello-lisciatoio usato per battere e ammorbidire una pelle animale); b) riutilizzo (*redesigned tools* in Adams 1996): dà luogo ad un utilizzo diacronico di un medesimo supporto polivalente nell'ambito di diverse catene operative; l'uso secondario si attua su una nuova superficie attiva e solitamente per processi di trasformazione simili (es. macina per cereali riutilizzata sulla faccia opposta); c) recupero (*recycled tools* e *redesigned tools* in Adams 1996): si verifica quando in un supporto l'uso primario e secondario, effettuati su scala diacronica, portano a termine attività diverse pertinenti a catene operative differenti (es. una mola spezzata recuperata come base per la pestatura/frantumazione di sostanze diverse). L'impiego secondario può coinvolgere o meno le superfici attive relative all'uso primario: nel primo caso è possibile che le tracce d'uso prodotte dall'ultimo uso abbiano cancellato, parzialmente o totalmente, le usure originarie, purché l'impiego secondario sia stato sufficientemente lungo (Fullagar *et al.* 2012).
La polifunzionalità è un fenomeno peculiare dell'industria non scheggiata e può coinvolgere diverse tipologie di strumenti così come documentato a livello etnografico (per esempio: Roux 1985; Hayden 1987) e archeologico (De Beaune 2000; Hamon 2006). Naturalmente negli studi archeologici esistono importanti limiti all'individuazione e alla caratterizzazione degli eventuali fenomeni di polifunzionalità derivanti principalmente dalla cancellazione di tracce sottostanti o

alla difficoltà di osservare e distinguere usure sovrapposte (Fullagar *et al.* 2012).
In conclusione alla rassegna terminologica e come presupposto allo studio del *corpus* preso in esame, appare importante ribadire la necessità di condurre un'analisi dinamica in grado di rilevare le possibili modifiche morfologiche, tecnologiche e funzionali che possono intervenire a livello diacronico nel ciclo di vita di qualsiasi strumento in pietra non scheggiata.

1.2 Descrizione degli strumenti

Per descrivere i reperti in modo uniforme e poterli così confrontare sulla base di criteri tecnofunzionali omogenei, tutti i dati raccolti sono stati inseriti in un database appositamente progettato. Le peculiarità tecnologiche e funzionali di ciascun strumento sono state rese visibili anche graficamente mediante una specifica simbologia utilizzata nelle tavole degli strumenti (Appendice II). L'analisi tecnologica e funzionale ha portato alla definizione di quattro principali gruppi funzionali di strumenti in base alla rispettiva cinematica d'uso elaborata da A. Leroi-Gourhan (1971) e ripresa da S. De Beaune (2000). All'interno di ciascuno gruppo funzionale sono stati distinti due o più tipi di sottocategorie di strumenti destinati a svolgere funzioni diverse come indicato nella tabella II. All'interno di tale classificazione tipologica si distinguono tre principali categorie di strumenti:
a) Strumenti semplici: vengono impiegati in maniera autonoma come elementi attivi (lisciatoi, pestelli, percussori, trituratori e pestelli-lisciatoi) o passiva (levigatoi e basi di lavorazione) per svolgere una determinata funzione;
b) Strumenti che lavorano in coppia: macine e macinelli rappresentano strumenti ben distinti, dotati di forma e utilizzo propri, ma vengono impiegati in modo simultaneo e complementare per macinare sostanze diverse; nelle operazioni di frantumazione e polverizzazione anche le basi di lavorazione necessitano di essere usate in associazione con i pestelli;
c) Strumenti immanicati: per poter utilizzare asce, accette e probabilmente scalpelli si rende indispensabile fissare le lame a manici lignei precedentemente fabbricati.

Molti di questi strumenti non sono stati introdotti nel Neolitico, ma è parallelamente al progressivo diffondersi dell'economia produttiva basata su agricoltura e allevamento che essi subiscono un generale incremento quantitativo e qualitativo con forti ripercussioni nell'economia e nei sistemi tecnoculturali locali. Seguendo la classificazione sintetizzata in tabella II viene di seguito elaborata una descrizione generale di ciascun tipo di strumento.

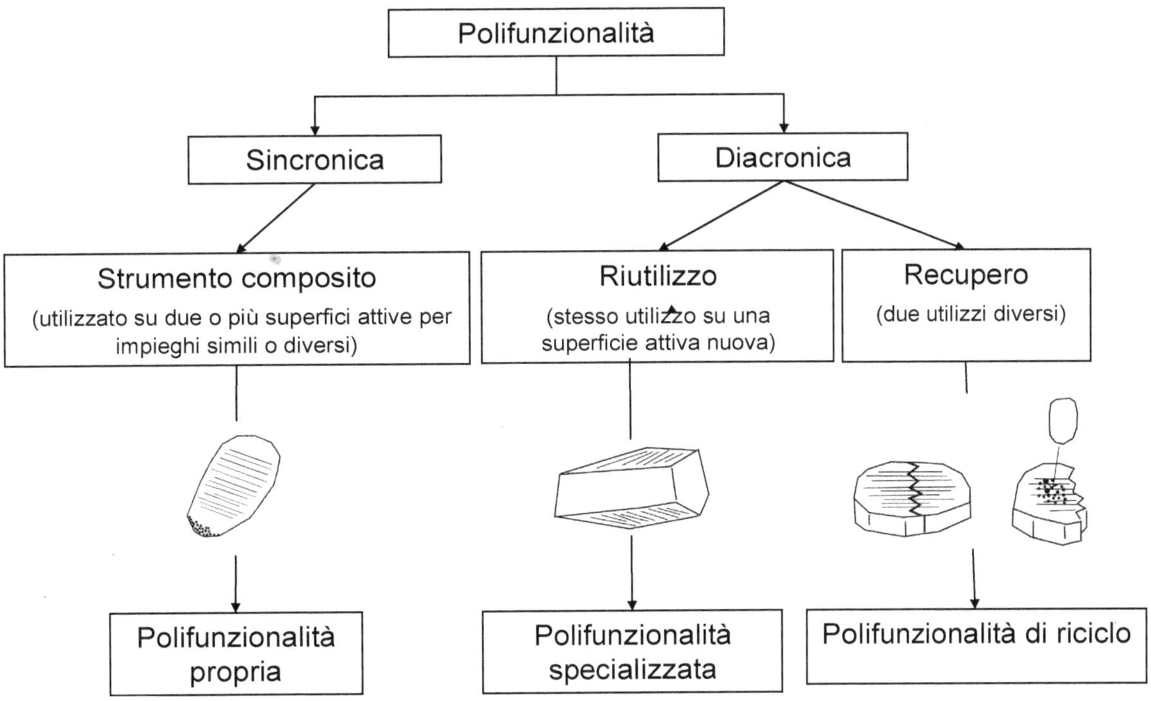

Figura 3 - Schema teorico dei vari tipi di polifunzionalità a cui possono essere soggetti gli strumenti in pietra non scheggiata in relazione alle modalità temporali (sincronica e diacronica) e funzionali (utilizzi simili o differenziati).
Figure 3 - Various types of the many functions of the non-chipped stone tools according to time (synchronic and diachronic) and function (similar or different utilization).

Tabella II - Classificazione dell'industria in pietra non scheggiata in macrocategorie funzionali e in singoli strumenti.
Table II - Classification of the non-chipped stone tools.

Cinematica d'uso	Gruppo funzionale	Funzione	Strumento
Percussione appoggiata	Strumenti abrasivi	Strumenti per macinare	Macina Macinello
		Strumenti per levigare e lisciare	Levigatoio Lisciatoio
Percussione lanciata	Strumenti percussori	Strumenti per pestare, bocciardare e triturare	Pestello Percussore Trituratore
	Strumenti da taglio	Strumenti da taglio	Ascia Accetta Scalpello
Percussione mista	Strumenti polifunzionali	Strumenti polifunzionali	Pestello-lisciatoio Base di lavorazione

1.2.1 Strumenti che lavorano in percussione appoggiata

Macine e macinelli

Nel linguaggio archeologico corrente il termine "macina" indica un blocco grande e pesante in pietra abrasiva, di forma prevalentemente subovale o subrettangolare e sezione piana o piano-convessa, appoggiato stabilmente a terra con la superficie di lavoro rivolta verso l'alto (fig. 4). Rispetto alla macina, il macinello si caratterizza per dimensioni minori, una superficie di lavoro prevalentemente ovale e la sezione trasversale inversa: la superficie piana è quella inferiore utilizzata sulla macina, mentre la superficie superiore convessa serve da appoggio alle mani. Il macinello è l'elemento attivo utilizzato sulla superficie superiore della macina secondo un movimento prevalentemente orizzontale in percussione appoggiata finalizzato a macinare sostanze vegetali (in primis cereali) e minerali (coloranti e degrassanti) (Dal Rì 1994; Donner, Marzoli 1994; Luzzi 1996; Garibaldi *et al.* 1999). In alcuni casi è documentato l'uso di un macinello/pestello che viene impiegato con movimento rotatorio sul piano della macina/mortaio (Wright 1992; De Beaune 2000). Questa definizione ampia degli strumenti per macinare si è affermata nella letteratura nazionale per le caratteristiche morfodimensionali comuni a tutti i blocchi litici definiti appunto "macine" e "macinelli". L'estesa valenza semantica del termine potrebbe, però, rivelarsi troppo generica se si considera che in diversi contesti etnografici le cosiddette macine sono utilizzate in varie attività, come per esempio l'affilatura delle lame d'ascia, la macinatura di vari tipi di semi e radici, la levigatura di conchiglie (McCarthy 1976), la macinatura di cereali, tabacco ed incenso (Roux 1985) e la polverizzazione di calcite, caffè, cacao, zucchero, spezie e pigmenti (Hayden 1987). Per questo motivo al termine funzionale generico vengono spesso aggiunte delle specificazioni, come per esempio: "*meules à grains*" e "*meules à végétaux*" (Roux 1985), "*macine per cereali*", "*macine per minerali*", "*basi per affilare*" e "*incudini*" (Garibaldi *et al.* 1999).

Un simile grado di versatilità sembra caratterizzare questi strumenti fin dalla loro comparsa, cioè a partire dal Paleolitico Medio e Superiore: per loro è stato dimostrato un uso finalizzato al trattamento di piante e la lavorazione di diverse sostanze vegetali e minerali impiegate per fini alimentari ed artigianali (De Beaune 2000; 2002; Dubreuil, Grosman 2009; Revedin *et al.* 2010). La polifunzionalità di questi strumenti contraddistingue anche le macine utilizzate durante il periodo Natufiano, cioè la fase che, nella Mezzaluna fertile, segna il passaggio tra l'economia predatoria e l'economia produttiva (Dubreuil 2002; 2003; 2004) e rimane una costante del Neolitico (Hersh 1981; Starnini, Voytek 1997a; Garibaldi *et al.* 1999; Hamon 2006). In base a quanto esposto, si pone la questione di un'eventuale specializzazione di questi tipi di strumenti. Sebbene a partire dal Neolitico l'utilizzo delle macine per macinare cereali sembri essere prevalente anche se non necessariamente specialistico, soprattutto considerando la frequenza quotidiana con cui è necessario produrre farina in ambito domestico, l'impiego del blocco litico per altre finalità viene spesso messo in pratica solo quando la macina si rompe o viene sostituita (Roux 1985).

Restando in linea con la terminologia corrente, in questa ricerca i termini "macina" e "macinello" identificano quegli strumenti che servono a trasformare tutte le sostanze che richiedono di essere macinate o ridotte in polvere per poter essere utilizzate con finalità diverse. Il loro funzionamento, quindi, è legato a un particolare processo di trasformazione, la macinatura appunto, basato sulla percussione appoggiata diffusa (Procopiou *et al.* 2002). Le eventuali specificazioni funzionali derivanti dalla trasformazione di sostanze diverse (organiche e inorganiche) vengono precisate accostandole dunque al termine di base.

Nell'ambito delle pubblicazioni che hanno affrontato l'analisi delle macine dal punto di vista etnografico o strettamente archeologico si riscontra una variabilità morfologica che incide sia sulla forma generale del blocco (ovoidale, subrettangolare, subtrapezoidale, poligonale) sia sulle sue singole parti (margini, estremità, superficie attiva). Maggiore omogeneità, invece, mostrano le tecniche di lavorazione che generalmente prevedono la preparazione del piano di lavoro mediante martellinatura al fine di accentuare la naturale abrasività della materia prima. In figura 4 vengono sintetizzate le principali caratteristiche morfologiche e tecnologiche utili a descrivere gli strumenti per macinare. Tali specificità saranno discusse nei capitoli dedicati all'analisi tecnofunzionale e le relative implicazioni archeologiche verranno trattate in sede di discussione e interpretazione dei risultati.

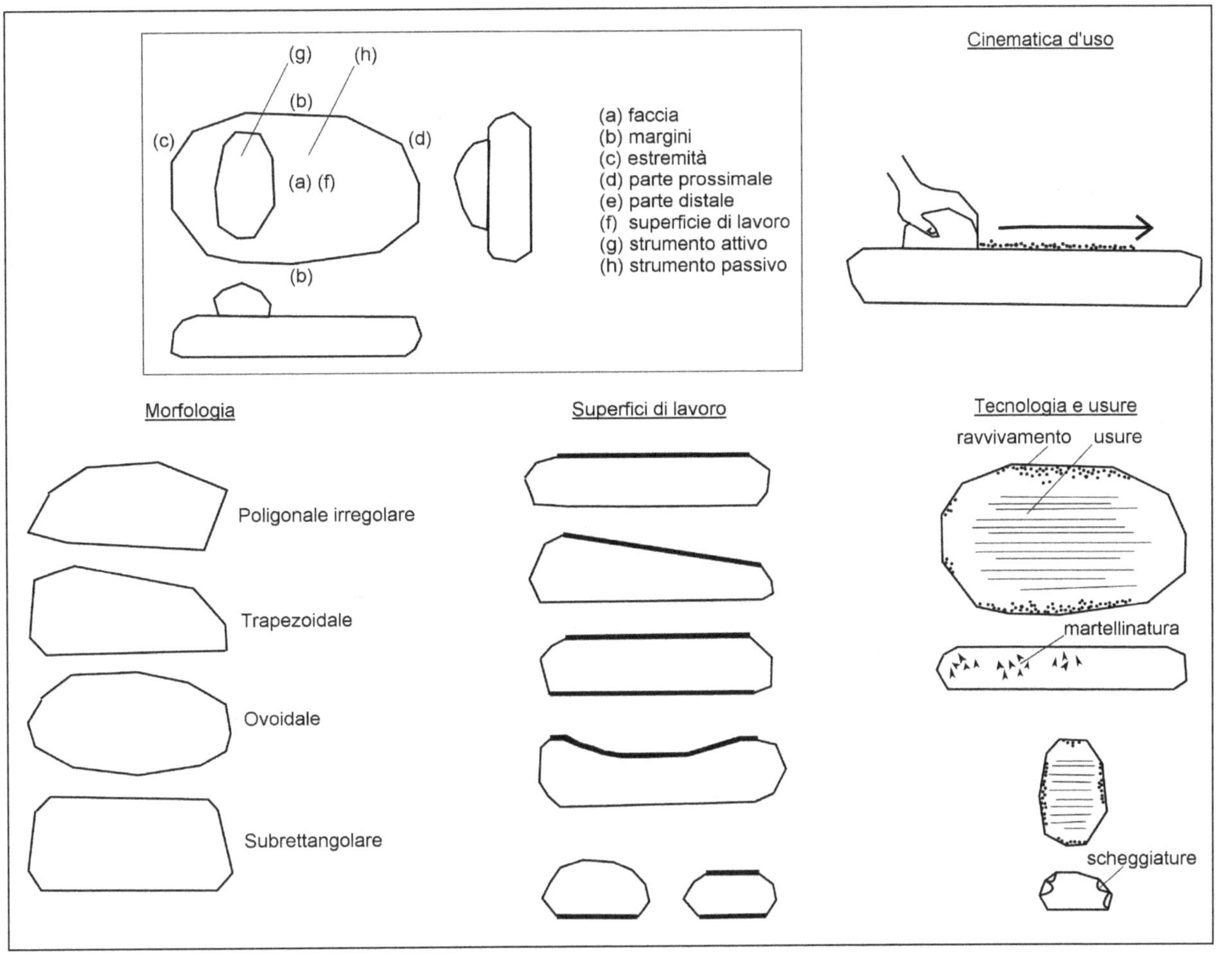

Figura 4 - Macine e macinelli: rappresentazione schematica delle principali caratteristiche morfologiche, tecnologiche e funzionali che li descrivono.
Figure 4 - Querns and handstones: schematic representation of their morphological, technological and functional features.

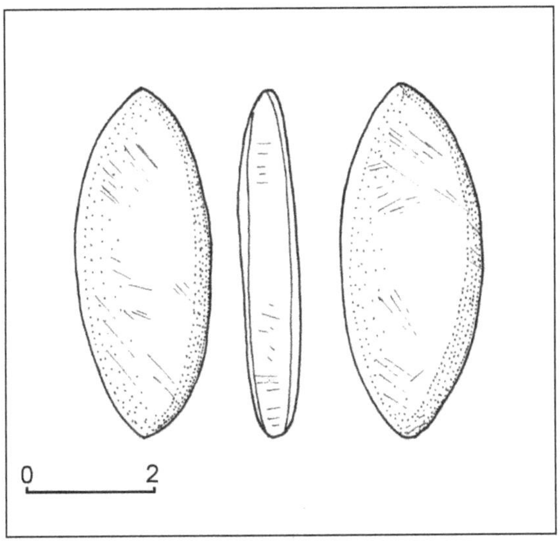

Figura 5 - "*Burnisher*" in calcare proveniente dai livelli VBQ delle Arene Candide (Liguria) (da: Starnini, Voytek 1997a, 454, fig. 25-8, modificato).
Figure 5 - Limestone burnisher from the SMP layers of the Arene Candide Cave (Liguria) (from: Starnini, Voytek 1997a, 454, fig. 25-8, with modifications).

Levigatoi e lisciatoi

Nella letteratura nazionale (Aranguren, Revedin 1997; 2008; Garibaldi *et al.* 1999; Vicino 2009a; Revedin *et al.* 2010) e in quella d'Oltralpe (De Beaune 2000, 103-04), non esiste una terminologia condivisa per designare i levigatoi e i lisciatoi. Ciò probabilmente va ricondotto in primo luogo alla difficoltà di identificare alcuni ciottoli non lavorati privi di tracce d'uso chiaramente osservabili e distinguibili da alterazioni fisiche naturali e postdeposizionali. In secondo luogo, manca spesso l'interesse scientifico nei confronti di strumenti considerati secondari nell'ambito della cultura materiale preistorica (Monnier *et al.* 1997b).

Una ventina di anni fa è stata proposta una terminologia che definisce "*basi di lavorazione*" l'insieme eterogeneo di strumenti litici utilizzati come elementi passivi per svariati scopi, fra i quali levigare pietra, osso, corno e legno, oltre che macinare cereali e triturare sostanze minerali (Garibaldi *et al.* 1999). Gli elementi attivi, di dimensioni minori per poter essere maneggiati, sono denominati "*levigatoi*" e "*lisciatoi*", in quanto usati per levigare e lisciare pelli, cortecce, metallo, ceramica (Garibaldi *et al.* 1999).

In riferimento agli scopi che questo studio si prefigge, un impianto terminologico come questo risulta poco confacente. I motivi sono principalmente due: da un lato, perché colloca nella medesima categoria funzionale strumenti utilizzati per processi di trasformazione differenti (macine e mole); dall'altro, perché separa in classi funzionali distinte strumenti (levigatoi e lisciatoi) che in realtà sono usati con processi di trasformazione simili, benché si distinguano elementi attivi ed elementi passivi, per svolgere le stesse attività di levigatura e lisciatura di vari materiali. Nell'ambito di questa ricerca si è scelto di adottare una terminologia affine a quella proposta da S. De Beaune (2000), che distingue i "*polissoirs*" e i "*lissoirs*" in base alla posizione, rispettivamente passiva e attiva, assunta dallo strumento durante il suo utilizzo in percussione appoggiata diffusa. Nel primo caso, l'oggetto da lavorare viene sfregato sulla superficie attiva del *polissoir*, indipendentemente dalle dimensioni di quest'ultimo; nel secondo caso, al contrario, è il *lissoir*, solitamente di dimensioni piccole per poter essere tenuto nel palmo della mano, che viene sfregato sul materiale in corso di lavorazione. J. Adams (1996) fa riferimento alla tessitura delle rocce da cui sono ricavati "*abraders*" e "*polishing stones*": una tessitura fine è utile per lisciare e lucidare un materiale ("*to polish*"), mentre una tessitura più grossolana serve per levigare e molare ("*to abrade*"). Entrambi gli Autori pongono l'accento sulla diversa incidenza che le operazioni del levigare e del lisciare producono, sotto forma di usure, sulle superfici di lavoro degli strumenti stessi. Il gesto del levigare è connesso ad un'azione abrasiva di asportazione costante di frammenti dal materiale in corso di lavorazione che crea strie, aree appiattite e solchi a V ed a U; diversamente, il gesto del lisciare è associato ad un'azione meno incisiva che produce superfici lisciate e spesso caratterizzate da lustrature estese, qualche volta associate a leggere striature di varia morfologia.

In alcuni siti neolitici italiani (per esempio: le Arene Candide: Starnini, Voytek 1997a e Pian del Ciliegio: Vicino 2009a) è stata identificata una sottocategoria di lisciatoi, denominati "*burnishers*" o brunitoi, caratterizzati da una morfologia peculiare a losanga, subovale o semilunata verosimilmente impiegati nella fase di lisciatura dei recipienti in ceramica (fig. 5).

In relazione a queste considerazioni, sono qui definiti levigatoi e lisciatoi quegli strumenti che, utilizzati in percussione appoggiata diffusa, sono stati impiegati rispettivamente per levigare e lisciare materiali solidi di vario tipo. Le differenze tra questi due tipi di strumenti riguardano il funzionamento e i processi di trasformazione in cui essi sono implicati, in particolare: a) levigatoio indica lo strumento ottenuto da rocce con proprietà abrasive, utilizzato prevalentemente, ma non in modo esclusivo, come elemento passivo con la finalità di levigare materiali solidi e rigidi (pietra, osso, corno, ecc.); b) lisciatoio indica lo strumento ottenuto da rocce dure, in genere a tessitura fine e compatta, impiegato unicamente come elemento attivo con la finalità di lisciare materiali solidi rigidi e flessibili.

Rispetto alla categoria degli strumenti per macinare, levigatoi e lisciatoi presentano, in gran parte dei complessi finora esaminati, una evidente variabilità morfodimensionale che dipende principalmente dalle eterogenee disponibilità locali di ciottoli e blocchi litici quasi sempre sfruttati senza alterarne tecnologicamente la forma; secondariamente, intervengono fattori connessi all'uso intensivo e prolungato, oltre che la pratica del recupero di supporti danneggiati (Monnier *et al.* 1997b; Starnini, Voytek 1997a; Hamon 2006; Vicino 2009a). In figura 6 vengono sintetizzate le principali caratteristiche morfologiche e tecnologiche utili a descrivere gli strumenti per levigare e lisciare, le quali saranno discusse nei capitoli dedicati all'analisi tecnofunzionale e le cui implicazioni archeologiche verranno trattate in sede di interpretazione dei risultati.

1.2.2 Strumenti che lavorano in percussione lanciata

Pestelli, percussori e trituratori

Nemmeno per questo gruppo funzionale esiste una terminologia specifica condivisa a livello nazionale (Perini 1987; Luzzi 1996; Garibaldi *et al.* 1999; Bassetti, Zamboni 2002; Migliavacca *et al.* 2008) e internazionale (Barfiled, Bagolini 1976; Wright 1991; 1992; Adams 1996; 2014b; Starnini, Voytek 1997a; Monnier *et al.* 1997a; De Beaune 1997; 2000; Dubreuil 2002; Hamon 2006). Tale situazione può essere imputata ad una serie di fattori tecnofunzionali intrinseci: in primo luogo, l'esteso ventaglio di funzioni di pestatura e triturazione documentate etnograficamente (De Beaune, 1989a; 1989b) ostacola il tentativo di applicare una terminologia di tipo funzionale; in secondo luogo, la generalizzata assenza di modificazioni tecnologiche dei supporti costituiti da ciottoli e piccoli blocchi in pietra, oltre alla tendenza a recuperare supporti di altri strumenti danneggiati in seguito all'uso (per esempio probabili abbozzi di lame d'ascia danneggiate in corso di lavorazione: Starnini, Voytek 1997a) (fig. 8) rende difficoltoso il loro riconoscimento come strumenti veri e propri; infine, la frequente tendenza all'uso sporadico e occasionale dei ciottoli determina un rapido ricambio funzionale con conseguente mancata formazione di usure chiaramente riconoscibili.

Le caratteristiche che generalmente accomunano questo gruppo di reperti sono la forma ergonomica del supporto che ne permette la salda manipolazione, l'assenza di interventi tecnologici e l'impiego attivo in percussione lanciata. In letteratura i parametri scelti per distinguere i singoli tipi di strumenti riguardano principalmente la morfologia del supporto e il relativo peso, la materia prima sfruttata e la localizzazione delle usure (Wright

1992; Adams 1996; 2014a; 2014b; Luzzi 1996; Monnier *et al.* 1997a; Starnini, Voytek 1997a; Garibaldi *et al.* 1999; De Beaune 2000). In base a tali considerazioni in questa ricerca sono stati distinti tre tipi di reperti:
a) Pestelli: sono ciottoli di forma oblunga più o meno pronunciata, caratterizzati da impatti di percussione, su una o entrambe le estremità, che formano piccole superfici di lavoro sia convesse che appiattite. Si tratta di una denominazione generica che non è limitata al trattamento esclusivo di sostanze alimentari, a cui spesso i pestelli vengono associati. Il loro funzionamento avviene grazie ad un movimento in percussione lanciata in linea con l'asse principale del supporto e non richiede nel gesto particolare forza;
b) Percussori: sono strumenti che assumono in seguito all'uso intensivo una morfologia sferoidale caratterizzata da impatti di percussione; sono utilizzati con un movimento di lancio ritmico e prolungato per lavorare altri oggetti, principalmente le superfici di macine e macinelli tramite martellinatura e per bocciardare asce. In altri casi, gli impatti di percussione formano una sorta di fascia che corre intorno al volume del supporto;
c) Martelli-trituratori: si distinguono dai pestelli per le maggiori dimensioni del supporto, trattandosi di strumenti utilizzati sommando forza muscolare al peso dell'oggetto. Diversamente dai pestelli, inoltre, possono essere usati sia su una o più estremità, sia su una faccia del supporto.

Le caratteristiche fisiche della materia prima, e in particolare tessitura e durezza, svolgono un ruolo di primo piano durante l'impiego degli strumenti percussori (Hansen, Eigeland 2009). Questi strumenti, infatti, lavorando esclusivamente in percussione lanciata, devono soddisfare diverse esigenze funzionali collegate alla frantumazione, pestatura, triturazione, polverizzazione e picchiettatura di materiali eterogenei (da molto duri a teneri, coesi e meno coesi, flessibili e rigidi, ecc.). La figura 7 mostra una sintesi delle principali caratteristiche morfologiche e tecnologiche utili a descrivere pestelli, percussori e trituratori. Nei capitoli dedicati all'analisi tecnofunzionale e nella parte conclusiva verranno discusse le principali peculiarità di questa eterogenea classe di reperti.

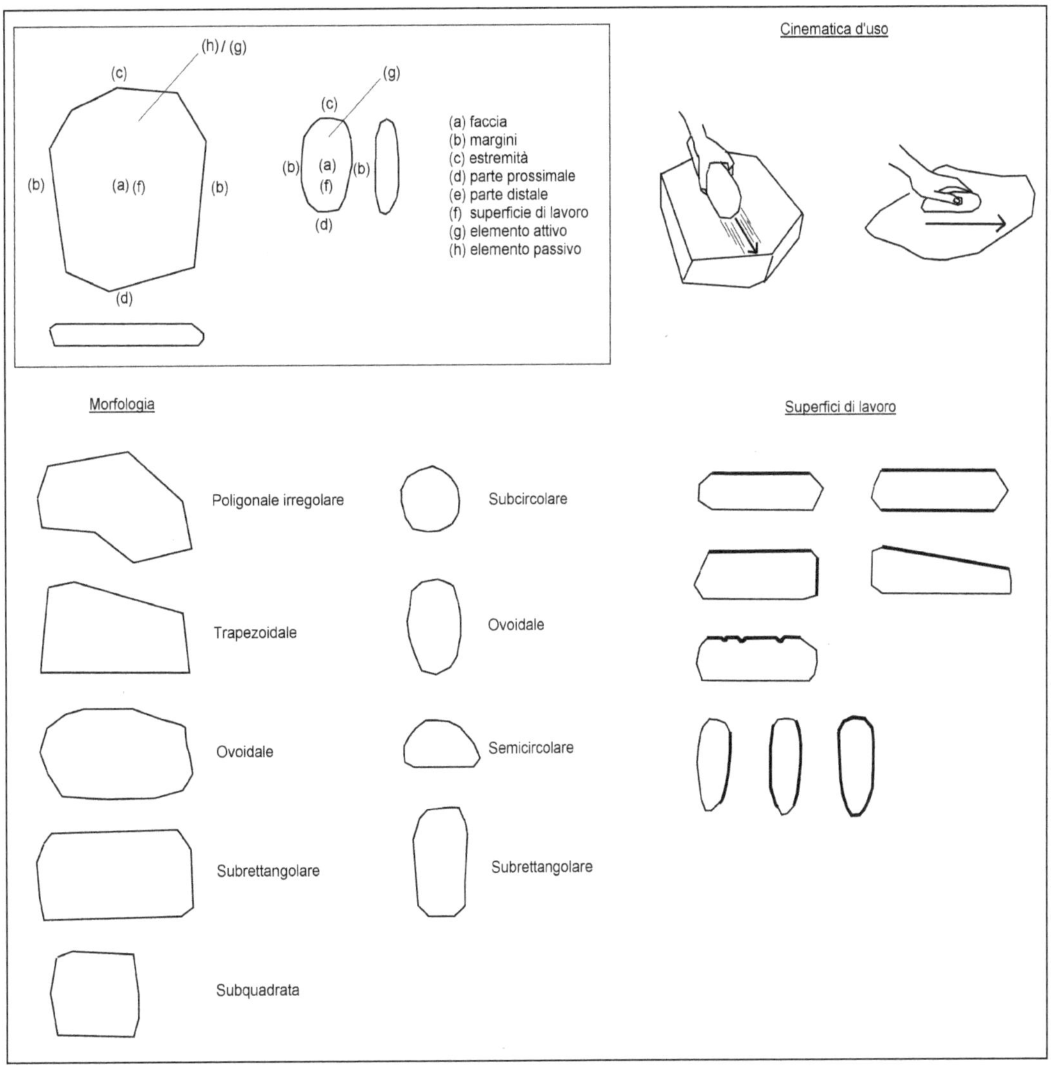

Figura 6 - Levigatoi e lisciatoi: rappresentazione schematica delle principali caratteristiche morfologiche, tecnologiche e funzionali che li descrivono.
Figure 6 - Abraders and polishers: schematic representation of their morphological, technological and functional feature.

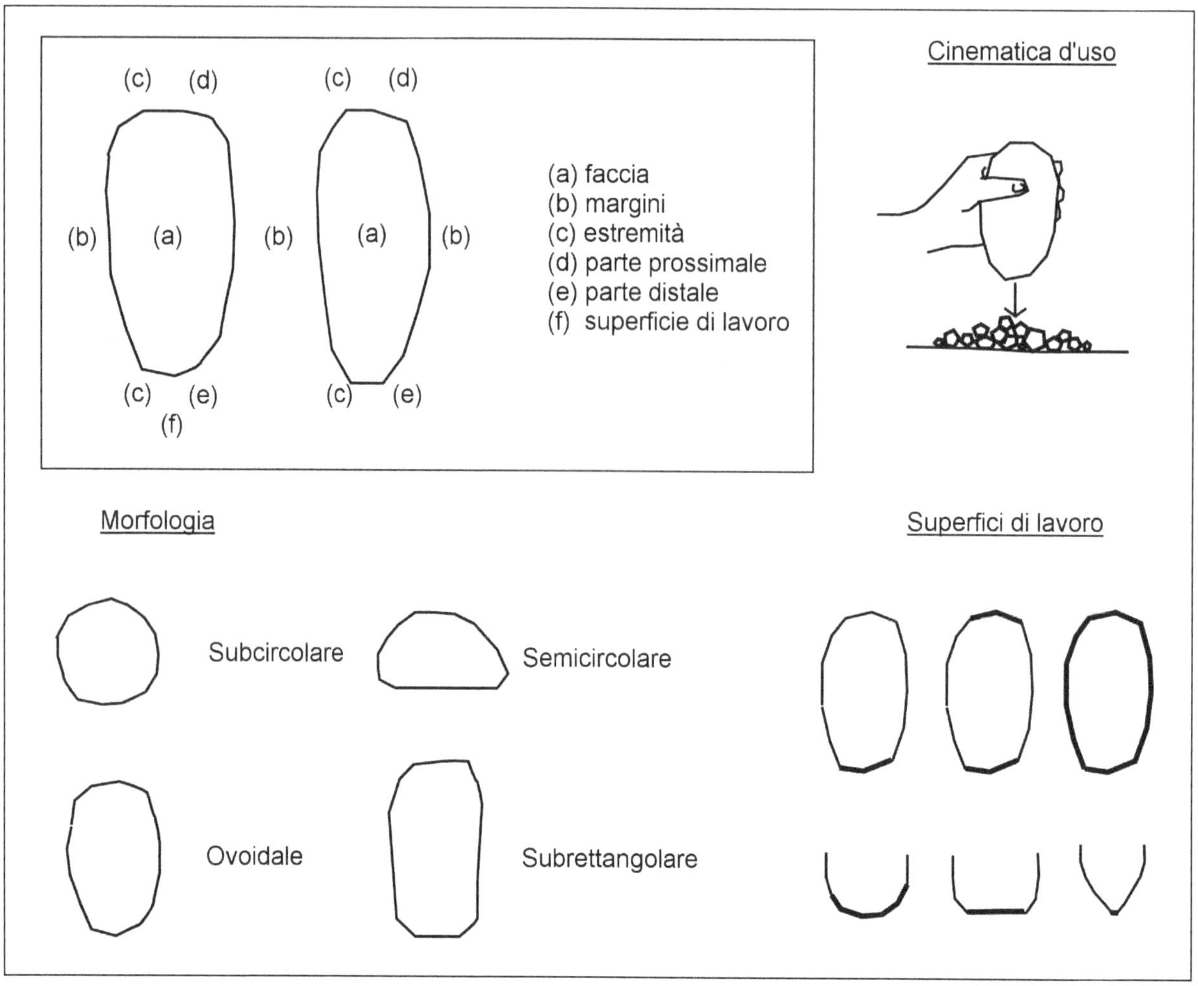

Figura 7 - Pestelli, percussori e trituratori: rappresentazione schematica delle principali caratteristiche morfologiche, tecnologiche e funzionali che li descrivono.
Figure 7 - Pestles, pecking stones and pounders: schematic representation of their morphological, technological and functional features.

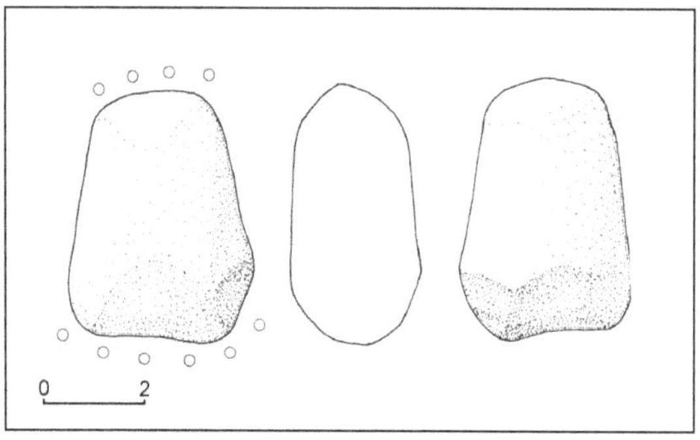

Figura 8 - Strumento percussore in pietra verde proveniente dai livelli VBQ della Caverna delle Arene Candide (Liguria) (da: Starnini, Voytek 1997a, 472, fig. 40-7, modificato).
Figure 8 - Greenstone pecking stone from the SMP layers of the Arene Candide cave (Liguria) (from: Starnini, Voytek, 1997a, 472, fig. 40-7, with modifications).

Asce, accette e scalpelli

Questa categoria di reperti comprende gli strumenti dotati di una (asce e accette) o anche due (scalpelli) estremità taglienti affilate ottenute grazie alla tecnica della levigatura della pietra su mola litica. Si tratta di lame tradizionalmente connesse ad attività di disboscamento ed alla lavorazione del legno, sebbene altri usi secondari siano etnograficamente documentati (per esempio: rimuovere corteccia, costruire barche, smembrare corpi di animali, arma di attacco e difesa: Clark 1965; Mc Carthy 1976; Wahl, König 1987; Hampton 1999; Pétrequin, Pétrequin 2000; 2012). Diversamente da asce ed accette lo scalpello, per via delle sue peculiarità morfologiche, veniva utilizzato in percussione appoggiata in lavori di precisione (Thirault 2004, 132; Croutsch 2005, 39) come la fabbricazione della mortasa del manico delle accette (Pétrequin, Jeunesse 1995, 82; Pétrequin, Pétrequin 2000; Elburg *et al.* 2015, 70 e fig. 7).

Nella letteratura internazionale vengono generalmente impiegati tre termini distinti per definire gli strumenti da taglio in base alla cinematica d'uso ed alle peculiarità funzionali: "*herminette/adze*", "*hache/axe*" e "*ciseau/chisel*" (Semenov 1964; Mills 1993; Pétrequin, Jeunesse 1995; Starnini, Voytek 1997a; Pétrequin, Pétrequin 2000; Stout 2002; Thirault 2004). Diversamente, in Italia, fin dagli esordi degli studi preistorici, tende a prevalere una distinzione basata su meno attendibili differenze di carattere morfodimensionale (Chierici 1881; Colini 1900; Bernabò Brea 1946). La distinzione tra lame d'ascia e lame d'accetta, infatti, riposa diffusamente sulle sole caratteristiche morfologiche, in base alle quali le accette dovrebbero avere una sezione appiattita e dimensioni ridotte, mentre le asce si distinguerebbero per una sezione centrale più spessa e dimensioni maggiori (Pessina, D'Amico 1999). Solo recentemente si è affermato un lessico di carattere più strettamente funzionale, basato cioè sull'analisi delle usure e dei confronti sperimentali, conforme alle designazioni internazionali (Delcaro 1996; Starnini, Voytek 1997a; Lunardi 2003a; 2008b).

Facendo riferimento alle specificazioni terminologiche basate in primo luogo sulle osservazioni microscopiche delle usure si distinguono tre tipi di strumenti da taglio: a) Lama d'ascia[2] (*herminette/adze*): è l'elemento litico che viene immanicato con il tagliente perpendicolare all'asse longitudinale del manico. Materia prima, forma, dimensioni e tecniche di lavorazione sono variabili; b) Lama d'accetta (*hache/axe*): è l'elemento litico immanicato con il tagliente parallelo all'asse longitudinale del manico. Materia prima, forma, dimensioni e tecniche di lavorazione sono variabili; c) Scalpello (*ciseau/chisel*): è l'elemento litico di forma allungata, con lati paralleli e dotato di una o entrambe le estremità taglienti. Nell'ambito geo-cronologico di questa ricerca sono state riconosciute due tipologie di scalpelli in pietra levigata (Pedrotti 1996a; Pessina, D'Amico 1999). Il primo tipo, non presente nei tre contesti analizzati, è lo scalpello *Schuhleistenkeil* "a cuneo di calzolaio", caratterizzato dallo spessore maggiore della larghezza, tipico dell'area nord-alpina ed attestato in area trentina (Pedrotti 1996a, 161-62). Il secondo tipo di scalpello è peculiare della fase arcaica della Cultura dei vasi a bocca quadrata (VBQ): nei reperti rinvenuti integri presenta generalmente due taglienti, lunghezza solitamente compresa tra i cinque e i dieci centimetri e sezione trasversale piano-convessa (Pedrotti 1996a; Starnini, Voytek 1997a; Pessina, D'Amico 1999).

Se la distinzione tra lame d'ascia e d'accetta, da un lato, e gli scalpelli, dall'altro, risulta piuttosto immediata grazie alla semplice diversificazione morfologica e al differente indice di allungamento (Pedrotti 1996a; Thirault 2004), la discriminazione fra asce e accette si rivela più problematica e basata esclusivamente sullo studio delle tracce d'usura (Semenov 1964; Mills 1993; Aimar *et al.* 1996; Starnini, Voytek 1997a). Infatti, la principale conseguenza dei due tipi di immanicatura riguarda direttamente l'utilizzo dello strumento, cioè le operazioni pratiche che è possibile svolgere facendo lavorare la sua parte attiva, il tagliente. Con l'ascia il tagliente compie un movimento subverticale, con andamento dei colpi dall'alto verso il basso, utile per tagliare, scavare, appianare masse lignee (Lunardi 2008b; 2009a; 2009b). Diversamente, il tagliente dell'accetta compie un movimento suborizzontale o inclinato e i colpi possono essere inferti verticalmente, orizzontalmente o obliquamente, in modo tale da tagliare e spezzare masse lignee (Lunardi 2008b; 2009a; 2009b) (fig. 9). L'analisi delle tracce d'usura e il parallelo riscontro con le repliche sperimentali consentono spesso di riconoscere se un reperto archeologico rinvenuto privo del suo manico sia stato impiegato come ascia o come accetta, attribuendogli così precise valenze funzionali.

In figura 10 vengono schematizzate le principali caratteristiche morfologiche e tecnologiche utili a descrivere lame d'ascia e d'accetta. Nei capitoli dedicati all'analisi tecnofunzionale e alle conclusioni verranno discusse le principali peculiarità di questa fondamentale classe di reperti.

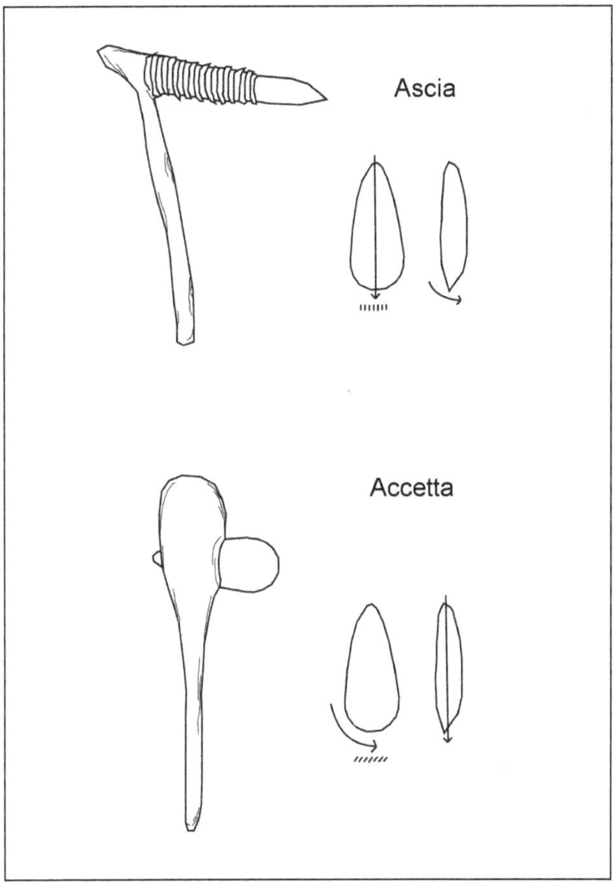

Figura 9 - Rappresentazione di ascia ed accetta in base all'angolo di immanicatura della lama rispetto al manico (il tipo di immanicatura è esemplificativo).
Figure 9 - Graphic representation of the cutting edged tools according to the blade fixing angle.

[2] I termini "ascia" ed "accetta" dovrebbero essere correttamente impiegati per designare lo strumento nella sua integrità, cioè completo dei tre componenti che lo costituiscono: lama in pietra, manico generalmente ligneo e sistema di immanicatura. Data l'eccezionalità di rinvenimento di strumenti integri nei contesti archeologici del territorio preso in esame si preferisce adottare, con valenza neutra, il termine "lama d'ascia" e "lama d'accetta", i quali, tuttavia, mantengono la propria valenza funzionale.

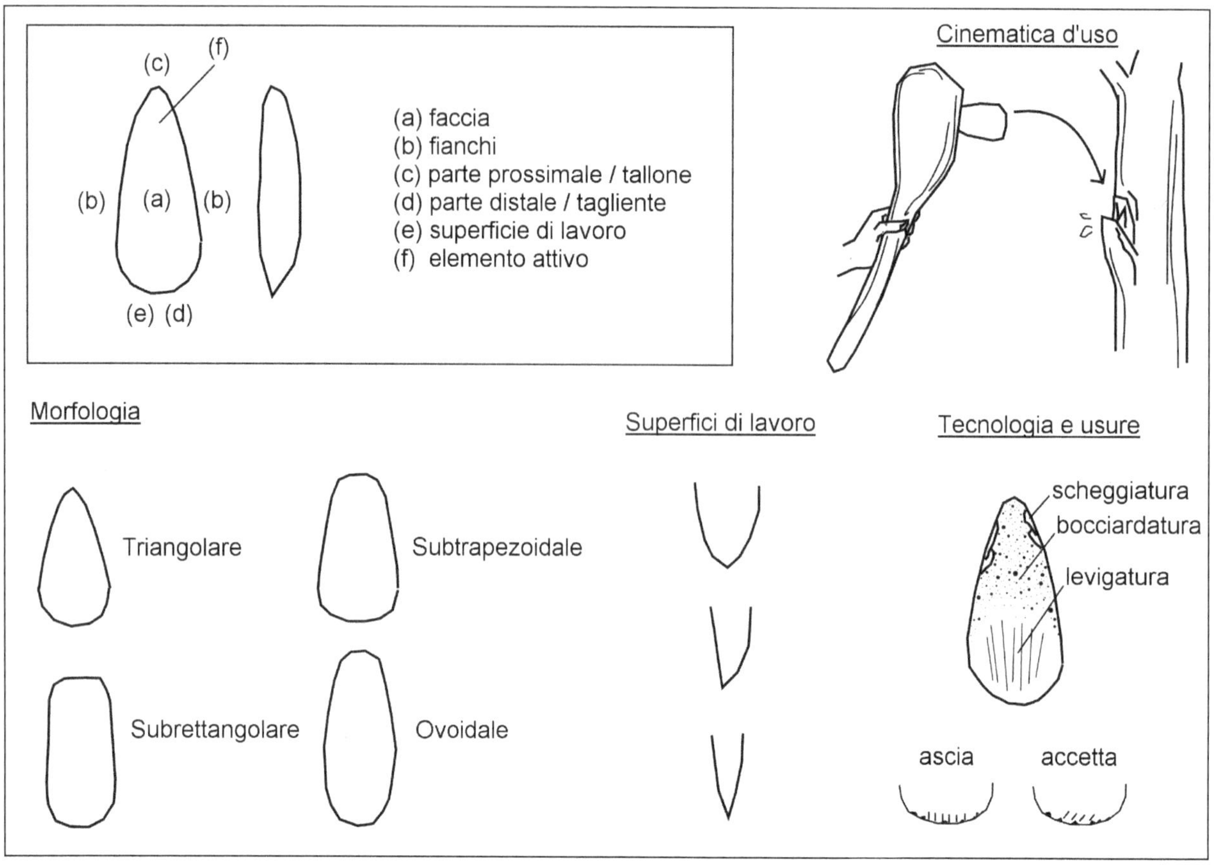

Figura 10 - Strumenti da taglio: rappresentazione schematica delle principali parti morfologiche, tecnologiche e funzionali che li caratterizzano.
Figure 10 - Cutting edged tools: schematic representation of their morphological, technological and functional features.

1.2.3 Strumenti che lavorano in percussione mista

Pestelli-lisciatoi e basi di lavorazione

Si è già accennato alla presenza, in differenti contesti crono-culturali, di manufatti caratterizzati da usure localizzate in diverse superfici del supporto e riconducibili ad un impiego polifunzionale (Wright 1991; De Beaune 2000). Nell'ambito dei siti presi in esame sono stati riconosciuti due tipi di strumenti polifunzionali: i pestelli-lisciatoi e le basi di lavorazione. I pestelli-lisciatoi sono strumenti ottenuti da ciottoli fluvio-glaciali selezionati in base alla loro forma ergonomica subovale e utilizzati senza una preventiva modificazione tecnologica del supporto. Sono caratterizzati dalla combinazione di differenti usure in diverse zone del supporto. Una o entrambe le facce presentano una lisciatura regolare delle superfici, a volte associata ad una lustratura diffusa più o meno intensa e a fasci di striature parallele disposte ortogonalmente all'asse principale del ciottolo. Queste usure sono riconducibili all'impiego in percussione appoggiata del ciottolo su materiali in grado di depositare un film sulla faccia dello strumento (Adams 1988; 2014a; Hamon 2006; Bofill, Taha 2013). Inoltre, su una o entrambe le estremità, e a volte anche lungo i margini, sono presenti tracce di percussione e scheggiature d'uso prodotte dall'utilizzo dello strumento in percussione lanciata. La natura e la localizzazione delle tracce d'usura, unite al confronto etnografico (Roux 1985; Adams 1988; Audoin-Rouzeau, Beyries 2002), fanno pensare che questi supporti venissero impiegati secondo due distinte cinematiche d'uso probabilmente connesse al medesimo processo di lavorazione: la percussione appoggiata sulle facce con funzione di lisciatura e la percussione lanciata su bordi ed estremità con funzione di battitura. Le basi di lavorazione sono blocchi litici abbastanza ampi e dotati di una superficie piana e regolare, non sottoposti a modifiche tecnologiche e caratterizzati da usure riconducibili ad attività di pestatura/triturazione e di levigatura di sostanze diverse. Questi strumenti si caratterizzano per essere stati utilizzati, in modo sincronico o successivo, per almeno due tipi diversi di attività. In figura 11 sono rappresentati alcuni esempi di strumenti in pietra non scheggiata provenienti dai siti neolitici presi in esame distinti in base alle categorie funzionali precedentemente descritte.

1.3 Storia degli strumenti in pietra non scheggiata

Al fine di focalizzare le problematiche archeologiche affrontate e come presupposto utile per entrare nel nucleo dello studio si ritiene opportuno premettere una sintesi sulle principali ricerche relative all'industria in pietra non scheggiata in diversi contesti geografici e crono-culturali. Tali lavori hanno permesso di superare l'idea secondo cui almeno parte degli strumenti non scheggiati costituiscano reperti di uso opportunistico e quindi poco significativi sotto i profili tecnofunzionale ed economico-culturale. Infatti, ad una mirata analisi essi rivelano spesso un'attenta scelta dei supporti, un utilizzo prolungato nel tempo, nonché una complessa gestione funzionale dei supporti (Hamon, Milleville 2006; Rowan, Ebeling 2008). Dal punto di vista diacronico l'industria in pietra non scheggiata presenta caratteristiche litologiche, tecniche e funzionali che variano in base all'area geografica e culturale considerate e delle quali si vuole offrire una panoramica generale e certamente non esaustiva.

1.3.1 Richiamo ai contesti preneolitici

Sebbene spesso associati precipuamente alle società agricole neolitiche, gli strumenti non scheggiati rappresentano una componente importante, per quanto numericamente limitata e ancora scarsamente indagata, anche della cultura materiale dei cacciatori-raccoglitori. Di tali oggetti sono tuttavia ancora poco noti distribuzione, entità e impieghi. In particolare, nel caso dei ciottoli solo un loro utilizzo intensivo e prolungato è in grado di produrre usure importanti e chiaramente distinguibili da alterazioni naturali e postdeposizionali consentendo, anche in assenza di interventi tecnologici, di identificarli come veri e propri strumenti. Questa condizione pone naturalmente delle restrizioni importanti allo studio di tali manufatti, principalmente nelle fasi remote della Preistoria.

Le testimonianze più antiche di reperti non scheggiati (*anvils, hammer stones* e *pounders*) provengono da contesti olduvaiani dell'Africa orientale (Leakey 1971; Mora, De la Torre 2005).

Figura 11 - Alcuni esempi di strumenti in pietra non scheggiata provenienti dai siti neolitici presi in esame distinti per categorie funzionali (foto: Anna Lunardi).
Figure 11 - Examples of non-chipped stone tools from the studied neolithic sites (photos: Anna Lunardi).

Tuttavia, è con il Paleolitico Superiore che i *macrolithic tools* cominciano a diffondersi e ad assumere aspetti distintivi (De Beaune 1993; 1997; 2000; Fullagar, Field 1997; Goren-Inbar *et al.* 2002; Klein 2009). Le attività espletate, finalizzate alla pestatura, alla frantumazione e alla polverizzazione, sono riconducibili al consumo alimentare - con grano selvatico (Piperno *et al.* 2004), avena altissima (Carra 2012) e amidi in genere (Revedin *et al.* 2009) - e al trattamento di materie prime (De Beaune 1989b; 1993; 1997; 2000; 2002; González, Ibánez 2002; Goren-Inbar *et al.* 2002; Daulny, Dachary 2009).

Avvalendosi di dati etnografici e dei fondamenti teorici messi a punto da A. Leroi-Gourhan (1971), integrando tali approcci con analisi funzionali e sperimentali, S. De Beaune ha proposto un ampliamento della denominazione di "*compresseurs*" e "*retouchoirs*" attribuita ad un'ampia categoria di reperti, delineando una struttura terminologica ben definita che qui si richiama con qualche esempio, rinviando alla letteratura specifica per i necessari approfondimenti: "*enclumes*", "*percuteurs*", "*galets à cupules*", "*meules*", "*broyeurs*", "*polissoirs*" e "*lissoirs*" (De Beaune 1997; 2000; 2004).
In Italia è diffusa l'attribuzione generica di "ritoccatoi" assegnata ai reperti che condividono il tipo di supporto, costituito da ciottoli piatti di piccole dimensioni quasi sempre in calcare, ma non le tracce d'uso variabili per morfologia (strie, picchiettature, scheggiature, lisciature) e localizzazione (Leonardi 1979).

Un altro circoscritto gruppo di reperti, denominati "ciottoli a cuppelle", sono noti in tutta la Penisola e provengono da siti del Gravettiano e dell'Epigravettiano; alle medesime fasi culturali e con una diffusione che continua fino al Mesolitico sono associati anche ciottoli definiti "lisciatoi" ed "incudini" (Aranguren, Revedin 1997; 2008). Strumenti con caratteristiche in parte analoghe (*outils à cupules*) sono attestati in diversi contesti europei di varia epoca, dal Paleolitico Superiore all'Età del Rame e si contraddistinguono spesso per un uso multiplo e simultaneo delle varie parti del supporto (De Beaune 2000; Hamon *et al.* 2009).

Ad oggi l'insieme più consistente di *macrolithic tools* preneolitici finora noto in Italia settentrionale e studiato secondo un approccio tecnofunzionale è inquadrabile alla fine dell'Epigravettiano e proviene dal Riparo Dalmeri (Trento). Il sito ha restituito, accanto ad oltre due centinaia di pietre dipinte (*vedi infra*), 12 strumenti ottenuti da ciottoli e frammenti di rocce locali impiegati in diverse attività quotidiane come la scheggiatura della selce e la lavorazione della pelle e della pietra (Cristiani *et al.* 2012).

La peculiarità di alcuni ciottoli provenienti da siti del Paleolitico Superiore è quella di presentare, accanto ad abrasioni, picchiettature e politure d'uso, delle decorazioni incise o dipinte (De Beaune 1989b; Aranguren, Revedin 1997; Arrighi *et al.* 2008; Cristiani, Dalmeri 2011; Cristiani *et al.* 2012): queste ultime possono precedere o essere successive all'utilizzo del supporto come strumento e lasciano aperta la problematica relativa alle interazioni nella successione decorazione-utilizzo.

La maggior concentrazione di ciottoli dipinti nell'area padano-alpina proviene dal Riparo Dalmeri, dove si contano 267 pietre dipinte (Dalmeri *et al.* 2005; 2006; Cristiani *et al.* 2012). Ciottoli caratterizzati da decorazioni per lo più incise sono attestati anche in contesti della fase preneolitica del Vicino Oriente e sono riconducibili a strumenti utilizzati per levigare oggetti di varia natura (Shaham, Belfer-Cohen 2013; Molist *et al.* 2013).

Diversi strumenti, prevalentemente su ciottolo, sono caratterizzati da residui di ocra/ematite verosimilmente usata nel trattamento del pellame (Aranguren *et al.* 2006; Aranguren, Revedin 2008; Dubreuil, Grosman 2009; Cristiani, Dalmeri 2011), ma con risvolti anche di carattere simbolico e metafunzionale come attestato alle Arene Candide e nel Levante con il loro rinvenimento in contesto funerario (Cardini 1980; Dubreuil, Grosman 2009; Dubreuil, Plisson 2010) e nel Riparo Dalmeri dove sono attestati vari soggetti zoomorfi e antropomorfi (Dalmeri *et al.* 2005; 2006).
La presenza di ciottoli con residui di ocra o ematite in quantità significative in alcuni contesti del Paleolitico Superiore può essere considerata indicativa di una tappa tecnologica di "pre-adattamento" all'economia agricola (Wright 1992; De Beaune 2000; Dubreuil 2002; Van Peer *et al.* 2003). Verso la fine dello stile di vita predatorio si riscontra una generalizzata e maggiore diversificazione di materia prima, forma e usure degli strumenti come probabile conseguenza della specializzazione funzionale assunta da alcuni tipi di strumenti e dell'uso multifunzionale di altri (De Beaune 1993; 1997; 2000; 2002; Wright 1994; Dubreuil 2008; Klein 2009; Rosenberg *et al.* 2012).

In questo periodo fanno la loro comparsa le prime vere e proprie macine, cioè strumenti usati eseguendo il gesto tecnico della percussione appoggiata diffusa che permette di ridurre in frammenti molto fini e regolari sostanze diverse, in primis coloranti minerali e secondariamente vegetali destinati al consumo alimentare (Wright 1992; 1994; De Beaune 2002; 2004).
Per quanto riguarda l'Italia, si ricordano i due reperti provenienti dal sito Gravettiano del Bilancino (Firenze) datati a circa 30000 BP[3]: si tratta di un ciottolo usato per macinare ematite (Aranguren *et al.* 2006; Aranguren, Revedin 2008) e di due frammenti di cui il primo funge da elemento attivo e il secondo da elemento passivo

[3] Tutte date sono espresse in anni radiometrici BP non calibrati.

(Longo, Lunardi 2008; Revedin *et al.* 2009; 2010) (fig. 12) usati per triturare i rizomi della pianta acquatica di *Typha*, da cui si ottiene una farina commestibile simile a quella di cereali (Aranguren, Revedin 2008).
Testimonianze indirette del probabile consumo alimentare di graminacee durante il Paleolitico Superiore provengono anche dal Riparo Dalmeri (Trento), dove sono stati riconosciuti diversi bulbi di avena altissima (Carra 2012). Tuttavia, l'identificazione di residui vegetali sulle superfici attive di macine preneolitiche è ad oggi problematica, probabilmente legata alla deperibilità degli amidi o al lavaggio dei reperti (Revedin *et al.* 2009), e comunque non sempre affidabile (Fullagar *et al.* 2012, 34).

1.3.2 Il Neolitico

Gli studi dedicati all'industria non scheggiata neolitica sono sostenuti non solo dalla maggiore diffusione e "riconoscibilità tipologica" di gran parte dei reperti, ma soprattutto dal legame di correlazione tra macine ed asce con le innovazioni alimentari e tecniche addotte dall'economia produttiva. Tale interesse scientifico ha portato al recente perfezionamento della metodica di osservazione e definizione microscopica delle tracce d'uso (Adams *et al.* 2009; Adams 2014a; Dubreuil, Savane 2013; Dubreuil *et al.* 2015). In generale scaturisce l'idea che i *macrolithic tools* in uso presso le popolazioni agricole si presentino tipologicamente vari e specializzati rispetto alle epoche precedenti (Moore *et al.* 2000) e tendano ad una progressiva uniformità morfodimensionale perlomeno in alcuni tipi di strumenti (Rosenberg *et al.* 2012), pur senza precludere l'impiego multifunzionale di alcuni supporti (Hamon 2006).

La fase di passaggio da un'economia predatoria a un'economia produttiva si presenta cruciale per lo sviluppo e la diffusione dell'industria non scheggiata. Nel Vicino Oriente l'incremento e la differenziazione degli strumenti non scheggiati durante il Natufiano si inserisce in un contesto di trasformazioni fondamentali nello stile di vita dell'uomo (economia produttiva, sedentarietà, architettura in pietra, necropoli, arte, gerarchie sociali) (Dubreuil *et al.* 2015; Yeshurun *et al.* 2014). Inoltre, in questa fase comincia lo sfruttamento intensivo delle risorse vegetali (Portillo *et al.* 2010; Rosenberg *et al.* 2012), alcune delle quali considerate una fonte di cibo "allettante" nel periodo di forte stress ambientale che precede il processo di neolitizzazione nel Levante (Wright 1991; 1992; 1994; 2008; Dubreuil 2003; 2004; 2008). Durante la fase del Neolitico pre-ceramico, in concomitanza con le più antiche attestazioni di cereali domestici, si assiste ad una rapida diffusione di macine e macinelli che vanno progressivamente a sostituire mortai e pestelli, questi ultimi diffusi in vari siti del Levante (Dubreuil, Plisson 2010; Rosenberg *et al.* 2012; Bofill 2012; Conard, Zeidi 2013).

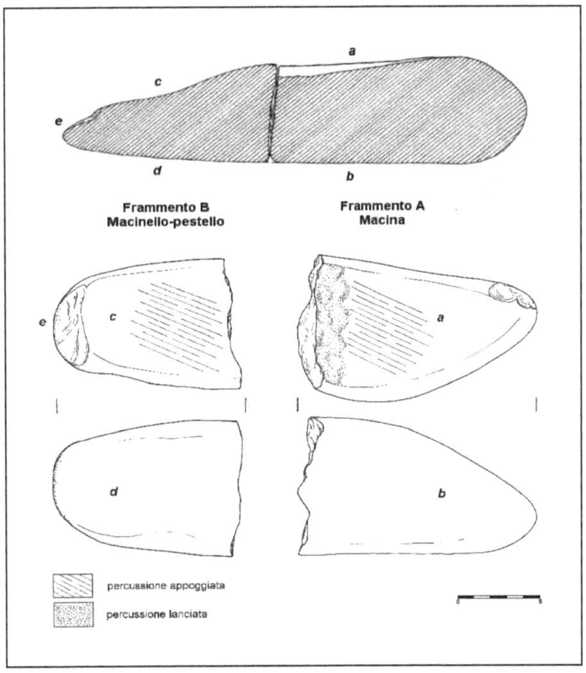

Figura 12 - Macina e macinello dal sito del Bilancino (Toscana) usati per triturare vegetali (disegni: Anna Lunardi).
Figure 12 - Grinding stone and handstone from Bilancino site (Toscana) used to grind plants (drawings: Anna Lunardi) (Reproduced with permission of BAR Publishing, www.barpublishing.com).

L'incremento di macine e macinelli testimonia, infatti, l'introduzione della tecnica della macinatura (*grinding*) effettuata in percussione appoggiata e il superamento della meno efficiente pilatura/pestatura effettuata invece in percussione lanciata (*crushing and pounding*) come conseguenza di una rivoluzione economica e culturale introdotta dal modo di vita neolitico (Wright 1992; 1994; 2000; Dubreuil 2003; 2008; De Beaune 2004; Yeshurun *et al.* 2014). Gli strumenti con ampie e piane superfici attive (macine e macinelli) sono associati alla macinatura di cereali ed altri vegetali (leguminose), mentre gli strumenti con superfici di lavoro concave (mortai e pestelli) sono collegati alla lavorazione di alimenti principalmente ricchi di grassi (nocciole) e leguminose (Dubreuil 2002; 2008) o alla preparazione di pigmenti (Conard, Zeidi 2013). Inoltre, l'introduzione delle macine avrebbe avuto come conseguenza un'organizzazione della produzione di cibo su scala domestica (nucleo familiare?) (Hamon 2004; Belfer-Cohen, Hovers 2005) espletata dalla componente femminile del gruppo familiare (Dubreuil, Plisson 2010).
Grazie all'analisi tecnologica e funzionale degli strumenti per macinare di vari siti natufiani del Levante, è emerso che l'incremento di questi reperti durante il Neolitico pre-ceramico è accompagnato da una relativa standardizzazione della loro morfologia (Rosenberg *et al.* 2012), un maggiore investimento nella selezione della materia prima e nella trasformazione tecnologica, oltre a una specializzazione funzionale nel trattamento di vegetali (principalmente cereali e leguminose) che

diventano una risorsa alimentare primaria nel sistema di sussistenza natufiano (Dubreuil 2003; 2004; 2008).
Molto diffusi nel Vicino Oriente sono anche gli strumenti contrassegnati da solchi e incavi probabilmente riconducibili alla levigatura di oggetti affusolati in legno/pietra o altri materiali duri (Rosenberg *et al.* 2012; Molist *et al.* 2013; Vered 2013).

Macine e macinelli, lame d'ascia, levigatoi, lisciatoi e pestelli entrano ben presto a far parte integrante anche del bagaglio culturale delle più antiche comunità del Neolitico in Anatolia, Transcaucasia, Grecia (Hersh 1981; Perlès 2001; Hamon 2008a; 2008b; Stroulia 2010), nella regione balcanica (Težak-Gregl, Burić 2002; Antonović 2003; 2006; Burić *et al.* 2004; Anastassova 2008), in Ungheria (Starnini 1998; Starnini *et al.* 2007) e nel Bassopiano francese (Hamon 2003b; 2006; 2007).
In tutta Europa gli strumenti non scheggiati subiscono un progressivo incremento quantitativo e qualitativo. In particolare, macine e macinelli sono gli strumenti impiegati prevalentemente per produrre farine da vari tipi di cereali che costituiscono in molte aree la base dell'alimentazione umana. Tuttavia sono documentati anche impieghi secondari delle macine, usate anche in diverse attività abrasive come la levigatura di oggetti di ornamento in pietra, conchiglia e materie dure animali (Miller 2002; Hamon 2006).

Nel Nord della Francia vengono ampiamente sfruttati diversi tipi di arenaria locale sotto forma di ciottoli non trattati o sottoposti a vari interventi tecnologici per svolgere un ampio spettro di attività che coinvolgono l'ambito artigianale (*outils d'abrasion, polissage et percussion*) e la preparazione alimentare (*outils de mouture et broyage*). Analisi funzionali hanno permesso di riconoscere, nell'ambito del primo gruppo di attività espletate per mezzo di *polissoirs*, *lissoirs*, *abraseurs*, *galets de concassage* ed *enclumes*, la levigatura di oggetti in pietra o in materia dura animale e la frantumazione di degrassanti e minerali. Tra le attività destinate alla preparazione alimentare si annoverano la macinatura di cereali ed altre piante commestibili effettuata con *meules*, *molettes* e *broyons*, ma è attestata anche la polverizzazione di minerali coloranti eseguita anche con supporti di macine e macinelli riutilizzati (Hamon 2003a; 2003b; 2004; 2006; 2007; 2008a).

Per quanto riguarda la regione padano-alpina italiana gli strumenti in pietra non scheggiata sono attestati in quantità variabile nei siti riferibili alle molteplici *facies* che danno vita al mosaico culturale del Neolitico antico[4].
Poco affrontate sono ad oggi le problematiche archeologiche relative ad alcune importanti categorie di manufatti, principalmente macine e macinelli (Luzzi 1996; Starnini, Voytek 1997a; Garibaldi *et al.* 1999; Zamagni 2003), per i quali si rilevano difficoltà di analisi connesse alla frammentarietà dei reperti, al relativo riconoscimento tipologico, al numero spesso esiguo e alla non ancora avviata sistematizzazione dei risultati finora conseguiti. Alle Arene Candide si rileva un'attenzione alla scelta della materia prima, effettuata su scala regionale, e alle caratteristiche formali dei supporti, in alcuni casi intervenendo con opportuni trattamenti tecnologici tramite sbozzatura lungo i margini dei ciottoli. Gli strumenti per macinare presentano spesso un piano di lavoro usurato (Starnini, Voytek 1997a).

Pur tenendo conto della quasi assenza di studi funzionali mirati, sembra comunque meno incisiva la presenza di macine e di generiche basi di lavorazione rispetto alle successive fasi della Cultura VBQ, imputabile forse al ruolo secondario svolto dall'agricoltura nell'ambito delle prime comunità neolitiche padane (Garibaldi *et al.* 1999).

In letteratura sono esaminati soprattutto gli strumenti da taglio in pietra levigata (tra gli altri: Venturino Gambari 1996; Pessina, D'Amico 1999; Starnini *et al.* 2004; D'Amico *et al.* 2006) (fig. 9) e gli anelloni (Tanda 1977; Traversone 1996; Pessina, D'Amico 1999) a causa delle interessanti implicazioni culturali derivanti dall'esame degli aspetti petroarcheometrici e di circolazione delle materie prime. Dal punto di vista tipologico si evidenzia la generale assenza, nei contesti del primo Neolitico, di scalpelli, di cui sono noti sporadici esemplari (Vhò di Piadena: Starnini *et al.* 2004 e Catignano: Zamagni 2003). Esemplari di scalpelli a doppio tagliente sono invece peculiari della fase VBQ antica e sono attestati in diversi siti VBQ abitati durante lo Stile geometrico-lineare (Pedrotti 1996a; Pessina, D'Amico 1999; Starnini *et al.* 2004). Nel Neolitico Antico sono invece attestate diverse tipologie di lame d'ascia (Pessina, D'Amico 1999) iniziando lo sfruttamento delle pietre verdi che raggiungerà il suo apice con la fase matura del Neolitico.
I reperti in pietra levigata non provengono da contesti funerari, data l'assenza di documentazione relativa a sepolture riferibili al Neolitico Antico nell'area padano-alpina (Biagi, Starnini 2016; Starnini *et al.* 2017), in contrasto con la successiva e ricca consuetudine VBQ.
Se si tralasciano aspetti circoscritti in singoli contesti, nel complesso si assiste ad un utilizzo "ragionato" e generalmente prolungato nel tempo degli strumenti, i quali sono ottenuti con nuove tecniche di lavorazione che si affiancano alla tradizionale scheggiatura della selce (bocciardatura e levigatura delle asce, martellinatura delle macine).
Accanto a veri e propri manufatti, perdura l'impiego di supporti naturali costituiti per lo più da ciottoli di varia forma, non lavorati e sottoposti ad un utilizzo, occasionale o meno, destinato principalmente al trattamento di minerali, tra cui l'ocra (Starnini, Voytek 1997a; Vicino 2009b).

[4] Si richiamano i principali riferimenti bibliografici delle diverse *facies*: Ceramica Impressa: Venturino Gambari 1996; Starnini, Voytek 1997a; Garibaldi *et al.* 1999; Gruppo del Vhò: Venturino Gambari 1996; Starnini *et al.* 2004; Gruppo del Gaban: Pedrotti 2001; Gruppi friulani: Starnini 1995; Pessina, D'Amico 1999; Pessina *et al.* 2006.

1.3.3 La Cultura dei vasi a bocca quadrata

Con la Cultura VBQ gli strumenti da taglio e gli strumenti per macinare, levigare e pestare si diversificano tipologicamente ed aumentano di numero rispetto al Neolitico antico, probabilmente come conseguenza del crescente peso delle attività produttive e degli aspetti ad esse correlati (maggiore stanzialità e opera di deforestazione) (Biagi 1987; Starnini, Voytek 1997a; Lunardi, Starnini 2013).

Manufatti non scheggiati si ritrovano in contesti abitativi, funerari e simbolici (depositi o nascondigli). Riguardo all'ambito funerario è ben nota in letteratura la presenza di strumenti da taglio in pietra verde fra gli oggetti di corredo delle sepolture (Bagolini, Barfield 1971; Bagolini 1990a; Bagolini, Grifoni Cremonesi 1994; Pedrotti 1996a; Bernabò Brea *et al.* 2012; 2014a; Mazzieri, Occhi 2014; Castagna *et al.* 2014). Asce e scalpelli, spesso accuratamente lavorati e ottenuti da rocce rare e pregevoli, sembrano essere principalmente associati a maschi adulti o a ragazzi giovani, mentre sono sporadici in tombe femminili (Barfield 1970; Bagolini 1990a; Pedrotti 1996a; 2001; Bernabò Brea *et al.* 2006; Bernabò Brea *et al.* 2012; 2014a; Castagna *et al.* 2014). Richiamando alcuni dati etnografici (Hampton 1999; Pétrequin, Pétrequin 2000; 2012) - dove la produzione e l'uso degli strumenti da taglio rimane una prerogativa esclusivamente maschile - sembra attendibile pensare che tali strumenti servissero a sottolineare lo *status* dell'individuo nel periodo in cui verosimilmente si andavano formando le prime gerarchie sociali: ciò troverebbe conferma dal fatto che, nelle necropoli, asce e scalpelli sono presenti solamente in alcune tombe, quasi sempre maschili, e sono spesso inseriti in ricchi corredi costituiti da punte o lame in selce ed elementi di prestigio o di connotazione simbolica (es. ocra e zanne) (Bernabò Brea *et al.* 2012; 2014a).

Le caratteristiche che sottendono un valore sociale delle lame riguardano sia aspetti litologici (scelta di rocce tenaci, difficili da lavorare e dotate di pregio estetico nel colore e nelle venature) sia aspetti tecnologici (forma regolare, levigatura accurata estesa su tutta la superficie, lavorazione di una materia prima considerata "sacra") (Pétrequin *et al.* 2002; 2006b; 2012; Bernabò Brea *et al.* 2012). Tali valenze estetico-simboliche possono essere legate a particolari aspetti culturali - espressione di ineguaglianze all'interno della comunità, competizioni sociali e marcatura di *status* (Cassen, Pétrequin 1999; Pétrequin *et al.* 1998; 2006b; Barfield 2003) - particolarmente evidenti nei momenti di maggiore crescita demografica e cristallizzati nel rituale funerario. Inoltre, il simbolismo può essere connesso al controllo dell'uomo sulla natura (Whittle 1995) o ancora riti (Skeates 2002) e cerimoniali generalmente di carattere funerario o matrimoniale (Pétrequin *et al.* 2002, Thirault 2004; Pétrequin, Pétrequin 2012) o, infine, a poteri taumaturgici di guarigione dai mali (Clark 1965; Pétrequin, Jeunesse 1995).

Dal punto di vista tipologico emergono due novità rispetto ai reperti levigati attestati nel Neolitico antico: in primo luogo, la diffusione di un tipo peculiare di scalpello[5], contraddistinto da una o, negli esemplari rinvenuti integri, entrambe le estremità taglienti e la sezione trasversale solitamente piano-convessa; dall'altro, il caratteristico aspetto assunto dalla maggior parte delle lame d'ascia, ottenute da supporti più grandi (in media 10-12 cm) e pesanti, di forma triangolare spessa, con tallone arrotondato o appuntito, tagliente arcuato e bocciardatura visibile sul tallone, lungo i fianchi e fino a metà lama, riservando la levigatura al solo tagliente (Pessina, D'Amico, 1999; Lunardi 2003a; Bernabò Brea *et al.* 2012).

Le materie prime sfruttate sono ascrivibili all'eterogeneo gruppo delle "pietre verdi" provenienti dal territorio ligure-piemontese e rappresentate principalmente da eclogiti, omfacititi, giadeititi, rocce glaucofaniche e litologie minori (D'Amico *et al.* 2003): l'uso esclusivo o comunque prevalente delle pietre verdi accomuna tutti i contesti neolitici finora analizzati dal punto di vista petrografico (per una sintesi: D'Amico 2000; 2002; 2005; D'Amico, Starnini 2000; 2012a; D'Amico *et al.* 2002; 2003a; 2006).

L'approvvigionamento di tali materie prime delinea un quadro piuttosto complesso ed ancora poco condiviso (Pétrequin *et al.* 2006a; D'Amico, Starnini 2007), dove, però, lo sfruttamento dei ciottoli alluvionali reperibili lungo i bacini dei corsi d'acqua collocati tra la Liguria e il Piemonte meridionale sembra essere dimostrato dalla scoperta dell'*atelier* di Rivanazzano posto non lontano dai detriti alluvionali ricchi di pietre verdi (D'Amico, Starnini 2006; 2012b). Altri Autori ipotizzano lo sfruttamento anche da fonti primarie in alta quota, in particolare il Monviso (Pétrequin *et al.* 2007; 2008a; 2012).

Poco ricorrenti in contesti funerari VBQ sono, invece, i rinvenimenti di macine o comunque blocchi litici più o meno grandi dotati di una superficie piana, i quali sembrano più spesso associabili a inumati di sesso femminile e a volte anche a individui giovani (Delfino, Calabria 1981; Pedrotti 2001; Bernabò Brea *et al.* 2014a). I corredi femminili sono in genere arricchiti anche da ornamenti personali in osso, conchiglia e pietra (Mazzieri, Micheli 2014). Macine e massi interpretati come macine sono state rinvenuti in particolare in alcune necropoli VBQ in area alpina (La Vela: Bagolini 1990a) ed emiliana (Le Mose, Via Giudorossi, Collecchio: Bernabò Brea *et al.* 2014a). Si tratta di un rituale che

[5] È attestato un secondo e più raro tipo di scalpello definito "a cuneo di calzolaio" (*Schuhleistenkeil*) di forma carenata, presente in Trentino (Barfield 1970; 1972).

presenta analogie con la tradizione neolitica d'Oltralpe e che probabilmente è connesso al simbolismo del cibo in ambito funerario (Beeching 2003; Hamon 2006). Nelle sepolture VBQ le macine sono in genere collocate vicino ai piedi, ma possono essere poste ai lati della fossa o della cista litica, oppure essere usate come cuscino funerario (Pedrotti 2001; Bernabò Brea *et al.* 2014a).

Un altro aspetto caratteristico del pieno Neolitico è il fenomeno di tesaurizzazione di lame d'ascia ed altri oggetti levigati sotto forma di ripostigli nascosti noti in Italia e nel continente, principalmente nel territorio francese (Pétrequin, Jeunesse 1995, 95; Zamagni 1996b; Barfield 2000; 2003; Coppola 2003). Per quanto riguarda le lame d'ascia, i tesoretti sono composti da un numero variabile di strumenti (da pochi esemplari fino a qualche decina) che si caratterizzano spesso per notevole lunghezza (in alcuni casi fino ad oltre 30 cm), una lavorazione accurata e di elevata qualità e l'utilizzo di materie prime rare, pregiate e di difficile lavorazione. Alcuni esemplari d'Oltralpe presentano una bocciardatura "ad anello" in prossimità del tallone, probabilmente prodotta dopo la levigatura del corpo della lama per favorire l'immanicatura: questa particolare lavorazione contraddistingue le asce "*d'apparat*" (Ricq-de Bouard, Buret 1987; Ricq-de Bouard 1996) ed è riconoscibile anche su un reperto piemontese di provenienza ignota (Zamagni 1996b, 149 e fig. 106-4). Tali esempi di tesaurizzazione sembrano attestare forme di accumulo di ricchezze e di beni di prestigio come conseguenza dell'instaurazione di una marcata stratificazione sociale all'interno delle comunità, dove singoli individui o ristretti gruppi familiari detenevano il controllo dei traffici di materie prime o dei prodotti finiti e che per questo si contraddistinguevano per un elevato *status* sociale. Di conseguenza, asce ed accette di eccellente fattura diventavano emblemi di posizione gerarchica e sociale proprio come si rileva presso le attuali popolazioni indigene della Nuova Guinea (Hampton 1999; Pétrequin, Pétrequin 2000; 2012; Stout 2002). Esempi di contesti deposizionali sono noti anche per strumenti per macinare, espressione anch'essi di un preciso valore socio-economico (Graefe *et al.* 2009).

Molto comuni e diversificati sono i manufatti non scheggiati rinvenuti nei contesti insediativi e riconducibili alle svariate attività di sostentamento, trasformazione di materie prime e lavorazioni artigianali connesse allo stile di vita stanziale neolitico. Lame d'ascia sono attestate anche in contesti abitativi, anche se in proporzione inferiore rispetto alle necropoli, e si caratterizzano per taglienti in genere usurati (Bernabò Brea *et al.* 2012).

Tra le attività di sussistenza possiamo ricordare principalmente la macinatura dei cereali. Essa rappresenta una fase importante nell'articolato processo della lavorazione dei cereali compresa tra la (eventuale) pilatura dei chicchi e la preparazione alimentare della farina macinata (Alonso Martinez *et al.* 2013). I risultati dello studio delle patologie dentarie confermano l'accresciuto consumo di cereali presso le comunità VBQ, comprovato anche dall'aumento della frequenza della carie (Bernabò Brea *et al.* 2006; Iacumin *et al.* 2014). La presenza nei siti VBQ di strumenti preposti alla macinatura di cereali è genericamente attestata in letteratura perché sono ancora scarsi gli studi che si sono finora occupati dell'analisi delle tracce d'uso delle superfici attive di questa categoria funzionale (Lunardi, Starnini 2013). Macine, spesso frammentarie, sono rinvenute in pozzetti e fosse scavate nel terreno di forma e dimensioni variabili in diversi siti VBQ (Chiozza di Scandiano: Laviosa Zambotti 1943; Rivoli Monte Rocca: Barfield, Bagolini 1976; Razza di Campegine: Cazzella *et al.* 1976).

Se il limite metodologico rappresenta un ostacolo facilmente superabile con l'adozione di criteri euristici, l'utilizzo di strumenti formalmente simili alle macine per attività diverse dalla macinatura di cereali (polverizzazione di ocra ed altri minerali: Starnini, Voytek 1997a; Vicino 2009b) e la necessità di ravvivare periodicamente il piano di lavoro usurato tramite martellinatura sono fattori che possono disturbare l'esito dell'analisi funzionale. Lo studio delle usure delle macine rappresenta tuttavia uno strumento fondamentale per comprendere l'incidenza del consumo di cereali in un dato contesto anche in assenza di studi paleobotanici e/o in seguito al deperimento di resti botanici in suoli acidi.

Nell'ambito delle lavorazioni artigianali svolte per mezzo di strumenti non scheggiati si annoverano attività diverse, spesso localmente differenziate: alcune di esse possono essere solamente ipotizzate perché mancano riscontri archeologici dovuti alla mancata conservazione di residui organici per cause tafonomiche, oppure per la carenza di studi specifici dedicati alle usure ed al riconoscimento dei residui. Grazie al supporto della documentazione etnografica e degli studi funzionali su alcuni complessi di materiali è possibile fare un elenco delle principali lavorazioni artigianali e degli strumenti ad esse correlati: pestatura con pestello ed eventuale base di lavorazione finalizzata all'ottenimento di degrassanti, coloranti e sostanze nutritive (es. midollo, semi, noci, ecc.) (Starnini, Voytek 1997a), levigatura con mola litica diretta alla lavorazione di strumenti in pietra, in materia dura animale e oggetti d'adorno (Starnini, Voytek 1997a; Garibaldi *et al.* 1999; Vicino 2009b), lisciatura tramite ciottoli lisciatoi di ceramica (Starnini, Voytek 1997a; Vicino 2009a), lisciatura e ammorbidimento delle pelli con ciottoli usati come lisciatoi o pestelli (Starnini, Voytek 1997a; Lunardi 2009a; 2009b), lavori di carpenteria di legno, cortecce e fibre legnose con strumenti da taglio (Starnini, Voytek 1997a; Garibaldi *et al.* 1999; Lunardi 2008b; 2009a; 2009b). In genere questi strumenti, spesso difficili da riconoscere come tali e quindi da classificare, si possono caratterizzare per l'impiego polifunzionale effettuato in modo sincronico o diacronico. In questo ultimo caso, è frequente la pratica del riutilizzo di strumenti danneggiati o resi inservibili per la funzione originaria cui erano stati preposti. Tali peculiarità non mostrano un carattere standardizzato, in quanto in ogni singolo contesto si mettono in atto strategie autonome in base alle locali disponibilità litologiche (Starnini, Voytek 1997a). Di conseguenza, lo studio di questi eterogenei manufatti può avere risvolti non secondari nella comprensione di alcuni processi tecnici ed economici messi in atto nell'ambito della Cultura VBQ a cui questa ricerca cerca di contribuire.

1.3.4 L'Età dei metalli

Con l'Età dei metalli l'impiego di strumenti in pietra non si esaurisce nonostante la graduale introduzione di nuove materie prime (rame e bronzo) e di nuove tecniche di lavorazione ad esse correlate. La sostituzione degli strumenti in pietra scheggiata e non scheggiata con utensili in metallo è in generale un fenomeno progressivo che procede in parallelo con lo sviluppo della metallurgia (Janny, Costa 2004).
In varie aree geografiche le industrie litiche non scheggiate postneolitiche sono ancora composte da tipologie di strumenti già in uso durante il Neolitico (asce, macine, macinelli, lisciatoi, levigatoi, pestelli, percussori) (Procopiou *et al.* 1998; Carrisi 2003; Hamon, Blanchet 2015) a cui si affiancano oggetti litici legati alla metallurgia (es. valve di forme da fusione: Perini 1987; *marteaux, outils à cupules* per frantumare minerali e lavorare oggetti in metallo: Hamon *et al.* 2009; Hamon, Blanchet 2015) e nuove tipologie di manufatti (ascemartello e macine rotatorie) (D'Amico 1998; Alonso Martinez 2002). Inoltre, una maggiore standardizzazione nell'impiego di materie prime e nelle caratteristiche morfologiche dei manufatti tende a contrassegnare la litica non scheggiata dell'età del Bronzo rispetto all'epoca neolitica (Hamon, Blanchet 2015).

Le tecniche di produzione delle tipologie tradizionali di strumenti restano sostanzialmente invariate (per esempio la preparazione del piano di lavoro delle macine tramite martellinatura: Carrisi 2003; bocciardatura e levigatura delle asce: De Marinis 1996), sebbene alcune caratteristiche formali e la qualità della lavorazione subiscano una generale regressione dal punto di vista qualitativo, evidente soprattutto nella produzione delle asce (De Marinis 1996). Questa situazione potrebbe suggerire un graduale cambiamento del ruolo dei manufatti non scheggiati, declassati a favore dei più efficienti e pregiati strumenti in metallo (Janny, Costa 2004). Questo risulta evidente, da un lato, nella progressiva sostituzione delle asce levigate con analoghi strumenti prima in rame poi in bronzo su cui si riverserà parte del simbolismo che aveva già caratterizzato l'ascia neolitica (Casini 2001) e, dall'altro, l'introduzione della macina rotatoria in sostituzione della tradizionale macina dormiente (Donner, Marzoli 1994).

Riferibili genericamente all'epoca postneolitica sono alcuni ripostigli di asce e altri oggetti in pietra levigata scoperti in area alpina (Lunz 1996; Dal Rí 1996) che documentano una tradizione di tesaurizzazione già praticata dalle genti neolitiche (Cordier, Bocquet 1973; Zamagni 1996b). Presso le comunità storiche, quando ormai si andava perdendo la competenza tecnologica e la memoria dell'uso degli strumenti in pietra, sopravvivono tracce del simbolismo primitivo attribuito alle lame d'ascia (Mano 1996). Queste ultime, note grazie soprattutto a recuperi fortuiti e isolati, erano chiamate nella tradizione medievale e popolare "*pietre del fulmine*" e venivano considerate dei veri e propri talismani con proprietà taumaturgiche. Fino almeno al diciannovesimo secolo è documentato l'uso da parte dei contadini di alcune di queste asce come coti per affilare le falci (Mano 1996).

Per quanto concerne la produzione di strumenti da taglio in pietra levigata durante l'epoca postneolitica si riscontra il perdurare delle tradizionali asce levigate, pur modificate nella forma e dimensioni, e l'introduzione delle asce-martello forate. Le asce levigate postneolitiche dell'Italia settentrionale possono essere genericamente inquadrabili nell'Età del rame in mancanza spesso di sicure attribuzioni crono-culturali perché frutto di rinvenimenti fortuiti e/o perché prive di precisi dati di scavo (De Marinis 1996; Lunardi 2003a; 2003b; Montagnari Kokelj *et al.* 2006; D'Amico *et al.* 2015). Esse provengono in gran parte da contesti funerari di necropoli all'aperto (Remedello Sotto, Fontanella di Casalromano, Volongo Campo Panesella, Cumarola: Colini 1898; 1900; 1902; Cornaggia Castiglioni 1971; De Marinis 1996; De Marinis, Pedrotti 1997) e, sporadicamente, di sepolture in grotticelle e ripari sotto roccia (Ripari del Cavallino e Persi a Monte Covolo, Buca d'Andrea di Zogno, Bersaglio dei Mori, Buco del Corno di Entratico: De Marinis 1996; Rocca di Manerba: Barfield 2007; Scalucce di Molina: Valzolgher, Lincetti 2002). Nel contesto sepolcrale di Riparo Valtenesi di Manerba oltre alle asce facevano parte del rituale funerario anche piccoli ciottoli caratterizzati da una politura più o meno intensa forse derivata da un loro precedente utilizzo (Barfield 2007).

Le lame d'ascia eneolitiche del Nord Italia presentano un aspetto diverso dagli affini neolitici: si tratta in genere di oggetti medio-piccoli (6-8 cm circa) di forma tozza subrettangolare o subtrapezoidale, spessore ampio rispetto alla lunghezza (2 cm circa), con tallone largo e tagliente stretto, poco espanso e di profilo rettilineo o leggermente arcuato (De Marinis 1996; Lunardi 2003b). La lavorazione si presenta di norma poco accurata e la levigatura interessa in genere solo il tagliente, spesso fortemente usurato (De Marinis 1996; Lunardi 2003b). Sorprende il fatto che gran parte dei reperti sia stato ricavato da pietre verdi in un'epoca in cui il traffico di HP metaofioliti si esaurisce in tutto il continente (De Marinis

1996; Lunardi 2003b; Chiarenza, Giustetto 2010): questo aspetto è attualmente poco indagato e richiederebbe uno studio sistematico specifico.
La diffusione di asce levigate durante l'epoca tardo e postneolitica caratterizza, oltre l'Italia, anche il resto del continente europeo dove gran parte degli esemplari condividono dimensioni medio-piccole, taglienti poco arcuati, sezione trasversale squadrata e spessa, oltre che una forma generale tozza (Janny, Costa 2004; Croutsch 2005; Klimscha 2010; 2011).

La diversa morfologia delle asce eneolitiche è stata messa in relazione a diverse cause, tra cui la diffusione dell'immanicatura indiretta con guaina in corno di cervo che consente di immanicare anche lame di ridotte dimensioni[6] (De Marinis 1996; Coutsch 2005). Un'altra tesi lega invece il cambio di morfologia delle asce con il degrado della foresta primaria e il conseguente sfruttamento della foresta secondaria costituita da fusti di dimensioni minori, arbusti e rovi per l'abbattimento dei quali le grandi lame neolitiche sarebbero state inefficaci (Pétrequin, Pétrequin 1988).

Nella Pianura Padana orientale lame d'ascia tradizionali in pietra verde permangono anche in particolari contesti dell'Età del Bronzo: alcuni reperti sono stati, infatti, rinvenuti negli abitati palafitticoli dell'area benacense sia sulla sponda bresciana che veronese (Bor e Porto di Pacengo, Cisano, Lavagnone), in alcuni siti nella pianura veronese (Nogarole Rocca, Povegliano, Frattesina) e in insediamenti terramaricoli (Salzani 1996; Occhi 1997; Casini *et al.* 2006). Oltre ad asce compaiono scalpelli, lisciatoi, martelli e pestelli (Salzani 1996). Le asce, in particolare, in base alla morfologia triangolare e alla materia prima del tipo pietre verdi, potrebbero essere riconducibili alla produzione tipicamente neolitica e si tratterebbe, perciò, non di una produzione coeva, bensì di asce defunzionalizzate e riutilizzate, come sembrano attestare la presenza di taglienti stondati dall'attività di battitura o lisciatura, il reimpiego come lisciatoi o l'uso come ornamento di alcuni di questi reperti (Salzani 1996; Casini *et al.* 2006).

Analogamente alle lame in pietra verde, anche le asce-martello (definite anche asce forate o "*battle axes*") hanno ricevuto grande attenzione da parte degli studiosi italiani sin dagli esordi delle ricerche paletnologiche (Chierici 1881; Colini 1892). Si tratta di manufatti contraddistinti da tre porzioni (D'Amico *et al.* 1996a; Carrisi 2003): a) tallone (chiamato anche testa o battente): estremità ampia simile a quella di un martello usata per battere; b) corpo: parte mediana dotata di foro di immanicatura; c) tagliente (o penna): estremità funzionale affilata.

Le estremità possono presentare forme diverse e sulla base di queste caratteristiche si distinguono le asce-martello con testa distinta dal corpo, le asce-martello con testa non distinta dal corpo e le asce-martello con testa troncoconica non distinta dal corpo (Carrisi 2003).

Le materie prime sono diversificate e in genere di origine locale o regionale: si interrompe l'impiego preferenziale delle pietre verdi a vantaggio di litologie più tenere e facili da lavorare provenienti da varie fonti (es. in Friuli sono presenti serpentiniti delle Alpi orientali e altre rocce dalle Dinaridi, oltre ad alcune andesiti di possibile origine carpatica: D'Amico *et al.* 1996a). Le asce-martello sono maggiormente diffuse in Italia centro-settentrionale[7] (Candussio 1991; D'Amico *et al.* 1996a; Casini 1997; Carrisi 2003; Montagnari Kokelj *et al.* 2006; Sammartino 2006; D'Amico *et al.* 2015), Slovenia, Croazia (Lubšina-Tušek 1993; Šimek *et al.* 2002; Montagnari Kokelj *et al.* 2006; Bernardini *et al.* 2009) e nell'Europa centrorientale (Patay, 1984; Zápotocký 1992; Zalai-Gaál, Gál 2005; Klimscha 2011). In assenza spesso di sicure attribuzioni cronologiche, questi reperti, molti dei quali frammentari, caratterizzano un lungo arco temporale che abbraccia l'Età del rame e l'Età del bronzo, benchè esistano esemplari più antichi riferibili alla Cultura di Vinča (Draşovean, Luca 1990) e alla Cultura di Körös (Zápotocký 1992).

Alcuni Autori hanno ipotizzato che le asce-martello siano legate alla natura bellicosa delle popolazioni eneolitiche (Trump 1966) e che conservino simbolismi e vessilli di *status*, non solo in relazione alla loro presenza in contesto funerario (per esempio nella Cultura di Rinaldone: Miari 1993; 1994; Dolfini 2004; 2006), ma anche alla complessità della loro lavorazione che era probabilmente appannaggio di artigiani specializzati (Osipowicz, Both 2006).

Le asce-martello sono attestate fino all'Età del bronzo nei contesti palafitticoli nord-italiani (Casini 2001), pur con differenze morfologiche rispetto alla fase eneolitica che le avvicinano alle asce a tallone arrotondato dell'Europa centrale (Zápotocký 1992).

All'Età del rame è riconducibile anche una peculiare produzione di punte di freccia in pietra verde levigata nel sito di Balm'Chanto, in Val Chisone, riparo sottoroccia frequentato stagionalmente forse in relazione a pratiche di transumanza da parte di comunità che praticavano l'agricoltura su terrazzi del fondovalle (Biagi 1983; Nisbet, Biagi 1987). La copiosa produzione di punte in pietra verde reperibile localmente (serpentinoscisto) è caratterizzata da reperti interamente levigati e da esemplari a vari stadi di lavorazione, la cui catena

[6] Per convalidare quest'ipotesi è necessario appurare nei siti la presenza, parallela a quella delle asce, delle guaine in corno di cervo o in altro materiale.

[7] Soprattutto in Friuli (Candussio 1991; D'Amico *et al.* 1996a; Montagnari Kokelj 2001; Montagnari Kokelj *et al.* 2006), Emilia Romagna (Carrisi 2003) e nella Cultura di Rinaldone (Miari 1993; 1994; Dolfini 2004; 2006).

operativa è stata ricostruita mediante lo studio di analoghi reperti rinvenuti in vari siti del Neolitico finale delle Alpi occidentali e una specifica attività sperimentale (Thirault 2007). L'uso della pietra verde per produrre punte levigate non può risolversi con l'assenza di selce nelle vicinanze dell'insediamento, poiché il sito ha restituito un'industria scheggiata ottenuta da selce di provenienza transalpina (Nisbet, Biagi 1987), quanto forse come produzione specializzata di oggetti di prestigio, in un periodo in cui le punte di freccia sembrano rivestire un ruolo preminente in ambito politico-sociale (Pétrequin *et al.* 1998). A Balm'Chanto sono inoltre presenti asce in eclogite e vari tipi di perline e pendagli (Nisbet, Biagi 1987).

Interessanti strumenti in pietra denominati mazzuoli (*hammerstones*), interpretati in vario modo, sono attestati in numerosi siti neolitici e postneolitici dell'Europa e del Vicino Oriente (De Pascale 2003). In particolare, emerge il cospicuo numero di mazzuoli rinvenuti nell'area di Monte Loreto (Genova), il cui utilizzo è riconducibile allo sfruttamento delle relative miniere di rame tra ca. 4800 e 3800 BP (Cortesogno *et al.* 2006). Tali strumenti, ottenuti da basalti, arenarie e doleriti, presentano dimensioni e peso variabili (0,6-1,2 kg circa); nei reperti integri prevale il profilo quadrangolare e in alcuni sono riconoscibili tracce di immanicatura (Cortesogno *et al.* 2006).

Lo strumentario non scheggiato è attestato anche durante l'Età del bronzo: due articolati, benchè non numerosi, complessi di materiali provengono dai siti palafitticoli di Fiavè (Trentino-Alto Adige) (Perini 1987) e di Lavagnone (Lombardia) (Casini 2003; Casini *et al.* 2006). A Fiavè sono attestati strumenti la cui forma è stata elaborata in funzione dell'uso futuro (lama d'ascia, martelli, coti con foro) e strumenti utilizzati sfruttando la forma originaria del ciottolo alluvionale che ha subito modifiche in seguito all'uso stesso (percussori sferici o ovoidali, lisciatoi, ciottoli con coppella centrale, ciottoli con solco mediano, ciottoli oblunghi con incrostazioni organiche carbonizzate ad una estremità). Alcuni di questi reperti, in particolare i ciottoli con solco mediano, sono stati interpretati come oggetti di uso divinatorio (Perini 1987). Un gruppo particolare di reperti è costituito dai ciottoli oblunghi, privi di tracce di lavorazione e contraddistinti da incrostazioni organiche carbonizzate localizzate in una estremità, i quali sono stati correlati ad attività di cottura/bollizione di sostanze organiche o alla manipolazione di materia fluida bollente (Perini 1987). A Lavagnone sono stati classificati diversi tipi di strumenti prodotti con litologie reperibili sotto forma di ciottoli nei locali depositi morenici dell'apparato del Garda: si tratta di lame d'ascia tradizionali, asce-martello, lisciatoi, pesi, percussori, oltre a *brassard* d'arciere[8] e raddrizzatori di frecce[9] (Casini *et al.* 2006). Altro gruppo di oggetti abbastanza diffusi nella Penisola italiana durante l'Età del Rame e del Bronzo Antico, per i quali manca ancora un'interpretazione condivisa, sono i cosiddetti "affilatoi" (Biancofiore 1967; Barfield *et al.* 1984; Aranguren, Perazzi 1984).

Per quanto concerne gli strumenti per macinare postneolitici si riscontrano, nella coppia tradizionale macina dormiente e macinello, modifiche importanti che interessano l'elemento attivo del sistema. Nell'Italia settentrionale i macinelli tendono ad aumentare di dimensioni e peso in modo da essere più efficienti nell'azione di macinatura e, a volte, sono provvisti alle due estremità di "orecchie" o protuberanze che facilitano la presa della mani (Sebesta 1977; Donner, Marzoli 1994). Le macine eneolitiche, ottenute da rocce eterogenee per tessitura e natura, conservano in genere una morfologia subrettangolare o ovoidale determinata dalla forma del masso di origine, a volte modificato tramite lo stacco di schegge dai margini. Le superfici di lavoro possono avere un profilo più o meno insellato oltre che piano e possono limitarsi a interessare una sola faccia del masso oppure entrambe (Carrisi 2003).

Nella Francia settentrionale le macine dell'Età del bronzo, diversamente da quelle delle epoche precedenti, condividono forma regolare, dimensioni ampie e un'accurata preparazione della superficie di lavoro, tanto da far ipotizzare che la loro produzione fosse opera di artigiani (specializzati?) che lavoravano a livello sovradomestico. Esse, inoltre, diventano strumenti specializzati nella macinatura dei cereali, perdendo il carattere polifunzionale degli analoghi esemplari neolitici (Hamon, Blanchet 2015).

Oltre alle macine sono documentati vari tipi di *broyons*, *percuteurs*, usati per il trattamento di *piquetage* delle macine, e *pilons* con tracce d'uso riferibili ad attività di pestatura/frantumazione, a volte collegati alla lavorazione di sostanze minerali (Neuville 2002), e vari tipi di manufatti per attività artigianali (*marteaux* e *aiguisoirs*) (Hamon, Blanchet 2015).

In Corsica sono noti massi pesanti e di notevoli dimensioni (es. 70x82x32 e 53x24x12 cm) caratterizzati dalla presenza di concavità rettangolari a volte molto profonde interpretati come strumenti usati per finalità diverse e riutilizzati come mangiatoie, abbeveratoi o come pietre di recupero per costruzioni moderne (Neuville 2002).

Nell'Età dei metalli gli strumenti abrasivi venivano usati per macinare cereali e produrre farina per fini alimentari e

[8] Queste placchette sono state interpretate come imitazioni litiche di prestigio dei veri *brassard* di materia organica riprodotti forse con la funzione di beni di scambio cerimoniali (Casini 2003, 81-83).

[9] Si tratta di ciottoli di arenaria con una o più facce percorse da una scanalatura rettilinea a sezione semicircolare usati per levigare le aste delle frecce e diffusi in vari contesti dell'Età dei metalli nel Nord Italia (Casini *et al.* 2006, 735).

per lavorare i metalli (Casini *et al.* 2006). La rilevanza economica e sociale di questi strumenti è testimoniata a Cipro dalla scoperta di una tomba con corredo costituito da *grindstones*, *mullers*, oggetti di rame e gioielli di alta fattura (Belgiorno 2002).

Ancora in area egea le popolazioni dell'Età del bronzo hanno sviluppato un nuovo sistema di macinatura nell'ambito di alcune abitazioni, dove diverse macine tradizionali venivano stabilmente appoggiate su una piattaforma di muratura per rendere più produttiva ed efficace la produzione di farina (Moundréa-Agrafioti 2002). All'interno delle abitazioni, oltre a *meules* e *molettes* tradizionali, sono stati riconosciuti strumenti per pestare e frantumare (*mortiers*, *pilons*, *broyeurs*), strumenti di percussione (*outils percutants*) e strumenti di levigatura e abrasione (Moundréa-Agrafioti 2002). Nella Creta micenea lo strumentario non scheggiato si presenta tipologicamente vario (*querns/outils de broyage*, *grinder-pounders*, *pounders/percuteurs*, *pestles*, *whetstones*) e prodotto con materie prime diversificate in grado di rispondere a diverse esigenze funzionali (Doherty, Evely 2002). Le tecniche di lavorazione consistono in *percussion*, *broyage* e *forage*, quest'ultima impiegata per la produzione di caratteristici vasi in pietra (Morero, Procopiou 2006).

L'introduzione della macina rotativa per la macinatura dei cereali a partire dal ca. 2400 BP è stato un passo decisivo per la successiva evoluzione del sistema di produzione alimentare e le condizioni di lavoro domestico (Alonso Martinez 2002). Forse originaria dall'area del Mediterraneo occidentale, la macina rotativa si diffonde progressivamente nella Penisola iberica (Équipe d'Alorda Park 2002), in Francia (Buchsenschutz, Pommepuy 2002) e nell'area centrale del Mediterraneo, dove viene sviluppato il sistema rotativo biconico. Nelle diverse aree geografiche questo tipo di macina assume caratteristiche diverse, tra cui la macina rotativa manuale e la macina cosiddetta pompeiana, quest'ultima molto diffusa in epoca romana (Sebesta 1977; Donner, Marzoli 1994).

L'evoluzione della macina continua con l'introduzione della macina a tramoggia, caratterizzata da due innovazioni che rendono "meccanizzato" il processo di macinatura (Donner, Marzoli 1994): a) la tramoggia, cioè una cavità in grado di contenere una certa quantità di cariossidi la quale, posta in comunicazione mediante una fessura con la superficie di macinatura, garantisce un'alimentazione automatica, graduale e continuativa della macina; b) una lunga leva lignea fissa ad un'estremità e fissata all'elemento attivo in due punti, viene mossa dall'operatore secondo un movimento semicircolare di andata e ritorno. L'ultima tappa evolutiva della macina consiste nell'introduzione del mulino ad acqua. Il diffondersi progressivo della macina rotativa prima e della macina a tramoggia poi non farà scomparire del tutto l'impiego della tradizionale macina dormiente che continuerà ad essere ancora impiegata in Africa (Roux 1985), nel continente americano (Hayden 1987) in Asia e in Australia (Mc Carthy 1976).

Ricerche recenti stanno inoltre aprendo la strada allo studio di una una ricca e articolata tipologia di *macrolithic tools* impiegati anche nelle epoche più recenti della Protostoria (Donnart *et al.* 2012), confermando così l'idea secondo cui si tratta di manufatti con un ruolo centrale nella vita quotidiana delle comunità umane, tanto da essere oggetto di probabile recupero e utilizzo anche in epoca storica (Cattaneo Cassano 1996; Mano 1996).

1.4 Elementi di discussione

Allo stato attuale degli studi in ambito italiano non è possibile prospettare un quadro specifico e sistematico attinente alle catene operative di trasformazione tecnologica e di utilizzo relativo agli strumenti in pietra non scheggiata, se non parzialmente per le asce levigate. Questa situazione rappresenta un ostacolo al tentativo di comprensione del significato culturale dei *macrolithic tools* nell'ambito del Neolitico medio padano-alpino, soprattutto giudicando l'incremento di questo gruppo di materiali e le relative implicazioni socio-economiche e culturali. Appare, infatti, evidente come le strategie di sussistenza delle comunità VBQ e le caratteristiche ambientali dei vari siti, entrambe connotate da aspetti di versatilità e di adattamento locale, producano diverse ripercussioni sulla produzione e sull'uso degli strumenti in pietra.

Alcune considerazioni generali possono essere comunque proposte. La prima riguarda il ruolo della levigatura nei contesti neolitici. Questa tecnologia, conosciuta e attuata come accennato anche in contesti paleo-mesolitici, diviene sistematica solo a partire dal Neolitico e si affianca al *débitage* per la fabbricazione di strumenti in pietra. La levigatura, infatti, è inserita nella catena operativa di produzione (levigatura in senso stretto) e utilizzo (riaffilatura del tagliente usurato) degli strumenti da taglio in pietra levigata ed è stata adottata in area padano-alpina anche per produrre oggetti ornamentali (Traversone 1999; Micheli 2012) e occasionalmente punte di freccia levigate (Nisbet, Biagi 1987; Thirault 2007). La levigatura è finalizzata alla creazione di superfici affilate e taglienti, utili a tagliare, spaccare e scavare principalmente masse legnose: l'ascia e l'accetta sono infatti impiegate principalmente nel disboscamento e nella carpenteria del legno (Sestier 2001b), oltre che nella scalvatura delle piante per approvvigionarsi di foraggio estivo, alternativo o complementare all'erba, per le greggi (Maggi, Nisbet 2000; Arobba *et al.* 2014). Il legno dunque rappresenta una materia prima fondamentale nell'ambito dell'economia neolitica (Beyries, Hayden 1993) e giustifica la diffusione su vasta scala di asce e accette nei contesti neolitici europei. La tecnica della levigatura può, inoltre, assumere una connotazione metafunzionale quando viene applicata alle parti non funzionalmente attive dello strumento (Whittle 1995): essa può essere estesa, oltre al tagliente, anche a corpo, fianchi e tallone, conferendo, specie in rocce verdi a grana molto fine, un aspetto estetico pregevole a strumenti caratterizzati spesso da dimensioni medio-grandi. Il carattere simbolico e il prestigio attribuito a questi oggetti è riconducibile, in primo luogo, alla posizione di potere e allo *status* sociale di particolari individui - generalmente di sesso maschile - all'interno di una comunità, come conseguenza della formazione di una gerarchia sociale (Pétrequin *et al.* 2002); in secondo luogo, lo strumento ascia probabilmente costituiva l'emblema generale della padronanza e del controllo dell'uomo sulla natura (Barfield 2003). Tali accezioni sono ben documentate sia a livello archeologico (depositi di asce, presenza di asce nei corredi funerari, circolazione su ampia scala di lunghe lame accuratamente levigate) (Pétrequin, Jeunesse 1995; Pedrotti 1996a; Pétrequin *et al.* 2002; Thirault 2004; Bernabò Brea *et al.* 2014a) che etnografico (Taçon 1991; Hampton 1999; Pétrequin, Pétrequin 2000; 2012; Stout 2002).

L'approccio allo studio di questa tecnologia investe dunque aspetti diversi e complementari del sistema di vita neolitico: aspetto tecnologico (sviluppo della tecnologia della levigatura, impiego di nuove materie prime), aspetto economico (diffusione di asce e accette, disboscamento, sfruttamento intenso del legno) e aspetto sociale (marcatura di *status* e assegnazione di valori metafunzionali a particolari lame).

Un secondo punto di riflessione riguarda l'incremento del consumo alimentare di specie vegetali e animali domestiche durante il Neolitico medio. L'utilizzo per fini alimentari delle piante coltivate, in primis cereali, necessita di strumenti adatti alla loro lavorazione, cioè macine e macinelli in grado di trasformare le cariossidi in farina. Gli strumenti per macinare rappresentano, accanto all'ascia levigata, il secondo importante elemento rappresentativo del modo di vita neolitico: essi si iscrivono entro un sistema nuovo di trasformazione e consumo alimentare. Il sostentamento a base di farine, verosimilmente assunte sotto forma di pani, costituisce l'alimento centrale della dieta delle popolazioni neolitiche, non solo per il fatto che le farine sono il frutto di un'attività produttiva organizzata dall'uomo, ma soprattutto perché si tratta di prodotti che si possono immagazzinare, dilazionandone il consumo nel tempo. Da un lato, infatti, lo sviluppo dell'agricoltura ha determinato l'esigenza di trasformare per fini alimentari i prodotti grezzi ottenuti dal raccolto; dall'altro, ha consentito di produrre quantità di cibo superiori ai bisogni di sussistenza a breve termine delle comunità neolitiche.
L'identificazione delle specie di cereali coltivate e consumate durante il Neolitico dell'area padano-alpina consente di delineare le modalità di lavorazione dei cereali stessi. L'apparente maggior impiego di cereali vestiti (cioè quelli i cui chicchi restano avvolti dalle glumelle, come orzo, farro e piccolo farro: Oeggl 1994; Alonso Martinez *et al.* 2013) nella regione a nord del Po porta a considerare un processo di pilatura che generalmente precede la macinatura (Forni 1994). La pilatura consiste nel liberare le cariossidi dalle glumelle mediante "pestatura" con un pestello che può essere in pietra o legno (Alonso Martinez *et al.* 2013), come documentato da contesti etnografici (Baudais, Lundström-Baudais 2002). Il problema si amplia però in relazione alla presenza di orzo "nudo" a La Vela (Degasperi *et al.* 2006; Mottes, Rottoli 2006), forma più "evoluta" rispetto all'orzo vestito e alla scoperta di una nuova forma vestita di frumento ("*new glume wheat*") (Rottoli 2005; Degasperi *et al.* 2006; Mottes, Rottoli 2006).

Accanto allo studio di resti paleobotanici che forniscono dati diretti sul regime alimentare delle popolazioni neolitiche, un'altra fonte di informazioni è rappresentata dallo studio delle patologie dentarie. Nei casi recentemente esaminati relativi alle necropoli emiliane di Collecchio, Gaione, Le Mose e La Razza il 30 % del campione presenta segni di carie, segnalando un incremento della frequenza di questa patologia dentaria rispetto alle epoche precedenti. Inoltre, in queste comunità la carie colpisce fin dalla giovane età e il 16 % degli individui ha perso almeno un dente in vita: entrambi i fatti testimoniano un eccesso di carboidrati consumati per l'intero arco della vita (Bernabò Brea *et al.* 2006).

Le macine, a causa delle loro dimensioni e peso massicci disagevoli in caso di vita nomade e predisposte ad un utilizzo prolungato nel tempo, divengono strumenti strettamente collegati al sistema di vita sedentario in villaggi stabili strutturati, occupando un posto di rilievo nell'organizzazione degli spazi e delle attività domestiche (Roux 1985; Jones 1996; Hamon 2006).

La macinatura rappresenta un'attività di preparazione alimentare che può essere svolta all'interno del singolo spazio domestico, oppure divenire un'attività collettiva praticata da diverse persone dello stesso villaggio (Roux 1985). Diverse documentazioni etnografiche testimoniano che questa attività viene normalmente affidata alle donne (Roux 1985). Inoltre, recenti studi sulle caratteristiche strutturali delle ossa degli arti superiori ed inferiori hanno messo in luce una chiara distinzione di ruoli nelle attività di sussistenza, nell'ambito delle quali le donne svolgevano la macinatura quotidiana della farina necessaria al proprio nucleo familiare (Marchi, Sparacello 2014).

In quanto strumenti primari di produzione di cibo, anche le macine possono acquistare valenze simboliche (McBryde 1997), testimoniate dal loro rinvenimento in contesti funerari nell'Europa centrale (Hamon 2006) e nella regione padano-alpina (Pedrotti 2001; Bernabò Brea *et al.* 2014a). In Italia settentrionale, gli strumenti per macinare sono associati a individui femminili (Pedrotti 2001; Bernabò Brea *et al.* 2014a), corroborando l'ipotesi per cui l'attività di preparazione alimentare fosse prerogativa delle donne della comunità. Tali osservazioni consentono di applicare l'analisi di questa categoria di strumenti ai seguenti aspetti: a) economici: cerealicoltura, adozione di nuove forme di trattamento del cibo (macinatura), stoccaggio degli alimenti; b) sociali: sedentarietà, suddivisione degli spazi e delle attività domestiche, ripartizione delle funzioni tra uomini e donne, organizzazione della preparazione del cibo.

Un terzo punto di riflessione riguarda il contesto di rinvenimento degli strumenti in pietra non scheggiata nei contesti archeologici. In linea generale, essi appartengono alla sfera domestica come conseguenza del cambiamento nei modi di sussistenza e dello stile di vita stanziale tipici delle società pienamente neolitiche. Nell'ambito domestico questi strumenti sono collegabili a svariate attività di sostentamento, alla lavorazione e trasformazione di materie prime e alla produzione di oggetti, come documentato in contesti etnografici (Mc Carthy 1976; Julien 1985; Roux 1985; Hayden 1987; Couraud 1988; De Beaune 1989a; 2000; Fullagar, Field 1997; Hampton 1999; Baudais, Lundström-Baudais 2002; Pétrequin, Pétrequin 2000). Ciò conferisce loro una prerogativa tipicamente funzionale, nel senso che essi si connotano come strumenti finalizzati ad uno o più utilizzi e vengono abbandonati quando diventano inutilizzabili in seguito a logoramento o rottura.

Diversamente, alcuni manufatti sono attestati in contesti separati dall'ambito domestico. Il caso più frequente e significativo è dato dalla presenza di lame d'ascia, scalpelli e più raramente macine nei corredi funerari VBQ. Benché tale presenza non escluda a priori che l'ascia e/o lo scalpello siano stati effettivamente utilizzati quando il defunto era in vita, si associano a questi strumenti, spesso accuratamente lavorati ed esteticamente pregevoli, valori metafunzionali di tipo simbolico (Pétrequin, Pétrequin 1988; 2000; 2012; Pétrequin, Jeunesse 1995; Witthle 1995; Hampton 1999; Pétrequin *et al.* 2002). Inoltre, l'eterogeneità riscontrata nella distribuzione delle lame in pietra levigata nelle necropoli VBQ (Pedrotti 1996; Bernabò Brea *et al.* 1996; 2006b; 2014a) porta a ritenere plausibile una differenziazione sociale mirata ad esaltare particolari individui di una data comunità, probabilmente in base al lignaggio di nascita.

Un quarto punto di riflessione concerne le conseguenze sociali dell'utilizzo degli strumenti in pietra. Parte delle attività svolte per mezzo degli strumenti in pietra sono prettamente di carattere domestico, perché collegate alla sfera familiare, come per esempio la macinatura della farina necessaria alla preparazione dei pasti quotidiani. Al contrario, altre funzioni richiedono uno sforzo collettivo sovradomestico, cui partecipano componenti di diverse famiglie della comunità, come per esempio la necessità di disboscare porzioni di foresta per creare nuove terre coltivabili.

Infine, la produzione di manufatti in pietra rientra nell'ampio e organizzato sistema di circolazione di materie prime e oggetti finiti. In questa prospettiva è compresa in modo particolare la circolazione su vasta scala di pietra verde di provenienza liguro-piemontese destinata alla produzione di strumenti in pietra levigata. Il contesto variegato sopra accennato impone un'analisi dei manufatti secondo differenti approcci al fine di poter raggiungere un punto di vista globale alla comprensione dell'organizzazione socio-economica delle popolazioni VBQ in area padana.

1.5 Obiettivi e metodo di lavoro

Nell'ambito degli studi aventi per oggetto le industrie in pietra scheggiata vengono generalmente utilizzati parametri morfologici e tecnologici al fine di creare una tipologia. Tuttavia, allo stato attuale delle conoscenze appaiono evidenti le lacune riguardo il ruolo di questi strumenti nelle catene operative di trasformazione tecnologica e di funzionamento e il loro inserimento nel contesto della cultura materiale delle popolazioni neolitiche, in modo particolare nell'area considerata in questa ricerca.

Numerosi fattori intrinseci alle modalità di fabbricazione e utilizzo di questi strumenti concorrono a rendere più difficile, ma allo stesso tempo stimolante, l'analisi di questi strumenti (fig. 13 e 14).

a) Aspetto archeologico-scientifico: in Italia si riscontra una scarsità di studi approfonditi dedicati ai reperti in pietra non scheggiata, con la conseguenza di non poter effettuare dettagliati studi comparativi;

b) Aspetto quantitativo: nei contesti archeologici gli strumenti in pietra sono generalmente in numero notevolmente inferiore rispetto alla quantità media di selce scheggiata; essi, inoltre, non sempre sono riconoscibili come strumenti lavorati e utilizzati, basti considerare che negli scavi antichi spesso non venivano raccolti e conservati. Per quanto riguarda il *corpus* di studio, questa considerazione può essere applicata al caso specifico del sito di Quinzano, dove le condizioni e i metodi di rinvenimento fanno ritenere plausibile che il totale dei materiali recuperati rappresenti, in realtà, solo una parte di quelli realmente utilizzati durante la fase di occupazione neolitica del sito (Zorzi, Pasa 1944/45; Biagi 1974; Bagolini 1984).

c) Aspetto morfologico: la morfologia degli strumenti è strettamente legata alla forma e alle dimensioni del supporto di partenza sia che si tratti di un ciottolo raccolto e utilizzato senza alterarne tecnologicamente la forma sia che si tratti invece di blocchi e frammenti litici dai quali si ricavano gli strumenti a seguito della lavorazione del supporto. Inoltre, l'aspetto morfodimensionale è condizionato da una serie di fattori che variano nel corso del ciclo di utilizzo degli strumenti, non solo perché molti di essi sono impiegati per lunghi periodi di tempo e necessitano di operazioni periodiche di manutenzione delle superfici finalizzate ad asportare massa litica, ma anche per la frequente tendenza, documentata pure in campo etnografico (De Beaune 1989a), di sfruttare uno stesso supporto per svolgere attività differenti. Trattandosi di oggetti di dimensioni e peso anche considerevoli e comunque normalmente maggiori rispetto alla media degli altri componenti della cultura materiale, è frequente il rinvenimento di una percentuale apprezzabile di strumenti non scheggiati allo stato frammentario e ciò rende più difficile risalire alla loro forma e funzione.

d) Aspetto tecnologico: nei casi in cui diverse operazioni tecnologiche abbiano modificato un supporto, spesso l'ultima azione cancella le tracce delle precedenti, rendendo più difficile la ricostruzione della catena operativa di produzione dello strumento stesso. Questo limite è evidente soprattutto nelle lame d'ascia, quando la levigatura si estende sull'intero corpo, sovrapponendosi ed eliminando le precedenti ed eventuali tracce di scheggiatura o di bocciardatura. Allo stesso modo, nel caso di macine e macinelli, le tracce prodotte dalla martellinatura delle superfici di lavoro per renderle abrasive vengono cancellate dal successivo uso prolungato degli strumenti.

e) Aspetto funzionale: diverse caratteristiche funzionali degli strumenti in pietra non scheggiata determinano spunti di analisi e di discussione. In primo luogo, la già citata predisposizione di alcuni tipi di supporti ad essere utilizzati in modo polivalente. Un altro esempio attesta la possibilità di cancellazione delle tracce d'uso imputabile al ravvivamento o riaffilatura e gli strumenti vengono poi abbandonati o restano inutilizzati. In questi casi agli occhi dell'archeologo i reperti appaiono "intatti". Questa situazione risulta vincolante soprattutto per quei tipi di strumenti, lame d'ascia principalmente, per i quali possono intervenire problematiche legate all'attribuzione di valenze metafunzionali che si basano, oltre che sulla valutazione dell'accuratezza della lavorazione e sul contesto di rinvenimento, anche sull'assenza di tracce d'usura (Lunardi 2003a).

Alla luce delle considerazioni esposte, sono stati definiti gli obiettivi che questa ricerca si prefigge di raggiungere attraverso la messa in atto di una metodologia basata su approcci integrati.
Tali obiettivi riguardano vari aspetti:
a) Aspetto archeologico:
- analizzare in modo sistematico un insieme completo di reperti in pietra non scheggiata senza operare distinzioni tipologiche, petrografiche o funzionali;
b) Aspetto tecnologico:
- riconoscere le materie prime impiegate e ricostruire le modalità di approvvigionamento;
- comprendere i motivi che hanno indotto la scelta delle rocce (motivi tecnologici, funzionali, economici);
- identificare le tecniche di lavorazione e di ripristino delle superfici e ricostruire le catene operative di produzione e manutenzione degli strumenti;
c) Aspetto funzionale:
- elaborare una classificazione tipologica dei reperti sulla base delle caratteristiche tecnofunzionali desunte dallo studio integrato;
- ricostruire cinematica e processi di trasformazione;
- individuare eventuali fenomeni di polifunzionalità e di riutilizzo.
Il fine ultimo è quello di inserire i dati ottenuti da queste analisi complementari entro il contesto culturale dei siti considerati per tentare di ricostruire i sistemi tecnici e i modi di vita delle comunità neolitiche della Cultura VBQ nell'area padano-alpina orientale (fig. 14).

Per poter affrontare lo studio di questa categoria di reperti si è deciso di partire da alcune valutazioni delle caratteristiche proprie degli strumenti esaminati. I reperti si diversificano dal punto di vista delle materie prime, delle caratteristiche morfodimensionali, delle tecniche di lavorazione e delle tracce d'uso. Analoga eterogeneità accomuna altri contesti sia provenienti da scavi archeologici (Wright 1992; Monnier *et al.* 1997a; 1997b; Starnini, Voytek 1997a; Clemente *et al.* 2002a; Dubreuil 2004; Hamon 2006) sia studiati su base etnografica (Mc Carthy 1976; Roux 1985; Hayden 1987; Horsfall 1987; Hampton 1999; Pétrequin, Pétrequin 2000; Stout 2002). Questa condizione genera una riflessione generale sull'approccio metodologico da adottare nello studio di questa eterogenea categoria di reperti. Si è ritenuto necessario affrontare l'analisi articolando fra loro diversi approcci analitici complementari che hanno riguardato:
a) analisi petrografiche macro e microscopiche ed esami di laboratorio associati a mirate perlustrazioni e ricognizioni sul territorio;
b) rilievo dimensionale, grafico e fotografico di ciascun reperto preso in considerazione anche se frammentario;
c) analisi macroscopica e microscopica delle tracce tecnologiche e delle tracce d'uso sull'intera superficie di ciascun reperto anche se frammentario;
d) riproduzione più fedele possibile delle fasi di lavorazione e di utilizzo dei principali tipi di strumenti attraverso la sperimentazione;
e) comparazione tra i dati desunti dallo studio dei materiali archeologici e i dati ricavati dall'attività sperimentale.

Nella prima fase della ricerca l'attenzione è stata rivolta a riunire il variegato insieme di materiali in pietra, spesso privi di denominazione seppur generica, presenti in quantità significative tra i materiali archeologici rinvenuti nei siti considerati. Si tratta di contesti rappresentativi del Neolitico Medio dell'Italia settentrionale che, da un lato, sono stati oggetto di studi accurati, e, dall'altro, hanno restituito una quantità adeguata di reperti in pietra. Successivamente, si è resa necessaria una fase preparatoria dedicata all'acquisizione, mediante sperimentazione, delle necessarie competenze ed abilità tecniche fondamentali per poter affrontare la terza fase. Questa è consistita nell'applicazione della metodologia analitica di seguito descritta. Il primo risultato riguarda la definizione di una classificazione tipologica dei reperti. Essa ha permesso di focalizzare ed isolare i gruppi di strumenti che presentano caratteristiche tecnologiche simili (ove queste siano presenti) e tracce d'usura assimilabili ad un funzionamento comune, distinto principalmente in base al tipo di percussione effettuata. Su questo primo aspetto si basa la descrizione dei gruppi funzionali. Infine, nella quarta fase, si è pervenuti all'interpretazione e alla rielaborazione dei risultati archeologici e di laboratorio per delineare un quadro generale della problematica.

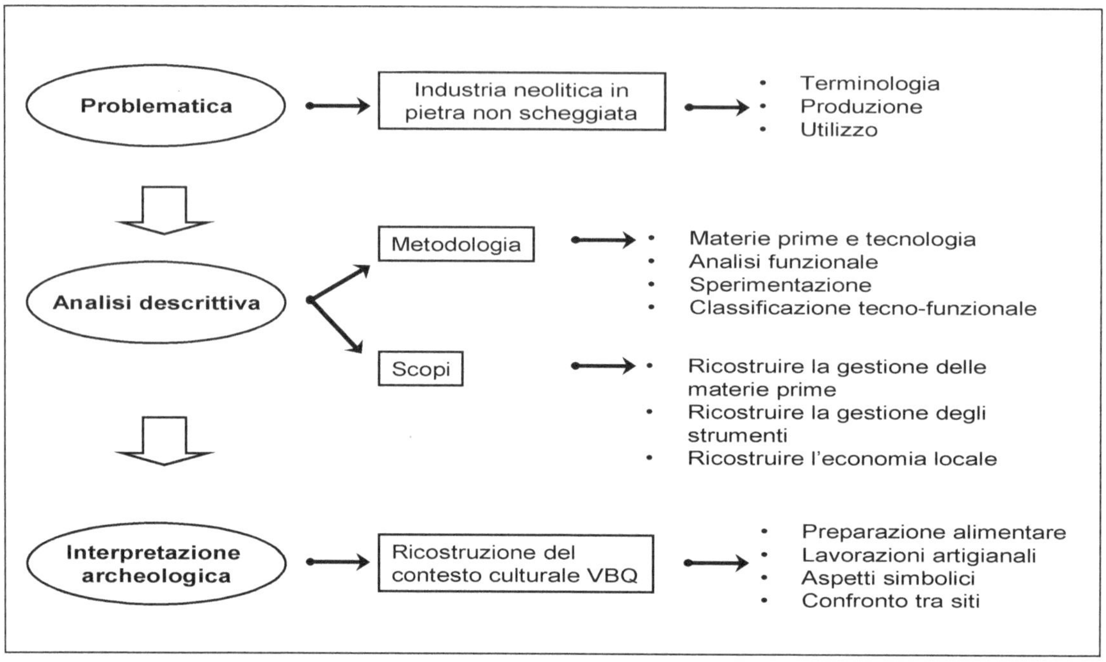

Figura 13 - Sintesi degli obiettivi e del metodo di lavoro adottato in questa ricerca.
Figure 13 - Summary of aims and methodology of analysis used in this research.

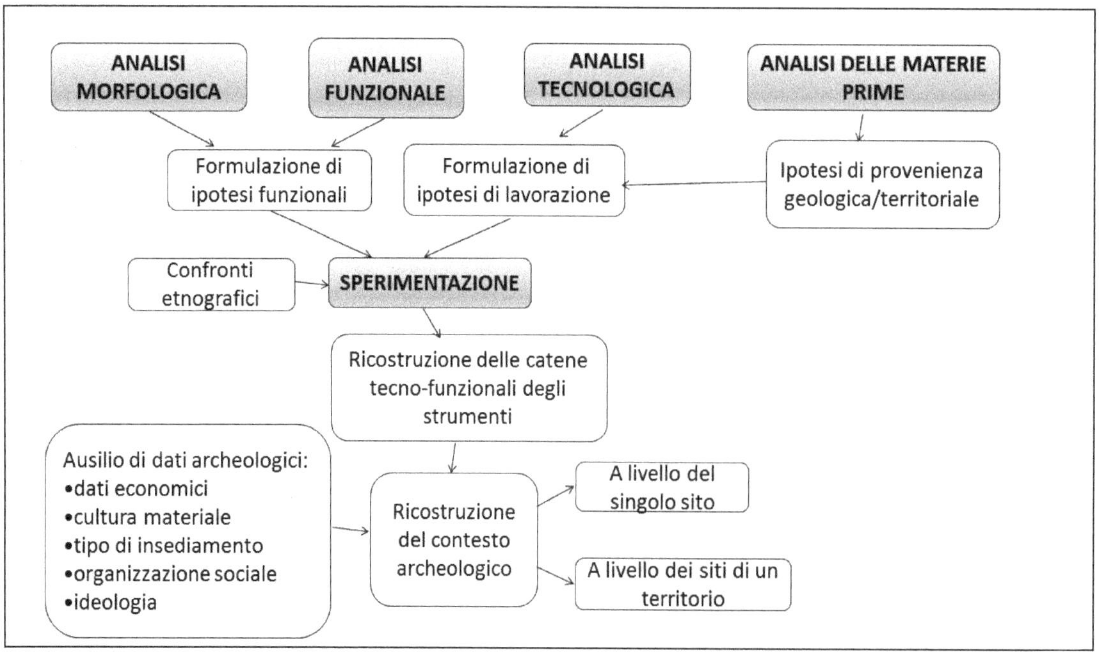

Figura 14 - Approccio analitico applicato nello studio dell'industria in pietra non scheggiata.
Figure 14 - Analytical approach applied to the non chipped stone tools.

2 METODOLOGIA

2.1 Studio tecnologico

2.1.1 Le materie prime: approccio metodologico

La scelta della materia prima rappresenta una fase cruciale nella catena operativa diretta all'ottenimento dello strumento, in quanto risponde a precise esigenze che ne determineranno l'efficacia funzionale. Ogni futuro utilizzo richiede, infatti, da parte della roccia qualità meccaniche in grado di soddisfarlo (Shoumacker 1993). In realtà, la scelta e l'impiego di una particolare roccia rappresentano spesso un compromesso frutto di mediazione tra il sistema di esplorazione e sfruttamento delle risorse naturali e la struttura culturale di un certo gruppo umano (Procopiou *et al.* 2002; Risch 2011; Gebel 2013). In esso dunque intervengono diversi aspetti, quali la facilità di accesso diretto e indiretto alle fonti di approvvigionamento della materia prima, la forma nella quale la roccia è disponibile (massi, ciottoli, affioramenti), l'energia spesa per l'acquisizione e lavorazione, la durata media attesa di utilizzo, la possibilità di accedere a circuiti di scambio e, infine, le particolari peculiarità estetico-simboliche che determinati tipi di roccia possono assumere (Horsfall 1987; Procopiou *et al.* 1998; Santallier *et al.* 2002; Risch 2011; Gebel 2013). L'incidenza e il grado di correlazione di tali fattori tende a variare a seconda del contesto socio-economico analizzato (Procopiou *et al.* 1998; Pétrequin, Pétrequin 2000; 2012; Schneider 2002; Risch 2011). In generale, durante il Neolitico la scelta delle materie prime diventa più selettiva dal punto di vista della qualità e la gamma delle rocce sfruttate per produrre strumenti si amplia e si diversifica in relazione all'introduzione di nuovi tipi di strumenti (macine, macinelli e strumenti da taglio), allo sfruttamento di nuove fonti e alla messa in atto di traffici ad ampio raggio (ossidiana, pietra verde, selce) (Barfield 2004; Della Casa 2005; Gebel 2013).

Per quanto concerne nello specifico l'industria in pietra non scheggiata nell'ambito geo-cronologico in esame si riscontra una variabilità piuttosto ampia di rocce impiegate in relazione alla disponibilità locale ed alla circolazione di materie prime alloctone (Venturino Gambari 1996; Starnini, Voytek 1997a; Garibaldi *et al.* 1999; Vicino 2009a; 2009b). Tale eterogeneità litologica contraddistingue anche un'ampia documentazione etnografica (Mc Carthy 1976; Julien 1985; Roux 1985, Hayden 1987; Vacher *et al.* 1998; Hampton 1999; Pétrequin, Pétrequin 2000; 2012): essa dipende in larga misura dalla necessità di procurarsi materie prime idonee a espletare differenti impieghi; nondimeno si riscontra un uso occasionale e opportunistico di ciottoli facilmente accessibili nei pressi delle aree insediative (Starnini, Voytek 1997a; Garibaldi *et al.* 2003). In quest'ottica appare dunque di notevole interesse cercare di comprendere i motivi che hanno indotto l'uomo neolitico ad utilizzare o, al contrario, escludere una determinata roccia al fine di ottenere i seguenti risultati:
a) identificazione e caratterizzazione delle differenti litologie impiegate unite alla valutazione dei criteri che ne hanno motivato l'impiego. Il termine "identificare" non è inteso nel senso strettamente petrografico, ma va interpretato in base alla problematica archeologica: riconoscere le materie prime, infatti, significa, da un lato, dare loro una denominazione petrografica condivisa, ma, dall'altro, considerare quelle caratteristiche fisiche che possono aver giocato un ruolo più o meno determinante nel momento della loro preferenza o esclusione da parte dell'artigiano neolitico (Horsfall 1987; Procopiou *et al.* 2002; Santallier *et al.* 2002; Schneider 2002). Questa considerazione deriva dal presupposto che nel Neolitico le materie prime siano state oggetto di una selezione intenzionale da parte dell'uomo, in alcuni casi mirata e esclusiva, in altri più elastica e flessibile;
b) individuazione delle possibili aree di approvvigionamento delle materie prime, la relativa accessibilità e la disponibilità in quantità e forma delle rocce. L'uomo preistorico poteva approvvigionarsi delle materie prime di cui necessitava sostanzialmente in tre modi: il primo consiste nel ricavare porzioni di roccia dagli affioramenti primari; il secondo prevede la raccolta di ciottoli e massi litici presso i depositi secondari di tipo glaciale e alluvionale; infine, il terzo, è dato dallo scambio di prodotti o materie prime locali con prodotti o materie prime di provenienza alloctona;
c) analisi dei processi tecnici che mettano in evidenza la sequenza tecnica e la correlata *chaîne opératoire*.

Per raggiungere tali obiettivi si è ritenuto necessario tentare di adottare lo stesso metodo di riconoscimento dell'uomo preistorico, attraverso la messa in atto di un approccio macroscopico e tecnofunzionale, in cui l'attività sperimentale di scelta dei litotipi e del loro utilizzo sotto forma di strumenti svolge un ruolo di guida e di riscontro incrociato congiuntamente all'apporto di dati etnografici. In questa prospettiva, la scelta di base è stata quella di utilizzare solamente quelle competenze e conoscenze condivise con l'uomo preistorico, valutando: 1) le caratteristiche visibili ad occhio nudo (per esempio: morfologia del blocco/ciottolo, colore della roccia, la sua compattezza, la tessitura generale), 2) le caratteristiche testabili con altri oggetti (per esempio: la durezza, la coesione) e 3) i parametri legati all'esperienza/abilità personali (per esempio: il riconoscimento di eventuali fratture superficiali o interne). Questo tipo di impostazione richiede una conoscenza diretta delle rocce acquisita sia attraverso ricognizioni in aree di possibile approvvigionamento di materia prima sia attraverso l'attività di sperimentazione, grazie alla quale è possibile testare direttamente le qualità positive e negative della roccia al momento della sua lavorazione e del suo utilizzo sotto forma di strumento. In questo senso, una roccia difficile da lavorare, ma estremamente efficiente dal punto di vista funzionale, può essere scelta appunto per le sue qualità funzionali investendo sulla difficoltà di approvvigionamento. Viceversa, per gli strumenti che hanno un veloce ricambio può accadere che una roccia funzionalmente poco efficiente venga scelta perché largamente diffusa o facile da lavorare.

A seguito di queste riflessioni sono state circoscritte le caratteristiche prese in considerazione per il riconoscimento delle rocce impiegate nei siti analizzati. Un primo gruppo di caratteristiche macroscopiche è già valutabile durante le ricognizioni sul campo, in sede di selezione delle materie prime e comprende:
a) morfologia, dimensioni e peso dei blocchi litici e dei ciottoli: i contesti alluvionali e morenici offrono la possibilità di selezionare forma e dimensioni dei massi/ciottoli entro un variegato ed eterogeneo deposito in base alle esigenze funzionali;
b) tessitura: si riferisce all'insieme delle caratteristiche dei singoli cristalli di una roccia, cioè l'aspetto, le dimensioni dei singoli componenti, la loro forma (arrotondata, angolare), l'omogeneità e il modo in cui essi sono in contatto fra loro. Diverse ricerche hanno sottolineato l'importanza che la tessitura riveste durante la fase di selezione della roccia in quanto parametro maggiormente connesso con gli aspetti funzionali (Horsfall 1987; Adams 1996; 2010; Doherty, Evely 2002; Santallier *et al.* 2002; Schneider 2002). La tessitura delle rocce, siano esse archeologiche o sperimentali, è stata valutata a livello macroscopico e rappresenta dunque l'aspetto fisico generale di una roccia. In una seconda fase, il supporto di un microscopio a bassi ingrandimenti ha consentito di elaborare ulteriori considerazioni e comparazioni;
c) struttura e coesione: si riferisce all'insieme delle caratteristiche di una roccia su scala geologica e ne descrive soprattutto gli aspetti derivanti dagli eventi che determinano l'orientamento dei cristalli (per esempio: stratificazione, foliazione, scistosità). La coesione rappresenta l'insieme delle forze che mantengono uniti gli elementi delle rocce;
d) colore: pur non essendo un parametro di riconoscimento assoluto, riflette in parte il chimismo della roccia, quindi i suoi componenti mineralogici;
e) presenza di alterazioni superficiali: poiché l'approvvigionamento e la selezione delle materie prime nell'area presa in esame avveniva, almeno in parte, probabilmente nei depositi alluvionali e morenici circostanti i siti, dove le rocce sono costantemente soggette all'azione degli agenti atmosferici, si rende necessario valutare la presenza di alterazioni che potrebbero inficiarne l'efficienza funzionale;

Un secondo gruppo di caratteristiche può essere stimato solamente durante la fase di sperimentazione, cioè al momento della lavorazione della pietra e del suo successivo utilizzo sotto forma di strumento:
a) facilità di lavorazione mediante diverse tecniche: scheggiatura, bocciardatura, martellinatura e levigatura sono le tecniche di lavorazione impiegate nella fase di produzione dei diversi tipi di strumenti;
b) durezza: è la proprietà di una roccia di resistere alla scalfitura e all'abrasione. A livello sperimentale, la durezza si esprime empiricamente mediante confronto tra rocce diverse;
c) frattura e tenacità: la frattura è la caratteristica di rompersi e dividersi in frammenti in seguito a sollecitazione meccanica; può essere concoide, quando la superficie di distacco si presenta simile a quella prodotta sulla selce, irregolare, quando il materiale presenta scabrosità più o meno accentuate e scheggiosa, quando il materiale si rompe formando più schegge. La tenacità è la resistenza che la roccia oppone alla frattura. Entrambe le qualità sono connesse alla tessitura della roccia;
d) durata: rappresenta l'arco di tempo durante il quale lo strumento può essere efficacemente utilizzato prima che le sue superfici di lavoro necessitino di affilatura, ravvivamento oppure scarto.

Al fine di stabilire provenienza e caratteristiche delle materie prime è stata condotta un'analisi basata su cinque fasi tra loro complementari:
1) esame macroscopico e morfologico dei reperti archeologici non trattati tecnologicamente allo scopo di ipotizzare la loro appartenenza a depositi alluvionali-morenici da confermare attraverso il confronto con detriti attualmente reperibili nell'area presa in esame;
2) mirate indagini nel territorio circostante i siti finalizzate alla raccolta di materie prime locali con caratteristiche litomorfodimensionali analoghe a quelle archeologiche; raccolta di pietre verdi alloctone nelle aree di possibile approvvigionamento in epoca preistorica (depositi secondari nella zona liguro-piemontese);
3) analisi petrografiche dirette a comprovare la provenienza alloctona di parte delle materie prime, cioè le pietre verdi (Lunardi 2003a; Biagi, D'Amico 2013); per le rocce locali e circumlocali è stato effettuato un riconoscimento macroscopico e, in alcuni casi, sono state realizzate e studiate alcune sezioni sottili di campioni di rocce sperimentali (porfido, arenaria, calcari, basalto, serpentinite);
4) analisi dei ciottoli e dei blocchi raccolti durante la prima fase sperimentale identificati e scelti attraverso un'osservazione macroscopica e test con percussore litico finalizzati al riconoscimento delle loro caratteristiche fisiche (forma, dimensioni, peso, colore) e tecnologiche (tessitura, durezza, compattezza), in modo tale da riprodurre il presumibile metodo di raccolta adottato dagli artigiani neolitici nella selezione delle materie prime per i loro strumenti;
5) esame microscopico a bassi ingrandimenti mirato al confronto tra le rocce archeologiche e quelle sperimentali per confrontarne le analogie in termini di tessitura e componenti tipici. Le rocce ritenute idonee sono state quindi impiegate nell'attività di riproduzione sperimentale.

2.1.2 Origine e circolazione delle materie prime

La dislocazione geologica dei siti presi in esame spiega in parte la varietà di materie prime utilizzate dalle comunità neolitiche per la confezione dello strumentario in pietra non scheggiata (fig. 15). Il territorio compreso tra l'Adige e i Colli Berici abbraccia una serie di terreni di origine alluvionale (fluvio-glaciale e fluviale). Gran parte della Pianura Padana è costituita da formazioni terziarie su cui poggiano depositi pleistocenici di origine continentale dovuti alla fusione dei ghiacciai alpini, sedimenti marini costituiti da sabbie e argille quaternarie e detriti alluvionali atesini. Il fiume Adige raccoglieva acqua e sedimenti che provenivano dalla fusione dei ghiacciai che occupavano l'arco alpino e si apriva in un grande ventaglio alluvionale allo sbocco della pianura (Zaffanella 1981; Sauro 1992; Cremaschi 1995; Rioda 2010). Questi materiali sciolti quaternari sono stati datati al periodo compreso tra >31000 e 18800 ± 2000 BP (Aspes *et al.* 2002). Il territorio collinare a nord di Verona è costituito prevalentemente da rocce calcaree (calcari grigi, calcari nummulitici, calcareniti, arenarie, oltre alle formazioni del Rosso Ammonitico, del Biancone e della Scaglia Rossa Veneta) di età compresa tra i 200 e i 15 milioni di anni fa circa su cui poggiano coperture quaternarie di vario tipo. Sono inoltre noti piccoli affioramenti di rocce vulcaniche tra cui basalti e brecce basaltiche (Aspes *et al.* 2002).

I Colli Berici costituiscono dal punto di vista geomorfologico una piattaforma eocenica che presenta nella parte meridionale una morfologia carsica, da cui sono escluse la Val Liona e la Valle di Fimon. In questo territorio sono presenti i sedimenti olocenici dei fiumi che scendevano dai Lessini orientali, costituiti da litologie diverse, tra cui in particolare rocce sedimentarie e vulcaniche, oltre a rocce di provenienza alloctona (Mietto 1988; Sauro 2002). Tra le rocce presenti nell'areale berico sono note in particolare calcareniti organogene con bioclasti di dimensione dell'ordine del millimetro, areniti tufacee, basalti e marne (Mietto 1988).

Nell'ambito di questo contesto geologico i tre siti presi in esame si differenziano in base alla localizzazione ambientale. L'insediamento di Rivoli Veronese è situato su di uno sperone calcareo elevato sulla Chiusa dell'Adige, circondato da sedimenti di origine glaciale e da un insieme di colline dell'anfiteatro morenico del Garda (Rioda 2010). Quinzano insiste su depositi alluvionali formati da ciottoli, sabbie ed argille pleistocenici ed olocenici (Graziosi 1939; Sauro 1992). Entrambi i siti veronesi, inoltre, si trovano nei pressi del fiume Adige, dove è possibile la raccolta di detriti contenenti litologie differenti e disponibili sotto forma di ciottoli e massi di varia pezzatura. L'abitato di Fimon Molino Casarotto si colloca ai piedi dei Colli Berici (Vicenza), presso le antiche sponde di un bacino lacustre formato in seguito allo sbarramento delle valli da parte dei depositi alluvionali quaternari dei fiumi prealpini (Bartolomei 1986). Il sedimento è prevalentemente costituito da torbe e materiali limosi (Bagolini *et al.* 1973). Tutti e tre i siti sono, inoltre, inseriti nel circuito di scambi ad ampio raggio di pietre verdi di origine liguro-piemontese, sfruttate in modo esclusivo per gli strumenti da taglio in pietra levigata (D'Amico, Starnini 2000; 2007; D'Amico *et al.* 2002; 2006).

Un tale quadro globale riflette dunque una situazione complessa e suggerisce l'ipotesi della messa in atto di comportamenti differenti da parte delle locali comunità neolitiche durante i processi di acquisizione e di gestione delle materie prime. Lo sfruttamento di un variegato *range* di materie prime locali ed alloctone accomuna altri contesti neolitici e sembra rispondere a diverse e precise esigenze funzionali (Luzzi 1996; Starnini, Voytek 1997a; Garibaldi *et al.* 1999; Pessina, D'Amico 1999; Bassetti, Zamboni 2002; Vicino 2009a; 2009b).

In base alla provenienza, l'eterogeneo insieme litologico sfruttato si divide in due macroinsiemi (tab. III, fig. 15):

a) le rocce locali e circumlocali: 33 strumenti a Fimon (64,7 %); 35 a Quinzano (74,5 %); 64 a Rivoli (83 %);

b) le rocce importate: 18 strumenti a Fimon (35,3 %); 12 a Quinzano (25,5 %); 13 a Rivoli (17 %).

Le rocce locali e circumlocali

I litotipi definiti di origine locale e circumlocale sono rocce presenti nel territorio sotto forma di deposito primario o di materiale di trasporto alluvionale e/o morenico. Per definire locale la provenienza delle rocce, alcuni Autori (es. Hamon 2006) hanno fissato una soglia massima di riferimento pari a cinque chilometri dal punto in cui sorge l'insediamento archeologico. Nell'ambito di questa ricerca non si ritiene opportuno precisare un limite rigido a causa della natura alluvionale e morenica dei contesti archeologici, la quale consente il recupero di materie prime diverse per litologia e morfologia a distanze variabili; inoltre, si ritiene plausibile pensare che si siano verificate variazioni nel corso dei secoli nella composizione di tali depositi.

In seguito alle perlustrazioni effettuate nelle zone indicate nel capitolo dedicato alla sperimentazione, è stato possibile osservare che parte delle rocce utilizzate per la produzione di strumenti neolitici sono disponibili nei locali depositi secondari, anche se frequenza e distanza di reperimento dipendono dal singolo litotipo. Per tale ragione si distinguono:

a) le rocce di origine strettamente locale: si tratta di materie prime comuni facilmente reperibili nelle immediate vicinanze degli antichi insediamenti in quantità e dimensioni adeguate al loro impiego sotto forma di strumenti;

b) le rocce circumlocali: riuniscono quelle litologie il cui approvvigionamento veniva probabilmente effettuato a distanze maggiori, anche a livello regionale, ma difficilmente quantificabili sulla base della variabilità litologica propria dei depositi fluviali, alluvionali e morenici.

Le rocce più comunemente utilizzate corrispondono a quelle geologicamente più diffuse nei pressi degli antichi abitati e all'interno delle attuali alluvioni: a Quinzano e a Rivoli prevalgono porfidi, serpentiniti/anfiboliti[10] e calcari; fra le rocce usate occasionalmente rientrano scisti, gneiss, sieniti e tonaliti. A Fimon Molino Casarotto sono sfruttate in primo luogo calcareniti e arenarie; occasionali sono alcuni ciottoli di rocce porfiroidi non meglio definibili, il cui approvvigionamento risulta più difficile da ricostruire e si fanno rientrare nel gruppo delle rocce di probabile origine regionale. In entrambe le aree è attestato l'impiego sporadico di selce per alcuni di strumenti non soggetti a *débitage*.

Le rocce importate

Le rocce di origine alloctona provengono da aree distanti oltre 300 km dal territorio veronese e vicentino e coincidono con le litologie note come "pietre verdi" (*greenstones*) nel gergo archeologico internazionale. Tale denominazione non corrisponde ad una precisa definizione petrografica, ma indica genericamente le materie prime, accomunate dal colore verde più o meno inteso, sfruttate per ottenere manufatti levigati. Studi archeometrici condotti soprattutto nell'ultimo ventennio su un consistente campione di reperti in massima parte riferibili al Neolitico hanno potuto stabilire con affidabilità e organicità le litologie aggregate nella famiglia delle pietre verdi. Si tratta di rocce metamorfiche del gruppo delle metaofioliti di alta pressione (HP), geograficamente e geologicamente legate tra loro, rappresentate da una varietà relativamente ampia di litotipi, tra cui principalmente eclogiti alpine, giade/Na-pirosseniti[11], serpentiniti, scisti omfacititi e rocce glaucofaniche (Chiari *et al.* 1996; D'Amico, Starnini 2000; D'Amico *et al.* 2003b; Compagnoni *et al.* 2006). Le rocce maggiormente sfruttate nell'industria litica non scheggiata neolitica sono le eclogiti e le giade: semplificando una distinzione accertabile con rigore scientifico solo attraverso analisi petrografiche, i due litotipi sono in genere distinguibili in base alla presenza di cristalli di granato nelle eclogiti, quando questi non siano troppo piccoli e non siano alterati in clorite. Le pietre verdi rocce dure, tenaci, a grana generalmente fine e struttura eterogranulare; i cristalli possono assumere dimensioni millimetriche e submillimetriche; tra essi si distingue principalmente il granato di color rosso bruno, presente in quantità media pari al 15-30 %, peculiare delle eclogiti e assente nelle giade. Le pietre verdi si prestano ad essere lavorate tramite levigatura.

Lo sfruttamento delle pietre verdi per la produzione di anelloni e strumenti da taglio in pietra levigata, oltre che meno frequentemente anche per strumenti percussori e abrasivi (Luzzi 1996; Starnini, Voytek 1997a; Pétrequin *et al.* 2015), inizia nel Neolitico antico in un vasto territorio che comprende l'area padano-alpina e la Provenza (Ricq-de Bouard *et al.* 1990; Ricq-de Bouard, Fedele 1993; Ricq-de Bouard 1996; Thirault 2004). Con la fase matura del Neolitico si assiste ad un considerevole incremento dello sfruttamento di pietra verde che si traduce, da un lato, in un generalizzato aumento della produzione di strumenti in pietra levigata, riscontrabile nell'incremento delle lame d'ascia negli abitati e nelle sepolture, e dall'altro, nell'estensione geografica della rete di circolazione di eclogiti e giade che arriva a coinvolgere gran parte dell'Europa continentale (Barfield 1996; D'Amico 2000; 2005; D'Amico *et al.* 2003b; 2012a; Pétrequin *et al.* 2006a; 2006b).

La presenza e la distribuzione di queste rocce non è uniforme nei siti italiani finora esaminati: nel territorio padano-alpino esse possono corrispondere alla totalità dei reperti in pietra levigata, ma normalmente si attestano in un *range* percentuale del 65-90 % (D'Amico *et al.* 2002; 2003b; 2006; D'Amico, Starnini 2007). Nei contesti analizzati, riferibili alla Cultura VBQ, tendono a prevalere le eclogiti alpine (in media > 45 %), seguite, in ordine di quantità, da giade o Na-pirosseniti (in media 20 %), serpentiniti (in media < 10 %), scisti omfacitici (in media < 5 %), rocce glaucofaniche (in media < 5 %), scisti verdi ed altre rocce presenti in quantità sporadica (D'Amico, Starnini 2006a; 2006b). La natura petrografica delle pietre verdi, il *ratio* quantitativo indicato (eclogiti + giade presenti in misura media del 70 % delle rocce impiegate nell'industria non scheggiata), insieme all'area di provenienza geografica delle litologie accomuna numerosi siti VBQ finora analizzati petrograficamente (D'Amico, Starnini 2000; 2007; 2012a; 2012c; D'Amico 2002; 2005; D'Amico *et al.* 2002; 2003b; 2006). A sud degli Appennini l'apporto di metaofioliti HP si riduce considerevolmente ed è documentato in Toscana (Querciolaia), Umbria (D'Amico, De Angelis 2009), Lazio (La Marmotta) e nel Sud Italia (Leighton 1992; Leighton, Dixon 1992; D'Amico 2000; Zamagni 2007).

È noto da oltre un secolo che le metaofioliti di alta pressione affiorano in tutto l'arco delle Alpi occidentali tra le Valli di Zermatt nel Vallese (Svizzera) e il Gruppo di Voltri (Liguria) (Damour 1881; Franchi 1900). La loro distribuzione appare schematicamente distinta in due grandi aree separate dallo spartiacque italo-francese: la *facies* degli Scisti Blu si estende con continuità nella parte esterna della catena alpina, prevalentemente nel versante francese tra il massiccio del Gran Paradiso e il Gruppo di Voltri, mentre la *facies* eclogitica, protesa principalmente sul lato italiano, si estende nel Vallese, in

[10] Le serpentiniti possono avere varia origine, sia occidentale, quindi analoga all altre metaofioliti HP, sia locale, sotto forma di trasporto alluvionale-morenico lungo i corsi di Rienza, Isarco e Adige dalle Unità Penniniche tra Brennero e Val Aurina (D'Amico 1998; Pessina, D'Amico 1999).

[11] "Giada" (*jade*) è un termine non scientifico impiegato dai non professionisti per indicare una roccia molto dura e tenace costituita in prevalenza da pirosseno sodico, mentre Na-pirosseniti è il termine petrografico che definisce le rocce costituite da almeno il 75% da pirosseni sodici, distinguendo all'interno di queste le giadeititi (costituite dal 75% di giadeite), le omfacititi (costituite dal 75% da omfacite) e le Na-pirosseniti miste (costituite dal 75% da giadeite e omfacite) (Compagnoni *et al.* 2006).

Valle d'Aosta, nelle Valli di Lanzo, nel massiccio del Monviso e nel Gruppo di Voltri, lasciando scoperto il tratto compreso tra la Valle Maira e le Valli del Bormida (Chiari *et al.* 1996; Compagnoni *et al.* 2006).

Le fonti di approvvigionamento delle pietre verdi possono essere di natura primaria e secondaria. Le formazioni primarie affiorano in alcune zone d'alta quota (tra 1500 e 2400 m circa) delle Alpi occidentali (Voltri in Liguria, Valais in Valdaosta e Monviso in Piemonte) (Pétrequin *et al.* 2005; 2006a; Compagnoni *et al.* 2006); i giacimenti secondari sono formati da depositi conglomeratici oligocenici al confine tra Piemonte e Liguria (più antichi) e conglomerati quaternari localizzati allo sbocco delle attuali valli alpine e nella Pianura Padana (più recenti) (D'Amico *et al.* 2003b; D'Amico, Starnini 2006; Compagnoni *et al.* 2006).

Questa complessa situazione geologica inevitabilmente accompagna un acceso dibattito circa le modalità e le aree di approvvigionamento delle metaofioliti di alta pressione durante il Neolitico. Alcuni Autori propendono per un'estrazione direttamente dagli affioramenti in quota, localizzati grazie a spedizioni mirate, e avvalendosi di tecniche particolari come lo *choc* termico (*choc thermique*), testato a livello sperimentale e documentato etnograficamente (Pétrequin, Pétrequin 2000; Thirault 2004; Croutsch 2005; Pétrequin *et al.* 2005; 2006; 2008a; 2008b). La seconda ipotesi di approvvigionamento antico prevede invece la raccolta di ciottoli di pezzatura eterogenea e progressivamente minore presso i depositi secondari oligocenici e quaternari formati dallo smantellamento dei depositi primari (Ricq-de Bouard, Fedele 1993; D'Amico *et al.* 1995; 2004; Ricq-de Bouard 1996; Giustetto, Compagnoni 2004; D'Amico 2005).

Allo stato attuale delle ricerche appare verosimile che entrambe le modalità di approvvigionamento venissero praticate a seconda di particolari necessità da soddisfare: da un lato, la possibilità di recuperare dagli affioramenti primari supporti di grandi dimensioni da cui ottenere lame molto lunghe probabilmente dotate di valore metafunzionale da immettere nelle reti di scambi su scala europea, dall'altro l'esigenza di procurarsi con facilità e in grandi quantità supporti medio-piccoli per produrre strumenti destinati a un impiego quotidiano (Chiarenza, Giustetto 2010). Entrambe le tesi, infatti, sono suffragate da evidenze archeologiche. Alcuni affioramenti in quota, sia sotto forma di aggregati lenticolari di diversi metri di spessore che sotto forma di blocchi massivi isolati, sono accompagnati da evidenze di frequentazione antropica databili genericamente al Neolitico e riconoscibili nella presenza di grandi quantità di schegge di lavorazione (Pétrequin *et al.* 2005; 2006a; 2007; 2008a). Dall'altra parte, lo sfruttamento preferenziale dei depositi secondari appare comprovato da diverse considerazioni e testimonianze archeologiche. In primo luogo, i ciottoli recuperabili negli alvei fluviali sono il risultato di un processo secondario che ha selezionato le rocce più resistenti al degrado meccanico e chimico rendendoli, di conseguenza, adatti alla produzione di strumenti efficaci e durevoli (Chiarenza, Giustetto 2010). In secondo luogo, la scoperta di alcuni *atelier* di lavorazione delle pietre verdi in zone non distanti dagli alvei fluviali ricchi di metaofioliti di alta pressione: questi siti hanno restituito un numero consistente di abbozzi a vari stadi di lavorazione, percussori e solamente sporadici reperti finiti, completi della levigatura. I più importanti siti neolitici di lavorazione delle pietre verdi finora noti inquadrabili genericamente all'epoca neolitica sono La Maddalena di Chiomonte (Delcaro 2002), Brignano Frascata (D'Amico, Starnini 1996; Zamagni 1996a; Venturino Gambari 2004), Alba (Venturino Gambari, Zamagni, 1996a), Monte Savino (Garibaldi *et al.* 1996b), Castello di Annone (Venturino Gambari, Zamagni 1996b) e Rivanazzano (Mannoni *et al.* 1996; D'Amico *et al.* 2003a; D'Amico, Starnini 2006). Alla piena età del Rame appartiene invece l'officina di Pertus, frequentata regolarmente per produrre lame attestate sotto forma di abbozzi sia scheggiati che regolarmente rifiniti, segno della continuità di impiego e lavorazione di pietra verde anche in epoca postneolitica (Chiarenza, Giustetto 2010).

Il ricco complesso di materiali di Alba comprende sia manufatti a vari livelli di lavorazione, quali lame d'ascia, scalpelli e anelloni, che strumenti impiegati nella fabbricazione stessa, come percussori e levigatoi. La raccolta dei ciottoli doveva presumibilmente avvenire negli alvei, distanti circa 30 km dall'insediamento neolitico, del fiume Bormida e del torrente Erro dove si effettuava la testatura e la prima sbozzatura dei blocchi litici. I supporti ottenuti venivano poi trasportati al villaggio e qui rifiniti prima di essere verosimilmente immessi nella rete di circolazione (Venturino Gambari, Zamagni 1996a).

Diversamente, a Castello di Annone si è riconosciuto un artigianato non eccessivamente specializzato che operava per soddisfare il fabbisogno strettamente locale di strumenti in pietra levigata. Ciò è stato dedotto in base all'elevata percentuale di manufatti rotti in corso di lavorazione e dall'applicazione di una tecnologia scadente a fronte di una qualità mediamente bassa della materia prima dovuta alla presenza di scistosità e granati grossi che rendono la roccia più soggetta alle rotture (Venturino Gambari, Zamagni 1996b).

Il complesso dei materiali di Rivanazzano, frutto di una sistematica raccolta di superficie lungo la valle del torrente Staffora, documenta in maniera esauriente l'intero processo di produzione di lame d'ascia levigate, dai test preliminari sui ciottoli atti a saggiarne la qualità e la presenza di eventuali imperfezioni fino alla rifinitura del supporto tramite bocciardatura (Mannoni *et al.* 1996; D'Amico *et al.* 2003a; D'Amico, Starnini 2006). Solamente la levigatura del tagliente non è attestata, poiché essa veniva verosimilmente condotta all'interno del villaggio - come suggeriscono anche confronti etnografici (Pétrequin, Pétrequin 2000) - sebbene di essa manchino a tutt'oggi chiare evidenze archeologiche (Simone Zopfi 2004a; 2004b).

Grazie all'interpretazione dei dati archeologici è possibile avanzare alcune considerazioni sulle modalità attraverso cui si esplicava la circolazione della pietra verde liguro-piemontese. L'ingente quantità di abbozzi e/o di percussori rinvenuti nei siti *atelier*, sicuramente superiore alle esigenze locali, porta a ritenere verosimile che la bocciardatura dei supporti avvenisse in loco (Venturino Gambari 1996; Starnini, Voytek 1997a; Starnini *et al.* 2006) e che i prodotti semifiniti fossero dunque immessi in circolazione privi della levigatura finale. La maggior frequenza di abbozzi al primo stadio di sgrossatura nei siti prossimi alle aree di approvvigionamento contrapposta al prevalere di manufatti bocciardati e rifiniti nelle zone più distanti fa pensare che il lavoro venisse svolto in maniera progressiva lungo il percorso dalle aree di raccolta ai villaggi stanziali in modo tale da alleggerire il carico da trasportare (Venturino Gambari 2004; Negrino *et al.* 2004) e assicurarsi supporti selezionati che difficilmente si sarebbero danneggiati nel proseguo della lavorazione. Tuttavia, il rinvenimento di bocciardatori in pietra verde in alcuni contesti distanti dalla zona ligure-piemontese (Lombardia orientale: Starnini *et al.* 2006) ed emiliana occidentale (percussori, schegge di lavorazione, riutilizzi di lame: Bernabò Brea *et al.* 2012) delinea una situazione più complessa, confermata da confronti etnografici (Hampton 1999; Pétrequin, Pétrequin 2000; Stout 2002), nella quale sia lame finite sia abbozzi potevano essere inseriti nelle reti di scambio in base a parametri socio-culturali e geografici. In particolare, in Nuova Guinea prevale lo scambio di lame allo stato di abbozzo bocciardato, ma è praticato lo scambio, in occasione di particolari eventi sociali (feste e matrimoni), di prodotti finiti levigati (Pétrequin, Pétrequin 2000).

Un'altra ipotesi riguarda la possibilità, verificata a livello sperimentale (Delcaro 1996), che parte dei percussori utilizzati nella fase di bocciardatura delle asce fossero costituiti a loro volta da lame in corso di lavorazione e che, una volta ultimate, non fossero più riconoscibili come tali. Questa considerazione, pur plausibile, presenta alcuni limiti, perché, se da un lato è possibile usare un abbozzo di lama come bocciardatore, dall'altro, risulta sicuramente più efficace impiegare uno strumento *ad hoc* che acquista, grazie all'uso prolungato, una forma sferoidale che ne facilita la prensione e l'impiego mediante un movimento ritmico rendendo così la lavorazione più proficua (Lunardi 2008b; 2009b). Inoltre, la presenza di percussori sferoidali potrebbe essere legata alla necessità di rilavorare le lame danneggiate in corso di utilizzo al fine di ripristinarne l'originaria funzionalità (Pétrequin, Pétrequin 2000).

Considerando alcuni parametri significativi (rapporto eclogiti/giade, presenza di scisti omfacitici e di rocce glaucofaniche[12]) e confrontando tali dati con quelli ricavati dallo studio dei reperti provenienti dai siti d'abitato, è emerso che Rivanazzano può essere considerato un distretto di approvvigionamento per il rifornimento di lame perlomeno durante il Neolitico medio (D'Amico, Starnini 2006; 2012a; 2012b). In particolare, dall'*atelier* partiva la distribuzione delle lame verso il territorio padano-alpino orientale secondo due direttrici principali (D'Amico, Starnini 2006; D'Amico *et al.* 2006; 2012a; 2012b): a) verso sud-est interessando i siti emiliani (es. Gaione, Ponte Ghiara) forse già a partire dal Neolitico antico (San Lazzaro di Savena); b) verso nord-est interessando i siti lombardi (es. Ostiano Casotte, siti in provincia di Brescia e Mantova) e veneti (es. Fimon, Quinzano, Rivoli, siti veronesi) a partire dalla fase pienamente neolitica.

Alcuni siti localizzati a ovest di Rivanazzano (es. Arene Candide e Castello d'Annone) presentano una composizione litologica diversa rispetto a quella dell'*atelier*, il quale non può essere quindi ritenuto il luogo di provenienza delle pietre verdi di tali contesti.
Un secondo caso particolare è costituito dal sito friulano di Sammardenchia, dove tuttavia la posizione geografica e l'articolata compresenza di differenti influssi culturali possono giustificarne il particolarismo litologico (Pessina, D'Amico 1999). Le materie prime riconosciute a Sammardenchia comprendono:
- 62 % di metaofioliti HP di provenienza alpino-occidentale (in maggioranza eclogiti e giade);
- 22,5 % di vulcaniti e sedimenti locali (cineriti, arenarie, ardesie, basalti);
- 10,5 % di metaultrafemiti di origine incerta e potenzialmente varia (serpentiniti, cloritoscisti, nefriti);
- 5 % di vulcaniti/vulcanoclastiti il cui approvvigionamento è probabilmente orientale (daciti, silexiti, cineriti vitriche) (D'Amico 1998).

Tra i manufatti, il gruppo degli strumenti da taglio rappresenta meglio di altri l'articolata fisionomia litologico-culturale del sito friulano: accanto alla maggioranza di asce in pietra verde liguro-piemontese, sono presenti reperti ottenuti da rocce locali, con particolare preferenza per cineriti/tufiti a grana fine e abbastanza tenaci e alcune asce di tipo danubiano in silexite, oltre a daciti (carpatiche?) impiegate per lame d'ascia dal corpo tozzo (D'Amico 1998; Pessina, D'Amico 1999). Gli unici abbozzi presenti nel complesso dei materiali archeologici sono prodotti con rocce locali, prova della produzione in loco di strumenti da taglio (D'Amico 1998) e testimonianza indiretta del fatto che le litologie alloctone probabilmente giungevano nel sito sotto forma di strumento finito. I dati a cui si è fatto

[12] A Rivanazzano le rocce glaucofaniche costituiscono il 23% del campione studiato, percentuale anomala rispetto ad altri siti neolitici del Nord Italia e giustificata dagli Autori in base alla maggior difficoltà di lavorazione di tali rocce rispetto ad altre metaofioliti HP, o al fatto che tali rocce non abbiano trovato ampio mercato presso i centri di consumo in area padana (D'Amico, Starnini 2006a; 2007; 2012a; 2012b).

precedentemente richiamo tracciano uno scenario multiforme della capacità delle locali comunità neolitiche, e VBQ in particolare, di gestire l'approvvigionamento di materie prime di provenienza alloctona, di cui le pietre verdi rappresentano la componente più significativa e condivisa.

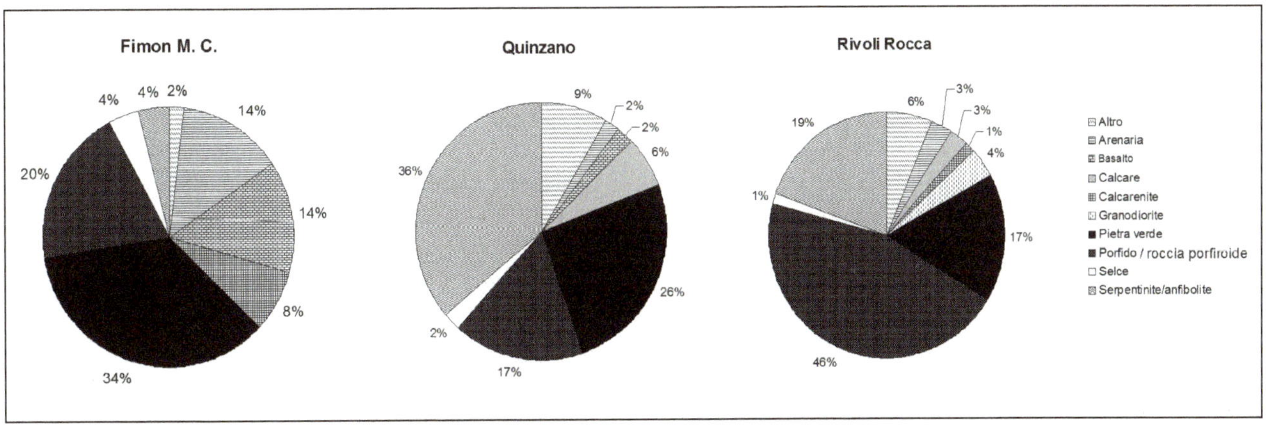

Figura 15- Distribuzione delle materie prime nei siti di Fimon, Quinzano e Rivoli.
Figure 15 - Distribution of raw materials in the studied sites.

Tabella III - Distribuzione dei gruppi litologici per gruppo di strumenti.
Table III - Distribution of lithologies by group of implement.

Rocce importate e locali	**Rocce locali e regionali**	
Gruppo I : 77 strumenti (44%)	Gruppo II : 74 strumenti (42%)	Gruppo III : 25 strumenti (14%)
Tessitura cristallina e massiccia a grana variabile Presenza di zonature Elevato grado di durezza (giade ed eclogiti: 6,5/7; serpentiniti 5) e tenacità	Tessitura cristallina con cristalli di diverse dimensioni Buona capacità abrasiva e resistenza agli *choc* meccanici (durezza 5-6)	Tessitura clastica a grana variabile, comunque omogenea Buone capacità abrasive, ma bassa resistenza agli *choc* e durezza bassa (3-4)
Strumenti [numero]		
• Strumenti da taglio [44] • Pestelli-lisciatoi [21] • Lisciatoi: [9] • Pestelli: [2] • Martelli/trituratori: [1]	• Strumenti per macinare [41] • Levigatoi [9] • Pestelli [6] • Pestelli-lisciatoi [4] • Lisciatoi [4] • Percussori [4] • Martelli/trituratori [3] • Basi di lavorazione [3]	• Levigatoi [15] • Percussori [5] • Strumenti per macinare [2] • Pestelli [2] • Lisciatoi [1]

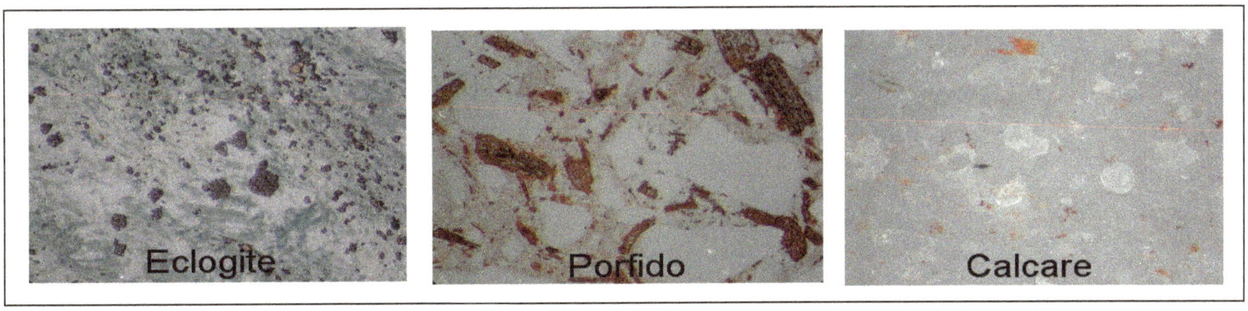

Figura 16 - Esempi di rocce impiegate nell'attività sperimentale.
Figure 16 - Examples of rocks used in the experimental activities.

2.1.3 La classificazione delle rocce

Al di là della provenienza, sono stati distinti tre gruppi litologici principali (tab. III):

a) Gruppo I (fig. 16): è costituito da rocce a tessitura cristallina e massiccia, con grana da finissima a media. Densità e coesione dei cristalli demarcano le caratteristiche più importanti di queste rocce, cioè durezza e tenacità, che si esplicitano attraverso un'alta resistenza agli *choc* meccanici, bassissima proprietà abrasiva ed un'attitudine ad essere lavorate tramite levigatura. A volte queste rocce presentano una struttura planare e per la presenza di zonature, le quali possono determinare piani interni di debolezza strutturale. Rientrano in questo gruppo le pietre verdi (eclogiti e giade) e le serpentiniti.
Fra le pietre verdi, le eclogiti alpine si caratterizzano per l'associazione di granato ed omfacite (o di altri Na-Ca pirosseni), a cui si aggiungono minerali accessori (Fe-eclogiti e Mg-eclogiti). Le eclogiti presentano una tessitura variabile tra molto fine e media che influenza direttamente la risposta della materia prima durante la lavorazione, soprattutto nel momento della bocciardatura: in questa fase i litotipi a grana media ottengono un buon rapporto della massa di materiale asportato in unità di tempo. Anche la quantità dei cristalli di granato (in media 10-30 %) e le loro dimensioni (di norma 1-2 mm) è molto variabile (D'Amico, Starnini 2000).
Come per le eclogiti, anche le giade presentano una composizione molto variabile (giadeititi, Fe-giadeititi, omfacititi, giade miste) che influenza direttamente le proprietà fisiche della roccia e le sue qualità estetiche. Si tratta, comunque, di rocce più rare delle eclogiti e, se levigate, acquisiscono spesso effetti esteticamente più pregevoli determinati dalla tessitura finissima e dal colore a volte con effetti traslucidi di pregio (D'Amico, Starnini 2000).
Le serpentiniti, infine, si presentano normalmente di colore verde molto scuro con frequenti zonature composte da serpentino fibroso di colore verde intenso. Nei litotipi di colore verde chiaro sono riconoscibili macroscopicamente cristalli scuri di magnetite. Rispetto alle pietre verdi, le serpentiniti si contraddistinguono per una minore durezza.

b) Gruppo II (fig. 16): è costituito da rocce cristalline, da fini a molto grossolane, dove è più o meno sviluppata la tessitura "porfirica", composta da fenocristalli inseriti in una massa di fondo a grana fine ed omogenea. La diversa dimensione dei cristalli e del loro grado di durezza determina buone proprietà abrasive ed in genere una buona resistenza agli *stress* meccanici. Rientrano in questo gruppo principalmente porfidi seguiti in proporzione variabile da basalti, tonaliti, sieniti, gneiss e rocce porfiroidi.
Il porfido si caratterizza per la tessitura tipicamente porfirica con grossi fenocristalli di quarzo, di forma angolare, e di feldspato, arrotondati, inseriti in una pasta di fondo a grana fine di colore prevalentemente rosato; meno frequenti sono i porfidi grigi.
Il basalto ha una tessitura cristallina e massiccia a grana fine con fenocristalli di dimensioni contenute visibili soltanto al microscopio.

c) Gruppo III (fig. 16): è costituito da rocce in gran parte sedimentarie caratterizzate da aspetto e colori variabili tanto da costituire un gruppo eterogeneo che aggrega soprattutto arenarie e vari tipi di calcari, mentre sono sporadiche le siltiti. Nonostante le peculiarità tessiturali e tecniche, è stata inserita in questo gruppo anche la selce. La tessitura clastica è generalmente a grana da fine a media, quasi sempre omogenea e dotata di un buon grado di abrasività. Complessivamente si tratta di rocce meno resistenti agli *choc* meccanici, poiché la presenza di stratificazioni interne incide negativamente sulla compattezza della struttura.
L'arenaria è una roccia clastica a grana (da fine a grossolana, comunque < 2 mm) e colore (grigio, rosso, bruno) variabili; i granuli, tra i quali prevale il quarzo, normalmente presentano dimensioni omogenee e forma arrotondata.
Il calcare è una roccia estremamente variabile nel colore (bianco, giallastro, grigio, nero), in base alla presenza di impurità limonitiche, ematitiche e carboniose. Si caratterizza per la grana fine e la tessitura compatta, in alcuni casi con presenza di piccoli fossili (biocalcarenite).

I singoli litotipi si differenziano da sito a sito sulla scorta delle locali disponibilità e sono sfruttati in modo indistinto per le categorie degli strumenti per macinare - levigare e degli strumenti per pestare-triturare.
Un dato interessante che si evince da questa ripartizione litologica riguarda la suddivisione degli strumenti in ciascun gruppo di materie prime: in primo luogo, i gruppi I e II costituiscono l'85 % degli strumenti; in secondo luogo, dalla distribuzione degli strumenti per gruppo litologico si notano delle preferenze di utilizzo delle materie prime per alcune categorie di strumenti. In particolare, strumenti da taglio e pestelli-lisciatoi sono ottenuti soprattutto da rocce del Gruppo I; macine e macinelli sono ottenuti da rocce del Gruppo II e, infine, i levigatoi sono realizzati prevalentemente a partire da rocce del Gruppo III.

2.1.4 L'acquisizione dei supporti

Gli strumenti si contraddistinguono per dimensioni e morfologia assai vari non solo confrontando manufatti impiegati in usi diversi, ma anche nell'ambito di strumenti tipologicamente simili. L'osservazione dei reperti archeologici privi di tracce di lavorazione (pestelli, lisciatoi, levigatoi, trituratori) consente di notare come la scelta dei supporti fosse mirata a morfologie adatte alla funzione da assolvere. La forma ovoidale oblunga, tipica dei detriti sottoposti all'azione modellante di fiumi e ghiacciai, è quella caratteristica degli strumenti tenuti in mano e usati in percussione lanciata come elementi attivi in operazioni che richiedono pestatura, frantumazione, o percussione (De Beaune 2000). Tali ciottoli sono abbondantemente reperibili nell'alveo e lungo le sponde dell'Adige, oltre che nei territori alluvionali della pianura veneta.

Più problematica la questione dei blocchi litici di maggiori dimensioni, per esempio quelli utilizzati come macine, per i quali è difficile affermare se si tratta di blocchi di trasporto fluviale, anche a causa dello stato frammentario di tale categoria di strumenti nell'insieme del *corpus* esaminato. Le esplorazioni lungo l'Adige portano comunque a confermare la presenza di blocchi di porfido di dimensioni adeguate a ricavarne macine e macinelli.
Per quanto concerne i reperti che, come gli strumenti da taglio, sono frutto di un'articolata lavorazione, risulta più difficile risalire con sicurezza al tipo di supporto originario, in quanto alterato in modo pressoché sostanziale dai vari interventi tecnologici. Restano tuttavia valide le considerazioni proposte nel precedente paragrafo sulle rocce importate.

2.1.5 Le tecniche di fabbricazione degli strumenti

Circa metà degli strumenti esaminati (49,7 %) presenta tracce di lavorazione connesse alla trasformazione tecnologica più o meno importante del supporto originario, mentre l'altra metà (50,3 %) è costituita da strumenti utilizzati sotto forma di ciottoli o blocchi allo stato naturale. Questi ultimi rientrano comunque nella categoria degli strumenti perché presentano tracce d'uso sulle rispettive superfici di lavoro (De Beaune 2004, 139). Le tracce tecnologiche sono state osservate e descritte grazie all'osservazione microscopica a varie scale d'ingrandimento (tab. IV).
Dal punto di vista tecnologico l'insieme degli strumenti esaminati può essere distinto in tre macro-gruppi: gli strumenti usati senza una preventiva trasformazione tecnologica del supporto originario (strumenti percussori, levigatoi, lisciatoi, pestelli-lisciatoi), gli strumenti impiegati in seguito alla preparazione della superficie attiva e alla sua periodica manutenzione (macine e macinelli) e, infine, gli strumenti frutto di una lunga e articolata catena operativa di produzione e di mantenimento in efficienza della superficie attiva (asce, accette e scalpelli) (fig. 17).

Le operazioni tecnologiche riconosciute nei reperti sono finalizzate:
a) all'ottenimento dello strumento finito a partire da un supporto grezzo ed alla preparazione delle superfici di lavoro. Rientrano in questa categoria le seguenti operazioni tecnologiche: scheggiatura, bocciardatura, levigatura, lucidatura e martellinatura. Queste tecniche non sono state inventate nel Neolitico - per esempio, si ricorda la levigatura di asce in selce e oggetti in osso, lavorazione di macine nel Natufiano (Nierlè 1983; Dubreuil 2002; Dubreuil, Plisson 2010) - ma è sicuramente in questa fase della preistoria che acquistano sistematicità.
b) a ripristinare l'efficienza funzionale delle superfici di lavoro usurate in seguito al loro utilizzo. Rientrano in questa categoria il ravvivamento e la riaffilatura. Esse consentono di prolungare nel tempo l'impiego di alcuni tipi di strumenti che appartengono alla sfera della quotidianità. Entrambe le categorie di interventi tecnologici contraddistinguono solamente gli strumenti per macinare (macine e macinelli) e gli strumenti da taglio (asce, accette e scalpelli).

Scheggiatura

La scheggiatura è l'operazione eseguita in percussione diretta per mezzo di un percussore litico duro che stacca porzioni di materia prima dalla massa litica del supporto, conferendo allo strumento la sua forma generale. Tale operazione risulta efficace in rocce a tessitura cristallina a grana fine e molto fine e la frattura prodotta è solitamente di tipo irregolare. La scheggiatura è impiegata nella prima fase di lavorazione degli strumenti in pietra levigata e qualche volta per sbozzare i margini laterali degli strumenti per macinare.

Bocciardatura

La bocciardatura consiste in una prolungata, ritmica e fitta percussione effettuata per mezzo di un piccolo e maneggevole percussore di pietra: essa rappresenta la fase di lavorazione successiva alla scheggiatura nel caso degli strumenti da taglio in pietra levigata. Il percussore utilizzato, di durezza almeno pari alla durezza della roccia da bocciardare, lavora in modo da non staccare parti di materia prima come nel caso della scheggiatura, ma piuttosto asportare massa sotto forma di polvere e piccoli frammenti, in modo da rifinire la morfologia della lama d'ascia. Le tracce di bocciardatura sono generalmente ben visibili lungo i fianchi e sul corpo degli strumenti da taglio: esse consistono in una superficie "zigrinata" provocata da impatti di percussione più o meno fitti in base alla qualità della lavorazione effettuata (fig. 18-a).

Levigatura

La levigatura rappresenta l'operazione di rifinitura e di affilatura del tagliente, oltre che frequentemente del corpo degli strumenti da taglio. Questa tecnica viene effettuata attraverso la molatura della lama su una mola litica ricavata da roccia abrasiva a grana fine. Ad intervalli regolari è necessario aggiungere piccole quantità d'acqua al fine di rendere la levigatura più efficiente, poiché l'acqua lubrifica il movimento della lama e nello stesso tempo asporta la polvere litica prodotta con la levigatura. A livello sperimentale, inoltre, viene frequentemente aggiunta anche della sabbia fine per accrescere la capacità abrasiva della mola (Delcaro 1996).

Quando la levigatura è limitata solo al tagliente, essa assume una connotazione puramente funzionale, perché serve a rendere funzionale la parte attiva degli strumenti da taglio e a rinforzarne la solidità e la longevità. Se essa, invece, si estende anche al corpo della lama, all'accezione funzionale si aggiunge una caratterizzazione estetica, spesso finalizzata ad esaltare le peculiarità cromatiche e tessiturali della roccia, conferendo maggior pregio allo strumento stesso.
Le tracce prodotte dalla levigatura consistono in striature ed aree lisciate (fig. 18-b, c). Le striature, a volte visibili anche a livello macroscopico, sono tracce lineari di lunghezza variabile (mediamente 1,5-2 cm), generalmente riunite in fasci di strie parallele e variamente orientate: nelle facce le striature sono generalmente parallele all'asse longitudinale della lama; lungo i fianchi le striature possono essere orientate sia lungo l'asse principale e sia inclinate rispetto ad esso.
Alcune lame d'ascia archeologiche presentano superfici levigate che assumono un aspetto cosiddetto "a specchio" (D'Amico 2000); a livello sperimentale lo stesso effetto estetico è stato raggiunto lucidando la lama precedentemente levigata su una pelle bagnata distesa sulla mola litica.

Martellinatura

Questa operazione tecnologica è finalizzata a rendere abrasiva, quindi funzionale, la superficie di lavoro di macine e macinelli. Analogamente alla bocciardatura, la martellinatura si effettua per mezzo di un percussore litico duro, utilizzato in percussione lanciata per staccare piccoli frammenti e polvere litica dal piano di lavoro degli strumenti per macinare, rendendolo rugoso e scabro. Benché la modalità di esecuzione sia simile nel caso della martellinatura e nella bocciardatura, tre importanti differenze hanno motivato la scelta di adottare terminologie distinte. In primo luogo, lo scopo dell'operazione tecnica: nel caso delle macine la martellinatura è finalizzata a creare la superficie attiva, mentre la bocciardatura serve a rifinire la morfologia dello strumento in corso di lavorazione. In secondo luogo, le diverse caratteristiche che deve possedere la materia prima da cui si ricava il percussore, più selettive in termini di durezza e tenacia nel caso dei bocciardatori. A ciò si aggiunge la diversa cinematica di lavorazione con il percussore, il quale, nel caso delle lame d'ascia, colpisce il supporto tenuto in mano, mentre, nel caso degli strumenti per macinare, il percussore viene generalmente usato su una superficie appoggiata a terra. In quest'ultimo caso il percussore lavora con un ritmo più lento.

2.1.6 Le tecniche di ripristino funzionale delle superfici attive

Ravvivamento

Questa operazione si rende necessaria quando il piano di lavoro abrasivo di macine e macinelli "si appiattisce" in seguito all'uso prolungato, cioè la superficie precedentemente resa scabra grazie alla martellinatura perde la sua capacità abrasiva perché viene livellata dall'azione meccanica del macinello. Questo intervento periodico viene eseguito con le stesse modalità precedentemente descritte per la martellinatura. Le tracce di ravvivamento sono visibili soprattutto lungo i margini delle macine archeologiche, cioè nelle zone periferiche dove il macinello esercita parzialmente la sua azione meccanica. Esse consistono in impatti di percussione simili a quelli prodotti dalla bocciardatura, ma possono essere meno densamente distribuiti sulla superficie litica (fig. 18-d). La frequenza di ravvivamento di uno strumento per macinare è un parametro importante da cui dipende la durata di vita della macina (Hayden 1987).

Riaffilatura

Quando il tagliente di una lama d'ascia perde la sua efficienza nel taglio a causa di scheggiature d'uso o perché il filo si è smussato in seguito all'uso prolungato, esso deve essere nuovamente levigato con la medesima modalità descritta per la levigatura iniziale. Le strie prodotte dalla riaffilatura presentano caratteristiche morfologiche e topografiche parzialmente diverse rispetto alle analoghe tracce di levigatura. Infatti, le strie di riaffilatura sono generalmente più lunghe e più profonde e sono collocate esclusivamente in prossimità del tagliente con un orientamento principalmente parallelo al suo margine (fig. 18-f). Quest'ultima caratteristica è la probabile conseguenza della riaffilatura della lama già immanicata, condizione che non permette una levigatura della lama longitudinale all'asse dello strumento (Jeudy *et al.* 1997).

Sia il ravvivamento che la riaffilatura rappresentano fasi importanti nella vita degli strumenti in pietra, non solo perché aumentano nel tempo la loro funzionalità, ma per le loro conseguenze in sede di interpretazione dello studio archeologico. Queste operazioni, infatti, producono inevitabili e progressive modifiche alla forma iniziale dello strumento, perché finalizzate ad asportare, ad intervalli costanti, massa litica dalle superfici del manufatto stesso. Inoltre, ravvivamento e riaffilatura determinano la cancellazione totale o parziale delle usure formatesi in seguito al precedente utilizzo, con la conseguenza che, se un oggetto viene abbandonato o non più usato dopo l'operazione di ripristino funzionale, risulta molto difficile determinarne la funzione. Questo vincolo è particolarmente importante nel caso delle lame d'ascia, per le quali la distinzione tra un oggetto d'uso e un oggetto di prestigio assume rilevanti implicazioni culturali.

Tabella IV - Schema delle tracce tecnologiche e d'usura osservabili a diverse scale di ingrandimento negli strumenti da taglio e negli strumenti per macinare.
Table IV - Summary of the technological and use-wear traces observable at different scales of magnification on the cutting and grinding tools.

Scala di ingrandimento	**Tipi di tracce**	
	lame d'ascia e scalpelli	**macine e macinelli**
Analisi macroscopica	Tracce di scheggiatura; bocciardatura grossolana; aree levigate; strie di levigatura profonde	Tracce di scheggiatura; tracce di martellinatura grossolana; aree livellate
5-15x	Strie di levigatura; bocciardatura fine anche coperta da una levigatura grossolana; scheggiature	Tracce di martellinatura fine; aree livellate
15-30x	Strie di levigatura; microscheggiature; bocciardatura fine	
>40x	Modifiche della lavorazione sui cristalli e spazi intergranulari; lustrature.	

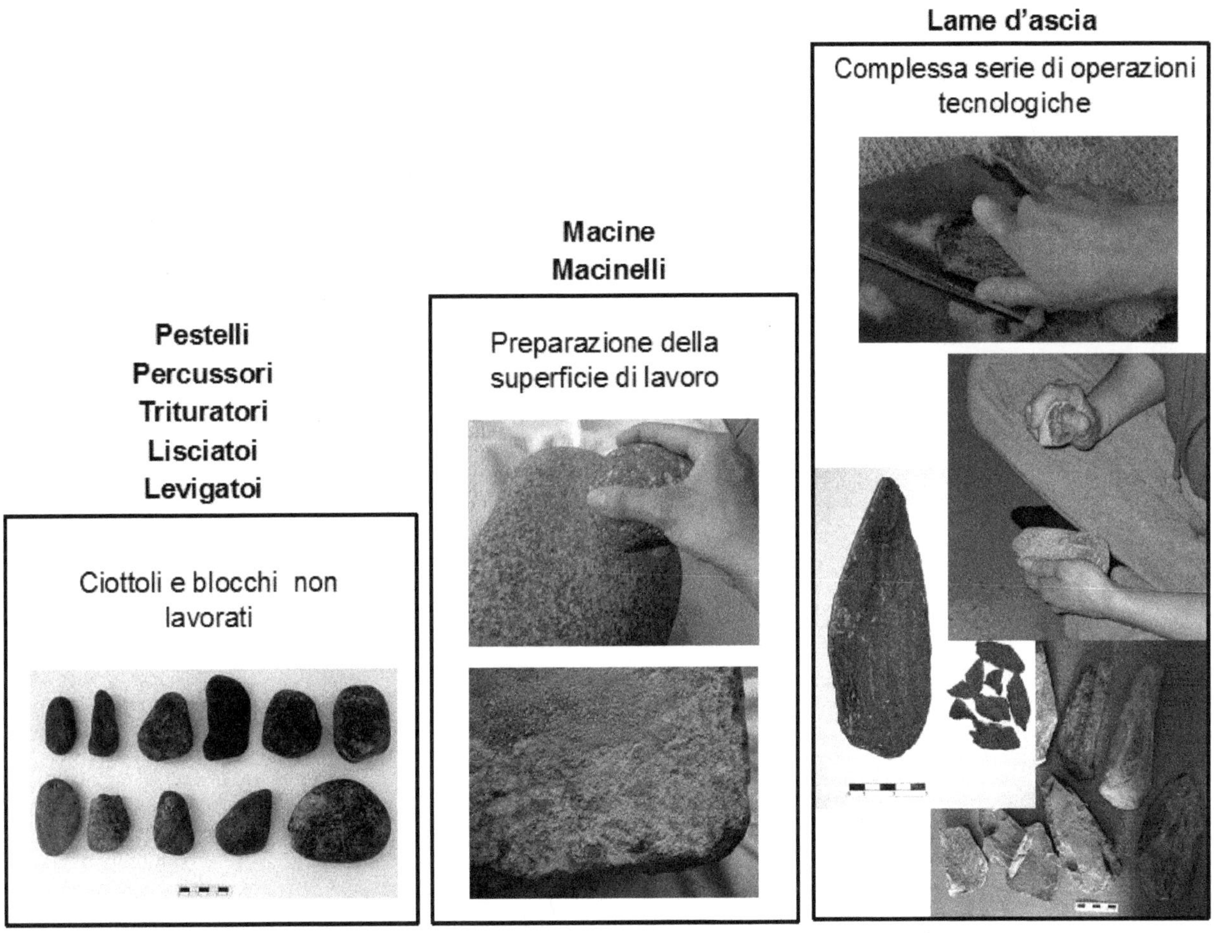

Figura 17 - Livelli di modificazione tecnologica per categorie tipologiche degli strumenti in pietra non scheggiata.
Figure 17 - Levels of technological modification of non-chipped stone tools.

Figura 18 - Tracce di lavorazione e di ripristino funzionale nei reperti archeologici: a) bocciardatura sul tallone di una lama d'ascia (20x); b) striature di levigatura su una faccia di una lama d'ascia disposte in modo inclinato rispetto all'asse longitudinale del reperto (20x); c) strie di levigatura ad andamento unidirezionale sulla faccia di una lama d'ascia (20x); d) visione macroscopica delle tracce di ravvivamento sulla superficie di lavoro di una macina; e) striature di levigatura/riaffilatura inclinate rispetto al tagliente (25x); f) striature di riaffilatura ad andamento multidirezionale sul tagliente (25x).

Figure 18 - Working traces and reworking traces on the archaeological implements: a) pecking on the heel of an axe blade (20x); b) striations from polishing on the face of an axe blade deposited in an inclining manner with respect to the longitudinal axis of the piece (20x); c) striations from polishing that run unidirectionally on the face of an axe blade (20x); d) macroscopic view of the traces of rejuvenation on the working surface of a grindstone; e) striations from polishing/resharpening that run along the cutting edge (25x); f) striations from polishing that run multi-directionally along the cutting edge (25x).

2.2 Studio funzionale

2.2.1 Le tracce d'uso: approccio metodologico

Ogni operazione di carattere tecnologico e funzionale connessa al ciclo di vita dello strumento produce sulla sua superficie delle alterazioni fisiche e chimiche che possono essere riconosciute e associate all'evento che le ha generate (Risch 2008; Bofill 2012). In particolare, le tracce d'uso sono prodotte da qualsiasi azione connessa all'uso in senso lato dello strumento e consistono in "*the progressive transformation of a surface as a result of the relative motion between it and another contact surface*" (Adams *et al.* 2009, 46). Di conseguenza, "*wear analysis is the examination of archaeological artefacts at macroscopic and microscopic levels for evidence of prehistoric manufacture, use, maintenance and handling of the item as well as for evidence of post-use damage*" (Adams *et al.* 2009, 46).
L'analisi funzionale rappresenta una fase fondamentale nello studio delle catene operative, ma viene applicata allo studio dei *macrolithic tools* da meno di trent'anni (Adams 1988; 1996; 2002; 2014a; 2014b; Clemente *et al.* 2002; Dubreuil 2004; Hamon 2006; Delgado-Raack *et al.* 2008; Lammers-Keijsers 2008; Adams *et al.* 2009; Dubreuil, Plisson 2010; Bofill 2012; Dubreul, Savane 2013), benché gli esordi scientifici possano essere ricondotti, come nelle industrie in selce ed in osso, alle ricerche di S. A. Semenov (1964).

Diversamente dalle industrie in pietra scheggiata, per le quali l'analisi delle tracce d'usura ha ottenuto una immediata e proficua applicazione, nel caso dei *macrolithic tools* essa ha incontrato peculiarità e problematiche a sé stanti rispetto agli studi litici tradizionali, le quali sono imputabili a specifiche difficoltà intrinseche allo strumentario non scheggiato: in primo luogo, l'impedimento oggettivo di inserire reperti grandi e pesanti nello spazio di osservazione del microscopio; in secondo luogo, lo sfruttamento di rocce diverse da sito a sito (locali ed esogene, oltre che di natura magmatica, sedimentaria e metamorfica), che richiede ricerche e conoscenze complesse da parte dell'archeologo. A ciò si aggiungono i lunghi tempi di fabbricazione e di utilizzo di alcuni tipi di strumenti che rendono laboriosa la costituzione di un campione sperimentale adeguato; infine, l'assenza di standardizzazione morfologica dei supporti con la conseguenza che non esiste una corrispondenza univoca tra forma e funzione. Altre peculiari caratteristiche degli strumenti in pietra pongono problematiche nuove: per esempio, i frequenti fenomeni di polifunzionalità e riutilizzo, spesso localmente differenziati, la necessità di mantenere funzionalmente efficaci le superfici di lavoro attraverso periodiche operazioni di manutenzione e la tendenza ad utilizzare per tempi prolungati certi tipi di strumenti. Spesso, infatti, le usure visibili su una superficie sono il risultato di fattori diversi (attività, proprietà della roccia, pressione applicata, *polishing agents*: Fullagar *et al.* 2012), oltre che dell'ultimo uso dello strumento e perciò possono sovrapporsi, cancellandole, alle eventuali tracce d'uso prodotte da utilizzi precedenti o da operazioni di ripristino funzionale delle superfici attive. Operazioni tecnologiche, uso e mantenimento, inoltre, influenzano direttamente la forma degli strumenti, spesso modificandola profondamente nel corso della loro vita, dando come risultato la variabilità morfologica e dimensionale degli stessi (Lerner 2009). Per contro, alcuni principi metodologici accomunano la categoria della pietra scheggiata e la categoria della pietra non scheggiata: innanzitutto l'impiego di un campione sperimentale che serva da base di confronto e di interpretazione delle usure e poi l'osservazione delle tracce d'uso effettuata a livello macro e microscopico (De Beaune 1989a; 1989b; 2002; Dubreuil 2004; Hamon 2006; 2008; Delgado-Raack *et al.* 2008; Lammers-Keijsers 2008; Bofill *et al.* 2013; Portillo *et al.* 2013; Dubreuil, Savane 2013; Adams 2014a; Dubreuil *et al.* 2015) (tab. V). Il necessario ricorso a strumenti di supporto all'analisi delle usure (sperimentazione e confronti etnografici) ha reso necessaria una maggiore estensione semantica del termine "analisi funzionale", di cui le tracce d'usura rappresentano solo i segni lasciati sulle superfici attive dall'uso dello strumento e che possono essere analizzati al microscopio. Infatti, in base alle considerazioni teoriche già affrontate nell'introduzione, l'esame al microscopio consente di ricostruire l'uso fisico, il compito pratico cui lo strumento era preposto, ma il supporto della sperimentazione è imprescindibile al fine di completare le informazioni relative alla cinematica e ai processi di trasformazione (Lunardi 2009a).

L'analisi delle tracce d'uso è stata condotta, in primo luogo, sulle superfici attive dei numerosi strumenti sperimentali - dei quali sono noti tempi di utilizzo, sostanza trasformata e cinematica d'uso - e, in secondo luogo, sulle superfici litiche dei reperti neolitici. I risultati delle osservazioni macro e microscopiche sono stati dedotti grazie al confronto tra superfici sperimentali e superfici archeologiche (tab. VI).
Le repliche sperimentali e i reperti archeologici sono stati preliminarmente puliti con pennello a setole morbide per rimuovere residui terrosi; nelle copie sperimentali sono stati rimossi, mediante lavaggio con acqua, i depositi delle sostanze trattate in modo da facilitare una più nitida osservazione microscopica, benchè una prima generale osservazione sia stata condotta anche sulle superfici sperimentali fresche di utilizzo.
L'osservazione macro e microscopica delle usure sulle superfici attive sperimentali e archeologiche è stata condotta su tre diverse tipologie di superfici litiche:
a) superfici estese e piane, oppure estese e a profilo più o meno convesso, a volte con presenza di solchi, che caratterizzano le macine, macinelli e i levigatoi;
b) superfici ridotte a profilo piatto, concavo o convesso che distinguono lisciatoi, pestelli e percussori;
c) margini taglienti esclusivi di asce, accette e scalpelli.

Tabella V - Schema delle tracce d'usura osservabili a diverse scale di ingrandimento.
Table V - Summary of the wear traces observable on the tools at different scales of magnification (by lithologies).

Scala di ingrandimento	Tracce d'usura		Topografia
	Rocce a tessitura da molto fine a media	Rocce a tessitura da media a grossolana	
Osservazione macroscopica	aree livellate, macrostriature, solchi, impatti di percussione, macroscheggiature, residui macroscopici		alta
10-20x	striature, aree livellate, microscheggiature	striature, aree livellate, perdita di cristalli, microscheggiature, impatti di percussione	alta
20-40x	lustrature, striature leggere, aree livellate	lustrature, usure dei cristalli	alta e bassa
> 40x	lustrature; usure dei cristalli e spazi intergranulari		alta e bassa

Tabella VI - Fasi dell'analisi funzionale.
Table VI - Phases of the functional analysis.

Fase I - **Analisi macroscopica generale dello strumento**
• Osservazione macroscopica generale (localizzazione zona di prensione e superfici attive) • Riconoscimento delle principali tracce di fabbricazione e delle tracce d'uso • Riconoscimento di eventuali variazioni di stato di una superficie (ravvivamento) e loro successione cronologica
Fase II - **Descrizione microscopica della roccia**
• Caratterizzazione della superficie naturale della roccia: descrizione macroscopica e microscopica • Descrizione di tessitura, struttura e coesione
Fase III - **Descrizione microscopica delle superfici archeologiche e sperimentali**
• Alterazioni della topografia alta (aree livellate, strie, *polish*) • Alterazioni della topografia bassa (spazi intergranulari) • Funzionamento (tipo di percussione, senso di lavoro, mantenimento, riutilizzo) • Processi di trasformazione (caratteristiche della sostanza trattata, tipo di lavorazione)

Le osservazioni delle tracce di lavorazione e d'uso sulle superfici dei reperti sperimentali ed archeologici sono state condotte mediante osservazione macroscopica e microscopica a bassi e medi ingrandimenti (prevalentemente <50x) (tab. V). Diversamente dalla selce, infatti, la tessitura in genere da medio-fine a grossolana tipica della maggior parte degli strumenti non ha reso indispensabile lo studio ad ingrandimenti troppo elevati, benché analisi di questo tipo siano state condotte (Dubreuil 2002; 2004; Adams *et al.* 2009; Bofill *et al.* 2013; Portillo *et al.* 2013; Dubreul, Savane 2013). Già a ingrandimenti dell'ordine di 25-40x è possibile osservare, riconoscere e descrivere le principali alterazioni nei singoli componenti della roccia. Considerando, dunque, la varietà litologica in termini di composizione e tessitura che contraddistingue i reperti in pietra non scheggiata nei contesti neolitici esaminati, sono stati infatti in genere sufficienti bassi ingrandimenti (<25/30x) per l'analisi delle rocce con tessitura medio-grossa, caratterizzate da cristalli di dimensioni millimetriche, mentre le rocce a tessitura più fine e microcristallina hanno reso necessario il ricorso anche a scale di ingrandimento maggiori (fino a 50-80x) (tab. IV, V e VI).

L'esame delle tracce indotte da fenomeni tecnologici e funzionali è stato praticato in tre fasi (tab. VI e fig. 20). La prima è consistita nell'analisi macroscopica globale dei reperti ed ha permesso di riconoscere le principali tracce di fabbricazione e di ripristino funzionale, di localizzare le superfici attive e le eventuali zone di prensione. Questa fase si è rivelata un passo importante per orientare ogni strumento e per effettuare una sua preliminare indagine generale considerando che molti reperti si caratterizzano per dimensioni notevoli, spesso difficili da posizionare nel vano ottico del microscopio[13], e a volte dotati di più superfici attive. Di conseguenza, queste prime osservazioni hanno svolto anche una funzione di supporto e di guida per indirizzare le successive fasi dell'analisi funzionale (Dubreuil *et al.* 2015).

La seconda fase si è basata sull'osservazione a bassi ingrandimenti[14] della materia prima con lo scopo di descrivere la roccia, in particolare per quanto riguarda le caratteristiche tessiturali (forma, dimensioni e disposizione spaziale dei cristalli) e il grado di coesione dei costituenti della roccia: capire com'è fatta la roccia rappresenta, infatti, il punto di partenza indispensabile per poter descrivere l'aspetto generale delle tracce d'uso prodotte su quella specifica materia prima. L'osservazione della roccia è stata preferibilmente condotta su una porzione di superficie naturale del supporto dove non sono presenti interventi tecnologici primari o di ripristino funzionale, optando, ove possibile, per una zona di frattura.

[13] Nel caso delle macine sperimentali e archeologiche di dimensioni e peso incompatibili con il loro posizionamento nel vano ottico del microscopio l'osservazione delle usure è stata effettuata mediante lenti ottiche contafili a vari ingrandimenti (5x; 10x; 15x; 20x e 25x).

[14] L'analisi microscopica è stata condotta mediante binoculare stereomicroscopio sulla totalità degli strumenti sperimentali e archeologici e non su un campione preselezionato di materiali. Tale scelta si basa sulla considerazione che ogni strumento è frutto di un proprio e non standardizzato percorso tecnofunzionale che si è voluto ricostruire.

Infine, la terza fase è consistita nella caratterizzazione delle tracce di lavorazione e delle tracce d'uso. Quest'ultima è stata condotta a diverse scale di osservazione complementari che hanno fornito progressivi livelli di informazione relativi alla medesima porzione di superficie: ogni ingrandimento corrisponde all'osservazione via via più dettagliata di un certo tipo di traccia d'uso.

Per quanto concerne gli strumenti sfruttati per un tempo prolungato e gli strumenti sottoposti ad utilizzi polifunzionali, l'analisi delle usure presenta peculiarità proprie (Dubreuil *et al.* 2015). Nel caso di operazioni di ripristino funzionale delle superfici, le operazioni tecnologiche necessariamente cancellano le tracce d'uso e producono una superficie attiva fresca tipica di uno strumento non usato, sebbene a lungo andare porti a modificazioni del profilo in sezione della parte attiva. Invece, nel caso della polifunzionalità l'analisi funzionale può portare al riconoscimento delle diverse usure, sovrapposte nella stessa superficie attiva o localizzate in due zone diverse, relative ai diversi impieghi. Entrambe le problematiche e le relative ripercussioni tecnofunzionali verranno discusse nel capitolo dedicato alla classificazione degli strumenti e in sede di interpretazione finale dei risultati dello studio. Valutando quantitativamente sia la documentazione degli aspetti macroscopici sia di quelli microscopici dei materiali sperimentali ed archeologici relativi alle tracce di lavorazione ed a quelle d'uso, sono state realizzate oltre 800 foto che costituiscono la banca dati di riferimento dello studio presentato.

2.2.2 Descrizione delle tracce d'uso

L'esame delle tracce d'usura si basa sull'osservazione della topografia, ovvero delle caratteristiche di una superficie litica osservabile a varie scale di ingrandimento. L'osservazione al microscopio (fig. 19-B) consente di distinguere delle specificità topografiche che non sono rilevabili con la semplice osservazione macroscopica (fig. 19-A) (Adams 2002; 2014a; 2014b; Adams *et al.* 2009; Dubreuil *et al.* 2015).
Spesso una superficie litica può presentare differenti "quote" sia naturalmente (es. fratture, superfici originariamente lisce) sia in seguito a modificazioni indotte dall'azione umana (es. martellinatura, levigatura, utilizzo). Per questo motivo, si ritiene utile distinguere una "topografia alta" costituita dai cristalli che, naturalmente o per effetto di un intervento tecnologico, in genere si elevano sulla "topografia bassa" formata dagli spazi intergranulari, cioè gli interstizi.

La distinzione fra topografia alta e bassa acquista particolare rilevanza se si considera che le tracce di lavorazione e quelle d'uso possono produrre alterazioni a vari livelli della superficie litica in relazione alla durata di impiego dello strumento, alle proprietà fisiche della roccia, alla natura del materiale lavorato e ai meccanismi responsabili della formazione delle usure.

Per quanto riguarda quest'ultimo aspetto, gli studi funzionali finora condotti hanno portato alla caratterizzazione di quattro processi definiti "*adhesive wear*", "*fatique wear*", "*abrasive wear*" e "*tribochemical wear*" (Adams 2002; 2014a; Adams *et al.* 2009). Si tratta di fenomeni determinati da alterazioni meccaniche e interazioni chimiche che spesso interagiscono fra loro dando origine all'aspetto generale delle usure su una certa superficie di lavoro.

I principali parametri che influenzano la formazione delle usure possono essere ricondotti ai seguenti:
- la natura della di materia prima e la sua tessitura (dimensioni e forma dei singoli componenti della roccia);
- il tipo di sostanza trattata e lo stato in cui tale materiale viene trattato (secco/umido, coerente/incoerente, ecc.);
- la cinematica d'uso (percussione appoggiata o lanciata) e la forza necessaria per eseguire tale movimento;
- la durata di utilizzo e l'eventuale aggiunta di sostanze diverse (es. abrasivi, acqua).

Attraverso la sperimentazione sono stati testati questi aspetti allo scopo di comprendere il rispettivo grado di incidenza nella formazione delle usure.

L'analisi delle tracce d'uso condotta a bassi ingrandimenti con l'ausilio di un microscopio binoculare ha permesso di riconoscere quattro gruppi di tracce d'uso descritte nei paragrafi che seguono (fig. 20):
a) usure che investono una superficie più o meno estesa della zona attiva, coinvolgendo più cristalli insieme: striature, aree livellate, lustrature, impatti di percussione;
b) usure che riguardano modificazioni ai singoli cristalli: lustrature, perdita di cristalli, arrotondamento della sommità, fratture;
c) usure che riguardano gli spazi intergranulari;
d) residui di materiale trattato.

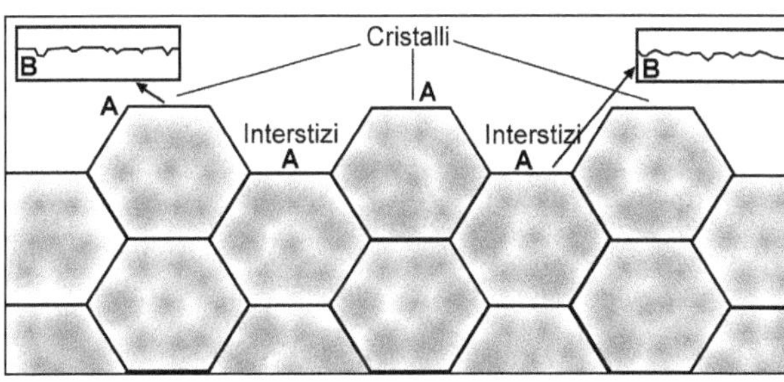

Figura 19 - Schema della struttura di una roccia cristallina costituita da cristalli e interstizi; la superficie litica viene osservata a livello macroscopico (A) e microscopico (B).
Figure 19 - Structure of a crystalline rock marked with grains and interstices. The lithic surface is observed at a macroscopic (A) and microscopic level (B).

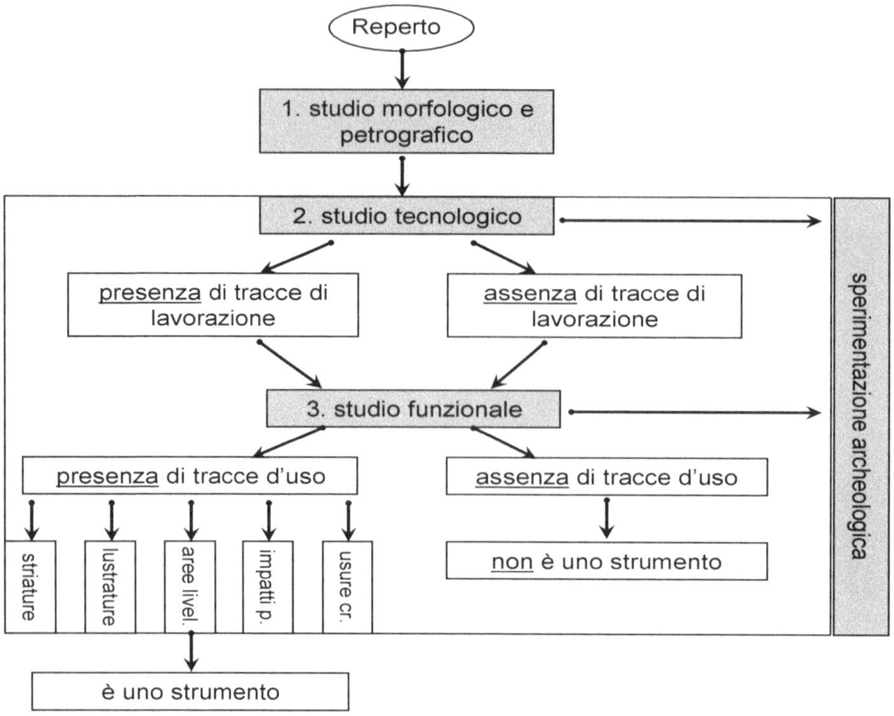

Figura 20 - Schema di analisi degli strumenti in pietra non scheggiata (analisi morfologica, petrografica, tecnologica, funzionale e sperimentazione) e delle loro interrelazioni.
Figure 20 - Analysis pattern of non-chipped stone tools (morphological, petrographic, technological, functional analysis and experimental tasks) and their interrelations.

Striature (*Striations*)

Sono in genere riconoscibili anche a bassi ingrandimenti sotto forma di linee incise, parallele o multidirezionali, e situate o meno nella topografia alta di una superficie attiva. Le caratteristiche che le contraddistinguono riguardano (fig. 22 e 23):
- la morfologia (lunghezza variabile, spessore, incidenza più o meno profonda);
- la distribuzione (collocazione nella superficie, densità);
- l'orientamento (rispetto all'asse longitudinale dello strumento).

Le striature sono in genere facilmente visibili in minerali scuri e mediamente duri, mentre sono più difficili da riconoscere in minerali chiari o traslucidi e rocce molto dure o molto tenere.

Le striature rappresentano l'usura tipica del processo *Abrasive wear* come conseguenza del movimento messo in atto dallo strumento attivo sul materiale da lavorare (es. lisciatoio) o sullo strumento passivo dal materiale da lavorare (es. mola); oppure possono essere il risultato di una sostanza abrasiva aggiunta intenzionalmente dall'uomo (González, Ibánez 2002). La descrizione delle striature fornisce informazioni sul funzionamento dello strumento in relazione all'estensione della superficie di lavoro e alla direzione del gesto effettuato in percussione appoggiata. Questo tipo di usure sono tipiche degli strumenti abrasivi impiegati, in modo attivo o passivo, con una cinematica d'uso in percussione appoggiata.

Il grado di "visibilità" delle striature dipende dal tipo di roccia, dalla sostanza trattata e dai tempi di utilizzo. Le striature sono maggiormente evidenti in rocce cristalline a grana fine costituite da minerali mediamente duri di color scuro, oppure in rocce monominerali, rispetto a materie prime a grana grossa e composte da minerali chiari o lucidi; inoltre, materiali in corso di lavorazione rigidi e con caratteristiche abrasive tendono a favorire la formazione di strie rispetto a materiali plastici o semirigidi. Infine, i tempi di utilizzo degli strumenti incidono direttamente sulla formazione e sulla distribuzione delle strie perché una durata maggiore sottopone la superficie litica ad una più elevata sollecitazione meccanica.

Lustrature (*Polish or sheen*)

La caratteristica principale della lustratura è quella di riflettere, più o meno intensamente, la luce in un modo diverso rispetto al resto della topografia (Mansur 1997) (fig. 21 e 23). Questo tipo di usura si forma generalmente in corrispondenza delle aree livellate, cioè porzioni di superficie attive dove la topografia si presenta appiattita. Negli strumenti sperimentali l'osservazione del *micropolish* è possibile dopo un utilizzo relativamente lungo e difficilmente quantificabile se non in termini generici di alcune ore, in quanto la sua formazione dipende da diverse variabili relative al tipo di roccia, all'attività svolta, al tipo di contatto tra superfici, durata e intensità d'uso (Adams *et al.* 2009; Adams 2010; 2014b Dubreuil *et al.* 2015), oltre che dalla presenza di sostanze intermediarie (es. agenti lubrificanti) e del silicio (Fullagar *et al.* 2012).

Più in generale, l'origine delle lustrature è connessa con il processo *Tribochemical wear*, cioè con il deposito sulla superficie di lavoro di una pellicola creata dall'interazione chimica tra la lo strumento e la sostanza trattata (per esempio, cereali, pelle, legno) (Adams 2002; 2014a). La zona rilucente tende a nascondere, sovrapponendosi, eventuali sottostanti tracce tecnologiche o d'uso sottostanti, ma può essere anche compresente ad altri tipi di usure (Dubreuil *et al.* 2015).
La localizzazione del *polish* può essere circoscritta alla sommità dei cristalli, oppure allargarsi anche agli spazi intergranulari (Dubreuil *et al.* 2015): questa diversa collocazione è utile a discriminare il tipo di sostanza lavorata (Adams, 2002; 2014a; Adams *et al.* 2009; Lunardi 2009; Fullagar *et al.* 2012; Dubreuil *et al.* 2015). Nel primo caso, infatti, si tratta di una sostanza rigida (per esempio, i cereali), mentre nel secondo la sostanza possiede caratteristiche di flessibilità tali che le permettono di "invadere" anche parte della topografia bassa (per esempio, la pelle).
A rendere maggiormente riconoscibile questo tipo di usura intercorrono due principali parametri: la capacità della sostanza lavorata di depositare un film di origine chimica sulla superficie litica dello strumento e la tessitura della materia prima da cui è ottenuto lo strumento stesso. Inoltre, interviene il fattore "tempo d'uso" dello strumento nell'evidenziare una lustratura.
Rispetto alle striature, il riconoscimento delle lustrature è più difficile e basato sulla diretta esperienza dello studioso. Alcuni Autori evidenziano come il consolidato sistema di descrizione del *micropolish* degli strumenti in selce (Keeley 1980; Anderson-Gerfaud 1981; Van Gijn 1990) possa comunque essere proficuamente esteso anche ai *macrolithic tools* (Dubreuil *et al.* 2015).
I parametri utili alla descrizione di questo tipo di usura sono la morfologia (intensità, forma) e la collocazione nella superficie.

Aree livellate (*Levelling and homogeneous zones*)

Dal punto di vista macroscopico le aree livellate sono porzioni più o meno estese di superficie di lavoro caratterizzate da un aspetto omogeneo ed "appiattito" della topografia in genere alta (fig. 21 e 23). Esse si formano in seguito al movimento in percussione appoggiata e al contatto dello strumento attivo con la sostanza trattata e lo strumento passivo complementare; in alcuni casi le aree livellate si formano sullo strumento passivo anche in seguito allo sfregamento del materiale duro in corso di lavorazione (per esempio, nelle mole e nei levigatoi).
Sono generalmente ben visibili nelle litologie a grana da medio-fine a grossolana composte da cristalli ben cementati fra loro che consentono alle rocce di essere sfruttare per un lungo periodo. Dal punto di vista microscopico, le aree livellate sono riconoscibili a livello dei singoli cristalli sotto forma di appiattimento della loro sommità, oppure a livello di un insieme di minerali sotto forma di "fusione". La formazione delle aree livellate dipende dall'interazione tra *abrasive wear* e *fatique wear*, cioè processi messi in atto in seguito ad un movimento in percussione appoggiata (Adams 2002; 2014a; 2014b). La descrizione di questo tipo di usure si basa sulla loro morfologia (estensione) e distribuzione (collocazione, alta o bassa topografia).

Usure dei cristalli (*Hollows and grain extractions, grain edge rounding, fractures*)

L'osservazione delle tracce d'usura a bassi ingrandimenti consente di individuare diversi tipi di alterazioni che interessano i singoli cristalli di una determinata roccia normalmente a livello della topografia alta (fig. 21). La perdita di cristalli (*hollow* e *grain extraction*) può verificarsi in seguito all'azione combinata di *fatigue wear* e *adhesive wear*, in rocce a grana non troppo fine, tenere e poco coese, oppure come conseguenza di interventi tecnologici finalizzati ad asportare frammenti litici (ravvivamento).
Frequenti sono le fratture dei singoli cristalli, le quali, se concentrate in una piccola area, conferiscono alla superficie l'aspetto smerigliato, denominato in letteratura come "*frosted appearance*" (Adams 2002; Adams *et al.* 2009). Quando la sostanza in corso di lavorazione si caratterizza per una flessibilità tale da permetterle di interessare anche gli spazi intergranulari, la sommità dei singoli cristalli tende a smussarsi, dando luogo ad un *grain edge rounding* (Adams *et al.* 2009).

Impatti di percussione (*Percussion impacts*)

Rappresentano la tipologia di usure più facilmente riconoscibile a livello macroscopico: il loro aspetto dipende principalmente dalle caratteristiche della materia prima da cui è stato ottenuto lo strumento (tipo di roccia, forma e dimensioni del ciottolo: Hansen, Eigeland 2009) e secondariamente dalla forza di utilizzo impiegata per trattare sostanze più o meno dure (fig. 23-e). Nelle rocce cristalline gli impatti di percussione presentano una morfologia simile alle tracce di bocciardatura, ma sono spesso associati a scheggiature più o meno importanti; nel caso della selce, invece, gli impatti si presentano sotto forma di una superficie appiattita e smerigliata. Spesso gli impatti di percussione possono concentrarsi in un'area circoscritta del supporto formando coppelle caratteristiche di strumenti pertinenti a diverse epoche (De Beaune, 2000; Hamon, 2006; Dubreuil *et al.* 2015). Queste usure si formano quando due superfici entrano ripetutamente in contatto tra loro in seguito ad un movimento in percussione lanciata, effettuato dal peso dello strumento a cui si aggiunge forza muscolare in maniera più o meno intensa. I parametri utili alla descrizione degli impatti sono la morfologia e la distribuzione sulla superficie litica. Una conseguenza importante di questo tipo di usura riguarda le modificazioni della forma originaria dello strumento. Nei casi in cui lo strumento venga usato per un lungo intervallo di tempo e con un movimento ritmico, le superfici più o meno appuntite sfruttate per pestare o bocciardare si attenuano fino ad "appiattirsi", conferendo al supporto una morfologia arrotondata.

Evidenze macroscopiche di residui

È abbastanza frequente rilevare la presenza di residui macroscopici sulle superfici attive dei manufatti preistorici: essi rappresentano il deposito della sostanza trattata mediante quel tipo di strumento e generalmente consistono in materiali durevoli come minerali di ferro (ematite e limonite) e manganese, oppure carbone (Starnini, Voytek 1997a). Microresidui riferibili alla lavorazione di vegetali sono stati invece riconosciuti in diversi reperti di varia cronologia (Atchison, Fullagar 1998; Portillo *et al.* 2013; Dubreuil *et al.* 2015), benché non siano sempre affidabili (Fullagar *et al.* 2012).

Nell'insieme dei reperti esaminati sono osservabili tracce di minerale di color rosso, a volte molto consistenti e saldate alla roccia (fig. 23-g). In attesa di poter effettuare analisi specifiche, le uniche considerazioni ora possibili riguardano il confronto con i materiali archeologici e sperimentali. Dal punto di vista sperimentale, il trattamento di blocchetti di ocra gialla e rossa mediante macinatura con macina e macinello conferma, da un lato, il deposito di minerale all'interno degli interstizi delle superfici di lavoro e delle superfici impugnate e la compatibilità di tali residui in strumenti per macinare. Il riconoscimento di sostanze minerali è stato effettuato in diversi siti neolitici padano-alpini, tra cui le Arene Candide (Starnini, Voytek 1997a) e La Vela (Dal Rì 2002).

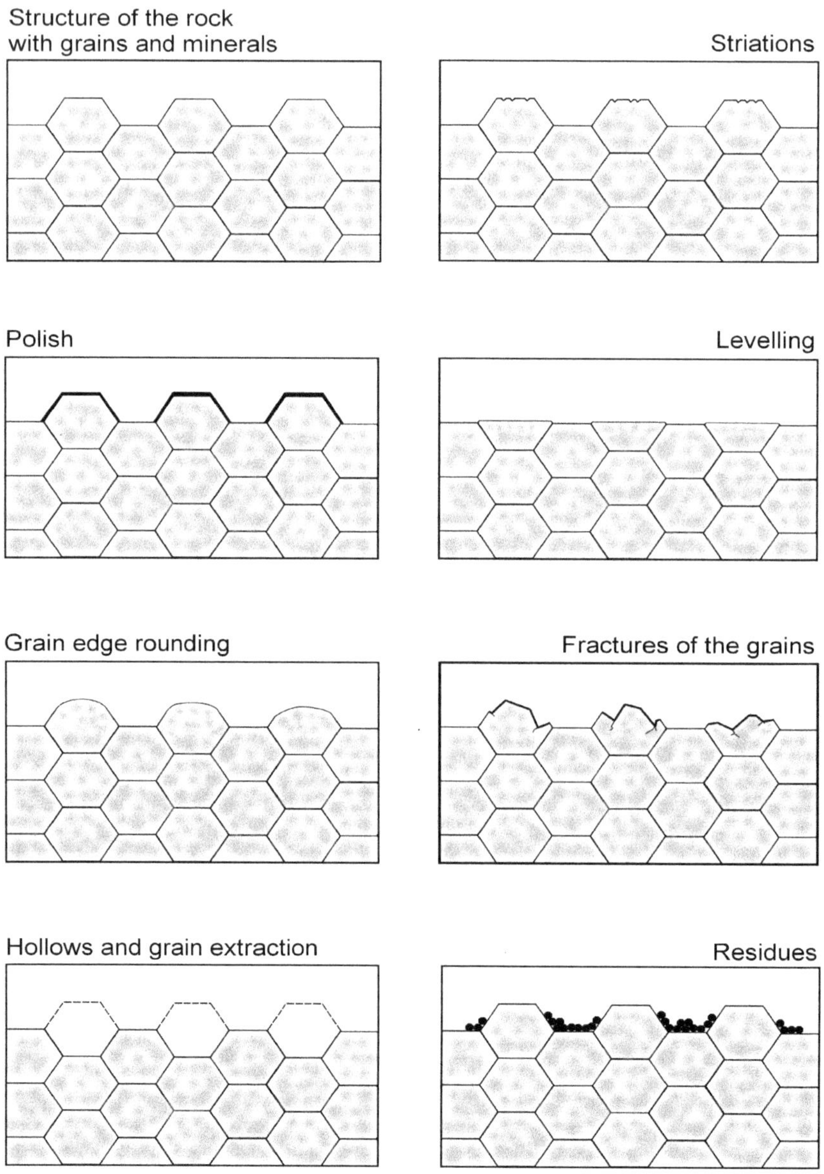

Figura 21 - Rappresentazione schematica delle usure osservate sulle superfici litiche archeologiche e sperimentali.
Figure 21 - Schematic representation of the wear traces observed on the archaeological and experimental lithic surfaces.

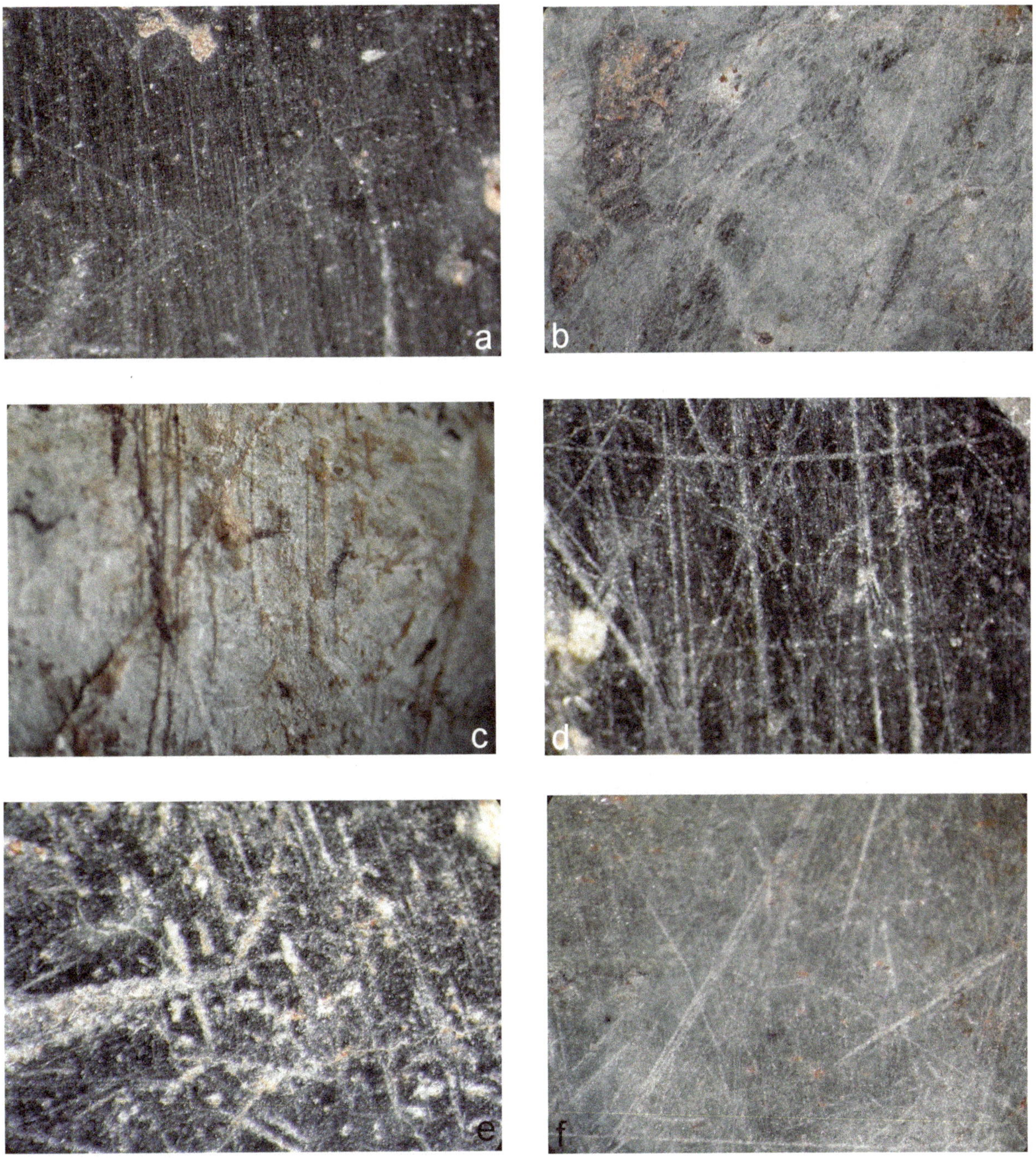

Figura 22 - Striature d'uso sulle superfici degli strumenti: a) e b) lunghe striature parallele poco profonde e densamente distribuite in due lisciatoi (16x); c) striature corte, parallele e profonde distribuite al centro della superficie attiva di un pestello-lisciatoio (20 x); d) striature lunghe e profonde, ad andamento multidirezionale e densamente distribuite in un pestello-lisciatoio (20x); e) striature corte e profonde ad andamento multidirezionale distribuite sulla superficie attiva di un pestello-lisciatoio (25x); f) striature lunghe, poco profonde e a andamento multidirezionale densamente distribuite sulla superficie attiva di un pestello-lisciatoio (16x).

Figure 22 - Wear striations on the surfaces of the archaeological tools: a) and b) long parallel striations, slightly deep and dense found on two polishers (16x); c) short parallel and deep striations found in the centre of the active surface of a pestle-polisher (20x); d) long and deep striations running multi-directionally and densely distributed on a pestle-polisher (20x); e) short and deep striations running multi-directionally, distributed on the active surface of a pestle-polisher (25x); f) long, slightly deep striations that run multi-directionally and are dense on the active surface of a pestle-polisher.

Figura 23 - Tracce d'uso sulle superfici attive degli strumenti: a) e b) striature, microscheggiature, *polish* (20x e 25 x); c) e d) scheggiature (20x e 25 x); e) impatti di percussione (20x); f) visione macroscopica di anfrattuosità e *levelling*; g) residui di minerale rosso (25x); h) *polish* macroscopico.

Figure 23 - Wear traces on the active surfaces of the archaeological tools: a) and b) striations, micro-flaking, polish (20x and 25x); c) and d) flaking (20x and 25x); e) impact from hammering (20x); f) macroscopic view of circuitous breaking and levelling; g) residue of a red mineral (25x); h) macroscopic polish.

2.3 Sperimentazione

2.3.1 Il protocollo sperimentale: approccio metodologico

Lo studio degli strumenti preistorici dal punto di vista tecnologico e soprattutto funzionale ha come presupposto imprescindibile la realizzazione di un campione di repliche sperimentali con finalità referenziale e comparativa rispetto ai materiali archeologici. Grazie alla sperimentazione è possibile apprendere e riprodurre i modi di acquisizione e i processi di trasformazione delle materie prime, la destinazione d'uso dei manufatti e altri aspetti non direttamente desumibili dal mero studio archeologico (tempi e difficoltà di fabbricazione, durata media di vita degli strumenti, efficacia funzionale, ecc.). Questo insieme di conoscenze consente di ricostruire il *know-how* culturale in senso lato dell'antico gruppo umano. In base alla *design theory* lo strumento viene infatti concepito sotto un'ottica olistica per risolvere problemi principalmente di tipo funzionale ed economico e le differenze di *design* si giustificano in funzione delle proprietà della roccia sfruttata, le tecniche di lavorazione, ma anche del contesto socio-culturale del gruppo umano considerato (Horsfall 1987; Adams 2010).

Data la generale variabilità litologica che caratterizza l'industria in pietra non scheggiata sia a livello *intersite* che confrontando siti e/o periodi diversi, è fondamentale che ogni studioso realizzi un proprio campione di strumenti sperimentali allestito sulla base delle caratteristiche del *corpus* archeologico preso in esame (Dubreuil *et al.* 2015). Inoltre, poiché natura e morfologia delle usure dipendono in larga misura dal tipo di roccia usato, nella riproduzione degli strumenti si avverte la necessità di testare almeno le rocce più rappresentative del campione archeologico esaminato. Grazie alla sperimentazione, inoltre, si possono considerare le *performance characteristics* che sono alla base del processo di selezione delle materie prime più adatte a svolgere specifiche attività (Adams 2010).

Dal punto di vista tecnofunzionale un valido supporto alla pratica sperimentale consiste nel ricorrere al confronto con i dati relativi alla fabbricazione e all'impiego di manufatti in pietra ancor oggi osservabili presso vari contesti etnografici (tra gli altri: macine/macinelli in Roux 1985; Hayden 1987; Horsfall 1987; Fullagar *et al.* 1998; Baudais, Lundström-Baudais 2002, Clemente *et al.* 2002b; asce/accette in Hampton 1999; Pétrequin, Pétrequin 2000; Stout 2002; Lammers-Keijsers 2008). La documentazione etnografica consente l'osservazione di circostanze e costanti che potrebbero fare eco alla sfera tecnica neolitica e aprire nuove prospettive di studio stimolando la discussione e l'interpretazione dei dati.

L'attività sperimentale presentata nell'ambito di questa ricerca, realizzata interamente dalla scrivente, è stata condotta con il fine di riprodurre ed analizzare l'*iter* tecnofunzionale di diversi tipi di manufatti attraverso le seguenti fasi: a) il reperimento della materia prima; b) le (eventuali) operazioni tecnologiche di modifica del supporto; c) l'uso dello strumento; d) gli (eventuali) interventi di ripristino funzionale delle superfici usurate; e) l'(eventuale) uso polifunzionale/riutilizzo dello strumento integro o danneggiato.
L'intera sequenza riprodotta è stata documentata e registrata in modo tale da acquisire una base di riferimento di tipo quantitativo (tempi di produzione e di utilizzo, quantità di materia trasformata in unità di tempo, ecc.) e qualitativo (gesti, efficacia della lavorazione, qualità della materia trasformata, ecc.) mediante la realizzazione di un database informatizzato. Gli aspetti quantitativi sono stati registrati riportando i tempi dedicati alle singole attività, mentre gli aspetti qualitativi attraverso fotografie, brevi sequenze filmate e considerazioni personali basate sull'esperienza appresa. A intervalli regolari prestabiliti è stata condotta l'analisi delle tracce d'uso, le quali sono quindi state associate alla sostanza trattata, alla cinematica d'uso ed ai tempi di utilizzo. Il controllo delle variabili (es. tempi d'uso, caratteristiche della sostanza trattata, ecc.) e degli effetti prodotti da esse (es. natura ed intensità delle usure) è stato proporzionale alla qualità dell'analogia che si è inteso ricreare. La sperimentazione necessita infatti di una lunga e complessa fase propedeutica che permette allo sperimentatore di acquisire gradualmente abilità e competenze nuove e diverse rispetto a quelle di cui normalmente fa uso. Inoltre, l'attività sperimentale, specie nel caso di strumenti impiegati per lunghi intervalli di tempo (Hayden 1987; Horsfall 1987), non mira tanto a riprodurre i tempi reali di impiego, quanto piuttosto comprendere l'efficienza di uno strumento nel compiere un certa attività (Dubreuil *et al.* 2015) praticata per un tempo d'uso ritenuto congruo e accettabile.

Sulla base di tali presupposti J. R. Mathieu (2002) ha distinto gli esperimenti "di prima generazione" da quelli "di seconda generazione": nel primo tipo sono incluse le attività di natura essenzialmente imitativa, caratterizzate dal limitato controllo delle variabili e utili a generare nuove ipotesi; nel secondo tipo rientrano le riproduzioni tendenzialmente poco imitative, ma rivolte a testare le ipotesi precedentemente concepite grazie al rigoroso controllo delle variabili.
Il programma sperimentale realizzato ha previsto la messa in atto di entrambi i tipi di test. Gli esperimenti di prima generazione sono stati condotti soprattutto all'inizio dell'attività sperimentale e sono serviti ad acquisire gestualità e competenze, a compiere le prime indagini sull'efficacia degli strumenti, a riprodurre tecniche e gesti documentati da dati etnografici e a dar vita a nuove ipotesi relative alla ricostruzione delle catene operative. Gli esperimenti di seconda generazione sono stati condotti principalmente durante la fase matura della sperimentazione e sono stati finalizzati a testare e controllare alcuni parametri tecnofunzionali quali, per esempio, il determinismo della roccia impiegata, i tempi

di lavorazione e mantenimento, la durata d'uso e la qualità del prodotto finito ottenuto.

In origine il progetto sperimentale è partito dalla riproduzione delle lame d'ascia in pietra levigata, cioè gli oggetti che rappresentano il gradino più alto della scala di complessità tecnica (fig. 17). Tale sperimentazione è stata condotta successivamente allo studio dei reperti in pietra levigata neolitici e post-neolitici del territorio veronese (Lunardi, 2003a; 2003b); in seguito è stata estesa agli altri tipi di strumenti via via riconosciuti e classificati (macine, macinelli, levigatoi, lisciatoi, pestelli, percussori, trituratori, pestelli/levigatoi e basi di lavorazione) (tab. VII e VIII).

Tabella VII - Le attività realizzate nel programma sperimentale.
Table VII - Activities carried out during the experimental programme.

Funzionamento	Gruppo funzionale	Strumento	Attività sperimentale
Percussione appoggiata	Strumenti per macinare	Macine	I. Macinatura di cereali (frumento, orzo e farro)
		Macinelli	Macinatura di ocra
	Strumenti per lisciare e levigare	Levigatoi	II. Levigatura di pietra, osso, conchiglia, corno di cervo
		Lisciatoi	Lisciatura ed ammorbidimento di una pelle
Percussione lanciata	Strumenti per pestare/bocciardare/triturare	Pestelli	III. Frantumazione di ocra e di degrassanti
		Percussori	Bocciardatura di lame d'ascia Martellinatura e ravvivamento di macine e macinelli
		Trituratori	Frantumazione di nocciole
	Strumenti da taglio	Asce	IV. Scavo di masse lignee, appuntire rami, togliere la corteccia dai rami, taglio di rami
		Accette	Taglio di alberi e rami
Percussione mista	Strumenti polifunzionali	Pestelli-lisciatoi	V. Lisciatura ed ammorbidimento di una pelle
		Basi di lavorazione	VI. Frantumazione di ocra, argilla, levigatura pietra

Tabella VIII - Sintesi del programma sperimentale svolto.
Table VIII - Summary of the experimental programme.

Attività	Sostanza lavorata	Strumenti utilizzati	Tempo d'impiego
Macinatura e polverizzazione	Frumento, farro, orzo	Macine e macinelli	17 ore
	Ocra rossa e ocra gialla	Macine, macinelli, trituratori e base di lavorazione	5 ore
Levigatura	Pietra	Levigatoio e base di lavorazione	72 ore
	Osso	Levigatoi	4 ore
	Corno di cervo	Levigatoi	6 ore
	Conchiglia	Levigatoio	3 ore
Lisciatura	Pelle	Lisciatoio e pestello-lisciatoio	4 ore
Pestatura e triturazione	Nocciole	Trituratore e base di lavorazione	2 ore
	Argilla	Pestello e base di lavorazione	2 ore
Bocciardatura, scheggiatura e martellinatura	Pietra	Percussori	39,5 ore
Carpenteria (taglio, decortecciamento, appuntire pali, ecc.)	Legno	Asce ed accetta	12,5 ore

Tabella IX - Schema di classificazione dei materiali di A. Leroi-Gourhan (1971): in grassetto le sostanze utilizzate nell'attività di sperimentazione.
Table IX - Pattern of material classification used by A. Leroi-Gourhan (1971): the substances used during the experimental activities are in bold.

Materiali solidi					Materiali fluidi
Stabili	**Fibrosi**	**Semistabili**	**Plastici**	**Flessibili**	
Solidi che non variano durante il trattamento		Solidi che si deformano con l'aumento della temperatura	Solidi che possono passare da fluidi a stabili	Solidi che possiedono elasticità permanente	Materiali che assumono la forma del contenitore
pietra ***osso*** *avorio* ***conchiglie*** ***noci*** ***minerali***	***legno*** ***corno***	*metalli* *vetro* *ceramica*	*terra e neve* ***argille*** *pigmenti* *intonaco*	*cuoio/**pelle*** *tessuti* *filati*	*liquidi* ***cereali***

Data la carenza di attività sperimentali di confronto dedicate agli strumenti in pietra non scheggiata in ambito nazionale e relative principalmente alla produzione in pietra levigata (Delcaro 1996) ci si è riferiti al pubblicato internazionale (Adams 1988; 2010; Monnier *et al.* 1991; Sestier 2001a; Dubreuil 2004; Hamon 2006; Pétrequin *et al.* 2012; Elburg *et al.* 2015) e ai confronti etnografici (tra gli altri: Roux 1985; Hayden 1987; Horsfall 1987; Vaquer *et al.* 1998; Hampton 1999; Pétrequin, Pétrequin 2000; Lammers-Keijsers 2008).
Sono stati inoltre tenuti presenti i dati derivanti dai contesti archeologici esaminati per quanto concerne i resti botanici e zoologici (Bagolini *et al.* 1973; Jarman 1976; Piper 2010) e i dati desunti dallo studio degli altri resti della cultura materiale (Bagolini *et al.* 1973; Biagi 1974; Barfield, Bagolini 1976; Biagi, D'Amico 2013). Tale scelta presenta un limite oggettivo legato al fatto che il record archeologico documenta solo una minima parte della realtà neolitica: per esempio, i materiali minerali (pietra, ceramica, ecc.) sono più facilmente conservabili nel lungo periodo a causa della loro natura inorganica e perché non sono soggetti ad un consumo "diretto" di tipo alimentare, quanto piuttosto alla produzione, come materia prima o elemento componente delle catena artigianale, di altri oggetti. Al contrario, le materie organiche (vegetali, legno, pelle, ecc.) subiscono spesso un consumo a fine alimentare o artigianale e in ogni caso sono molto suscettibili alle reazioni di alterazione chimico-fisica post-deposizionali. In questa prospettiva, il ricorso ai dati etnografici può offrire una valido supporto, purché esso sia applicato criticamente tra contesti culturalmente affini (De Beaune 2000).

Trattandosi di contesti pienamente neolitici si è rivelato essenziale aver testato innanzitutto le attività legate all'economia produttiva (macinatura e lavorazione del legno) a cui si sono aggiunte operazioni di levigatura, lisciatura, pestatura e percussione concernenti la sfera artigianale ed alimentare (tab. VII e VIII). Questo aspetto risulta particolarmente importante nel caso della Cultura VBQ, poiché ogni sito si caratterizza per un'economia localmente differenziata e adattata alle risorse disponibili sul posto: ciò amplia notevolmente lo spettro potenziale di attività sperimentabili e per questo si richiede il confronto con dati etnografici e con altri contesti neolitici.

Le riproduzioni sperimentali sono state distinte in due gruppi principali in base al modo di azione dello strumento sulla materia: nel primo gruppo rientrano le attività effettuate in percussione appoggiata e nel secondo rientrano le attività effettuate in percussione lanciata; un gruppo minore di attività ha richiesto una cinematica d'uso di tipo misto (tab. VII e VIII).

Nella fase di interpretazione dei dati sperimentali si è prestata attenzione sia alla natura della sostanza trattata (legno, osso, cereali, ecc.) che allo stato in cui ogni sostanza è stata lavorata, cioè alle sue caratteristiche fisiche (secco/umido, coerente/incoerente, rigido/malleabile, ecc.) al fine di meglio comprendere l'interazione tra usure e sostanza. Nella tabella IX viene riproposta la classificazione dei materiali impiegati dall'uomo elaborata da A. Leroi-Gourhan (1971). Il principio sostanziale di questa classificazione è stato così riassunto: "... *si la matière commande inflexiblement la technique, deux matériaux empruntés à des corps différents mais possédent les mêmes propriétés physiques générales auront inévitablement la même manufacture*" (Leroi-Gourhan 1971, 161). Lo studioso sottolinea come non sia rilevante la provenienza di un materiale, la sua origine (minerale, vegetale o animale) o la sua composizione chimica per poter riconoscere le operazioni tecniche elementari per mezzo delle quali possa essere modificato e lavorato. Ciò dipende dal fatto che materiali differenti possono essere sottoposti alla stessa lavorazione sulla base delle caratteristiche fisiche comuni e del prodotto finito che si intende ottenere: per esempio, sia dalla macinatura di cereali, materiale di origine vegetale, che dalla macinatura di ocra, materiale di origine minerale, si può ottenere un prodotto finito ridotto in polvere destinato a impieghi diversi. In secondo luogo, uno stesso materiale può essere trattato in diversi modi: per esempio, un ramo che viene prima tagliato con l'ascia può essere successivamente scavato con lo scalpello per ottenere una mortasa e dare forma così a un manico per ascia.

Purtroppo, però, nel caso della pietra non scheggiata l'attività sperimentale presenta alcune difficoltà aggiuntive rispetto ad altre classi di materiali. In primo luogo, essa richiede un'ampia e complessa scelta di materie prime a volte di provenienza alloctona; in secondo luogo, per alcuni tipi di manufatti la fase di fabbricazione è molto lunga e dispendiosa, senza contare l'eventualità di fratture e danneggiamenti irreparabili che possono intervenire a stadi avanzati di lavorazione. Infine, i tempi necessari alla formazione di tracce d'uso significative e comparabili con le usure archeologiche sono il risultato di un impiego prolungato nel tempo che l'attività sperimentale stessa può riprodurre solo parzialmente.
Benché non esaustivo data la varietà di ipotesi potenzialmente testabili e per via dei condizionamenti temporali legati alla produzione e all'uso degli strumenti il programma sperimentale realizzato ha incluso una serie di sperimentazioni utili a testare diversi tipi di materie prime e sostanze/materiali differenti al fine di valutarne la risposta e l'efficienza.

La valutazione dei rendimenti relativi ad ogni test è stata effettuata in base a diversi parametri, quali la variazione di peso e di forma dell'oggetto, la quantità e qualità di sostanza trasformata, lo stato della superficie attiva. I valori ottenuti e le considerazioni dedotte sono stati posti in relazione con i rispettivi tempi di lavoro. Sono stati realizzati complessivamente 39 test sperimentali per un totale di 329 ore di lavoro che comprendono:

a) 37 ore dedicate all'approvvigionamento di materie prime[15]; b) 95,5 ore dedicate alla fabbricazione degli strumenti; c) 167 ore dedicate all'utilizzo degli strumenti[16]; d) 4,5 ore dedicate alla manutenzione delle superfici attive usurate degli strumenti per macinare e degli strumenti da taglio; alcuni strumenti, infatti, sono sottoposti ad un'usura che determina la perdita di efficienza delle rispettive superfici attive rendendo necessario il loro ripristino funzionale grazie al ravvivamento o alla riaffilatura.

Figura 24 - Percussore sperimentale in pietra verde fotografato in due momenti d'uso: si notano le modifiche morfologiche indotte dall'uso prolungato.

Figure 24 - Experimental pecking stone made of green stone in two different moments: the morphological modifications produced by the extended use should be noted.

I parametri selezionati e controllati durante la fase di sperimentazione hanno riguardato:

a) la scelta delle materie prime e la riproduzione tecnologica degli strumenti al fine di testare le qualità della roccia e capire i criteri di selezione adottati dall'uomo neolitico. Sono state sfruttate litologie il più possibile simili a quelle archeologiche riconosciute per mezzo di analisi macroscopiche, microscopiche ed archeometriche (queste ultime riservate all'insieme delle pietre verdi: Lunardi 2003a; Biagi, D'Amico 2013). Si tratta di rocce raccolte e selezionate durante esplorazioni in zone vicine ai siti (rocce locali), oppure in aree raggiungibili a piedi dal sito a distanze variabili (rocce circumlocali e regionali) o ancora in zone distanti oltre trecento chilometri (rocce importate);

b) la dinamica gestuale dello sperimentatore al fine di esaminare la posizione e il movimento del corpo e delle mani durante l'uso, cioè la cinematica d'uso (Lunardi 2009a). Per questo motivo sono state prodotte foto e brevi sequenze filmate che hanno permesso di ricostruire i possibili modi di funzionamento degli strumenti, di comprendere anche i ritmi e la durata dei gesti, lo sforzo fisico richiesto e le abilità tecniche necessarie;

c) le sostanze trasformate e le tracce d'uso prodotte sulle superfici attive degli strumenti al fine di analizzare le connessioni fra il tipo di materiale trattato, le sue caratteristiche fisiche, gli aspetti peculiari delle usure e il loro legame con determinate attività: questi elementi sono stati globalmente definiti processi di trasformazione (Lunardi 2009a). I risultati ottenuti da tali confronti costituiscono la base di riferimento per lo studio delle usure nei reperti archeologici;

d) i tempi di utilizzo, mantenimento e riutilizzo degli strumenti: i tempi di sperimentazione sono stati in media sufficientemente lunghi, così da creare significative tracce d'uso, sebbene tale durata non possa essere comunque paragonabile a quella pluriennale caratteristica di alcuni strumenti etnografici, come per esempio, le macine (Roux 1985; Hayden 1987). Per quanto riguarda queste ultime l'uso si è prolungato perlomeno fino ad un massimo relativo a quando sia stato necessario ravvivare la superficie attiva, mentre per le asce fino a quando sia stato necessario affilare la lama. Per alcuni esemplari di macine e lame d'ascia l'utilizzo si è protratto anche dopo il ripristino funzionale in modo tale da constatare l'efficacia dell'operazione. Ulteriori tempi di prova sarebbero auspicabili per meglio simulare la durata effettiva di vita degli strumenti, ottenendo informazioni sulle modificazioni morfologiche determinate dall'utilizzo prolungato e dalle operazioni di ripristino funzionale. In alcuni casi i tempi di uso sperimentale hanno superato abbondantemente questo limite: si tratta di una mola per la levigatura delle asce usata per un totale di 70 ore (fig. 25) e un percussore usato per bocciardare le lame d'ascia per un totale di 26 ore (fig. 24). In altri

[15] Sono stati considerati solo i tempi spesi per selezionare le materie prime sul luogo di raccolta e non il tempo per arrivare sul luogo di approvvigionamento.

[16] Per i punti b) e c) sono state considerate solo le durate effettive delle operazioni di lavorazione e di impiego, escludendo quindi le pause di riposo e quelle di verifica del lavoro; per il punto c) si considerano le ore dedicate allo svolgimento di un'attività, tenendo conto che in alcuni casi lavorano contemporaneamente due strumenti.

test con pestelli e trituratori sono stati realizzati tempi d'uso anche inferiori alla mezz'ora in modo tale da simulare il loro impiego occasionale, in base a quanto documentato etnograficamente.
Nella figura 26 sono esemplificate due aree di raccolta di materie prime impiegate nell'attività di sperimentazione riferite rispettivamente alle rocce locali (foto a sinistra) e alle rocce alloctone (foto a destra). In entrambi i casi si tratta di massi e ciottoli di varia pezzatura e litologia selezionati lungo le rive del fiume Adige e del fiume Po. La raccolta dei supporti è avvenuta durante il periodo estivo, sfruttando la minore portata dei corsi d'acqua.

Figura 25 - Mola in arenaria usata per 70 ore per levigare le lame d'ascia: si notano fasci di striature parallele ad andamento diagonale al supporto e un profondo solco a "V".
Figure 25 - Whetstone made in sandstone used for 70 hours to polish axe blades: one should note both oblique and parallel sets of striations and a deep V-section groove.

Figura 26 - Aree di raccolta di materie prime utilizzate nell'attività sperimentale: a) Fiume Adige presso il Monte Rocca, Rivoli Veronese (VR); b) Fiume Po presso Paesana (CN) (foto: Anna Lunardi).
Figure 26 - Areas where the experimental raw materials were collected: a) the Adige river near Mount Rocca at Rivoli Veronese (VR); b) the Po river near Paesana (CN) (photos: Anna Lunardi).

Tabella X - Esempio di campionatura delle rocce raccolte ed utilizzate nella sperimentazione.
Table X - Example of sampling of rocks used during the experimental activities.

Zona di raccolta	Sigla campione	Litologia	Tessitura	Caratteristiche
Paesana (CN) - fiume Po	PA - 3	eclogite	cristallina, grana fine	Grandi cristalli di granati su massa di fondo a grana fine e struttura scistosa, qualità bassa
Paesana (CN) - fiume Po	PA - 6	omfacitite	cristallina, grana molto fine	Struttura leggermente scistosa, molto dura, qualità media
Paesana (CN) - fiume Po	PA - 8	eclogite	cristallina, grana fine	Struttura massiccia, distribuzione uniforme dei microcristalli di granato, molto dura, qualità ottima
Paesana (CN) - fiume Po	PA - 15	eclogite	cristallina, grana fine	Struttura massiccia, molto dura, qualità ottima
Paesana (CN) - fiume Po	PA - 18	eclogite	cristallina, grana media	Struttura massiccia, tessitura abbastanza uniforme, molto dura, qualità buona
Tiglieto (GE) - torrente Orba	TIG - 1	giadeitite	grana finissima	Molto dura, omogenea, belle venature di verde traslucido
Tiglieto (GE) - torrente Orba	TIG - 3	eclogite	grana fine	Struttura leggermente scistosa, molto dura, pochi granati microcristallini, qualità buona
Adige - (VR)	VR - 2	arenaria	fine e compatta	Granuli arrotondati e omogenei.
Adige -(VR)	VR - 3	porfido	porfirica	Masso ovoidale regolare, stabile, superfici regolari e piane
Adige - (VR), Ponte di Castelvecchio	VR - Cast - 4	selce	criptocristallina	Ciottolo conserva la parte calcarea
Adige - (VR), Ponte di Castelvecchio	VR - Cast - 5	scisto	grana media	Ciottolo di forma ergonomica con evidenti piani di scistosità paralleli all'asse longitudinale del ciottolo stesso
Adige - (VR)	VR - 5	quarzo	fine	Ciottolo molto duro e compatto
Adige - (VR)	VR - 6	porfido	porfirica	Masso con faccia inferiore piana e stabile, ricco di cristalli di quarzo di dimensioni millimetriche.
Adige - Quinzano (VR)	VR - Qui - 8	basalto	grana fine	Superficie leggermente alterata da ossidazione
Adige - Pescantina (VR)	VR - Pes - 12	calcare	fine	Ciottolo allungato, compatto
Adige - Pescantina (VR)	VR - Pes - 13	calcare	fine	Piccolo ciottolo ovoidale con impurità carboniose
Adige - Settimo (VR)	VR - Set - 15	tonalite?	porfirica	Ciottolo leggermente alterato in superficie
Adige - Ponton (VR)	VR - Pon - 22	porfido	porfirica	Ciottolo subovale, fratturato ad una estremità, con abbondanti cristalli di quarzo
Adige - Rivoli (VR)	VR - Riv - 28	serpentinite	cristallina con zonature	Ciottolo ergonomico con abbondanti cristalli macroscopici di pirosseno
Adige - Rivoli (VR)	VR - Riv - 32	serpentinite	grana fine	Struttura leggermente planare con cristalli di magnetite
Adige - Rivoli (VR)	VR - Riv - 33	anfibolite	grana fine	Struttura leggermente scistosa
Adige - Rivoli (VR)	VR - Riv - 41	serpentinite	cristallina con zonature	Ciottolo ergonomico parzialmente coperto da incrostazione
Negrar (VR)	VR - 52	calcarenite	medio-fine	Matrice a grana medio-fine in cui sono inseriti fossili visibili macroscopicamente
Cortiana (VI)	CO - 1	arenaria	fine	Blocco di grandi dimensioni a forma di parallelepipedo, stabile, roccia compatta e abrasiva
Cortiana (VI)	CO - 7	arenaria	fine	blocco di forma a parallelepipedo regolare, struttura stratificata
Fimon (VI)	FIM - 1	basalto	fine	Superficie leggermente alterata

2.3.2 Sperimentazione I. Macine e macinelli

Raccolta e selezione dei supporti

Gli strumenti per macinare sono stati prodotti a partire da massi prelevati nelle valli alluvionali e tra i detriti di trasporto dei fiumi presenti nella zona di studio.
I criteri di selezione dei supporti si sono basati sulle caratteristiche riscontrate nei reperti archeologici per quanto riguarda i parametri morfodimensionali e litologici: per le macine sono stati scelti grandi massi di porfido, basalto e arenaria (almeno 20x30/40 cm), dotati di una base il più stabile possibile e una faccia superiore, corrispondente alla futura superficie attiva, piana e regolare; per i macinelli sono stati raccolti ciottoli di porfido (indicativamente 20x10 cm) caratterizzati da una forma ergonomica naturale, ossia con una faccia superiore arrotondata, dotata di incavi o protuberanze in grado di facilitare la presa salda delle mani, e la faccia inferiore piana e sufficientemente larga (almeno 10 cm).
La varietà di ciottoli e massi disponibili in pezzatura diversa nell'ambito del territorio perlustrato non ha reso difficile l'approvvigionamento di supporti adeguati, nonostante la raccolta di blocchi da cui ottenere macinelli si sia rivelata più agevole.
Un ulteriore elemento tenuto in considerazione durante la raccolta dei blocchi ha riguardato l'assenza di alterazioni superficiali della materia prima determinate dall'esposizione prolungata agli agenti atmosferici: queste alterazioni, infatti, possono indebolire la struttura della roccia ed essere causa di rotture durante la fase di preparazione della superficie di lavoro.
Un utile punto di riferimento per le modalità di lavorazione e di utilizzo delle macine e dei macinelli è stato il confronto con i dati etnografici e in particolare con lo studio condotto sui reperti in pietra del villaggio di Tichitt in Mauritania (Roux 1985) (tab. XI, XII, XIII e XIV).

Preparazione delle superfici di lavoro

Le due fasi per la messa in forma di macine e macinelli sono la sgrossatura delle estremità del masso e la martellinatura regolare della futura superficie di lavoro.
La sgrossatura rappresenta un'operazione eventuale, nel senso che si mette in atto quando si voglia modificare parzialmente la morfologia naturale del masso selezionato per adattarla meglio a specifiche esigenze morfofunzionali: un masso dotato in origine di buone caratteristiche formali e dimensionali non richiede necessariamente tale modifica.
La sgrossatura si effettua in percussione lanciata con percussore litico lungo i bordi. Per questa operazione tecnologica sono stati utilizzati percussori di grandi dimensioni (almeno 12-15 cm di lunghezza) e dotati di peso (oltre 700 g) e durezza adeguati ad effettuare colpi mirati finalizzati allo stacco di schegge.
La martellinatura richiede, in base alle dimensioni della superficie per macinare, in media un'ora o poco più di lavoro per una macina di medie dimensioni e risulta indispensabile per rendere piana e adeguatamente abrasiva la superficie attiva. Nell'ambito della sperimentazione realizzata, la martellinatura è stata eseguita in due fasi con percussori di forme e litologie differenti: nella prima fase un percussore mediamente grande (circa 11x6 cm) e pesante (500-600 g all'inizio dell'uso) è stato utilizzato per abbattere le prominenze più grossolane con colpi abbastanza violenti e mirati; nella seconda, è stato preferito un percussore più piccolo, facile da impugnare (circa 7x4 cm) e leggero (300-450 g), usato con un movimento ritmico (massimo 120-150 colpi al minuto) sull'intera superficie di lavoro. In entrambe le fasi, l'angolo di incidenza del percussore è di poco inferiore a 90° rispetto al piano della macina o del macinello (fig. 27).
Le modalità con cui viene effettuata la martellinatura si differenziano parzialmente se si lavora su una macina o su un macinello. Nel primo caso, l'operatore è seduto o inginocchiato accanto al blocco litico e usa il percussore con la destra; nel secondo caso, invece, il supporto litico del macinello è tenuto nella mano sinistra e il percussore viene usato con la destra: la posizione stessa, oltre che la ridotta ampiezza della superficie da trattare, rende più efficiente e rapida la martellinatura dei macinelli.

Tra le diverse rocce testate come percussori (porfido, selce, quarzite, roccia metamorfica cristallina) la selce, insieme al porfido, si è rivelata la più efficiente per il peso non elevato e per la sua capacità di asportare materiale litico. Percussori in selce sono stati testati anche da parte di altri Autori (Hamon 2006, 79.)

Le tracce della martellinatura assumono la forma di impatti simili a "fossette" circolari o subtriangolari densamente distribuite su tutto il piano di lavoro. L'aspetto generale può essere delineato sia da impatti ben definiti sia molto addensati, tanto da formare quasi dei "solchi" lunghi alcuni centimetri visibili macroscopicamente (fig. 28).
Durante l'operazione di martellinatura le pause si sono verificate ogni 2-4 sequenze più o meno regolari di circa 1-2 minuti ciascuna e servono, oltre che a far riposare la mano, a verificare il lavoro eseguito e stabilire come procedere. La martellinatura ha termine quando, passando i polpastrelli sulla superficie trattata, si avverte un piano regolare e sufficientemente abrasivo.

Ravvivamento delle superfici di lavoro

L'utilizzo della macina provoca una naturale usura del piano di lavoro che si manifesta attraverso un generale livellamento dell'abrasività accentuata dalla martellinatura. Deve essere perciò eseguito ad intervalli regolari il suo ravvivamento tramite martellinatura in modo da eliminare le aree appianate dall'uso e creare un nuovo piano di lavoro caratterizzato da una rugosità "fresca".

I percussori e il movimento sono gli stessi adottati per la martellinatura, ma i tempi di ravvivamento sono inferiori (in media 20-40 minuti o poco più in base alla superficie); gli intervalli tra due ravvivamenti successivi variano in base alla durata di impiego della macina e al tipo di materia prima: in media 3-5 ore per una macina in porfido ed oltre 5-7 ore per una in arenaria ben cementata.

Diversamente dalla martellinatura preparatoria il ravvivamento inizia comunemente al centro della superficie di lavoro, cioè nella zona più soggetta ad usura e dove si concentrano le aree livellate; dall'area centrale il ravvivamento procede progressivamente verso le due estremità in base alle specifiche esigenze. Infatti, poiché il grado di usura sulla superficie di macine e macinelli non è mai omogeneo, non è necessario ravvivare con la stessa intensità tutta la superficie.

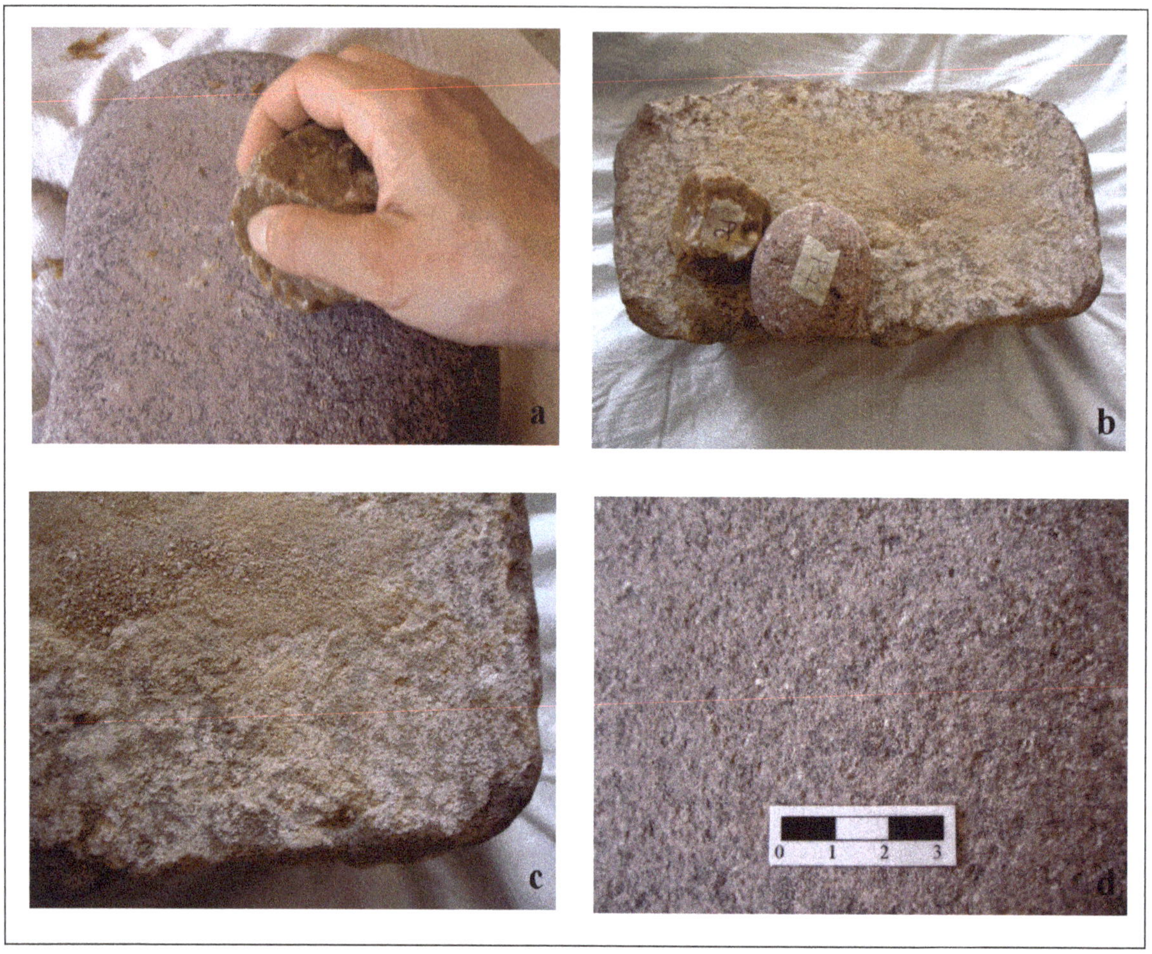

Figura 27 - Preparazione delle superfici di lavoro delle macine sperimentali: martellinatura del piano di lavoro effettuata con percussore in selce (a); macina con superficie di lavoro preparata tramite martellinatura e percussori usati, di cui uno in porfido e uno in selce (b); particolare della superficie di lavoro lavorata tramite martellinatura con polvere litica da rimuovere (c); visione macroscopica della superficie di lavoro lavorata tramite martellinatura (d).

Figure 27 - Preparation of the working surfaces of the experimental grinding stones: hammering of the working surface done with a flint hammer (a); grindstone with a working surface prepared by both hammering and percussion, one of which made of porphyry and one of flint (b); detail of the working surface that had been hammered, showing the lithic powder removed (c); macroscopic view of the working surface treated with hammering (d).

Tabella XI - Tipologia degli strumenti di Tichitt in base all'utilizzo attivo o passivo (rielaborazione dei dati contenuti in Roux 1985).
Table XI- Typology of the Tichitt tools based on their active or passive use (elaboration of data in Roux 1985).

Répercutant **- Elemento passivo**	***Percutant*** **- Elemento attivo corrispondente**
Meule a grains Macina per cereali	*Broyeur* Macinello
Pierres pour écraser l'encens et le tabac Pietra per schiacciare l'incenso e il tabacco	*Molette à végétaux* Pestello per vegetali
Pierres puor concasser les noyaux de dattes Pietra per pestare i noccioli di datteri	*Molette pour concasser les noyaux de dattes* Pestello per pestare i noccioli di datteri
-	*Molette de corroyage* Pestello per lisciare le pelli

Tabella XII - I manufatti in pietra utilizzati nel villaggio di Tichitt (Mauritania) (rielaborazione dei dati contenuti in Roux 1985).
Table XII - Stone tools used in the Tichitt village (Mauretania) (elaboration of data in Roux 1985).

Strumento attivo	Descrizione	Strumento passivo associato	Funzione e funzionamento	Tipo di usura	Note
Broyeur	Blocco litico (arenaria) di forma e sezione variabili (triangolare, subcircolare, piano-convessa); la lunghezza dipende dalla larghezza della macina.	*Meule à grains*: forma allungata con la superficie attiva piana o leggermente concava (circa 43x27 cm); il blocco viene scelto in base alle dimensioni e in base alla resistenza dell'arenaria.	Macinatura dei cereali: la donna è accovacciata ad una estremità e, leggermente inclinata in avanti, muove il macinello avanti e indietro sull'intera lunghezza. Più la superficie attiva è piana, più la macinatura sarà efficace. Si tratta di un'attività svolta all'interno dell'abitazione (Percussione appoggiata diffusa).	Concavità più o meno accentuata della superficie di lavoro della macina;	A volte sono riutilizzi di manufatti antichi. Necessitano regolarmente del ravvivamento della superficie di lavoro. Le macine da cereali possono essere riutilizzate per la battitura della carne o come pietra da costruzione.
Molette à végéaux	Blocco litico (arenaria, quarzite, dolerite) di piccole dimensioni a sezione subrettangolare o subcircolare, usato sulle facce o sulle estremità	*Pierre pour Écraser l'encens et le tabac*: blocco di piccole dimensioni (circa 27x19 cm) e di forma allungata o circolare, a sezione concava-convessa o piano-convessa	Pestare e ridurre in polvere tabacco ed incenso: la sostanza da polverizzare viene posta al centro della base di lavorazione e su di essa agisce il percussore (estremità o facce). Quest'attività viene svolta sia dentro che fuori dall'abitazione (Percussione appoggiata obliqua diffusa)	Lustro della base di lavorazione	Riutilizzo di manufatti antichi o produzione dei pastori (stesse modalità delle macine da cereali). Possono essere usati anche per battere la carne
Molette pour concasser les noyaux de dattes	Pietre di diversa forma e dimensioni, in genere di quarzite o arenaria; vengono usati alle estremità	*Pierre à piler les noyaux de dattes*: sulle quali vengono rotti i noccioli (circa 35x24), di solito antiche macine oppure antichi mortai	Rottura dei noccioli dei datteri: la donna posiziona sulla base litica un pezzo di tessuto su cui mette i noccioli dei datteri e li rompe con il percussore: il tessuto impedisce ai noccioli di sparpagliarsi e si colpisce sempre nello stesso punto. Quest'attività viene svolta all'interno (corte) o all'esterno (strada) dell'abitazione. (Percussione lanciata perpendicolare diffusa)	Tracce di percussione nel percussore e depressioni subcircolari (circa 12 cm) con zone picchiettate nella base di lavorazione	Riutilizzo di antiche macine da cereali
Molette de corroyage	Lame d'ascia o abbozzi (arenaria quarzosa, dolerite) raccolti presso i siti neolitici dell'area.	-	Lavorazione della pelle, del cuoio e delle fibre vegetali (Percussione obliqua appoggiata diffusa e lanciata diffusa).	Lustro pronunciato, forme addolcite	

Tabella XIII - Tipologia funzionale degli strumenti passivi di Tichitt (rielaborazione dei dati contenuti in Roux, 1985)
Table XIII - Functional typology of the Tichitt passive tools (elaboration of data in Roux, 1985).

Funzione	Stato della superficie attiva	Dimensioni medie della sup. attiva	Profondità della superficie attiva	Materia prima
Macina per cereali con superficie piana o leggermente concava	Martellinatura			
Macina per cereali piana riutilizzata come base di lavorazione dei vegetali	Martellinatura + politura			
Macina per cereali piana riutilizzata come base di lavorazione per la pestatura dei noccioli dei datteri	Depressioni circolari con picchiettature		< 5 cm	
Macina per cereali usurata	Martellinatura	*Gruppo I* L 43 x l 27 cm	5< x < 7 cm	Arenaria
Macina per cereali di tipo macina-mortaio	Martellinatura		> 7 cm	
Macina-abbeveratoio	Martellinatura parziale erosa lungo i bordi		≥ 5 cm	
Pietra per la pestatura dei noccioli dei datteri	Depressioni circolari con picchiettature	*Gruppo 2* L35 x 24 cm	_	Rocce dure e rocce tenere
Pietra per la lavorazione dei vegetali	Politura	*Gruppo 3* L27 x 19 cm	_	Arenaria o pietra dura

Tabella XIV - Tipologia funzionale degli strumenti attivi di Tichitt (rielaborazione dei dati contenuti in Roux, 1985)
Table XIV - Functional typology of the Tichitt active tools (elaboration of data in Roux, 1985).

Funzione	Stato della superficie attiva	Dimensioni della superficie attiva	Materia prima
Macinello per cereali	Martellinatura sulle facce		
Macinello riutilizzato come pietra per pestare	Martellinatura sulle facce e tracce di percussione sulle estremità	Oggetto allungato L/l>2 L 19 cm; l 9 cm	Materia prima analoga a quella delle macine da cereali
Pietra per pestare	Tracce di percussione sulle estremità	Oggetto corto L/l <2 L 10 cm; l 8 cm	Rocce dure e rocce tenere
Pestello per vegetali e per battere la carne	Politura sulle facce e sulle estremità	Oggetto corto L/l <2 L 9 cm; l 6 cm	Rocce dure e rocce tenere
Pietre per le pelli	Lustro sulle facce e sulle estremità	Oggetto corto L/l <2 L 11cm, l 6 cm	Rocce dure

Tabella XV - Numero e tipologia di strumenti in pietra nelle abitazioni dei sedentari e dei seminomadi del villaggio di Tichitt (rielaborazione dei dati contenuti in Roux, 1985).
Table XV - Stone tools in the houses of the sedentary and semi-nomadic people in the Tichitt village (elaboration of data in Roux, 1985).

Tipi di strumenti	Popolazione sedentaria	Popolazione seminomade
Macine da cereali *Meules à grains*	Da 1 a 4 (in base ai kg di frumento da macinare conservati nell'abitazione o per la presenza di macine di riserva)	Da 1 a 2 (dipende dalla quantità di farina macinata e da quante donne macinano)
Macinello per i noccioli dei datteri *Pierres à piler les noyaux de dattes*	Da 1 a 4 (in base alla quantità di frutti immagazzinati, del numero di persone coinvolte nella lavorazione e del recupero occasionale di una pietra adatta a questa funzione)	1 (strumento usato durante il soggiorno al villaggio per rompere i noccioli dei datteri)
Macine da vegetali *Meules à végétaux*	Da 1 a 2 (quando ce ne sono due si distingue la macina per il tabacco e la macina per l'incenso)	1 (strumento trasportato durante gli spostamenti, ma poco usato dai seminomadi)
Macine-abbeveratoio *Meules-abreuvirs*	Da 1 a 2	1
Macine riutilizzate *Meules réemployées*	Da 1 a 3 (riutilizzo di macine, in seguito principalmente a rottura o ad usura, come pietre da costruzione o come base per battere la carne)	1 (le macine sono rinnovate durante il soggiorno al villaggio e le quelle usurate sono abbandonate sul posto)

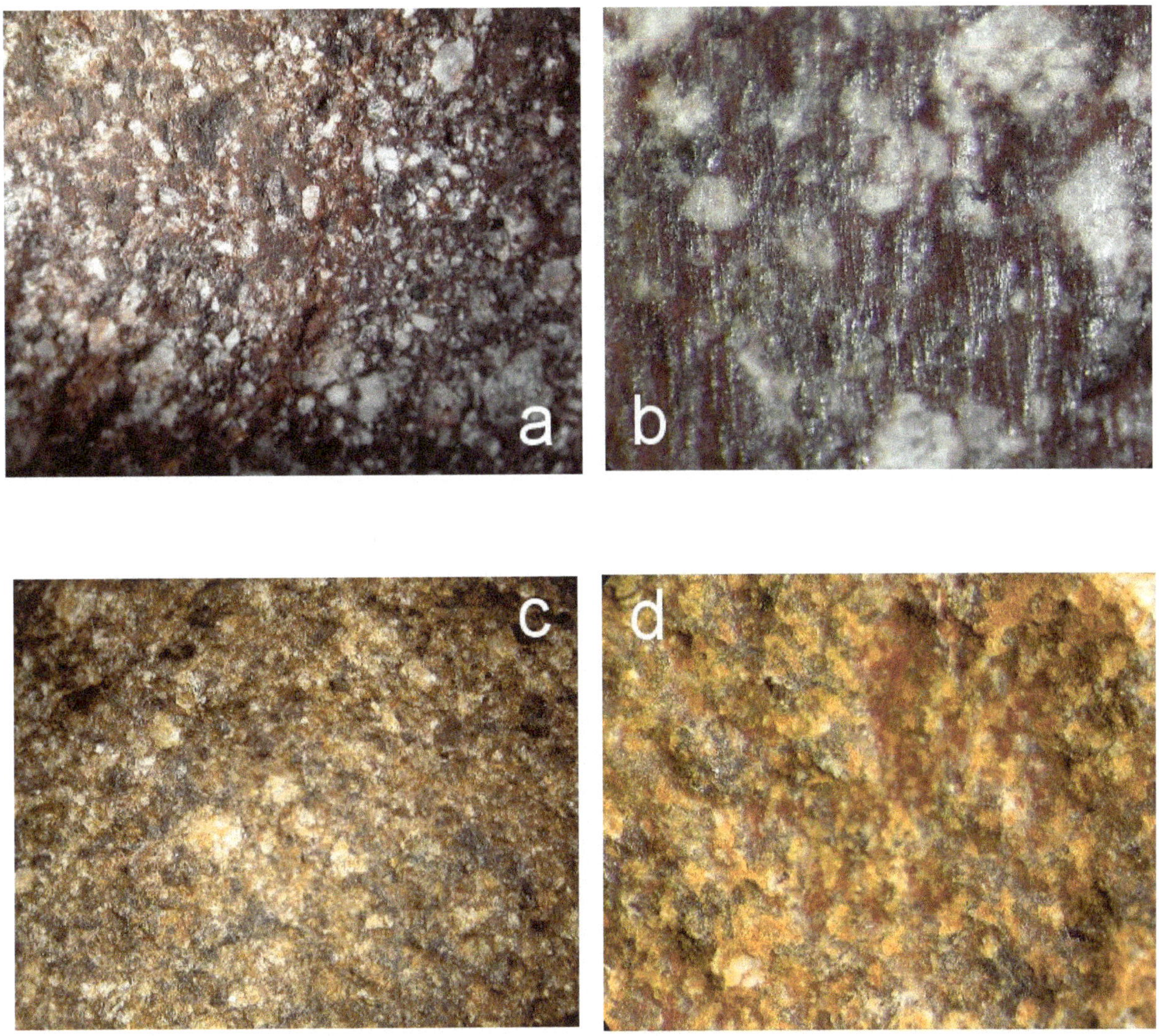

Figura 28 - Usure sperimentali osservate sulle superfici attive degli strumenti per macinare in porfido: a) macinello usato per macinare cereali: aree livellate appiattiscono l'abrasività accentuata dal ravvivamento (6x); b) macinello usato per macinare cereali: striature, lustrature, usure dei cristalli (40x); c) macinello usato per macinare ocra: residui e aspetto generale della superficie attiva (6x); d) macinello usato per macinare ocra: microresidui e cristalli dai contorni definiti (40x).

Figure 28 - Experimental wear traces observed on the active surfaces of the grinding stones made in porphyry: a) grindstone used to grind cereals: the higher points flattened by abrasion accentuated by rejuvenation (6x); b) a grindstone used to grind cereals: striations, sheen, wear of the crystals (40x); c) a grindstone used to grind ochre: residues and the overall aspect of the working surface (6x); d) grindstone used to grind ochre: micro-residues and altered crystals (40x).

Utilizzo degli strumenti. La macinatura di cereali e di ocra

Le macine e i macinelli sperimentali sono stati utilizzati per macinare cereali ed ocra (tab. XVI).

Macinatura di cereali

La macinatura dei chicchi è finalizzata a trasformare in farina il loro contenuto nutritivo sminuzzando l'involucro esterno in piccole squame (crusca) e rendendo i nutrienti contenuti all'interno assimilabili dall'uomo, previa cottura.

La macinatura dei chicchi di cereali può iniziare immediatamente dopo la preparazione della superficie di lavoro di entrambi gli strumenti: l'operatore si posiziona in ginocchio dietro la porzione prossimale della macina e muove il macinello con movimento orizzontale ripetitivo di tipo andata-ritorno (fig. 29). Nella fase iniziale i chicchi marginali che rullano sotto l'azione del macinello tendono a scorrere verso i fianchi della macina, mentre quelli disposti lungo la porzione centrale, essendo sottoposti alla maggior pressione del macinello, vengono subito schiacciati. Di conseguenza, dopo un paio di movimenti del macinello occorre spostare verso il centro del piano di lavoro i chicchi marginali, formando una disposizione allungata. Mano a mano che i chicchi vengono schiacciati, il macinello allunga il percorso del suo movimento sul piano di lavoro, arrivando all'intera lunghezza della macina nel momento in cui tutti i grani sono compressi e comincia a formarsi una farina grossolana. Via via che l'operazione procede, la farina prodotta si fa sempre più fine e omogenea e tende a riempire gli interstizi creati dalla martellinatura, finché si rende necessario toglierla dal piano di lavoro per poter continuare la macinatura di nuovi chicchi che vengono progressivamente aggiunti (fig. 29).

Considerando che in alcuni siti VBQ (per esempio Pian del Ciliegio a Finale Ligure) le cariossidi di cereali vestiti come l'*Hordeum vulgare* sono state rinvenute prive delle glumelle o delle relative impronte si può ritenere plausibile che le genti del Neolitico medio effettuassero la pilatura dei grani vestiti prima di sottoporli alla macinatura (Arobba, Caramiello 2009; Alonso Martinez *et al.* 2013). Sulla base di quest'ipotesi si è scelto di sperimentare la macinatura dei soli chicchi nudi e sono state scelte alcune varietà più comunemente attestate nei siti VBQ, cioè il farro, l'orzo e il frumento.

In base alle sperimentazioni effettuate, è possibile affermare che la quantità di farina prodotta in unità di tempo (1 ora) dipende da tre fattori principali:

a) le caratteristiche della macina e della materia prima: la roccia ideale per macinare deve essere abrasiva e coesa in modo da mantenere a lungo l'abrasività e non perdere troppi frammenti litici che si mescolano alla farina prodotta provocando danni e fastidi alla masticazione. Inoltre, più la superficie di lavoro è lunga e piana maggiormente efficace risulterà la macinatura. Tra le rocce impiegate, l'arenaria a grana fine e ben cementata è risultata la più efficiente in termini di resa, di esigua perdita di polvere litica e per il lungo intervallo tra un ravvivamento e l'altro. Il porfido si è rivelato efficace nell'operazione di macinatura, ma necessita di ravvivamenti più ravvicinati nel tempo.

b) l'esperienza acquisita: la resa è direttamente proporzionale all'esperienza acquisita dallo sperimentatore nei confronti di un'attività che richiede movimenti inconsueti per una persona occidentale. In media, la farina prodotta è poco più di 150 g/ora: questo dato è simile alle medie ottenute in altre sperimentazioni (Adams 1988; Grégoire 1992; Hamon 2004), sebbene siano stati registrati tempi variabili in base alle caratteristiche della roccia, al tipo di cereale e all'esperienza (Hersh 1981; Wright 1991; Menasanch *et al.* 2002).

Per quanto concerne i confronti etnografici, V. Roux riporta un tempo medio di 44,81 minuti speso dalle donne di Tichitt per macinare un chilogrammo di farina[17]. La considerevole differenza in termini di resa fra l'attività sperimentale, pur simile fra i risultati qui esposti ed alcuni dati pubblicati, e la documentazione etnografica può essere imputata al diverso stile di vita adottato e direttamente collegato all'impiego diverso della muscolatura nella quotidianità.

Per quanto riguarda il tipo di cereale, l'esperienza maturata con la sperimentazione consente di sostenere che la macinatura del frumento risulta più facile e veloce rispetto alla macinatura del farro e soprattutto dell'orzo: i chicchi di orzo, infatti, sono più duri e tendono a schiacciarsi prima di rompersi, al contrario dei chicchi di frumento. Il diverso comportamento dei due cereali si nota nella stessa farina ottenuta, più grossolana e granulosa nel caso dell'orzo, più fine e di aspetto più polveroso nel caso del frumento.

c) qualità del prodotto che si desidera ottenere: granulometria e omogeneità sono parametri che possono essere parzialmente controllati; in generale, più tempo viene dedicato alla macinatura di una certa quantità di chicchi, più fine e regolare sarà il prodotto ottenuto. Ciò nonostante, ogni farina non risulta mai perfettamente omogenea, ma in essa coesistono tre ripartizioni granulometriche: una frazione grossolana costituita da chicchi non perfettamente macinati e frammenti di involucro di rivestimento dei chicchi; una frazione intermedia formata da farina macinata e piccoli frammenti di chicchi ed una frazione fine costituita dalla farina perfettamente macinata (fig. 29).

Macinatura di ocra

L'utilizzo di strumenti per macinare con sostanze diverse dai cereali è documentata da dati etnografici (per esempio: Roux 1985; Hayden 1987) ed archeologici (per esempio: Dal Rì 1994; Starnini, Voytek 1997a). Per quanto riguarda l'analisi dei reperti VBQ esaminati il riconoscimento di evidenti residui di sostanze minerali di color rosso in alcuni reperti (soprattutto a Rivoli) ha posto il problema di considerare un loro utilizzo o riutilizzo alternativo a quello relativo ai cereali. Di conseguenza, è stata sperimentata la macinatura di ocra, minerale diffuso nel territorio veronese (Zorzin 2005) e rinvenuto nei contesti funerari (Bagolini 1990a; Dal Rì *et al.* 2002; Bernabò Brea *et al.* 2006) e insediativi della Cultura VBQ (Starnini, Voytek, 1997a; Vicino 2009b; Lunardi, Starnini 2013).

L'uso dell'ocra può essere ricondotto alla preparazione di pigmenti (Couraud 1988), al trattamento delle pelli per disinfettarle, ammorbidirle, renderle impermeabili e colorarle (Adams 1988; De Beaune 2000; González, Ibánez 2002; Dubreuil, Grosman 2009; Cristiani, Dalmeri

[17] L'intervallo muta in base all'età della donna, alla sua forza muscolare ed alle eventuali pause di riposo effettuate (Roux 1985).

2011) ed a usi simbolici in contesti funerari (Bagolini 1990a; Bernabò Brea *et al.* 2006).

A prescindere dalla forma in cui il minerale viene raccolto (sedimento incoerente, blocchi induriti, filoni di ossido di ferro) l'ocra è usata sotto forma di polvere e perciò deve subire una pestatura che renda uniforme e omogeneo il detrito, oppure può essere macinata per ottenere una polvere più fine. Dal punto di vista sperimentale sono state testate entrambe le attività. In particolare nella macinatura, sotto il profilo della cinematica e del processo di trasformazione, le modalità sono analoghe a quelle messe in atto per il trattamento dei cereali anche se lo sforzo fisico richiesto è inferiore e il prodotto ottenuto risulta più omogeneo e fine se si prolunga l'azione di macinatura.

Analisi delle tracce d'uso

Le superfici di lavoro delle macine e dei macinelli sperimentali sono state osservate a differenti stadi di utilizzo stabiliti a priori: 15, 30, 60, 90, 120, 240 minuti e alla fine della durata massima di utilizzo del singolo strumento. Le tracce d'uso cominciano ad essere distintamente riconoscibili dopo almeno un'ora di macinatura e la loro intensità è direttamente proporzionale alla durata di utilizzo.

Per quanto concerne le modalità di osservazione microscopica delle usure, le dimensioni ingombranti e il peso eccessivo delle macine hanno reso in molti casi impossibile l'impiego del microscopio: di conseguenza, le superfici di lavoro di diversi strumenti sono state esaminate per mezzo di varie lenti monoculari con ingrandimenti compresi tra 5x e 25x. Diversamente, quasi tutti i macinelli sperimentali sono stati analizzati al microscopio binoculare con ingrandimenti fino a 60x.

Per quanto riguarda gli strumenti usati per macinare cereali, si osserva, dal punto di vista macroscopico, una ripartizione della superficie attiva fra zone livellate ed anfrattuosità: le aree livellate sono il risultato del movimento in percussione appoggiata diffusa del macinello sulla macina, mentre le anfrattuosità rappresentano le tracce residue della martellinatura/ravvivamento, oppure le sedi di alcuni cristalli rimossi dall'azione meccanica esercitata dal macinello. Questo aspetto generale della topografia, che negli strumenti sperimentali comincia a manifestarsi chiaramente dopo circa 60 minuti d'uso, tende ad intensificarsi in modo proporzionale alla durata di utilizzo degli strumenti, fino a quando le zone livellate diventano così numerose e vaste da rendere necessario il ravvivamento del piano di lavoro. Questo aspetto, inoltre, è maggiormente visibile nella porzione prossimale e centrale del piano di lavoro della macina, cioè all'area sottoposta a maggior usura dove il macinello esercita una azione meccanica più forte, mentre è generalmente meno evidente lungo i margini laterali e nella porzione distale. Quando l'uso della macina è prolungato le zone livellate sono associate a lustrature e striature che indicano la direzione del movimento effettuato. A livello microscopico si osservano le alterazioni che investono porzioni di superficie (zone livellate, lustrature) e modifiche ai singoli cristalli (microfratture, livellamento e arrotondamento delle sommità, rimozione di grani, striature) (fig. 28).
L'aspetto delle usure prodotte dalla macinatura dei cereali presenta caratteristiche parzialmente diverse in base al tipo di roccia impiegato. La tessitura mediamente fine della materia prima, infatti, genera una superficie fittamente e omogeneamente martellinata caratterizzata dall'alternanza di piccole aree livellate e anfrattuosità residue della martellinatura o frutto della rimozione di cristalli durante l'uso. Nelle materie prime a grana medio-grossa la preparazione del piano attivo mostra concavità un po' più rarefatte e con l'uso tendono a formarsi numerosi e più estesi *plateaux* di cristalli appiattiti, a volte smerigliati, spesso solamente arrotondati, e apparentemente "fusi tra loro". In alcune zone livellate della porzione centrale del piano di lavoro si riconoscono leggere lustrature e corte striature.

Per quanto riguarda le usure prodotte in seguito alla macinatura dell'ocra, si nota che la superficie attiva appare uniformemente regolarizzata e sono visibili residui di minerale, concentrati principalmente nella porzione centrale del piano di lavoro. I cristalli presentano contorni ben definiti, sebbene alcune zone caratterizzate dalla presenza di residui siano maggiormente smussate e si sviluppino gruppi di corte strie diversamente orientate e di profondità variabile. La differenza fondamentale rispetto al piano di lavoro delle macine da cereali è l'assenza di lustrature (fig. 28).

Figura 29 - Sperimentazione con macine e macinelli: a) macinatura di cereali (frumento e orzo) e prodotto ottenuto (farina di frumento, a sinistra, e d'orzo, a destra) con evidenziata la granulometria eterogenea; b) macinatura di ocra e qualità della polvere ottenuta.

Figure 29 - Experimental activities with grinding stones and handstones (grinding wheat, barley and ochre).

Tabella XVI - Prospetto riepilogativo dell'attività sperimentale effettuata con macine e macinelli.
Table XVI - Summary of the experimental activities with grindstones and handstones.

Strumento	**Area raccolta roccia**	**Dati dimensionali**		**Dati tecnologici**		**Dati funzionali**					
		Peso (kg)	**L, l, S (mm)**	**Sgrossatura**	**Martellinatura (minuti)**	**Sostanza macinata**	**L. sup. attiva (mm)**	**Durata di Macinatura (minuti)**	**farina prodotta (tot.+g/ora)**	**Resa per ora**	**Tracce d'usura**
Macina n.1	Porfido (Adige, VR)	11	372; 200; 108	-	50	Frumento	372	360 (3 ore + ravvivamento +3 ore)	277g 92 g/ora + 389g 129 g/ora	1° ora: 82g 2° ora: 102g 3° ora: 93g	Macro: aree livellate e tracce di martellinatura; Micro: leggera lustratura e striature nelle aree livellate; cristalli smerigliati.
Macina n.2	Arenaria (Cortiana, VI)	23,50	473; 195; 115	Stacco di 3 schegge da un'estremità	57	Frumento	473	360	1141g 190 g/ora	1° ora: 230g 2° ora: 221g 3° ora: 230g 4° ora: 162g 5° ora: 150g 6° ora: 148g	Macro: caratteristiche simili alla precedente, ma aree livellate più uniformi; Micro: leggere striature nelle aree livellate; tracce di martellinatura negli spazi intergranulari.
Macina n.3	Arenaria (Cortiana, VI)	8,50	310; 162; 114	-	42	Orzo + farro	310	60 + 60	101g (orzo) 107g (farro)	1° ora: 101g 2° ora: 107 g	Macro: piccole e poco sviluppate aree livellate nella parte centrale del piano di lavoro; evidenti le tracce di martellinatura; Micro: singoli grani presentano la sommità leggermente livellata senza lustrature.
Macina n.4	Basalto (Berici, VI)	9	375; 227; 50	-	53	Orzo	368	60	87g	1° ora: 87 g	Macro: aree livellate poco sviluppate, tracce di martellinatura ancora evidenti; Micro: cristalli arrotondati, tracce di martellinatura negli interstizi.
Macina n.5	Porfido (Adige, VR)	11,800	342; 300; 72	-	48	Ocra	342	120	445g 222,5 g/ora	1° ora: 210g 2° ora: 235g	Macro: residui di ocra macinata negli spazi integranulari; piano di lavoro regolarizzato senza aree livellate; Micro: striature, rimozione di cristalli.
Macina n.6	Basalto (Cava di Marsan, VI)	16	432; 330; 93	-	70	Frumento	432	120	395g 197,5 g/ora	1° ora: 205g 2° ora: 190g	Macro: rare aree livellate al centro del piano di lavoro; evidenti tracce di martellinatura.
Macinello n.1	Porfido (Adige, VR)	2,680	191; 140; 10	-	35	Frumento		480 (3,5 ore + ravvivamento + 4,5 ore) (con macina n.1 e n.2)	-	-	Caratteristiche macroscopiche e microscopiche simili alla macina n. 1, ma la lustratura è più intensa ed estesa.
Macinello n.2	Porfido (Adige, VR)	1,588	182; 103; 64	-	20	Frumento		360 (3,5 ore + ravvivamento + 2,5 ore) (con macina n.2, n.4 e n.5)	-	-	Caratteristiche macroscopiche e microscopiche simili al macinello n. 1
Macinello n.3	Porfido (Adige, VR)	1,871	221; 103; 68	-	30	Orzo, farro, frumento		180 (con macina n.3 e n.1)	-	-	Caratteristiche macroscopiche e microscopiche simili alla macina n. 1
Macinello n.4	Porfido (Adige, VR)	2,269	211; 118; 78	-	20	Ocra		120 (con macina n.5)	-	-	Caratteristiche macroscopiche e microscopiche simili alla macina n. 5

Fig. 30 - Ciottoli di serpentinite raccolti lungo le rive dell'Adige selezionati in base alle dimensioni e alla forma ergonomica per essere facilmente impugnati e usati come strumenti attivi.
Fig. 30 - Pebbles of serpentinite collected along the banks of the Adige river, selected on the basis of dimensions and ergonomic shape so that they are easy to grip and use as active tools.

2.3.3 Sperimentazione II. Levigatoi e lisciatoi

Raccolta e selezione di supporti

Gli strumenti per levigare e lisciare sono stati ricavati da rocce locali raccolte e selezionate principalmente nelle zone prossime ai siti: per i levigatoi usati in attività abrasive che richiedono asportazione di materiale sono stati scelti blocchi di arenarie e porfidi di dimensioni variabili con superfici mediamente estese e regolari, ma generalmente più piccole delle macine; diversamente, per i lisciatoi usati in attività non abrasive sono stati sfruttati ciottoli di serpentinite di forma ergonomica che faciliti la presa delle mani e quindi il loro uso come elementi attivi (fig. 30). In contrasto con i tempi brevi spesi per ottenere gli strumenti, trattandosi di supporti naturali che, come gli analoghi reperti VBQ, non hanno subito interventi tecnologici, la durata di utilizzo dovrebbe essere sufficientemente prolungata in modo tale da verificare i cambiamenti morfologici delle superfici di lavoro, così come è stato riscontrato in alcuni strumenti neolitici. Per simulare la realtà archeologica una mola è stata usata per un intervallo temporale molto esteso corrispondente a 70 ore (fig. 25).

Utilizzo degli strumenti. Levigatura e lisciatura di materiali diversi

Le sostanze trattate sperimentalmente sono state pietra, osso, corno di cervo, conchiglia, legno e pelle (tab. XVII). Questa selezione è dipesa dai materiali rinvenuti nei tre contesti archeologici che abbiano necessitato di una lavorazione tramite abrasione (lame d'ascia in pietra levigata, strumenti in osso, strumenti ed oggetti in corno di cervo) e dalla valutazione che le stesse comunità potessero sfruttare materiali non più rintracciabili nel record archeologico (legno e pelle), ma indirettamente testimoniati dalla presenza di altri resti.

Materiali duri (pietra, osso, conchiglia e corno di cervo)

La lavorazione di tali materiali era connessa alla fabbricazione di strumenti e ornamenti attraverso la loro levigatura[18] su levigatoi in roccia abrasiva (fig. 31). Pietra, osso, conchiglia e corno di cervo sono, infatti, materiali solidi, rigidi e resistenti che si prestano ad essere sfregati contro una superficie abrasiva, formando superfici lisce e regolari destinate a produrre sia superfici funzionali (strumenti) sia effetti estetici e oggetti di uso ornamentale (vaghi e pendagli).

Parte dei materiali lavorati sperimentalmente non sono perfettamente assimilabili a quelli realmente in uso durante il Neolitico: le ossa lavorate sono tutte bovine, mentre le conchiglie sono ottenute da bivalvi mediterranei e da gasteropodi. La scelta è derivata dalla facilità di accesso a tali materiali, senza che ciò pregiudicasse la validità dei confronti tra le tracce d'usura sperimentali e quelle descritte per i reperti VBQ.

La materia dura animale è stata lavorata allo stato fresco e secco (osso), oppure solamente allo stato secco (corno di cervo) (fig. 31).

Per quanto riguarda la loro lavorazione tramite levigatura le modalità sono analoghe per ogni tipo di materiale: gli oggetti vengono tenuti con la mano destra e sfregati sulla superficie abrasiva della mola con un movimento ritmico e abbastanza veloce, esercitando un po' di pressione con la mano. Già dopo una decina di minuti di lavoro si forma una polvere sottilissima che si deposita sul piano di lavoro e tende a riempire gli interstizi fra i grani della roccia, creando una sorta di pellicola intermedia tra la roccia e il materiale in corso di lavorazione. Di conseguenza, è indispensabile rimuovere regolarmente questo deposito, per lo più soffiando sulla superficie, allo scopo di ristabilire l'abrasività della roccia. Per ovviare a questo inconveniente è stata sperimentata l'aggiunta regolare di poca acqua con la funzione di lubrificare il movimento ed asportare il leggero deposito.

La levigatura di queste materie prime si è rivelata piuttosto laboriosa sia perché l'alterazione del materiale trattato è lenta, soprattutto nel caso della pietra, sia perché è necessaria almeno un'ora di lavoro (e più nel caso della pietra verde) per poter osservare una superficie lisciata associata a strie di levigatura sulle superfici dei materiali lavorati.

Materiali flessibili (pelle)

Strumenti in pietra non scheggiata sono utilizzati da diverse popolazioni nelle varie fasi di lavorazione delle pelli, dalla scarnificazione, alla rimozione del pelo,

[18] La levigatura delle lame d'ascia è descritta nel paragrafo dedicato alla sperimentazione con gli strumenti da taglio in pietra levigata.

all'ammorbidimento, alla colorazione (Hayden 1987; Adams 1988; Audoin-Rouzeau, Beyries 2002). Una porzione di pelle di vitello già scarnificata ed essiccata è stata sottoposta ad una lisciatura per mezzo di un lisciatoio in serpentinite, il quale, tenuto nella mano destra, è stato sfregato sulla superficie da trattare con un movimento in percussione appoggiata al fine di lisciarla e ammorbidirla. Per facilitare il lavoro è stata costantemente aggiunta poca acqua sia direttamente inumidendo con la mano sia immergendo lo strumento in una vaschetta riempita d'acqua: questa pratica è in uso presso gli indiani Hopi e permette allo strumento di scivolare più agevolmente sul materiale essiccato e ridurre l'attrito tra i due elementi (Adams 1988). La superficie di lavoro del lisciatoio assume una colorazione più scura rispetto alla superficie non usata dopo circa 20-25 minuti di lavoro e si intensifica in maniera proporzionale al tempo di utilizzo.

Analisi delle tracce d'uso

Le superfici di lavoro dei levigatoi e lisciatoi sono state osservate a differenti stadi di utilizzo stabiliti a priori: 15, 30, 60, 90, 180 minuti e al termine della durata massima di utilizzo dei singoli strumenti.

Le usure possono essere distintamente riconosciute a livello macro e microscopico dopo circa un'ora di utilizzo, ma risultano più chiare e intense dopo un utilizzo di almeno due ore. A livello macroscopico si osserva la topografia generale della superficie di lavoro distinta in zone livellate e aree naturali, oltre alla presenza di solchi e striature macroscopiche.

I levigatoi utilizzati durante un uguale intervallo di tempo per levigare osso, conchiglie e corno di cervo presentano un piano di lavoro dove è possibile distinguere, ad occhio nudo e passando i polpastrelli, la porzione utilizzata leggermente più liscia e uniforme rispetto alla superficie naturale più scabra.

La mola usata per oltre 70 ore per la levigatura della asce presenta evidenti modificazioni macroscopiche rispetto al blocco originario; tra queste si distinguono affossature profonde un centimetro rispetto al piano originale del supporto create dalla levigatura dei fianchi stretti delle lame; una superficie attiva liscia e uniforme percepibile anche passando i polpastrelli sul piano di lavoro del levigatoio, gruppi di lunghe striature pluridirezionali e presenza di due solchi di levigatura, di cui il maggiore con sezione a "V" e il minore con sezione a "U". Tali solchi sono il risultato della levigatura dei fianchi delle asce e si sono formati in seguito allo sfruttamento intensivo di due incavi naturali presenti nel supporto originario (fig. 31).

Sull'unica superficie di lavoro del lisciatoio usato sulla pelle si sono prodotte usure visibili macroscopicamente dopo circa 20 minuti di strofinamento: esse consistono in uno "scurimento" ed una lisciatura della superficie attiva probabilmente connessi al deposito del grasso ancora presente sulla pelle, cioè a reazioni di tipo tribologiche, e favoriti dall'azione dell'acqua (Adams 1988; 2002; 2014a).

A livello microscopico si osservano le alterazioni che investono porzioni di superficie (zone livellate e striature) e modifiche ai singoli cristalli (microfratture, livellamento delle sommità e rimozione di grani). Nel caso della lavorazione di materiali rigidi sono osservabili alterazioni dei singoli cristalli sotto forma di microfratture, arrotondamento delle sommità dei cristalli e lunghe striature pluridirezionali, generalmente disposte a gruppi; residui di polvere sono riconoscibili all'interno degli interstizi.

La mola per levigare le asce presenta cristalli fortemente appiattiti e fusi a formare zone livellate, microfratture e rimozione di cristalli, oltre a numerose, lunghe e profonde striature orientate principalmente secondo la diagonale del supporto, in corrispondenza della direzione maggiormente sfruttata durante il movimento di levigatura.

L'osservazione microscopica del lisciatoio utilizzato sulla pelle presenta una superficie omogenea, con contorni sfumati e leggere lustrature generalmente al centro dei singoli cristalli. Trattandosi di un solido flessibile, la pelle è in grado di seguire l'andamento della faccia naturale dello strumento, in modo tale da creare una superficie uniformemente liscia che non deforma il profilo naturale del supporto.

Grazie alle prove sperimentali e considerando lo stato della ricerca si può affermare che lo studio delle usure dei lisciatoi/levigatoi archeologici permette di discriminare con un certo margine di sicurezza le attività abrasive in senso stretto per macrogruppi di materiali definiti rigidi (levigatura di pietra e materia dura animale e ceramica) dalle attività finalizzate alla lisciatura e all'ammorbidimento di sostanze flessibili (principalmente pelli). Più ardua e riservata a morfologie particolari risulta al momento l'identificazione più precisa della sostanza trattata con un levigatoio/lisciatoio, anche tenendo presente che si tratta probabilmente di strumenti destinati ad usi promiscui. Un'eccezione potrebbe essere rappresentata dai cosiddetti brunitoi impiegati nella lisciatura della ceramica (Starnini, Voytek 1997a; Vicino 2009a), in relazione ai quali, tuttavia, non è stata condotta nessuna attività sperimentale nell'ambito di questa ricerca.

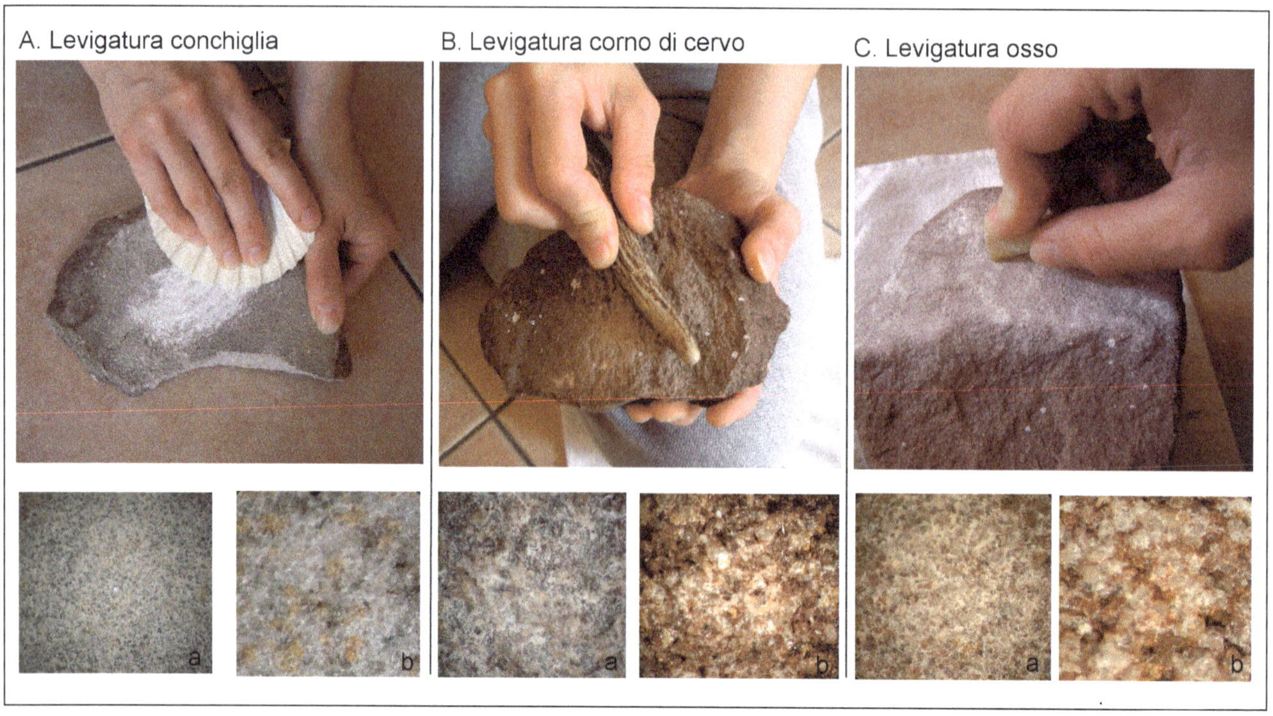

Figura 31 - Sperimentazione con levigatoi per levigare materiali duri di origine animale dopo 120 minuti:
A - Conchiglia: a) dopo spolveratura 25x; b) dopo lavaggio 40x; B - Corno di cervo: a) dopo spolveratura 25x; b) dopo lavaggio 40x;
C - osso: a) dopo spolveratura 25x; b) dopo lavaggio 40x.
Figure 31 - Experimental activities with whetstones used to polish shell (A), antler (B) and bone (C) for 120 minutes.

Tabella XVII - Prospetto riepilogativo dell'attività sperimentale effettuata con levigatoi e lisciatoi.
Table XVII - Summary of the experimental activities with abraders and polishers.

Strumento	**Materia prima**	**Dati dimensionali**		**Dati funzionali**		
		Peso (g)	**L, l, S (mm)**	**Sostanza trattata**	**Durata di utilizzo**	**Tracce d'usura**
Levigatoio n.1	Arenaria	1459	201; 167; 20	Pietra	4200 minuti	Macro: superficie molto liscia, solco diagonale sezione a V causato dalla levigatura dei fianchi delle asce, profilo concavo della superficie; gruppi di strie; Micro: gruppi di lunghe striature pluridirezionali; grani molto appiattiti, rimozione di grani
Levigatoio n.2	Porfido	5800	306; 260; 57	Osso secco	60 minuti	Macro: superficie leggermente liscia nella parte centrale della superficie di lavoro; Micro: leggero arrotondamento della sommità di alcuni cristalli
Levigatoio n.3	Arenaria	1696	148; 110; 74	Osso (fresco e secco)	180 minuti	Macro: superficie abbastanza liscia al tatto; Micro: gruppi di striature pluridirezionali; sommità dei grani appiattite, bordi leggermente arrotondati
Levigatoio n.4	Arenaria	1187	147; 96; 53	Corno di cervo	180 minuti	Caratteristiche macro e microscopiche simili al levigatoio n.3
Levigatoio n.5	Arenaria	2900	208; 180; 75	Corno di cervo	180 minuti	Caratteristiche macro e microscopiche simili al levigatoio n.3
Levigatoio n.6	Arenaria	754	177; 140; 20	Conchiglia	180 minuti	Simili al levigatoio n.3, ma striature meno numerose
Lisciatoio n.1	Serpentinite	331	81; 63; 44	Pelle	120 minuti	Macro: superficie liscia, scura e riflettente Micro: lustratura estesa

2.3.4 Sperimentazione III. Pestelli, percussori e trituratori

Raccolta e selezione dei supporti

Questo gruppo si caratterizza per un'ampia varietà di materie prime tra cui prevalgono porfidi, serpentiniti, calcari e selci (rari gneiss e sieniti): ciottoli pertinenti a questi litotipi sono stati raccolti nell'alveo fluviale dell'Adige e nelle valli alluvionali dei Berici e del territorio vicentino. Il loro reperimento non è stato difficile perché il territorio è ricco di materiale morenico e alluvionale, permettendo una cernita della litologia e delle caratteristiche morfodimensionali desiderate.
La scelta delle dimensioni dei ciottoli acquista rilevanza in relazione al fatto che essi non sono soggetti ad alcuna lavorazione preliminare, quindi l'unica operazione "tecnologica" effettuata è la scelta stessa del supporto più idoneo alla funzione che dovrà svolgere. Per questo motivo sono stati raccolti numerosi ciottoli di diverse pezzature e morfologie al fine di comprendere, attraverso i test sperimentali, quali parametri fisici concorrano a rendere lo strumento più efficiente e più comodo da utilizzare.

Utilizzo degli strumenti. Pestatura, bocciardatura e frantumazione di materiali diversi

Gli strumenti sperimentali sono stati usati su una o più superfici in relazione al tipo di attività e al confronto con i reperti archeologici (tabella XVIII). In particolare sono state impiegate:
- una faccia (martello-trituratore n. 1);
- un'estremità (percussori n. 2 e n. 5; pestelli n. 1 e n. 3);
- entrambe le estremità (percussori n. 7, n. 11 e n. 12; pestello n. 2);
- diverse zone del volume dei supporti (percussori n. 4, n. 6, n. 8, n. 9 e n. 10).

Alcuni di questi strumenti sono stati adoperati come strumenti singoli (tutti i percussori), mentre altri hanno richiesto una base stabile di appoggio su cui lavorare (martello-trituratore e tutti i pestelli), cioè delle basi di lavorazione o il terreno nudo.

Dal punto di vista delle funzioni, la vasta documentazione etnografica ed archeologica attesta un impiego molteplice associato ad un esteso *range* di attività finalizzate alla preparazione alimentare (McCarthy 1976; Roux 1985; Hamon 2006; Adams, Falvey 2016), alla fabbricazione di manufatti (Garibaldi *et al.* 1999; Hansen, Eigeland 2009; Adams, Falvey 2016), al trattamento di materie prime (Adams, 1988; De Beaune 1989; Starnini, Voytek 1997a; Adams, Falvey 2016) ed alla preparazione di coloranti (Starnini, Voytek 1997a; Vicino 2009a; Adams, Falvey 2016). La sperimentazione si è però concentrata sull'impiego di un numero limitato di sostanze (pietra, nocciole, ocra ed argilla) allo scopo di testare alcune attività supportate da riscontri archeologici. Tali dati riguardano il rinvenimento di resti vegetali riferibili a *Corylus* sp. nel sito di Fimon Molino Casarotto (Bagolini *et al.* 1973), la presenza di minerali ferrosi nel territorio veronese (Zorzin 2005) e l'impiego di degrassanti nella produzione della ceramica (calcarei, quarzoso-micacei e rari utilizzi di conchiglie in frantumi minimi: Biagi 1974).

Lavorazione della pietra

Le attività inerenti la lavorazione della pietra sono state la scheggiatura della selce in percussione diretta, la bocciardatura delle lame d'ascia e la martellinatura del piano di lavoro di macine e macinelli.

Frantumazione di nocciole

Utilizzando una base di lavorazione posata al suolo come piano d'appoggio su cui collocare le nocciole un martello-trituratore è stato usato per rompere il guscio dei frutti al fine di ricavarne la parte nutritiva (fig. 32-a).
Il tempo misurato per rompere un chilogrammo di nocciole è compreso tra 25-45 minuti. Per superare l'inconveniente legato alla dispersione di gusci e semi tutt'intorno all'area di lavoro durante la frantumazione, è stato collocato un cordone di tessuto arrotolato al centro della base di lavorazione al cui interno sistemare le nocciole da rompere. Questa pratica, in uso presso le donne di Tichitt in Mauritania per rompere i noccioli dei datteri (Roux 1985, 37), ha permesso non solo di evitare che gusci e nocciole schizzassero via dal piano di lavoro, ma anche di collocare all'interno del cordone più nocciole che vengono pestate mediante colpi successivi rendendo l'operazione più rapida ed efficace (fig. 32-a).

Frantumazione di ocra

Alcuni blocchi induriti di ocra gialla e rossa di dimensioni variabili provenienti dal territorio veronese sono stati lavorati in percussione lanciata con pestello e base di lavorazione al fine di ottenere della polvere. L'azione di sgretolamento non ha richiesto sforzi o tempi elevati: trattandosi di materiale non fortemente coeso, in seguito a qualche colpo il blocco si sbriciola in frammenti più piccoli, i quali, a loro volta, sono stati frantumati minuziosamente fino ad ottenere una polvere fine ed omogenea. Riscontri archeologici di analoghi strumenti con tracce di minerale provengono dai siti neolitici di Catignano (Zamagni 2003), delle Arene Candide (Starnini, Voytek 1997a) e del Riparo di Pian del Ciliegio (Vicino 2009a).
Un elemento di riflessione riguarda la morfologia della superficie di lavoro del pestello, più appuntita nel caso del primo pestello utilizzato e più arrotondata, estesa e piatta nel caso del secondo pestello: quest'ultimo è risultato più efficiente per la sua capacità di "schiacciare" e sbriciolare il materiale e perché un composto non molto coeso come l'ocra non richiede colpi violenti e concentrati (fig. 32-b).

Figura 32 - Sperimentazione con pestelli e trituratori: a) frantumazione di nocciole con base di lavorazione e trituratore in porfido; b) polverizzazione di ocra gialla con base di lavorazione in arenaria e pestello in porfido.
Figure 32 - Experimental activities with pestles and hammers used to crack nuts (a) and to grind yellow ochre (b).

Frantumazione di degrassanti

Riguardo ai materiali frantumati e utilizzati come degrassanti prevalgono a Quinzano quelli quarzoso-micacei (Biagi 1974), mentre a Rivoli gli smagranti sono di tipo calcareo (Barfield, Bagolini 1976). La riduzione di questi materiali in frammenti adatti ad essere mescolati all'impasto dell'argilla per la ceramica è stata realizzata collocando il materiale grezzo su una base di lavorazione e pestandolo con un pestello in porfido. L'operazione di frantumazione non ha richiesto sforzi e tempi elevati: la granulometria e l'omogeneità del prodotto frantumato possono essere controllate in base al tempo dedicato alla frantumazione e alla morfologia della superficie di lavoro dello strumento attivo.
Sulla base dell'esperienza acquisita con la frantumazione dell'ocra, è stato scelto un ciottolo di forma ovoidale e con superfici arrotondate ed estese in grado di battere su una maggior quantità di sedimento.

Analisi delle tracce d'uso

Le superfici di lavoro di pestelli, percussori e martelli-trituratori sono state osservate a differenti stadi di utilizzo stabiliti a priori: 15, 30, 60, 90, 120 minuti e al termine della durata massima di utilizzo del singolo strumento. Le usure compaiono dopo circa una decina di minuti di utilizzo su materiali duri o poco più per sostanze meno dure, in relazione all'intensità ed alla forza necessarie alla percussione lanciata (fig. 33).

La predisposizione di alcuni strumenti ad essere utilizzati in modo occasionale e limitato nel tempo (Hamon 2008, 99), o comunque ad essere soggetti a un veloce ricambio, non facilita né la distinzione delle usure fra strumenti diversi né il loro confronto. Per queste ragioni, la sperimentazione con pestelli, percussori e martelli-trituratori è stata effettuata con un'ampia variabilità di tempi di impiego (da 15 minuti a 26 ore), in modo tale da tentare di comprendere l'incidenza del fattore temporale sulla formazione delle usure e la comparazione dei diversi stadi di usura con i reperti archeologici esaminati.

A livello macroscopico si osserva l'alterazione generale delle superfici di lavoro sotto forma di appianamento delle superfici, impatti di percussione e scheggiature. In generale si evidenza la difficoltà di effettuare una distinzione netta fra le usure prodotte dalle diverse attività precedentemente descritte.
A livello microscopico si osservano generalmente le alterazioni che investono porzioni di superficie e modifiche ai singoli cristalli riconoscibili principalmente sotto forma di microfratture, schiacciamento e microfratture (fig. 33).

In base alla durata di utilizzo degli strumenti, oltre che alla forza e al ritmo della percussione necessaria, è possibile distinguere superfici con diversa intensità d'usura e, con maggior cautela, discriminare la lavorazione di sostanze dure e compatte (appianamento più intenso delle superfici di lavoro) da sostanze dure e poco coese (impatti di percussione meglio definiti).
Nel caso di strumenti impiegati in coppia (pestello e base di lavorazione), la sostanza intermedia posta tra l'elemento attivo e quello passivo tende ad attenuare gli effetti della percussione e, di conseguenza, ridurre il tenore delle usure. Al contrario, nei percussori utilizzati direttamente sul materiale in corso di lavorazione (per esempio la pietra) l'impatto della percussione produce liberamente le proprie alterazioni macro e microscopiche, tende a formare impatti appiattiti e le usure si presentano marcate anche per utilizzi mediamente brevi.

In relazione al tipo di movimento effettuato con lo strumento le usure sono collocate in punti diversi del percussore: possono, cioè, essere circoscritte in una o entrambe le estremità, oppure estendersi sull'intero (o gran parte del) volume dello strumento fino a trasformarlo completamente.

Particolare attenzione richiede la descrizione delle tracce d'uso del percussore n. 9 (tab. XVIII): le alterazioni più evidenti riguardano il progressivo arrotondamento del supporto prodotto dall'appiattimento degli spigoli originari e la formazione di una fascia continua di usura, sotto forma di impatti piccoli, fittissimi e quasi "fusi" tra loro, che si snoda lungo l'intero volume del supporto. A livello microscopico predominano microfratture e cristalli schiacciati.

Il trituratore n. 1 (tab. XVIII) presenta due lievi depressioni formatesi nei punti di percussione, di cui la più profonda situata al centro della superficie e l'altra spostata due centimetri verso una delle estremità. L'analisi al microscopio permette di osservare cristalli fratturati.

Le usure prodottesi sulle superfici di lavoro dei pestelli n. 1 e 3 usati per un uguale intervallo di tempo sono diverse: infatti, a causa delle diverse tessiture proprie di porfido e serpentinite, gli impatti, oltre a comparire prima, risultano più evidenti e marcati nel pestello in porfido. Dal punto di vista dell'efficienza funzionale, non emerge una netta differenza tra i due litotipi.

Il pestello in porfido utilizzato nella frantumazione di degrassanti presenta una superficie di lavoro creata da impatti di percussione fittamente distribuiti, ma non caratterizzati da un aspetto "schiacciato" come accade invece per i percussori utilizzati direttamente sulla pietra senza sostanze intermediarie che, attutendo la forza della percussione, ne riducono gli effetti. Al microscopio l'alterazione prevalente sono le microfratture sulle sommità dei cristalli.

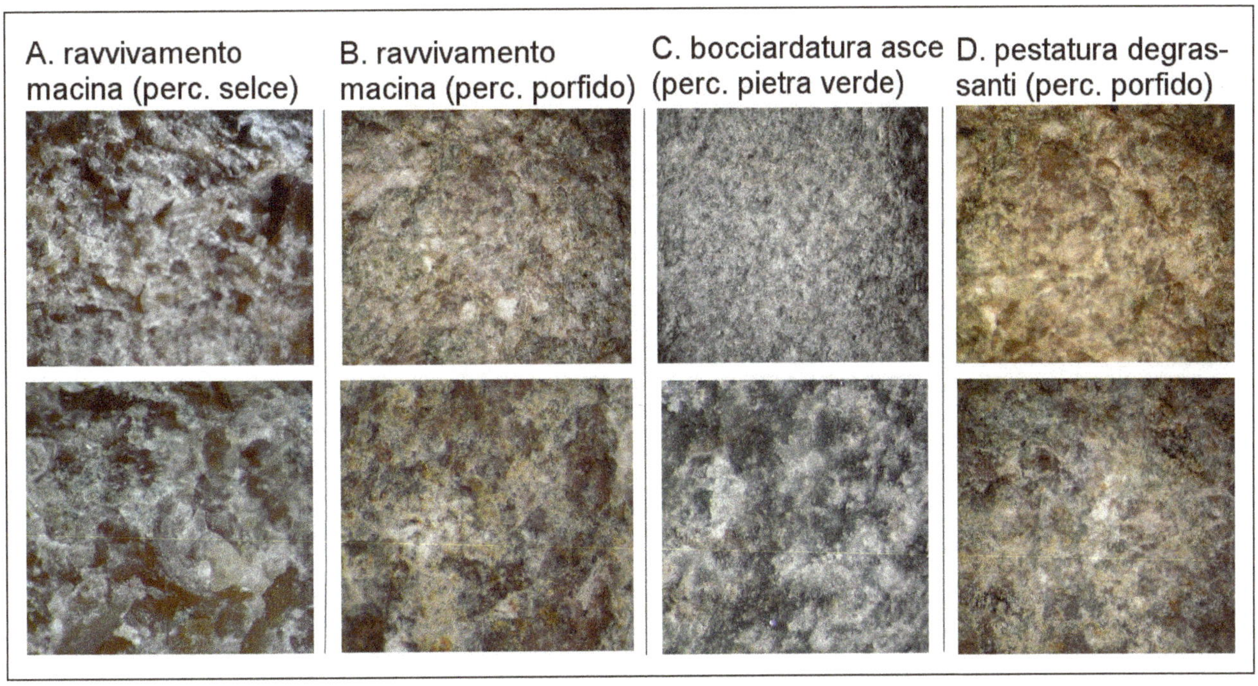

Figura 33 - Sperimentazione con pestelli, percussioni e trituratori - impatti di percussione in rocce diverse: A. percussore in selce dopo 2,5 ore di utilizzo per ravvivare macine (20 x e 40x); B. percussore in porfido dopo 1 ora di utilizzo per ravvivare macine (16x e 40x); C. percussore in pietra verde dopo 26 ore di utilizzo per bocciardare asce (16x e 40x); D. pestello dopo 1 ora di utilizzo per frantumare degrassanti (16x e 20x).

Figure 33 - Experimental activities with pestles, pecking stones and hammers: impact fractures observed in different rocks: A. flint hammer after 2.5 hours of use rejuvenating a grindstone (20x and 40x); B. hammer of porphyry after one hour of use rejuvenating a grindstone (16x and 40x); C. green stone hammer after 26 hours of use in pecking/shaping axes (16x and 40x); D. pestle after one hour of use in breaking up material that is to be used as temper (16x and 20x).

Tabella XVIII - Prospetto riepilogativo dell'attività sperimentale effettuata percussori, pestelli e trituratori.
Table XVIII - Summary of the experimental activities with pecking stones, pestles and hammer stones.

Strumento	**Materia prima**	**Dati dimensionali**		**Dati funzionali**				
		Peso iniziale (g)	**L l, S (mm)**	**Sostanza trattata**	**Attività**	**Durata utilizzo (minuti)**	**Perdita peso totale**	**Tracce d'usura**
Martello-trituratore n.1	Porfido	655	104; 72; 53	nocciole	Frantumare nocciole	120	3g (1,5 g/ora)	Macro: un piccolo incavo (8x3 mm) posto circa al centro della superficie di lavoro; Micro: cristalli fratturati
Pestello n.1	Serpentinite	470	111; 64; 51	ocra	Pestatura ocra	120	3 g (1,5 g/ora)	Macro: residui di ocra, lievi impatti di percussione; Micro: impatti di percussione
Pestello n.2	Porfido	578	85; 80; 57	argilla	Frantumazione degrassanti	120	10g (5 g/ora)	Macro: impatti di percussione in un'area circoscritta di forma circolare; Micro: fratture dei cristalli
Pestello n.3	Porfido	703	101; 83; 60	ocra	Pestatura ocra	60	5,5g	Caratteristiche macro e microscopiche simili al pestello n. 2
Percussore n.2	Porfido	215	97; 43; 31	pietra	Martellinatura superficie di lavoro di macina	30	4g (8 g/ora)	Macro: lievi impatti di percussione; Micro: cristalli schiacciati e con fratture.
Percussore n.4	Porfido	512	96; 78; 47	pietra	Martellinatura superficie di lavoro di macina	60	7g	Macro: cristalli schiacciati; Micro: cristalli fratturati e impatti di percussione densi ed appiattiti.
Percussore n.5	Quarzo	236	76; 60; 39	pietra	Martellinatura superficie di lavoro di macina	15	0 g	Caratteristiche macro e micro simili al percussore n. 11
Percussore n.6	Selce	163	60; 55; 34	pietra	Martellinatura superficie di lavoro di macina	150	14g (5,5 g/ora)	Macro: superficie con impatti ben delimitati; Micro: impatti schiacciati e fitti
Percussore n.7	Porfido	304	76; 64; 46	pietra	Scheggiatura selce	60	8,5g	Caratteristiche macro e microscopiche simili al pestello n. 3
Percussore n.8	Omfacite	420	86; 61; 43	pietra	Bocciardatura lame d'ascia	180	19,5g (6.5 g/ora)	Caratteristiche macro e microscopiche simili al percussore n.10, ma impatti più estesi
Percussore n.9	Omfacite	378	66; 62; 46	pietra	Bocciardatura lame d'ascia	1560	192 (7,3 g/ora)	Macro: modificazioni importanti della morfologia iniziale, superfici d'usura estese, impatti di percussione molto densi, Micro: impatti di percussione molto appiattiti
Percussore n.10	Eclogite	482	97; 61; 38	pietra	Bocciardatura lame d'ascia	180	19 g (6,3 g/ora)	Macro: arrotondamento degli angoli utilizzati, impatti di percussione; Micro: impatti di percussione appiattiti
Percussore n.11	Serpentinite	126	63; 45; 25	pietra	Scheggiatura selce	15	1,85 g (7,4 g/ora)	Macro: lieve alterazione della superficie naturalmente liscia della roccia; Micro: inizia la formazione degli impatti di percussione
Percussore n.12	Roccia metamorfica	171	78; 45; 29	pietra	Scheggiatura selce	120	19 g (9,5 g/ora)	Macro: superficie d'usura ben delimitata, impatti di percussione densi; Micro: impatti di percussione densi ed appiattiti

2.3.5 Sperimentazione IV. Asce ed accette

Raccolta e selezione dei supporti

Nell'insieme dei reperti considerati, gli strumenti da taglio sono i soli prodotti con rocce importate da aree molto distanti circoscrivibili tra Piemonte e Liguria.
L'approvvigionamento di pietra verde per impieghi sperimentali è stato effettuato presso gli alvei fluviali di alcuni fiumi dell'Italia nord-occidentale[19] (tab. X). Tale scelta è stata indotta dalla considerazione che in Italia settentrionale durante il Neolitico venissero preferibilmente sfruttati i depositi secondari costituiti dalle morene e dalle alluvioni del territorio padano-alpino occidentale (Ricq-de Bouard, Fedele 1993; D'Amico *et al.* 1995; 2003a; Ricq-de Bouard 1996; Giustetto, Compagnoni 2004; D'Amico, Starnini 2006a; 2012b). Questa tesi è sostenuta da dati archeologici relativi alla scoperta di vari siti di lavorazione di ciottoli di pietra verde situati nelle vicinanze di fiumi e torrenti, ciascuno dei quali ha restituito diverse centinaia di abbozzi a vari stadi di produzione (Mannoni *et al.* 1996; Venturino Gambari, Zamagni 1996a; 1996b; Zamagni 1996a; D'Amico *et al.* 2003a; D'Amico, Starnini 2006b; Chiarenza, Giustetto 2010). La lavorazione delle pietre verdi finalizzata a riparare/modificare lame danneggiate così da poterle riutilizzare è attestata anche in contesti abitativi in Emilia occidentale, dove sono attestate schegge di lavorazione, percussori discoidali e asce reimpiegate come percussori (Bernabò Brea *et al.* 2012).
I depositi alluvionali non solo sono facilmente accessibili e vicini alle zone insediative, ma restituiscono rocce già parzialmente selezionate perché depurate delle parti esterne, generalmente più alterate, grazie all'azione modellante dell'acqua (Delcaro 1996; Chiarenza, Giustetto 2010).

L'ingente quantità di abbozzi e oggetti finiti, sicuramente superiori alle esigenze strettamente locali, rinvenuti nell'area di Rivanazzano porta a ritenere plausibile la circolazione di prodotti semifiniti e finiti indirizzata verso i siti del territorio padano (D'Amico, Starnini 2007; 2012b). Il rinvenimento di bocciardatori in pietra verde in contesti distanti dalla zona ligure-piemontese (per esempio nella Lombardia orientale: Starnini *et al.* 2004, 30, fig. 5-2 e 51, fig. 22-8 e in Emilia occidentale: Bernabò Brea *et al.* 2012) delinea una situazione più complessa, confermata da confronti etnografici (Hampton 1999; Pétrequin, Pétrequin 2000), nella quale sia lame finite che abbozzi potevano essere inseriti nelle reti di scambio. Grazie ai dati archeologici finora disponibili si può supporre che la lavorazione della pietra verde avvenisse in modo progressivo dalla zona di raccolta della materia prima ai villaggi stanziali, saggiando la qualità della roccia ed eliminando il grosso della materia prima nelle aree di approvvigionamento e via via rifinendo l'abbozzo nei villaggi stanziali a valle (Negrino *et al.* 2004; Venturino Gambari 2004). Le testimonianze archeologiche della catena operativa si fanno via via meno evidenti: infatti, il numero dei reperti rinvenuti in fase di lavorazione diminuisce con il procedere della lavorazione; inoltre, si riducono gradualmente sia la quantità di materia prima da asportare - e i relativi residui (Chiarenza, Giustetto 2010) - sia il pericolo di incidenti gravi che rendano inevitabile l'abbandono o il recupero del supporto. Infine, le fasi avanzate della lavorazione, se da un lato sono meno a rischio di danneggiamenti, dall'altro richiedono da parte dell'artigiano un minor grado di specializzazione e, quindi, il completamento della fabbricazione poteva essere trasferito ai villaggi di destinazione finale delle lame, dove doveva essere svolta periodicamente anche la riaffilatura del tagliente.

Per quanto concerne la raccolta di materia prima adatta alla sperimentazione, la valutazione delle caratteristiche morfodimensionali delle schegge ottenute grazie alla spaccatura dei massi ha permesso di selezionare quelle di almeno 12-15 cm di lunghezza e possibilmente con una diversa larghezza tra le due estremità (fig. 34 e 37). Queste caratteristiche risultano determinanti al momento della lavorazione della roccia, soprattutto per i litotipi a grana molto fine, in quanto un'adeguata morfologia di base consente di risparmiare ore di lavoro durante la successiva rifinitura. Un secondo aspetto della selezione riguarda la valutazione delle caratteristiche meccaniche (durezza, tenacità e compattezza) e l'assenza di fratture interne: per tale ragione, le schegge sono state testate sul luogo di raccolta con un percussore per verificarne resistenza, durezza e tenacità.
L'intero processo di produzione di una singola lama d'ascia è complesso e genericamente quantificabile nell'ordine delle 60-80 ore per supporti di 20 cm con levigatura riservata al solo tagliente (Pétrequin *et al.* 2012). In realtà, gli strumenti da taglio presentati in questa ricerca, con lunghezza compresa tra 4,4 e 16,5 cm, hanno richiesto tempi di fabbricazione inferiori. Ciò probabilmente è imputabile sia alle minori dimensioni dei supporti originari sia alla scelta, giustificabile anche in base all'inesperienza tecnica personale, di non dedicare tempo alla rifinitura estetica della lama.

Sbozzatura e bocciardatura

Una volta selezionate le schegge ritenute più idonee si è passati alla messa in atto della complessa catena tecnologica di fabbricazione degli strumenti da taglio, la quale richiede un lungo periodo di apprendistato che la sperimentazione non può riprodurre concretamente (Pétrequin *et al.* 2006b; 2012).

[19] La raccolta di ciottoli nel fiume Po, loc. Paesana (CN), è stata condotta grazie alla consulenza del sig. D. Delcaro (C.A.S.T., Torino), il quale ha fornito anche alcuni campioni del torrente Orba, loc. Tiglieto (GE). In questi alvei i ciottoli di pietra verde sono numerosi e di facile reperibilità, soprattutto nella stagione estiva, quando la portata dei fiumi è ridotta. L'attendibilità dello sfruttamento dei ciottoli nell'area di Paesana anche in epoca preistorica è testimoniata dalla scoperta di un *atelier* locale di produzione di asce levigate (Chiarenza, Giustetto 2010).

La prima fase[20] della lavorazione è la sbozzatura (fig. 41 e 45), operazione particolarmente efficace nelle rocce a grana fine grazie probabilmente alla migliore propagazione dello *choc* indotto dal percussore. Tuttavia, se il supporto iniziale presenta ottime caratteristiche morfodimensionali (per esempio quando è ricavato da una scheggia anziché un ciottolo), è possibile passare direttamente alla successiva fase di bocciardatura escludendo questo primo intervento tecnico o riducendolo al minimo.

La sbozzatura consiste nella scheggiatura del supporto in percussione diretta con un percussore costituito da un ciottolo di roccia molto dura e tenace simile alla roccia da lavorare: i percussori utilizzati sono ciottoli abbastanza grandi (circa 13x6 cm), pesanti (media iniziale 600-700 g) e dotati di spigoli appuntiti adatti a colpire il supporto in punti circoscritti (fig. 35-b). Quando l'abilità tecnica acquisita non consentiva di asportare parte del materiale per incapacità di capire la direzione necessaria del colpo, o per timore di rompere il supporto, si è preferito fermarsi e dedicare più tempo nella successiva fase di bocciardatura per non rischiare di danneggiare il supporto. Questo dimostra, in aggiunta alle comparazioni etnografiche (Pétrequin, Pétrequin 2000; Stout 2002), che nella lavorazione intervengono fattori di ordine personale e fortemente legate alla competenza tecnica dell'artigiano. Infatti, la sbozzatura è un'operazione difficile perché richiede un elevato grado di abilità ed esperienza tecnica, ma si rivela fondamentale per i successivi tempi di lavorazione: asportare due grammi di roccia tramite bocciardatura o levigatura può richiedere, per i litotipi più duri, fino a un paio d'ore di lavoro, mentre con la scheggiatura la stessa quantità o anche molto più può essere rimossa con uno solo efficace stacco. In totale una buona scheggiatura non supera i 45-50 minuti di lavoro, ma i tempi possono variare, oltre che in base al grado di competenza tecnica dello sperimentatore, anche alle caratteristiche del litotipo, alle dimensioni del supporto ed alla qualità del percussore.

La successiva fase di lavorazione è la bocciardatura che consiste in una prolungata e ritmica percussione dell'intero supporto effettuata con un piccolo percussore di roccia dura e tenace simile alla roccia da lavorare che stacca frammenti molto piccoli e soprattutto polvere litica (fig. 35-d). La rimozione di materia prima varia tra i 9 e gli 11 g/ora in base alle caratteristiche della roccia (tab. XXII); analoga quantità di polvere litica asportata in unità di tempo è stata registrata anche da altri Autori (Pétrequin *et al.* 2012). La bocciardatura, insieme alla levigatura, è la tecnica che richiede maggior dispendio di tempo: essa risulta particolarmente efficace in rocce compatte, cristalline, con cristalli visibili ad occhio nudo (es. eclogiti a grana media e fine ricche di granati) come verificato anche da altri Autori (Delcaro, 1996; Pétrequin *et al.* 2012). Con l'uso prolungato, il percussore acquista un diametro piccolo (in media 4-6 cm), una forma subsferoidale e peso basso (150-200g dopo uso intenso), cioè caratteristiche che gli consentono di essere tenuto nel palmo della mano e di poter essere impiegato con un movimento ritmico. Infatti, dovendo compiere un'operazione che impegna lo sperimentatore per molte ore (in media 7 ore per una lama di circa 10 cm), il percussore deve poter essere utilizzato senza fatica per un lungo intervallo, con una media di circa 180-210 colpi al minuto a mano fresca e 150-180 colpi al minuto a mano stanca fino a scendere a circa 100-120 colpi al minuto. Se è vero che un percussore con zone appuntite consente, direzionando bene il colpo, di asportare una maggiore quantità di materiale in unità di tempo, la forma più arrotondata gli permette di essere più maneggevole e pratico da usare, tanto da "rimbalzare" nel palmo ad ogni colpo e rendere più ritmico il movimento.

Il lavoro di bocciardatura ha inizio con una rapida martellinatura delle zone più sporgenti in modo da delineare la forma generale da conferire alla lama. La posizione delle mani e del corpo dello sperimentatore sono in parte analoghe alla scheggiatura, ma la lama viene tenuta con una presa meno energica, perché il colpo che riceve è controllato ed essa deve poter creare un contraccolpo al percussore stesso, evitando di procurare *choc* violenti che potrebbero causare danni al supporto. Anche il percussore è tenuto senza stringere la presa, in modo da permettergli di "rimbalzare" nella mano dello sperimentatore, assecondando il comportamento della lama[21].

La bocciardatura costituisce l'operazione più rischiosa dell'intero processo di fabbricazione di un'ascia, perché non di rado succede che un colpo sbagliato (troppo forte o inferto in un punto con frattura interna) possa spezzarla ad uno stadio avanzato di lavorazione. Ciò compromette il lavoro eseguito: nel peggiore dei casi la lama può venire abbandonata in quanto non più sfruttabile per ottenere uno strumento; in caso di recupero del supporto danneggiato, si continua la lavorazione ottenendo una lama di dimensioni minori e di morfologia diversa rispetto al progetto originale (fig. 35-c).

Levigatura

La levigatura rappresenta l'ultima fase di lavorazione di uno strumento da taglio ed è finalizzata a conferirgli la forma definitiva, rifinendone la parte funzionalmente attiva. Viene eseguita per mezzo di un movimento orizzontale in percussione appoggiata della lama su una mola in pietra abrasiva (fig. 35-e). I tempi di levigatura

[20] Nei reperti studiati non sono state riconosciute tracce di lavorazione tramite *choc thermique* e *sciage*, tecniche documentate nell'area alpina nord-occidentale (Pétrequin *et al.* 2002; 2012; Thirault 2004; Croutsch 2005). Lo *choc termique* sembra tuttavia attestato in reperti sporadici (Alba e Valli di Fimon: Pétrequin *et al.* 2002, 83 e 85, fig. 9).

[21] È stata sperimentata anche la bocciardatura su incudine tenera appoggiando la lama sull'incavo di un ceppo descritta in Delcaro (1996): questa tecnica non è sembrata efficace per la posizione disagevole che l'operatore è costretto ad assumere per un lungo periodo, per la maggior lentezza della martellinatura per la maggiore difficoltà di verificare l'esito del lavoro svolto.

variano considerevolmente in base al tipo di roccia, all'estensione della levigatura (solo il tagliente o l'intero corpo) e alla lunghezza della lama. La levigatura delle lame sperimentali è contenuta tra le 3 e le 26 ore di lavoro (tab. XXII) con una rimozione di materia prima compresa tra lo 0,5 e i 2,5 g/ora; valori analoghi sono stati registrati anche da altri Autori (Pétrequin *et al.* 2012). Per garantire efficienza e rendimento migliori è stato sperimentato da alcuni Autori l'avvicendamento di due sperimentatori che si alternano all'uso della mola (Pétrequin *et al.* 2012).
Nella sperimentazione è stata prevalentemente impiegata una mola in arenaria fine ben cementata per oltre 70 ore, tempo d'utilizzo verosimilmente compatibile con quello degli strumenti neolitici, presumendo che le mole fossero manufatti sottoposti ad un uso continuativo nel tempo e soggetti a modificazioni morfologiche (fig. 35-f).

Sono state sperimentate tre diverse modalità di levigatura:
a) a secco: questa tecnica si è rivelata inefficace sia perché i grani della roccia si smussano più velocemente e sia per il deposito di polvere litica che si forma negli interstizi dei grani stessi che diminuisce la capacità abrasiva della mola;
b) con aggiunta di acqua: questa tecnica si è dimostrata quella più efficace poiché l'acqua lubrifica il movimento della lama e nello stesso tempo asporta la polvere litica prodotta dalla mola e dalla lama; stessa modalità è stata adottata anche da altri Autori (Pétrequin *et al.* 2012);

Figura 34 - Abbozzo d'ascia ottenuto da un ciottolo di eclogite sommariamente sbozzato.
Figure 34 - Rough axe obtained from an eclogite pebble.

c) con aggiunta di un abrasivo (sabbia di fiume) e acqua: questa tecnica risulta poco efficiente perché bisogna continuamente togliere il deposito di limo dalla superficie della mola. L'impiego di una mola con buone caratteristiche abrasive risulta più efficiente di una base meno abrasiva coadiuvata dall'aggiunta di sabbia.
Poiché alcune delle asce archeologiche esaminate in precedenti ricerche (Lunardi 2003a; Thirault 2004) ed altri reperti etnografici (Pétrequin, Pétrequin 2000; 2012) si caratterizzano per un aspetto levigato cosiddetto "a specchio" è stata sperimentata una tecnica di lucidatura effettuata sfregando la lama già levigata su una pelle bagnata distesa sulla mola litica ottenendo un risultato abbastanza simile a quello riscontrato in alcuni reperti archeologici.

Immanicatura della lama

A differenza degli altri tipi di strumenti fino ad ora descritti, per poter essere impiegate le lame d'ascia devono essere fissate ad un manico generalmente in legno. Dall'ambito territoriale considerato sono noti in letteratura rari manici lignei, tutti postneolitici (Fiavè Carera: Perini 1987; accetta dell'Uomo del Similaun: Sperl 1992; Egg, Spindler 1993 e il frammento di Hauslabjoch: Oeggl, Spindler 2000), fabbricati con faggio (Fiavè), quercia (Fiavè e Hauslabjoch) e tasso (Similaun) e ricavati da porzioni di tronco dotate di una diramazione. Si tratta in genere di legni duri, soprattutto quercia e tasso, in grado di resistere ad urti e colpi violenti. A Fiavè, sporadico è l'impiego del legno di nocciolo.

Per quanto riguarda le modalità di immanicatura, sono stati quindi presi a modello i manici prodotti in Irian Jaya, trascurando, invece, i dati archeologici riferibili ai manici d'oltralpe, dove prevalgono le immanicature indirette costituite da una guaina ricavata spesso da una porzione di palco di cervo che serve da elemento intermediario interposto fra la lama e il manico (Jeudy *et al.* 1997). Nei siti neolitici dell'Italia settentrionale tali guaine non sono note, nonostante sia attestato lo sfruttamento del corno di cervo come materia prima per la fabbricazione di manici (Garibaldi, Isetti 1994). A Rivoli, tuttavia, le dimensioni ridotte delle lame d'ascia potrebbero far pensare all'impiego di immanicature indirette. Nel sito è presente una guaina in corno di cervo (Barfield, Bagolini 1976, 129, fig. 121-B40) che gli Autori ipotizzano possa essere servita per immanicate lo scalpello. La scelta di tenere conto delle informazioni di origine etnografica si basa sulla considerazione che esse documentano tutti gli elementi che compongono l'immanicatura (lama, manico ligneo e sistema di legatura), mentre a livello archeologico si sono conservati solo alcuni manici o gli elementi del sistema di immanicatura (es. guaina) e quasi mai il sistema di immanicatura completo. Il manico, inoltre, deve tener conto del diverso orientamento della lama di asce ed accette rispetto all'asse longitudinale del manico stesso:

perpendicolare nel caso delle asce e parallelo nelle accette (Thirault 2004; Lunardi 2009b; Pétrequin *et al.* 2012) e del fatto che, normalmente, la zona di impugnatura delle asce è più corta ed affusolata rispetto alle accette (Perini 1987). Ciò determina la realizzazione di due diversi tipi di strumenti destinati ad utilizzi specifici ed in parte diversificati come documentato in Irian Jaya (Pétrequin, Pétrequin 2000; Stout 2002).

Le essenze sfruttate per la fabbricazione dei manici d'ascia sperimentali sono state scelte sulla base dei dati disponibili da Fiavè e dei dati riferibili alle specie arboree riconosciute a Fimon, l'unico fra i siti esaminati a conservare resti lignei (Bagolini *et al.* 1973).
Sono stati fabbricati i seguenti manici ricavati dalla diramazione un ramo principale e uno secondario e lavorati dopo opportuno essiccamento:

- un manico per accetta in legno di faggio lungo 58 cm ad immanicatura diretta con mortasa;
- un manico per ascia in legno di nocciolo lungo 29 cm ad immanicatura diretta con forcella e legatura con fibre vegetali;
- un manico per ascia in legno di frassino lungo 48 cm ad immanicatura diretta con mortasa e fissaggio mediante legatura con cortecce e fibre vegetali;
- un manico per ascia in legno di faggio lungo 26 cm ad immanicatura diretta con mortasa.

Le lame finite (fig. 37) e immanicate (fig. 38) sono state successivamente utilizzate in vari lavori di carpenteria avendo come riferimento i dati etnografici dell'Irian Jaya così come riportati in Pétrequin, Pétrequin (2000) (tab. XIX, XX e XXI).

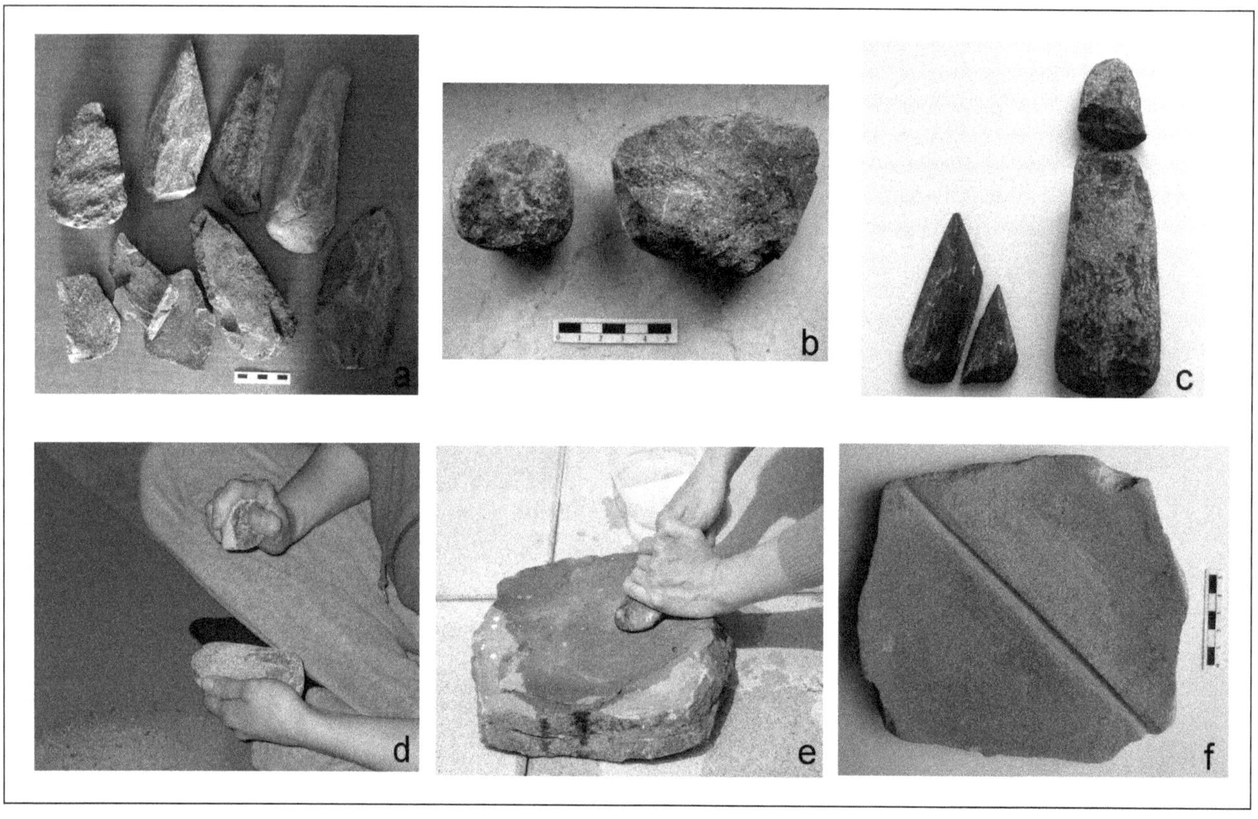

Figura 35 - Produzione sperimentale di lame d'ascia: a) abbozzi di lame ottenuti tramite sbozzatura di ciottoli di pietre verdi raccolti lungo le sponde del Po; b) percussori da bocciardatura a vari stadi di utilizzo; c) lame rottesi in corso di lavorazione (dalla lama più lunga sono state ottenute due lame); d) bocciardatura di una lama d'ascia e scarti di lavorazione; e) Levigatura di una lama d'ascia su mola in arenaria e superficie lubrificata con l'aggiunta di acqua; f) mola in arenaria usata per 70 ore per levigare asce; il solco diagonale è il risultato della levigatura dei fianchi stretti delle lame.
Figure 35 - Experimental reproduction of axe blades: rough blades (a), pecking stone (b), broken blades (c), pecking and polishing of axe blade (d-e) and whetstone used to polish axes (f)
(Reproduced with permission of BAR Publishing, www.barpublishing.com).

Figura 36 - Lama d'ascia in omfacitite a diverse fasi di lavorazione: supporto, abbozzo scheggiato con scarti di scheggiatura (schegge); abbozzo bocciardato con scarti di bocciardatura (piccoli frammenti di roccia e polvere litica); lama levigata.
Figure 36 - Omphacite axe blade at different working phases: rough, flaking and pecking blade with working residues, polished blade (Reproduced with permission of BAR Publishing, www.barpublishing.com).

Figura 37 - Lame d'ascia sperimentali finite.
Figure 37 - Finished experimental axe blades (Reproduced with permission of BAR Publishing, www.barpublishing.com).

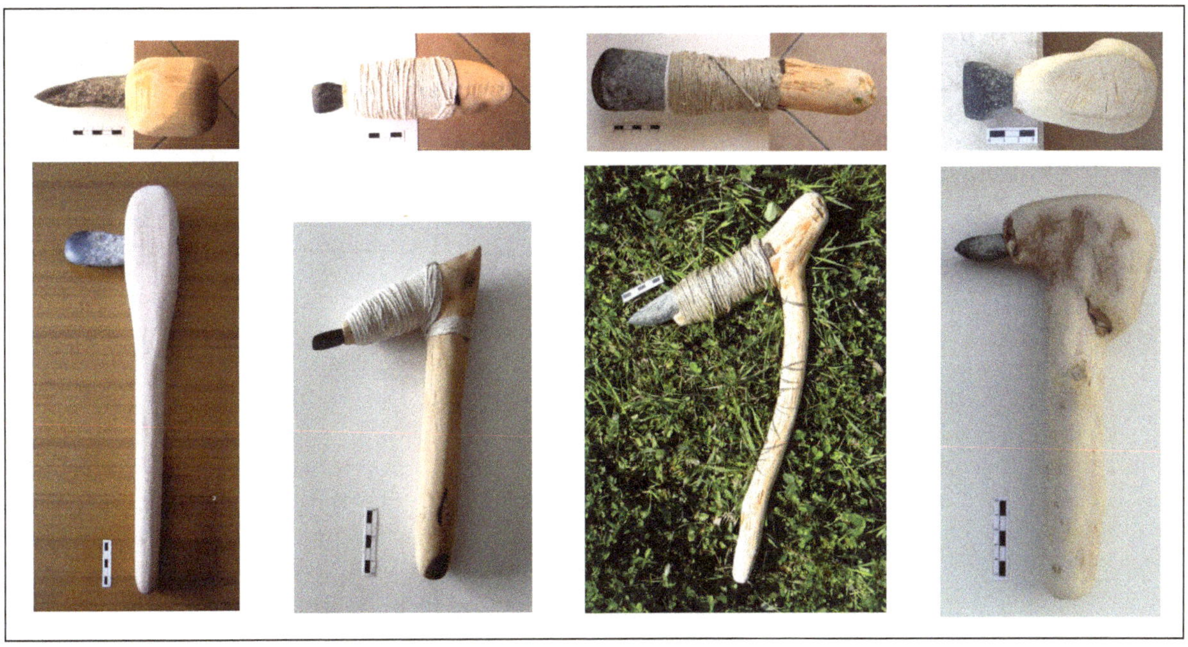

Figura 38 - Lame d'ascia sperimentali immanicate.
Figure 38 - Experimental axe blades with their hafts (Reproduced with permission of BAR Publishing, www.barpublishing.com).

Utilizzo degli strumenti. Taglio e varie attività di carpenteria del legno

Nonostante siano documentati utilizzi secondari diversi degli strumenti da taglio (Clark 1965; Mc Carthy 1976; Mills 1993, Hampton 1999; Pétrequin, Pétrequin 2000; Maigrot 2001; Thirault 2004) la sperimentazione qui presentata è stata effettuata esclusivamente su legno (fresco e secco). Le attività messe in atto hanno riguardato l'abbattimento di alberi, il taglio di un tronco secco, taglio di rami di diverso diametro e vari lavori di carpenteria tenendo conto anche dei dati etnografici disponibili (tab. XXII). Tra tutte le categorie di *macrolithic tools*, le asce e le accette sono sicuramente quelle maggiormente oggetto di sperimentazione archeologica (Monnier *et al.* 1991; Delcaro 1996; 1999; Pétrequin *et al.* 2012; Elburg *et al.* 2015). Le varie attività di seguito descritte sono state condotte, analogamente ad altre ricerche, alla fine della stagione invernale, periodo durante il quale la crescita della pianta si arresta (Monnier *et al.* 1991; Elburg 2015).

Taglio di alberi e rami

Sono stati tagliati quattro alberi di varie specie e dimensioni che hanno richiesto un elevato sforzo fisico proporzionato alle dimensioni della pianta ed alla durezza del legno. I tempi di abbattimento registrati risultano compatibili con i tempi medi riportati in altri test sperimentali (Monnier *et al.* 1991, 29; Choulot *et al.* 1997) e in contesti etnografici (tab. XXII).

L'operazione di taglio ha inizio attaccando il tronco a circa un metro di altezza: i colpi vengono vibrati formando un angolo acuto di circa 50° rispetto al piano del tronco, perché così viene conferita maggior forza al colpo stesso ed esso riesce a incidere più profondamente le fibre del legno. I colpi preliminari dovrebbero essere inferti sempre nello stesso lato e possibilmente sovrapposti l'uno all'altro (fig. 40). Per i rami e i tronchi più sottili (diametro 7-18 cm circa) il taglio è avvenuto colpendo sempre dallo stesso lato, tranne gli ultimi fendenti vibrati dalla parte opposta e finalizzati a tagliare lo strato esterno di corteccia che sostiene ancora il fusto: in questo caso il tronco ottenuto presenta un unico taglio inclinato. Per i tronchi più grossi la sequenza iniziale rimane la stessa, ma, una volta che la lama è giunta all'alburno, viene attaccato il fusto in altri punti del suo diametro, cosicché l'estremità del tronco tagliato presenta una forma piramidale a due, tre o quattro facce, in base al numero dei punti attaccati. Entrambe le modalità di taglio sono state riconosciute nei legni archeologici di Chalain (Choulot *et al.* 1997).
Alcuni colpi inferti con forza particolarmente intensa hanno provocato la fuoriuscita della lama dell'accetta dalla rispettiva sede: dopo qualche episodio di fuoriuscita, in seguito al quale la lama veniva reinserita nel senso inverso per facilitare l'aderenza alla propria collocazione, lo strumento ha acquisito la giusta connessione con il proprio manico mantenendo aderenza nel tempo.

Taglio di un tronco secco

Soltanto l'accetta è stata usata su un tronco secco posizionato a terra: dopo 22 minuti dedicati a tagliare la parte esterna del fusto, nella quale la lama faticava a penetrare nel legno diventato molto duro, il tagliente ha subito lo stacco prima di due piccole schegge e poi di una grossa scheggia che ha asportato circa metà di una faccia del tagliente, rendendolo quasi inutilizzabile (fig. 40-b). Sulla base di test sperimentali analoghi si ritiene che le asce e le accette in pietra non siano strumenti idonei ad essere impiegati su legni essiccati (Mills 1993).

Vari lavori di carpenteria

Numerose sono le operazioni che le asce e le accette possono effettuare sul legno, tra cui appianare superfici, tagliare rami, togliere la corteccia da tronchi e rami, scavare porzioni di legno e appuntire pali: si tratta di attività che non richiedono elevati sforzi fisici, quanto piuttosto l'impiego di strumenti maneggevoli e un buon grado di precisione nei colpi.
Gli strumenti sperimentali testati si sono rivelati efficaci nello svolgere tali lavori di carpenteria effettuati su legni di nocciolo, frassino, quercia e carpino. Risulta interessante sottolineare che tutte le attività di carpenteria sono state praticate con le asce, rivelatesi strumenti più versatili rispetto all'accetta. Soltanto il taglio di rami ammette l'impiego quasi imparziale di ascia o accetta.

La durezza del legno influisce direttamente sulla capacità delle lame di intaccare la massa legnosa e sui tempi di esecuzione della singola attività. Un secondo fattore determinante per l'efficienza dello strumento riguarda il grado di affilatura del tagliente, il quale tende a smussarsi in seguito all'uso prolungato: dopo un'ora le lame mantengono un tagliente affilato, sebbene sia spesso necessario togliere i residui di fibre legnose che si depositano durante l'uso su legni freschi. L'affilatura tende gradualmente a smussarsi dopo circa 4-5 ore di utilizzo, per quanto lo strumento risulti ancora utilizzabile. I tempi di riaffilatura sono abbastanza elastici se confrontati con i tempi del ravvivamento.

In base all'esperienza acquisita è possibile sostenere che il buon funzionamento di asce ed accette dipenda principalmente da alcuni parametri e dalla loro interazione:
a) la morfologia e le dimensioni del tagliente e dello strumento: le lame archeologiche presentano un'ampia variabilità morfologica e dimensionale determinata dall'uso di supporti diversi e dalle modificazioni che possono subire nel corso del loro utilizzo. Tale variabilità è stata solo in parte riprodotta sperimentalmente. Le lame pesanti con tagliente ampio e arrotondato si sono rivelate adatte a svolgere lavori che richiedono uno sforzo fisico

elevato (tagliare alberi e spaccare il legno) grazie alla loro capacità di penetrare le fibre del legno mediante la forza di impatto del tagliente; questi strumenti vengono utilizzati impugnando il manico a due mani e possono produrre solo un colpo alla volta per evitare che l'effetto rimbalzo provochi la rottura della lama. Diversamente, gli strumenti più leggeri e maneggevoli, con tagliente poco arcuato e sezione sottile si sono dimostrati utili nello svolgere attività che richiedono precisione (appuntire pali, tagliare piccoli rami, togliere la corteccia da rami e tronchi e scavare piccole masse legnose). Essi vengono agevolmente usati impugnando il corto manico con una mano e impiegando l'altra per sostenere e spostare la massa legnosa in corso di lavorazione; inoltre, possono essere usati a battuta rapida con colpi corti e veloci. Queste considerazioni sono confermate dalla documentazione etnografica dell'Irian Jaya, dove ogni uomo possiede in genere due strumenti destinati ad utilizzi diversi e complementari (Pétrequin, Pétrequin 2000);

b) l'angolo di fissaggio del tagliente rispetto all'asse longitudinale del manico: esso influenza la pressione esercitata sul legno e gli *choc* a cui la lama viene sottoposta. Le immanicature sperimentali presentano angoli di fissaggio del tagliente compresi fra 65° ed i 90°. L'ampiezza potrebbe essere in relazione con gli incidenti inerenti la fuoriuscita del tagliente dalla propria sede di immanicatura e la sua efficacia d'uso: per quanto riguarda il primo aspetto, la fuoriuscita della lama si è verificata solamente nei casi di immanicatura semplice a mortasa e angolo retto ed è probabilmente dovuta all'associazione di una immanicatura debole con un angolo sottoposto a *choc* meccanici intensi che rompe l'equilibrio del sistema di immanicatura;

c) il tipo di immanicatura: influenza direttamente la maneggevolezza dello strumento e la sua efficacia, poiché la lunghezza e lo spessore del manico determinano la possibilità di impugnatura a una o due mani, mentre l'equilibrio di peso fra il manico e il sistema di immanicatura incide sull'efficacia dei colpi inferti.

Analisi delle tracce d'uso

I taglienti di asce e accette sono stati osservati a differenti stadi di utilizzo stabiliti a priori: 15, 30, 60, 90, 120, 240 minuti e durata massima di utilizzo del singolo strumento. Il presupposto per osservare le tracce d'usura, riconoscibili distintamente dopo almeno un'ora di impiego, è la rimozione dei residui legnosi depositatesi sulla lama.

Le osservazioni sono state condotte secondo due livelli:

a) a livello macroscopico si osservano principalmente lo stacco di schegge dalle zone più esterne del tagliente e la perdita di affilatura del tagliente;

b) a livello microscopico si osservano le microscheggiature, le striature e le lustrature. Le striature compaiono dopo 2-3 ore di utilizzo della lama: per distinguerle dalle strie prodotte dalla levigatura del tagliente, la lama n. 3 ha subito la levigatura in due direzioni: la faccia superiore, quella cioè maggiormente soggetta all'usura, è stata levigata in modo da creare striature parallele al bordo del tagliente e contrarie al senso di utilizzo dello strumento; la faccia inferiore è stata levigata in modo tale da creare strie ortogonali al bordo del tagliente. Ciò ha permesso, nel caso della faccia superiore, di osservare al microscopio la diversa direzione delle strie tecnologiche e di quelle funzionali, evitando di confonderle e consentendo perciò di descriverle.

Figura 39 - Usure sui taglienti sperimentali: a) striature di levigatura multidirezionali e corte striature d'uso di accetta (25x); b) microscheggiature dopo 3 ore d'uso (25x); c) microscheggiature dopo 1 ora d'uso (12x).
Figure 39 - Wear traces observed on the experimental axe blades: striations (a) and microflaking (b-c).

Le striature prodotte dall'utilizzo sono generalmente più corte (5 mm o meno) e larghe (> 0,5 mm) rispetto alle striature prodotte dall'operazione di levigatura (mediamente oltre 2 cm) e possono avere due orientamenti: ortogonale al bordo del tagliente nel caso delle lame usate come asce, oppure inclinate al bordo del tagliente nel caso delle lame usate come accette (fig. 39). Tale distinzione assume una valenza nello studio delle lame archeologiche, per le quali quasi sempre mancano elementi utili ad associare il reperto allo strumento ascia o accetta (Lunardi 2003a). Solamente l'ascia n. 3 ha prodotto due lustrature situate nella porzione centrale del tagliente, divise da circa un centimetro, e staccate quattro millimetri dal bordo. È interessante notare che tali lustrature si sono formate nei punti di maggior deposito e accumulo di fibre legnose, avvalorando la tesi secondo cui la formazione del *polish* è legata alla presenza di sostanze vegetali (Fullagar *et al.* 2012).

Tabella XIX - Principali caratteristiche morfologiche, funzionali e simboliche dell'ascia e dell'accetta presso le popolazioni dell'Irian Jaya (Nuova Guinea) (rielaborazione dei dati contenuti in Pétrequin, Pétrequin 2000).
Table XIX - Main features of adzes and axes in Irian Jaya (New Guinea) (elaboration of data in Pétrequin, Pétrequin 2000).

Caratteristica	Accetta	Ascia
Immanicatura	Parallela all'asse del manico	Perpendicolare all'asse del manico
	modalità diretta e indiretta cambiano in base al gruppo etnico-linguistico, presenza eventuale di decorazioni sul manico ligneo	
Peso della lama	Lama massiccia e pesante	Lama leggera
Morfologia del tagliente	Tagliente largo e arrotondato	Tagliente più stretto e meno arrotondato
Sezione della lama	Sezione generalmente simmetrica	Sezione generalmente asimmetrica
Funzionamento	Movimento laterale rispetto al corpo (gesto asimmetrico)	Movimento frontale rispetto al corpo (gesto simmetrico)
Carpenteria del legno	Strumento pesante, utilizzato a due mani, dotato di grande potenza, idoneo a tagliare e spaccare	Strumento più leggero e maneggevole, versatile
Usi principali	Abbattere grossi alberi, dividere a metà grossi pali	Abbattere piccoli e medi alberi, tagliare rami
Usi secondari	Sgrossare pali, abbozzi di archi e contenitori lignei, rompere grosse articolazioni degli animali	Togliere corteccia dei tronchi, rompere le ossa degli animali, scavare recipienti in legno
Sfera simbolica	Simbolo antropomorfo del mondo maschile (le donne sono escluse dalla fabbricazione e dall'utilizzo di asce e accette), bene di scambio durante i matrimoni, bene di compensazione *post mortem*, simbolo di potere e di *status* sociale	

Tabella XX - Tempi medi di produzione delle lame d'ascia presso le popolazioni Wano dell'Irian Jaya (Nuova Guinea) (rielaborazione dei dati contenuti in Pétrequin, Pétrequin 2000).
Table XX - Timing required for manufacturing axe blades in Irian Jaya (New Guinea) (elaboration of data in Pétrequin, Pétrequin 2000).

Tecnica	Tempi medi
Approvvigionamento di materia prima per mezzo dello *choc* termico	Circa 4 h x 5 persone
Selezione e spartizione dei blocchi	Variabili
Sbozzatura dei blocchi litici con percussore duro	20-30 minuti per i blocchi di medie dimensioni; 40-60 minuti per i blocchi più grandi
Trasporto dei blocchi sbozzati all'accampamento allestito nei pressi della cava	Variabili
Bocciardatura effettuata nell'accampamento con percussore leggero	30 minuti
Bocciardatura effettuata nel villaggio con percussore leggero	2-3 h per abbozzi di 20-30 cm
Levigatura su mole litiche con aggiunta di acqua	Almeno 8-10 h per abbozzi di circa 20 cm (16-20 giorni di lavoro: circa 2 ore di lavoro al giorno)
Totale circa 1 mese per confezionare una lama di medie dimensioni (in media 16 ore per lama lunga 20 cm; in media 85 ore se si considerano i tempi di approvvigionamento)	

Tabella XXI - Tempi di abbattimento di alberi, distinti in legni teneri e legni duri (rielaborazione dei dati contenuti in Pétrequin, Pétrequin 2000).
Table XXI - Timing required for felling trees in Irian Jaya (New Guinea) (elaboration of data in Pétrequin, Pétrequin 2000).

Diametro dell'albero	Tempi medi di abbattimento	
	Legno tenero	Legno duro
10 cm	4 minuti	6 minuti
15 cm	8 minuti	15 minuti
30 cm	20 minuti	30 minuti
40 cm	50 minuti	70 minuti
50 cm	70 minuti	130 minuti

Figura 40 - Uso di asce e accetta sperimentali: a) taglio dei rami di un albero abbattuto; b) tagliente dell'accetta rotto in seguito all'uso su un tronco secco; c) ed e) pali e rami appuntiti con ascia ed accetta; d) taglio di un albero con l'accetta; f) taglio di rami.

Figure 40 - Uses of the experimental adzes and axes

(Reproduced with permission of BAR Publishing, www.barpublishing.com).

Tabella XXII - Prospetto riepilogativo dell'attività sperimentale effettuata con strumenti da taglio in pietra levigata.
Table XXII - Summary of the experimental activities with polished cutting edge tools.

Strumento	Materia prima	Dati dimensionali		Dati tecnologici			Dati funzionali			
		Peso (g)	L, l, S (mm)	Tempo di Scheggiatura (minuti)	Tempo di Bocciardatura (minuti)	Tempo di levigatura (minuti)	Sostanza lavorata	Attività	Durata di utilizzo (minuti)	Tracce d'usura sul tagliente
Lama 0	Eclogite (Tiglieto, Orba)	-	-	50	95 (rottura)	-	-	-	-	-
Lama 00	Eclogite (Tiglieto, Orba)	-	-	40	180	160 (rottura)	-	-	-	-
Accetta n. 1	Eclogite (Paesana, Po)	358	162; 55; 34	40	480 (9 g/ora)	510 (2 g/ora)	Legno fresco e secco	Taglio di alberi (frassino ø 33 cm, nocciolo ø 22 cm); taglio di rami (ø max 13 cm) e Tronchi (quercia ø 60 cm)	180	Rottura del tagliente, microscheggiature, strie inclinate
Accetta n. 2	Omfacite (Paesana, Po)	342	165; 55; 23	50	420 (10 g/ora)	1560 (1 g/ora)	-	Non usata (adottata Come base di riferimento)	-	-
Ascia n. 3	Omfacite (Paesana, Po)	15	44; 27; 8	-	-	690 (0,5 g/ora)	Legno fresco e secco	Taglio rami di vario diametro, appuntire rami, togliere la corteccia di rami	480 (5 ore + Riaffilatura + 3 ore)	Perdita di affilatura, microscheggiature, strie, lustrature
Ascia n. 4	Eclogite a grana grossa (Paesana, Po)	45	48; 38; 15	-	90 (9 g/ora)	180 (2,5 g/ora)	Legno fresco	Togliere la corteccia di rami e tronchi	30	Due microscheggiature
Ascia n. 5	Eclogite a grana grossa (Paesana, Po)	335	119; 63; 33	45	450 (11 g/ora)	270 (2,5 g/ora)	Legno fresco	Taglio di alberi (carpino ø 18 cm; nocciolo ø 16 cm), taglio di rami (ø 9 cm, 8 cm)	60	Microscheggiature

2.3.6 Sperimentazione V. Pestelli-lisciatoi e basi di lavorazione

Raccolta e selezione dei supporti

Poiché si tratta di strumenti utilizzati con diverse cinematiche in differenti porzioni del supporto, assume una particolare importanza la scelta della materia prima che deve soddisfare le esigenze di entrambi i funzionamenti. La maggior parte dei pestelli-lisciatoi archeologici è rappresentata da ciottoli subovali, generalmente appiattiti, ottenuti principalmente da serpentinite, una roccia compatta, non abrasiva e mediamente dura; a livello sperimentale sono stati perciò scelti ciottoli dotati di caratteristiche analoghe facendo una cernita di quelli disponibili principalmente lungo l'alveo dell'Adige. Tale roccia risulta idonea ad essere utilizzata per strumenti attivi secondo due cinematiche da cui deriva il nome composito attribuito a questo gruppo: nei reperti archeologici le estremità, e in alcuni casi anche i margini laterali, mostrano fitti impatti di percussione e scheggiature prodotti da un movimento effettuato in percussione lanciata analogo a quello dei pestelli; diversamente, una o entrambe le facce presentano lustrature e striature prodotte da un movimento in percussione appoggiata assimilabile a quello dei lisciatoi. Strumenti impiegati per mezzo di una cinematica composita sono noti anche Oltralpe (Hamon 2008, 100).

Per quanto riguarda le basi di lavorazione, il porfido risulta essere l'unica roccia impiegata. I supporti si caratterizzano per essere appiattiti, in modo tale da possedere stabilità sul terreno, e per una superficie abbastanza ampia e regolare adatta ad effettuare operazioni di pestatura e macinatura/levigatura.

I ciottoli e i blocchi selezionati per essere usati rispettivamente come pestelli-lisciatoi e come basi di lavorazione non hanno subito nessuna modifica di tipo tecnologico (tab. XXIII).

Utilizzo degli strumenti

Utilizzando questi strumenti sono state testate le seguenti sostanze (tab. XXIII):
a) pelle di vitello (pestello-lisciatoio): in questo caso la diversa cinematica d'uso si esplica attraverso la percussione lanciata effettuata con le estremità del supporto e la percussione appoggiata effettuata con una faccia del ciottolo;
b) ocra, argilla, noci e pietra (basi di lavorazione): in questo caso si tratta di strumenti polifunzionali che sono stati sottoposti alla lavorazione di diversi materiali (noci e pietra) trattati secondo diverse cinematiche (percussione lanciata e appoggiata), oppure con diversi materiali (ocra e argilla) che sono trattati per mezzo della stessa cinematica (percussione lanciata).

Ammorbidimento e lisciatura di una pelle

L'attività di lavorazione della pelle ha rappresentato sicuramente la fase sperimentale più complessa da riprodurre a causa della laboriosità dell'intero processo[22], risultato sia di operazioni tecniche diverse (tra cui pulitura, scarnatura, eventuale depilazione, conciatura) sia dell'uso di strumenti specifici (Leroi-Gourhan 1971; Hayden 1990; 1993; Philibert 1993; Audoin-Rouzeau, Beyries 2002; Bofill, Taha 2013). Di tutta la catena operativa di trattamento delle pelli, è stato scelto di replicare soltanto la parte finale, non solo per essere la meglio indagata da studi archeologici ed etnografici (per esempio: Roux 1985; Adams 1988; Audoin-Rouzeau, Beyries 2002; Dubreuil, Grosman 2009), ma per il fatto che l'uso di strumenti non scheggiati sembra essere più diffuso, a fronte di un impiego preminente di strumenti in selce e/o osso nelle operazioni di scarnatura e depilazione (Lemorini *et al.* 2006; Bofill, Taha 2013; Keeley 1980). A fronte di tali considerazioni questa attività sperimentale deve essere valutata con i limiti ad essa connessi e perciò giudicata come studio preliminare.

Una porzione di pelle di vitello già scarnificata, depilata, essiccata e parzialmente conciata è stata sottoposta ad un trattamento di ammorbidimento e lisciatura per mezzo di un unico ciottolo polivalente: le estremità sono state utilizzate in percussione lanciata per battere la pelle allo scopo di ammorbidirla, mentre una faccia del medesimo è stata usata in percussione appoggiata per renderla liscia e uniforme. Questo metodo di lavorazione è documentato etnograficamente, per esempio in Mauritania (Roux 1985) e presso gli indiani Hopi dell'Arizona (Adams 1988). La pelle è stata stesa su una tavola lignea, operazione che ha facilitato sia l'attività di lisciatura, perché assicurava il materiale da lavorare ad un piano rettilineo e uniforme, sia l'attività di battitura, perché permetteva al colpo di scaricare la forza di percussione sulla tavola lignea. La pelle è stata lavorata dopo l'essicatura e senza l'aggiunta di ocra, il cui facoltativo impiego nel trattamento delle pelli è archeologicamente ed etnograficamente documentato (Audouin, Plisson 1982; Adams 1988; Philibert 1993; De Beaune 2000; González, Ibánez 2002; Dubreuil, Grosman 2009; Cristiani, Dalmeri 2011). Nel corso della lavorazione si è reso necessario bagnare il ciottolo a intervalli abbastanza lunghi e irregolari al fine di rendere più scorrevole il processo; questa operazione sembra tuttavia incidere negativamente sulla formazione delle usure, che risulterebbero attenuate (Dubreuil, Grosman 2009).

[22] Le tecniche di lavorazione della pelle variano in base all'animale lavorato, alle caratteristiche desiderate del prodotto finale, oltre che alle specifiche condizioni ambientali e culturali del contesto analizzato (Hayden 1990; 1993; bibliografia in Audoin-Rouzeau, Beyries 2002). Per tali ragioni le variabili che dovrebbero essere testate e controllate durante la sperimentazione sono numerose e richiederebbero uno studio sistematico specifico che in questa sede non è stato possibile realizzare in modo completo.

Tabella XXIII - Prospetto riepilogativo dell'attività sperimentale effettuata con pestelli-lisciatoi e con basi di lavorazione.
Table XXIII - Summary of the experimental activities with pounder-polishers and working slabs.

Strumento	Materia prima	Dati dimensionali		Dati funzionali			
		L, l, S (mm)	Peso (g)	Sostanza trattata	Attività	Durata utilizzo (minuti)	Tracce d'usura
Pestello/ lisciatoio n. 1	Serpentinite	110; 81; 43	576	Pelle (con acqua)	Ammorbidimento e lisciatura pelle	120	Macro: superficie liscia, scura e riflettente, impatti di percussione e una macroscheggiatura in una estremità; Micro: lustratura estesa, impatti di percussione appiattiti.
Base di lavorazione n. 1	Porfido	191; 183; 58	2495	Nocciole + pietra	Frantumazione nocciole + levigatura ascia	120+120	Macro: aree livellate, perdita di cristalli; Micro: leggere striature, cristalli fratturati.
Base di lavorazione n. 2	Arenaria	263; 225; 53	4200	Ocra + degrassanti	Base per la pestatura di ocra + frantumazione di degrassanti	120+120	Macro: residui di ocra negli interstizi, perdita di cristalli; Micro: cristalli fratturati.

Tabella XXIV - Sintesi generale dell'attività di sperimentazione effettuata con gli strumenti in pietra non scheggiata.
Table XXIV - Global summary of the experimental programme with non-chipped stone tools.

Categoria funzionale	Strumento	Metodo di lavorazione	Tecniche di ripristino funzionale	Origine materia prima	Funzione	Investimento tecnico
Strumenti per macinare	Macine	eventuale sbozzatura + martellinatura	ravvivamento	locale e regionale	- macinatura di cereali - macinatura di ocra	medio
	Macinelli	martellinatura				
Strumenti per levigare e lisciare	Levigatoi	nessuno	nessuna	locale e regionale	- levigatura di pietra, osso, corno, conchiglia	debole
	Lisciatoi				- lisciatura e ammorbidimento pelle	
Strumenti da taglio	Asce	Sbozzatura + bocciardatura + levigatura	riaffilatura	importata	- taglio alberi e rami - asportare corteccia - appuntire pali - scavare legno	importante
	Accette					
Strumenti percussori	Pestelli	nessuno	nessuna	locale	- polverizzare ocra - frantumare degrassanti	minimo
	Percussori			locale, regionale	- preparare superficie di lavoro di macine e macinelli - scheggiatura selce - bocciardatura asce	
	Trituratori			locale	- frantumare nocciole	
Strumenti polifunzio nali	Pestelli-lisciatoi	nessuno	nessuna	locale, regionale	- lisciatura e ammorbidimento pelle	debole
	Basi di lavorazione				- frantumazione nocciole + levigatura asce - pestatura ocra + frantumazione degrassanti	

Utilizzo multifunzionale

Una delle due basi di lavorazione è stata usata in tempi successivi come elemento passivo per la frantumazione di nocciole e come levigatoio per la levigatura di una lama d'ascia. Entrambe le modalità sono state descritte precedentemente per gli elementi attivi.
La seconda base di lavorazione è stata utilizzata come lastra passiva per la frantumazione di ocra e di degrassanti secondo la modalità già descritta nel caso dei rispettivi strumenti attivi.

La base per frantumare le noci presenta impatti di percussione marcati e tre piccole infossature ovoidali, delle quali la maggiore misura 2x1 cm, causate dall'asportazione di frammenti di roccia da parte del trituratore. L'impiego del cordone di tessuto ha permesso di colpire la base di lavorazione quasi sempre nello stesso punto, favorendo la perdita di frammenti litici nella zona sottoposta a continuo stress con la conseguente formazione delle infossature. L'osservazione al microscopio ha consentito di riconoscere gli effetti dello stress a livello dei singoli cristalli che si presentano fratturati.
Il medesimo gesto compiuto per frantumare ocra e degrassanti non determina la formazione di alterazioni significativamente diverse nella superficie attiva della base di lavorazione: probabilmente, il ridotto tempo di utilizzo della stessa ha ostacolato la possibilità di riconoscere eventuali diversità. A livello macroscopico si riconoscono leggere infossature al centro del piano di lavoro della base che però sono difficilmente distinguibili da altre infossature naturalmente presenti sulla superficie litica e probabilmente causate dall'esposizione del blocco litico stesso agli agenti atmosferici nel luogo di raccolta.

Analisi delle tracce d'uso

Le superfici di lavoro del pestello-lisciatoio e delle basi di lavorazione sono state osservate a differenti stadi di utilizzo stabiliti a priori: 15, 30, 60, 90, 120 minuti e durata massima di utilizzo del singolo strumento. Le usure si formano in tempi diversi rispetto al tipo di attività. Per quanto concerne il pestello-lisciatoio, il diverso movimento effettuato con le estremità e con la faccia opposta all'impugnatura ha avuto come conseguenza la formazione di diversi tipi di usure nelle diverse superfici attive dello strumento. A livello macroscopico le estremità sono coperte da impatti di percussione con un lieve appiattimento delle sommità; la faccia, invece, si presenta molto simile al lisciatoio n. 1 con una superficie lisciata e di colore verde più scuro rispetto al tono naturale del ciottolo. L'osservazione al microscopio consente di descrivere una lustratura estesa uniformemente sulla superficie attiva, maggiormente concentrata nella porzione centrale della faccia usata in percussione appoggiata.
I risultati descritti sono stati ottenuti lavorando una pelle già parzialmente conciata e con l'aggiunta di acqua durante il trattamento; essi dovrebbero perciò necessariamente essere completati con l'estensione della sperimentazione valutando altri parametri fondamentali, quali lo stato fresco del pellame, lavorazione a secco e l'aggiunta di altre sostanze tra cui l'ocra. Probabilmente l'assenza dell'ocra ha inibito la formazione di striature sulla faccia, le quali sono invece state osservate in alcuni reperti (González, Ibánez 2002).

2.3.7 Considerazioni e sintesi sull'attività sperimentale

L'interpretazione dei risultati ottenuti a seguito dell'attività sperimentale rappresenta una tappa fondamentale di questa ricerca, in quanto da essa scaturiscono considerazioni e comparazioni utili alla risoluzione di problematiche archeologiche. Tali considerazioni riguardano i tre assi di questa ricerca: approvvigionamento di materia prima, trasformazione tecnologica dei supporti e analisi funzionale (tab. XXIV).

Approvvigionamento di materie prime

Sono principalmente due gli aspetti del territorio considerato che direttamente spiegano l'ampio spettro di materie prime sfruttate nell'industria in pietra non scheggiata: da un lato, la prevalenza nella regione di depositi alluvionali e morenici ricchi di materiali di trasporto pertinente a litologie diverse (Mietto 1988; Sauro 1992; 2002; Aspes *et al.* 2002; Rioda 2010) e, dall'altro, la partecipazione di questa regione ai circuiti di scambio di beni su lunga distanza durante il Neolitico. In questo ambito di circolazione di materiali il territorio veneto rientra sia con ruolo attivo (esportazione di selce lessinica: Barfield 1993; 2000) sia con ruolo passivo (importazione di pietre verdi liguri-piemontesi: Lunardi 2003a; D'Amico *et al.* 2003b). Da tale realtà deriva la prima questione di una scelta a priori della roccia sulla base di bisogni intenzionali (tecnologici e funzionali) e di diffusione (in relazione alla disponibilità diretta, per rocce locali, o indiretta per rocce importate).

Nell'ambito della raccolta di materie prime a fini sperimentali il grado di diffusione dei singoli litotipi è stato stimato attraverso una scala di reperibilità di ciottoli e blocchi litici di dimensioni utili per ciascuno dei gruppi funzionali. Nel Veronese sono facilmente reperibili calcari, porfidi, selci sia perché geologicamente molto diffusi sia perché si ha la necessità di reperire supporti di non grandi dimensioni. Nel caso delle macine l'esigenza di trovare principalmente lungo le sponde dell'Adige massi di porfido medio-grandi non ha richiesto tempi di molto superiori rispetto ai ciottoli adatti ad essere usati come macinelli. La serpentinite, largamente presente nei siti di Quinzano e Rivoli, necessita di una scelta più impegnativa non tanto in relazione alla dimensione dei ciottoli adeguati, normalmente aventi un volume utile da tenere nel palmo della mano, quanto piuttosto alla ricerca della specifica litologia geologicamente meno diffusa rispetto a porfidi, calcari e selci. Detriti di basalti e arenarie sono presenti nel contesto territoriale considerato sotto forma di materiale di trasporto alluvionale e morenico; sebbene localizzati distanti dai siti sono noti anche depositi primari (Carta Geologica d'Italia fogli 48 e 49). L'esigenza di reperire massi adeguati per ottenere macine e grandi levigatoi è risultata difficoltosa nell'area circostante Fimon, tanto che alcuni blocchi sono stati prelevati in aree lontane dal sito (territorio dell'Alto Vicentino).

Il problema delle rocce importate si rivela più difficile da analizzare secondo la prospettiva sperimentale, perché non è possibile riprodurre i circuiti di scambi attivi durante il Neolitico. Si è più volte sostenuto e discusso nel corso dello studio dell'ipotesi relativa alla diffusione delle pietre verdi nei siti di consumo sotto forma di oggetti finiti o semifiniti. Pur non potendo definire i termini dello scambio - in relazione ad eventuali differenze di distribuzione a livello sociale, alla frequenza dei contatti ed alla quantità di oggetti di volta in volta scambiati - una considerazione archeologica può fornire elementi utili a definire il grado di facilità di accesso alle pietre verdi da parte delle comunità neolitiche di Fimon, Quinzano e Rivoli. A differenza di alcuni contesti neolitici dell'Italia nord-orientale (es. Sammardenchia: Pessina, D'Amico 1999; D'Amico 1998; 2000 e alcuni contesti trentini di diversa epoca: D'Amico *et al.* 1991; 2003b; D'Amico, Starnini 2006b, tab. 6), infatti, praticamente tutte le lame d'ascia analizzate sono prodotte con pietre verdi importate dalle Alpi occidentali (Lunardi 2003a): ciò consente di sostenere l'esistenza di un modello di accesso "regolare" ai circuiti di diffusione di eclogiti e giade che non richiedeva la ricerca di materiali alternativi. L'unica eccezione è rappresentata da un frammento di tagliente ottenuto da un tipo di serpentinite locale simile per aspetto esteriore alle rocce liguro-piemontesi. Questo frammento di tagliente può essere interpretato come il tentativo isolato di produrre un'imitazione locale. Interessanti implicazioni tecnologiche sono associate a questo *unicum*: gli artigiani neolitici di Quinzano, infatti, dovevano possedere la competenza tecnologica sia relativa alla scelta di una materia prima potenzialmente idonea sia relativa alla sua lavorazione, in riferimento ad una tipologia di strumenti che, come detto, doveva essere scambiata sotto forma di prodotto finito o perlomeno allo stato di abbozzo bocciardato e non ancora levigato. Tuttavia, l'inefficienza funzionale dello strumento, determinata dall'impiego di una materia prima meno dura e tenace, che non ha retto agli *choc* meccanici, oltre che ad uno spessore sproporzionato alla larghezza del tagliente, ha indotto l'abbandono dell'uso della serpentinite atesina, in seguito ad un probabile danneggiamento dello strumento durante l'impiego.

Trasformazione tecnologica dei supporti

Diverse tecniche sono state messe in atto per il trattamento delle materie prime (scheggiatura, bocciardatura/martellinatura e levigatura) tenendo conto delle caratteristiche della roccia (tessitura, compattezza, durezza) e delle finalità della lavorazione (trasformazione tecnologica del supporto, preparazione delle superfici di lavoro, ripristino funzionale delle superfici di lavoro). L'efficacia di una tecnica dipende innanzitutto dalle caratteristiche fisiche della materia prima e il trattamento tecnologico sembra essere direttamente proporzionale alla durata d'uso dello strumento. In base a tali parametri gli strumenti sperimentali, così come i corrispondenti archeologici, possono essere suddivisi in tre categorie tecnologiche che comprendono:

- Strumenti usati senza alcuna modificazione tecnologica del supporto (strumenti per lisciare e levigare, strumenti percussori, pestelli-lisciatoi e basi di lavorazione);
- Strumenti che richiedono una lieve modificazione tecnologica (preparazione del piano di lavoro), ma una periodica manutenzione delle superfici di lavoro (strumenti per macinare);
- Strumenti che richiedono una radicale e laboriosa modificazione tecnologica del supporto (scheggiatura, bocciardatura e levigatura) ed una periodica manutenzione delle superfici di lavoro (strumenti da taglio). A questa categoria è associata la specializzata e articolata abilità tecnica nella lavorazione dei supporti che si acquisisce con l'esperienza sperimentale individuale, la quale tuttavia non risulta paragonabile all'apprendistato documentato in Nuova Guinea, dove esso si struttura come vera e propria scuola (Pétrequin, Pétrequin 2000).

Tale tripartizione tecnologica sembra potersi giustificare attraverso una gestione diversificata delle materie prime. Gli strumenti del primo gruppo sono ottenuti da rocce locali di facile reperimento e destinati ad usi compatibili con le caratteristiche fisiche della materia prima: per esempio, da una arenaria a grana fine e compatta si ricava un ottimo supporto per levigare materie dure, mentre un ciottolo di porfido risulta sufficientemente duro e coeso per poter essere impiegato come pestello. Una volta che tali strumenti perdono la loro efficacia funzionale diventando inservibili, per esempio a causa di una rottura accidentale durante l'uso, la loro sostituzione può considerarsi pressoché immediata. Dal punto di vista sperimentale si è preferito scartare gli strumenti, percussori e pestelli principalmente, divenuti poco funzionali ai fini dell'attività da svolgere e sostituiti con altri dotati di caratteristiche più idonee.

Gli strumenti che appartengono al secondo gruppo, cioè macine e macinelli, sono anch'essi ottenuti da blocchi litici di rocce locali/regionali, ma la caratteristica distintiva riguarda il loro utilizzo prolungato nel tempo, direttamente connesso ad attività svolte quotidianamente. Di conseguenza, la cernita della materia prima è più selettiva in termini di scelta sia del litotipo più adatto sia della morfologia ritenuta più idonea. Ciò nonostante, la disponibilità di blocchi sufficientemente grandi comporta la decisione di preferire rocce maggiormente diffuse in forma di grandi massi a scapito di rocce più efficienti, ma geologicamente difficili da reperire: dal punto di vista sperimentale, le arenarie sono risultate più efficaci nell'attività di macinatura dei cereali, ma l'approvvigionamento di materia prima ha presentato maggiori difficoltà rispetto alla raccolta di blocchi di porfido. Il ravvivamento periodico delle superfici di lavoro usurate di macine e macinelli sperimentali rappresenta l'operazione fondamentale attraverso cui questi strumenti possono essere utilizzati per lunghi intervalli di tempo senza comprometterne in alcun modo, anzi ripristinando, la loro efficacia funzionale.

Infine, il terzo gruppo di strumenti presenta le caratteristiche più complesse di gestione della materia prima e di circolazione di prodotti lavorati (Thirault 2006). La catena operativa costituita generalmente da tre fasi consecutive (scheggiatura, bocciardatura e levigatura) è periodicamente integrata dalla riaffilatura del tagliente usurato. Gli strumenti da taglio possono potenzialmente essere usati, al pari di macine e macinelli, per un lungo periodo, ma incorrono frequentemente in rotture accidentali, le quali possono compromettere o estinguere il funzionamento futuro dello strumento.

Un elemento saliente collegato alla produzione di asce sperimentali è l'impiego di percussori in pietra verde usati nella fase di bocciardatura delle lame d'ascia, i quali sono invece assenti nel record archeologico analizzato. Pare improbabile ritenere che si tratti di una mancanza in fase di scavo sia prendendo atto che strumenti morfologicamente analoghi sono stati recuperati in aree lontane dalla zona ligure-piemontese (per esempio: Starnini *et al.* 2004) sia considerando che nei siti in esame sono stati raccolti e conservati reperti "meno riconoscibili" come strumenti rispetto ai percussori per bocciardatura. Di conseguenza, si avanza una più ragionevole interpretazione archeologica. Poiché, infatti, rocce tenaci come eclogiti e giade possono essere lavorate solamente per mezzo di percussori dotati delle medesime caratteristiche e che rocce simili sono assenti nel territorio considerato, è verosimile avvalorare l'ipotesi secondo cui le asce fossero oggetto di scambio, perlomeno nell'area veneta occidentale, sotto forma di oggetti finiti e pronti all'uso, oppure abbozzi ad uno stadio quasi completo di produzione. Unicamente l'operazione di raffilatura del tagliente è soggetta a ripetizioni periodiche, perché finalizzata a mantenere efficienti le superfici attive e poteva essere effettuata in loco. Per quanto concerne il frammento di tagliente di Quinzano prodotto con serpentinite verosimilmente raccolta nei locali detriti atesini la lavorazione tramite bocciardatura dei fianchi e del corpo potrebbe essere stata effettuata con i percussori sferoidali in porfido rinvenuti nel sito.

Analisi funzionale

Una interessante problematica archeologica testabile attraverso la sperimentazione riguarda la selezione delle rocce sulla base di precise esigenze funzionali. Anche in questo caso la bipartizione fra rocce locali e rocce importate è alla base delle riflessioni che seguono, le quali muovono da due aspetti sviluppati durante l'attività sperimentale, la cinematica e i processi di trasformazione. Dal punto di vista della cinematica, si sono volute testare le diverse intensità d'usura e le modificazioni tecnologiche dei supporti ad esse connesse in modo da giungere ad una definizione dei gradi di utilizzo dei manufatti archeologici mediante il confronto con gli strumenti sperimentali, i cui tempi di impiego sono stati registrati. In questa prospettiva, la realizzazione di test sperimentali sviluppati per tempi molto lunghi ha consentito comparazioni verosimili per quanto concerne alcuni tipi di strumenti neolitici e sperimentali (es. mola usata per 70 ore per levigare lame d'ascia). Altrettanto attendibili sono le comparazioni fra strumenti per macinare archeologici e sperimentali: questi, benché impiegati per tempi non superiori a 8 ore, necessitano del periodico ravvivamento del piano di lavoro che porta all'azzeramento dei tempi di utilizzo. Di conseguenza, le usure giungono alla loro massima intensità immediatamente prima del ravvivamento per poi cominciare a formarsi nuovamente quando la macina viene utilizzata dopo il ravvivamento. Il vantaggio di usare le macine sperimentali per tempi molto estesi riguarda lo studio, non privo di interessanti risvolti sul piano archeologico, delle modificazioni morfologiche relative sia alla diminuzione dello spessore del blocco litico sia all'eventuale insellamento del piano di lavoro.

Lo studio della cinematica, associato all'analisi microscopica delle usure, ha inoltre permesso la distinzione fra strumenti attivi e passivi in relazione alle peculiarità delle tracce d'uso che si sono prodotte sulle rispettive superfici di lavoro (aspetto, distribuzione, densità, orientamento). Per esempio, l'analisi delle tracce d'uso sulle superfici di lavoro della base e del martello-trituratore utilizzati sperimentalmente per frantumare nocciole ha messo in evidenza che i due strumenti, sebbene utilizzati per lo stesso intervallo temporale e per la medesima attività, presentano usure simili, ma più marcate nell'elemento inferiore passivo probabilmente perché esso assorbe interamente la forza della percussione.

Le informazioni desunte dall'analisi funzionale integrano lo studio delle caratteristiche morfologiche proprie degli strumenti attivi (dimensioni, peso, caratteristiche ergonomiche) e di quelli passivi (stabilità, dimensioni, peso, morfologia del piano di lavoro).
Infine, si è cercato di comprendere in quali modi il tipo di materia prima influenzi la formazione delle tracce d'uso e la loro descrizione. Ogni tipo di usura definita, infatti, si caratterizza per tempi di formazione ed aspetto tipico in

relazione alle diverse tessiture delle rocce: per esempio, le zone livellate che si formano sulla superficie di lavoro di macine e macinelli utilizzati per macinare frumento sono più evidenti ed estese negli strumenti in porfido rispetto a quelli analoghi in arenaria, probabilmente a causa delle maggiori dimensioni dei fenocristalli del porfido che subiscono l'"appiattimento" e la "fusione" indotte dall'azione meccanica del macinello. Un altro caso esemplificativo riguarda la formazione di impatti di percussione nei pestelli in porfido rispetto ad equivalenti strumenti ottenuti da rocce cristalline a grana fine: nel porfido le usure causate da percussione lanciata si formano precocemente e assumono l'aspetto di cristalli fratturati e appiattiti, mentre nelle serpentiniti gli stessi impatti sono genericamente più piccoli, distanziati e meglio definiti.

Dal punto di vista dei processi di trasformazione, la realizzazione delle repliche sperimentali ha fornito importanti elementi di comparazione con i corrispondenti materiali archeologici al fine di ricostruirne la sostanza trattata. Per essi, infatti, è stato generalmente possibile indicare attraverso l'analisi funzionale se non la singola e specifica sostanza trasformata, perlomeno il gruppo di materiali appartenenti alla stessa famiglia (solidi stabili, fibrosi, flessibili, fluidi). Ciò consente di definire un quadro delle attività economiche a cui gli strumenti in pietra non scheggiata erano destinati. In tale prospettiva, un'operazione effettuata in percussione appoggiata tra due sostanze rigide e resistenti (una mola e una lama d'ascia) produce alterazioni della sommità dei cristalli sotto forma di livellamento generale dei cristalli, mentre il trattamento di solidi flessibili (come la pelle) produce modifiche che investono anche gli spazi intergranulari.

3 CONTESTO ARCHEOLOGICO

3.1 Quadro cronologico e culturale

3.1.1 La neolitizzazione dell'Italia settentrionale

In Italia settentrionale il periodo che abbraccia le testimonianze degli ultimi cacciatori-raccoglitori e le più antiche attestazioni di agricoltori-allevatori si colloca tra gli inizi e gli ultimi secoli del settimo millennio BP (Biagi 1991; 2001; 2003a; Pessina, Rottoli 1996; Pluciennik 1997; Improta, Pessina 1998; Franco 2011; Starnini *et al.* 2017). Agli esordi del settimo millennio BP gran parte del territorio padano-alpino, compresi anche il Carso Triestino, la Pianura del Friuli e l'Appennino Tosco-Emiliano, si trovava ancora in una condizione culturale mesolitica (Cremonesi *et al.* 1984; Biagi *et al.* 1989; Castelletti *et al.* 1994; Franco 2011), mentre nelle grotte liguri sono documentate le prime attestazioni neolitiche riferibili alla Cultura della Ceramica Impressa seguite, qualche secolo dopo, da quelle delle grotte carsiche e della Pianura Padana (Biagi 2001).

Il presupposto archeologico accettato da parte della letteratura consiste nell'idea di una continuità tra le due epoche (Zvelebil, Zvelebil 1988; Zvelebil 2000) che si sarebbe manifestata attraverso processi di acculturazione, assimilizzazione o ceramizzazione (sic!) del substrato indigeno. Tale visione andrebbe tuttavia incontro, per il territorio in esame, a due rischi di interpretazione. Il primo attribuirebbe un ruolo passivo e ricettivo alle ultime bande mesolitiche privandole quasi di una loro specifica fisionomia (Zvelebil, Lillie 2000), peraltro incanalata in una comune e globale denominazione di Castelnoviano (Kozłowski 2009) oggi rimessa in discussione (Franco 2011). Il secondo, al contrario, attribuirebbe un'eccessiva enfasi al substrato indigeno (Bagolini 1982) giudicandolo responsabile del supposto "ritardo" della neolitizzazione del Nord Italia rispetto alle regioni peninsulari, senza prestare la dovuta attenzione agli aspetti crono-culturali e di distribuzione dei siti mesolitici e neolitici (Improta, Pessina 1998; Biagi 2001; 2003a).

Nel territorio oggetto della ricerca un apparente elemento di continuità consisterebbe, secondo alcuni Autori, nella persistenza, in diversi contesti neolitici del settimo millennio BP, di caratteristiche litiche di tradizione mesolitica riconoscibili nella tipologia dei nuclei e nei geometrici con riferimento specifico ai trapezi (Bisi *et al.* 1987; Broglio, Lanzinger 1987; Bagolini *et al.* 1987; Bazzarella *et al.* 2000; Kozłowski, Dalmeri 2000; Kozłowski 2009). Tali conclusioni, tuttavia, non tengono conto di difformità fondamentali tra le due epoche rendendo di conseguenza inaccettabile l'ipotesi di evoluzione autoctona delle prime industrie neolitiche padano-alpine (Franco 2011): esse riguardano lo sfruttamento di materie prime di diversa provenienza (strettamente locali nel Mesolitico, importate nel Neolitico) (Barfield 1993; 2000) e differenze tecnofunzionali degli strumenti[23] (Biagi, Voytek 1992; Biagi *et al.* 1993b; Starnini, Voytek 1997b; Calani 1998).

La discontinuità tra le due epoche si evidenzia anche per l'assenza nel territorio peninsulare di specie selvatiche di capre/pecore[24] e cereali, i quali, peraltro, vedono la comparsa sincronica di diverse varietà (orzo, farro, farricello, frumenti nudi) (Castelletti, Maspero 1992; Castelletti, Carugati 1994; Rowley-Conwy 1997; Castelletti, Rottoli 1998; 2002; Rottoli 2000; Carra 2014; Rottoli, Regola 2014). In molti villaggi neolitici l'economia produttiva rimane supportata a livello locale da attività predatorie, come la caccia agli ungulati e la raccolta di frutti selvatici (Biagi *et al.* 1993a; Castelletti, Rottoli 1998; Petrucci, Riedel 1998): ciò suggerisce un precoce adattamento dei primi agricoltori alla specificità ecologica del territorio occupato, oltre che un intervento antropico, seppur non ancora incisivo, sul suolo e sulla foresta (Castelletti, Rottoli 1998; Ottomano 1998; Starnini *et al.* 2017).

Un ulteriore elemento discriminatorio riguarda la diversa distribuzione dei siti del Mesolitico recente e dei primi villaggi neolitici sia dal punto di vista altimetrico (quasi tutti gli accampamenti mesolitici sono situati a quote comprese tra 500 e 2000 m di altitudine contro solamente due siti neolitici dislocati oltre il limite collinare) (Biagi 2001), sia da quello ambientale (i villaggi neolitici prediligono sedi all'aperto in pianura - Padana e Friulana - e nelle valli limitrofe, di preferenza presso fonti di approvvigionamento idrico) (Bagolini, Biagi 1987; Cremaschi 1990; Biagi 1991; Biagi *et al.* 1993b). La distribuzione degli insediamenti sembra corrispondere, per quanto noto sinora, unicamente alla Valle dell'Adige, peraltro raggiunta dai gruppi neolitici in un periodo più recente rispetto al resto del territorio padano-alpino, e nelle grotte del Carso Triestino, dove, al contrario, si riscontra una precoce neolitizzazione ad opera del Gruppo di Vlaška, espressione locale dell'aspetto culturale dalmata di Danilo (Biagi 2001; 2005).

Alcune regioni non hanno restituito alcuna documentazione mesolitica, come la costa adriatica settentrionale (Grifoni Cremonesi 1998a; 1998b), forse perché eventuali siti Castelnoviani sono stati sommersi in seguito alla risalita del livello del mare (Cannarella, Cremonesi 1967; Shackleton, Van Andel 1985; Spataro 2002). Tutto questo fa pensare che un verosimile incontro tra gruppi indigeni e primi agricoltori non possa essere

[23] Nel Neolitico antico romboidi e trapezi sono ricavati da lame più larghe e lunghe, mancano ipermicroliti, compaiono nuovi strumenti (bulini di Ripabianca, perforatori, elementi di falcetto) e i geometrici sono usati su legno e materie tenere (Biagi 1995c; Voytek 1995).

[24] Persiste il dubbio sull'addomesticazione autoctona di bue e maiale (Riedel 1990; Rowley-Conwy 1995) per la presenza nella Penisola delle relative specie selvatiche e perché si trattava di prede cacciate dalle bande mesolitiche (Petrucci, Riedel 1998).

visto come relazione di stretta vicinanza, quanto piuttosto, eventualmente, sotto forma di contatti a livello regionale che comunque non hanno prodotto nei nativi né radicali adattamenti culturali né l'acquisizione imposta dell'economia produttiva (Rowley-Conwy 2001; Franco 2011): condizioni di *stress* alimentare o ambientale, infatti, sembrano condurre più facilmente alla migrazione o all'estinzione di gruppi piuttosto che alla loro evoluzione verso strutture sociali complesse (Madden 1989).

L'unico apparente indicatore di una *availability phase* (Zvelebil 1986; 1994) tra le genti mesolitiche e neolitiche mediante lo scambio di beni potrebbe essere considerato il frammento ceramico di origine alloctona rinvenuto nel focolare con industria litica Castelnoviana del livello 3a della Grotta dell'Edera (Spataro 2001). Da questo sito sono state ricavate cinque datazioni radiocarboniche ottenute appositamente da materiali diversi per definire la comparsa di diverse componenti in un momento chiave della sequenza della cavità (Biagi 2003, Table 1), più precisamente GX-19569: 6700±130 BP (carbone vegetale), GrA-19912: 6620±60 BP (collagene di *Ovis* sp.), GrN-27229: 6510±70 BP (collagene di *Cervus* sp.), GrN-25474: 6480±40 BP (*Patella caerulea*) e GrA-19820: 6390±60 BP (collagene di *Bos* sp.). In realtà, nella stratigrafia del sito manca una connessione tra la fase di occupazione mesolitica e quella neolitica, entrambe a carattere di brevità e/o episodicità, anche se con caratteristiche completamente diverse (Biagi 2002; 2003b). Resta tuttavia aperto il problema di se, e con quali modalità, l'ingresso dei primi agricoltori nel territorio dell'Italia Settentrionale abbia potuto interferire con i circuiti e le strategie preesistenti tanto da determinarne la crisi irreversibile, soprattutto prendendo atto che il declino degli ultimi cacciatori-raccoglitori sarebbe avvenuto in un contesto di massima produttività primaria degli ambienti da loro frequentati (Bagolini 1982; Franco 2011).

Partendo dal modello di nomadismo stagionale mesolitico strutturato sul *foraging* e sul *collecting* (Binford 1980), C. Franco (2011) prospetta un declino del mondo mesolitico indotto dal progressivo avanzamento delle comunità neolitiche, supposto sul modello della "*leap-frog colonisation*" (Zilhão 1997; 2001, 2003), le quali avrebbero sfruttato le aree tribali ad integrazione di un'economia di produzione ancora fortemente dipendente da fonti alimentari di origine selvatica. Forse il contatto, seppur non diretto e costante, fra indigeni e agricoltori potrebbe aver determinato la diffusione di malattie infettive derivanti dalla promiscuità uomo-animale tipica dello stile di vita neolitico verso le quali i cacciatori-raccoglitori non erano geneticamente preparati (Diamond 1997), ma di tale ipotesi mancano prove osteologiche significative.

Le prime comunità agricole che hanno occupato il territorio padano-alpino erano in possesso dell'intero *tool-kit* e dello *know-how* propri dello stile di vita neolitico che via via si sono andati perfezionando e arricchendo: erano praticati la coltivazione di diversi cereali - testimoniata anche dalla presenza di macine ed elementi di falcetto (Starnini, Voytek 1997b; Starnini *et al.* 2017) -, l'allevamento di bestiame (in origine capre/pecore e bovini) e lo sfruttamento di specie selvatiche (frutti, pesci, uccelli). Dal punto di vista tecnofunzionale, erano acquisite le tecniche di produzione ceramica a decorazione strumentale, le tecniche di lavorazione delle pietre (scheggiatura, bocciardatura, levigatura) e la lavorazione di materiali di varia provenienza con specifiche destinazioni d'uso (selce alpina, diaspro ligure, ossidiana da Monte Arci, Palmarola e Lipari, pietra verde ligure-piemontese) (Ammerman, Polglase 1993; Fasani *et al.* 1993; De Francesco *et al.* 1998; Barfield 2000).

Le più antiche tracce di neolitizzazione dell'Italia settentrionale sono documentate nelle caverne liguri (Arene Candide, Pollera, Arma di Nasino, Arma dello Stefanin), in questa prima fase probabilmente frequentate a intervalli stagionali e solo per brevi periodi (Biagi 2005). In questi siti, e in particolare alle Arene Candide, la Cultura della Ceramica Impressa[25] è documentata a partire dagli inizi del settimo millennio BP e si protrae, anche se con aspetti diversi, fino alla fine dello stesso millennio (Bagolini, Biagi 1990; Biagi 1991; Skeates, Whitehouse 1994; Maggi, Chella 1999; Pearce 2013, 58-83). L'analisi dell'industria litica delle Arene Candide ha evidenziato l'assenza di qualsiasi derivazione diretta dalla precedente tradizione Castelnoviana (Biagi *et al.* 1993b; Starnini, Voytek 1997b) e non sono note a tutt'oggi frequentazioni del sito risalenti al Mesolitico Recente (Biagi *et al.* 1989).

Ai livelli immediatamente successivi a quelli della Ceramica Impressa seguono strati contenenti ceramiche cardiali decorate con il peristoma delle conchiglie di *Cardium*. In questa fase gli influssi culturali liguri e l'adozione dell'economia produttiva, seppur sostenuta da una forte componente di caccia-raccolta, si diffondono verso l'entroterra piemontese e lombardo (Alba, Palude Brabbia) (Bagolini, Biagi 1972-74; Venturino Gambari 1987; 1995).

Lungo le coste nord-orientali dell'Adriatico, le più antiche testimonianze neolitiche sono posteriori di poco meno di cinquecento anni rispetto a quelle della Liguria (Alessio *et al.* 1995; Pessina 1998a). La situazione all'arrivo dei primi agricoltori appare però piuttosto articolata e composita a causa delle diverse componenti culturali neolitiche attestate (Ceramica Impressa, Gruppo di Vlaška, Gruppi Friulani) e della tipologia insediativa (siti in grotta e siti all'aperto) (Biagi, Spataro 2002; Biagi

[25] Di questo complesso si evidenziano tuttora problemi interpretativi che riguardano gli aspetti culturali e cronologici (Biagi 1987; Guilaine 2000; 2007; Biagi, Starnini 2016).

2003a; Forenbaher, Miracle 2005; Forenbaher *et al.* 2013).

Lungo la costa dalmata fino alle propaggini del Carso Triestino la Cultura di Danilo e la sua locale variante di Vlaška (Barfiled 1972) sono documentate appena prima della metà del settimo millennio BP in siti in grotta (Edera, Ciclami, Gigante) (Biagi 1996; 2001; 2003a). Nella Grotta dell'Edera il livello 2a ha restituito materiali riferibili alla Cultura di Vlaška con datazioni comprese tra GrN-23129: 6590±100 e GX-19022: 6305±285 BP (Biagi *et al.* 1993b; Biagi 2003a), separate dal livello Castelnoviano 3a da uno strato sterile 3 (Biagi 2001).

Nella Pianura Friulana le datazioni assolute collocano la neolitizzazione attorno alla metà del settimo millennio BP (Biagi 1996; Pessina 1998a; Improta, Pessina 1998; Pearce 2013, 145-58), cioè circa contemporanea sia al livello Vlaška 2a della Caverna dell'Edera sia alla diffusione della Cultura di Danilo lungo la Costa Dalmata (Müller 1991; Spataro 2002), contribuendo a rafforzare l'ipotesi che considera i siti triestini e friulani come l'estensione più settentrionale di Danilo (Biagi 2003a). Nel sito friulano di Sammardenchia sono stati portati alla luce alcuni elementi peculiari della produzione ceramica di Danilo, in particolare *ritha*, oggetti fittili di forma fallica (Cermesoni *et al.* 1999; Biagi 2003b) e uno scalpello in pietra levigata di tipologia dalmata (D'Amico *et al.* 1997).

Le manifestazioni culturali più rappresentative del territorio friulano sono i siti di Sammardenchia e di Fagnigola, eponimi dei rispettivi Gruppi, ai quali si affiancano Valer, Piancada, Riparo Biarzo e Ragogna (Fasani *et al.* 1993; Guerreschi, Bressan 1998; Pessina *et al.* 1998). I dati archeologici provenienti da questi siti documentano la produzione di vasellame elaborato nella morfologia e nell'ornato, la coltivazione di diversi cereali e l'utilizzo di materie prime di varia origine (selce lessinica, pietra verde ligure-piemontese, ossidiana insulare e carpatica) (Randle *et al.* 1993; Fasani *et al.* 1993; De Francesco *et al.* 1998).

Procedendo verso sud lungo la costa adriatica (Misano Adriatico, Miramare) e nell'immediato entroterra romagnolo e marchigiano (Fornace Cappuccini, Imola, Bazzarola, Maddalena di Muccia) sono documentati diversi siti ascrivibili alla *facies* adriatica della Ceramica Impressa (Silvestrini, Pinocchi 1998; 2000; Grifoni Cremonesi 1998b). Nessun sito ha restituito datazioni precedenti alla metà del settimo millennio BP: Maddalena di Muccia è datato a R-643a: 6580±75 BP (Alessio *et al.* 1970, 603), Fornace Cappuccini fra Bln-3372: 6320±60 BP e R-2313: 6100±170 BP (Bermond Montanari 2000).

Proseguendo verso l'entroterra, in particolare nell'area del Veneto orientale, le prime attestazioni neolitiche sembrano rientrare nella sfera culturale di Danilo così come nella regione friulana e carsica (Biagi 1996). Possibili elementi di connessione fra i due territori, benché non di necessaria interdipendenza, potrebbero essere individuati nella presenza di materiali importati, in particolare ossidiana carpatica e ornamenti di *Spondylus* presenti in pochi insediamenti del Neolitico antico e medio dell'Italia Settentrionale (Randle *et al.* 1993; Starnini *et al.* 2000; Micheli 2004; 2006a).

Intorno alla metà del settimo millennio BP e sino alla fine del millennio si diffonde in Veneto sud-occidentale, Romagna, Emilia centro-orientale e Toscana settentrionale, la Cultura di Fiorano che ben presto assume un ruolo preminente nell'Italia settentrionale. Questo fatto è testimoniato dalla presenza di oggetti di produzione e di imitazione Fiorano in contesti culturali diversi (Ferrari, Pessina 2000) e dalla funzione di controllo esercitata nell'ambito della circolazione di selce alpina, di cui il sito veronese di Lugo di Grezzana potrebbe essere considerato un importante avamposto (Pessina 1998a; 2000; Moser 2000). I siti più importanti ascrivibili alla sfera Fiorano sono, oltre al villaggio eponimo, Savignano, Lugo di Romagna, Chiozza di Scandiano, Pescale e Lugo di Grezzana (Malavolti 1951-52; Bagolini, Barfield 1971; Bernabò Brea *et al.* 1990; Pedrotti *et al.* 2000; Moser 2000).
Sulla base delle affinità nella produzione ceramica, e in particolare nei tipici fiaschi Fiorano, L.H. Barfield ha ipotizzato (1972, 193) che tale cultura abbia avuto le sue origini nella regione adriatica dell'Italia centrale afferente al mondo Ripoli. Sono state inoltre osservate analogie tra la cultura di Fiorano e quella tardo-cardiale della Provenza e della Valle del Rodano riconoscibili nei repertori decorativi della ceramica (Beeching 1995; Binder 1989; 1995) e nella diffusione di anelloni in pietra levigata (Tanda 1977; Roussot-Larroque 1990; Pétrequin *et al.* 2015).

Leggermente posteriore risulta la neolitizzazione della porzione centro-occidentale della Pianura Padana (Emilia occidentale, Lombardia meridionale e Piemonte sud-orientale): in questa zona si diffonde tra gli ultimi secoli del settimo e gli inizi del sesto millennio BP il Gruppo del Vhò (Bagolini, Biagi 1990; Improta, Pessina 1998), i cui siti rappresentativi sono Campo Ceresole, Travo e Ostiano Dugali Alti (Bagolini, Biagi 1976; Biagi 1979; 1995b; Bernabò Brea 2004; Starnini *et al.* 2017).

L'arco alpino risulta essere l'ultimo territorio ad essere raggiunto dal processo di neolitizzazione: rientrano in quest'ambito i siti atesini e trentini ascrivibili al Gruppo del Gaban (Riparo Gaban, Romagnano III, Mezzocorona, Doss de a Forca, Moletta Patone, La Vela, Villandro) e gli insediamenti nell'areale del Lago di Varese e nel Canton Ticino, i quali rientrano nell'ambito culturale del Gruppo dell'Isolino (Isolino di Varese, Castel Grande di Bellinzona, Pizzo di Bodio) (Guerreschi 1976-77; Carazzetti, Donati 1990; Banchieri 1990). I ripari sotto-roccia situati nel bacino di Trento e nella Valle dell'Adige hanno restituito datazioni comprese tra la fine del settimo e i primi tre secoli del sesto millennio BP (Bagolini, Biagi 1990). Il Gruppo del Gaban è caratterizzato da un'economia ancora fortemente basata sulla caccia e raccolta e una ricca produzione di strumenti in materia dura animale, oltre che una peculiare produzione di oggetti d'arte mobiliare raffiguranti soggetti zoomorfi e antropomorfi. Le datazioni disponibili per il Gruppo dell'Isolino mostrano che la neolitizzazione è avvenuta più o meno contemporaneamente a quella del Gruppo del Gaban e collocabile probabilmente tra la metà e la fine del settimo millennio BP (Bagolini, Biagi 1990).

Dalla breve sintesi si evince che il processo di neolitizzazione del nord Italia sia stato connotato da aspetti eterogenei riconducibili al peculiare variegato scenario geo-ambientale e ai differenti influssi culturali, agenti che hanno inibito la formazione di realtà culturali su larga scala come nel resto del territorio europeo. In questo quadro, la neolitizzazione padano-alpina non può essere considerata il semplice risultato dell'acculturazione delle genti indigene ad opera dell'intrusione della Ceramica Impressa ligure e adriatica così come proposto da B. Bagolini e L.H. Barfield (1991, 287), quanto più probabilmente il risultato di un fenomeno intrusivo (Pearce 2013) combinato tra diffusione marittima della Ceramica Impressa lungo le coste mediterranee (Guilaine 1998; 2000) e l'originale e attivo contributo delle comunità neolitiche giunte nei nuovi territori (Pessina 1998a; Starnini *et al.* 2017) in base al modello aritmico proposto da J. Guilaine (Berger, Guilaine 2009; Guilaine 2013).

3.1.2 La Cultura dei vasi a bocca quadrata

La fase matura del Neolitico dell'Italia settentrionale vede il consolidamento delle componenti tecnico-economiche neolitiche e abbraccia l'intero corso del sesto millennio BP (Bagolini, Biagi 1990). Con questa si realizza l'unificazione territoriale e culturale dell'area padano-alpina ad opera della Cultura VBQ, la quale sostituisce il mosaico culturale del Neolitico Antico con una entità unitaria e coesa attorno ad alcuni aspetti a carattere identitario condivisi e standardizzati, ravvisabili nella produzione ceramica, nel rituale funerario e nella sfera spirituale. Negli ultimi anni nuovi scavi, il riesame di vecchie collezioni, l'estensione di analisi paleoeconomiche e l'incremento delle datazioni assolute stanno portando alla ridefinizione del complesso scenario del Neolitico medio dell'Italia settentrionale arricchendolo rispetto a quanto noto (Ferrari, Visentini 2002; Ferrari *et al.* 2006; Visentini 2006; Mottes *et al.* 2010; Bernabò Brea *et al.* 2014b; Mottes in stampa).
L'insorgere della Cultura VBQ è testimoniato in Liguria nella Caverna delle Arene Candide, dove, agli orizzonti a Ceramica Cardiale, seguono i primi strati con vasellame a bocca quadrilobata, raramente decorato da ornati geometrici, datati agli inizi del sesto millennio BP (Maggi, Chella 1999). Nel medesimo areale, altre attestazioni degli esordi VBQ sono stati riconosciuti nei siti in grotta della Pollera (Odetti 1988) e dell'Arma dell'Aquila (Richard 1941-42). Quasi contemporanei ai primi ritrovamenti VBQ liguri sono quelli in area emiliana, risalenti parzialmente a un momento evolutivo successivo della Cultura VBQ (Malavolti 1951-52; 1953-55). Dagli anni Settanta del secolo scorso scoperte fortuite, raccolte di superficie e scavi regolari hanno via via incrementato la documentazione archeologica riferibile al Neolitico medio padano-alpino.

Per molto tempo la letteratura ha ammesso una genesi alloctona della Cultura VBQ individuandone la culla d'origine nella Penisola Balcanica (Laviosa Zambotti 1943, 371), suffragando la tesi mediante affinità culturali e ideologiche da ricercare nella comune presenza di pintaderas, vasetti a pipa, idoletti fittili, ornamenti di *Spondylus* e del motivo decorativo a spirale (Bernabò Brea 1946, 284; Laviosa Zambotti 1943, 486-87; 1954). La diffusione dei VBQ non avrebbe dunque contato su significativi apporti da parte delle comunità preesistenti e anzi, essa si sarebbe imposta con modalità egemoniche aggressive come sembra indicare la ricorrenza di armi scheggiate e levigate nelle sepolture VBQ (Bagolini 1980, 125-126). Solo in un secondo tempo, grazie all'arricchimento della documentazione archeologica (per esempio quella dei siti di Rivaltella, Fornace Cappuccini e Moletta Patone) è stata abbandonata la tesi diffusionista in favore della formazione autoctona della Cultura VBQ. Ciò sarebbe stato favorito da stimoli esterni di matrice orientale (Bagolini, Barfield 1991, 287; Bagolini, Pedrotti 1998, 234) e da un clima di generale rinnovamento che ha investito l'area mediterraneo-balcanica agli inizi del sesto millennio BP in ordine alla diffusione in diversi contesti di vasi a imboccatura quadrata (Vinča: Maxim-Kalmar 1991; Dimini: Sériades 1995 ed Europa centro-orientale: Bagolini, Barfield 1991) e all'incremento del commercio di ossidiana liparìota (Ammermann, Polglase 1993). Oggi è accreditata la tesi che considera la Cultura VBQ lo sviluppo degli aspetti finali della Ceramica Impressa liguro-provenzale (Biagi 1996; 2005; Binder, Lepère 2014). Alle Arene Candide, infatti, i vasi a imboccatura quadrata e quadrilobata sono presenti in associazione con le decorazioni incise, mentre alla Grotta Pollera i livelli con Ceramica Impressa e quelli con ceramiche VBQ sono separati da una fase intermedia caratterizzata da vasellame a decorazione graffita (Odetti 1987; Maggi, Starnini 1997; Maggi, Chella 1999) affine a quello provenzale dei gruppi della ceramica post-Cardiale (Vaquer 1977).

Un ulteriore elemento di continuità dei VBQ con l'epoca precedente è ravvisabile nelle strategie economiche che rivelano un elevato grado di versatilità e di adattamento alle risorse disponibili nell'ambito dei diversi ecosistemi sfruttati probabilmente, almeno in parte, da comunità non ancora pienamente sedentarie, caratterizzate da un certo grado di mobilità stagionale e da una proficua conoscenza a livello sovralocale del contesto ambientale occupato

(Bagolini, Biagi 1975a; Biagi, D'Amico 2013; Banchieri *et al.* 2014). Alla luce dell'ipotesi autoctona devono quindi essere rivalutati peso e funzione delle presunte affinità ravviabili tra i territori padano-alpino e balcanico (Biagi 1995-96), le quali non necessariamente sono giustificabili come influenze di filiazione tra le due aree, quanto piuttosto come presenza di generici tratti figurativi comuni (Bagolini, Barfield 1991). Già nella fase antica del Neolitico la Pianura Friulana orientale gravitava nell'orbita culturale Danilo e alcuni *cult items*, in particolare oggetti di arte mobiliare, potrebbero indicare il perdurare nel Neolitico Medio di relazioni con la sfera culturale balcanica (Biagi *et al.* 1984). Tuttavia, l'arte mobiliare padano-alpina e quella balcanica presentano differenze iconografiche che riflettono distanze ideologiche: in Danilo prevalgono *rhyta* con piedi ed elementi fallici a fronte di una rara attestazione di figurine femminili (Rak 2011), le quali, al contrario, dominano la produzione artistica nord-italiana soprattutto nell'ambito Vhò-Fiorano e permangono nel mondo VBQ ligure (Arene Candide, Pollera), emiliano (Chiozza, Vicofertile, Ponte Ghiara) e veneto (Quinzano, Rivoli) (Biagi 1996; 2003c; 2005; Cannavò *et al.* 2014b).

La genesi locale della Cultura VBQ è avvalorata dai dati archeologici dell'area emiliana provenienti da Rivaltella (Reggio Emilia) (Tirabassi 1987; 1998; 2014) e da Ponte Ghiara (Parma) (Bernabò Brea *et al.* 2000a; Ferrari *et al.* 2006). Nel primo sito le datazioni radiocarboniche attestano una frequentazione VBQ dell'insediamento parzialmente contemporanea ai villaggi del Neolitico antico, quali Savignano, Piancada e Riparo Gaban (Improta, Pessina 1998). Nel secondo sito le tipiche ceramiche a imboccatura quadrata con decorazioni graffite e incise, le figurine fittili e le pintaderas sono associate a un'industria litica priva di strumenti foliati e parzialmente in continuità con la tradizione del Primo Neolitico; i dorsi e i romboidi sono però ottenuti con la tecnica a percussione indiretta da schegge laminari spesse e i microbulini sono più grandi e presentano uno stacco molto lungo (Bernabò Brea *et al.* 2000a).

Tabella XXV - Articolazione cronologico-culturale della Cultura VBQ.
Table XXV - Chronological and cultural development of the Square Mouthed Pottery Culture (SMP).

Cronologia	Fasi	Bagolini *et al.*, 1979	Barfield, 1972
6000-5500 BP ca.	VBQ I	Stile geometrico-lineare	Fase di Finale - Quinzano
5600-5200 BP ca.	VBQ II	Stile meandro-spiralico (*Facies* dell'Isolino e *Facies* del Pescale)	Fase di Rivoli - Chiozza
5400-4900 BP ca.	VBQ III	Stile a incisioni e impressioni (*Facies* berico-euganea)	Fase di Rivoli - Castelnuovo

Le genti VBQ si sarebbero rapidamente diffuse verso est e nord, spesso sovrapponendosi anche fisicamente alle sedi precedenti, sino ad includere l'arco prealpino e alpino già nei primi secoli del sesto millennio BP (Bagolini, Biagi 1990; Maggi, Chella 1999). Testimonianze archeologiche degli aspetti arcaici VBQ sono noti in Trentino (Moletta Patone: Bagolini *et al.* 1984, 124), nel Veronese (Grotta del Mondo: Bagolini 1980, 47, Quinzano: Biagi 1974, fig. 17/1 e Lugo di Grezzana: Pedrotti *et al.* 2000) e nelle Valli di Fimon (Molino Casarotto: Bagolini *et al.* 1973, fig. 23/6; Guerreschi 1986, fig. 27/3, Fontega, Persegaro, Capitello: Barfield, Broglio 1966; Pedrotti 1986, 35-36): questi contesti tuttavia presentano problemi interpretativi relativi alla stratigrafia o alle modalità di recupero e mancano datazioni assolute pienamente affidabili (Biagi, D'Amico 2013).

La diffusione VBQ nella regione friulana e carsica è stata forse, in un primo tempo, inibita dalla persistente influenza Danilo e Hvar attiva circa fino alla metà del sesto millennio BP (Pessina 2006), momento in cui si registrano le prime occupazioni VBQ inquadrabili nella fase finale come documentato a Bannia - Palazzine di Sopra, a Palù di Livenza (Visentini 2002; Vitri *et al.* 2002) e da pochi reperti ceramici VBQ del Carso Triestino (Gilli, Montagnari Kokelj 1993).

La lunga e complessa evoluzione cronologica della Cultura VBQ è stata riconosciuta già al tempo dei primi ritrovamenti in Liguria (Bernabò Brea 1946, 188-225) e in Emilia (Malavolti 1951-52; 1953-55), ma una prima sistematica suddivisione si deve a L. H. Barfield (1972), il quale ne ha scandito lo sviluppo in tre fasi considerando i siti che avevano fornito all'epoca la documentazione ceramica più significativa e che rappresentavano i punti di maggior espansione territoriale di ciascun periodo. Successivamente altri Autori hanno proposto una tripartizione più versatile e dinamica basata sulle componenti stilistiche e decorative della produzione vascolare, giungendo alla definizione di tre stili ceramici (Bagolini *et al.* 1979; Bagolini 1980); tale nomenclatura oggi viene ripresa e semplificata distinguendo una fase arcaica VBQI seguita da una fase matura VBQII e da una fase finale VBQIII (Ferrari *et al.* 2002a) (tab. XXV).

All'interno di questa scansione cronologica generale si distinguono almeno tre aspetti locali periferici che si manifestano durante lo stadio maturo e finale VBQ, quando cioè erano prossime la disgregazione e l'erosione dell'identità padana della Cultura: la *facies dell'Isolino* (Bagolini 1990b), la *facies del Pescale* (Ferrari *et al.* 2002b) e la *facies de Le Basse di Valcalaona* o *berico-euganea* (Bagolini *et al.* 1979, 25; Bagolini 1984, 402).
La tripartizione cronologica della Cultura VBQ non deve tuttavia essere considerata in maniera rigida, poiché diversi siti anche monofase hanno restituito elementi riferibili a fasi contigue: per esempio, nei contesti di Stile geometrico-lineare di Fimon Molino Casarotto e di

Quinzano è attestata la decorazione a motivi curvilinei e spiraliformi (Bagolini *et al.* 1973, fig. 17/6; Biagi 1974, fig. 10/2, 18/17 e 18).
Inoltre, nell'area nord-orientale le fasi VBQII e VBQIII, sebbene culturalmente ben distinte (nella tecnologia litica, nella produzione vascolare e nella produzione di figurine fittili), hanno interagito e sono parzialmente sovrapponibili dal punto di vista cronologico (Visentini *et al.* 2004; Degasperi *et al.* 2006; Mottes *et al.* 2010), probabilmente a causa del precoce e rapido sviluppo della fase di Stile a incisioni e impressioni nel Triveneto documentabile già a partire dalla metà o appena prima del sesto millennio BP (Mottes *et al.* 2010). La compresenza di elementi ceramici ascrivibili agli ultimi due stili VBQ è stata infatti riconosciuta nel territorio compreso tra il Trentino (La Vela: Pedrotti 1990), la Lombardia sud-orientale (Casatico di Marcaria: Biagi *et al.* 1983), il Veneto occidentale (Gazzo Veronese Scolo Gelmina e Ponte Nuovo: Salzani 2002a; 2002b; 2002c) e il Friuli occidentale (Bannia Palazzine di Sopra: Visentini 2005).

Per quanto concerne la durata degli insediamenti VBQ - alcuni dei quali occupati in un solo periodo, altri pluristratificati (Bagolini, Biagi 1986) - i dati ad oggi disponibili documentano una strategia insediativa diversificata che vede coesistere abitati probabilmente insediati in maniera stabile e duratura in base ai dati sull'età di macellazione degli animali (Arene Candide: Maggi 1997) o alle testimonianze relative alla ristrutturazione generale delle strutture (La Vela: Ferrari *et al.* 2002a), villaggi all'aperto occupati per brevi periodi (Casatico di Marcaria e Rivarolo Mantovano: Biagi *et al.* 1983) e siti stagionali complementari a siti principali (Fimon Molino Casarotto: Biagi, D'Amico 2013; Bannia Palazzine di Sopra: Visentini 2002).

Le strutture antropiche, private della parte del piano insediativo a causa dei moderni lavori agricoli, consistono principalmente in strutture negative (buche di palo, rifiutaie, pozzetti-silos, pozzetti per l'estrazione di argilla, canalette, grandi fosse polilobate, fosse di fondazione) (Biagi 1995a; Pessina 1998b; Degasperi 2000; Cavulli 2008; Bronzoni, Ferrari 2014), acciottolati più o meno estesi (Barfield, Bagolini 1976; Bagolini *et al.* 1973; Degasperi, Pedrotti 2002a), focolari (Bagolini *et al.* 1973; Bagolini *et al.* 1976; Degasperi, Pedrotti 2002b), resti di recinzioni (Cavulli 2008) e, nelle aree umide, pali infissi verticalmente nel limo lacustre e resti di pavimentazione lignea (Bagolini *et al.* 1973; Montagnari Kokelj, Vitri 1989; Bianchin Citton *et al.* 2002; Corti *et al.* 2002).
Le evidenze relative a capanne sono esigue e problematiche: sono noti fondi di capanne circolari nel sito di Castelgrande di Bellinzona (Donati 1986), resti di intonaco con impronte riferibili a decorazioni (Barfield 1966a; 2006; Barfield, Wardle 2006), resti di strutture di forma rettangolare (Bernabò Brea *et al.* 1994; 1999; Biagi 1995a) e capanne rettangolari in area umida (Bagolini *et al.* 1973; Bianchin Citton *et al.* 2002; Corti *et al.* 2002).

L'espansione VBQ palesa importanti cambiamenti rispetto al Primo Neolitico in merito alla cultura materiale, alle attività economiche, alla sfera ideologica e all'uso degli spazi. Alle Arene Candide, per esempio, la grotta viene in parte destinata a sepolcreto (Bernabò Brea 1946, 284) e in parte sfruttata per il ricovero di animali domestici entro recinti in legno. Tra le specie allevate compaiono le capre, in associazione a pecore e bovini, ed è documentata la pratica della scalvatura degli alberi per l'alimentazione animale (Maggi, Nisbet 2000), il cui foraggio consisteva in un misto di fieno, foglie e rametti (Maggi, Nisbet 2000). Gli animali erano sfruttati sia come fonte di carne sia per la produzione di latte, in base a quanto documentato da alcuni reperti osteologici intaccati da forme mortali di tubercolosi spinale (Canci *et al.* 1996). Nell'ambito della cultura materiale compaiono nuovi elementi di falcetto costituiti da lame larghe, talvolta con usura opposta a un ritocco erto e con usura lungo tutto il margine della lama stessa, caratteristiche che fanno pensare a un nuovo tipo di immanicatura degli strumenti (Biagi, Nisbet 1987).

La diffusione della Cultura VBQ si verifica in concomitanza con condizioni climatiche buone e stabili (Antonioli 2000; Valsecchi *et al.* 2008) e con lo sviluppo di suoli adatti all'agricoltura (Cremaschi 1990; 2014). Le modificazioni antropiche al manto boschivo si intensificano come probabile conseguenza della pratica di incendiare porzioni di bosco per creare nuovi pascoli. Ciò è attestato da indizi diretti e indiretti: in primo luogo, la presenza di carboni e di pedorelitti bruciati integrati nella struttura dei suoli circostanti le aree abitate (Cremaschi 2014); in secondo luogo, la diffusione del nocciolo (*Corylus avellana*), del biancospino (*Crataegus*), di alcune *Pomoideae*, di specie arbustive ed erbe infestanti (Castelletti, Rottoli 1998; 2002; Banchieri *et al.* 2014; Marchesini *et al.* 2014) e, infine, l'incremento delle lame d'ascia in pietra levigata e l'intensificarsi dell'intervento antropico sull'ambiente (Bortenschlager 1999; 2000; Gobbo, 2010).

A fronte di un solido e coeso *background* culturale identificabile soprattutto nella produzione ceramica, le attività economiche delle comunità VBQ ne riflettono la versatilità insediativa (in grotta, in ripari sottoroccia, su terrazzi fluviali, su culminazioni morfologiche, in alta e bassa pianura, in area umida) e le radicate capacità di adattamento ad ambienti diversi: queste caratteristiche hanno senza dubbio favorito il forte potenziale di espansione e il successo delle popolazioni VBQ, così come rilevato in altre aree alpine (Jacomet 2007). I dati paleoeconomici svelano dunque un quadro complesso e disomogeneo da sito a sito e le attività produttive in particolare presentano un peso assai variabile nell'ambito delle locali strategie di sussistenza. L'agricoltura viene praticata in terreni prossimi alle aree abitate che vengono ciclicamente coltivati e abbandonati in occasione del loro esaurimento (Mottes *et al.* 2010), come sembra indirettamente suggerire l'elevata concentrazione di strutture su superfici spesso abbastanza estese, le quali potrebbero testimoniare il progressivo spostamento degli abitati verso nuove aree fertili via via disboscate (Cremaschi 2014). Due novità caratterizzano l'agricoltura della fase matura del Neolitico padano-alpino: l'introduzione del papavero da oppio (*Papaver somniferum*), attestato in area umida, dove i semi si conservano con maggior facilità (Corti *et al.* 1998; Ferrari *et al.* 2002a; Rottoli, Regola 2014), e del "nuovo frumento vestito" (Jones *et al.* 2000) identificato in Lombardia, Trentino ed Emilia (Rottoli 2005; Mottes *et al.* 2010; Carra 2012). Nell'area padano-alpina più settentrionale sembra accentuarsi, rispetto al Neolitico Antico, la coltivazione dei frumenti vestiti, in particolare orzo (*Hordeum vulgare* e/o *distichum*) e farro (*Triticum dicoccum*) (Castelletti, Rottoli 1998; Ferrari *et al.* 2002a; Rottoli, Castiglioni 2009; Carra 2014; Rottoli, Regola 2014), accompagnata dalla parallela diminuzione dei frumenti nudi (*Triticum aestivum*, *durum* e *turgidum*), interpretabile forse come conseguenza di un generale peggioramento delle tecniche di raccolta e conservazione delle derrate alimentari, oppure come deterioramento delle caratteristiche pedologiche per l'assenza di adeguati sistemi di fertilizzazione (Rottoli, Regola 2014). Tra le leguminose, poco rappresentate, sono presenti il pisello (*Pisum sativum*), la lenticchia (*Lens culinaris*), la veccia (*Vicia sativa* agg.) e la cicerchia (*Lathyrus cicera/sativus*) (Castelletti, Rottoli 2002; Ferrari *et al.* 2002a; Rottoli, Castiglioni 2009) (tab. XXVI).

La percentuale delle faune domestiche e di quelle selvatiche cacciate risulta disomogenea, benché in generale si riscontri una prevalenza degli animali allevati soprattutto nella fase VBQII (Barker 1983; Petrucci, Riedel 1998; Ferrari *et al.* 2002a; Mottes *et al.* 2010). Nei siti collocati in contesti ambientali non favorevoli all'allevamento, come nelle zone umide o in area trentina, l'apporto carneo continua a derivare primariamente dall'attività venatoria (Bagolini *et al.* 1973; Jarman 1976a; Bazzarella *et al.* 2000). La caccia è principalmente rivolta ai grossi ungulati (cervo, uro e cinghiale) e in misura minore ad animali di piccola taglia (lepre, tasso, martora, castoro) sfruttati anche per la loro pelliccia (Catalani 1985); in parallelo continuano ad essere praticate a supplemento della dieta attività di pesca e uccellagione (Bagolini *et al.* 1973; Biagi *et al.* 1983; Catalani 1984; 1985; Corti *et al.* 1998; Petrucci, Riedel 1998; Ferrari *et al.* 2002a). La fauna domestica è rappresentata da caprovini, bovini e suini in proporzione variabile da sito a sito (Jarman 1971; 1976a; Catalani 1984; 1985; Bianchin Citton 1996; Corti *et al.* 1998; Bazzarella 2002; Visentini 2002; Ferrari *et al.* 2002a): il bue domestico risulta prevalente in alcuni insediamenti situati nella Pianura Padana (Riedel 1981; 1995; Barker 1983), il maiale è presente in proporzione variabile, anche in compresenza con la forma selvatica (Ferrari *et al.* 2002a), mentre i caprovini sono dominanti in una maggiore varietà di contesti ambientali come i terrazzi fluviali, in area alpina, nella bassa Val di Susa e in siti collinari (Ferrari *et al.* 2002a). L'aumento dei caprovini può essere ricondotto a pratiche di pastorizia mobile e al connesso incremento della deforestazione necessaria alla creazione di nuovi pascoli per sostenere le necessità derivanti dall'aumento demografico che si registra nel sesto millennio BP (Mottes *et al.* 2010). L'età di macellazione degli animali varia da specie a specie e da sito a sito: accanto a resti osteologici di esemplari giovani e giovanissimi, sono attestati reperti ascrivibili ad animali adulti, sfruttati dunque non solo come fonte di carne, ma anche per ricavarne prodotti secondari (latte, lana, forza fisica) (Catalani 1985; Maggi, Nisbet 2000; Salzani 2002d; Petrucci 2005).

Un ruolo fondamentale in ambito economico, ma con rilevanti ripercussioni nella sfera socio-culturale, è giocato dagli scambi, i quali interessano un'ampia dimensione geografica multiraggio e coinvolgono un largo spettro di materie prime di ottima qualità derivanti da fonti selezionate e oggetti finiti di pregio provenienti da contesti culturali differenti (Barfield 1981). Sono soggetti a scambio in particolare selce alpina/lessinica (Barfield 1993; 2000; 2004) e altre rocce scheggiabili (quarzo ialino, quarzite, calcedonio, diaspro, ossidiana lipariota e sarda, *silex blond* francese) (Starnini, Voytek 1995; 1997a; Tykot 1996), metaofioliti di alta pressione, probabilmente immesse in circolazione sotto forma di abbozzi prelavorati e/o lame finite (Barfield 1996; D'Amico 2005; D'Amico *et al.* 2003b; Pétrequin *et al.* 2006a; 2006b), ceramiche dipinte meridionali di Serra d'Alto (Bagolini 1990a; Mottes 2002; Mottes *et al.* 2002; Degasperi *et al.* 2006), alcune delle quali però frutto di imitazioni locali (Cannavò *et al.* 2014a), conchiglie di *Spondylus* utilizzate per perline e bracciali (Micheli 2005; 2006a; 2006b), ornamenti di steatite (Micheli 2014), scalpelli nord-alpini tipo *Schuhleistenkeil* (Pedrotti 1996a; Barfield 2000), ceramica di origine germanica (Bagolini, Barfield 1976; Mottes *et al.* 2010), oltre probabilmente ad altri beni deperibili come sale, pelli e pece (Barfield 2000).

Questa complessa organizzazione di scambi lascia intendere l'instaurarsi di una rete di contatti transculturali (Geniola 2002; Köninger, Schlichterle 2002) probabilmente favoriti dalla circolazione di selce alpina e lessinica: basti infatti considerare che alcuni importanti siti VBQ dell'area lessinica (Quinzano, Sant'Ambrogio di Valpolicella, Rivoli Monte Rocca, Corsi di Isera, Rocca di Manerba), in grado di sfruttare la preziosa materia prima mediante spedizioni periodiche presso gli affioramenti interni, si collocano lungo l'importante via di comunicazione nord-sud costituita dalla Valle dell'Adige (Barfield 1990; 2000; Barfield, Buteux 1999). Proprio in alcuni dei siti citati (Isera e Rivoli), inoltre, sono attestati i primi oggetti in metallo di provenienza transalpina, i quali sono probabilmente giunti nei contesti VBQIII seguendo la stessa via di circolazione della selce (Mottes *et al.* 2010).

Il contesto di rinvenimento più frequente di buona parte degli oggetti appena descritti (strumenti in selce, asce e scalpelli, vasetti Serra d'Alto, ornamenti in pietra, ossa e conchiglia) è quello funerario relativo al corredo dei defunti. In linea generale, dove è stata condotta l'identificazione del sesso e dell'età degli individui, è possibile avanzare alcune interessanti osservazioni di carattere sociale. In primo luogo, si nota una differenziazione tipologica degli oggetti di corredo tra maschi (lame d'ascia, punte e lame in selce, strumenti in osso) e femmine (ornamenti, vasi, macine) che sembra riflettere una rigorosa separazione dei ruoli sociali tra i due sessi (Bernabò Brea *et al.* 2010). In secondo luogo, la ricchezza del corredo, in termini di investimento di tempo e di abilità tecniche necessarie al reperimento e alla realizzazione degli oggetti, non sembra direttamente collegata a specifiche classi d'età, quanto più probabilmente alla stirpe di appartenenza (Bernabò Brea *et al.* 2014a)[26]. Di conseguenza si ritiene plausibile l'ipotesi di una struttura gerarchica della Cultura VBQ basata sul lignaggio e la preminenza dei ruoli maschili di cui i preziosi beni del corredo rappresentano lo *status* elevato.

Le sepolture riferibili alle fasi VBQI e VBQII sono attestate sia singole (es. Dambel, Martignano, Meano La Pergola, Fimon Molino Casarotto: Bagolini *et al.* 1973; Pedrotti 1996a) o a piccoli gruppi (es. Rovereto Sticcota, Progno di Fumane, Campagnole di Negarine: Pedrotti 1996a) sia organizzate in vere e proprie necropoli (es. Arene Candide, Pollera, Le Mose, Collecchio, Via Guidorossi, Gaione Catena, Ponte Ghiara, Chiozza, Bagnolo San Vito, Quinzano, La Vela: Zorzi 1955; Bagolini, Grifoni Cremonesi 1994; Degasperi, Pedrotti 2002c; Bernabò Brea *et al.* 2002a; 2006a; 2014a; Castagna *et al.* 2014). Esse mostrano un rituale funerario omogeneo e fortemente codificato già con le più antiche attestazioni (per esempio Casalmoro 5810±50 BP: Bagolini, Biagi 1990; Perini 2011) e rimarrà pressoché immutato durante tutto il corso della Cultura VBQ. Viene praticata quasi esclusivamente l'inumazione in fosse - semplici, delimitate da pietre o da ciste calcaree interrate - con deposizione in decubito laterale sul fianco destro o sinistro, in posizione flessa o iperflessa, con la testa rivolta generalmente verso nord o nord-est e il volto diretto a oriente (Bernabò Brea 1946; Zorzi 1955; Bagolini, Grifoni Cremonesi 1994; Mottes 1996; Pedrotti 1996a; Bernabò Brea *et al.* 2000a). Alcune specificità caratterizzano certi contesti, come l'uso di cospargere di ocra o cinabro il corpo del defunto (Dal Rì *et al.* 2002), oppure la manipolazione delle ossa e l'accensione di fuochi rituali a fossa ancora parzialmente aperta (Bernabò Brea *et al.* 2014a).

Con la fase matura di Stile meandro-spiralico inizia la frantumazione territoriale e culturale della Cultura VBQ in ambito padano-alpino e se ne predispone il lento e definitivo declino forse associato alla pressione di molteplici istanze culturali (permanenza di gruppi di *facies* VBQ-Isolino nella porzione nord-occidentale, ingresso di gruppi Chassey da occidente e di gruppi Diana/Tardo Ripoli da meridione) (Bagolini, Biagi 1979; Biagi *et al.* 1983; Biagi 1995-96; Visentini *et al.* 2004) a cui si aggiunge la rapida e precoce formazione dello Stile a incisioni e impressioni in Trentino, collocabile già nella metà del sesto millennio BP o poco prima (Ferrari *et al.* 2002a; Mottes *et al.* 2010). Nel sito de La Vela-settore V è stato riconosciuto un aspetto VBQII avanzato datato alla metà del sesto millennio BP con elementi che sembrano preludere a VBQIII (Bagolini *et al.* 1979; Pedrotti 1990; Mottes, Nicolis 2002; Degasperi *et al.* 2006). A Isera La Torretta - fase I e ad Ala-le Corone precoci tracce VBQIII convivono assieme a influssi dall'area alpina settentrionale, segnalati dalla presenza di ceramiche con decorazioni a *furchenstich* e *pfeilstich* (Pedrotti 1996a; Mottes *et al.* 2010).

Quasi contemporaneo alla formazione del VBQIII è l'ingresso di gruppi di origine provenzale in Liguria (Arene Candide: Beta-60700: 5320±70 BP, Beta-60692: 5290±80 BP, Beta-65306: 5250±140 BP, R-104: 5075±75 BP) e in Piemonte (Alba-Corso Langhe e Scuola Rodari: GX-25858: 5380±40 BP, GX-26253: 5330±40 BP, GX-26252: 5210±70 BP) (Crepaldi 2001; Visentini *et al.* 2004), i quali conducono alla formazione di un aspetto locale della Cultura di Chassey (Bagolini 1986).

Con l'affermazione dello Stile a incisioni e impressioni si verificano dei rinnovamenti in campo tecnologico e si rafforzano alcune strategie insediative ed economiche già avviate nella fase precedente. Da un lato si affermano abitati ubicati in posizione strategica e difensiva, di difficile accesso, specialmente nella Valle dell'Adige (Juval, Johanneskofel), su culminazioni morfologiche (Isera la Torretta, Rivoli Rocca), in grotta (Bocca Lorenza), in area umida (Palù di Livenza); dall'altro, si riscontra un generale progressivo consolidamento della pastorizia (Boschian 2000) probabilmente associato a trasformazioni parallele e interdipendenti. Tra esse si sottolineano la diminuzione degli strumenti indicatori di attività agricola, quali macine, macinelli (Lunardi, Starnini 2013) e falcetti (Visentini 2002), la maggiore mobilità residenziale dei gruppi VBQIII come testimoniato a Ronchetrin di Gazzo, S. Andrea di Travo, Spilamberto, Monte Covolo e Bannia (Visentini 2002; Ferrari *et al.* 2002a; Visentini *et al.* 2004; Mottes *et al.* 2010) e la necessità di sfruttare prodotti secondari (latte e lana) (Petrucci 2005). Il definitivo epilogo della Cultura VBQ è segnato dalla formazione della Cultura della Lagozza, sito eponimo lombardo presso Besnate, a cui è collegato l'inizio del degrado irreversibile del territorio, probabilmente causato da una deforestazione più incisiva conseguente alle aumentate necessità di pascolo e creazione di terreni coltivabili (Drescher-Schneider 1990; Kofler, Oeggl 2001; Gobbo 2010).

[26] Basti considerare la disomogeneità riscontrata nei corredi degli infanti, in alcuni casi assenti, in altri di ricchezza pari a quella degli individui adulti (Pedrotti 2001; Bernabò Brea *et al.* 2014a).

Tabella XXVI - Specie vegetali coltivate in siti VBQ rappresentativi (Mottes *et al.* 2010 e bibliografia citata nel testo): X=presenza; *cfr*: determinazione dubbia; ? =determinazione molto dubbia o indicazione non chiara.
Table XXVI - The species cultivated at the main SMP sites (see text for bibliography); X = presence; cfr. = determination doubtful; ? = determination very doubtful (type) or indication not clear.

	Alba C. Eur.	**Arene Cand.**	**Ban nia**	**Bazza rola**	**Casal moro**	**Fimon M. C.**	**Isolino Varese**	**La Vela**	**Ostiano D. A.**	**Parma Guido Rossi**	**Pizzo Bodio**	**Rival tella**	**Riva rolo M.**	**Rivoli Rocca**	**Sammar denchia**
Cereali															
Hordeum vulgare	X	X	X	X			X	X	X	X	X	X	X		X
Triticum dicoccum	*cfr*	X	X	X			X	X		X	X	X	*cfr*		X
Triticum monococcum	X		X	X			?	X		X		X			X
Triticum aestivum/durum/ turgidum	X	X	*cfr*	X			X			X		X			X
"nuovo frumento vestito"								X		X					
Triticum spelta	?							*cfr*		X					X
Panicum miliaceum			?												
Setaria italica			?												
Leguminose															
Lathyrus cicera/ sativus			X							X					X
Lens culinaris			X	X						X					X
Pisum sativum			*cfr*					X		X			*cfr*		X
Vicia faba var. *minor*															X
Vicia sativa agg.			X	X				*cfr*		X					
Vicia/lathyrus											X				
Piante oleose															
Linum usitatissimum			?					X							X
Frutti															
Cornus mas			X			X									X
Cornus sanguinea								X							X
Corylus avellana	X	X	X	X	X	X	X	X	X	X	X	X	X	X	X
Crataegus sp.			X												X
Ficus carica			?				X								
Fragaria vesca							X								
Juglans regia			X												
Malus sylvestris			X				X	X		*cfr*		X			X
Physalis alkekengi						X	X								
Prunus avium															
Prunus spinosa agg.					X					X					
Prunus sp.			X							X					X
Pyrus sp.			?					X							
Quercus sp.		X	X	X			X								X
Robus fruticosus agg.						X	X	X							X
Robus idaeus							X	X							
Sambucus ebulus	X			?			X	X		X					X
Sambucus nigra/racemosa	X			?											X
Sambucus sp.										X					
Trapa natans						X									
Vitis vinifera sylvestris	X		X		X	X	X	X		X	X		X		X
Altre piante															
Fallopia convolvulus					X			X		X					
Chenopodium album	X						X	X		X					
Setaria cfr *viridis*								X		X	X				
Polugonum cfr *persica*								X			X				

3.2 Presentazione dei siti

Considerando il presupposto di esaminare non un campione rappresentativo dei *macrolithic tools*, quanto l'intero complesso di materiali di ogni sito, così da ricavare una visione generale e completa degli aspetti tecnofunzionali, si è scelto di concentrare lo studio su un ristretto numero di contesti archeologici.

L'areale geografico entro il quale si situano i siti VBQ selezionati (fig. 41) corrisponde al Veneto occidentale, regione ricca di documentazione archeologica VBQ sia per la precoce attività di indagine archeologica sia grazie al proseguo delle ricerche. La durata di occupazione dei siti scelti copre l'intero sviluppo cronologico della Cultura VBQ: Quinzano e Fimon appartengono alla fase VBQI (il sito vicentino è riferibile a un momento avanzato di Stile geometrico-lineare), mentre Rivoli è stato abitato nelle successive fasi VBQII e VBQIII. Il totale di reperti esaminati è di 238, di cui 71 provenienti da Fimon, 61 da Quinzano e 106 da Rivoli.

Questi siti sono stati scelti sulla base di alcune considerazioni. In primo luogo, la regione compresa tra la Valle dell'Adige e l'area berico-euganea è quella che finora ha restituito la documentazione archeologica più ricca per quanto concerne la presenza di gruppi VBQ nella regione orientale dell'Italia settentrionale. In secondo luogo, la collocazione dei tre abitati in situazioni geo-ambientali differenti costituisce una valida base di riflessione per le ripercussioni nell'approvvigionamento di materie prime e nell'uso degli strumenti in pietra, oltre a confrontare le scelte attuate per quanto riguarda lo sfruttamento di rocce diverse. Inoltre, l'area considerata è inserita nelle reti di scambio operanti nel territorio padano-alpino durante il Neolitico, sia come parte attiva (esportazione di selce alpina: Barfield 1993; 2000; Ferrari, Mazzieri 1998) sia passiva (importazione di pietra verde: D'Amico 2005). Infine, la precedente analisi delle lame d'ascia in pietra verde provenienti dai due contesti veronesi (Lunardi 2003a) ha posto le basi per una integrazione dello studio delle diverse tipologie di reperti non scheggiati.

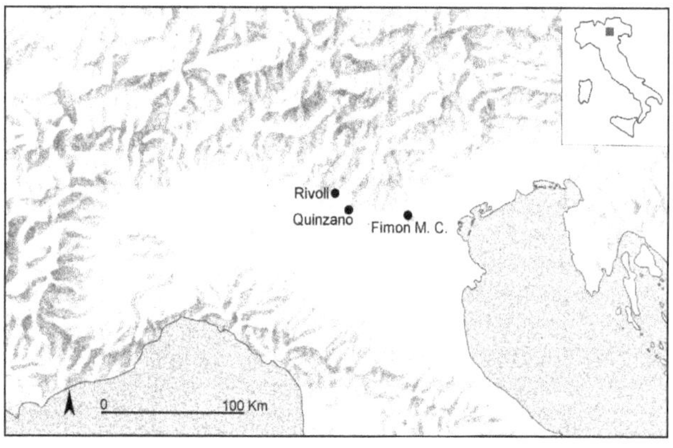

Figura 41 - Localizzazione dei siti esaminati.
Figure 41 - Location of the sites studied in this research.

3.2.1 Fimon Molino Casarotto (Vicenza)

Il sito di Molino Casarotto è ubicato nelle Valli di Fimon, un'ampia e articolata depressione valliva che si sviluppa dai Colli Berici verso nord-est, dove si fonde con la pianura alluvionale. Nella parte centrale delle Valli, circondato da bassi rilievi (52-125 m), è situato l'omonimo lago, la cui estensione attuale risulta notevolmente ridotta rispetto all'epoca preistorica (Bartolomei 1986). L'intera zona è caratterizzata da depositi torbosi e limosi, il cui sfruttamento, fin dal diaciannovesimo secolo, ha consentito il recupero di reperti che documentano la presenza dell'uomo nell'area dal Neolitico all'Età del Bronzo (Lioy 1864-65; 1876; Pigorini 1866; Meschinelli 1889; 1890; Brusin 1947; Maviglia 1947; Battaglia 1958-59; Broglio, Fasani 1975; Bianchin Citton, Pedrotti 1987). Il sito di Molino Casarotto, probabilmente in origine collocato sulle antiche sponde del lago, è stato oggetto di ricerche da parte di G. Trevisiol nel 1943, il quale, incaricato di seguire i locali lavori di estrazione della torba, ha riportato la descrizione di diverse strutture[27] e materiali (Trevisiol 1944-45); questi ultimi, a seguito della loro revisione, sono stati attribuiti alla fase arcaica della Cultura VBQ (Barfield, Broglio 1966). Nella medesima area esplorata da Trevisiol sono stati condotti nel periodo 1969-1972 scavi e saggi stratigrafici che hanno portato a indagare a vari livelli sette settori: i settori 3 e 4 corrispondono alle tre strutture abitative denominate capanna I, II e III, mentre il settore 6 coincide con la sepoltura di un adolescente; nei rimanenti settori le ricerche sono state alquanto limitate (Bagolini *et al.* 1973; Barfield, Broglio 1986) (fig. 42). La fase più antica di occupazione neolitica dell'insediamento è rappresentata da tracce di alcuni focolari poggianti direttamente sui limi lacustri che precedono l'edificazione delle capanne VBQ e sono probabilmente riconducibili a piccoli accampamenti temporanei (Bagolini *et al.* 1973; Bagolini 1984).

Le tre aree abitative di Fimon, insieme ad altri siti della zona prealpina (Isolino di Varese: Guerreschi 1976-77; 1990, Palù di Livenza: Peretto, Taffarelli 1973; Visentini 2002, Ponte nelle Alpi loc. Paluch: Bianchin Citton *et al.* 2002), costituiscono una preziosa testimonianza delle modalità costruttive messe in opera in area umida dalle comunità VBQ. La base delle strutture è costituita da un impalcato ligneo, solo parzialmente conservato, formato da travi orizzontali incrociate e pluristratificate poggianti su paletti di ontano, frassino e faggio di 10 cm circa di diametro medio infissi nel terreno con la funzione di consolidare, costipare e disidratare i limi lacustri

[27] Le strutture riferite da G. Trevisiol (1944-45) consistono in 1) un acciottolato circolare del diametro di circa 1 m circondato da una ventina di pali; 2) un acciottolato ellissoidale di 9 x 4,50 m poggiante su un assito formato da due strati sovrapposti di pali infissi nel terreno; 3) agglomerato di materiali vari (gusci di molluschi, ossa animali, corna di cervo, reperti litici e ceramici) e 4) vari resti di impalcati lignei e reperti litici e ceramici.

(Bagolini *et al.* 1973). Numerosi paletti verticali sono presenti anche nell'area circostante le piattaforme lignee, suggerendo il probabile prolungamento delle stesse, oppure la presenza di passerelle di collegamento (Bagolini *et al.* 1973).
Delle parti aeree delle capanne sono sopravvissuti solo alcuni frammenti di intonaco che presentano un lato ben lisciato, mentre l'altro reca impronte di rami (Bagolini 1984). Ogni capanna è caratterizzata dalla presenza di un grande focolare subcircolare o subrettangolare, poggiante sull'impalcato ligneo, costituito da strati di ciottoli e argilla e caratterizzato da successive ricostruzioni e/o spostamenti, lasciando perciò intendere che si siano succedute diverse fasi insediative la cui durata specifica e generale rimane però difficile da definire (Bagolini *et al.* 1973; Biagi, D'Amico 2013). Purtroppo esistono problemi stratigrafici riconducibili alla costipazione dei livelli torbosi che ostacolano la possibilità di effettuare raccordi stratigrafici tra le piattaforme lignee e i focolari e tra i diversi livelli dei focolari stessi (Bagolini *et al.* 1973).

Nella parte meridionale delle capanne, che probabilmente ne costituiva il retro, sono venuti alla luce estesi e spessi chiocciolai contenenti grandi concentrazioni di gusci di molluschi, ossa, resti vegetali, oltre a frammenti litici, ceramici e in materia dura animale: mancando nel sito strutture infossate come buche e pozzetti tipiche di altri villaggi neolitici padano-alpini questi accumuli all'aperto si connotano come rifiutaie (Bagolini *et al.* 1973).

Durante gli scavi sono state effettuate numerose datazioni radiocarboniche, principalmente da campioni prelevati da differenti livelli del focolare della capanna I (Shotton *et al.* 1970; Shotton, Williams 1973; Alessio *et al.* 1974; Biagi, D'Amico 2013, 92). Molte di queste cadono dentro i due secoli precedenti la metà del sesto millennio BP (Bagolini *et al.* 1973, 206; Bagolini, Biagi 1990, 14), così come una datazione (R-753a: 5680±50 BP) (Alessio *et al.* 1974, 561) ottenuta nella capanna III, mentre tre datazioni, di poco più recenti, provenienti dalla capanna II sono comprese tra 5370±50: R-764 e 5580±50 BP: R-765a (Alessio *et al.* 1974, 560-61). Questo consistente campione cronologico, tuttavia, presenta errori metodologici[28] e spesso un'alta deviazione standard che rende molte datazioni poco affidabili (Bagolini *et al.* 1973; Bagolini, Biagi 1990). Di conseguenza, non solo risulta difficile avere un quadro cronologico generale attendibile relativo al momento e alla durata di occupazione VBQ del sito, ma anche stabilire, in mancanza di un congruo numero di date per le capanne II e III, se le tre strutture siano contemporanee o invece pertinenti a diverse fasi abitative di un (medesimo?) gruppo VBQ.

Alcune considerazioni generali di carattere cronologico derivano dallo studio della produzione ceramica: essa presenta caratteristiche peculiari dello Stile geometrico-lineare sia nelle morfologie vascolari che negli ornati geometrici ottenuti principalmente con la tecnica a graffito e solo limitatamente a incisione, caratteristiche tipiche della fase VBQI matura (Bagolini *et al.* 1973). Inoltre, è attestata la presenza del motivo decorativo a spirale, il quale caratterizza la decorazione vascolare VBQ a partire dalla metà del sesto millennio BP (Bagolini *et al.* 1979, 11). Da ciò si desume che l'insediamento di Fimon Molino Casarotto appartiene ad una fase avanzata dello Stile geometrico-lineare e può essere considerato più recente rispetto al sito VBQI di Quinzano Veronese (Biagi, D'Amico 2013).

Informazioni interessanti relative al contesto ambientale e alle strategie economiche derivano dagli studi archeobotanici e archeozoologici. La flora intorno al lago doveva presentarsi alquanto ricca e diversificata con presenza, nel fondovalle, di ontano nero, orniello, frassino e acero; quercia e faggio caratterizzavano i versanti collinari, mentre il nocciolo era diffuso nelle zone più solatie (Durante Pasa 1972; Corona *et al.* 1974). La fauna del fondovalle e dei colli includeva cervo, capriolo, cinghiale, lupo e orso bruno, mentre lontra e castoro vivevano nelle acque lacustri (Riedel 1948; Jarman 1971).
L'analisi dei resti organici contenuti nei chiocciolai ha permesso di riconoscere grandi quantità di gusci di bivalvi e di altri molluschi lacustri, con prevalenza di *Unio* sp., abbondanti semi combusti di castagne d'acqua (*Trapa natans*), resti di pesci, tartarughe e di animali cacciati (Jarman *et al.* 1982). Tra questi prevalgono il cervo rosso (*Cervus elaphus* con il 49,8 % dei resti), il cinghiale (*Sus scrofa*) e il capriolo (*Capreolus capreolus*); sporadici sono i resti di lupo, tasso e castoro (Bagolini *et al.* 1973; Jarman 1976a). Le attività produttive sono attestate da rari cariossidi genericamente riferibili al genere *Triticum* e da poche ossa di capra/pecora e di bue (Bagolini *et al.* 1973). Infine, si rileva la presenza di nocciolo (*Corylus* sp.) e semi di vite (*Vitis* sp.), questi ultimi difficilmente ricoscibili come frutti selvatici o coltivati (Bagolini 1984).
I dati riportati permettono di ricostruire le strategie economiche messe in atto dal locale gruppo VBQ: la sussistenza si basava essenzialmente sulla caccia e sulla raccolta delle risorse spontanee, mentre marginale era il contributo derivato da agricoltura e allevamento, data anche l'assenza di suoli potenzialmente coltivabili nelle immediate vicinanze del sito (Jarman *et al.* 1982). Il peso dell'attività venatoria, diretta principalmente al cervo e praticata con criteri selettivi di abbattimento che privilegiavano i maschi di età inferiore ai quattro anni (Bagolini 1984), è confermato anche dallo studio tipologico e funzionale dell'industria litica. Essa si presenta piuttosto povera e specializzata: prevalgono grattatoi frontali, generalmente lunghi, e punte foliate peduncolate, seguiti da bulini (semplici, su frattura e su

[28] I campioni sono ottenuti da frammenti di carboni spesso provenineti da diversi punti e alcune datazioni contrastano con la sequenza stratigrafica (Bagolini *et al.* 1973; Bagolini, Biagi 1990).

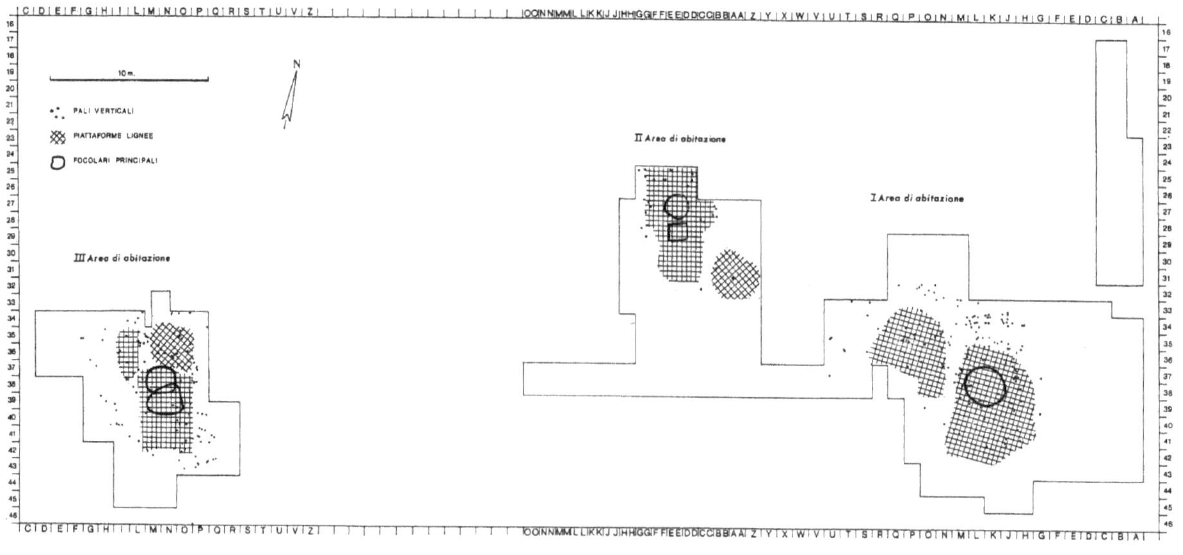

Figura 42 - Planimetria dell'area scavata a Fimon Molino Casarotto con i settori di scavo 3, corrispondente alla III area di abitazione, e 4, corrispondente alla I ed alla II area di abitazione (da Bagolini *et al.* 1973).
Figure 42 - Plan of the excavation area of Fimon Molino Casarotto (from: Bagolini et al. 1973).

ritocco), troncature, becchi e lame a dorso (Bagolini *et al.* 1973; Barfield, Broglio 1986). Grattatoi e punte di freccia sono strumenti riconducibili all'attività venatoria e alla lavorazione delle pelli (pulizia delle pelli fresche ed essiccate, ammorbidimento, scamosciatura) (Bagolini, Scanavini 1974; Guerreschi 1986); rari sono gli elementi di falcetto.
L'insieme dei dati illustrati suggerisce che il sito di Molino Casarotto venisse occupato stagionalmente presumibilmente durante l'estate (Clark 1990, 125) e con modalità cicliche per scopi venatori e di raccolta di piante selvatiche da parte di una comunità che aveva la propria sede principale in un luogo probabilmente non molto lontano dal bacino lacustre (Biagi, D'Amico 2013).

3.2.2 Quinzano Veronese (Verona)

Il sito di Quinzano è situato nell'attuale periferia nord-occidentale della città di Verona, ai piedi del versante meridionale dei Monti Lessini. Il deposito archeologico, costituito da formazioni calcaree di tipo carsico e da spessi strati argillosi, viene comunemente distinto in due grandi aree: la Cava Orientale (denominata anche Bradisa o Superiore) e la Cava Occidentale (o Inferiore) che comprende la Cava Vecchia e le tre Cave Nuove (Leonardi 1942; Zorzi, Pasa 1944-45; Pasa 1956). I cospicui materiali archeologici che coprono un discontinuo arco cronologico dal Paleolitico all'età Romana sono stati in gran parte frutto di recuperi durante i lavori di estrazione dell'argilla nella prima metà del secolo scorso (Graziosi 1939; Zorzi, Pasa 1944-45; Pasa 1956; Battaglia 1958-59) e in parte di una campagna di scavo condotta nel 1939 nell'area della Cava Vecchia (Leonardi 1942). I materiali neolitici provengono prevalentemente dall'area delle Cava Nuove, ma non si dispone di dati precisi e affidabili relativi alla loro collocazione topografica e stratigrafica. Essi includono una stazione all'aperto alla base del livello 19 - strato 3 della III Cava Nuova e, più a valle, una necropoli, verosimilmente attribuita allo stesso abitato, nei livelli 19a e 18 - strato 3 della Cava Bassa, corrispondente alla porzione meridionale della III Cava Nuova (Pasa 1956; Zorzi 1955; 1960; Biagi 1974).

Le uniche informazioni relative alla presenza di strutture antropiche riguardano, da un lato, la presenza di sepolture e, dall'altro, la descrizione di un "recinto di ciottoli" del diametro di circa 1,5 m, formato da nove pietre calcaree disposte a U e coperto da una pavimentazione costituita da frammenti calcarei (Zorzi, Pasa 1946, 1). Le tombe a inumazione (almeno 13: Corrain 1960), documentano il tipico rituale funerario VBQ: i defunti erano deposti su un fianco e in posizione rannicchiata entro fosse scavate nel terreno ad una profondità variabile tra 0,5 e 1 m (Pasa 1956) e distavano tra loro tra i 5 e i 10 m circa (Zorzi 1960). Alcune tombe erano ricoperte da una serie di ciottoli e frammenti lastriformi di argilla mal cotta come a formare un segnacolo (Battaglia 1958-59; Zorzi 1960). Molti defunti erano accompagnati da un corredo che poteva comprendere vasi a bocca quadrata analoghi a quelli rinvenuti nell'area abitativa, lame d'ascia in pietra levigata, strumenti in selce e in osso, oltre a una pintadera (Zorzi 1955; 1960; Pedrotti 1996a). Purtroppo le circostanze e le modalità di recupero dei reperti non consentono in gran parte di distinguere i materiali della necropoli da quelli dell'area insediativa.

L'analisi della cultura materiale denota caratteristiche arcaiche della fase di Stile geometrico-lineare, sebbene l'assenza di dati strutturali e stratigrafici impedisca una valutazione dello spessore cronologico di occupazione del sito (Biagi 1974). Le tazze carenate di impasto fine nero lucido tipo Fiorano, le anse a nastro con bugnetta plastica al centro, i romboidi, i microbulini e la frequenza del ritocco erto sono elementi che concorrono a confermare l'arcaicità dell'abitato di Quinzano, al limite

tra il Neolitico Antico della Cultura di Fiorano (quest'ultima tra l'altro ben attestata nel territorio Veronese: Pedrotti 2002) e il sopraggiungere della Cultura VBQ con lo Stile geometrico-lineare (Biagi 1974). Tra i reperti ceramici si segnalano alcuni frammenti riferibili alle fasi VBQ mature: un piattino con decorazione a triangoli intagliati, alcuni frammenti decorati a impressione e scorrimento e un coperchio ornato con motivi spiralici (Biagi 1974).
Per il sito di Quinzano non sono disponibili dati archeobotanici e archeolozoologici utili a ricostruire il quadro generale delle attività economiche praticate dal locale gruppo VBQ. Le uniche considerazioni possibili riguardano le condizioni paleoclimatiche e pedostratigrafiche. La frequentazione neolitica del sito, avvenuta in una fase climatica calda e con abbondanti precipitazioni (Pasa 1956), si assesta su un alfiosuolo rubefatto analogo a quelli riconosciuti per i siti neolitici mantovani (Cremaschi 1990).

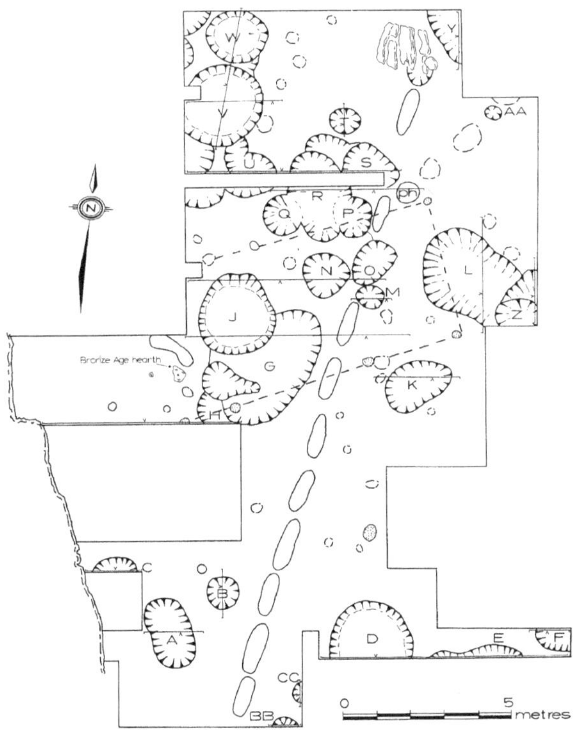

Figura 43 - Rivoli, *Site* L (Scavi L. Barfield, ricerche del Museo Civico di Storia Naturale di Verona): planimetria degli scavi 1963-1968 con indicati pozzetti (A-CC), buche di palo e allineamenti di pietre (da: Barfield, Bagolini 1976, fig. 5).
Figure 43 - Rivoli, Site L: plan of the 1963-1968 excavation areas marked with pits (A-CC), post holes and stone levels (from: Barfield, Bagolini 1976, fig. 5).

3.2.3 Rivoli Monte Rocca (*Site* L) (Verona)

Il Monte Rocca è uno sperone roccioso calcareo che si eleva per circa 260 m al disopra della Chiusa, sulla sponda destra dell'Adige, in posizione strategica dominante sulla via fluviale che collega la Pianura Padana a sud e i passi alpini centrali (Resia, Brennero, Val Pusteria) a nord (Barfield, Bagolini 1976; Mottes *et al.* 2002). La conformazione della rocca presenta dirupi scoscesi a picco sul fiume Adige nei lati orientale, settentrionale e occidentale, mentre il lato meridionale si raccorda dolcemente alle morfologie circostanti.
Fin dalla seconda metà del diciannovesimo secolo, l'area ha restituito in diversi punti (Covoli del Regano, Campetti, Spiazzo) materiali archeologici pertinenti a diverse epoche (Neolitico, Età del Bronzo, Età Longobarda, Medioevo) (Pellegrini 1875; Martinati 1876).
Gli scavi sistematici condotti nel 1963 (Barfield 1966a) e nel periodo 1965-1968 (Barfield 1966b; Barfield, Bagolini 1976) hanno interessato a vari livelli diversi punti del Monte Rocca (*sites* B, D, E, F, H, L, Regano).
I materiali neolitici provengono in gran parte dal *Site* L o Spiazzo, unica zona piana sul pendio della Rocca e area già indagata quasi un secolo prima da Pellegrini: il deposito si presentava nel complesso integro (eccetto la parte meridionale indagata nell'Ottocento) e non disturbato dai moderni lavori agricoli (Barfield, Bagolini 1976). Lo studio dettagliato della ceramica ha permesso di riconoscere tre fasi insediative nell'ambito della Cultura VBQ: una prima fase attribuita allo Stile meandro-spiralico e due successive sottofasi riferibili allo Stile a incisioni e impressioni (Barfield, Bagolini 1976). Purtroppo per il sito sono disponibili solamente quattro datazioni assolute ottenute dal collagene estratto da resti osteologici provenienti da pozzetti interconnessi tra loro (Shotton *et al.* 1970): una, poco attendibile, è riferita alla fase di Stile meandro-spiralico (Pit L: Birm-103: 5220±120 BP:) e le rimanenti sono ascrivibili alle fasi di Stile a incisioni e impressioni (Pits PQR: Birm-616: 5070±100 BP e Birm-617: 5370±70 BP), delle quali una (Pit Z: Birm-104: 5665±120 BP) ritenuta inaffidabile dagli Autori (Bagolini, Barfield 1976, 140).

L'area denominata Spiazzo ha restituito una ricca documentazione relativa alla presenza di strutture antropiche concentrate principalmente nella parte settentrionale dell'insediamento: si tratta di almeno tre allineamenti di pietre, acciottolati, buche di palo, un lungo allineamento di fosse oblunghe che forse formava la delimitazione di un recinto accostabile ad esempi nord-europei (Burgess *et al.* 1988), una trentina di pozzetti di varie dimensioni e di forma più o meno regolare usati in parte per l'estrazione di argilla e in parte riutilizzati come rifiutaie, focolari, alcuni delimitati da un recinto di pietre, e resti di intonaco (Barfield, Bagolini 1976) (fig. 43). Gli allineamenti di massi di origine glaciale potrebbero essere interpretati come terrazzamenti, o, almeno in un caso, come elementi murari grazie al contestuale rinvenimento di resti di intonaco e di argilla bruciata (Barfield, Bagolini 1976).

Alcuni frammenti di intonaco presentano, da un lato, impronte riferibili a cannicciate o travi e, dall'altro, tracce di solcature spiraliformi realizzate con una sostanza bianca che fanno pensare ad abitazioni dalle pareti decorate (Barfield 1966a; Barfield, Wardle 2006). Purtroppo, in fase di scavo nessuna delle buche di palo potè essere collegata con gli allineamenti di pietre in modo da configurare il perimetro di una capanna. Le numerose strutture negative portate alla luce consistono in buche di palo e pozzetti distinti in base alle dimensioni e al rivestimento interno (Barfield 1966a; Barfield, Bagolini 1976).

Dal riempimento dei pozzetti provengono materiali ceramici e litici che hanno permesso di precisare una suddivisione cronologica delle sottostrutture in tre momenti di occupazione del sito. La prima, riferibile allo Stile meandro-spiralico (Rivoli-Chiozza), è documentata in un numero limitato di pozzetti (H ed L) ed è caratterizzata da ceramiche decorate prevalentemente a incisione, a volte utilizzando pasta bianca o rossa, con motivi sinuosi e spiraliformi e da una poco abbondante industria litica che sembra preannunciare elementi tipici della fase VBQIII ravvisabili in particolare nella rilevante presenza di punte foliate (Barfield, Bagolini 1976).

Le ultime due sottofasi, inquadrabili nello Stile a incisioni e impressioni (Rivoli-Castelnuovo I e II), sono attestate nella maggior parte dei pozzetti e si caratterizzano per una produzione vascolare che annovera ceramiche decorate da motivi impressi e incisi rappresentati da triangoli, bande di zig-zag, linee verticali e orizzontali.

La presenza di un frammento di tipo *Aichbühl* decorato con motivi a *stichband* e triangoli impressi di provenienza nordalpina e di alcuni frammenti ceramici e bugne multiforate riferibili alla Cultura Chassey-Lagozza testimoniano un'occupazione del sito della fase finale della Cultura VBQ.

Nell'ambito della produzione fittile si segnalano almeno tre frammenti di idoletti e diverse pintaderas decorate con motivi geometrici prevalentemente a zig-zag.

L'industria litica dell'ultima fase di occupazione neolitica è rappresentata prevalentemente da bulini (semplici, su frattura e su ritocco trasversale a stacco laterale), punte foliate (semplici, peduncolate, ogive) e raschiatoi, seguiti da grattatoi, generalmente frontali lunghi e corti, troncature e becchi (Barfield, Bagolini, 1976). La materia prima impiegata nell'industria litica è selce lessinica proveniente probabilmente dai versanti del Monte Baldo, i cui depositi più vicini distano dal Monte Rocca appena 6 km verso settentrione, e dagli affioramenti dei Lessini, anch'essi raggiungibili mediante spedizioni giornaliere (Barfield 1990).

L'ubicazione dell'insediamento lungo le pendici del Monte Rocca in posizione difensiva d'altura, se da un lato è conforme alla scelta insediativa di altri siti VBQII e VBQIII dell'areale prealpino orientale (si ricordano i siti di Corsi di Isera, Rocca di Manerba e Rocca di Garda), dall'altro documenta la posizione strategica di controllo dei traffici di beni attivi in direzione nord-sud (Barfield 1990). Ciò è testimoniato dalla presenza di oggetti d'importazione o d'influenza - tra i quali si segnalano in particolare lame d'ascia in pietra verde (Bagolini, Barfield 1976; Lunardi 2003a), metallo e ceramica[29] nord-alpini (Bagolini, Barfield 1976, 52) - nell'ambito dei quali era probabilmente inserita anche la selce lessinica (Barfield 1990). Rivoli e altri siti coevi collocati lungo i margini dei Lessini (per esempio S. Ambrogio di Valpolicella: Bagolini 1984), infatti, svolgevano la funzione principale di centri per la lavorazione e la distribuzione dell'ottima selce lessinica che veniva immessa in una rete di circolazione a vasto raggio e multidirezionale (Barfield 1993; Mottes 2002).

Numerosi dati relativi alla sfera economica sono disponibili per il *Site L*, grazie all'abbondanza di resti osteologici presenti nelle strutture sotterranee. Tra la fauna domestica si impone il maiale (*Sus scrofa*) seguito dal bue (*Bos taurus*) e da pecora/capra (*Ovis/Capra*). Tra la fauna selvatica, nettamente sottorappresentata rispetto agli animali allevati, i resti più consistenti sono riferibili al cervo (*Cervus elaphus*), seguito dal capriolo (*Capreolus capreolus*), orso (*Ursus arctos*) e rare ossa di camoscio (*Rubicapra rubicapra*) (Jarman 1976b; Piper 2010) (Tab. XXVII). Tra la fase insediativa di Stile meandro-spiralico e le successive due subfasi di Stile a incisioni e impressioni si nota un certo incremento del maiale a cui corrisponde un decremento del bue, mentre il peso dei caprovini resta pressoché invariato. Nello stesso intervallo di tempo aumenta anche la percentuale di resti di cervo, sebbene rimanga nel complesso poco attestato, relegando dunque la caccia ai grossi ungulati a un ruolo secondario rispetto alle attività produttive. L'abbattimento degli animali avveniva secondo criteri selettivi: i maiali venivano di preferenza macellati tra i 9 e 36 mesi, i buoi per lo più tra i 2 e i 4 anni, mentre capre/pecore e cervi venivano consumati quando raggiungevano l'età adulta (Jarman 1976b).

Dallo studio biometrico condotto sui resti osteologici riferibili ai maiali - con denti relativamente piccoli assimilabili a quelli della popolazione suina domestica e ossa post-craniali larghe tipiche degli esemplari selvatici - si è dedotto che la fauna suina neolitica fosse il risultato di accoppiamenti controllati tra femmine domestiche e maschi allo stato brado, pratica documentata anche a livello etnografico (Piper 2010).

---

[29] Oltre al frammento *Aichbühl* d'importazione, si segnala ceramica grossolana con orli rinforzati da cordoni digitati che richiamano tipologie analoghe alle culture tardoneolitiche nord-alpine (Bagolini, Barfield 1976, 148).

Tabella XXVII - Rivoli *Site L*: la fauna più rappresentativa (da: Jarman 1976b).
Table XXVII - Rivoli Site L: most representative fauna (from: Jarman 1976b).

Fauna	VBQII	VBQIIIa	VBQIIIb
Sus scrofa	28,0%	27,1%	32,4%
Bos taurus	32,9%	22,5%	18,4%
Ovis/Capra	18,3%	20,6%	19,3%
Cervus elaphus	0,6%	6,9%	5,9%
Capreolus capreolus	-	1,2%	1,5%
Ursus arctos	2,4%	0,2%	0,1%

Sul Monte Rocca il terreno adatto all'agricoltura è povero e strettamente limitato ad alcune zone situate prevalentemente ad occidente del sito neolitico. Nella zona settentrionale e meridionale sono presenti pascoli naturali adatti alle greggi in grado di brucare lungo i pendii e i fianchi delle colline. Sono invece assenti estesi spazi aperti e spianati utili ai bovini, i quali potrebbero essere stati condotti a pascolare lungo la valle e portati al villaggio in occasione della macellazione (Piper 2010). Sulla base del quadro ricostruito sopra descritto sembra verosimile pensare che la scelta insediativa sia stata motivata più da esigenze di controllo politico-strategico dell'importante via di passaggio tra le Alpi e la Pianura Padana, piuttosto che dalle prospettive di sfruttamento agricolo del terreno (Bagolini, Barfield 1976; Jarman 1976b). Inoltre, l'aumento del peso percentuale del cervo e il parallelo decremento del bue durante la fase insediativa di Stile a incisioni e impressioni, oltre alla scarsa presenza di terreni adatti all'agricoltura, fa pensare a un sistema di vita di carattere semimobile che diventa comune a molti siti VBQIII dell'area padano-alpina (Lunardi, Starnini 2013).

3.3 Stato di conservazione dei reperti

Grazie alla natura durevole delle rocce da cui sono ricavati, gli strumenti in pietra non scheggiata in genere si conservano facilmente nei contesti archeologici, anche in condizioni di terreni acidi e sottoposti a importanti interventi antropici come quelli dell'Italia settentrionale, dove altri tipi di reperti più fragili tendono a disgregarsi.

Per quanto concerne le materie prime, le pietre verdi e le serpentiniti sono le rocce meglio conservate in tutti i siti considerati. Diversamente, altri tipi di rocce, tra cui principalmente alcuni porfidi, basalti, calcari e arenarie, presentano alterazioni strutturali e cromatiche che hanno reso a volte difficile l'osservazione e il riconoscimento delle tracce tecnologiche e funzionali. In particolare, si segnalano alcuni reperti in arenaria provenienti dal sito di Fimon, contraddistinti da una struttura friabile e una consistenza precaria a volte associate anche a tracce di bruciatura, caratteristiche imputabili alla prolungata esposizione al fuoco, tanto che alcuni di essi sono stati abbandonati nei focolari e impiegati come *hearth stones* (L.H. Barfield, com. pers. 2005). Anche a Quinzano e a Rivoli alcuni strumenti per macinare in porfido presentano deterioramenti abbastanza consistenti della struttura della materia prima.

Dal punto di vista della integrità fisica dei supporti, una quantità apprezzabile degli strumenti esaminati si presenta allo stato frammentario (fig. 44). Questa condizione caratterizza soprattutto i blocchi litici da cui sono ricavati gli strumenti di maggiori dimensioni, mentre gli strumenti ottenuti da ciottoli sono, nel complesso, meglio preservati.

È possibile pensare che, accanto alla frequente assenza di interventi tecnologici sul supporto di origine, lo stato frammentario comune a numerosi reperti abbia determinato il mancato riconoscimento di alcuni blocchi come veri e propri strumenti e, di conseguenza, l'esclusione dalla conservazione durante gli scavi. Tale considerazione si rivela particolarmente attendibile per il sito di Quinzano, dove la raccolta del materiale archeologico è avvenuta in gran parte ad opera degli operai che lavoravano nelle locali cave di argilla.

Lo stato frammentario dei reperti archeologici può essere imputato a diverse cause di origine naturale (es. sfruttamento di un blocco spezzato), antropica (es. rottura accidentale o volontaria) e postdeposizionale. Risulta molto difficile attribuire con sicurezza ai singoli strumenti la causa specifica che ne abbia determinato la rottura, e spesso è anche problematico definire frammentario un oggetto che, come un blocco usato per levigare, può essere stato ottenuto da un supporto naturale spezzato in origine. In questa prospettiva, di conseguenza, si ritiene delicato assegnare una valenza di intenzionalità o di accidentalità alla natura frammentaria di alcuni strumenti. Inoltre, lo stato frammentario non è necessariamente causa di abbandono dello strumento, poiché il medesimo supporto, a seguito o meno di un intervento tecnologico, poteva essere riutilizzato per scopi diversi.

In tutti i contesti archeologici esaminati, la categoria più frammentaria di reperti è quella degli strumenti per macinare: questo fatto può essere riferito alle maggiori dimensioni e all'utilizzo frequente e prolungato nel tempo di questi strumenti, rendendoli così più probabilmente soggetti a eventi accidentali.
Tuttavia, a fronte di queste considerazioni, lo stato di conservazione generale dei materiali esaminati consente una generale buona lettura dei supporti, delle tracce tecnologiche e delle tracce d'uso. Sono stati esaminati tutti i reperti, sia interi che frammentari, al fine prestabilito di prendere in considerazione la totalità dei reperti in pietra non scheggiata, anche se una parte di essi è stata inserita nella categoria degli indeterminati.

3.4 Composizione delle industrie in pietra non scheggiata

I materiali analizzati sono frutto di recuperi e scavi terminati circa cinquanta anni fa. Per i siti di Fimon e Rivoli le ricerche sono state condotte con metodo stratigrafico e metodologie all'avanguardia per l'epoca in cui sono state realizzate. I dati degli scavi sono stati solo parzialmente pubblicati e principalmente per quanto concerne le industrie litiche e la produzione ceramica. Dell'industria non scheggiata in entrambi i siti sono noti e studiati petrograficamente gli strumenti da taglio in pietra verde (Bagolini *et al.* 1973; Barfield, Bagolini 1976; Lunardi 2003a; Biagi, D'Amico 2013). In aggiunta, a Rivoli sono stati pubblicati anche i dati tecnomorfologici relativi agli strumenti per macinare, levigare e pestare (Barfield, Bagolini 1976); sono, infine, recuperabili alcuni cenni relativi agli strumenti percussori e abrasivi nella pubblicazione dedicata a Fimon (Bagolini *et al.* 1973).

Il recupero dei reperti nei depositi del Museo Naturalistico Archeologico di Vicenza e del Museo Civico di Storia Naturale di Verona a partire da quelli inseriti nelle pubblicazioni citate è stato difficoltoso a causa del lungo intervallo temporale intercorso dalla loro classificazione, delle esigue informazioni disponibili per la classe dei reperti in pietra non scheggiata e dell'esigenza di trovare un riscontro tra informazioni fornite nelle pubblicazioni e quelle dei cartellini allegati ai materiali archeologici. Quest'ultimo aspetto è stato appurato grazie al confronto e alla corrispondenza di dati di natura diversa. Resta tuttavia da precisare che la lunga storia delle ricerche, le varie modalità di raccolta dei materiali e i vari studiosi che si sono avvicendati nel corso del diciannovesimo e ventesimo secolo nello studio delle aree archeologiche di Fimon, Quinzano e Rivoli fanno sì che il recupero dei reperti non scheggiati non possa considerarsi in assoluto completo e concluso: ne è riprova la recente riscoperta di un lotto di materiali litici, tra cui sei lame d'ascia, frutto dei recuperi di G. Trevisiol nell'area di Molino Casarotto (Trevisiol 1944-45; Pellizzari 2014-15; Lunardi, Pellizzari in preparazione).

Diversamente, le circostanze in cui sono avvenuti i recuperi a Quinzano negli anni di sfruttamento delle locali cave d'argilla fanno supporre una raccolta parziale della potenziale entità dell'industria in pietra non scheggiata. Ciò dipende principalmente dal fatto che il recupero di materiale archeologico avveniva in modo fortuito e si tendeva a salvaguardare manufatti integri, reperti facilmente interpretabili come strumenti e quelli dotati di caratteristiche estetiche gradevoli. Di conseguenza, si può ritenere plausibile che il complesso dei reperti non scheggiati di Quinzano oggi conservato rappresenti in realtà solo una parte dell'industria originaria.

Il campione archeologico totale di Fimon, Quinzano e Rivoli composto da 238 reperti è stato suddiviso in due macrocategorie: gli "strumenti" e gli "indeterminati" (tab. XXVIII). Il gruppo degli strumenti annovera 176 oggetti, corrispondente al 73,9 % del totale dei reperti, così ripartiti: 47 strumenti provenienti da Quinzano, 52 da Fimon e 77 da Rivoli. In questo insieme sono compresi:

a) i reperti contraddistinti da tracce di lavorazione e di usura (strumenti da taglio in pietra levigata e strumenti per macinare);

b) i reperti utilizzati senza una preventiva lavorazione del supporto (pestelli, percussori, levigatoi, lisciatoi, martelli-trituratori e pestelli-lisciatoi);

c) i reperti caratterizzati da chiare tracce di lavorazione, ma apparentemente privi di tracce d'uso (due esemplari di lama d'ascia e uno scalpello). In questo caso l'assenza delle usure può essere connessa al fatto che tali strumenti non siano mai stati usati o siano stati riaffilati immediatamente prima dell'abbandono, oppure si tratti di lame intenzionalmente non destinate ad impieghi pratici perché dotate intrinsecamente di valori simbolici metafunzionali. La probabile provenienza dei reperti da contesto funerario rende complessa la loro interpretazione.

Nel campione archeologico esaminato non sono presenti reperti in corso di lavorazione, come invece attestato in altri contesti neolitici, come per esempio la Caverna delle Arene Candide (Starnini, Voytek 1997a).

Il gruppo degli indeterminati conta 62 oggetti, corrispondente al 26,1 % del totale dei reperti, così distribuiti: 14 provenienti da Quinzano, 19 da Fimon e 29 da Rivoli (tab. XXVIII). Gli indeterminati si caratterizzano per un alto grado di frammentarietà del supporto o di deterioramento fisico della roccia. Queste condizioni, spesso presenti contemporaneamente nello stesso reperto, hanno reso impossibile il riconoscimento di eventuali tracce di lavorazione e di usura, con la conseguenza che gli indeterminati sono stati esclusi dalla classificazione funzionale di seguito presentata e da ogni valutazione statistica.

Merita ricordare che a Fimon nel gruppo degli indeterminati figurano alcuni ciottoli in calcare bianco, di forma allungata, per alcuni di tipo fallico, con superfici naturalmente lisce, in genere di color bianco omogeneo e apparentemente privi di tracce d'uso. Tali ciottoli sono stati probabilmente scelti in base alle loro caratteristiche morfoestetiche per scopi riconducibili alla sfera simbolico-rituale (L.H. Barfield, com. pers. 2005).

La distribuzione dei vari gruppi funzionali di strumenti è varia all'interno dei tre siti (fig. 45 e 46): questo fatto assume un peso significativo in relazione alle dinamiche di carattere economico e culturale messe in atto nei singoli contesti, i quali, pur riferibili alla stessa Cultura VBQ, ne rispecchiano la versatilità economica.

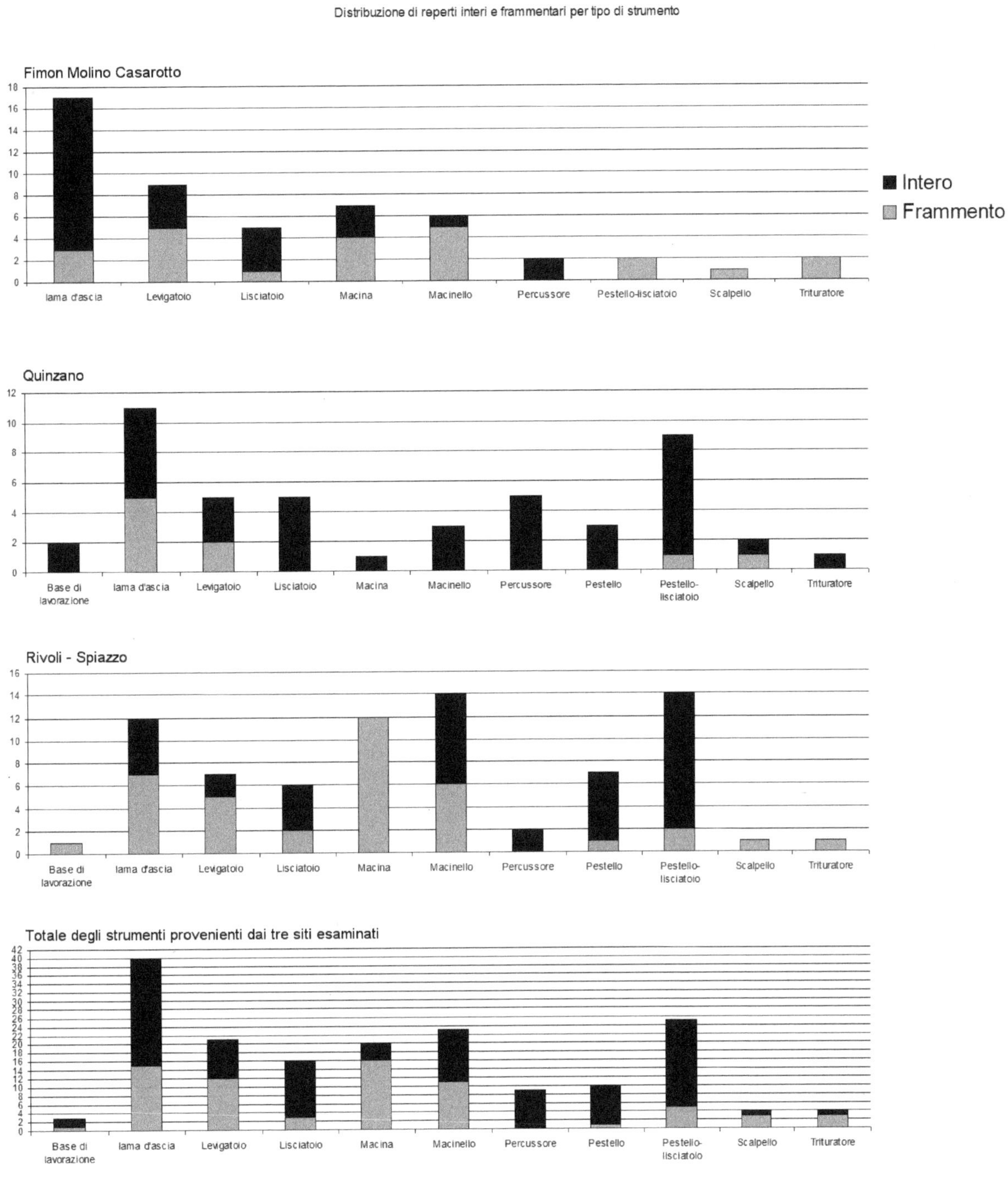

Figura 44 - Distribuzione degli strumenti interi e frammentari in classi funzionali.
Figure 44 - Distribution of the complete and fragmentary tools by functional classes.

Tabella XXVIII - Composizione funzionale delle industrie in pietra non scheggiata provenienti dai siti neolitici esaminati.
Table XXVIII - Composition of the non-chipped stone tools from the studied SMP sites.

Gruppo funzionale	Tipo di strumento	Fimon M. C.	Quinzano	Rivoli Spiazzo	Totali
Strumenti per macinare	Macine	7	1	12	20
	Macinelli	6	3	14	23
Strumenti per levigare e lisciare	Levigatoi	9	5	7	21
	Lisciatoi	6	5	6	17
Strumenti per pestare, bocciardare, triturare	Pestelli	0	3	7	10
	Percussori	2	5	2	9
	Martelli-trituratori	2	1	1	4
Strumenti da taglio	Lame d'ascia	17	11	12 (+ 6 frammenti)	40
	Scalpelli	1	2	1	4
Strumenti polifunzionali	Pestelli-lisciatoi	2	9	14	25
	Basi di lavorazione	0	2	1	3
Totale strumenti		52 73,3%	47 77%	77 72,7%	176 73,9%
	Indeterminati	19 26,7%	14 23%	29 27,3%	62 26,1%
Totale reperti		71	61	106	238

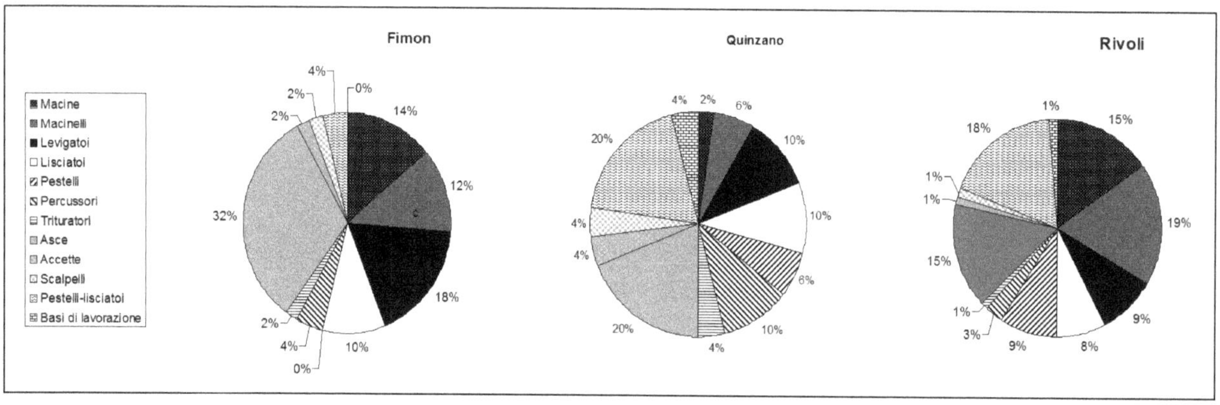

Figura 45 - Distribuzione degli strumenti nei siti considerati.
Figure 45 - Distribution of tools in the studied sites.

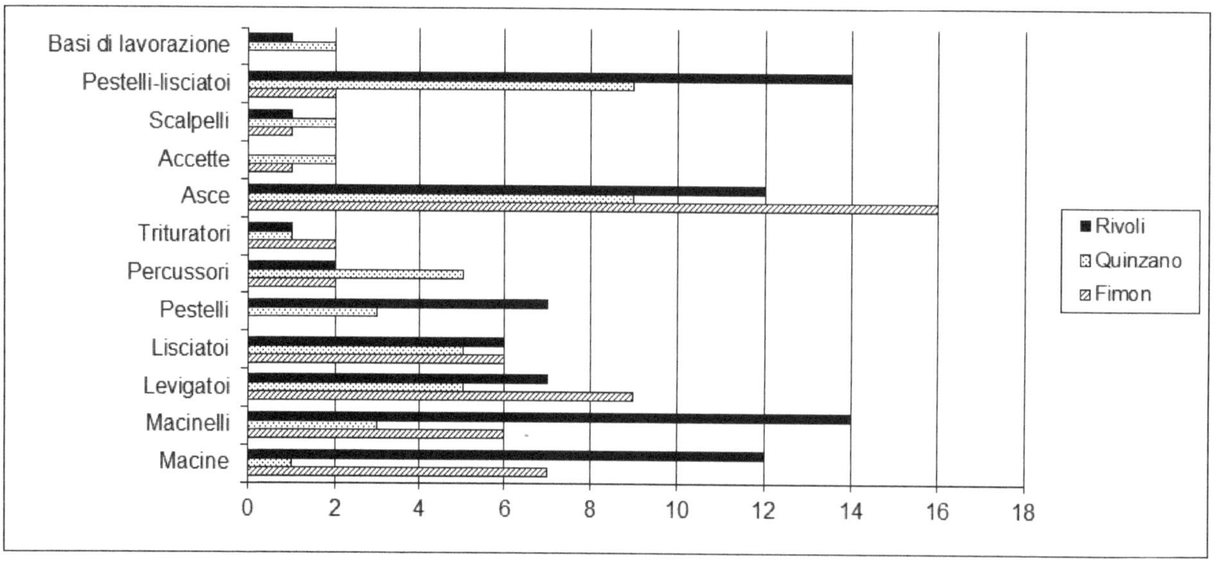

Figura 46 - Confronto della distribuzione degli strumenti nei siti esaminati.
Figure 46 - Comparison of the distribution of tools in the studied sites.

4 CORPUS ARCHEOLOGICO

4.1 Classificazione degli strumenti

La descrizione che segue si basa sui materiali definiti "strumenti", indipendentemente dallo stato integro o frammentario dei supporti, e annovera 176 reperti (escludendo 6 piccolissimi frammenti di lame d'ascia dal sito di Rivoli: A11-A16 in Appendice I) così suddivisi: 47 reperti provengono da Quinzano, 77 da Rivoli Monte Rocca e 52 da Fimon Molino Casarotto (tab. XXVIII).
La classificazione archeologica è il risultato delle analisi morfometrica (fig. 47) e tecnofunzionale i cui principi sono stati discussi nel capitolo dedicato alla metodologia.
L'obiettivo di questa classificazione è triplice:

a) focalizzare i gruppi di strumenti che presentano caratteristiche morfologiche e tecnologiche simili;

b) individuare gli strumenti le cui tracce d'uso possano essere assimilabili a un funzionamento descritto principalmente in base al tipo di percussione effettuato (appoggiata, lanciata e mista) e definire con il maggior grado di precisione possibile il tipo di sostanza trasformata (tab. XXIX);

c) ricostruire la gestione generale della materia prima e degli strumenti, descritta in base alla messa in atto di catene operative più o meno standardizzate per gruppo funzionale e per contesto di appartenenza. Questo aspetto costituirà un fulcro per la disamina dei dati acquisiti in sede di sintesi e interpretazione dei risultati.

Tabella XXIX - Sintesi delle sostanze lavorate mediante i diversi tipi di strumenti in pietra nei siti di Fimon M. C., Quinzano e Rivoli Rocca.
Table XXIX - Summary of substances used with different stone tools in the Fimon M. C., Quinzano and Rivoli Rocca sites.

Gruppo funzionale	Sito	Cereali	Legno	Materie dure animali e/o pietra	Pelle	Pietra	Ocra	Azione generica di frantumazione/pestatura	Oggetto simbolico	Sostanza specifica indeterminata	*Totali*
Strumenti per macinare	Fimon M.C.	9	-	-	-	-	-	-	-	4	13
	Quinzano	2	-	-	-	-	2(?)	-	-	-	4
	Rivoli Rocca	16	-	-	-	-	4	-	-	6	26
Strumenti per lisciare e levigare	Fimon M.C.	-	-	8	1	-	-	-	-	6	15
	Quinzano	-	-	2	4	-	-	-	-	4	10
	Rivoli Rocca	-	-	4	4	-	1(?)	-	-	4	13
Strumenti percussori	Fimon M.C.	-	-	-	-	2	-	2	-	-	4
	Quinzano	-	-	-	-	3	-	4	-	2	9
	Rivoli Rocca	-	-	-	-	2	-	8	-	-	10
Strumenti da taglio	Fimon M.C.	-	11	-	-	-	-	-	-	7	18
	Quinzano	-	8	-	-	-	-	-	3(?)	2	13
	Rivoli Rocca	-	6	-	-	-	-	-	-	7	13
Strumenti polifunzionali	Fimon M.C.	-	-	-	2	-	-	-	-	-	2
	Quinzano	-	-	-	8	-	-	2	-	1	11
	Rivoli Rocca	-	-	-	11	-	-	1	-	3	15
Totali		27	25	14	30	7	7	17	3	46	176

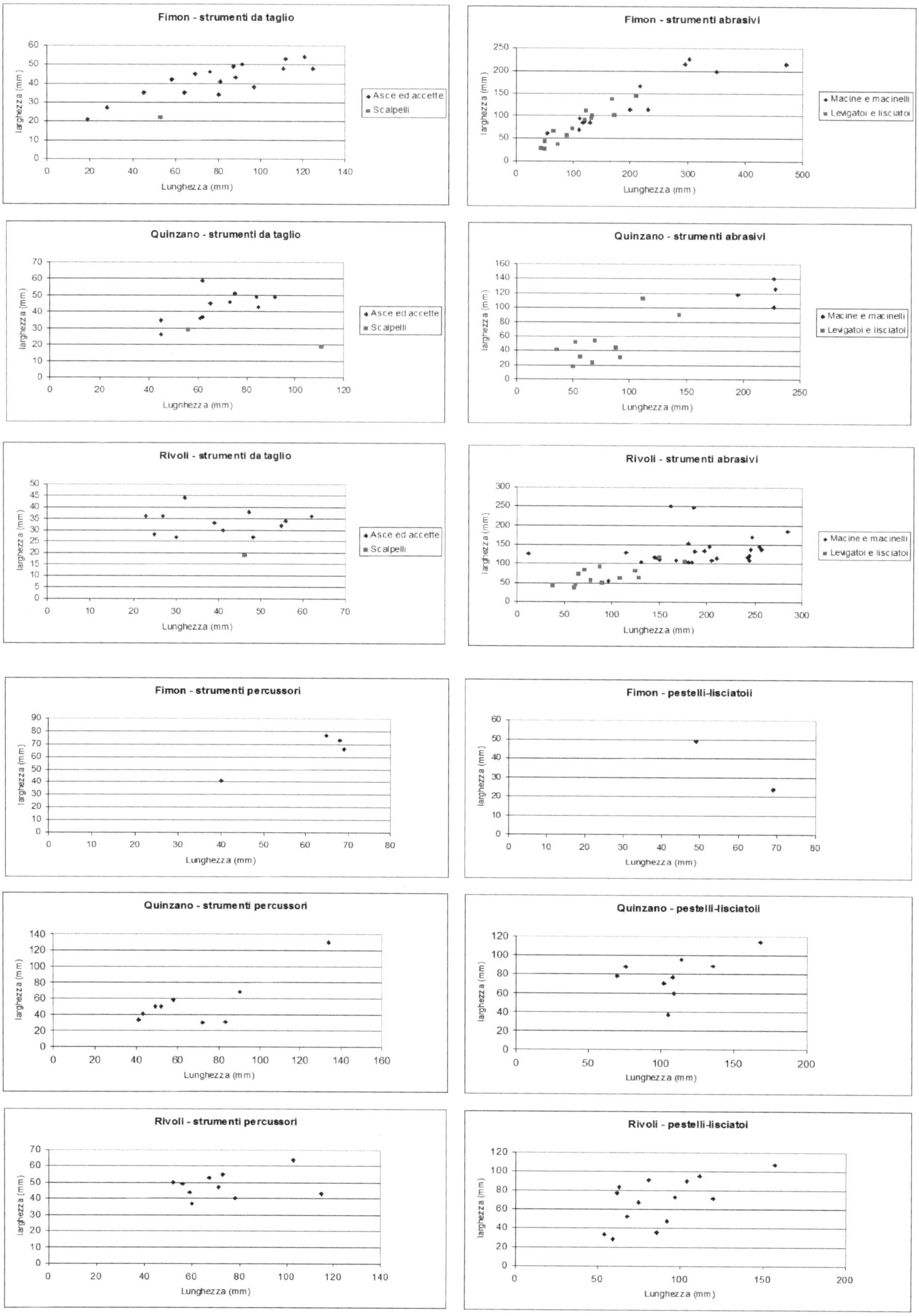

Figura 47 - Proporzionalità tra lunghezza e larghezza delle tipologie di strumenti in pietra non scheggiata.
Figure 47 - Length and width ratio of the non-chipped stone tools types.

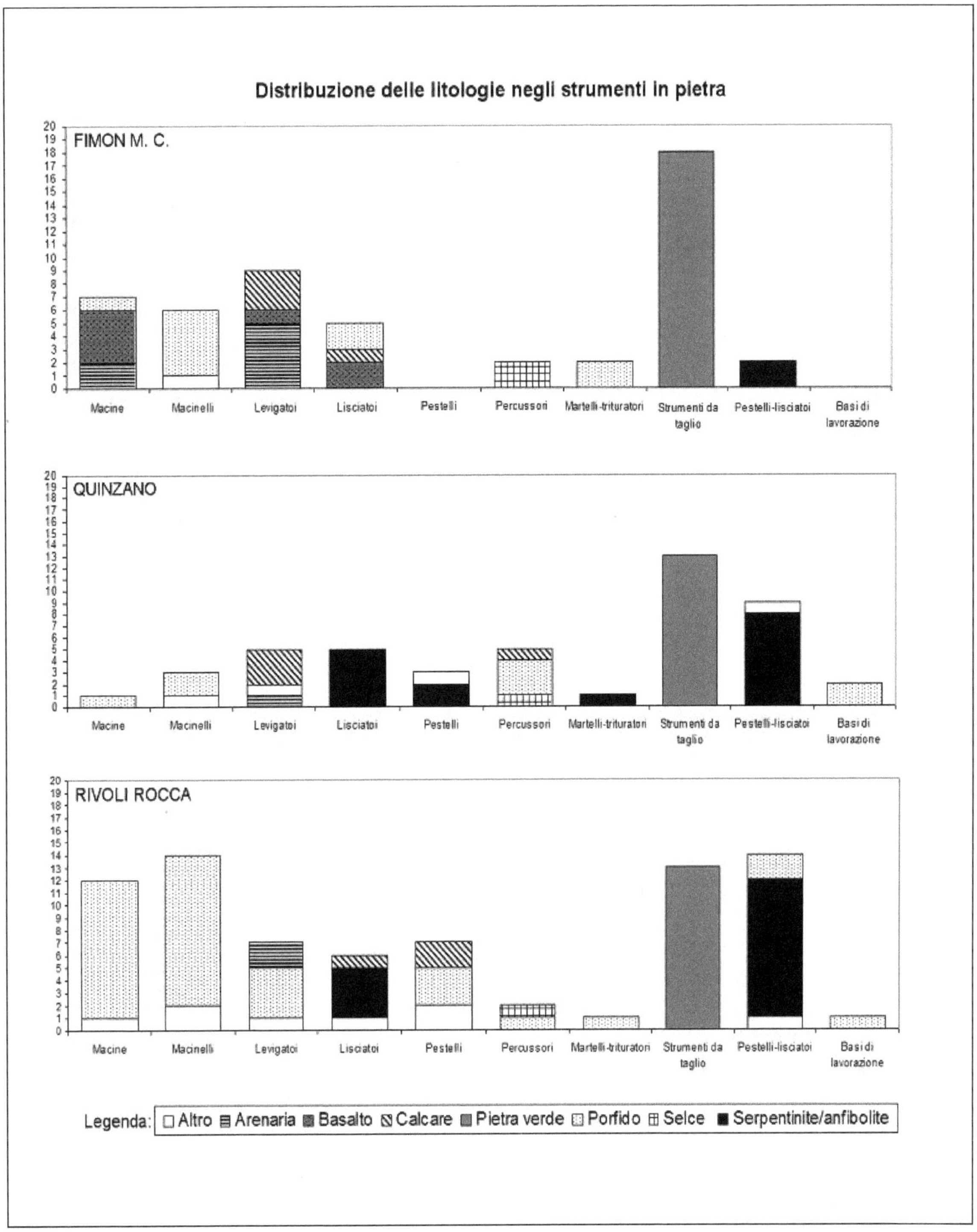

Figura 48 - Distribuzione delle litologie nelle diverse categorie tipologiche degli strumenti in pietra non scheggiata.
Figure 48 - Distribution of the lithologies of the different non-chipped stone tools.

4.2 Strumenti che lavorano in percussione appoggiata

4.2.1 Gli strumenti per macinare: macine e macinelli

Gli strumenti per macinare sono presenti in numero variabile nei tre siti esaminati (tab. XXVIII): la loro scarsa presenza a Quinzano può essere probabilmente imputata alla modalità di recupero dei reperti durante lo sfruttamento delle cave di argilla tra il 1933 e il 1956 (Graziosi 1939; Zorzi 1955; Biagi 1974); diversamente, a Rivoli si rileva un numero significativo di manufatti in relazione alla modesta estensione dell'area scavata.

Materie prime

Macine e macinelli condividono in tutti i siti lo sfruttamento di materie prime di origine locale o regionale (fig. 48). Nei due siti veronesi la materia prima impiegata per entrambe le tipologie di strumenti è quasi esclusivamente porfido locale, adatto per le sue proprietà abrasive e di durata nel tempo, giustificate dalla tessitura porfirica ricca di cristalli di quarzo e dalla coesione interna dei minerali. A Fimon, arenaria e basalto sono preferite alle rocce porfiroidi per la produzione di macine, mentre queste ultime rimangono prevalenti per i macinelli.

Tale situazione litologica consente di avanzare alcune osservazioni di carattere archeologico. In primo luogo, la selezione di rocce a tessitura granulare/porfirica compatta e dotate di proprietà abrasive si inserisce nella necessità di recuperare materie prime idonee al loro impiego nell'attività di macinatura (Santallier *et al.* 2002) preferendo litologie maggiormente diffuse nel territorio circostante i siti. Il porfido, infatti, è largamente comune lungo l'alveo fluviale dell'Adige e nei depositi alluvionali-morenici nei pressi dei due siti veronesi e per questa ragione viene preferito ad altre rocce meno frequenti (arenaria), anche se più efficienti dal punto di vista funzionale, in base a quanto verificato grazie all'attività sperimentale. Anche a Fimon la presenza di macine in basalto e arenaria si inquadra in una preferenza per rocce più facili da reperire nell'area circostante il sito. Grazie all'esperienza sperimentale conseguita è possibile mettere a fuoco le caratteristiche che fanno di una roccia una materia prima efficace per macinare cereali:
- un buon grado di abrasività associato ad una buona coesione dei componenti della roccia;
- la ridotta perdita di frammenti litici durante la macinatura che si mescolano alla farina prodotta e risultano dannosi per l'apparato masticatorio;
- la bassa frequenza dei tempi di ravvivamento, cioè una potenziale estesa durata dell'abrasività del piano di lavoro che consente di distanziare nel tempo due operazioni consecutive di ravvivamento.

Se la proprietà abrasiva della roccia rappresenta il presupposto essenziale per poter svolgere l'azione di macinatura, un buon grado di coesione dei cristalli determina la minore perdita di frammenti litici che si mescolano alla farina e una bassa frequenza di ravvivamento del piano di lavoro usurato. Si viene così a creare uno stretto legame tra le caratteristiche fisiche della roccia e la sua efficacia funzionale. In questo senso, l'arenaria fine, compatta e ricca di cristalli di quarzo, rappresenta la roccia più efficiente per macinare tra quelle testate sperimentalmente. Per confronto il porfido, pur essendo caratterizzato da un buon grado di abrasività e di coesione dei cristalli, necessita di ravvivamenti più ravvicinati nel tempo perché durante la macinatura la superficie di lavoro che sfrega contro il macinello, anch'esso di porfido, si usura più rapidamente.

Sebbene l'approvvigionamento di ciottoli di rocce porfiroidi dotati di dimensioni adeguate per poter servire da macinelli risulti nel complesso facile lungo l'Adige, ma più difficile da circoscrivere nel caso del territorio vicentino meridionale, la preferenza assoluta per i macinelli di rocce cristalline a grana medio-grossa rinvia a considerazioni più strettamente funzionali. Essendo il macinello l'elemento mobile del sistema macina, e perciò quello che produce l'azione meccanica, la scelta di litologie formate da cristalli medio-grandi e duri si giustifica per le loro qualità legate alla durezza ed alla naturale abrasività, entrambe dovute all'abbondante presenza di cristalli di quarzo (grado di durezza 7 nella scala di Mohs). La grana grossa del porfido, caratterizzata da fenocristalli di dimensioni millimetriche e di forma angolare aggregati ad una massa di fondo a tessitura più fine, fa in modo che le cariossidi dei cereali tendano ad "incastrarsi" e, in seguito al movimento del macinello, l'involucro esterno dei chicchi viene rotto sulla superficie abrasiva della macina. Di seguito, la crusca si separa dal chicco e l'abrasività della macina consente di ottenere la farina.

Aspetti morfometrici

L'analisi morfometrica degli strumenti per macinare incontra evidenti difficoltà connesse allo stato frammentario dei reperti, in modo particolare delle macine (soltanto 6 esemplari integri o quasi su un totale di 20 macine). Questa situazione caratterizza anche altri complessi neolitici in diversi contesti culturali (Starnini, Voytek 1997a; Zamagni 2003; Hamon 2006; Vicino 2009b; Donnart 2012). Il carattere frammentario è individuabile nelle dimensioni dei reperti che appaiono nettamente inferiori a quelle necessarie per poter effettuare una corretta ed efficace macinatura; inoltre, le tracce d'uso coprono interamente e omogeneamente la superficie litica fino alla linea di frattura, fatto che nelle macine integre normalmente non si verifica perché ci sono spesso tracce di ravvivamento ai margini del supporto dove il macinello non riesce ad arrivare. Per i frammenti più grandi di macine l'andamento delle usure mostra che la frattura quasi sempre è ortogonale rispetto alla direzione di macinatura. Trattandosi di macine con superficie attiva piana (eccetto due esemplari di Molino Casarotto), cioè non sottoposta alla pressione di un piano di lavoro inclinato, rimangono ignote le eventuali cause di rottura in corso di utilizzo dello strumento. Sebbene molto difficile da dimostrare archeologicamente, non è da escludere l'ipotesi, peraltro già avanzata per contesti neolitici d'Oltralpe (Hamon 2006), che l'uomo preistorico mettesse in atto una rottura intenzionale delle macine nell'ambito di specifiche circostanze tradizionali o rituali. Questa eventualità potrebbe essersi verificata a Rivoli, dove gran parte dei frammenti di macine e macinelli proviene da pozzetti, i quali potrebbero rappresentare la testimonianza dell'ultimo atto di una procedura ritualizzata di utilizzo, rottura e deposizione di macine e macinelli. La presenza a Rivoli di un numero considerevole di reperti frammentari pone il problema di risalire al numero originario di strumenti: in questa prospettiva, tuttavia, il tentativo di rimontare i vari frammenti si è rivelato fallimentare.

Fermo restando che un'alta percentuale di macine si presenta sotto forma di frammenti troppo piccoli per riuscire a dedurre con precisione la morfologia generale dello strumento originario, si rileva che i supporti usati come macina sono grandi e pesanti massi dotati di una superficie di lavoro piana e una superficie inferiore stabilmente appoggiata a terra. Parte dei frammenti presenta margini subovali arrotondati che richiamano i contorni globulari tipici dei blocchi litici alluvionali atesini, altri hanno una forma più squadrata, forse riconducibile a modificazioni tecnologiche prodotte tramite lo stacco di schegge dai margini dei blocchi di pietra (fig. 49); anche lo spessore è variabile (128-40 cm) e le macine più sottili sono spesso quelle utilizzate su entrambe le facce. La sezione ortogonale in corrispondenza dell'asse principale dei supporti presenta a Quinzano e a Rivoli un profilo subrettangolare o piano-convesso, mentre a Fimon sono attestate anche superfici attive inclinate o concave.

La variabilità morfologica delle macine incontra vincoli determinati dalla cinematica d'uso di questi strumenti: durante l'attività di sperimentazione si è potuto infatti constatare che l'efficacia del supporto dipende, oltre che dalle proprietà tecniche precedentemente discusse, da alcuni elementi fisici, quali la lunghezza complessiva della superficie attiva, la sua regolarità e dal suo stato di appoggio a terra: migliorando il confort d'utilizzo dello strumento, queste peculiarità concorrono a potenziarne l'efficacia.

La lunghezza ideale del piano di lavoro di una macina dovrebbe corrispondere ad almeno 35-40 cm, come si riscontra nei reperti integri di Fimon: con questa misura il braccio dell'utilizzatore, posizionato dietro la macina, riesce a compiere in modo agevole e completo il movimento di andata e ritorno, imprimendo la giusta energia al gesto. Dimensioni analoghe della superficie attiva (massimo 35-40 cm circa di lunghezza) sono state registrate in contesti neolitici d'Oltralpe (Hamon 2006).
Oltre i 40 cm il braccio perde di forza e l'ultimo tratto del percorso risulta scarsamente produttivo, mentre nelle macine più piccole l'azione di macinatura risente del minor slancio del movimento stesso. La larghezza della macina dipende dalla lunghezza del macinello che si muove sul piano di lavoro della base passiva: a questa misura si dovranno aggiungere alcuni centimetri per i margini laterali della macina utili non solo ad ampliarne la potenziale superficie attiva, ma anche soprattutto a trattenere la parte dei chicchi che tende a divergere e a rullare nelle prime fasi della macinatura.
Considerando che i macinelli archeologici integri hanno una lunghezza media pari a 20 cm circa, il piano di lavoro utile delle macine dovrà avere una larghezza di 25 cm circa.

Figura 49 - Morfologia delle macine di Rivoli: a) supporti di forma squadrata; b) supporti di forma subovale (foto: Alessandro Gloder).
Figure 49 - Morphological features of the SMP grindstones of Rivoli (photos: Alessandro Gloder).

Per quanto concerne il peso complessivo delle macine, lo stato frammentario dei reperti non consente di risalire con precisone a tale dato: gli unici esemplari integri di Fimon hanno un peso compreso tra i 7,2 e 11,4 kg circa, mentre il peso medio dei frammenti di Rivoli supera di poco i 2 kg. In generale si può ipotizzare un peso medio della macina intorno alla decina di chilogrammi, tenendo conto che alcuni frammenti possono verosimilmente costituire circa un terzo dello strumento completo.

La descrizione morfologica dei macinelli risulta più semplice, anche per i reperti frammentari, a causa della maggior standardizzazione di questa classe di reperti riscontrata anche nella Caverna delle Arene Candide (Starnini, Voytek 1997a) e della più alta integrità dei blocchi. Si tratta di ciottoli di forma globulare più o meno allungata e sezione piano-convessa: la zona superiore di manipolazione è generalmente ben pronunciata in modo tale da facilitare la presa salda e comoda delle mani durante l'utilizzo. Alcuni ciottoli sono stati scelti prestando particolare attenzione alla presenza di incavi naturali che facilitano e rendono più confortevole la presa delle mani; in altri casi, anche in aggiunta a queste infossature, sono riconoscibili stacchi di schegge finalizzati anch'essi ad una migliore manipolazione del supporto (fig. 51).

Se si escludono i reperti molto frammentari, i rimanenti esemplari possono essere raggruppati in due classi dimensionali (fig. 50):

a) macinelli con lunghezza compresa tra 18 e 22 cm circa;

b) macinelli lunghi oltre 22 e fino un massimo di 25 cm circa.

In entrambi i gruppi la larghezza risulta abbastanza omogenea prevalentemente compresa nell'intervallo 10 - 14 cm circa.

Lo spessore, infine, copre un *range* piuttosto ampio (45-93 cm) e non pare di conseguenza costituire un parametro vincolante nella scelta e nell'utilizzo degli strumenti. Per quanto concerne il peso, è possibile affermare che esso si assesta in modo abbastanza omogeneo intorno ai 2200-2400 g.

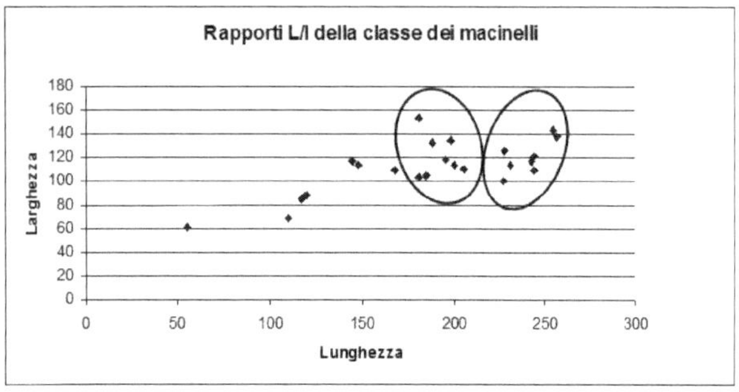

Figura 50 - Rapporti lunghezza/larghezza dei macinelli VBQ: i cerchi mostrano le due classi dimensionali.
Figure 50 - Length and width ratios of the SMP handstones.

Figura 51 - Morfologia dei macinelli VBQ esaminati: i supporti di forma globulare presentano incavi naturali che facilitano la presa (foto: Anna Lunardi).
Figure 51 - Morphological features of the SMP handstones from studied sites (photos: Anna Lunardi).

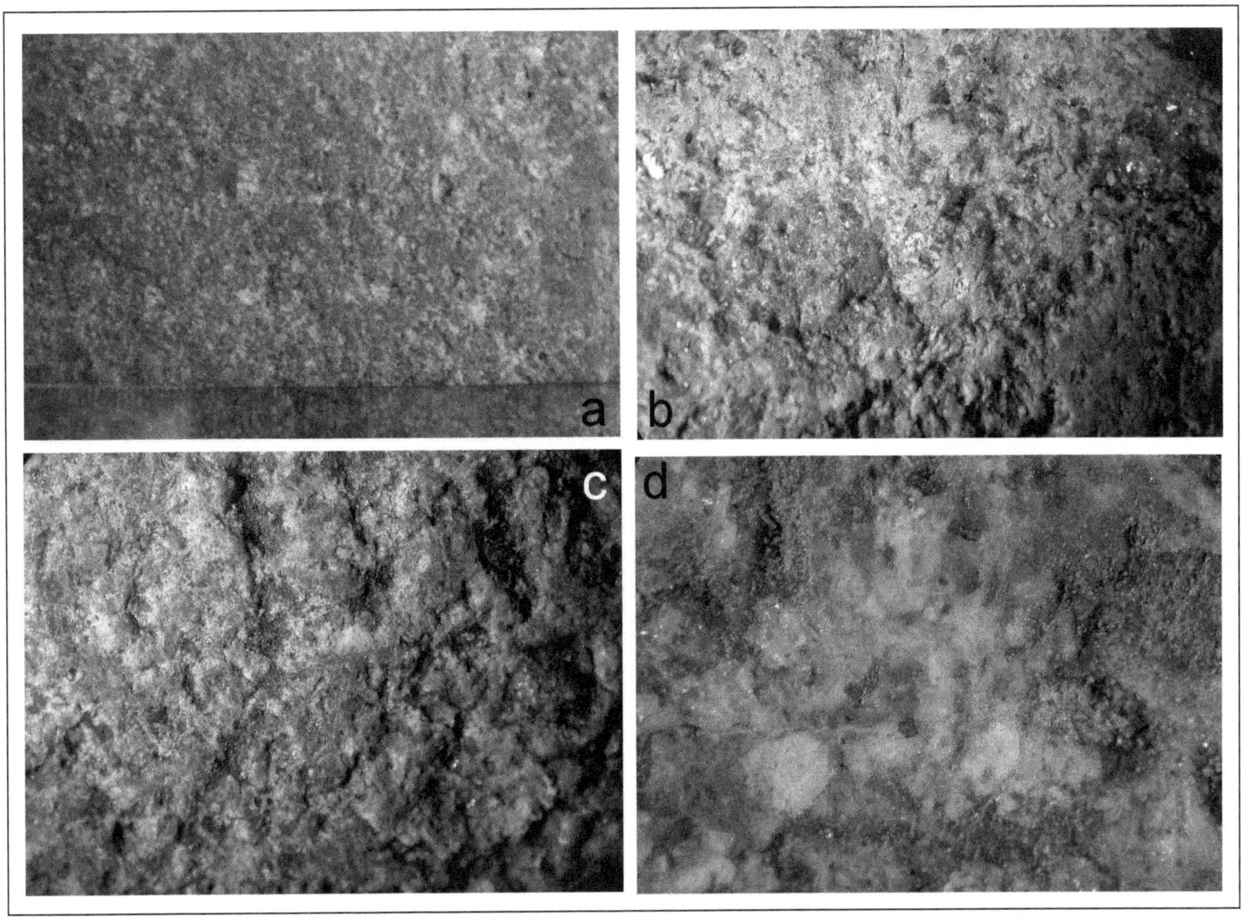

Figura 52 - Tracce d'uso degli strumenti per macinare cereali: a) visione macroscopica; b) levelling e anfrattuosità (6x); c) levelling e anfrattuosità (16x); d) usure dei cristalli (32x).

Figure 52 - Wear traces of the tools used to grind cereals (levelling, interstices and wear on grains).

Questo valore è adeguato affinché il macinello riesca a schiacciare i chicchi di cereali senza che l'utilizzatore debba imprimere troppa forza al movimento dell'elemento attivo: una simile considerazione acquista rilevanza se si considera che si tratta di strumenti usati pressoché quotidianamente per circa un'ora al fine di produrre sufficiente farina necessaria al sostentamento di un singolo nucleo familiare.

Tutte le caratteristiche descritte sia per le macine che per i macinelli presuppongono una scelta accurata della forma dei blocchi, i quali sono abbondantemente diffusi nell'alveo dell'Adige sotto forma di una eterogenea varietà di forme e dimensioni.

Aspetti tecnologici

Le tracce di operazioni tecnologiche riconoscibili in macine e macinelli consistono in modificazioni del supporto originario attraverso l'eventuale stacco di schegge dai margini oltre che nella preparazione e nel ravvivamento della superficie di lavoro.

Le catene operative di tipo tecnologico non si possono ricostruire prendendo in esame un singolo reperto: in primo luogo perché la prima operazione di sbozzatura è facoltativa, quindi non sempre osservabile, mentre solo il ravvivamento è indispensabile; in secondo luogo, perché, come detto, molti reperti sono frammentari e spesso non conservano i margini dove di solito sono visibili tracce di stacchi o di martellinatura.

Le macine presentano tracce di interventi tecnologici lungo i margini del masso in almeno 9 esemplari: in 4 casi si tratta di probabile stacco di schegge (sebbene in due casi la presenza di margini scheggiati non sia con sicurezza imputabile a interventi volontari), mentre in 5 casi la lavorazione si limita ad una leggera martellinatura atta a smussare un poco la forma del masso. In alcuni casi risulta impossibile attribuire lo stacco di schegge dai margini del masso a operazioni intenzionali di tipo tecnologico, perché l'aspetto osservato potrebbe invece derivare da eventi accidentali postdeposizionali o dall'atto di rottura volontaria del manufatto.

Per quanto riguarda il ravvivamento, trattandosi di strumenti generalmente molto usurati, esso è riconoscibile soprattutto lungo i margini distale, prossimale e laterali delle superfici di lavoro, cioè le aree meno soggette all'usura perché non toccate o toccate poco dal movimento del macinello. In realtà, l'usura, per quanto intensa e omogenea, non cancella del tutto le tracce del ravvivamento sottostante, in quanto le usure si vanno a formare principalmente sulle porzioni cristalline abrasive che si elevano sugli interstizi creati dalla rimozione di cristalli. La qualità della preparazione del piano di lavoro è variabile tra una martellinatura fine, densa e omogenea e una martellinatura più grossolana e diradata.

Un po' diversa è la situazione dei macinelli. Questi possono presentare delle tracce riconducibili allo stacco di schegge, le quali sono più probabilmente associate ad interventi predisposti, perché localizzati nella zona di appoggio delle mani e, a volte, sono vicini ad affossamenti naturali. Appoggiando la mano si constata che stacchi e concavità migliorano il confort della manipolazione.

Per quanto concerne la presenza di tracce di martellinatura si riscontra che esse a volte sono osservabili meno facilmente nei macinelli: ciò dipende dal fatto che tutta la superficie attiva del macinello si trova a contatto con la superficie attiva della macina e quindi la preparazione viene in gran parte erosa dal movimento di sfregamento del macinello.

Nel complesso, l'investimento tecnico cui sono sottoposti macine e macinelli, il quale prevede una lavorazione iniziale e un periodico ripristino, suggerisce la volontà di produrre strumenti più performanti e fruibili per un lungo periodo.

Aspetti funzionali

Gran parte degli strumenti per macinare presenta un grado d'usura da elevato a molto elevato, indipendentemente dal tipo di sostanza sottoposta a macinatura o a polverizzazione. In questo senso non si riscontrano differenze rilevanti tra macine e macinelli: entrambi gli strumenti infatti sono nel complesso dotati di superfici attive consumate con tracce d'uso spesso facilmente osservabili sia macroscopicamente che a bassi ingrandimenti. Solamente una macina sembra presentare il piano di lavoro completamente ravvivato e privo di tracce d'uso: tale situazione porta ad ipotizzare che il periodico ravvivamento avesse luogo nel momento in cui si rendeva necessario produrre farina per esigenze alimentari e che si trattasse di una procedura regolare e standardizzata.
Per poco meno di un terzo degli strumenti per macinare, tuttavia, le alterazioni fisiche della materia prima, presenti principalmente negli esemplari di Fimon, hanno ostacolato l'osservazione e il riconoscimento delle usure con la conseguenza che mancano i dati fondamentali per poter definire la funzione specifica di tali strumenti.

L'aspetto della superficie attiva dipende dal tipo di sostanza macinata o polverizzata (fig. 52). Dal punto di vista funzionale, macine e macinelli sono stati utilizzati per trattare almeno due tipi di sostanze (tab. XXIX):
- cereali (27 strumenti: 16 a Rivoli; 2 a Quinzano e 9 a Fimon);
- sostanze minerali di color rosso, verosimilmente ocra (6 strumenti: 4 a Rivoli e 2 incerti a Quinzano).

Il risultato ottenuto dalla lavorazione sia dei cereali sia delle sostanze minerali, è un prodotto macinato, la cui qualità può essere regolata in base al tempo di macinatura ed alle proprietà abrasive della roccia (Schoumacker 1993), come è stato possibile riscontrare sperimentalmente.

Le tracce d'uso riconducibili alla macinatura dei cereali si presentano generalmente distinguibili anche a livello macroscopico. La superficie litica, infatti, è omogeneamente occupata da numerose anfrattuosità - più o meno profonde in base al tipo di roccia, le quali rappresentano i residui del precedente ravvivamento del piano di lavoro - alternate ad asperità abrasive progressivamente livellate in seguito alla macinatura. Generalmente queste asperità tendono a fondersi tra loro e a formare dei *plateaux* (Dubreuil 2002; Hamon 2006), la cui distribuzione sul piano di lavoro può essere più o meno omogenea, ma normalmente più densa al centro.

L'analisi al microscopico consente di osservare le alterazioni che si producono a livello dei singoli componenti della materia prima: i cristalli abrasivi che formano le asperità presentano spesso microfratture (*fractures*) associate o alternate ad arrotondamento e smussatura della sommità (*grain edge rounding*), aree livellate (*levelling*) e a volte anche corte striature (*striations*), specialmente in corrispondenza dei *plateaux*. Quando il *levelling* produce la "fusione" di più cristalli è possibile che si formi una leggera lustratura (*polish*), oppure una superficie smerigliata (*frosted appearance*). Nelle anfrattuosità, invece, si possono osservare soprattutto estrazione e microfratture dei cristalli.
L'aspetto generale contraddistinto dall'alternanza di anfrattuosità e aree livellate è maggiormente riconoscibile negli strumenti prodotti con rocce a tessitura da media a grossolana come le rocce porfiroidi. Nel caso degli strumenti in porfido, tuttavia, le usure a livello dei singoli cristalli possono essere facilmente confuse con l'aspetto scheggioso e corroso che i cristalli di quarzo presentano naturalmente in questo tipo di roccia. I meccanismi responsabili delle usure descritte sono riconducibili ad *abrasive wear* (*striations, scratches, levelling, grain edge rounding*) e a *fatigue wear* (*fractures, cracks, pits, frosted appearance*) (Adams 2002; 2014a; Adams *et al.* 2009).

In sintesi, si distinguono usure determinate dall'asportazione di materiale come conseguenza del ravvivamento o della macinatura (*pits, fractures*) associate a usure prodotte dall'alterazione che la materia subisce in seguito a fenomeni meccanici (*levelling, fractures, striations, grain edge rounding, frosted appearance*).

L'analisi delle usure prodotte in seguito alla macinatura di cereali diversi (frumento comune, orzo, farro) su macine sperimentali non permette di risalire con certezza al tipo di cereale lavorato con le macine archeologiche. Per questo motivo, e per l'assenza di riscontri archeobotanici nei siti, non è possibile riconoscere quali cereali fossero macinati e consumati dalle comunità di Rivoli, Quinzano e Fimon (in quest'ultimo sito sembra essere attestato il frumento: Bagolini *et al.* 1973, 210).

Le tracce d'uso riconducibili alla polverizzazione di ocra rossa presentano aspetto e caratteristiche diversi rispetto alle usure prodotte dalla macinatura dei cereali.
Mentre la destinazione d'uso della farina è facilmente prevedibile, la lavorazione dell'ocra rossa può essere ricondotta a diverse attività artigianali, quali:
- la preparazione di pigmenti (Couraud 1988; De Beaune 2000) da utilizzare probabilmente anche per mezzo delle caratteristiche pintaderas VBQ;
- la lavorazione delle pelli con ocra per disinfettarle, renderle impermeabili e colorarle (Keeley 1980; Adams 1988; Audouin, Plisson 1982; De Beaune 2000; González, Ibánez 2002; Dubreuil, Grosman 2009);
- l'impiego in ambito simbolico e principalmente funerario (Pedrotti 2001, 146; Dal Rí *et al.* 2002);
- la preparazione di medicinali (Velo 1984).

L'uso di ocra e di altri minerali di color rosso (per esempio il cinabro nel sito de La Vela: Dal Rí *et al.* 2002) caratterizza diversi contesti neolitici VBQ e sembra assumere un ruolo importante nell'ambito del mondo VBQ (Starnini, Voytek 1997a; Pedrotti 2001; Vicino 2009b).

A livello macroscopico l'evidenza più chiara utile a testimoniare l'attività di polverizzazione minerale è la distribuzione più o meno uniforme e intensa di residui di color rosso all'interno delle anfrattuosità della superficie attiva di macine e macinelli, oltre che nelle zone di appoggio delle mani in alcuni elementi attivi. Sono tuttavia assenti le estese aree livellate caratteristiche delle macine da cereali. La superficie litica, al contrario, presenta un aspetto "zigrinato" uniforme e si riconoscono le anfrattuosità create dalla martellinatura della superficie attiva.
L'osservazione a bassi ingrandimenti mette in evidenza corte striature multidirezionali e microfratture che interessano la sommità dei cristalli; questi ultimi mantengono generalmente un profilo abbastanza definito e il *levelling* può interessare solo piccole porzioni. Non sono state osservate lustrature (*polish*).

Indipendentemente dalla sostanza trasformata, il ciclo di vita delle macine e dei macinelli prevede l'avvicendamento periodico di utilizzo alternato a ravvivamento. Questa catena operativa standard può venire interrotta e modificata dalla possibilità di riutilizzare i supporti o sottoporli a usi polivalenti. L'analisi delle usure unita alla sperimentazione e ai confronti etnografici ha consentito di individuare nel campione archeologico di Fimon e Rivoli un numero non esiguo di utilizzi e impieghi polivalenti. In particolare emergono:
a) a Fimon un frammento di macina in arenaria fine utilizzato da un lato come macina da cereali e dall'altro come levigatoio;
b) a Rivoli tre frammenti di macina in porfido utilizzati da un lato per macinare cereali e dall'altro come levigatoio (probabilmente per levigare pietra o altre materie dure), un frammento di macinello in porfido utilizzato da un lato per macinare cereali e dall'altro come levigatoio o lisciatoio ed, infine, un frammento di macina in porfido utilizzata su entrambe le facce per macinare ocra.

4.2.2 Strumenti per levigare e lisciare: levigatoi e lisciatoi

Gli strumenti per levigare e lisciare sono presenti in modesta e omogenea quantità in tutti i siti (tab. XXVIII).

Materie prime

Insieme alla morfologia del supporto, il tipo di roccia utilizzata rappresenta il parametro principale per definire "levigatoio" o "lisciatoio" un determinato reperto. Il numero modesto di esemplari e l'analisi delle loro caratteristiche non consente tuttavia di mettere in atto dei distinguo funzionali più specifici come in altri contesti neolitici (per esempio: *polissoirs à plages, abraseurs manuel à plage, abraseurs manuel à rainures*: Hamon 2006).
Varie sono le materie prime sfruttate in questo gruppo funzionale e tutte di origine locale o regionale (fig. 48). Alcune rocce sono usate in modo esclusivo: arenarie a grana media e con proprietà abrasive per i levigatoi e serpentinite mediamente dura, compatta e con superfici lisce per i lisciatoi veronesi. Fra le due litologie sono comprese rocce con caratteristiche intermedie (porfido, basalto). Questo si spiega con la diversa destinazione d'uso dei due tipi di strumenti:
a) i levigatoi (*lissoir*: De Beaune 2000; *abrader*: Adams 1996) vengono usati in attività di abrasione in percussione appoggiata che richiedono un'asportazione costante di materiale con formazione di striature, solchi, aree livellate; in questo senso sono perciò preferibili rocce cristalline, a grana medio-fine e adeguatamente compatte e con proprietà abrasive;
b) i lisciatoi (*polissoir*: De Beaune 2000; *polishing stone*: Adams 1996) sono associati ad attività eseguite in percussione appoggiata, ma in maniera meno incisiva grazie a rocce mediamente dure, compatte e non abrasive da cui deriva la formazione di aree lisciate e lustrature, a volte accompagnare da striature.

Aspetti morfometrici e tecnologici

Le caratteristiche morfodimensionali dei levigatoi e dei lisciatoi sono abbastanza varie in funzione di diversi

parametri: l'aspetto originario del supporto utilizzato, la cinematica d'uso (ruolo attivo o passivo esercitato dello strumento) e le modifiche al supporto imputabili all'uso prolungato e intenso dello strumento, oppure a fratture accidentali.
In relazione al primo punto, la selezione del supporto morfologicamente adatto acquista notevole rilevanza nel caso dei levigatoi e lisciatoi poiché si tratta di strumenti che non hanno subito modifiche di tipo tecnologico finalizzate a migliorarne l'impiego: infatti, sussistono dubbi sulla possibilità di attribuire con un adeguato livello di attendibilità le sbrecciature visibili in alcuni reperti a interventi tecnologici mirati a migliorare forma o ergonomicità piuttosto che a eventi accidentali o postdeposizionali. Si potrebbe in alternativa pensare a fenomeni di riutilizzo di altri strumenti danneggiati in corso d'utilizzo e recuperati con diversa destinazione funzionale, sebbene anche in quest'ultimo caso sia difficile ottenere indubbie prove archeologiche.

Levigatoi e lisciatoi, a differenza di macine e macinelli, non necessitano di alcuna periodica operazione di ripristino funzionale della superficie di lavoro: nel caso dei levigatoi, infatti, viene sfruttata la naturale abrasività della roccia, mentre nei lisciatoi si predilige una roccia compatta e superfici lisce e regolari. I supporti scelti sono riconducibili a tre categorie morfologiche (fig. 53):
- piccoli ciottoli di origine alluvionale dotati di forma ovale e sezione appiattita sono sfruttati come elementi attivi;
- blocchi di medie dimensioni e forma poligonale irregolare con superfici piane sono utilizzati come elementi passivi;
- piccoli blocchi di forma irregolare con superfici piane possono essere impiegati sia in modo passivo che attivo.

Per quanto concerne il rapporto che lega la morfologia dei supporti alla cinematica d'uso, sono scelti per essere usati come levigatoi passivi blocchi litici di dimensioni eterogenee dotati di una superficie attiva piana e regolare, ma meno estesa rispetto al piano di lavoro delle macine. Diversamente, ciottoli alluvionali di forma più o meno oblunga ed ergonomica sono invece preferiti per essere impiegati sotto forma di lisciatoi o di levigatoi attivi.

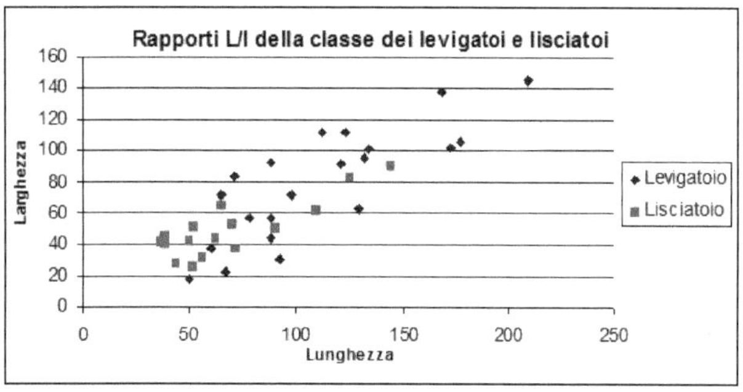

Figura 53 - Rapporti lunghezza/larghezza degli strumenti per levigare e lisciare VBQ.
Figure 53 - Length and width ratios of the SMP abraders and polishers.

Nonostante la variegata morfologia di questa categoria di strumenti, si può osservare un discreto grado di standardizzazione all'interno della classe dei lisciatoi probabilmente per i vincoli stretti che impone l'impiego come elemento attivo in termini di ergonomia, manegevolezza e peso. I ciottoli rientrano in dimensioni comprese tra 4-8 cm di lunghezza e 2-6 cm di larghezza, ovvero misure simili ad analoghi reperti provenienti da altri contesti VBQ (Starnini, Voytek 1997a; Vicino 2009b). Lo spessore dei ciottoli è piuttosto eterogeneo (12-42 mm) con una media di 26 mm circa. La maggior parte dei lisciatoi ha un peso inferiore ai 100 g e solo alcuni superano questo valore con un intervallo compreso tra 200 e 660 g. In alcuni esemplari, inoltre, si riscontra una particolare attenzione nella selezione di ciottoli alluvionali dotati di peculiari incavi o protuberanze naturali sistemate in punti utili a rendere nettamente migliore e confortevole la presa dello strumento. La zona di impugnatura si trova in genere nella parte opposta rispetto all'area dove si concentra la maggior parte delle tracce d'uso, sebbene spesso coesistano due o più superfici attive. I lisciatoi in serpentinite dei siti veronesi, inoltre, presentano forme ogivali, ellissoidali, ad arco caratteristiche anche di analoghe tipologie di strumenti VBQ provenienti dalle Arene Candide (Starnini, Voytek 1997a) e dal Riparo di Pian del Ciliegio (Vicino 2009b).

I levigatoi si contraddistinguono per un'eterogeneità morfologica più ampia rispetto ai lisciatoi: l'esteso *range* di sostanze potenzialmente soggette ad abrasione o levigatura (pietra, osso, corno, conchiglia, legno, ceramica, ecc.) unito alla possibilità di utilizzare lo strumento in percussione appoggiata sia come elemento passivo e che attivo ne giustificano la variabilità formale e dimensionale (fig. 55). Inoltre, alcuni levigatoi presentano una superficie attiva dal profilo concavo più o meno pronunciato, oppure solchi e irregolarità, i quali sono riconducibili ad un utilizzo prolungato che ha determinato alterazioni alla forma originaria del supporto. Trattandosi di strumenti potenzialmente sfruttabili per un esteso intervallo temporale, la morfologia dei levigatoi e dei lisciatoi è generalmente influenzata dalle alterazioni della superficie di lavoro, in termini di stacchi di schegge, formazione di solchi e di aree livellate, come si è potuto riscontrare grazie all'attività sperimentale.

Aspetti funzionali

La diversa finalità di levigare e lisciare, unita all'impiego in percussione appoggiata come elemento passivo o attivo determina la formazione di differenti tracce d'uso. Naturalmente, anche nel caso degli strumenti per levigare e lisciare le usure variano in base alla durata di utilizzo dello strumento e alla natura minerale, vegetale o animale del materiale trattato.

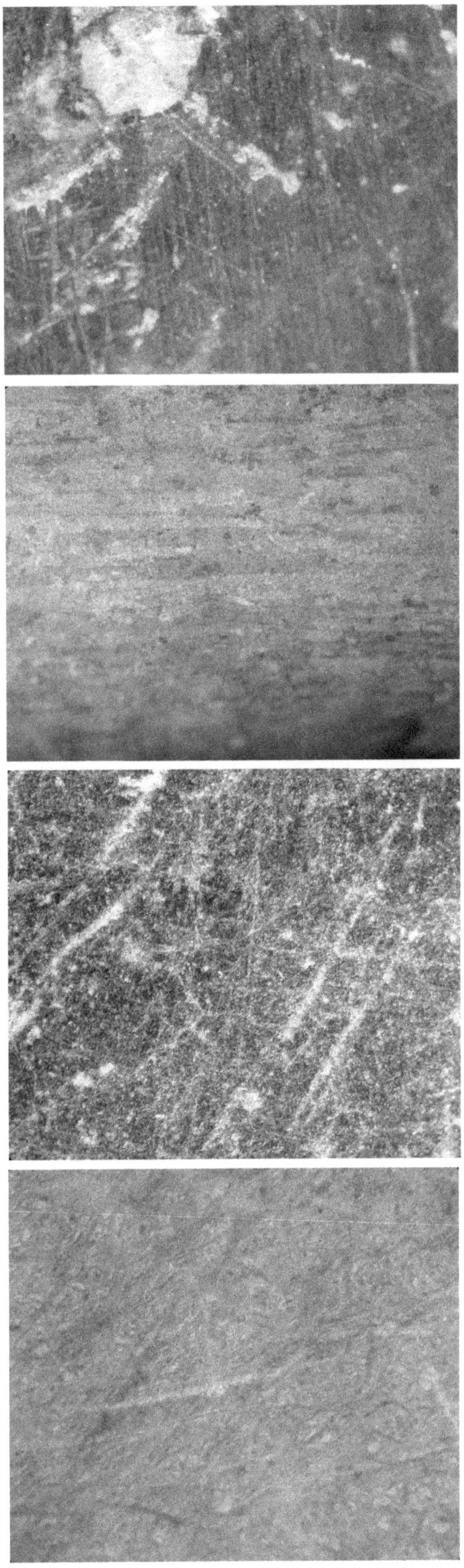

Figura 54 - Striature lunghe e parallele e striature corte e multidirezionali osservabili sulle superfici dei lisciatoi VBQ (20x).
Figure 54 - Long parallel striations and short multidirectional striations observed on the SMP polishers (20x).

L'osservazione macroscopica delle superfici di lavoro dei levigatoi usati in modo passivo consente spesso di riconoscere al tatto aree ben livellate, lisce e regolari, oltre ad avvallamenti delle superfici di lavoro e, raramente, lunghi solchi a U orientati lungo l'asse maggiore del supporto: queste usure sono analoghe a quelle prodotte negli strumenti sperimentali usati per levigare pietra e materia dura animale (osso e corno). A livello microscopico si osservano fasci a diverso orientamento di striature di varia lunghezza (fig. 54), i quali suggeriscono la messa in atto di movimenti ripetitivi, di lungo periodo e abbastanza veloci come quelli che si compiono durante la levigatura di asce e oggetti in osso. Queste attività producono alterazioni dei cristalli in termini di arrotondamento della sommità fino a totale livellamento e accorpamento dei contorni di singoli minerali, a volte in aggiunta alla formazione di facce microfratturate ed estrazione di cristalli.

In base ai confronti con i dati sperimentali, la presenza di striature profonde, grani fortemente livellati e formazione di superfici di lavoro dal profilo concavo, consente di identificare una parte dei levigatoi archeologici come mole usate per levigare oggetti in pietra o in materia dura animale: rientrano in questo gruppo un terzo dei levigatoi, di cui la maggior parte proviene da Fimon e trova giustificazione con il consistente numero di lame d'ascia rinvenute nel sito lacustre. L'usura intensa che caratterizza questi esemplari dipende dal fatto che il piano di lavoro generalmente in arenaria delle mole si usura più velocemente della lama d'ascia che stanno lavorando, in quanto quest'ultima è prodotta con pietra verde molto dura e coesa.

Alcuni reperti interpretati come levigatoi si contraddistinguono per dimensioni ridotte dei supporti e una ergonomia inadatta a un impiego passivo con appoggio a terra: queste caratteristiche portano a ritenere che tali reperti venissero impiegati in modo attivo per attività di abrasione eseguite direttamente sul materiale, oppure che si trattasse di piccole basi passive tenute in mano sulle quali muovere l'oggetto in corso di lavorazione (per esempio: *abraseurs manueles* e *molettes à main*: Hamon 2006). Essi, inoltre, contrariamente agli esemplari più grandi, presentano spesso due diverse superfici attive, caratteristica che concorre ad avvalorare l'ipotesi del loro impiego come elementi attivi.

Le superfici di lavoro dei lisciatoi appaiono generalmente ben lisciate, senza modificazioni del profilo naturale del ciottolo. In genere le tracce d'uso non sono molto sviluppate, tanto che per alcuni esemplari sussiste l'idea che si tratti di strumenti utilizzati occasionalmente e poi abbandonati. Inoltre, alcuni reperti inclusi nell'insieme degli indeterminati potrebbero essere compresi nella categoria dei lisciatoi, perché condividono con essi le caratteristiche morfologiche (piccoli ciottoli alluvionali di forma allungata) e l'aspetto delle superfici, dove, tuttavia, è difficile l'individuazione delle usure. L'aspetto delle piccole e strette superfici attive di questi reperti fa pensare che gli strumenti venissero utilizzati su aree limitate e per lisciature di dettaglio, come serve, per esempio, nella fase di lisciatura dei vasi di ceramica.

Un piccolo gruppo di lisciatoi ricavati da ciottoli alluvionali, ma di dimensioni utili per stare nel palmo della mano, si contraddistingue per la presenza di lustrature più o meno evidenti estese in modo abbastanza omogeneo sull'intera superficie attiva. In rari esemplari si aggiungono anche lunghe e fitte striature unidirezionali ortogonali rispetto all'asse principale del supporto. In base all'analisi delle tracce d'usura e al confronto con i materiali sperimentali ed etnografici (Roux 1985; Hayden 1987; Adams 1988) è possibile ricondurre l'utilizzo di tali strumenti al trattamento di solidi flessibili e grassi come le pelli conciate.
Nel caso delle superfici in cui fitte striature parallele si sovrappongono alla lustratura estesa si possono avanzare due ipotesi di natura funzionale:
a) l'utilizzo dello strumento in due distinte catene operative (ammorbidimento della pelle e attività di abrasione/lisciatura di un altro materiale);
b) l'utilizzo dello strumento nell'ambito della stessa catena operativa di lavorazione della pelle, ma con funzioni diverse (ammorbidimento, lisciatura, raschiatura, ecc.) e mediante l'eventuale aggiunta di una sostanza come ocra o sabbia fine (Gonzáles, Ibánez 2002). Nel sito di Rivoli, infatti, due lisciatoi presentano probabili residui di color rosso riconducibili ad ocra rossa, la quale potrebbe essere stata impiegata come polvere colorante per tingere, disinfettare e rendere impermeabili le pelli conciate, in base a quanto ipotizzato per altri contesti archeologici (Gonzáles, Ibánez 2002).

Diversamente dagli strumenti per macinare, dove lo sfruttamento di più di una superficie di lavoro sotto forma di riutilizzo è sporadica, nel caso di levigatoi e lisciatoi emerge la tendenza ad un utilizzo di più superfici attive. Tale considerazione si rivela particolarmente appropriata per i lisciatoi: questo fenomeno può forse spiegarsi con il fatto che, trattandosi di ciottoli piccoli, maneggevoli e privi di interventi tecnologici, possono essere intenzionalmente o inconsapevolmente usati su entrambe le facce. Una conferma a quest'ipotesi deriva dall'osservazione che alcuni dei lisciatoi con una sola superficie attiva si caratterizzano per una morfologia in cui si distingue una faccia piana e regolare sfruttata come superficie attiva e una faccia opposta dotata di protuberanze naturali o convessità che facilitano la presa della mano, impedendo nello stesso tempo che questa parte possa essere usata come superficie attiva (fig. 55-a).

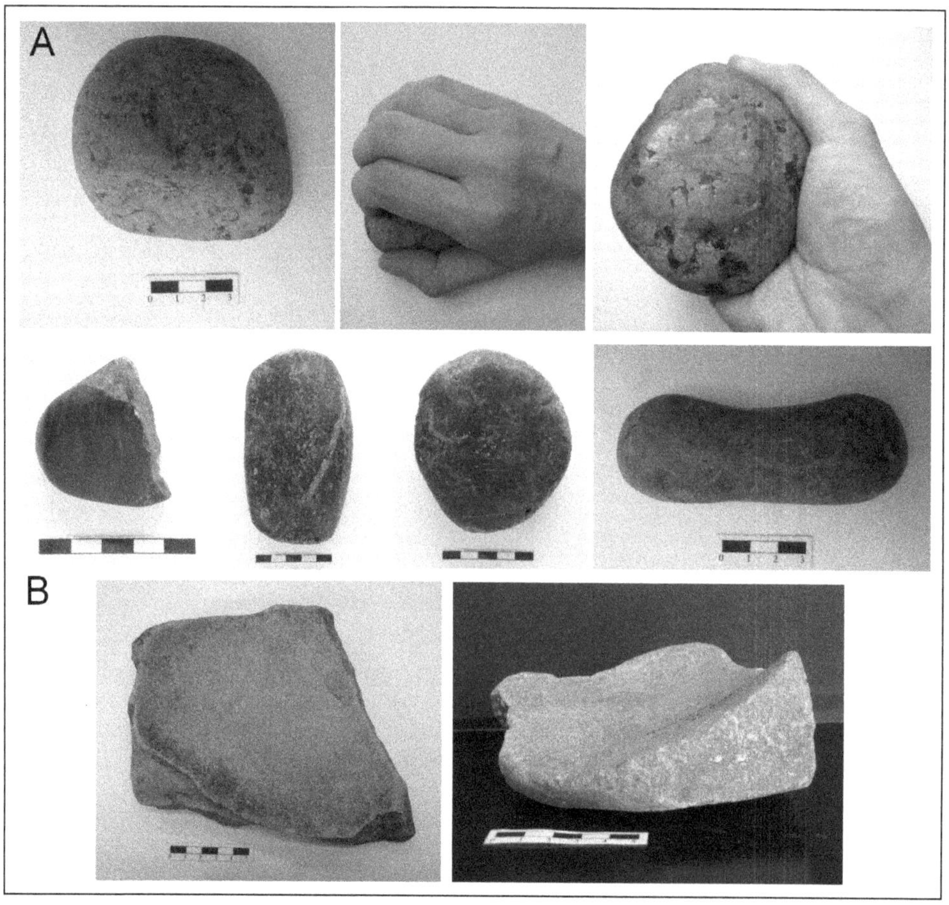

Figura 55 - Morfologia degli strumenti per levigare e lisciare: a) (in alto) lisciatoio ricavato da un ciottolo alluvionale di forma ergonomica di facile e comoda impugnatura; (in basso) esempi di ciottoli usati come lisciatoi; b) levigatoi ricavati da piccoli blocchi di arenaria con superficie attiva concava.
Figure 55 - Morphological features of the SMP abraders and polishers.

4.3 Strumenti che lavorano in percussione lanciata

4.3.1 Strumenti percussori: pestelli, percussori e trituratori

Gli strumenti percussori sono presenti in numero basso nei due siti veronesi, mentre a Fimon sono scarsi (tab. XXVIII). Tale carenza può sorprendere se si considera l'ampio campo di azione in cui questi strumenti possono essere coinvolti e che comprende operazioni di pestatura, frantumazione, triturazione e martellinatura di materiali organici e inorganici. Di conseguenza, è verosimile credere che gli strumenti percussori esaminati in questa sede rappresentino in realtà solo una parte della loro reale consistenza nei singoli insediamenti e che altri esemplari invece siano stati abbandonati altrove, o non siano stati raccolti durante gli scavi, oppure che venissero impiegati strumenti in legno per svolgere alcune delle attività in percussione lanciata.

Rientrano nell'insieme degli strumenti percussori tre tipi di strumenti distinti principalmente in base alle caratteristiche morfometriche: pestelli, percussori e i trituratori. Come nel caso degli strumenti per levigare e lisciare, il basso numero di esemplari non consente di effettuare ulteriori specificazioni tipologiche come nel caso di complessi archeologici più cospicui (es *retouchoirs, galets à copules piquetées, pilons, molettes à main*: De Beaune 2000; Hamon 2006).

Materie prime

Le rocce utilizzate sono tutte di origine locale e circumlocale facilmente reperibili sotto forma di ciottoli e piccoli blocchi nei pressi degli insediamenti. Si tratta di litologie che si diversificano sia in base alla loro natura (ignee, sedimentarie e metamorfiche) sia in termini di caratteristiche tessiturali e fisiche (fig. 48).

Analizzando la scelta di sfruttamento delle rocce in relazione alla tipologia di strumenti si osserva quanto segue:

- i pestelli, attestati solamente nei siti veronesi, sono ottenuti da ciottoli di rocce porfiroidi, calcari, serpentiniti e gneiss;
- i trituratori, presenti sporadicamente nei tre contesti, sono ricavati da ciottoli di porfido e di serpentinite;
- i percussori sono ottenuti quasi esclusivamente da selci e porfidi. L'impiego della selce potrebbe sollevare alcuni dubbi circa l'efficacia di una roccia che, in seguito ad un'azione di percussione ripetitiva, tende ad appianare più rapidamente le estremità appuntite utili alla martellinatura del piano di lavoro di macine e macinelli. Si tratta, tuttavia, di rocce abbastanza dure e leggere allo stesso tempo, così che possono essere efficacemente usate con movimento ripetitivo di martellinatura: la loro validità funzionale è stata testata nell'attività sperimentale presentata in questo lavoro, oltre che in ricerche indipendenti (Hamon 2006).

L'uso di rocce porfiroidi in attività in percussione lanciata si giustifica sia per la facilità di reperimento in loco sia per l'elevata durezza che le contraddistingue. A volte, tuttavia, la composizione di minerali eterogenei con caratteristiche diverse, la grana grossa del porfido e la scarsa elasticità possono provocare fratture allo strumento durante l'uso, principalmente in attività che richiedono una certa forza. Diversamente, per impieghi che non necessitano di particolare forza come la preparazione del piano di lavoro delle macine il porfido si è rivelato discretamente efficace.

Aspetti morfometrici e tecnologici

Per ricavare strumenti percussori l'uomo neolitico ha selezionato ciottoli fluvioglaciali di forma ergonomica in grado di essere tenuti comodamente in una (pestelli e percussori) o anche due (trituratori) mani. In nessun reperto appartenente a questa categoria sono state rilevate tracce di trasformazione tecnologica del supporto. La morfologia iniziale del supporto può essere tuttavia soggetta a modificazioni anche importanti nel corso dell'uso degli strumenti stessi determinate principalmente dalla durata di utilizzo e da eventuali eventi accidentali (stacchi di schegge). Per queste ragioni lo studio morfologico, da solo, non può considerarsi esauriente.

I pestelli sono ricavati da ciottoli di forma più o meno oblunga e con un peso medio di 170 g (fig. 56): queste caratteristiche favoriscono l'impiego dello strumento per operazioni che non richiedono forza eccessiva e consentono un'agevole presa della mano sul supporto. Il movimento in percussione lanciata viene effettuato su una base di lavorazione al fine di frantumare o pestare la sostanza mediamente dura in corso di lavorazione.

I percussori si caratterizzano per un peso medio di 138 g. Nel caso dei percussori utilizzati per un lungo periodo di tempo, il peso indica la massa litica che è il risultato di una perdita anche considerevole di materia prima nel corso dell'utilizzo dello strumento. Tale perdita si esplicita in una modificazione morfologica del supporto, il quale assume una caratteristica forma arrotondata e, in alcuni casi, quasi sferica (tre reperti a Quinzano: due in selce ed uno in porfido; due a Fimon entrambi in selce e uno in porfido a Rivoli) (fig. 56).

L'importanza della variazione di massa e di morfologia è stata riscontrata a livello sperimentale, misurando la variazione di peso dei supporti alla fine dell'utilizzo e la perdita di materia prima in un'ora di utilizzo.

Infine, i rari esemplari di trituratori sono ottenuti da ciottoli più grandi e pesanti rispetto a pestelli e percussori: gli unici due strumenti integri pesano rispettivamente 451 e 1353 g.

Figura 56 - Morfologia degli strumenti percussori: percussori sferoidali in selce e porfido (a); pestelli in calcare ottenuti da ciottoli oblunghi (b); pestelli e percussori ottenuti da rocce cristalline (c).
Figure 56 - Morphological features of the pounding tools: flint and porphyry pecking tools (a); limestone pestle (b); crystalline rock pestles and pounders (c).

Aspetti funzionali

Tutti i reperti compresi nella categoria degli strumenti percussori sono accomunati dalla presenza di tracce d'uso del tipo definito impatti di percussione, i quali assumono un aspetto parzialmente differenziato in base al tipo di roccia. L'omogeneità delle usure associata, da un lato, allo sfruttamento di rocce diverse, e, dall'altro, al potenziale ampio *range* di sostanze trattate, riduce l'attendibilità di ricostruzioni funzionali precise. In questo senso l'attività di riproduzione sperimentale dovrebbe prevedere tutti questi vincoli e cercare di superarli predisponendo un campione molto ampio e diversificato di esperimenti.
Tutti gli strumenti esaminati sono stati impiegati come elementi attivi sia in modo autonomo su superfici di appoggio occasionali (terreno, ceppi, macine, ecc.) sia, verosimilmente, su basi di lavorazione litiche o lignee a ciò predisposte. Tra i materiali analizzati potrebbero essere serviti come superficie di appoggio gli strumenti definiti basi di lavorazione alla cui descrizione si rimanda. Di conseguenza, non esiste necessariamente una interdipendenza tra strumenti percussori attivi e supporto passivo come invece avviene nel caso della coppia macina e macinello. In aggiunta, anche nei casi in cui si individuino delle basi di lavorazione, sarà ugualmente molto difficile associare con un buon grado di attendibilità l'elemento attivo con la corrispondente base passiva.
Rispetto alle altre classi di strumenti in pietra non scheggiata, sulle superfici di lavoro degli strumenti percussori possono formarsi tracce d'uso chiaramente riconoscibili dopo un breve tempo di utilizzo mediamente quantificabile, in base al tipo di roccia e alla sostanza trattata, in circa venti minuti di impiego; in alcuni casi, tuttavia, possono comparire impatti di percussione dopo meno di dieci minuti pestatura.

La prevalente presenza dei soli impatti di percussione, qualche volta associati allo stacco di schegge, limita fortemente la possibilità di discriminare la sostanza trattata. A livello sperimentali si è potuto constatare, per esempio, che i percussori utilizzati per scheggiare la selce presentano impatti di percussione simili a quelli ottenuti in seguito alla lavorazione di altri materiali come la pestatura dei degrassanti. In tale esempio solamente la localizzazione delle usure (su di un'estesa superficie di lavoro alle estremità del supporto piuttosto che la loro concentrazione comunemente su una porzione latero-distale del ciottolo) potrebbe indurre a ipotizzare impieghi alternativi. Per questo motivo, è possibile che alcuni strumenti definiti "pestelli" siano, in realtà, percussori per lavorare la selce. A Fimon, in particolare, esistono documenti fotografici di scavo che attestano il rinvenimento di industria in selce associata a un nucleo e a due ciottoli rotti (Bagolini *et al.* 1973, 203, fig. 32).
Un elemento interessante ai fini dell'analisi funzionale riguarda il numero delle superfici di lavoro per tipo di strumento. Nei pestelli prevalgono gli strumenti utilizzati in entrambe le estremità: a Quinzano tutti i pestelli assecondano tale condizione, mentre a Rivoli il numero di strumenti usati su un'unica estremità o su entrambe si

equivale. Per quanto riguarda i percussori, la tendenza assoluta è quella di utilizzare lo strumento sull'intero volume o, almeno, una parte estesa di esso. Il numero molto esiguo di trituratori in tutti i siti non consente di avanzare ipotesi di utilizzo preferenziale di una parte specifica del supporto, eccetto la constatazione che tutte le aree più appuntite presentano impatti di percussione.

4.3.2 Strumenti da taglio in pietra levigata: asce, accette e scalpelli

Asce e accette sono presenti in quantità abbastanza simile nei tre contesti neolitici, mentre la presenza di scalpelli è uniformemente sporadica (tab. XXVIII).

Materie prime

Le lame d'ascia e gli scalpelli sono prodotti quasi esclusivamente con pietre verdi importate dalle Alpi Occidentali e rappresentate principalmente da eclogiti e giade alpine; sporadica è la serpentinite, di cui soltanto in un caso si può ritenere pressoché certa l'origine locale: da un lato, si tratta di una roccia analoga a quella impiegata per numerosi lisciatoi e alcuni pestelli del sito di Quinzano; dall'altro, oltre alle Alpi Occidentali la serpentinite è presente nelle Alpi Orientali (D'Amico *et al.* 2004; Biagi, D'Amico 2013) ed è trasportata lungo la valle atesina sotto forma di ciottoli dal fiume Adige.
La stessa distribuzione litologica con predominanza assoluta di pietre verdi, eventualmente accostate a scarsi o modesti apporti di materie prime locali, caratterizza gran parte dei siti neolitici dell'area padano-alpina finora esaminati (Venturino Gambari 1996; D'Amico 2000; D'Amico *et al.* 2002; 2003a; 2003b; 2006; D'Amico, Starnini 2006).
Grazie ai test sperimentali è stato possibile riscontrare come eclogiti e giade richiedano lunghi tempi di lavorazione oltre che specifiche abilità tecniche e costituiscano ottime materie prime per la produzione di efficienti strumenti da taglio: ciò dipende dalle loro proprietà fisicotecnologiche quali la grana da fine a finissima, la tessitura compatta, l'elevato grado di durezza e la grande resistenza agli *choc* meccanici (Delcaro1996; Thirault 2004; Lunardi 2008a; 2008b).
Allo stato attuale delle conoscenze è stato ipotizzato che durante il pieno Neolitico l'area veneta sia stata verosimilmente destinataria degli abbozzi semifiniti provenienti dall'*atelier* di Rivanazzano tenendo conto delle analogie litologiche che contraddistinguono i reperti del sito di lavorazione piemontese e degli abitati padano-orientali e li differenziano dai siti occidentali come le Arene Candide e Castello d'Annone (D'Amico, Starnini 2006; D'Amico *et al.* 2006).

Aspetti morfometrici

Le considerazioni di ordine morfodimensionale sono disturbate dall'elevato numero di lame d'ascia più o meno frammentarie che si realizza in quasi la metà dei reperti a Quinzano e a Rivoli, mentre è poco meno di un quarto a Fimon. Analoga situazione è stata osservata anche negli strumenti da taglio delle Arene Candide (Starnini, Voytek 1997a) e nelle lame del territorio veronese (Lunardi 2003a; 2003b), oltre che in diversi altri contesti neolitici e post-neolitici (Venturino Gambari 1996). Tuttavia, alcune considerazioni sono possibili e forniscono dati interessanti.

Nell'insieme dei reperti levigati si nota una variabilità morfologica che, se da un lato è comune a questa classe di strumenti per i quali forma e dimensioni dipendono direttamente dal supporto originario (Lunardi 2003a), dall'altro consente di isolare due gruppi principali in base alle caratteristiche morfodimensionali (fig. 57 e 58):
a) il gruppo I comprende le lame d'ascia triangolari a sezione ovale realizzate a partire da supporti ottenuti da rocce cristalline medio-fini (soprattutto eclogiti alpine). La forma triangolare è derivata dal fatto che il supporto è stato lavorato in modo da avere un tallone appuntito e fianchi progressivamente sempre più divergenti fino ai punti laterali più esterni del tagliente, dove la lama normalmente raggiunge la massima larghezza. La lunghezza media delle lame è compresa nell'intervallo 8-10 cm circa, mentre la larghezza massima è compresa tra 4 e 5 cm circa; lo spessore massimo è abbastanza rilevante misurando mediamente tra i 2 e i 2,4 cm. Questa tipologia di lame è tradizionalmente considerata quella più tipica della fase pienamente neolitica sia in Italia che in tutta Europa (De Marinis 1996; Venturino Gambari 1996; Jeudy *et al.* 1997; Thirault 2004). Un tipo particolare di lama del gruppo I definita "tipo La Razza" (Bernabò Brea *et al.* 2012) e caratterizzata da fianchi dal profilo convesso è attestata a Quinzano (tav. 29, A4).
b) il gruppo II comprende le lame d'ascia di forma rettangolare o trapezoidale a sezione appiattita e ricavate spesso da schegge più piccole e sottili rispetto ai supporti del gruppo I. I supporti presentano un tallone largo e poco arrotondato e i fianchi tendono a divergere molto poco da esso: di conseguenza, si registra una lieve differenza tra la larghezza misurata in corrispondenza del tallone e la larghezza misurata a metà corpo o in prossimità del tagliente. Le dimensioni medie dei reperti misurano 4,5-6 cm di lunghezza, 3-4 cm di larghezza e uno spessore medio sottile generalmente intorno a 1 cm. Questo secondo gruppo potrebbe essere ricondotto alle lame "tipo Collecchio" definito da Bernabò Brea *et al.* (2012) e ritenuto peculiare della Cultura VBQ.
Prevalgono le lame d'ascia del gruppo I a Fimon e Quinzano, cioè i siti frequentati durante la fase arcaica della Cultura VBQ, mentre le lame del gruppo II sono maggioritarie nelle fasi VBQII-III di Rivoli, dove, tuttavia, numerosi reperti sono fortemente frammentari. Se a questo dato si aggiunge la superiorità numerica di lame di lunghezza standard (8-10 cm), generalmente appartenenti al gruppo I, nei due insediamenti più antichi e, al contrario, la prevalenza di strumenti piccoli a Rivoli, è possibile effettuare un confronto cronologico. Nella sequenza del sito di Chalain (Jura, Francia), che

comprende il Neolitico Medio e Recente (Pétrequin 1997), si assiste al passaggio progressivo di lame d'ascia di forma triangolare a sezione subovale e fianchi molto divergenti a lame d'ascia più piccole di forma subrettangolare e fianchi debolmente divergenti. Tale fenomeno è stato collegato a due principali motivi tra loro collegati (Jeudy *et al.* 1997):

a) alla progressiva diffusione dell'immanicatura indiretta con guaine in corno di cervo tipica del Neolitico di influenza Cortaillod; tale sistema di fissaggio al manico consente di immanicare e quindi usare efficacemente anche lame molto piccole;

b) alla trasformazione della copertura forestale primaria stimolata dalla pressione demografica e agricola, con conseguente diffusione della foresta secondaria e del progressivo diradamento della copertura vegetale.

Considerazioni in parte analoghe sono state avanzate anche per il territorio padano-alpino (De Marinis 1996). In questo areale, tuttavia, perde rilievo il problema dell'immanicatura sia per la rarità dei rinvenimenti di lame neolitiche ed eneolitiche immanicate[30] sia per l'apparente assenza di guaine in corno di cervo, se si esclude il reperto di Rivoli (Barfield, Bagolini 1976, 129, fig. 121). Rimane invece aperta la questione relativa al cambiamento morfologico delle lame d'ascia rispetto alla trasformazione della copertura forestale. In tale prospettiva, la modifica della foresta primaria in un tipo di bosco più aperto come risultato dell'attività antropica di deforestazione, è stata associata almeno a partire dalla fase avanzata della Cultura VBQ (Drescher-Schneider 1990; Kofler, Oeggl 2001).

Aspetti tecnologici

Accanto agli strumenti per macinare, i reperti in pietra levigata sono gli strumenti in cui siano chiaramente identificabili sistematici interventi tecnologici riconducibili alla fabbricazione dei manufatti e alla loro periodica manutenzione. Le lame d'ascia sono soggette ad una complessa catena operativa che comprende diversi tipi di lavorazione (scheggiatura, bocciardatura, levigatura, lucidatura) attuabili in presenza di particolari condizioni (tipo di supporto e sue dimensioni generali, tessitura della roccia, esigenza di rilavorare un supporto danneggiato, ecc.), mentre i taglienti sono soggetti alla periodica riaffilatura che consente di conservare l'efficienza funzionale.

La distinzione in due gruppi classificati sulla base delle peculiarità morfodimensionali acquista maggiore consistenza se si valutano anche gli aspetti strettamente tecnologici (fig. 58). Le lame triangolari a sezione ovale del gruppo I generalmente presentano tracce di bocciardatura che coprono circa i due terzi della superficie totale, corrispondenti a fianchi, tallone e ad una porzione di entrambe le facce; la levigatura, di conseguenza, è riservata quasi sempre al solo tagliente. Tali reperti sono realizzati a partire da supporti ottenuti da rocce cristalline medio-fini (soprattutto eclogiti) preventivamente sbozzati tramite scheggiatura. La grana fine di alcune rocce rende l'operazione di scheggiatura particolarmente efficace, probabilmente perchè la tessitura fine facilita la propagazione dello *choc* indotto dal percussore. La successiva fase consiste nella bocciardatura, tecnica che permette, proprio nei litotipi cristallini, di asportare maggior quantità di frammenti litici in unità di tempo rispetto alla levigatura. La successiva fase di levigatura viene limitata solo alla parte funzionale dello strumento.

Le lame rettangolari a sezione appiattita del gruppo II sono spesso interamente levigate e a volte presentano residue scheggiature e ridotte zone bocciardate in corrispondenza dei fianchi, in prossimità del tallone, o nel tallone stesso. Esse sono spesso ricavate da schegge più piccole e sottili, le quali possono non richiedere una ulteriore scheggiatura, mentre la bocciardatura non risulterebbe vantaggiosa in base a due considerazioni fondate sui dati sperimentali: da un lato, i supporti piccoli sono poco maneggevoli e difficili da lavorare efficacemente con un percussore litico; dall'altro, la materia prima di queste lame è solitamente costituita da rocce a grana più fine (eclogiti e giade a tessitura molto fine), per le quali non esiste una significativa differenza, in termini di resa di lavorazione, tra la bocciardatura e la levigatura. Di conseguenza, questi strumenti sono preferibilmente levigati su tutta la loro superficie anche per non correre il pericolo di danneggiare irrimediabilmente la lama con operazioni troppo rischiose come la bocciardatura. Inoltre, in alcuni casi la levigatura è realizzata in modo non accurato in quanto è visibile, nelle zone leggermente più depresse non rese omogenee dall'azione abrasiva, la superficie litica non lavorata del supporto.

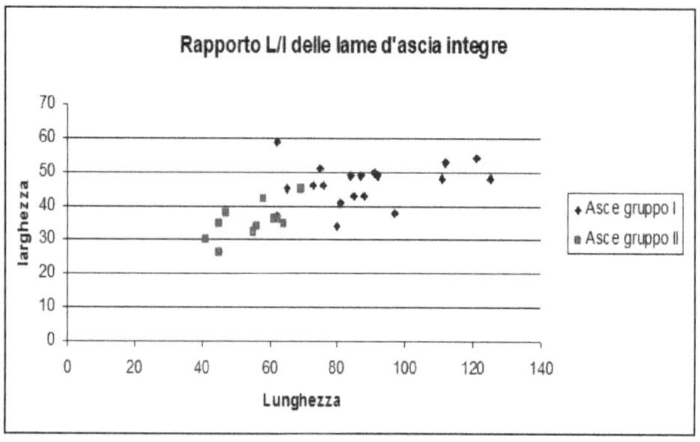

Figura 57 - Rapporti lunghezza/larghezza delle lame d'ascia in pietra levigata VBQ.

Figure 57 - Length and width ratios of the SMP polished stone axe blades.

[30] Sono noti i seguenti reperti: un manico ricavato da una porzione di palco di cervo alla Grotta Pollera (Morelli 1901), il manico ligneo dell'accetta rinvenuta insieme all'Uomo del Similaun (Egg, Spindler 1993) e alcuni manici lignei a Fiavè (Perini 1987).

Figura 58 - Classificazione morfotecnologica delle lame d'ascia in pietra verde levigata VBQ: lame appartenenti al gruppo I (in alto) e lame appartenenti al gruppo II (in basso) (foto: Anna Lunardi).
Figure 58 - Morpho-technological classification of the SMP polished stone axe blades: group I axe blades at the top and group II axe blades at the bottom (photos: Anna Lunardi).

Aspetti funzionali

La maggioranza degli strumenti da taglio analizzati presenta un tagliente con tracce d'uso più o meno intense (striature, macro e microscheggiature, lustrature), simili a quelle riconosciute negli strumenti utilizzati sperimentalmente nella carpenteria del legno (Lunardi 2008b) (fig. 59).

Le macrousure riconoscibili sul tagliente delle lame d'ascia non sono discriminati al fine di assegnare una precisa valenza funzionale di ascia o accetta ad una singola lama: infatti, scheggiature e sbrecciature, dovute al distacco di porzioni di roccia nei punti di minor coesione, accomunano entrambi i tipi di strumenti (fig. 59). Nemmeno la valutazione degli aspetti morfologici (dimensioni generali, forma della sezione, grado di arrotondamento del tagliente) è in grado, da sola, di portare ad una inequivocabile distinzione funzionale delle lame d'ascia. Il parametro più affidabile risulta essere il riconoscimento di corte striature a diverso orientamento: perpendicolari al profilo del tagliente nel caso delle lame usate come asce e inclinate rispetto al profilo del tagliente per le lame usate come accette.

Prove sperimentali e confronti etnografici danno prova che le lame immanicate come asce presentano una maggiore variabilità morfologica, includendo lame piccole, sottili e con tagliente subrettilineo, ma anche grandi supporti, spessi e con tagliente arcuato (Hampton 1999; Pétrequin, Pétrequin 2000; 2012). Dal punto di vista della cinematica d'uso l'ascia consente di effettuare vari movimenti rivelandosi uno strumento versatile e polivalente nell'ambito delle attività quotidiane. Viceversa, le lame destinate ad essere immanicate come accette tendono a essere mediamente grandi, a sezione ovale e con tagliente arrotondato; esse sono impiegate principalmente per attività più specifiche legate al taglio di alberi e rami.

L'analisi delle microusure ha permesso di riconoscere nel campione archeologico in esame la netta predominanza delle lame usate come asce rispetto a quelle impiegate come accette: queste ultime sono presenti a Quinzano con due reperti, mentre a Fimon è attestato un unico esemplare peraltro incerto. Due lame e uno scalpello si caratterizzano per un'accurata lavorazione e per l'assenza di tracce d'usura chiaramente distinguibili: queste caratteristiche possono giustificare il loro probabile valore simbolico legato alla valorizzazione di uno *status* sociale elevato, come sembra attestare la loro ricorrente presenza in contesti funerari, in particolare a Quinzano (Zorzi 1955), dove tuttavia non è possibile effettuare una distinzione precisa tra i reperti provenienti dalla necropoli e quelli recuperati nell'area insediativa. Tuttavia, altre casistiche utili a giustificare l'assenza di usure possono dipendere dalla riaffilatura del tagliente immediatamente precedente l'abbandono dello strumento, oppure dal fatto che la lama fosse stata appena confezionata e non ancora utilizzata.

4.4 Strumenti che lavorano in percussione mista

Gli strumenti che lavorano in percussione mista sono variamente presenti nei siti esaminati: il gruppo dei pestelli-lisciatoi è nettamente maggioritario nei due siti veronesi e le basi di lavorazione sono nel complesso sporadicamente attestate e risultano assenti a Fimon (tab. XXVIII).

4.4.1 Pestelli-lisciatoi

Materie prime

I siti sono accomunati dall'impiego quasi esclusivo di serpentinite per la produzione di strumenti utilizzati mediante una cinematica mista; solamente a Rivoli si riscontra un utilizzo sporadico di altre litologie quali porfido e tonalite.
Le serpentiniti possono essere recuperate sotto forma di ciottoli di varia pezzatura principalmente lungo il bacino atesino, quindi a breve distanza dagli insediamenti veronesi; la medesima area potrebbe rappresentare la fonte di approvvigionamento più vicina anche per l'abitato di Fimon (Biagi, D'Amico 2013), tanto che la selce rinvenuta nel sito risulta anch'essa di origine lessinica (Gardin 2007; Bertola, Gardin in stampa). Queste stesse rocce sono state sfruttate per altri tipi specifici di strumenti in pietra non scheggiata, quali la maggior parte dei lisciatoi e alcuni pestelli.
È interessante constatare che queste rocce sono efficacemente sfruttate per svolgere attività che richiedono cinematiche d'uso diverse: da un lato la percussione appoggiata (lisciatoi) e dall'altro la percussione lanciata (pestelli). Le caratteristiche che consentono l'impiego poliedrico della serpentinite, e che si sommano nell'uso in percussione mista nei pestelli-lisciatoi, sono, da un lato, la compattezza e la non abrasività e, dall'altro, la discreta durezza e tenacità.

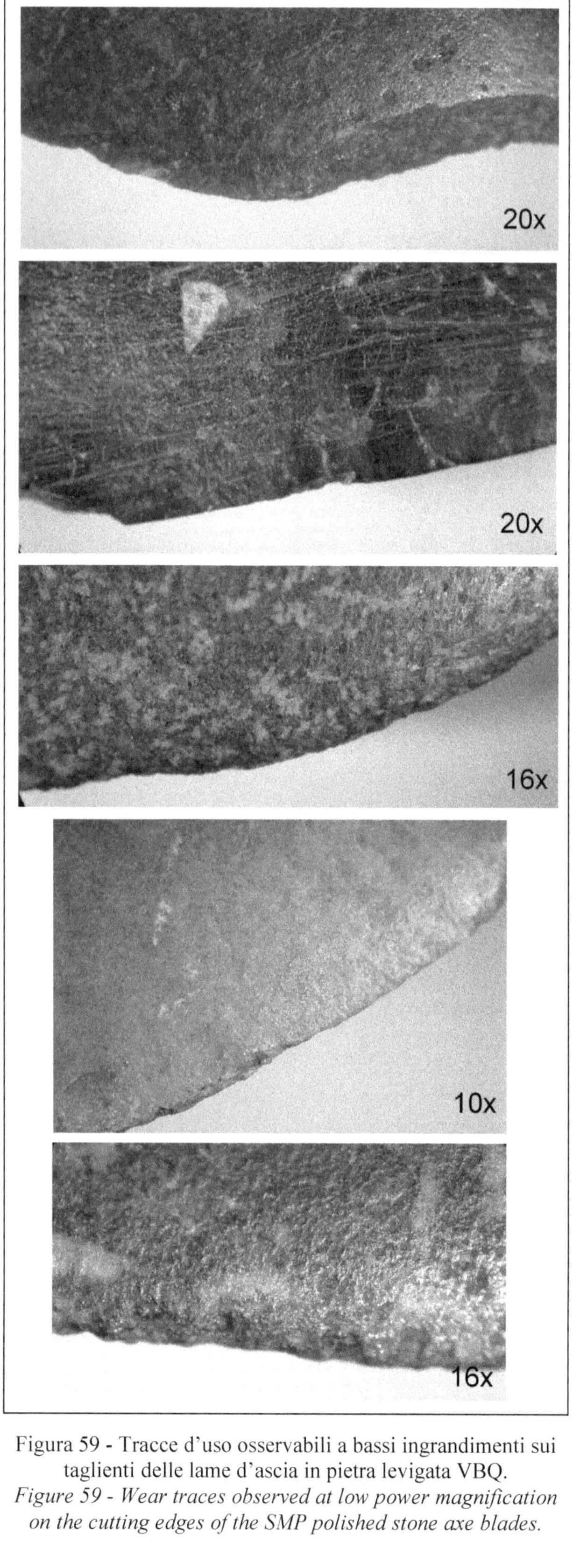

Figura 59 - Tracce d'uso osservabili a bassi ingrandimenti sui taglienti delle lame d'ascia in pietra levigata VBQ.
Figure 59 - Wear traces observed at low power magnification on the cutting edges of the SMP polished stone axe blades.

Aspetti morfometrici e tecnologici

I supporti sfruttati per ottenere i pestelli-lisciatoi sono caratterizzati da una forma globulare o allungata e da dimensioni (da 59x28 a 168x114 cm) e peso (da 48 a 1623 g) molto variabili (fig. 60 e 61). Tale diversificazione morfodimensionale corrisponde alla eterogenea pezzatura di ciottoli reperibili lungo l'alveo dell'Adige sotto forma di materiale di trasporto fluviale. Tralasciando due esemplari di pestelli-lisciatoi di Quinzano e un esemplare di Rivoli, caratterizzati da dimensioni (circa 15x10 cm) e peso (intorno ai 1000 g) consistenti, la rimanente parte è formata da ciottoli di forma tale da poter essere facilmente tenuti nel palmo della mano ed essere usati come strumenti attivi. La morfologia allungata, inoltre, consente a questi ciottoli di poter essere afferrati e usati nelle estremità in percussione lanciata (fig. 60). Generalmente la sezione trasversale degli strumenti è piano-convessa: la superficie piana rappresenta il piano di lavoro sfruttato in percussione appoggiata e la superficie opposta più o meno bombata costituisce la zona di impugnatura (fig. 61). Nessun pestello-lisciatoio presenta modificazioni tecnologiche del supporto originario. Di conseguenza, così come rilevato per la categoria degli strumenti per levigare e lisciare, la scelta iniziale del supporto acquista una rilevanza che travalica la raccolta contingente ed è proiettata verso l'uso pratico dello strumento.

Aspetti funzionali

I pestelli-lisciatoi sono strumenti complessi da esaminare sotto il profilo funzionale: essi, infatti, si diversificano per l'uso di superfici attive (facce, estremità, fianchi) e per le usure eterogenee (striature, lustrature, impatti di percussione, scheggiature). Di norma il ciottolo globulare presenta entrambe le estremità coperte da fitti impatti di percussione che denunciano un utilizzo in percussione lanciata effettuato con movimenti ripetuti e prolungati. Una o, meno frequentemente, entrambe le facce mostrano fasci di striature parallele e unidirezionali, spesso ad andamento ortogonale rispetto all'asse principale dello strumento; esse testimoniano un impiego in percussione appoggiata diffusa attraverso movimenti ripetuti, ma non necessariamente brevi.

In dettaglio le tracce d'uso osservabili in questi reperti consistono in:
a) lustratura su una faccia (11 reperti a Rivoli e 4 a Quinzano) o su entrambe (3 reperti a Rivoli e 5 a Quinzano) più o meno intensa e macroscopicamente visibile sotto forma di superficie scura, lucida e molto liscia al tatto. Essa è il risultato di un movimento orizzontale in percussione appoggiata effettuato su sostanze grasse e flessibili, presumibilmente pelli (Audoin-Rouzeau, Beyries 2002) perché la formazione della lustratura dipende dal deposito di una pellicola grassa (Adams 2002; 2014a) e per il fatto che l'andamento delle superfici di lavoro segue la forma naturale del ciottolo stesso, senza creare superfici abrase (González, Ibánez 2002);
b) fasci di striature possono accompagnare la lustratura e potrebbero essere determinate dall'aggiunta intenzionale di una sostanza (ocra, sale) utile nella fase di lavorazione del materiale trattato (González, Ibánez 2002);
c) fitti impatti di percussione nelle estremità del supporto ed eventualmente lungo i bordi, a volte associati a macroscheggiature, sono il risultato dell'utilizzo dello strumento in percussione lanciata in operazioni ripetitive di battitura eseguite appoggiando la sostanza da trattare su una superficie dura e rigida.

In base a confronti etnografici (Julien 1985; Roux 1985; Adams 2002), all'analisi delle usure (Starnini, Voytek 1997a; González, Ibánez 2002) e ai risultati dei test sperimentali è possibile ipotizzare che i pestelli-lisciatoi in serpentinite fossero impiegati nella lavorazione delle pelli, in particolare per ammorbidirle, renderle omogenee (percussione lanciata) e lisciarle (percussione appoggiata). Manufatti con caratteristiche analoghe a quelle descritte sono presenti in altri insediamenti VBQ (es. Arene Candide: Starnini, Voytek 1997a e Riparo del Pian del Ciliegio: Vicino 2009a), oltre che in diversi contesti etnografici (tra cui: Julien 1985; Roux 1985; Adams 1988; 1993; De Beaune 1989a).

Per quanto riguarda la minoritaria parte di reperti rinvenuti a Rivoli ottenuti da porfido e tonalite, si esclude un loro utilizzo nel trattamento delle pelli, a causa delle caratteristiche abrasive della loro tessitura che potrebbero rovinare la pelle durante la lavorazione (González, Ibánez 2002). In questi casi, inoltre, è difficile sostenere che le tipologie di tracce d'usura e le distinte cinematiche d'uso siano riconducibili ad attività eseguite durante il medesimo processo di trasformazione (come nel trattamento delle pelli), oppure se si tratti di un vero e proprio riutilizzo.

4.4.2 Basi di lavorazione

Sono state definite basi di lavorazione unicamente tre reperti provenienti dai due siti veronesi ottenuti da blocchi di porfido locale. A Quinzano, dove tali strumenti sono conservati allo stato integro, i blocchi scelti presentano forma subcircolare piatta con diametro rispettivamente di 21 e 27 cm circa. In nessun reperto sono state individuate tracce riconducibili a interventi tecnologici.

Per quanto riguarda le tracce d'usura si nota che esse sono pertinenti ad almeno due attività distinte: a Quinzano i due esemplari presentano usure riferibili ad attività effettuate in percussione appoggiata (levigare?) ed altre effettuate in percussione lanciata (pestare/triturare?); l'unico reperto di Rivoli, frammentario, presenta tracce d'usura riconducibili ad attività svolte in percussione appoggiata (levigare?) su entrambe le facce e rare e poco chiare usure di percussione su una faccia. Per quest'ultimo reperto non si esclude che si possa trattare in alternativa di un frammento di macina forse riutilizzato come base di lavorazione in seguito al danneggiamento del supporto.

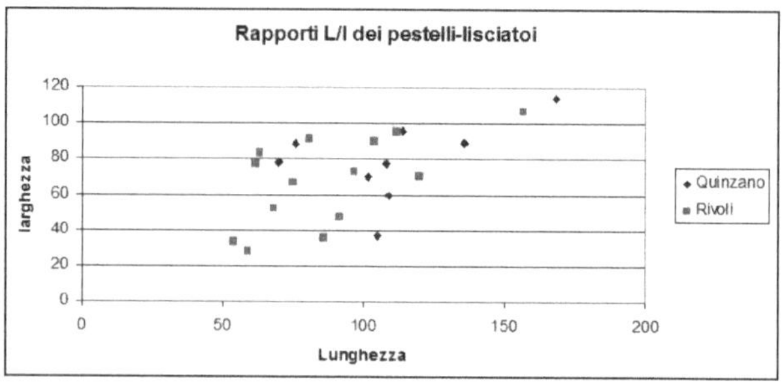

Figura 60 - Rapporti lunghezza/larghezza dei pestelli-lisciatoi VBQ.
Figure 60 - Length and width ratios of the SMP pounder-polishers.

Figura 61 - Morfologia dei pestelli-lisciatoi VBQ: ciottoli oblunghi e tondeggianti a sezione ovale; estremità dei ciottoli oblunghi con impatti di percussione.
Figure 61 - Morphological features of the SMP pounder-polishers: oblong rounded pebbles with oval section; impact fractures on the end of oblong pebbles.

5 Conclusioni

5.1 Materiali e metodo

5.1.1 Il corpus di studio

In questo studio sono stati esaminati tutti i reperti in pietra esclusi dall'analisi tradizionale dell'industria litica non scheggiata provenienti da tre contesti VBQ del Veneto occidentale: Fimon Molino Casarotto (VI), Quinzano e Rivoli Monte Rocca *Site L* (VR). Malgrado si rilevino condizionamenti relativi al numero ridotto di siti e alla quantità abbastanza contenuta di reperti considerati (238) si intende rimarcare che tale entità numerica non è legata ad una campionatura di reperti, bensì rappresenta la reale consistenza dello strumentario in pietra recuperato a Fimon (71 reperti), a Quinzano (61 reperti) e a Rivoli (106 reperti). In tali contesti gli scavi e i recuperi hanno probabilmente interessato una zona ridotta rispetto alla reale estensione originaria dei rispettivi insediamenti neolitici, i quali hanno anche subito danneggiamenti provocati dai moderni lavori agricoli e dalle recenti attività antropiche. Entrambe le condizioni potrebbero in parte giustificare una raccolta non completa di materiali. Nel caso di Quinzano, inoltre, si potrebbe verosimilmente pensare a un recupero selettivo dei materiali "di maggior pregio" effettuato da locali operai durante i decenni di raccolte nell'area. La disponibilità di un numero abbastanza contenuto di reperti ha permesso tuttavia di condurre un'analisi approfondita di ciascuno strumento e di concentrare l'attenzione sulle singole catene operative. La scelta di studiare i reperti dei tre contesti veneti è derivata dalla volontà di considerare siti pertinenti a diverse fasi cronologiche della Cultura VBQ in modo da ottenere una visione diacronica dell'utilizzo dei *macrolithic tools*, oltre che analizzare alcune tra le varie situazioni ambientali e insediative delle comunità VBQ in area padano-alpina. Fimon e Quinzano appartengono alla fase VBQI: la maggior parte delle datazioni disponibili per la capanna I colloca l'occupazione VBQ di Fimon intorno alla metà del sesto millennio BP (Biagi, D'Amico 2013), dato confermato anche dalla produzione ceramica, la quale presenta caratteristiche inquadrabili a un periodo avanzato dello Stile geometrico-lineare (Bagolini *et al.* 1973). L'occupazione di Molino Casarotto si dimostra più recente rispetto a quella di Quinzano, inquadrabile a un momento iniziale della fase VBQI (Biagi 1974). A Rivoli l'occupazione neolitica è scandita in tre fasi attribuibili allo Stile meandro-spiralico, la più antica, e allo Stile a incisioni ed impressioni, le due più recenti (Barfield, Bagolini 1976).

Le distanze cronologiche, oltre che le differenze ambientali e insediative, si riflettono in parte nelle strategie di sussistenza e documentano anche i cambiamenti nelle economie locali intervenuti nell'arco del sesto millennio BP. Fimon rappresenta uno dei rari esempi di insediamento in area umida del Neolitico dell'Italia settentrionale. Sono venute alla luce tre aree abitative costruite su terreno di bonifica nei pressi dell'antica sponda dell'omonimo lago. A ciascuna struttura abitativa corrisponde almeno un'area di accumulo di rifiuti costituiti da conchiglie, ossa, resti vegetali e animali (molluschi d'acqua dolce, castagne d'acqua, pesci e tartarughe), frammenti ceramici e litici. Questi depositi attestano uno sfruttamento intensivo delle risorse locali di ambito lacustre, mentre scarsi sono i resti riconducibili ad attività produttive. Considerevole peso esercita la caccia, rivolta principalmente a cervo e cinghiale (Bagolini *et al.* 1973).
Per il sito di Quinzano, le circostanze e le modalità dei rinvenimenti non hanno permesso di ottenere informazioni sulla situazione insediativa e topografica dell'insediamento ed è possibile solamente circoscrivere l'area insediativa nel fondovalle formato da depositi alluvionali. Probabilmente la zona abitativa e la zona funeraria non erano distanti l'una dall'altra (Biagi 1974). Rivoli sorge sul versante meridionale del Monte Rocca, un piccolo rilievo che domina la Valle Atesina, importante via di comunicazione tra Penisola e continente. Nello "Spiazzo" (o *Site L*) sono venuti alla luce allineamenti di pietre che farebbero presupporre l'esistenza di almeno una abitazione e diverse tipologie di pozzetti riutilizzati come rifiutaie. I resti faunistici più rappresentati sono i caprovini, il maiale, il bue e, tra gli animali cacciati, principalmente il cervo. Tra le due principali fasi abitative VBQII e VBQIII si riscontra l'incremento dell'attività venatoria, il parallelo decremento dell'allevamento del bue e una presenza costante di caprovini (Jarman 1976b; Piper 2010).

Nel complesso i reperti in pietra provenienti da questi contesti VBQ si presentano in un discreto stato di conservazione per quanto riguarda sia l'integrità dei supporti che la leggibilità delle tracce di lavorazione e di utilizzo. È stato quindi possibile effettuare sull'intero campione archeologico analisi tecnologiche e funzionali. Il gruppo di reperti, le cui condizioni di deterioramento fisico non hanno consentito di effettuare approfondite analisi microscopiche o che sembrano non mostrare tracce d'uso, sono stati raggruppati in un insieme indistinto di "indeterminati" che rappresentano circa un quarto dei materiali esaminati, pari a 62 unità così ripartite: 19 reperti a Fimon, 14 a Quinzano e 29 a Rivoli.

Il presupposto fondamentale posto alla base della definizione di "strumento" ha riguardato la presenza di almeno una superficie attiva caratterizzata da tracce d'uso che testimoniano l'utilizzo del supporto. In associazione alle tracce d'uso, i reperti individuati come strumenti possono presentare o meno anche tracce di lavorazione.

Questo studio ha permesso di definire l'esistenza di diverse categorie di strumenti caratterizzati da varie cinematiche d'uso (percussione lanciata, appoggiata e mista) e da diversi processi di lavorazione (macinare, levigare, frantumare, tagliare, ecc.). In particolare, gli

strumenti sono stati suddivisi in cinque macrocategorie funzionali, ciascuna delle quali aggrega al suo interno singole tipologie di strumenti come segue:
a) I gruppo - strumenti per macinare: macine e macinelli utilizzati necessariamente in coppia costituita da un elemento usato in modo attivo e da un elemento usato in modo passivo;
b) II gruppo - strumenti per lisciare e levigare: lisciatoi e levigatoi utilizzati in modo passivo o attivo in genere come strumenti autonomi;
c) III gruppo - strumenti percussori: pestelli, percussori, trituratori sono impiegati in modo attivo ed eventualmente associati ad una base di lavorazione litica o lignea su cui effettuare l'operazione di pestatura/frantumazione, oppure usati nella lavorazione di altri manufatti (ravvivamento di macine e macinelli);
d) IV gruppo - strumenti da taglio: asce, accette e scalpelli sono utilizzati in modo attivo previa immanicatura della lama a un manico presumibilmente ligneo;
e) V gruppo - strumenti polifunzionali: pestelli-lisciatoi e basi di lavorazione caratterizzati da una cinematica d'uso composita.
Ad uno sguardo generale i tre contesti archeologici condividono il medesimo *macrolithic toolkit*, al cui interno tuttavia grazie all'analisi funzionale si sono potute riconoscere delle specificità legate all'uso.

Per quanto concerne la distribuzione delle varie tipologie di strumenti si possono osservare delle variazioni discretamente rilevanti nei tre insiemi di reperti. Macine e macinelli sono presenti in numero più consistente a Rivoli (26 reperti), mentre sono sporadicamente attestati a Quinzano (4 reperti). Si tratta per lo più di strumenti ricavati da massi e ciottoli di porfido, roccia presente a livello locale e regionale, scelti per la forma che ne facilita la presa delle mani (macinelli) o per le dimensioni della superficie di lavoro e la stabilità del masso (macine). In entrambi i tipi di reperti sono riconoscibili tracce di ravvivamento, spesso parzialmente coperte dall'usura intensa del piano di lavoro. Questi strumenti sono stati impiegati principalmente per la macinatura di cereali, ma nei due siti veronesi è attestata anche la polverizzazione dell'ocra.

I levigatoi e i lisciatoi sono ricavati da ciottoli di varie rocce locali senza che si possa riscontrare una preferenza assoluta. La scelta dei supporti non sottoposti a nessun intervento tecnologico sembra rispondere a precise caratteristiche morfodimensionali idonee al loro uso passivo (levigare pietra e materie dure animali) o attivo (attività di lisciatura). Negli strumenti usati in modo attivo spesso sono presenti più superfici di lavoro. Le sostanze trattate con levigatoi e lisciatoi consistono in materie minerali (pietra, ocra e forse ceramiche), materie dure animali (osso e corno) e materie morbide (pelli).

Gli strumenti percussori sono caratterizzati dall'impiego di ciottoli di forma più o meno ergonomica di svariati tipi di materie prime locali probabilmente in relazione al tipo frantumazione, triturazione, percussione di differenti sostanze organiche e/o inorganiche.

I pestelli-lisciatoi, ricavati per lo più da piccoli ciottoli di serpentinite e attestati quasi esclusivamente nei due contesti veronesi, presentano usure miste riferibili ad attività di pestatura e di lisciatura, probabilmente collegabili alla lavorazione delle pelli.

Infine, asce e accette, prodotte con eclogiti e giade provenienti dall'Italia nord-occidentale, hanno una varietà di forme e dimensioni riconducibile alle diverse attività di taglio e lavorazione del legno per cui venivano usate. Alcuni di questi strumenti, inoltre, associano ad una particolare cura nella lavorazione l'assenza di tracce d'uso forse collegata a finalità simbolico-sociali.

Gran parte dei reperti esaminati proviene da aree di scarto (focolari, pozzetti), quindi da ambiti che denotano la fine della catena operativa di utilizzo di tali strumenti. Altri, invece, provengono dall'area insediativa vera e propria. Infine, è probabile che almeno due lame d'ascia e lo scalpello a doppio tagliente di Quinzano provengano dal contesto funerario (Zorzi 1955; Pedrotti 1996a); anche a Rivoli una lama d'ascia proviene da una sepoltura venuta alla luce successivamente agli scavi diretti da L. H. Barfield (Salzani 1986).

I diversi punti di rielaborazione dei risultati delle analisi sono stati affrontati nella prospettiva di arricchire il tradizionale quadro archeologico relativo alla fase pienamente neolitica dell'Italia settentrionale finora ricostruito prevalentemente grazie alle ricerche sulla litica scheggiata e sulla ceramica.

5.1.2 Bilancio generale sul metodo

L'osservazione etnografica "dal vivo", nonché i dati desumibili dalla letteratura internazionale hanno persuaso alcuni Autori a considerare molto complesso e articolato il sistema di approvvigionamento, lavorazione, utilizzo, mantenimento e riutilizzo degli strumenti in pietra non scheggiata (Nierlé 1983). Di conseguenza ogni singola tappa della catena operativa richiede uno studio specifico da affrontare con approcci e strumenti propri. I risultati ottenuti integrando metodologie tradizionali (analisi morfologica) e analisi tecnofunzionali (sperimentazione e usure) si considerano soddisfacenti. Sebbene perfezionale, tale metodologia si è rivelata efficace per ricostruire i sistemi di gestione tecnologica e funzionale degli strumenti in pietra non scheggiata e può essere applicata ad altri contesti culturali e cronologici. In particolare, sono stati raggiunti interessanti risultati riguardo:
a) ai sistemi di selezione e approvvigionamento di diverse materie prime di origine locale, regionale ed alloctona;
b) alle tecniche di fabbricazione e di mantenimento delle superfici attive;

c) ai vari contesti d'uso connessi allo stile di vita neolitico;
d) ad alcuni elementi socio-culturali dei gruppi VBQ che hanno abitato i siti di Fimon, Quinzano e Rivoli.

Alla base dello studio morfologico c'è la variabilità di forme e dimensioni degli strumenti esaminati riconducibile alla scelta di supporti diversificati, alle operazioni di lavorazione e, infine, alle modifiche apportate dall'uso prolungato e dalle operazioni di ripristino funzionale delle superfici usurate. Questa complessa situazione produce significative ripercussioni sulla struttura tipologica dell'industria in pietra non scheggiata. Lo studio morfologico, pur reso più difficoltoso dallo stato frammentario di alcune categorie di reperti (macine e macinelli soprattutto), ha rappresentato il punto di partenza da cui promuovere nuove direttrici di analisi complementari, affiancando in primo luogo l'analisi al microscopio a bassi ingrandimenti delle superfici litiche per identificare e descrivere le tracce tecnologiche e le tracce d'uso. Entrambe si presentano generalmente ben conservate e riconducibili a diverse morfologie a loro volta esito delle differenti attività espletate a livello locale. L'analisi delle usure ha fornito informazioni indispensabili al fine di:
a) interpretare le modificazioni indotte sulle superfici litiche da interventi tecnologici e da operazioni di utilizzo;
b) osservare la diversa morfologia delle medesime usure nelle diverse materie prime;
c) ricostruire cinematica e funzione della maggior parte degli strumenti esaminati.
Le ipotesi funzionali proposte si presentano più o meno precise in base al tipo di strumento. I principali problemi di interpretazione funzionale si sono incontrati nei reperti definiti indeterminati, i quali sono stati esclusi dal gruppo degli strumenti veri e propri e quindi da ogni considerazione di carattere tecnofunzionale.

Altre caratteristiche peculiari dell'industria in pietra non scheggiata hanno determinato evidenti ostacoli all'analisi tecnofunzionale: in primo luogo, la messa in atto di diversi e sovrapposti interventi tecnici con conseguente cancellazione delle operazioni preliminari rispetto alle successive; in secondo luogo, la periodica rilavorazione delle superfici attive usurate con conseguente rimozione delle usure precedentemente formatesi; infine, la possibilità che un manufatto sia stato sottoposto a un impiego polivalente. In questo ultimo caso su attuano catene operative complesse in cui l'utilizzo della medesima superficie attiva o di più superfici attive può diversificarsi nel tempo o nella sostanza trattata dando anche luogo così ad una "stratificazione" delle usure.
Alcune differenze di carattere funzionale testimoniano diverse attività praticate nei singoli siti. Tra queste emergono, nei due contesti veronesi, la polverizzazione di ocra con macine e macinelli e la lisciatura e ammorbidimento delle pelli per mezzo dei pestelli-lisciatoi.

La sperimentazione applicata all'industria in pietra non scheggiata rappresenta un approccio abbastanza recente, ma senza dubbio molto proficuo: se coadiuvato dall'etnografia, infatti, si dimostra efficace, da un lato, per ricostruire la cinematica d'uso e i processi di trasformazione dei vari tipi di strumenti e, dall'altro, per superare la generica associazione forma-funzione propria dello studio morfologico. Le tracce osservabili sulle superfici sperimentali sono state proposte come modelli interpretativi delle usure archeologiche e costituiscono il campione di riferimento per capire la diversa morfologia che le usure possono assumere in relazione alla natura della roccia e all'attività svolta. Nello specifico la sperimentazione ha permesso di:
a) ricostruire per analogia le sostanze e i materiali trattati per la maggior parte degli strumenti archeologici;
b) valutare "dal vivo" l'efficacia delle tecniche di lavorazione e delle operazioni di rispristino funzionale analizzando alcuni parametri quali tempi di lavorazione, complessità tecnica richiesta, periodicità del ripristino funzionale, ecc.;
c) valutare "dal vivo" l'efficacia degli strumenti nello svolgere determinate attività analizzando alcuni parametri quali quantità e qualità dei prodotti ottenuti (per esempio: grammi di farina/ora e caratteristiche fisiche della farina ottenuta, sforzo necessario, efficacia del gesto,), semplicità d'uso, stabilità, ecc.;
d) testare i principali parametri che incidono sulla formazione delle tracce tecnofunzionali e valutare l'incidenza del fattore tempo nella formazione e nell'intensità delle usure.

I lunghi tempi dedicati alla produzione di certi tipi di strumenti e la durata mediamente estesa di diverse prove sperimentali di utilizzo degli strumenti riprodotti hanno favorito una riflessione generale su funzionamento e funzione. Per quanto concerne gli strumenti abrasivi si rivela importante esaminare le modificazioni dei supporti sotto forma di un eventuali modificazioni delle sezione e del progressivo accentuarsi di solchi e incavi che sono osservabili solamente a seguito di un impiego prolungato. Possono considerarsi attendibili anche le comparazioni fra macine archeologiche e sperimentali. Il periodico ravvivamento del loro piano di lavoro determina l'azzeramento dei tempi di utilizzo; di conseguenza, le usure giungono alla loro massima intensità immediatamente prima del ravvivamento per poi cominciare a formarsi nuovamente quando la macina viene nuovamente utilizzata. Il vantaggio di usare le macine sperimentali per tempi molto estesi riguarda la possibilità di osservare modificazioni formali che riguardano la diminuzione dello spessore del blocco litico e l'eventuale insellamento o modifiche nel profilo del piano di lavoro.

5.2 Le catene operative

Il confronto tra materiali archeologici e sperimentali è stato un valido supporto alle interpretazioni archeologiche e ha permesso di riconoscere la messa in atto di diverse catene operative legate agli strumenti in pietra non scheggiata. Esse sono il risultato della successione di un numero non fisso di fasi che si possono alternare tra loro in modo diverso e non tutte lasciano tracce facilmente riconoscibili sulle superfici degli strumenti. Per poter illustrare una sintesi delle catene operative, a volte piuttosto complesse, si sceglie di "spezzarle" in segmenti che riguardano (fig. 62 e 63):

a) la gestione delle materie prime (selezione, approvvigionamento, circolazione);
b) la gestione dei supporti (lavorazione e ripristino funzionale)
c) la gestione degli strumenti (utilizzo, riutilizzo, scarto).

5.2.1 Riflessioni sulla scelta, circolazione e gestione delle materie prime

L'impiego di rocce di natura e caratteristiche diverse nei tre contesti VBQ e in vari altri siti neolitici padano-alpini (Venturino Gambari 1996; Starnini, Voytek 1997a; Pessina, D'Amico 1999; Vicino 2009a; 2009b) è la conseguenza di un sistema articolato che unisce il naturale sfruttamento di risorse litiche localmente disponibili e l'opportunità di ottenere materiali di buona qualità attraverso i circuiti di scambio attivi durante il Neolitico.

In questo studio le materie prime archeologiche sono state riconosciute mediante un esame macroscopico, metodi empirici e osservazioni al microscopio cercando di operare dei confronti con le rocce attualmente disponibili nel territorio veneto occidentale impiegate per le riproduzioni sperimentali. La selezione di ciottoli e blocchi da usare per la sperimentazione è stata condotta tentando di riprodurre le modalità di scelta e di raccolta verosimilmente adottate dall'uomo neolitico: in tal senso si sono prese in considerazione alcune caratteristiche fisiche (forma, dimensioni, peso, colore, presenza di alterazioni superficiali) e tecniche (tessitura, durezza, coesione, facilità di lavorazione). Ciò ha richiesto un lungo e difficile percorso contrassegnato da una serie di fallimenti necessari, però, all'acquisizione delle competenze minime per riuscire ad affrontare l'attività di sperimentazione, essendo tuttavia ben consci dell'esigenza di dover approfondirne la pratica. Le abilità e le conoscenze così apprese hanno permesso di formulare interpretazioni archeologiche. Se, da un lato, la mancata realizzazione di analisi petrografiche sistematiche può essere considerata un limite di questa ricerca, dall'altro, si ha la consapevolezza che esse non avrebbero probabilmente potuto dare risposte precise sull'origine della roccia da una particolare formazione detritica, anche considerando il fatto che gli attuali detriti possono aver subito dei cambiamenti nel corso dei millenni. In ciascun contesto esaminato l'uomo neolitico aveva direttamente a disposizione, con alcune differenze locali, soprattutto porfidi, serpentiniti, calcari (siti veronesi) e basalti, calcari, calcareniti (sito vicentino). Queste rocce sono presenti sotto forma di ciottoli, massi e detriti di varia forma e dimensione nei depositi alluvionali e morenici circostanti gli antichi insediamenti: presupponendo, sulla scorta di riscontri sperimentali, un approvvigionamento da molteplici fonti per lo più detritiche, non risulta possibile indicare una provenienza specifica per ciascun manufatto. Sono state considerate locali e circumlocali quelle rocce che possono essere raccolte entro una giornata di cammino dall'insediamento (locali entro 5 km e circumlocali entro 10 km); si definiscono regionali le rocce che provengono da distanze maggiori non meglio precisabili considerando la natura dei depositi secondari del territorio. Le materie prime locali e regionali sono state sfruttate per ottenere la maggior parte degli strumenti non scheggiati in ciascun sito in conformità con quanto riscontrato in altri contesti coevi (Starnini, Voytek 1997a; Pessina, D'Amico 1999; Vicino 2009b). In particolare, sono ottenuti da rocce locali macine, macinelli, levigatoi e strumenti percussori in generale. L'impiego di rocce locali e regionali viene effettuato sempre nel rispetto di alcuni parametri che riguardano la selezione morfologica più o meno spinta dei supporti e la preferenza di specifiche litologie per la produzione di determinati tipi di strumenti.

L'attenta conoscenza delle risorse litiche presenti nel territorio a livello locale e regionale è confermato dallo sfruttamento della selce. Nel caso di Rivoli, la selce non veniva raccolta, in base ai campionamenti condotti, nei depositi morenici circostanti il sito neolitico a causa della qualità scadente dei supporti, quanto più forse fra i ciottoli dell'Adige e soprattutto dalle formazioni lessiniche del Biancone e della Scaglia Variegata (Barfield 1990; 2000; Dalla Riva 2016). Nel sito di Molino Casarotto la selce è interamente importata dall'area lessinica (Gardin 2007; Bertola, Gardin in stampa), riconfermando l'enorme successo e diffusione della selce alpina in tutta l'area padano-alpina durante la fase matura del Neolitico.

Frutto di importazione dal comparto liguro-piemontese sono le eclogiti e giade alpine, usate in maniera esclusiva per la produzione di strumenti da taglio grazie alle loro peculiari caratteristiche fisiche (tessitura, densità, durezza, tenacità), tecnofunzionali (ottima risposta reologica a bocciardatura e levigatura, uso quasi esclusivo per strumenti da taglio) ed estetiche (colore verde intenso, venature traslucide, aspetto levigato pregevole). Lo sfruttamento paneuropeo di metaofioliti durante tutto il Neolitico, con un picco nella fase intermedia, porta a ipotizzare l'instaurarsi di una "ideologia legata alla pietra verde" condivisa tra le numerose comunità distanti fino a qualche migliaio di chilometri (Pétrequin *et al.* 2002). Il problema delle rocce importate risulta parzialmente più difficile da analizzare secondo la prospettiva sperimentale, perché naturalmente non è possibile riprodurre i circuiti neolitici di scambio, i quali sono ancora da definire nel dettaglio anche dal punto di vista archeologico. Ciononostante è noto come il territorio veneto non svolgesse un ruolo passivo in questo scenario: in particolare, oggetto di esportazione era la selce di ottima qualità proveniente dagli affioramenti nei Monti Lessini appartenenti alle formazioni del Biancone e della Scaglia variegata (Barfield 2000). La selce alpina - pur non arrivando a interessare il vastissimo circuito di esportazione coperto dalle pietre verdi anche perché le fonti di rocce scheggiabili sono più diffuse rispetto alle fonti di HP-metaofioliti - potrebbe aver svolto una parte attiva come materia prima di scambio. In questa prospettiva si inserisce anche la considerazione che proprio nella fase matura del Neolitico, coincidente con l'evoluzione della Cultura VBQ in Italia settentrionale, la circolazione di pietre verdi e quella di selce alpina avessero raggiunto il loro massimo sviluppo nel territorio padano-alpino.

In tutti i contesti indagati si rileva l'assenza di evidenze dirette relative a zone dedicate alla lavorazione e alla produzione di *macrolithic tools*. La documentazione relativa all'industria in selce, invece, non è uniforme: a Fimon l'area deputata alla scheggiatura si trovava verosimilmente all'esterno delle capanne, in una zona non esplorata dagli scavi, e il materiale litico veniva introdotto negli abitati già scheggiato (Guerreschi 1986); diversamente, a Rivoli è rappresentata tutta la catena operativa di produzione di almeno parte degli strumenti scheggiati e nel sito venivano fatti arrivare arnioni e ciottoli delle formazioni del Biancone e della Scaglia Variegata (Barfield, 1990; Dalla Riva 2016).

Trattandosi di scavi e raccolte limitati ad areali poco estesi e circoscritti alla parte insediativa vera e propria è possibile supporre che le eventuali zone di lavorazione di parte dei *macrolithic tools* si trovassero all'esterno di essi. È necessario, tuttavia, tener presente che le tracce archeologiche riconducibili alla fase di lavorazione degli strumenti non scheggiati sono molto meno evidenti rispetto a quelle proprie della scheggiatura della selce sia perché la martellinatura, la bocciardatura e la levigatura non lasciano evidenti scarti di lavorazione sia per l'eventualità che i percussori usati nella bocciardatura e nella martellinatura potessero venire abbandonati o servire per altri usi. Tra i materiali esaminati, tuttavia, sono presenti alcuni percussori in selce verosimilmente impiegati per preparare e ravvivare le superfici di lavoro di macine e macinelli, testimoniando che una parte della catena produttiva avveniva probabilmente nei pressi dell'area abitativa. Mancano però esemplari prodotti con rocce dure idonee a bocciardare strumenti da taglio e ciò parla chiaramente a favore di una circolazione, perlomeno nel Veneto occidentale, di pietre verdi sotto forma di abbozzi bocciardati e/o lame finite.
Le analogie nella composizione litologica dei complessi di strumenti da taglio con presenza maggioritaria di eclogiti alpine e giade e una minor incidenza di scisti omfacitici, serpentiniti ed altre metaofioliti HP consente di includere Quinzano, Fimon e Rivoli nell'ambito del "modello Rivanazzano", in base al quale i siti collocati nella porzione centro-orientale della Pianura Padana a nord del Po venivano riforniti di pietre verdi da quell'*atelier* e/o da altri centri ancora sconosciuti dell'area circostante (D'Amico, Starnini 2006a; 2007; 2012; Biagi, D'Amico 2013). Inoltre, la presenza di una certa quantità di rocce glaucofaniche a Molino Casarotto, sporadiche o assenti nella gran parte dei siti neolitici nord-italiani con l'eccezione dell'*atelier* di Rivanazzano (D'Amico 2005; D'Amico, Starnini 2000; 2006a; 2007; 2012b; D'Amico *et al.* 2002; 2003b; 2006), avvalora l'ipotesi dell'origine delle pietre verdi di Fimon dall'*atelier* lombardo.

La parte finale della lavorazione degli abbozzi - che poteva consistere, in presenza dei relativi percussori, nella bocciardatura e dalla successiva levigatura della lama, oppure solo nell'affilatura del tagliente - veniva ultimata nei siti di consumo. Sono noti strumenti per bocciardare in pietra verde in alcuni siti nell'area pre-appenninica (Alba, Brignano Frascata, Gaione, Arene Candide, Grotta Pollera) (Venturino Gambari 1996; Starnini, Voytek 1997a; Thirault 2005) e in contesti padani (Vhò, S. Antonio di Porto Mantovano, Ostiano loc. Casette, Sammardenchia) (Pessina, D'Amico 1999; Starnini *et al.* 2004).

La quantità e la qualità delle lame d'ascia rinvenute nei singoli contesti neolitici, e VBQ in particolare, non rispettano sempre un legame di proporzionalità con la distanza dalla fonte di approvvigionamento di pietra verde. Il quadro dei rinvenimenti risulta, infatti, piuttosto articolato e ciò potrebbe non accordarsi con l'ipotesi di uno scambio sul modello "*down the line*" proposto dagli studiosi (Barfield 1996). Il fatto che le comunità neolitiche padano-alpine dipendessero esclusivamente dalle fonti localizzate lontano dal proprio territorio per il rifornimento di una materia prima fondamentale come la pietra verde suggerisce l'ipotesi che l'accesso a tali fonti fosse sistematico e regolamentato a livello sovraregionale. Si potrebbe anche pensare alla messa in atto di un controllo politico-culturale sulla circolazione di eclogiti e giade da parte di alcuni gruppi VBQ, i quali avrebbero ottenuto una posizione di prestigio sul piano economico e culturale. In tale prospettiva, l'omogeneità culturale dell'Italia settentrionale sotto la Cultura VBQ avrebbe agevolato la regia generale dell'intero processo.

La circolazione di oggetti è un fenomeno complesso e difficile da comprendere nel dettaglio, soprattutto considerando che lo scambio e il commercio di beni coinvolgono aspetti sociali, culturali, economici e tecnologici (Gebel 2013) che la ricerca archeologica può ricostruire solamente in minima parte. In particolare, la circolazione su lunghe distanze delle (grandi) lame d'ascia attraverso gruppi culturali diversi potrebbe essere quindi analizzata sotto il profilo sociale come il prodotto delle prime organizzazioni sociali fortemente ineguali, dove le lame confezionate con pregiate materie prime importate assumevano il ruolo di marcatori di *status* elevato (Pétrequin *et al.* 2002). Quest'ultimo viene messo in risalto grazie alla diversa composizione dei corredi funerari, all'interno dei quali le asce costituiscono uno degli elementi più pregiati. Data l'entità territoriale e cronologica della diffusione delle lame levigate si potrebbe considerare il fenomeno a livello transculturale e transcronologico (Pétrequin *et al.* 2002).

5.2.2 Lavorazione dei supporti

In base alle diverse modalità di approvvigionamento delle materie prime locali e importate si evince che a questi due insiemi litologici fossero collegati differenti sistemi di gestione tecnologica dei supporti. Di conseguenza, le catene operative di produzione dei manufatti comportano sviluppi differenti nel caso di rocce locali e di rocce importate (fig. 62 e 63; tab. XXX).

Per quanto concerne le rocce locali, tutta la catena di produzione si realizza verosimilmente a livello del singolo sito o dell'area circostante: le competenze tecnologiche erano interamente possedute dalle comunità VBQ di Fimon, Quinzano e Rivoli. Diversamente, nel caso delle pietre verdi, le considerazioni esposte nel paragrafo precedente inducono a ritenere molto plausibile che almeno una parte della catena tecnologica di produzione degli strumenti da taglio rinvenuti nei siti considerati non venisse messa in atto localmente.
Confrontando gli strumenti ottenuti da rocce locali e quelli ottenuti da pietre verdi emerge innanzitutto un diverso grado di investimento tecnologico dei supporti che però non sembra sempre essere direttamente proporzionale alla potenziale durata d'uso degli strumenti: per esempio, strumenti come lisciatoi e levigatoi, pur avendo una durata d'uso teoricamente molto estesa, non subiscono mai trattamenti tecnologici chiaramente riconoscibili; diversamente, gli strumenti da taglio sono soggetti a diverse e dispendiose tecniche di lavorazione a fronte di un impiego potenzialmente durevole, se non incorrono in danni irreversibili. Quando documentate, le operazioni tecnologiche sono spesso il risultato dell'ultima fase della lavorazione dello strumento o della fase di ripristino funzionale delle superfici di lavoro usurate. Scheggiatura, bocciardatura, martellinatura e levigatura sono le tecniche di lavorazione riconosciute nei reperti esaminati e riprodotte nei manufatti sperimentali. Esse sono state messe in atto valutando la loro efficacia in rocce dotate di particolari caratteristiche inerenti la tessitura, la compattezza e la durezza, oltre che le finalità della lavorazione (trasformazione del supporto, preparazione della superficie attiva, ripristino della superficie attiva).

L'insieme dei reperti esaminati può essere suddiviso in tre categorie tecnologiche:

a) strumenti utilizzati senza alcuna modificazione tecnologica del supporto e associati a una durata d'uso variabile tra l'impiego occasionale e prolungato nel tempo: lisciatoi, levigatoi, pestelli, trituratori, pestelli-lisciatoi e basi di lavorazione;
b) strumenti che richiedono una lieve modificazione tecnologica (preparazione del piano di lavoro) ed eventualmente interventi per migliorare la forma del supporto (sbozzatura dei margini), ma soprattutto una periodica manutenzione delle superfici di lavoro: macine e macinelli;
c) strumenti che richiedono una radicale e laboriosa modificazione tecnologica del supporto (scheggiatura, bocciardatura e levigatura) ed una periodica manutenzione delle superfici di lavoro: asce, accette e scalpelli.

La scelta dei supporti per gli strumenti ottenuti da rocce locali tiene conto delle caratteristiche morfometriche adatte a svolgere una certa funzione mediante un certo funzionamento: i vincoli dettati dalla cinematica d'uso impongono una discreta standardizzazione delle forme per alcuni tipi di strumenti, mentre in altri casi, un certo grado di variabilità morfologica dei supporti va messa in rapporto con la raccolta di ciottoli e blocchi naturali nei contesti alluvionali che, data la loro natura detritica, consentono un largo margine di selezione di forme e dimensioni.
La gestione tecnologica delle rocce locali si differenzia in base al tipo di supporto sfruttato che può consistere in ciottoli o blocchi e massi litici di maggiori dimensioni: in entrambi i casi il presupposto di fondo consiste nella selezione di supporti dotati di caratteristiche morfodimensionali (ergonomia per gli strumenti attivi, stabilità e superfici di lavoro sufficientemente ampie per gli strumenti passivi) e tecniche idonee ai futuri processi di trasformazione (roccia abrasiva a grana fine per levigare, roccia dura e tenace per tagliare, ecc.). Questi aspetti rappresentano il grado di selettività operato dai gruppi umani in relazione allo sfruttamento di una roccia rispetto a un certo tipo di strumento. In tal senso, alcuni tipi di strumenti sono caratterizzati da una scelta vincolata della materia prima in tutti i siti analizzati: si tratta delle macine, dei macinelli, dei lisciatoi e dei pestelli-lisciatoi.

Gli strumenti per macinare sono il risultato di una catena tecnologica che comprende tre fasi fondamentali come evidenziato in studi etnografici (Roux 1985; Hayden 1987) e in una sintesi che collega dati archeologici ed etnografici (Wright 1992): a) l'eventuale sbozzatura del masso selezionato (*roughing*): il blocco viene sottoposto alla rimozione di grosse schegge per conferirgli la forma generale; b) la sbozzatura fine del supporto (*thinning*): consiste nello stacco di piccole schegge e nella regolarizzazione dello strumento per apportargli la forma definitiva; c) la preparazione del piano di lavoro (*final smoothing*): grazie ad essa si rende abrasiva o si accentua la rugosità della superficie attiva.

Nei due siti veronesi il porfido è stato impiegato in modo quasi esclusivo sia per le macine sia per i macinelli: tale preferenza si spiega, da un lato, per le buone proprietà abrasive e di coesione del porfido e, dall'altro, per l'ampia diffusione, in blocchi di varia pezzatura, di questa materia prima nei pressi di Quinzano e Rivoli.
A Fimon, la scelta delle materie prime per le macine è più diversificata (rocce porfiroidi, arenarie e basalto) e si nota la tendenza concreta alla ricerca di materie prime più efficienti sebbene non comuni nell'area (arenaria) rispetto a quelle maggiormente diffuse (basalto). Rocce di aspetto porfiroide di provenienza incerta, però, vengono chiaramente preferite per la produzione dei macinelli, in quanto tali strumenti richiedono supporti di medie dimensioni più facili da reperire e materie prime cristalline, dure e compatte in grado di trascinare le cariossidi lungo la superficie della macina.

A Quinzano e a Rivoli i lisciatoi e i pestelli-lisciatoi sono ottenuti quasi sempre da ciottoli di serpentinite localmente reperibile lungo l'alveo dell'Adige. Si tratta di una roccia efficace nelle attività di lisciatura e di pestatura nelle quali questi strumenti erano impiegati. Nonostante l'utilizzo polifunzionale di uno strumento presenti evidenti vincoli litologici e tecnologici (De Beaune 2000, 138-39), nel caso dei pestelli-lisciatoi la scelta della materia prima è mirata ad una particolare litologia, la serpentinite, la quale si caratterizza per una risposta reologica che consente la messa in atto di due differenti cinematiche (lanciata e appoggiata), grazie alle sue caratteristiche fisiche: tessitura medio-fine, compattezza, durezza media, superfici non abrasive. Ciottoli di una litologia simile a quella veronese sono sfruttati anche a Molino Casarotto per ricavarne almeno due pestelli-lisciatoi (frammentari): in questo caso l'origine della serpentinite, benché difficile da precisare, potrebbe essere genericamente ricondotta ai detriti atesini (D'Amico 1998; Pessina, D'Amico 1999; Biagi, D'Amico 2013).

Per la classe degli strumenti percussori l'impiego meno selettivo di materie prime è collegato all'ampia varietà di attività in cui questi strumenti sono coinvolti, al loro frequente uso occasionale e alla loro facile sostituzione in seguito a rottura o abbandono. Per queste ragioni la scelta litologica non sembra rispondere a rigidi criteri e il ricambio litologico, oltre a quello dello strumento stesso, può avvenire nei pressi dei siti stessi.
Infine, il numero esiguo di martelli-trituratori e basi di lavorazione in tutti e tre i siti non consente di avanzare ipotesi relative ad un uso preferenziale di determinati litotipi.

Dal punto di vista della trasformazione tecnologica delle materie prime, emerge una distinzione basata sul tipo di supporto e sul tipo di strumento. Una volta che i ciottoli sono stati selezionati in base a determinate caratteristiche morfodimensionali e tessiturali in previsione di un loro impiego come lisciatoi piuttosto che come percussori o pestelli-lisciatoi, essi vengono utilizzati senza subire alcuna modificazione tecnologica, acquistando la valenza di strumento grazie al loro utilizzo. Questa pratica accomuna i siti di Quinzano e Rivoli, dove la vicinanza del fiume Adige favorisce lo sfruttamento di ciottoli fluviali sotto forma di vari tipi di strumenti attivi utilizzati in percussione lanciata. Diversamente, a Fimon, l'impiego di ciottoli è meno frequente come testimoniato dall'assenza dei pestelli e dalla sporadica presenza degli altri strumenti attivi usati in percussione lanciata (percussori e trituratori) ed appoggiata (lisciatoi). Tuttavia, il gruppo degli indeterminati di Fimon raggruppa alcuni piccoli ciottoli ovoidali la cui funzione non è stata definita: le dimensioni ridotte (alcuni dei quali sono lunghi meno di 3 cm) e l'apparente assenza di tracce d'uso hanno fatto sì che questi reperti fossero esclusi dalla categoria degli strumenti veri e propri. Tuttavia, permangono i dubbi relativi alla loro funzione e non si esclude che essi possano essere stati conservati per scopi diversi dall'impiego concreto sotto forma di strumenti (L. H. Barfield, com. pers. 2005).

Diversa appare la gestione tecnologica dei blocchi litici di maggiori dimensioni: da un lato, levigatoi e basi di lavorazione non richiedono, per poter essere usati, operazioni tecnologiche di modifica del supporto originario; dall'altro, macine e macinelli subiscono, oltre ad una eventuale sbozzatura dei margini e dei fianchi per migliorare la forma del supporto, una imprescindibile preparazione del piano di lavoro tramite martellinatura. Inoltre, macine e macinelli, contraddistinti da una rigida scelta della materia prima, sono accomunati dall'utilizzo temporale esteso, confermato dalla forte intensità d'usura della maggior parte dei reperti di Fimon e Rivoli e da paralleli etnografici (Roux 1985). La conseguenza principale dell'utilizzo prolungato è la necessità di mantenere l'efficienza delle superfici di lavoro, logorate dall'uso, attraverso operazioni periodiche di ravvivamento. In questa prospettiva, la scelta di una materia prima appropriata rappresenta un investimento a lungo termine, indispensabile per la lunga vita e l'efficienza costante dello strumento stesso.

Nel caso delle pietre verdi probabilmente solo la parte finale della lavorazione si completava in loco, in quanto è stato sopra ammesso che, nell'areale in esame, eclogiti e giade fossero oggetto di scambio sotto forma di supporto semilavorato. Di conseguenza, le fasi più delicate e rischiose della lavorazione, le quali richiedono un elevato grado di capacità tecnica necessaria a limitare danni irreparabili, erano verosimilmente effettuate negli *atelier* ad opera di artigiani (itineranti?: Venturino Gambari 1996) che vivevano in villaggi non troppo distanti dalle aree di raccolta della materia prima. Nei siti VBQ esaminati, infatti, mancano i percussori da bocciardatura: nessuno degli strumenti percussori, infatti, presenta le caratteristiche e la litologia idonee alla scheggiatura ed alla lavorazione delle pietre verdi. Percussori adatti allo scopo sono stati però rinvenuti sia a occidente

(Lombardia: Starnini *et al.* 2004) che a oriente (Friuli: Pessina, D'Amico 1999) del territorio veneto. Tra i 15 reperti del sito friulano di Sammardenchia classificati dagli Autori come martelli, asce-martello e percussori quattro sono ricavati da metaofioliti di alta pressione proveniente dal bacino delle Alpi occidentali, due sono in serpentinite e i rimanenti sono in cinerite/tufite e dacite/andesite (Pessina, D'Amico 1999). I reperti ottenuti da eclogiti e giade presentano caratteristiche morfologiche tali per cui si ritiene verosimile che si tratti di riutilizzi di lame d'ascia danneggiate sotto forma di strumenti che lavorano in percussione lanciata (Pessina, D'Amico 1999, fig. 33). L'unico vero percussore impiegato in azione di bocciardatura sembra essere il reperto in cinerite/tufite riprodotto in Pessina, D'Amico (1999, 61, fig. 33, numero 282). La natura della materia prima tuttavia rende questo percussore inefficace nella lavorazione delle pietre verdi e adatto alla bocciardatura delle lame ottenute da rocce analoghe, presenti in discreta quantità a Sammardenchia.

La fase finale di levigatura e le successive periodiche riaffilature del tagliente venivano effettuate nei siti di consumo: questo tipo di lavorazione non richiede né specifiche competenze tecniche, perché sporadicamente può verificarsi la rottura della lama, né strumenti di fabbricazione particolari eccetto una mola di roccia abrasiva. La qualità della levigatura osservabile sui reperti dimostra nel complesso una buona padronanza della tecnica.

Accanto alla diffusione di strumenti da taglio intesi come beni di consumo, destinati alla deforestazione e alla carpenteria del legno, era attiva una circolazione di lame d'ascia cosiddette "cerimoniali" caratterizzate da una lunghezza spesso superiore a 20 cm, da una particolare cura nella levigatura che in genere copre tutta la superficie e dalla scelta di rocce di speciale pregio estetico. Si ritiene fondata l'ipotesi secondo cui questi splendidi reperti fossero investiti di un valore socio-simbolico che trascendeva la loro potenziale funzione utilitaria (Thirault 2004). I frequenti fenomeni di tesaurizzazione di asce attestati in tutta Europa (Pétrequin, Jeunesse 1995; Barfield 1996; Zamagni 1996a, Riq-de Bouard 1996) e la ricorrenza di asce e scalpelli nelle sepolture VBQ in area padana (Pedrotti, 1996a; 2001; Bernabò Brea *et al.*, 2014a) porta ad avvalorare la convinzione che perlomeno alcune lame d'ascia detenessero nell'ambito delle comunità neolitiche un significato culturale complesso legato sia alla dimostrazione delle relazioni di potere da parte degli uomini sia al valore intrinseco dell'oggetto ascia e della sua efficacia (Thirault 2004). Come conseguenza di queste considerazioni è possibile pensare che le asce cerimoniali fossero oggetto di una produzione affidata a particolari gruppi di artigiani dotati delle elevate competenze tecniche indispensabili per realizzare simili manufatti. Essi spesso perfezionavano la lavorazione creando spesso una levigatura "a specchio" delle lame esaltandone la bellezza della forma e del colore. Una volta ultimate le splendide asce cerimoniali erano oggetto di scambio forse in occasione di importanti eventi sociali (Barfield 1996) e le comunità riceventi non avevano la necessità di intervenire tecnologicamente sui manufatti. Fra i materiali esaminati sono assenti le grandi asce cerimoniali propriamente dette diffuse soprattutto Oltralpe (Thirault 2004) e attestate anche nell'Italia nord-occidentale (Venturino Gambari 1996); sono tuttavia riconoscibili a Quinzano strumenti da taglio caratterizzati da una particolare cura nella lavorazione (principalmente nella levigatura), tra cui almeno tre esemplari provenienti da corredo funerario.

In base alle considerazioni esposte si può pensare che gli strumenti da taglio fossero sottoposti a un diverso gradiente di trasformazione tecnologica. Alcune lame d'ascia si presentano interamente levigate: quando il supporto è costituito da una scheggia di roccia fine di dimensioni medio-piccole e con sezione appiattita, l'operazione di levigatura è stata generalmente condotta direttamente sul supporto senza essere preceduta da una preliminare bocciardatura; in alcuni reperti si possono osservare i residui della scheggiatura o il supporto originario (Lunardi 2003a; 2003b). La maggior parte degli strumenti da taglio però conserva le tracce di bocciardatura ("*bouchardage résiduel*": Ricq-de Bouard, Buret 1987) lungo i fianchi e sul tallone: oltre ad una finalità tecnologica legata alla messa in forma del supporto, la bocciardatura produce una superficie litica zigrinata che facilita l'aderenza della lama al sistema di immanicatura (Ricq-de Bouard, Buret 1987). Le lame d'ascia che conservano un'ampia zona bocciardata sono state prodotte a partire da supporti di medie e grandi dimensioni, a sezione spessa e ricavati da rocce a tessitura cristallina medio-fine, principalmente eclogiti alpine. La morfologia del supporto, idonea ad essere efficacemente tenuta nel palmo della mano e il tipo di roccia cristallina, per la quale la bocciardatura rappresenta la tecnica di lavorazione più efficace in termini di rapporto di massa asportata per ora di lavoro (Ricq-de Bouard, Buret 1987; Delcaro 1996; 1999; Lunardi 2008b), rappresentano due condizioni ottimali per la messa in atto della catena operativa in cui la bocciardatura svolge un ruolo fondamentale. In tali reperti la successiva levigatura è ridotta alla parte funzionale, cioè il tagliente, oppure può estendersi parzialmente ad una o entrambe le facce, senza però cancellare totalmente le tracce di bocciardatura. Questa tipologia di asce è quella più comune durante la fase del Neolitico maturo italiano ed europeo (Thirault 2004; 2005).

Per quanto riguarda la categoria degli scalpelli, il numero esiguo di esemplari studiati (4 reperti, di cui solo uno integro) ammette considerazioni parziali. La tipologia, ravvisabile anche nei reperti frammentari, è conforme a quella degli scalpelli delle fasi VBQI e inizio VBQII, caratterizzati da forma allungata, tagliente stretto, sezione piano-convessa o ovale-appiattita[31] e generalmente una doppia estremità tagliente. La lavorazione presenta analogie con le lame d'ascia: i fianchi, infatti, conservano tracce di bocciardatura più o meno obliterate dalla successiva levigatura, mentre l'esemplare integro di Quinzano è stato interamente e accuratamente levigato tanto da esaltare il colore scuro e uniforme dell'omfacitite. I taglienti dei reperti frammentari sono piuttosto usurati e all'analisi microscopica si evidenziano microsceggiature, strie ortogonali al tagliente e striature di riaffilatura. L'unico scalpello integro presenta entrambi i taglienti ben affilati e quasi integri (con sporadiche microscheggiature non chiaramente riconducibili all'uso) e proviene verosimilmente da contesto funerario (Pedrotti 1996a).

5.2.3 Riflessioni sulla gestione degli strumenti

L'analisi funzionale ha dimostrato che gli strumenti in pietra non scheggiata sono implicati in varie catene operative di tipo alimentare e artigianale peculiari del modo di vivere neolitico. In particolare, si ricordano la macinatura di cereali, la polverizzazione dell'ocra, il taglio e la lavorazione del legno, la preparazione di degrassanti per la ceramica, la produzione di oggetti in pietra e in materia dura animale e la lavorazione delle pelli (tab. XXX). Ciascun tipo di strumento è sottoposto a un ciclo di vita di durata variabile che include l'utilizzo e il riutilizzo di una superficie attiva, il suo ripristino periodico fino all'abbandono finale. Naturalmente, non tutte queste fasi sono riconoscibili nello stesso strumento per il fatto che solo alcuni tipi di manufatti sono sottoposti a operazioni di ripristino funzionale o riutilizzo o perché l'ultima azione in ordine di tempo può aver cancellato eventi precedenti. Sotto il profilo funzionale, dunque, un aspetto condiviso riguarda la tendenza ad una gestione complessa dei supporti, indice che la scelta a monte della materia prima rivestiva un ruolo prioritario.

Nei tre siti VBQ si distingue il diverso peso che ciascuna categoria funzionale assolveva nel singolo contesto. La tripartizione tecnologica precedentemente descritta (tab. III) si giustifica attraverso una gestione diversificata degli strumenti.

Gli strumenti del primo gruppo utilizzati senza una preventiva modificazione tecnologica dei supporti (levigatoi, lisciatoi, pestelli-lisciatoi e basi di lavorazione) sono ottenuti da rocce locali di facile reperimento e destinati ad usi compatibili con le caratteristiche fisiche della materia prima: per esempio, da una arenaria a grana fine e compatta si ricava un ottimo supporto per levigare materie dure, mentre un ciottolo di porfido risulta sufficientemente duro, sebbene poco elastico, per poter essere impiegato come pestello. Una volta che tali strumenti perdono la loro efficacia funzionale diventando inservibili, per esempio a causa di una rottura accidentale, la loro sostituzione può considerarsi pressoché immediata.

Gli strumenti che appartengono al secondo gruppo, cioè macine e macinelli, sono anch'essi ottenuti da blocchi litici di rocce locali e regionali, ma la caratteristica distintiva riguarda il loro utilizzo potenzialmente prolungato nel tempo connesso all'espletazione di attività collegate alla quotidiana necessità di preparazione alimentare. Di conseguenza, la cernita della materia prima si fa più selettiva in termini di scelta del litotipo più adatto e della morfologia ritenuta più idonea. Inoltre, si tratta di strumenti soggetti a un ciclo di vita più diversificato e articolato, in quanto possono intervenire fenomeni di riutilizzo o impieghi polifunzionali in senso ampio del medesimo supporto, danneggiato o meno. Ciononostante, la disponibilità di blocchi sufficientemente grandi comporta la decisione di preferire rocce maggiormente diffuse in forma di grandi massi a scapito di rocce più efficienti, ma geologicamente più difficili da trovare. Il ravvivamento periodico delle superfici di lavoro usurate di macine e macinelli rappresenta l'operazione fondamentale attraverso cui questi strumenti possono essere utilizzati per lunghi intervalli di tempo ripristinandone l'efficacia funzionale.

Infine, il terzo gruppo di strumenti comprende i manufatti sottoposti ad una complessa e laboriosa modificazione tecnologica e una periodica affilatura (asce, accette e scalpelli): essi comportano una gestione più articolata della materia prima e delle superfici attive. La catena operativa costituita generalmente da tre fasi consecutive (scheggiatura, bocciardatura e levigatura) è periodicamente integrata dalla riaffilatura del tagliente usurato. Gli strumenti da taglio possono essere utilizzati, al pari di macine e macinelli, per tempi prolungati, ma possono incorrere in rotture accidentali, le quali hanno la capacità compromettere o estinguere il funzionamento futuro dello strumento.

Analizzando i cicli di utilizzo dei reperti si nota una significativa differenziazione nella gestione funzionale degli strumenti (fig. 62 e 63). Per gli strumenti che vengono utilizzati senza una preventiva fase di trasformazione tecnologica - come percussori, martelli-trituratori, levigatoi e basi di lavorazione - la maggior parte è sottoposta a scarto e successiva sostituzione. Ciò si verifica nel momento in cui tali strumenti perdono la loro efficienza funzionale in seguito a rottura accidentale o ad usura intensa. La sostituzione sia delle materie prime, diffuse in prossimità degli insediamenti sia dello strumento non sottoposto a modifiche tecnologiche non richiede dunque investimenti elevati di tempo e di tecnica. Tuttavia, nel caso dei pestelli-lisciatoi di tutti i siti e di alcuni pestelli provenienti da Quinzano e da Rivoli si assiste ad un utilizzo polifunzionale del medesimo supporto. Per quanto riguarda i pestelli-lisciatoi in serpentinite usati nel trattamento delle pelli (8

[31] Il frammento di scalpello rinvenuto a Quinzano presenta invece una sezione ovale spessa.

reperti a Quinzano, 11 reperti a Rivoli e probabilmente anche i 2 reperti, purtroppo molto frammentari, di Fimon), il funzionamento in percussione alternativamente lanciata ed appoggiata è sincronico, cioè avviene durante lo stesso processo di trasformazione (ammorbidimento e lisciatura della pelle). Per i rimanenti pestelli-lisciatoi (3 reperti a Rivoli e 1 reperto a Quinzano), l'analisi delle usure non consente di specificare se le due azioni del pestare e del lisciare siano contemporanee (polifunzionalità) o successive (riutilizzo o recupero). Stessa constatazione è estesa ai pestelli dei due siti veronesi che hanno entrambe le estremità utilizzate (3 esemplari a Quinzano e 3 a Rivoli), generalmente con diversa morfologia ed intensità d'usura, e ad un pestello di Quinzano, caratterizzato da lustrature su almeno una faccia e dalle estremità usate in percussione lanciata.

In base a quanto discusso, i diversi tipi di sostanze che richiedono un trattamento in percussione lanciata (vegetali, frutti, semi, degrassanti, ecc.) e la difficoltà di differenziare in termini di specifica destinazione funzionale gli impatti di percussione, ostacolano il tentativo di ricostruire i cicli di utilizzo e di riutilizzo dei pestelli.

Nell'ambito della gestione funzionale degli strumenti per macinare, si osservano alcuni casi di sfruttamento polifunzionale del supporto. Si tratta in particolare di:
- un frammento di macina in arenaria di Fimon utilizzato da un lato come macina da cereali e dall'altro come levigatoio per materie dure;
- tre frammenti di macina in porfido di Rivoli usati da un lato come macina da cereali e dall'altro come levigatoio per materie dure;
- un frammento di macinello in porfido di Rivoli impiegato da un lato come macinello per cereali e dall'altro come levigatoio o lisciatoio;
- un frammento di macina in porfido di Rivoli usata su entrambe le facce per macinare ocra.

A Rivoli ci sono, inoltre, alcuni casi dubbi di riutilizzo di macine come levigatoi, per i quali il cattivo stato di conservazione della materia prima e lo stato frammentario dei supporti preclude un'analisi più approfondita.

I fenomeni di riutilizzo e di recupero delle macine testimoniato a Fimon e soprattutto a Rivoli si spiegano con il fatto che la materia prima e le caratteristiche morfodimensionali del blocco litico sono coerenti con l'utilizzo come levigatoio. Nel caso di Rivoli, tuttavia, la pratica del reimpiego potrebbe sorprendere se si considera l'abbondanza del porfido a livello locale e l'assenza di necessari interventi tecnologici sui supporti impiegati come levigatoi.

Un'interessante osservazione legata alla gestione funzionale degli strumenti riguarda la tendenza a riutilizzare, nel senso stretto del termine, solo gli strumenti che, come le macine, sono sottoposte ad un uso prolungato nel tempo.

Il grado di utilizzo e di riutilizzo di certi strumenti analizzati porta a pensare ad occupazioni perlomeno continuative o cicliche e a comunità attente alla gestione di certi tipi di strumenti. Questo fenomeno è particolarmente evidente nel sito di Rivoli, dove si riscontrano il maggior numero di strumenti per macinare e la maggiore frequenza dei riutilizzi.

Infine, si intende sottolineare che l'unica operazione effettuata per ripristinare, dal punto di vista funzionale, le macine e macinelli logorati dall'uso intensivo è il ravvivamento delle rispettive superfici di lavoro. Questo trattamento è, nello stesso tempo, causa e conseguenza dell'utilizzo prolungato degli strumenti per macinare, costituendo l'anello principale della gestione funzionale di questa classe di strumenti.

Per quanto riguarda la gestione funzionale degli strumenti da taglio in pietra levigata, un primo elemento da focalizzare è legato al supporto originario. Osservazioni etnografiche (Hampton 1999; Pétrequin, Pétrequin 2000) e funzionali (Starnini, Voytek 1997a; Sestier 2001b) hanno messo in evidenza alcuni vincoli di carattere morfologico in base ai quali i supporti da cui ricavare future asce e accette sono parzialmente diversi e servono a produrre strumenti destinati ad attività parzialmente diverse e complementari (Pétrequin, Pétrequin 1988; Monnier *et al.* 1991; Pétrequin, Jeunesse 1995; Lunardi 2008b). Al di là del distinto funzionamento, la gestione degli strumenti risulta analoga. Il tagliente smussato e/o scheggiato dall'uso deve essere periodicamente riaffilato in modo tale da ripristinare l'efficacia della parte attiva. Se in seguito ad un colpo vibrato con forza eccessiva o a causa di una frattura interna sul tagliente si viene a produrre una scheggiatura la lama può venire riaffilata; se il danno è più esteso la lama può essere rilavorata tramite bocciardatura e successiva levigatura, oppure lo strumento può essere scartato definitivamente.

Nei reperti di Quinzano e Rivoli la percentuale dei frammenti è vicina al 50 %, ma in nessun caso è stato riconosciuto un riutilizzo successivo, nemmeno a Fimon, dove ci sono solo tre lame d'ascia frammentarie su un totale di diciassette esemplari. Il riutilizzo di lame d'ascia è stato, invece, riconosciuto in alcuni contesti di epoca posteriore dell'area gardesana (Lunardi 2003a; 2003b: Cisano e Bor di Pacengo; Casini *et al.* 2006: Lavagnone) nonché in materiali neolitici della Caverna delle Arene Candide (Starnini, Voytek 1997a).

Non meno rilevante ai fini della ricostruzione del sistema di gestione funzionale degli strumenti da taglio è il probabile valore simbolico attribuito ad alcune lame d'ascia, evidenziato dal rinvenimento di tali strumenti nei corredi delle sepolture di Quinzano (Zorzi 1955; Bagolini 1984) e di numerose altre sepolture della Cultura VBQ (Bagolini 1984; Bagolini, Grifoni Cremonesi 1994; Pedrotti 1996a; Bagolini, Pedrotti 1998; Bernabò Brea *et al.* 2006; 2014a). L'aspetto simbolico è stato inserito nello schema e nella discussione sulla gestione tecnofunzionale degli strumenti in pietra verde perché si tratta di una attribuzione simbolica conferita a strumenti veri e propri e per questo diversa rispetto da quella delle "veneri" ed agli "idoletti" e perché è possibile pensare che l'attribuzione di un valore metafunzionale non pregiudicasse a priori l'impiego delle asce per scopi pratici (Whittle 1995).

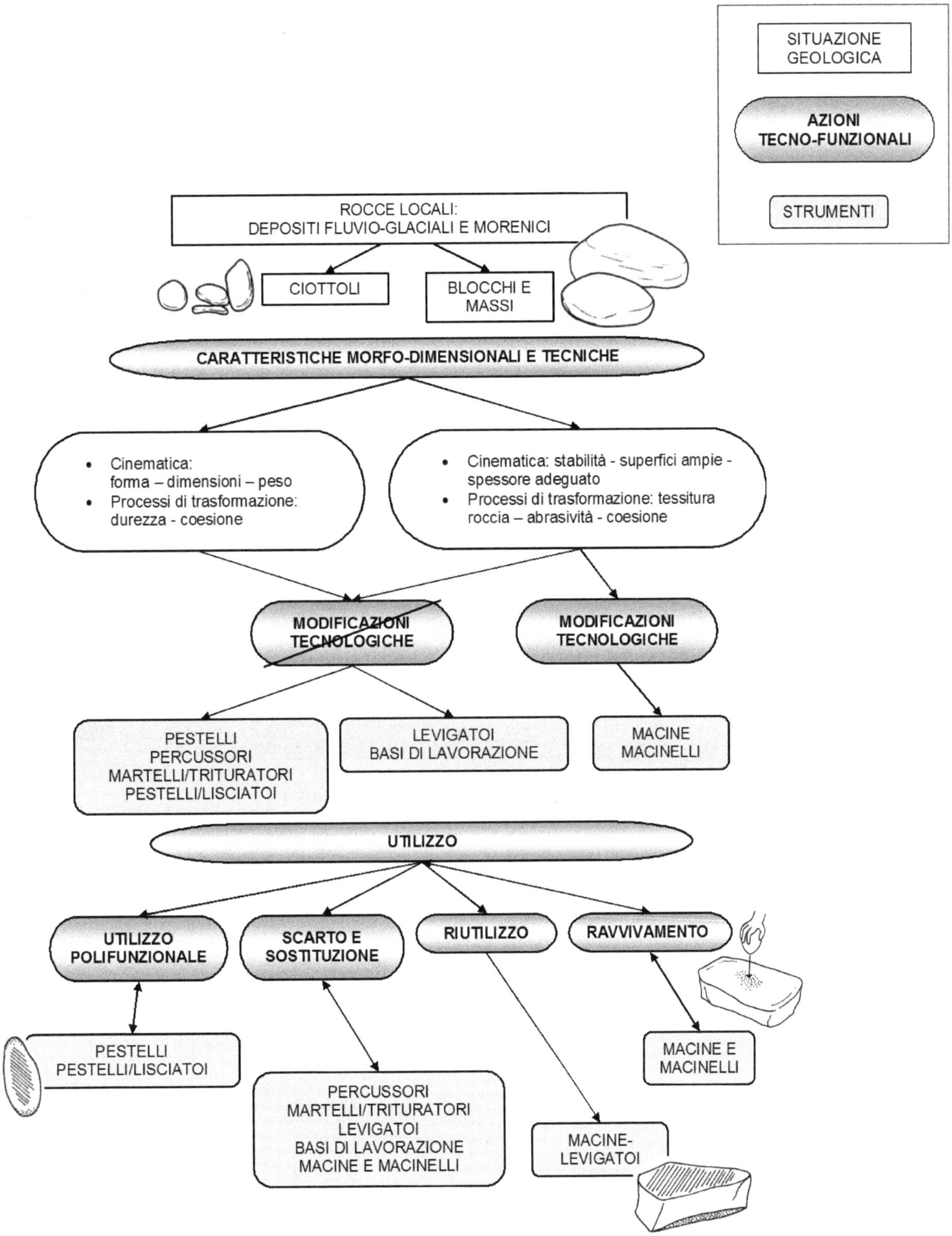

Figura 62 - Le catene operative delle rocce locali.
Figure 62 - The operational sequences of the local rocks.

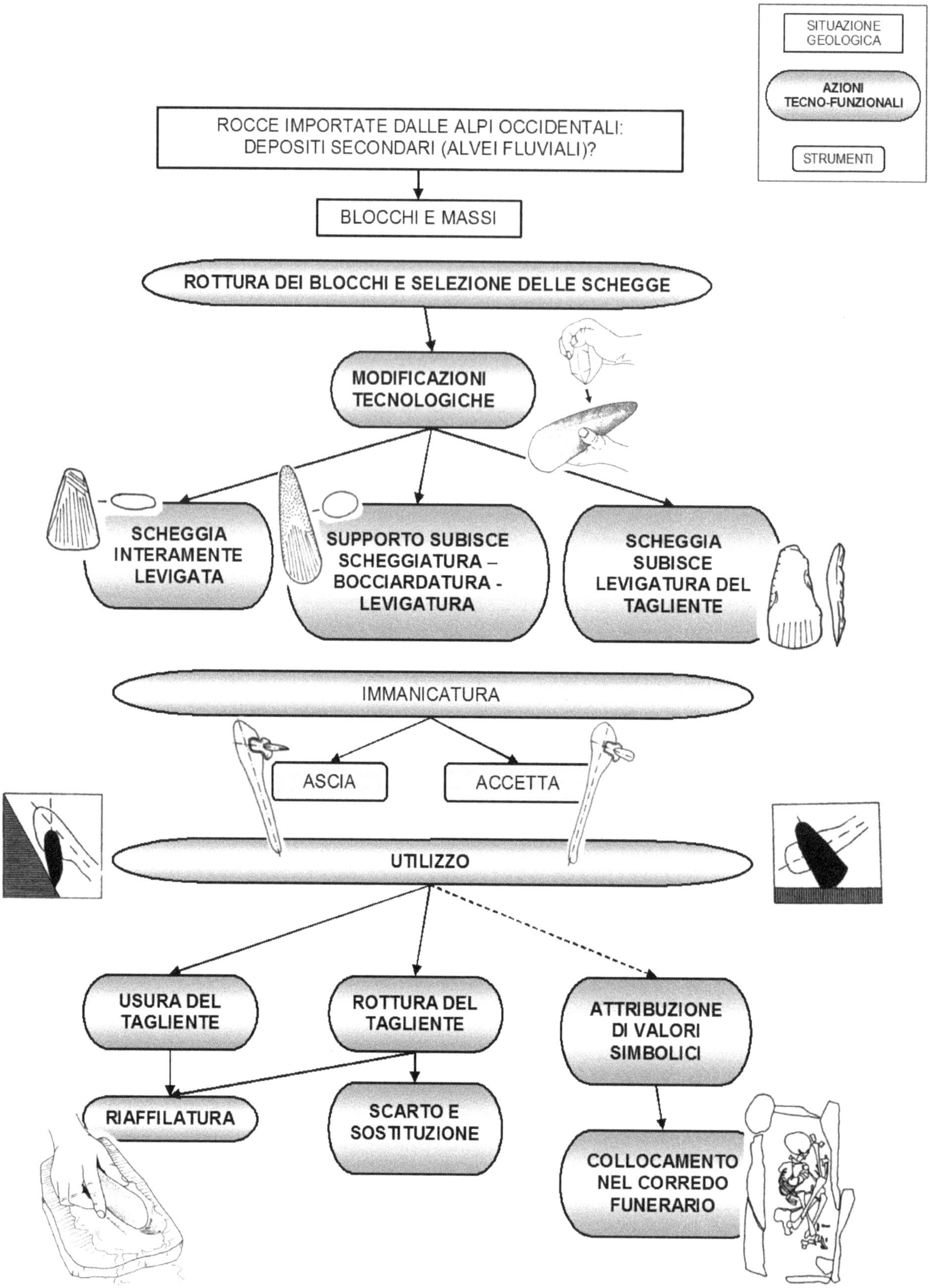

Figura 63 - Le catene operative delle rocce importate.
Figure 63 - The operational sequences of the imported rocks.

Tabella XXX - Industria in pietra non scheggiata dei siti di Fimon, Quinzano e Rivoli: sintesi dei risultati dello studio tecnofunzionale.

Table XXX - Results of the technological and functional analysis of the non-chipped stone tools from Fimon, Quinzano and Rivoli Rocca sites.

Percussion posée				***Percussion lancée***		***Percussion lancée et posée***			
-	+	+/-	+	+	+	+	-	+//-	
QUERNS	**HANDSTONES**	**ABRADERS**	**POLISHERS**	**PESTLES, HAMMER STONES, POUNDERS**	**AXES and ADZES**	**CHISELS**	**WORKING SLABS**	**POUNDER-POLISHERS**	
Use almost exclusive of porphyry (also some sandstone and basalt)		Abrasive rocks: sandstone, porphyry (but also basalt, gneiss, limestone)	Coherent, massive and fine-grained rocks: serpentinite/ amphibolite (selective choice of raw material)	Various rocks with different proprieties: limestone, flint, porphyry, serpentinite, gneiss (not selection)	Massive, fine and very fine-grained rocks, hard and shock-resistant (imported jades and eclogites from Western Alps)	Like axes and adzes	Porphyry	Use almost exclusive of serpentinites/ amphibolites; rare porphyry	**Raw material**
Pecking, flaking		Usually none: pebbles selected for its suitable morphology and size		Usually none	Flaking, pecking, grinding, polishing	Pecking, grinding, polishing	Usually none		**Technological traces**
Almost all tools are fragmented (some with oval side, other with right-angle form)	Elongated form, with a flat and oval working surface	Various: pebbles selected for their ergonomic form; the final form depends on its use or reuse		Various: pebbles selected for their ergonomic form and suitable weight	Usually triangular or trapezoidal form with a cutting edge	Narrow and elongated form with cutting edge end(s)	Various: the final forms depend on its use or reuse	Various: usually spherical or oval form	**Tool morphology**
Quern and handstone are used together: the quern is the lower and stationary slab and the upper handstone moves with backwards and forwards motion		Small or medium stones used on a worked material or the worked material moves on the stone		Tool used with a forceful stroke against a worked material	Tools are used with a chopping motion to strike a blow with the cutting edge	Tool are used mainly to dig and take off material	Lower slab used like anvil	Multiple motion: polishing and pounding	**Kinematics**
a) Levelling, pits, crushed grains, fractures, grain edge rounding grain, polish b) striations, fractures, red homogeneous areas (ochre)		Striations, grooves, flat grains	Polish, sheen, striations	Light/Deep impact fractures, scarring	Striation, scarring, polish, breaking	Scarring, striations	Flat surface, concavities	Impact fractures, polish, striations	**Use-wear traces**
Food-processing Grinding minerals		Shaping and reshaping other stones, bones and shell items	Polishing smooth material (hide processing)	Pounding, crushing, pecking food or non-food substances	Chopping, cutting branches, felling trees, taking off the bark	Digging (wood)	Multiple use: anvil with marks resulting from pounding and grinding	Multiple- use: polishing and pounding (some tools are related to hide processing)	**Processing systems**

- : strumento usato in modo passivo / *tool used as a passive element.*

\+ : strumento usato in modo attivo / *tool used as a active element.*

+/- : strumento usato in modo attivo o passivo / *tool used as a passive or active element.*

+//- : strumento usato in modo attivo e passivo / *tool used as a passive and active element.*

5.3 Economie locali

5.3.1 Fimon Molino Casarotto

Gli strumenti per macinare, in gran parte frammentari, sono ottenuti da materie prime presumibilmente locali e regionali: i supporti sono scelti con cura e si riscontra un approvvigionamento accurato di rocce anche non disponibili nelle immediate vicinanze del sito. Per i macinelli sono preferite rocce dense e cristalline a grana medio-grossa, mentre per le macine sono state sfruttate rocce a tessitura più fine e dotate di una buona capacità abrasiva. L'uomo neolitico è intervenuto sui supporti mediante specifiche operazioni tecnologiche finalizzate a migliorare le caratteristiche morfologiche del blocco litico e ad accentuare l'abrasività del piano di lavoro. Quest'ultimo si presenta normalmente molto usurato e con tracce di ravvivamento ancora riconoscibili principalmente lungo i margini laterali di alcuni esemplari. Nove reperti su un totale di tredici sono stati associati alla macinatura del cereali; per i rimanenti quattro si può parlare solo genericamente di macinatura di sostanze vegetali, a causa del loro stato di conservazione non ottimale e dall'assenza di residui macro e mesoscopici riconducibili a sostanze minerali.
Queste ultime, rappresentate da ocra e calcite, sono state però recuperate nel corso degli scavi (Bagolini *et al.* 1973). Per quanto concerne in particolare l'ocra - presente nel sito sotto forma di piccoli globuli nella capanna I - si può pensare ad un suo impiego indipendente da una preliminare macinatura con macine o altri strumenti abrasivi in pietra; comunque non si può escludere una polverizzazione del minerale effettuata mediante mortaio e pestello lignei non più documentabili nel record archeologico.

Un aspetto funzionale degno di nota è il riconoscimento di un frammento di macina in arenaria fine utilizzato da un lato come macina da cereali e dall'altro come levigatoio: è difficile affermare se si tratta di un riutilizzo in senso stretto (le due attività si sono succedute nel tempo), oppure se si tratta di uno strumento composito (le due attività sono sincroniche). In base alla diversa rilevanza economica dei due impieghi sembra più probabile l'ipotesi basata sulla funzione primaria di macinatura dei cereali e che il riutilizzo come mola del supporto, adeguatamente abrasivo ma reso inefficiente, ad esempio in seguito a una rottura accidentale, si sia verificato successivamente. Le dimensioni utili a svolgere le due attività, necessariamente maggiori nel caso della macinatura, concorrono anch'esse ad avvalorare la tesi proposta. Un ulteriore confronto proviene dalla letteratura etnografica che documenta il reimpiego delle macine come basi di lavorazione piuttosto che il fenomeno inverso (Mc Carthy 1976; Roux 1985).

Gli strumenti per levigare e lisciare sono rappresentati da elementi usati con funzione passiva (9 reperti) e da elementi usati con funzione attiva (6 reperti). I primi, ottenuti principalmente da blocchi non trattati di rocce abrasive compatte locali e regionali (arenarie, calcareniti e basalti), sono stati associati alla lavorazione tramite levigatura di manufatti in pietra (lame d'ascia) e materia dura animale, di cui il sito ha restituito una apprezzabile quantità. I secondi, invece, costituiti da ciottoli di serpentinite e rocce porfiroidi di piccola e media pezzatura non trattati e dotati di ridotte superfici attive, sono stati ricondotti ad operazioni generiche di abrasione leggera, senza tuttavia essere in grado di effettuare associazioni più specifiche a causa della conservazione non ottimale dei supporti, ad eccezione di un reperto probabilmente utilizzato per lavorare la pelle. Tra gli indeterminati forse alcuni reperti potrebbero rientrare nella categoria dei lisciatoi, ma le dimensioni molto ridotte dei ciottoli, associate alla difficoltà di osservazione delle usure, hanno ostacolato il riconoscimento di una funzione specifica. Si esclude anche un loro impiego come brunitoi, in quanto la ceramica di Fimon è stata verosimilmente prodotta con argilla non locale (Bagolini *et al.* 1973; Fontana 1998).

Alcuni reperti usati come elementi passivi mostrano un profilo ad andamento più o meno concavo, forse risultato di un movimento circolare effettuato da un elemento attivo; lo stato frammentario dei reperti non consente di avanzare osservazioni ulteriori, ma nel corso della sperimentazione si è potuto verificare che concavità simili possono essere anche prodotte durante la levigatura prolungata di piccoli materiali duri e rigidi di origine animale e minerale.

Dal punto di vista funzionale, è interessante notare una diversa gestione delle superfici di lavoro di entrambe le tipologie di strumenti per lisciare e levigare: i levigatoi presentano un unico piano di lavoro, ampio e regolare, mentre i lisciatoi usati come elementi attivi hanno spesso due superfici di estensione ridotta con tracce d'uso.

A Fimon sono stati recuperati nel complesso pochi strumenti percussori; inoltre, nel campione archeologico esaminato mancano alcuni reperti pubblicati (Bagolini *et al.* 1973). Fra gli strumenti percussori si segnalano i due percussori in selce di forma sferoidale regolare conferita loro da un movimento ritmico e costante effettuato in percussione lanciata che ha prodotto impatti di percussione sull'intero volume: si tratta verosimilmente di percussori per il ravvivamento delle macine simili a quelli ottenuti sperimentalmente, oltre che a quelli rinvenuti a Quinzano e a esemplari provenienti da contesti neolitici d'Oltralpe (Hamon 2006). Nel caso specifico dei percussori di Fimon si potrebbe trattare di ex nuclei riadattati alla nuova funzione di ravvivamento. Della foto degli scavi pubblicata in Bagolini *et al.* (1973, 203, fig. 32), che mostra un insieme di reperti in selce e pietra rinvenuti in situ, mancano riferimenti specifici necessari per associare il ciottolo fotografato a uno dei percussori descritti precedentemente. In base ai dati archeologici disponibili, fra le alternative d'uso degli strumenti percussori possiamo ricordarne alcune: pestatura delle castagne d'acqua e delle nocciole, frantumazione della calcite ritrovata sotto forma di cristalli e blocchi nelle capanne II e III, frantumazione di quarzite (capanna I) e di "*rock crystal*" (capanna III) (L. H. Barfield, com. pers. 2005). Le attività di pestatura e frantumazione sembrano tuttavia svolgere un ruolo secondario nell'economia del sito, anche se si può supporre che molti strumenti percussori siano stati oggetto di un utilizzo occasionale e quindi facilmente sostituibili e non conservati nell'area abitativa, oppure che si tratti di strumenti impiegati per svariate attività effettuate in aree situate al di fuori delle abitazioni e quindi dell'area archeologica scavata.

Per quanto concerne gli strumenti utilizzati in percussione mista, gli unici due strumenti classificati come pestelli-lisciatoi sono purtroppo molto frammentari, ma conservano porzioni di superfici di lavoro con caratteristiche distinte: la porzione di estremità conservatesi presenta impatti di percussione riconducibili ad un'intensa attività di pestatura/battitura, mentre la porzione di corpo del supporto è solcata da una serie di striature abbastanza profonde, fitte e ad andamento parallelo prodotte da operazioni di strofinamento/lisciatura.

In rapporto alla superficie di scavo gli strumenti da taglio in pietra verde levigata sono numerosi. Si distinguono tre insiemi tipologici comuni ad altri contesti coevi (Venturino Gambari 1996; Starnini, Voytek 1997a; Lunardi 2003a):

- le piccole lame (4-6 cm circa), interamente levigate, di forma subtriangolare o trapezoidale, sezione appiattita e tagliente poco arcuato;
- le lame di medie dimensioni (8-10 cm circa) di forma triangolare, sezione ovale spessa e tagliente arrotondato, con tracce di bocciardatura fino a metà corpo e tagliente levigato generalmente a profilo arcuato:
- un frammento di scalpello, analogo ai reperti della fase VBQI, a sezione piano-convessa con un unico margine affilato conservato.

Tali tipologie di strumenti da taglio sono probabilmente riconducibili, da un lato, ad una diversa gestione dei supporti di pietra verde (Lunardi 2003a; Lunardi, Starnini 2013) e, dall'altro, a specifiche destinazioni d'uso messe in luce anche nel paragrafo dedicato alla sperimentazione. Dal punto di vista funzionale emergono alcune caratteristiche peculiari: in primo luogo, la prevalenza delle asce (almeno 6 esemplari su 10 lame con tagliente integro) in analogia a quanto emerso in contesti d'Oltralpe (Thirault 2004, 160). In secondo luogo, la presenza di taglienti accuratamente lavorati, ma caratterizzati spesso da un'usura intensa ed, infine, il riconoscimento in almeno 5 reperti di tracce di riaffilatura del tagliente. Queste caratteristiche testimoniano un impiego ricorrente degli strumenti in pietra levigata accompagnato da una manutenzione accurata e regolare dei taglienti.

Questi dati arricchiscono il quadro già noto dell'economia locale basata principalmente sulla caccia e sulla pesca (Bagolini *et al.* 1973) e sembrano dare maggior rilievo alle attività correlate all'economia di produzione sia in modo diretto (es. macinatura di cereali testimoniata dal non esiguo di macine in rapporto alle ridotte dimensioni dell'area scavata pur in assenza di precisi spessori cronologici) che indiretto (es. disboscamento, lavorazione del legno e riaffilatura delle asce). Il sito di Molino Casarotto è tuttavia considerato una base stagionale per lo sfruttamento di risorse venatorie e ittiche da parte di un gruppo che aveva la propria sede fissa in un luogo diverso non ancora individuato, ma verosimilmente situato entro breve raggio dal bacino lacustre (Biagi, D'Amico 2013). Alcune considerazioni desunte dallo studio dell'industria non scheggiata potrebbero concorrere ad avvalorare tale interpretazione: in primo luogo, la presenza di un'ampia varietà litologica, che comprende anche rocce non accessibili nelle immediate vicinanze del sito, potrebbe essere il risultato di una raccolta effettuata entro un raggio territoriale più ampio da parte di un gruppo semimobile; in secondo luogo, macine e levigatoi, oggetti poco adatti ad essere trasportati durante i periodici spostamenti della comunità, potrebbero essere interpretati come strumenti "fissi", lasciati nelle abitazioni periodicamente occupate.

5.3.2 Quinzano

Date le modalità di raccolta del materiale archeologico non è sempre possibile discernere i reperti provenienti dall'area funeraria rispetto a quelli provenienti dall'area insediativa: dai resoconti dei recuperi emerge che almeno alcune asce e lo scalpello finemente levigato siano stati rinvenuti tra gli oggetti di corredo degli inumati (Zorzi 1955). Gli strumenti da taglio sono presenti in un numero non esiguo: si distinguono undici lame levigate - di cui almeno 5 asce e 2 probabili accette - e 2 scalpelli, di cui uno frammentario e l'altro integro, a due taglienti, interamente levigato e lucidato. I nove taglienti conservati delle asce mostrano un grado d'usura medio-forte caratterizzato da macro e microscheggiature, lustrature e striature, mentre sono poco evidenti le tracce di riaffilatura. L'assenza di usure in alcuni reperti può essere ricondotta alla riaffilatura del tagliente immediatamente prima dell'abbandono, oppure al fatto che si tratta di una lama nuova pronta all'uso, altrimenti all'attribuzione di un valore simbolico metafunzionale alle lame mai sottoposte ad un uso pratico e inserite tra gli oggetti di corredo funerario.

Dal punto di vista tipologico, a Quinzano come a Fimon si distinguono diverse morfologie di lame d'ascia, riconducibili alle suddette categorie: da una parte, lame piccole, sottili e con tagliente poco arcuato erano destinate ad attività di piccola carpenteria e a lavori di precisione (quattro esemplari) e, dall'altra, lame di medie dimensioni, spesse, con tagliente arrotondato ed evidenti tracce di bocciardatura, destinate ad operazioni più pesanti come tagliare e spaccare tronchi, rami e masse legnose (sette esemplari, tra cui due accette). Mancano lame di dimensioni medio-grandi (oltre 10 cm di lunghezza).

La materia prima è costituita da eclogite (ad eccezione di un solo esemplare in giada) e un unico frammento è stato prodotto con serpentinite di quasi certa origine locale, simile alla roccia usata per alcuni lisciatoi e pestelli-lisciatoi presenti nel sito. In questo caso si può pensare ad un tentativo di imitazione della pietra verde importata con un materiale locale di aspetto simile, ma con caratteristiche tecniche nettamente inferiori.

Gli strumenti per macinare sono sporadici ed è possibile supporre che tale scarsità sia imputabile più alle modalità selettive di recupero dei materiali da parte degli operai della cava, i quali non erano in grado di "riconoscere" alcuni massi come veri e propri strumenti, piuttosto che a una loro reale assenza con le relative conseguenze economiche. Pur in presenza di reperti mal conservati, è stato possibile risalire alla loro funzione: due strumenti sono serviti per macinare cereali e altri due strumenti presentano probabili residui poco leggibili di minerale rosso simile all'ocra. La materia prima è porfido locale con l'unica eccezione di un macinello in gneiss.

Gli strumenti per levigare e lisciare sono costituiti da frammenti litici e ciottoli non sottoposti ad alcun trattamento tecnologico e sono prodotti con diverse rocce locali: da un lato, ciottoli compatti e non abrasivi di serpentinite usati come elementi attivi in attività di lisciatura; dall'altro, ciottoli e frammenti litici di calcare e arenaria usati in modo passivo o attivo con funzione abrasiva. Per quanto riguarda le destinazioni d'uso, è stato possibile riconoscere la levigatura di materie prime dure (pietra ed osso) in due reperti, mentre altri quattro sono stati associati alla lavorazione della pelle; per i rimanenti quattro non è stato possibile specificarne nel dettaglio la funzione.

Un gruppo caratteristico di reperti è costituito dai pestelli-lisciatoi, caratterizzati da morfologia globulare o allungata dei ciottoli, dimensioni e peso variabili, ma la maggior parte è costituita da supporti di forma e proporzioni tali da essere tenuti nel palmo della mano e usati in modo attivo con movimento orizzontale in percussione appoggiata e verticale in percussione lanciata. Inoltre, la preferenza assoluta per la serpentinite si giustifica per la possibilità di poterla usare efficacemente mediante entrambe le cinematiche. Per quanto riguarda la funzione dei pestelli-lisciatoi, otto di essi sono stati associati alla lavorazione delle pelli, in particolare per ammorbidirle, renderle omogenee e lisciarle. Strumenti con usure e funzioni simili sono stati descritti nella letteratura etnografica (Julien 1985; Roux 1985; Adams 1988).

Gli strumenti percussori sono ottenuti da ciottoli di porfido, serpentinite e calcare locali caratterizzati da morfologie, dimensioni e peso variabili. Tra essi spiccano in particolare tre ravvivatori di macine, di cui uno in selce e tre in porfido, simili a quelli descritti per Fimon. Per i restanti strumenti è difficile attribuire una precisa funzione, non solo a causa del non buono stato di conservazione della materia prima, ma principalmente per il fatto che questi strumenti, anche a livello etnografico, sono usati per un ampio ventaglio di funzioni che difficilmente possono essere distinte in base alle sole usure prodotte, le quali possono presentare aspetti comuni anche se prodotte a seguito di attività e sostanze alquanto diverse.

A Quinzano sembrano dunque prevalere attività riconducibili al trattamento delle pelli ed alla lavorazione del legno, entrambe spiegabili anche in relazione alla collocazione geo-ambientale del sito; diversamente, sembrano rivestire un ruolo marginale la macinatura dei cereali e la levigatura di materie dure, pur con i limiti precedentemente discussi imputabili al recupero dei materiali archeologici e alla conservazione degli stessi.

5.3.3 Rivoli Monte Rocca - *Site L*

Il gruppo più consistente di strumenti non scheggiati è rappresentato da macine e macinelli, diversi dei quali appartengono alla fase VBQII (Barfield, Bagolini 1976, 137). Oltre la metà di questi era destinato alla macinatura dei cereali, mentre solo quattro reperti sono impiegati per polverizzare ocra rossa. La forte concentrazione di macine e macinelli nella porzione settentrionale della zona scavata a Rivoli porta a pensare che l'attività di macinatura venisse effettuata in questa zona dell'insediamento, sebbene, in realtà, gli strumenti per macinare provengano in gran parte dai pozzetti. La collocazione in contesti di scarto/abbandono caratterizza anche parte degli strumenti per macinare d'Oltralpe (Hamon 2006).

La scelta dei supporti acquista particolare rilievo in relazione a precise caratteristiche morfodimensionali: nei macinelli è stata osservata la presenza di protuberanze e convessità - a volte forse frutto di un'operazione tecnologica di sbozzatura, ma spesso peculiarità naturali dei blocchi scelti - le quali migliorano la presa delle mani sul ciottolo; nelle macine, invece, spiccano dimensioni medio-grandi, stabilità e superfici piane e regolari sempre preparate grazie alla martellinatura preliminare. La materia prima è costituita prevalentemente da porfido locale, roccia adeguatamente abrasiva e coesa, di facile reperimento presso nel bacino atesino.
Le macine hanno uno spessore variabile compreso tra 42 e 128 mm; la forma generale è difficilmente ricostruibile sulla base dei frammenti, ma sei esemplari hanno conservato parte dei bordi arrotondati che formavano il profilo naturale del masso, riconfermando l'ipotesi dell'impiego di detriti alluvionali. Le dimensioni delle

superfici di lavoro dei reperti frammentari di maggiori hanno un piano di lavoro medio pari a 260x160 mm circa, cioè dimensioni analoghe a quelle di altri strumenti neolitici (Hamon 2006). Caratteristiche comuni a tutte le macine sono la superficie di lavoro ad andamento piano e regolare e la base inferiore stabilmente appoggiata a terra. I macinelli presentano caratteristiche morfodimensionali più standardizzate rispetto alle macine: si tratta di massi di dimensioni medie pari a 228x76 mm circa, spessore compreso tra 54 e 93 mm e peso medio di circa 2100 g. I supporti sono blocchi litici dotati di una superficie di lavoro piana e regolare e una superficie per l'appoggio delle mani generalmente convessa tale da rendere la presa più salda ed efficace.

Dal punto di vista tecnologico, sono state riconosciute tracce di ravvivamento, spesso parzialmente coperte dall'usura del piano di lavoro. Lo stato frammentario della maggior parte dei reperti non ha consentito di valutare il peso di eventuali interventi tecnologici finalizzati a migliorare il supporto originario, benché operazioni di scheggiatura e martellinatura siano state riconosciute lungo i margini di alcuni macinelli e di una macina.

Quasi tutti gli strumenti si caratterizzano per un'intensità d'usura da media a forte. L'analisi funzionale ha consentito di riconoscere la macinatura di due diverse sostanze: cereali (16 reperti) e ocra rossa (4 reperti). Il cattivo stato di conservazione della materia prima di sei strumenti ha ostacolato un'attribuzione funzionale più specifica rispetto alla generica macinatura. Infine, un aspetto molto interessante dal punto di vista della gestione funzionale riguarda il riconoscimento di alcuni esempi di riutilizzo di macine e macinelli. Si tratta, in particolare, di:
- tre frammenti di macina in porfido utilizzati da un lato per macinare cereali e dall'altro come levigatoio (probabilmente per levigare pietra o altre materie dure);
- un frammento di macinello in porfido utilizzato da un lato per macinare cereali e dall'altro come levigatoio o lisciatoio;
- un frammento di macina in porfido utilizzata in entrambe le facce per macinare ocra.

Pur considerando che l'area circostante l'antico insediamento di Rivoli non presenta estesi terreni adatti all'agricoltura, se non in alcune zone a occidente del sito (Jarman 1976b), la presenza di un numero non esiguo di macine in relazione alla ridotta estensione dell'area di scavo e ai bisogni domestici (una macina per unità abitativa o per nucleo familiare: Roux 1985; Risch 2003) sostiene l'ipotesi basata su un ruolo non marginale della macinatura dei cereali durante le fasi VBQII-III. Il terreno, tuttavia, presenta caratteristiche più adatte al pascolo del bestiame (Jarman 1976b). La scelta insediativa nel Monte Rocca sembra sia stata dunque motivata principalmente da esigenze di ordine politico-strategico di controllo del passaggio tra le Alpi e la Pianura Padana, piuttosto che da prospettive di sfruttamento agricolo del territorio. Analoghe scelte insediative in corrispondenza di zone elevate protette o di facile controllo di vie di passaggio contraddistinguono altri siti della fase matura della Cultura VBQ situati nell'area alpina nord-orientale: tra essi ricordiamo Isera La Torretta e Punta San Giovanni/Johanneskofel (Trentino Alto Adige).

A Rivoli diverse macine provengono dal livello VBQII, mentre altri reperti sono attribuibili alla successiva fase VBQIIII (Barfield, Bagolini 1976, 137[32]), caratterizzata dall'incremento della pastorizia e dalla concomitante riduzione del peso dei prodotti agricoli (Jarman 1976b). Analoga situazione è stata riscontrata nel sito delle Arene Candide (Starnini, Voytek 1997a). Durante la fase VBQIII a Rivoli l'incremento dell'attività venatoria e il parallelo decremento dell'allevamento dei bovini sembra testimoniare un sistema di sussistenza a carattere "semimobile" in cui il bue poteva essere impiegato prevalentemente per funzioni di trazione più che per esclusivi scopi alimentari (Crane 2001 in Piper 2010).
I resti riferibili a caprovini mantengono un trend costante durante tutte le fasi di occupazione del sito: il loro numero abbastanza consistente, tuttavia, non necessariamente li rende gli animali più importanti dal punto di vista economico (Crane 2001 in Piper 2010). I caprovini, forse rappresentati principalmente da pecore in base a confronti con le Arene Candide (Rowley-Conwy 1997), trovano a Rivoli un terreno loro favorevole, poiché si tratta di animali adattati a condizioni secche e a pendii e fianchi delle colline (Piper 2010).

Il gruppo degli strumenti per levigare e lisciare è costituito da supporti e materie prime eterogenei: si segnalano ciottoli fluviali e blocchi in pietra di forma e dimensioni varie non sottoposti a nessun trattamento tecnologico pertinenti a porfidi, serpentiniti, arenarie e gneiss. Nei casi ove sia stato possibile riconoscere chiare tracce d'usura è emerso che quattro levigatoi sono stati utilizzati per levigare materie dure assimilabili a pietra e osso, mentre quattro lisciatoi sono stati associati alla lavorazione delle pelli. Un unico reperto presenta probabili residui di minerale rosso sulla superficie attiva.

Gli strumenti percussori sono ottenuti da ciottoli di forma ergonomica di diverse litologie locali senza una selezione rigorosa delle materie prime, difficile da appurare, tra l'altro, in un numero ridotto di reperti. Prevale l'uso del porfido (cinque reperti), ma sono attestati calcari, selce e gneiss. I due probabili ravvivatori per macine (uno in selce e l'altro in porfido) presentano alterazioni morfologiche del supporto originario, anche se meno incisive rispetto agli analoghi strumenti descritti per

[32] Macine e macinelli delle due fasi VBQII e VBQIII provengono da pozzetti interconnessi tra loro; gli Autori degli scavi riportano che "*several of the Neolithic examples come from the Rivoli-Chiozza deposit in pit L, others are associated with the Rivoli-Castelnuovo deposit*" (Barfield, Bagolini 1976, 137).

Quinzano e Fimon. Pestelli e trituratori sono stati utilizzati in attività di frantumazione e pestatura di diverse sostanze, anche se spesso non identificabili con precisione in assenza di residui e dalla comunanza dei soli impatti di percussione.

Le lame d'ascia presentano caratteristiche parzialmente diverse rispetto agli analoghi strumenti di Quinzano e Fimon: sebbene siano ad essi accomunate dall'impiego esclusivo di pietra verde del comparto ligure-piemontese (principalmente eclogite, ma anche giada/omfacitite e serpentinite delle Alpi occidentali), si differiscono per l'assenza di lame di medie e grandi dimensioni di forma triangolare e sezione subovale, con tallone appuntito e tagliente arrotondato. Infatti, sono presenti solo lame di dimensioni ridotte (la lunghezza massima è 6,2 cm con una media di 5,2 cm per i reperti integri) a sezione più o meno appiattita e tagliente poco arrotondato; anche per i numerosi reperti frammentari è possibile ricostruire dimensioni ridotte e forme subtrapezoidali con sezioni appiattite, pur con parziali dubbi in due frammenti. Tali caratteristiche sono proprie di strumenti utili in lavori di carpenteria di piccola e media entità, mentre risultano inefficienti per tagliare alberi di grandi dimensioni. È possibile far rientrare queste tipologie di lame d'ascia nel trend generale riscontrato nella fase di passaggio tra Neolitico recente ed Età del rame che prevede una progressiva diminuzione della lunghezza delle lame e uno scadimento nell'accuratezza della lavorazione (Jeudy *et al.* 1997; De Marinis 1996). Si ritiene meno probabile che le asce di Rivoli siano il risultato di una riduzione del supporto originario determinata dalla periodica riaffilatura o rilavorazione del tagliente usurato, poiché le caratteristiche tipologiche descritte, ed in particolare la sezione appiattita, difficilmente sono compatibili con supporti di dimensioni medio-grandi, in quando renderebbero la lama meno resistente agli *choc* meccanici durante l'impatto sul legno. I taglienti, ove conservati, si presentano piuttosto usurati con macro e microscheggiature d'uso, striature e lustrature riconducibili al loro impiego come asce. In un unico caso sono state osservate tracce di riaffilatura del tagliente che hanno obliterato eventuali usure preesistenti.

Analogamente a quanto descritto per Quinzano, anche a Rivoli è presente un numero non esiguo di pestelli-lisciatoi con caratteristiche litologiche, morfologiche e funzionali del tutto equivalenti ai reperti dell'altro sito veronese, in particolare per quanto concerne i reperti utilizzati per la lavorazione del pellame.

I dati presentati consentono di riassumere le principali attività effettuate per mezzo degli strumenti non scheggiati nel sito di Rivoli Spiazzo; tra esse emergono in particolare: la macinatura di cereali nelle fasi VBQII-III, la lavorazione delle pelli nella fase VBQIII e la lavorazione del legno durante tutta l'occupazione neolitica. Tra le attività secondarie si impone la macinatura dell'ocra, minerale diffuso nel territorio veronese (Zorzin 2005) e largamente impiegato in vari contesti VBQ (Lunardi, Starnini, 2013).

5.3.4 Sintesi

Nei siti VBQ di Fimon, Quinzano e Rivoli gli strumenti in pietra non scheggiata forniscono alcuni interessanti informazioni che arricchiscono il quadro economico finora delineato non solo a livello locale, ma nell'ambito generale del Neolitico medio dell'Italia settentrionale. Lo scenario complessivo si compone di un mosaico costruito sulla base di una ventina di siti che hanno restituito dati eterogenei e in parte lacunosi da cui si desume un quadro sinteticamente presentato nella prima parte di questa ricerca. Nel sesto millennio BP tutta l'Italia settentrionale sembra costituire un ambiente agricolo, oltre che culturale, omogeneo. Infatti, erano coltivati tutti i cereali conosciuti all'epoca: farro, farricello, orzo (*Hordeum vulgare/distichum*), il "nuovo frumento vestito" (Degasperi *et al.* 2006) e frumenti nudi (*Triticum aestivum/durum/turgidum*). A questi si accompagnano alcune leguminose (pisello, lenticchia, veccia, cicerchia). Si tratta, cioè, di alimenti che necessitano in gran parte di essere trattati con macine e macinelli prima di essere consumati per quanto riguarda i cereali, ma probabilmente anche per le leguminose, così come documentato nel Vicino Oriente (Dubreuil 2002; 2004; 2008).

La presenza di frutta (coltivata o raccolta da piante selvatiche) e di altri vegetali (lino e papavero da oppio) risulta discontinua e variegata, ma potrebbe essere in parte collegata alla presenza di strumenti per pestare e frantumare gusci e semi.

Il numero esiguo di strumenti per macinare a Quinzano può essere riconducibile a due cause: da una lato, alle modalità selettive di raccolta dei materiali archeologici nelle locali cave d'argilla; dall'altro, a una reale scarsa presenza di questi strumenti come conseguenza di una bassa incidenza delle attività produttive, in un contesto di precoce assimilazione di elementi culturali VBQ che però conserva forti legami con il Neolitico antico, quando l'economia produttiva era in via di acquisizione e il sostentamento si basava su attività diversificate ad ampio spettro. L'unica macina attestata, inoltre, presenta dimensioni del piano di lavoro ai limiti dell'utilizzo proficuo dello strumento, indice indiretto - a fronte di una disponibilità litologica adeguata - di una scelta del supporto non collegata a bisogni predominanti. I macinelli, al contrario, si caratterizzano per dimensioni ampie della superficie attiva, rendendoli inadatti ad essere usati su macine piccole come l'unico esemplare conservato. Ciò pone la questione relativa al tipo di base passiva su cui tali macinelli potessero essere stati usati.

Nel sito tardo VBQI di Molino Casarotto la presenza di strumenti per macinare e l'attestazione di sporadici resti archeobotanici di cereali contrastano con il contesto ambientale del sito non adatto alle pratiche agricole. Se si interpreta Fimon come un sito stagionale frequentato da una piccola (?) comunità per attività venatorie e complementare di altri siti non ancora localizzati (Biagi, D'Amico 2013), la presenza di macine e macinelli può essere interpretata come conseguenza di trasporto dall'abitato principale dei soli chicchi di grano che venivano macinati a bisogno nel sito perilacustre, dove erano conservate le macine, strumenti troppo pesanti da trasportare e seguire lo spostamento delle persone. Questa pratica trova riscontro puntuale a livello etnografico (Roux 1985) e potrebbe giustificare il numero relativamente basso di strumenti per macinare, ad ogni modo più che sufficiente per accordarsi al rapporto una macina per un nucleo familiare/capanna di sette/dieci componenti in media (Risch 2003; Hamon, Le Gall 2013). Per quanto concerne il sito di Fimon si avanza un'ulteriore ipotesi interpretativa connessa alla sfera economica. La capanna I ha restituito il maggior numero di strumenti non scheggiati riferibili a tutte le tipologie (strumenti abrasivi, percussori e da taglio) e sembra dunque essere parzialmente autonoma sul piano alimentare e artigianale rispetto alle capanne II e III, pur tenendo conto che queste ultime non sono state indagate in modo sistematico. Nel caso purtroppo non verificabile né dagli scavi né dall'analisi della litica di una parziale contemporaneità delle aree abitative (Guerreschi 1986) si potrebbe supporre la messa in atto della pratica di redistribuzione dei prodotti alimentari e artigianali in *surplus* alle abitazioni vicine da parte della capanna I, la quale verrebbe ad assumere un ruolo economico e sociale preminente. Nell'ipotesi relativa ad uno sfasamento diacronico delle tre capanne si potrebbe invece pensare a una fase di maggior sviluppo in senso demografico dell'abitato corrispondente alla fase di attività della capanna I con conseguente impiego di numerosi e diversificati strumenti litici utili a soddisfare esigenze di una comunità in temporanea crescita.

A livello generale un decremento del peso dei cereali è ravvisabile a partire dalla fase matura della Cultura dei vqb in alcuni importanti siti: è il caso, per esempio, di La Vela (TN) e della Caverna delle Arene Candide (SV). In base a questi dati, si può pensare a un'agricoltura non particolarmente sviluppata che giustificherebbe la concomitante diminuzione di macine e macinelli (Lunardi, Starnini 2013) e il progressivo aumento della pratica della pastorizia nella fase VBQIII. La riduzione della cerealicoltura non pare essere direttamente e principalmente collegata a cause climatiche di ampia portata, perché tutto il sesto millennio BP sembra essere stato caratterizzato da condizioni climatiche buone e stabili (Antonioli 2000; Valsecchi *et al.* 2008). Nella fase matura della Cultura VBQ condizioni instabili di varia natura (per esempio spostamenti di popolazioni) hanno indotto le piccole comunità VBQ a ricercare zone insediative naturalmente protette a scapito della vicinanza di ampi terreni coltivabili e dell'esposizione favorevole all'agricoltura. Tra i cereali sembrano prevalere i frumenti vestiti, a volte con preminenza dell'orzo, anche se non si è in grado di giudicare in modo univoco tale fenomeno, forse imputabile a un peggioramento delle tecniche di raccolta e conservazione delle derrate vegetali, oppure a un peggioramento delle caratteristiche pedologiche per la mancanza di adeguati sistemi di fertilizzazione (Rottoli, Regola 2014). In ogni caso tale peggioramento si riscontra indirettamente anche nella diminuzione numerica di strumenti riconducibili ad attività legate alla trasformazione dei prodotti agricoli (macine in particolare).
Anche gli strumenti da taglio tendono a subire dei cambiamenti importanti ravvisabili soprattutto nella diminuzione della lunghezza del supporto e nell'assottigliamento della sezione trasversale del corpo della lama, oltre che nel profilo del tagliente che si fa meno arcuato: le asce della fase VBQ finale sono quindi poco adatte ad espletare importanti lavori di carpenteria come il disboscamento.

Il sito di Rivoli, pur restituendo un numero consistente di strumenti per macinare in proporzione all'area scavata, ben si inserisce nel quadro generale della fase VBQIII sia per l'ubicazione in posizione strategica in una rocca con scarso terreno agricolo circostante sia per le caratteristiche delle lame d'ascia che le rendono poco efficaci nell'attività di disboscamento.

Infine, un ruolo non secondario nell'economia locale VBQ veniva svolto dalla lavorazione delle pelli destinate a impieghi diversificati (abbigliamento, contenitori, arredi, rivestimenti, ecc.) e lavorate non solo con raschiatoi, grattatoi e altri strumenti in selce.

5.4 Distribuzione degli strumenti in pietra non scheggiata a Fimon e a Rivoli

Per i siti di Fimon Molino Casarotto e di Rivoli Monte Rocca è stata tentata la ricostruzione della distribuzione degli strumenti non scheggiati nel loro contesto spaziale grazie al riordino dei vecchi dati di scavo. Tale operazione è stata portata a termine per la potenzialità di ottenere nuovi dati sull'uso dello spazio e sulla gestione degli strumenti stessi. Lo studio della distribuzione spaziale dei materiali, per esempio, traduce a livello grafico sulla superficie abitata la localizzazione preferenziale delle attività economiche e artigianali a cui sono collegati gli strumenti e consente di collegare i reperti con eventuali strutture, oltre che fornire informazioni sull'organizzazione del lavoro (Risch 2008). Tale approccio è stato recentemente intrapreso in diversi contesti crono-culturali (Hamon 2006; Donnart 2012; Delgado-Raack 2013; Hamon, Blanchet 2015).

A Fimon l'area indagata a cavallo tra gli anni Sessanta e Settanta del secolo scorso è stata scavata procedendo regolarmente con quadrati di un metro quadrato. La griglia è stata definita grazie all'indicazione di lettere (direzione est-ovest) e numeri (direzione nord-sud). I singoli rinvenimenti sono stati così classificati con una lettera e un numero che ne indicano quindi il quadrato di provenienza. Tenendo conto dell'epoca degli scavi, l'utilizzo di una griglia di elementi di un metro quadrato può considerarsi sufficientemente preciso per ricostruire la posizione degli strumenti non scheggiati in relazione alle loro dimensioni. Quando i cartellini originari allegati ai reperti non forniscono informazioni planimetriche più precise dell'indicazione del quadrato si è scelto di posizionare gli strumenti non scheggiati al centro del quadrato stesso. Sul totale degli strumenti in pietra non scheggiata sei esemplari non sono stati posizionati sulla planimetria delle capanne perché, in un caso, mancano i riferimenti del quadrato di rinvenimento e, nei rimanenti cinque casi (tre macine e due macinelli), perché si tratta di reperti frutto di recuperi precedenti gli scavi. Ognuna delle tre strutture presenta molte fasi abitative riconoscibili soprattutto nella complessa stratificazione dei focolari, per i quali sono state proposte numerose fasi di ricostruzione e di mantenimento. Le complessità interpretative dipendono non solo dall'articolata stratificazione, ma anche dall'assenza di dati di relazione tra le tre abitazioni e dalla completezza degli scavi limitata alla capanna I.

Quest'ultima, estesa su una superficie di circa 160 m^2 comprendendo sia le piattaforme lignee che l'area circostante con resti di occupazione antropica (Corona *et al.* 1974), ha restituito l'80 % circa dell'industria in pietra non scheggiata e il maggior numero di reperti scheggiati, in gran parte strumenti (Guerreschi 1986). Tra i *macrolithic tools* si concentrano strumenti per macinare, strumenti per levigare e lame d'ascia, cioè i gruppi funzionali nel complesso più rappresentati (fig. 65). Tali manufatti si concentrano nella zona centrale dell'area abitativa e sono disposti in modo quasi concentrico rispetto al focolare. Immaginando di far attraversare in corrispondenza del diametro del focolare una linea con direzione nord-ovest/sud-est, si nota la prevalenza di strumenti per macinare e levigare nella porzione più settentrionale dell'abitazione, mentre nella porzione meridionale sono presenti quasi esclusivamente lame d'ascia. Se si considera che, forse, la parte meridionale della capanna, dove si sviluppavano anche due grandi chiocciolai, costituiva il "retro" dell'abitazione e la parte settentrionale invece rappresentava il nucleo abitativo principale che si protende verso l'ingresso, la distribuzione degli strumenti potrebbe essere collegata a diverse destinazioni d'uso degli spazi della capanna. In particolare, tale disposizione spaziale potrebbe ricordare in parte quella osservata in Iryan Jaya (Nuova Guinea), dove le preziose asce levigate di pertinenza maschile sono custodite all'interno delle capanne, mentre gli strumenti di uso quotidiano sono preferibilmente collocati nel vano centrale (Pétrequin, Pétrequin 2000). Tra gli strumenti per macinare sono presenti più macine che macinelli: questi ultimi, più leggeri e maneggevoli rispetto ai corrispondenti elementi passivi, potevano essere più facilmente portati fuori dall'abitazione, magari per essere condivisi, oppure impiegati per scopi alternativi. La presenza di macine all'interno dell'abitazione testimonia la lavorazione dei cereali in casa (Gomart *et al.* 2015). Il numero non elevato di macine presenti nel sito, tenendo però conto che una singola macina è sufficiente per una famiglia formata fino a un massimo di dieci membri (Risch 2003; Hamon, Le Gall 2013) e che il ritmo di scarto degli strumenti per macinare doveva essere molto lento (Hamon, Le Gall 2013), sostiene la tesi che Fimon sia stato un insediamento di modeste dimensioni, probabilmente appoggiato a un villaggio principale dal quale trasportare i chicchi da macinare.

Anche i reperti in selce della capanna I sono distribuiti principalmente nell'area attorno al grande focolare (Guerreschi 1986, fig. 40) e si tratta in maggioranza di strumenti (soprattutto punte foliate peduncolate, grattatoi frontali lunghi e bulini su frattura). L'attestazione preponderante di strumenti e l'esiguo numero di nuclei (13 esemplari), oltre alla considerazione che l'area della prima abitazione è stata scavata integralmente, porta a pensare che la scheggiatura avvenisse all'esterno dell'abitazione, in una zona non esplorata, e che, dunque, il materiale scheggiato venisse portato nella capanna già scheggiato (Guerreschi 1986, 73).

Nelle capanne II e III del sito di Fimon il numero esiguo di *macrolithic tools* rinvenuti e posizionati nella planimetria di entrambe le abitazioni non consente di ricavare osservazioni di rilievo. Si rileva solo che gli unici due esemplari di pestelli-lisciatoi rinvenuti a Fimon provengono dalla capanna II (fig. 66). Dai risultati dello studio condotto sulla distribuzione della ceramica nella capanna III (Fontana 1998) risulta che la maggior parte dei frammenti si concentra nella zona intorno al focolare; tra questi, inoltre, prevalgono quelli riconducibili a ciotole destinate presumibilmente al consumo alimentare (Fontana 1998). Questo dato potrebbe dunque servire da confronto per confermare quanto esposto sopra circa la funzione dello spazio circonvicino il focolare della capanna I destinato alla preparazione (macine) e al consumo (ciotole) alimentare.

A Rivoli l'area denominata *Site L* o Spiazzo, estesa per circa 1300 m^2, è stata suddivisa durante gli scavi in 20 settori di varie dimensioni indicati con numeri romani, mentre i 29 pozzetti sono stati definiti con le lettere dell'alfabeto. I cartellini originali allegati ai reperti riportano generalmente il settore di provenienza e, a volte, anche la lettera corrispondente al pozzetto di rinvenimento; solo tre reperti non sono stati posizionati sulla planimetria dello scavo per mancanza di indicazione di provenienza. Per alcuni reperti si è riscontrata la non corrispondenza tra la designazione del pozzetto e quella del settore di provenienza: in questi casi si è preferito considerare valida l'indicazione del settore, poiché la dicitura dei pozzetti è mutata nel corso delle ricerche. Inoltre, utili informazioni sulla posizione di ritrovamento dei singoli manufatti sono state desunte dalla pubblicazione degli scavi (Barfield, Bagolini 1976) (fig. 64).

La forte concentrazione di strumenti non scheggiati, principalmente macine e macinelli, nella porzione settentrionale della zona scavata a Rivoli porta a pensare che l'attività di macinatura venisse effettuata in questa zona dell'insediamento (Barfield, Bagolini 1976, 137). Tuttavia, bisogna considerare che gli strumenti per macinare provengono quasi tutti dai pozzetti, cioè da strutture potenzialmente di abbandono e di scarto di materiali. Pur in assenza di dati sicuri relativi all'area abitativa vera e propria si considera importante ricordare che una analoga disposizione dei reperti in pietra non scheggiata è testimoniata anche in realtà neolitiche d'Oltralpe (Hamon, Milleville 2006). Gli strumenti per macinare si concentrano in due punti che corrispondono ad aree in cui più pozzetti si fondono tra loro: un gruppo è stato raccolto nei pozzetti L e Z contenenti materiali della fase VBQII e VBQIII[33], mentre il secondo gruppo, pertinente esclusivamente alla fase a incisioni e impressioni, proviene dai pozzetti R, S, P e Q.
Diversamente, nessuna lama d'ascia proviene da pozzetti, ma alcune di esse sono state portate alla luce a livello del piano di occupazione neolitico. Nella zona settentrionale degli scavi, oltre a macine e macinelli, sono presenti anche strumenti percussori, levigatoi, lisciatoi, e, in quantità minori, lame d'ascia e pestelli-lisciatoi.
Nella parte meridionale dello scavo sono state recuperate principalmente lame d'ascia e levigatoi/lisciatoi (fig. 64).

Confrontando la distribuzione degli strumenti non scheggiati nelle aree scavate a Fimon e a Rivoli si nota che in entrambi i siti i reperti si concentrano in una precisa area dell'insediamento: nella capanna I a Fimon e nella zona settentrionale a Rivoli. Nelle due rispettive aree, oltre a condensarsi il maggior numero di reperti, sono compresenti diversi tipi di strumenti: macine e macinelli, lisciatoi e levigatoi, strumenti percussori e strumenti da taglio. Tuttavia, strumenti per macinare e strumenti da taglio si dispongono in zone parzialmente distinte del medesimo contesto.
L'esame della distribuzione degli strumenti non scheggiati consente di ampliare e applicare alla sfera strettamente domestica alcune considerazioni legate alla gestione funzionale degli strumenti. In primo luogo, alle diverse funzioni cui erano destinati gli strumenti non scheggiati corrisponde una separazione spaziale; in secondo luogo, la concentrazione di alcuni tipi di strumenti in una determinata zona dell'insediamento potrebbe essere correlata ad una sorta di specializzazione funzionale (capanna I di Fimon) o di scarto (zona settentrionale di Rivoli).
Entrambe le distribuzioni (aree di concentrazione nella zona abitata e in strutture scavate nel terreno) sono documentate anche in contesti neolitici d'Oltralpe (Hamon 2006; Hamon, Milleville 2006; Donnart 2012). Se, a Rivoli, resta difficile giustificare un così alto numero di reperti frammentari all'interno di pozzetti poiché macine e macinelli non sono strumenti particolarmente soggetti a rottura durante l'uso (se non intenzionale: ritualizzato?), a Fimon è possibile proporre qualche spunto di riflessione. Pur tenendo presente i limiti stratigrafici e areali del sito vicentino, le diverse peculiarità delle tre aree abitative in termini di dimensioni e di cultura materiale potrebbero rispondere a una differente organizzazione economica così come suggerito per contesti d'Oltralpe riferibili alla *Linear Band Keramik* (Gomart *et al.* 2015). La capanna I, di maggiori dimensioni e dotata di macine, levigatoi/lisciatoi e di strumenti da taglio, potrebbe aver svolto un ruolo economico (strumenti in selce, macine e levigatoi/lisciatoi) e sociale (asce levigate) centrale, forse basato su una (parziale?) reciprocità.

[33] Il Pit L contiene nella parte inferiore materiali riferibili alla fase Rivoli-Chiozza, mentre nella parte superiore sono presenti materiali della fase Rivoli-Castelnuovo; il pit L è tagliato dal pit Z pertinente alla fase Rivoli-Castelnuovo (Barfield, Bagolini 1976).

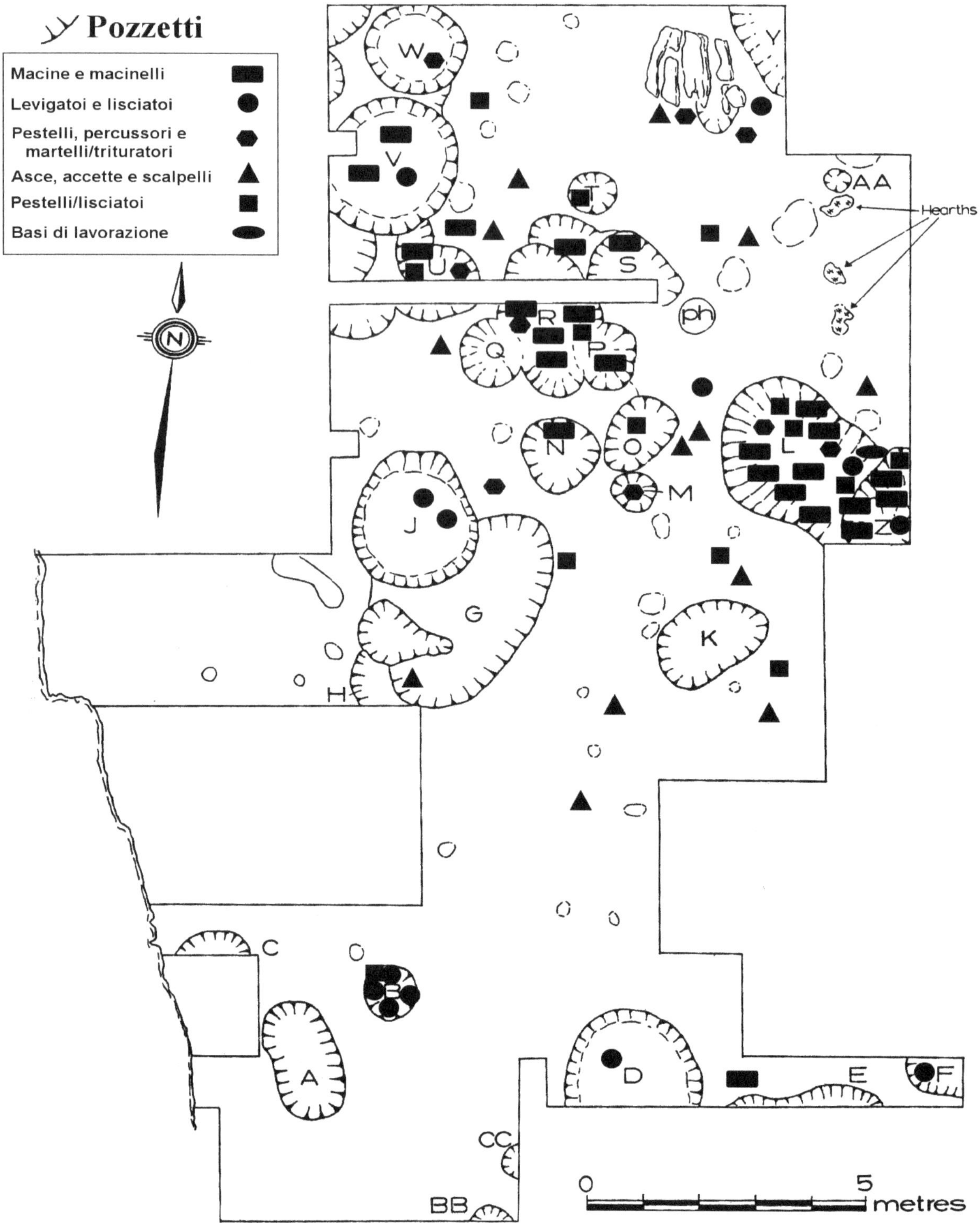

Figura 64 - Ricostruzione della distribuzione degli strumenti in pietra non scheggiata nel *Site L* di Rivoli - Monte Rocca (Scavi L. Barfield, ricerche del Museo Civico di Storia Naturale di Verona) (planimetrie modificate da Barfield, Bagolini, 1976, fig. 6).
Figure 64 - Reconstruction of the distribution of the non-chipped stone tools from the Rivoli Rocca Site L (from: Barfield, Bagolini, 1976, fig. 6 with modifications).

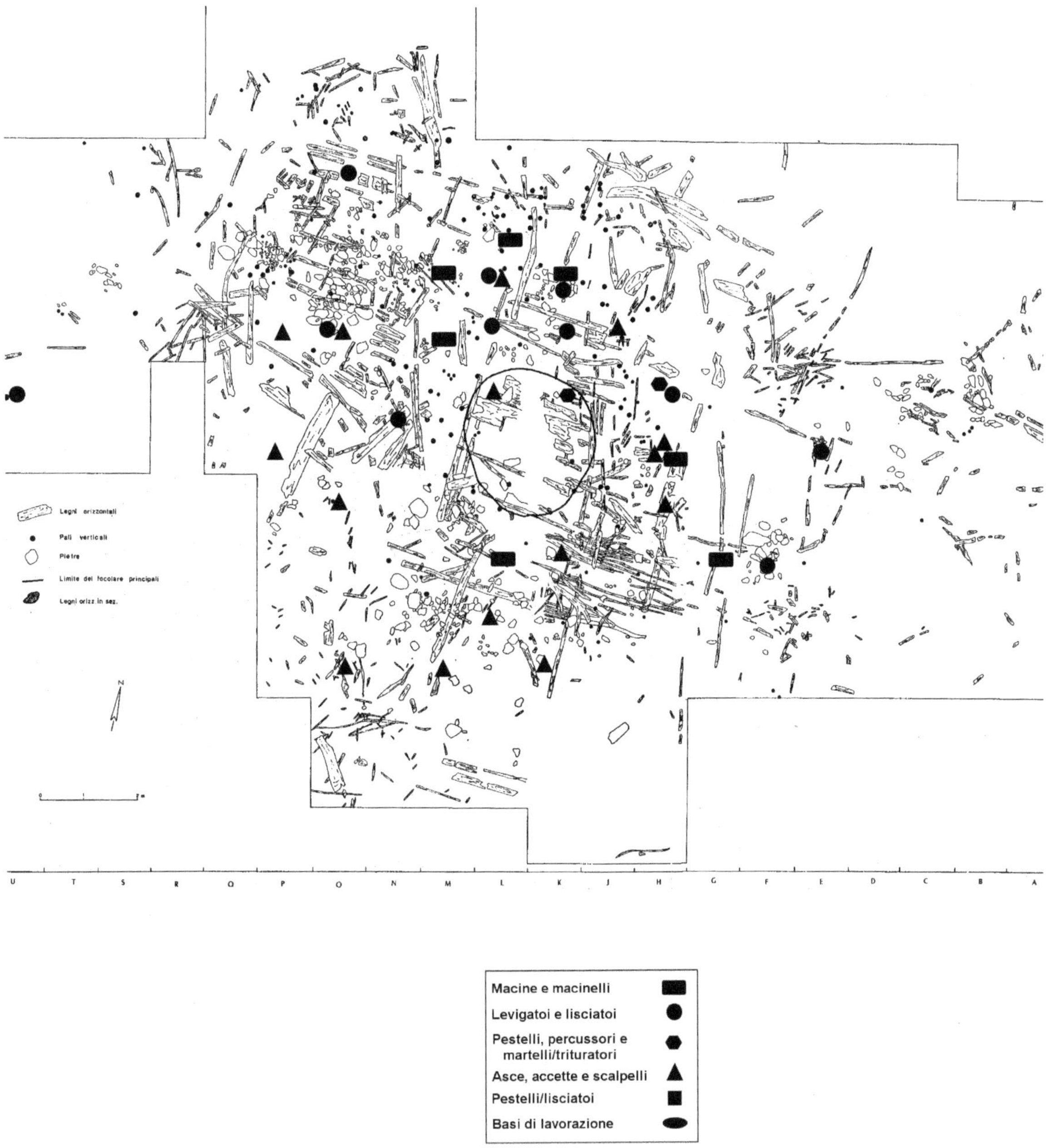

Figura 65 - Ricostruzione della distribuzione degli strumenti in pietra non scheggiata nella capanna I del sito di Fimon Molino Casarotto (planimetrie modificate da Bagolini *et al.* 1973).

Figure 65 - Reconstruction of the distribution of the non-chipped stone tools from the house I of the Fimon Molino Casarotto site (from: Bagolini et al. 1973, with modifications).

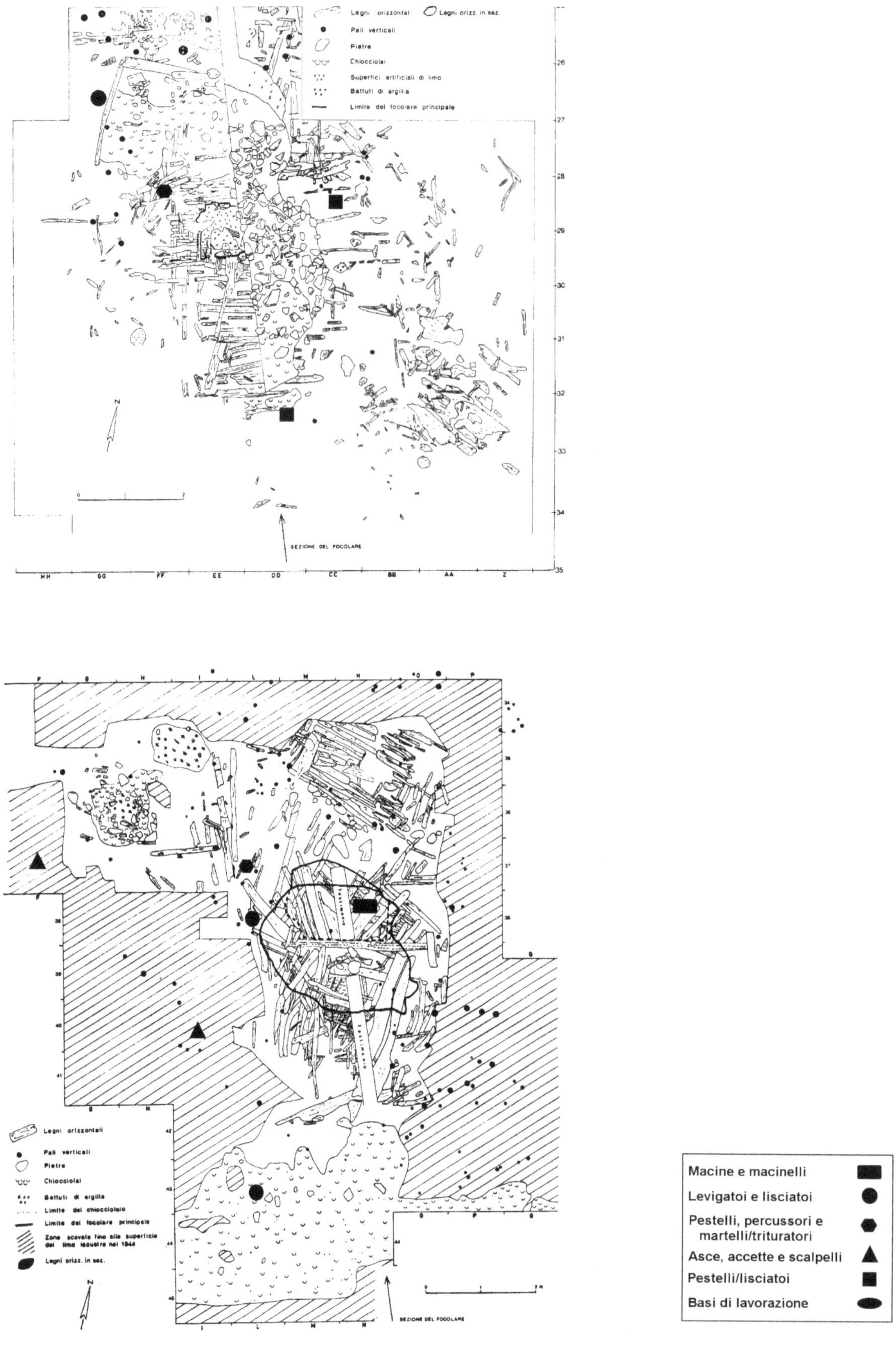

Figura 66 - Ricostruzione della distribuzione degli strumenti in pietra non scheggiata nelle capanne II (in alto) e III (in basso) del sito di Fimon Molino Casarotto (planimetrie modificate da Bagolini *et al.* 1973).

Figure 66 - Reconstruction of the distribution of the non-chipped stone tools in the houses II (at the top) and III (at the bottom) of the Fimon Molino Casarotto site (from: Bagolini et al. 1973, with modifications).

Tabella XXXI - Ripartizione in tre macrocategorie degli strumenti in pietra non scheggiata dei siti presi in esame.
Table XXXI - Distribution of the non-chipped stone tools in classes.

	Arene Candide scavi B.B. + S. Tinè	Pian del Ciliegio	Fimon M. C.	Quinzano	Rivoli - *Site* L	*Totale*
Strumenti abrasivi	231	49	28	14	39	361
Strumenti percussori	136	6	4	9	10	165
Strumenti da taglio	107	1	18	13	13	152
Totale strumenti	474	56	50*	36*	62*	678

* Non sono inclusi gli strumenti utilizzati in percussione mista lanciata e appoggiata.

5.5 Due realtà a confronto: siti veneti e siti liguri

In Italia la scarsità di studi sistematici esaustivi aventi per oggetto le industrie in pietra non scheggiata frena il tentativo di instaurare confronti tra complessi archeologici strutturati su parametri tecnologici e funzionali. Sono attuabili comparazioni generiche impostate su affinità tipologiche che, purtroppo, sono vincolate al forte grado di difformità che caratterizza quest'industria e ai criteri di analisi adottati dai singoli studiosi. Alcuni interessanti punti di riflessione possono tuttavia scaturire dalla comparazione tra i materiali veneti e quelli provenienti da alcuni siti neolitici del Finalese ligure: la Caverna delle Arene Candide (Starnini, Voytek 1997a; Garibaldi *et al.* 1996a; 1999), il Riparo di Pian del Ciliegio (Vicino 2009a; 2009b) e, limitatamente ai materiali in pietra levigata, la Grotta Pollera (Garibaldi *et al.* 1996a; 2003). Allargando l'ambito geografico di raffronto e restringendolo alla sola industria levigata possono essere incluse altre realtà che hanno restituito un congruo numero di reperti: in Piemonte Alba (Venturino Gambari, Zamagni 1996a; D'Amico *et al.* 2000), Brignano Frascata (D'Amico, Starnini 1996; Zamagni 1996a) e Castello di Annone (Venturino Gambari, Zamagni 1996b); in Lombardia Gaione loc. Case Catena (Bernabò Brea *et al.* 1996) e Rivanazzano (Mannoni *et al.* 1996; D'Amico *et al.* 2003a; D'Amico, Starnini 2006) e Sammardenchia in Friuli (D'Amico *et al.* 1996b; 1997; D'Amico, Pessina 1999).

Oltre ad affinità crono-culturali con i siti veneti considerati, i complessi di materiali provenienti dalle Arene Candide e da Pian del Ciliegio presentano analogie nella metodologia di studio consentendo una comparazione sotto il profilo tecnofunzionale.

Quello delle Arene Candide è un sito costiero in grotta con una estesa sequenza stratigrafica di frequentazione umana dal Paleolitico Superiore all'Alto Medioevo. L'occupazione VBQ copre la fase VBQI - inizi VBQII ed è stata preceduta da un orizzonte riconducibile alla Cultura della Ceramica Impressa e Cardiale (Maggi, Starnini 1997). Durante il Neolitico la grotta è stata probabilmente occupata in maniera stagionale e utilizzata, anche sincronicamente, per diversi scopi che includono attività domestiche di produzione di cibo (macinatura di cereali), attività artigianali (produzione di ceramiche, levigatura di asce, scheggiatura della selce, lavorazione delle pelli), area di stabulazione di bestiame e area funeraria.

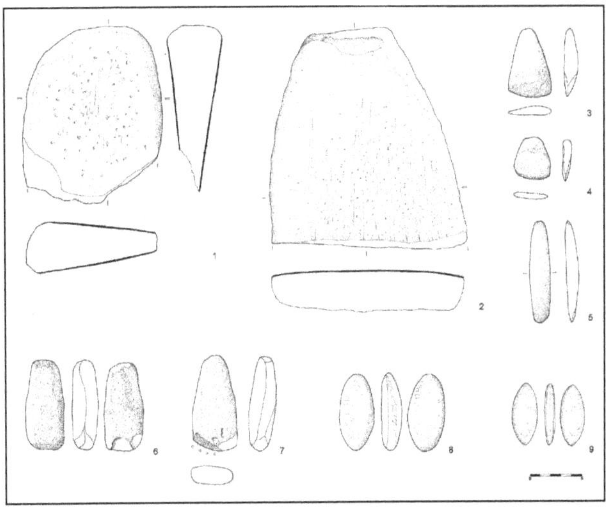

Figura 67 - Esempi di strumenti in pietra non scheggiata VBQ dalla Caverna delle Arene Candide: 1-2) frammenti di macine da cereali; 3-4) asce; 5) scalpello; 6-7) asce riutilizzate come strumenti percussori; 8-9) brunitoi (disegni: E. Starnini).
Figure 67 - SMP non-chipped stone tools from Arene Candide cave (grindstones, adzes, chisel, adzes reused as pounders, burnishers) (drawings: E. Starnini).

La ricca industria in pietra non scheggiata proveniente dai livelli VBQ è stata esaminata in due momenti e da autori diversi: i reperti degli scavi di L. Bernabò Brea (strati 22-17) sono stati analizzati da E. Starnini e B. A. Voytek (Starnini, Voytek 1997a) (fig. 67) e recentemente ripresi (Lunardi, Starnini 2013), mentre i reperti degli scavi di S. Tiné (strato 12) sono stati studiati da P. Garibaldi *et al.* (1999). Il totale complessivo dei reperti non scheggiati VBQ delle Arene Candide ammonta a 617 unità suddivise in svariate categorie tipologiche (tra cui macine, macinelli, levigatoi, lisciatoi, pestelli, asce, scalpelli) (tab. XXXI e XXXIII).

La Grotta Pollera, collocata anch'essa nel Finalese ligure, ma in posizione più interna e a quota più elevata, è stata oggetto di vari scavi, i quali hanno permesso di riconoscere una stratigrafia complessa che va dal Neolitico Antico e Medio (con materiali riferibili alla Ceramica Impressa e alla Cultura VBQ) all'Età dei Metalli (Tinè 1972; Odetti 1972; 1974; 1988). Al Neolitico appartiene una cospicua industria litica levigata costituita da 156 reperti classificabili principalmente in lame d'ascia, scalpelli, percussori e martelli (Garibaldi *et al.* 2003).

Pian del Ciliegio è un riparo sotto roccia collocato alle pendici dell'altipiano delle Mànie (Finale Ligure) ad una

quota di circa 220 m. Il sito ha restituito materiali relativi quasi esclusivamente alla fase VBQI con qualche residuo di reperti riferibili alla cultura della Ceramica Impressa (Del Lucchese 2009). Il riparo presenta fasi di intensa attività antropica (attività domestiche, artigianali, pastorali) alternate a fasi di abbandono determinate dalle periodiche esondazioni del vicino corso d'acqua. Analogamente alle Arene Candide, anche a Pian del Ciliegio l'occupazione umana appare discontinua e con carattere di stagionalità legata al ricovero di animali (Ottomano 2009). Il campione di industria in pietra non scheggiata esaminato annovera 56 reperti tipologicamente inquadrabili nelle seguenti categorie: strumenti da taglio, macine, macinelli, brunitoi, pestelli e generici ciottoli (Vicino 2009a; 2009b) (tab. XXXI e XXXIII).
In base a quanto osservato (Biagi 1987; 2001; 2003b) i siti liguri in grotta e in riparo, situati in una circoscritta area del Ponente ligure, documentano un modello insediativo parziale, in quanto mancano a tutt'oggi attestazioni dei relativi villaggi principali all'aperto; essi, infatti, erano verosimilmente frequentati stagionalmente come siti di appoggio pastorale e collegavano gli insediamenti permanenti del fondovalle con i pascoli estivi posti a quote più elevate (Barker *et al.* 1990).

Nell'area ligure le analisi archeobotaniche hanno messo in luce una progressiva riduzione dell'originario querceto misto in concomitanza con l'intensificarsi dell'impatto antropico testimoniato dalla presenza di radure con sviluppo di *Corylus* e dalla diffusione di specie erbacee spontanee (Arobba, Caramiello 2009). I cereali attestati sono orzo, farro, farricello e frumenti nudi; sono documentati la raccolta e il consumo di vegetali commestibili, tra cui principalmente nocciole e ghiande, ma anche more di rovo, lamponi, fragole e uva selvatica (Arobba, Caramiello 2009; Rottoli, Regola 2014). La fauna domestica è rappresentata in entrambi i contesti precipuamente da ovicaprini, sebbene a Pian del Ciliegio nella fase avanzata VBQI sembrano prevalere i suini. I bovini, pur attestati, sono quantitativamente modesti. L'apporto in carne alla dieta è completato dalla caccia al cervo, al capriolo, alla lepre e, in misura minore, da avifauna. Dal tasso e dalla volpe, infine, si ottenevano pellicce (Sorrentino 2009).

Alla base del raffronto dello strumentario non scheggiato dei siti liguri e veneti ci sono il tentativo di riconoscere eventuali aspetti condivisi riconducibili all'assetto culturale della Cultura VBQ e la volontà di mettere in luce gli elementi peculiari di ciascun sito connessi ad attività economiche e artigianali localmente differenziate. Al fine di operare dei confronti efficaci è indispensabile accostare ed accordare tra loro le differenti terminologie adottate nelle singole pubblicazioni (Starnini, Voytek 1997a; Garibaldi *et al.* 1999; Vicino 2009a; 2009b) con l'assetto terminologico proposto in questo lavoro. Il complesso dei materiali litici può essere suddiviso in tre macrocategorie funzionali: strumenti abrasivi, percussori e da taglio (tab. XXXI).

Un primo aspetto comune ai due areali si evince dalla tabella XXXII e consiste nella presenza di un'ampia e nel complesso comparabile diversificazione tipologica degli strumenti, la quale risponde ad una altrettanto articolata varietà di attività economiche ed artigianali connesse sia all'intensificazione delle attività produttive sia a un inizio di processo di differenziazione sociale ravvisabile nell'eterogenea composizione dei corredi funerari (Bernabò Brea *et al.* 2006b).

Un secondo elemento condiviso riguarda lo sfruttamento di un'ampia varietà di materie prime[34] giustificabile, da un lato, con la disponibilità litologica locale e, dall'altro, con la necessità di servirsi di rocce dotate delle migliori caratteristiche fisiche per ottenere manufatti specifici e performanti, giovandosi probabilmente anche del rifornimento tramite scambio. Nei contesti liguri e veneti considerati si delinea un *trend* generale in base al quale tendono ad essere utilizzate materie prime di provenienza locale o circumlocale per la produzione di manufatti d'uso domestico quotidiano (macine, macinelli, pestelli, ecc.), mentre per gli strumenti da taglio si innescano sistemi di approvvigionamento di materia prima o di oggetti semilavorati anche a lunga e lunghissima distanza (Fasani *et al.* 1993; Starnini 1994; 1995; D'Amico *et al.* 1997; 2000; 2006; D'Amico, Starnini 2006). L'origine delle HP-metaofioliti delle Arene Candide è da riconoscersi nella formazione primaria, e dal relativo detrito alluvionale, nota come Gruppo di Voltri situata a non più di 50 km in linea d'aria dalla grotta (Ricq-de Bouard 1996; Starnini, Voytek 1997a; D'Amico *et al.* 2006); distanza paragonabile, o di poco inferiore, separa il riparo di Pian del Ciliegio dalle medesime aree di possibile approvvigionamento di pietre verdi. Il territorio del Veneto occidentale si trova invece ad oltre 300 km dalla possibile fonte di distribuzione di Rivanazzano (D'Amico, Starnini 2006a; 2006b).

Nei siti liguri la maggiore vicinanza delle fonti di pietre verdi, e quindi un presumibile più facile accesso a tale famiglia litologica, ha fatto sì che esse fossero sfruttate per diversi tipi di strumenti e non solo per gli utensili da taglio come in Veneto. L'attenzione e la cura nei confronti di eclogiti e giade rimane però invariata: alle Arene Candide si nota una diffusa tendenza a recuperare asce danneggiate, potenzialmente riaffilabili, riutilizzandole principalmente sotto forma di pestelli/trituratori (Starnini, Voytek 1997a), mentre alla Pollera, l'esasperato uso della materia prima è testimoniato non solo dal forte grado di frammentazione e di usura dei manufatti, ma soprattutto dalla propensione a riutilizzare lame d'ascia, percussori/martelli e schegge per impieghi alternativi (Garibaldi *et al.* 2003). In Veneto, i taglienti dei reperti si mostrano generalmente

[34] Nei siti liguri sono state impiegate arenarie di Verezzi (Pietra del Finale), calcari, quarziti, pietre verdi del Gruppo di Voltri (eclogiti, giadeititi, rocce glaucofaniche, serpentiniti), rocce porfiroidi, prasiniti, microquarziti e siltiti (Starnini, Voytek 1997a; Garibaldi *et al.* 1999; Vicino 2009a; 2009b).

ben conservati, sintomo di una loro regolare manutenzione. Inoltre, sia in Liguria che in Veneto lame d'ascia in pietra verde sono state rinvenute tra gli oggetti di corredo funerario di alcune sepolture a dimostrazione di un ruolo culturale e simbolico di questi strumenti e della materia prima da cui derivano.

Per quanto concerne le materie prime di origine locale e circumlocale, l'osservazione della morfologia degli strumenti e l'attività di prelievo sperimentale hanno consentito di dedurre che sia in Liguria quanto in Veneto venisse effettuata una raccolta spontanea nell'ambito del territorio circostante i siti di ciottoli e massi di varia pezzatura, indirizzata in particolare nel detrito alluvionale, nel greto dei corsi d'acqua e nelle spiagge marine (queste ultime soltanto per i due siti liguri) (Garibaldi *et al.* 1999; Vicino 2009a). Tale raccolta, inoltre, presupponeva una certa attenzione alla forma e alle dimensioni dei supporti che dovevano rispondere di volta in volta a specifiche esigenze ergonomiche, morfologiche, di peso e di tessitura.
Alcuni tipi di supporti, principalmente ciottoli, non sempre sono soggetti a modificazioni tecnologiche e sono destinati alla produzione di pestelli/percussori, trituratori, levigatoi/lisciatoi e pestelli-lisciatoi. Per questi strumenti sono stati spesso accuratamente selezionati supporti dotati di superfici convesse facili da impugnare, incavi naturali che rendono la presa più agevole, oltre che dimensioni e peso utili a tenere comodamente lo strumento nel palmo della mano (Vicino 2009a).

I massi di vari formati sono invece destinati sia a manufatti che richiedono una lavorazione preliminare (macine e macinelli) sia a strumenti non lavorati (levigatoi e basi di lavorazione in genere), cioè categorie di strumenti accomunati dalla cinematica d'uso basata sulla percussione appoggiata diffusa passiva e dalla necessità di ottenere superfici di lavoro estese. Data la potenziale longevità funzionale e l'impiego destinato principalmente alla produzione alimentare, la scelta della roccia da cui ottenere macine e macinelli risulta fondamentale: le litologie selezionate sono adeguatamente abrasive e dotate di un cemento duro in grado di ridurre la perdita di frammenti litici che risulterebbero dannosi per l'apparato masticatorio durante il consumo di farine alimentari.

Esaminando gli aspetti funzionali relativi alle categorie tipologiche emergono alcuni dati interessanti (tab. XXXI e XXXIII).

a) Macine e macinelli
In entrambi gli areali macine e macinelli rappresentano le categorie tipologiche più frammentarie forse perché si tratta di strumenti soggetti necessariamente a un impiego quasi quotidiano per la produzione di farine e, a volte, suscettibili al riutilizzo, oppure a causa di fenomeni postdeposizionali. Una parte delle macine e dei macinelli presenta tracce di modificazione tecnologica del supporto prodotte da operazioni di scheggiatura lungo i bordi del masso, effettuate per conferire al medesimo una forma più confacente o per migliorare la presa delle mani. Evidenti sono inoltre le tracce di ravvivamento, le quali si presentano di aspetto e localizzazione simili nei reperti veneti e in quelli delle Arene Candide, pur in presenza di litologie differenti. La parte centrale delle superfici di lavoro sono accomunate da un'usura generalmente da intensa a molto intensa descritta macroscopicamente attraverso aree livellate omogeneamente distribuite. Nei siti in esame sono state identificate usure associate alla lavorazione di minerali e, nella maggior parte degli esemplari, di cereali, pur senza arrivare a distinguere diverse varietà di grano come invece emerso in altri contesti (Dubreuil 2002; Hamon 2006). Nel contesto padano-alpino la discriminazione delle usure è resa più ardua dal verosimile utilizzo sincronico di frumenti nudi e vestiti e dalla conseguente ragionevole possibilità che una stessa macina venisse usata per produrre farine da diverse varietà di cereali (Lunardi, Starnini 2013). Sebbene siano state riconosciute macine impiegate per la macinatura di sostanze vegetali diverse dai cereali (es. leguminose: Dubreuil 2002; 2004, vegetali: De Beaune, 1989; 2000) e che queste sono documentate a livello etnografico (Roux 1985; Hayden 1987) le usure identificate negli strumenti analizzati si caratterizzano per morfologia e natura delle tracce d'uso (aree livellate, lustrature, usure dei cristalli) tipicamente associabili alla lavorazione dei cereali.

Dal punto di vista strettamente economico, emerge un comune cambiamento che si evidenza a partire dalla fase avanzata della Cultura VBQ: alle Arene Candide e probabilmente anche a Rivoli Monte Rocca, infatti, si assiste a una diminuzione numerica degli strumenti per macinare nei livelli di occupazione tarda VBQ. Questa osservazione, unita ai dati archeobotanici e archeozoologici disponibili per vari siti del Neolitico Medio e Tardo dell'Italia settentrionale (Boschian 2000; Visentini 2002; Ferrari *et al.* 2002a; Mottes *et al.* 2010; Rottoli, Regola 2014), consente di sottolineare il fenomeno relativo all'incremento progressivo del ruolo della pastorizia e del concomitante decremento del peso dell'attività agricola come discusso nel paragrafo 3.1.2.

Diversi strumenti per macinare provenienti sia dai siti liguri che da quelli veneti[35] sono riconducibili a un loro impiego finalizzato alla polverizzazione di sostanze minerali, identificato in seguito alla tipologia delle tracce d'uso, alla distribuzione di residui coloranti nelle anfrattuosità delle superfici di lavoro e nelle zone di appoggio delle mani, oltre che dal rinvenimento di grumi principalmente di limonite ed ematite o masse lavorate d'ocra simili a "pani" nei singoli contesti (Starnini, Voytek 1997a; Vicino 2009b). Alle Arene Candide e nel

[35] Si ricorda che solamente a Fimon sembrano non essere presenti strumenti per la macinatura dell'ocra, benché il sito abbia restituito piccoli panetti d'ocra (Bagolini *et al.* 1973).

Riparo di Pian del Ciliegio, inoltre, alcuni minerali (ematite, limonite e manganese) sono lavorati con strumenti diversi da macine e macinelli e usati in percussione lanciata (Starnini, Voytek 1997a; Vicino 2009b).

Il colore rosso dell'ocra riveste sicuramente un valore culturale e simbolico condiviso nell'ideologia della Cultura VBQ: esso è presente sia in contesto funerario (vasetti contenenti pigmenti di color rosso: Bagolini, 1990a, cospargimento del corpo del defunto con pigmento rosso: Bernabò Brea *et al.* 2006) sia in ambito domestico (frammenti di vasi che contenevano ocra polverizzata: Starnini, Voytek 1997a, panetti di minerali: Bagolini *et al.* 1973; Vicino 2009b).

Tabella XXXII - Corrispondenze tra le terminologie tecnofunzionali adottate nelle ricerche indipendenti condotte sui materiali veneti (Fimon, Quinzano e Rivoli) e liguri (Arene Candide e Pian del Ciliegio).
Table XXXII - Comparison of terminologies used in the studies of implements from Veneto (Fimon, Quinzano and Rivoli) and Liguria (Arene Candide and Pian del Ciliegio).

Strumenti	**Fimon M. C., Quinzano, Rivoli *Site* L**	Starnini, Voytek 1997a **Arene Candide** ***Scavi L. Bernabò Brea*** strati 22-17	Garibaldi *et al.* 1999 **Arene Candide** ***Scavi S. Tinè*** strato 12	Vicino 2009a; 2009b **Pian del Ciliegio**
Strumenti abrasivi	**Macina**	*Grindstone*	Basi di lavorazione A1 e A2	Macina Supporti base
	Macinello	*Two-hand macinello*	-	Macinello
	Levigatoio	*Whetstone*	Basi di lavorazione A2 Levigatoi e lisciatoi E1 e E2	-
	Lisciatoio	*Burnishern*	Trituratori e controbasi B2 Levigatoi e lisciatoi E1 e E2	*Burnishern*, lisciatoio
Strumenti percussori	**Pestello**	*Handstone* *One-hand macinello* *Pestle* *Hammer*	Trituratori e controbasi B1 Percussori C1	-
	Percussore	*Chopper* *One-hand macinello*	Trituratori e controbasi B1 Percussori C1 e C2	-
	Martello-trituratore	*Hammer* *Handstone*	Trituratori e controbasi B1	Martello
Strumenti da taglio	**Ascia**	*Convex adze* *Flake adze*	Strumenti da taglio D2 e D3	Ascia
	Accetta	*Axe*	Strumenti da taglio D1 e D3	Accetta
	Scalpello	*Chisel*	Scalpelli D4	Scalpello
Strumenti polifunzionali	**Pestello-lisciatoio**	*Handstone*	-	-
	Base di lavorazione	*Grindstone*	Basi di lavorazione A3	-
Strumenti privi di tracce d'uso	**Indeterminati**	*Pebbles*	-	Industria litica, ciottoli
Altri	-	-	Pesi, lame-raschiatoio, coltelli	-

Alcuni reperti provenienti da Pian del Ciliegio e da Fimon, infine, presentano superfici annerite, struttura poco coesa e fratture di tipo termoclastico dovute alla prolungata esposizione al fuoco. Ciò sembra far pensare che l'attività di macinatura dei chicchi avvenisse in prossimità dei focolari, come sembra deducibile anche dalla distribuzione delle macine nella capanna I di Fimon (fig. 65).

b) Levigatoi e lisciatoi

I reperti sono accomunati dall'assenza di trattamenti tecnologici propedeutici all'impiego dei supporti come strumenti, mentre si può ammettere un'alterazione morfologica del supporto originario determinata dall'uso prolungato nel tempo di alcuni di questi strumenti, principalmente quelli connessi alla lavorazione di materie dure (pietra, osso e ceramica). La forma e le dimensioni sono piuttosto eterogenee, non solo comparando tra loro i diversi siti, ma anche all'interno del complesso litico del singolo sito, benché si riscontri una decisa preferenza di blocchi litici di maggiori dimensioni da utilizzare come basi passive sulle quali compiere attività abrasive.

Tabella XXXIII - Ripartizione in singole tipologie funzionali degli strumenti in pietra non scheggiata dei siti veneti e liguri.
Table XXXIII - Distribution of the non-chipped stone tools in functional classes.

	Arene Candide ***Scavi L. Bernabò Brea*** *strati 22-17 (Starnini, Voytek 1997a)*	**Arene Candide** ***Scavi S. Tiné*** *Strato 12 (Garibaldi et al. 1999)*	**Pian del Ciliegio** *VBQ I (Vicino 2009a; 2009b)*	**Fimon M.C.** *VBQ I*	**Quinzano** *VBQ I*	**Rivoli Site L** *VBQ II - III*
Strumenti abrasivi						
Macine *(grindstones)*	33	82*	24•	7	1	12
Macinelli *(two-hands macinelli)*	20			6	3	14
Levigatoi *(whetstones)*	14		-	9	5	7
Lisciatoi *(burnishers)*	82		22	6	5	6
Strumenti percussori						
Pestelli e trituratori *(hammers, pestles, one-hand macinelli, pebbles)*	53	83**	6••	2	4	8
Percussori	-			2	5	2
Strumenti da taglio						
Asce *(adzes)*	6	21***	1	16	9	12
Accette *(axes)*	51			1?	2	-
Scalpelli *(chisels)*	5	4	-	1	2	1
Frammenti ed altri reperti in pietra levigata *(pebbles, flakes, edge fragments, butt fragments)*	19	1	3•••	-	–	
Strumenti polifunzionali (lavorano secondo cinematiche diverse)	128	?	?	2	11	15
Riutilizzi (usati per due funzioni distinte e successive)	15	?	?			
Totale strumenti	426	191	56	52	47	77
Indeterminati	-	-	-	19	14	29

*Nel conteggio sono comprese le seguenti categorie tipologiche proposte da in Garibaldi *et al.* (1999): A1+A2+A3+E1+E2.
** Nel conteggio sono comprese le seguenti categorie tipologiche proposte da in Garibaldi *et al.* (1999): B1+B+C1+C2.
*** Nel conteggio sono comprese le seguenti categorie tipologiche proposte da in Garibaldi *et al.* (1999): D1+D2+D3.
• Nel conteggio sono compresi tutti i reperti inseriti nel gruppo "industria in pietra abrasiva" esclusi i reperti che, dalla descrizione fornita da Vicino (2009a; 2009b) presentano evidenti tracce di percussione.
•• Nel conteggio sono compresi i reperti che, dalla descrizione fornita da Vicino (2009b) presentano evidenti tracce di percussione.
••• Nel conteggio sono compresi i reperti n. 24, 25, 26 descritti da Vicino (2009a).

Ciottoli più piccoli (in media 3-9 cm) e di forma oblunga, a semiluna, a losanga impugnabili generalmente a una mano sono invece destinati a diventare strumenti attivi impiegati per usi che richiedono abrasione o lisciatura.

Levigatoi e lisciatoi possono avere una o più superfici di lavoro caratterizzate da usure omogeneamente diffuse sull'area attiva, le quali si presentano come livellamento generale della porzione utilizzata; in alcuni casi sono visibili politure macroscopiche, corte e fitte striature spesso ad andamento ortogonale all'asse principale del supporto e depressioni lineari regolari più o meno profonde e di diverso orientamento (Starnini, Voytek 1997a; Vicino 2009a): questa tipologia di usure è probabilmente prodotta a seguito di movimenti brevi e veloci collegati a operazioni di lisciatura (Vicino 2009a). Non è raro riscontrare la presenza di residui macroscopici e mesoscopici di sostanze minerali riferibili a ocra gialla, ocra rossa e ossidi di manganese alle Arene Candide, mentre residui d'ocra rossa sono visibili in sporadici lisciatoi a Pian del Ciliegio, Quinzano e Rivoli.
In alcuni casi sono inoltre evidenti solchi lineari di vario orientamento e a sezione generalmente arrotondata, riconducibili alla levigatura di piccoli oggetti in materia dura (Starnini, Voytek 1997a; Garibaldi *et al.* 1999; Vicino 2009b).

Una classe particolare di lisciatoi è costituita dai cosiddetti *burnishers*, ovvero piccoli ciottoli (in genere 5-7 cm) di calcare, serpentinite ed eclogite a forma ogivale o a losanga con bordi smussati e facce fittamente ricoperte di corte striature generalmente ortogonali all'asse longitudinale del supporto. Questi strumenti, presenti in grande numero nei due siti liguri (oltre 150 reperti alle Arene Candide e 27 a Pian del Ciliegio), sono stati associati al trattamento tramite lisciatura e brunitura delle pareti dei vasi ottenuti da impasti medio-fini e fini (Starnini, Voytek 1997a; Vicino 2009a) così come confermato da test sperimentali (Weiss 1994). Per il Riparo di Pian del Ciliegio si è ipotizzato che si trattasse di un vero e proprio "laboratorio di ceramisti" (Vicino 2009a). I reperti del sito, infatti, mostrano fasci di strie parallele associabili all'azione di abrasione da parte di particelle sabbiose, in particolare quarzo, presenti nella ceramica sotto forma di degrassanti (Aimar *et al.* 1996; Bassetti, Pessina 2001).

I *burnishers* sono assenti nei complessi litici dei siti veneti esaminati: ciò porta a pensare che la ceramica dei siti veneti fosse prodotta con strumenti diversi, oppure che la lavorazione dell'argilla non avvenisse in loco, come nel caso di Fimon (Biagi, D'Amico 2013). Tuttavia, nello strumentario in pietra proveniente dai siti veneti presi in esame sono presenti piccoli ciottoli definiti lisciatoi con usure determinate da operazioni di tipo abrasivo, senza però un chiaro collegamento al trattamento delle superfici ceramiche, anche in assenza di specifici riscontri sperimentali.

Infine, un ultimo elemento condiviso tra le Arene Candide, da un lato, e i due siti veronesi, dall'altro, consiste nella presenza di un numero non esiguo di strumenti con particolari lustrature spesso macroscopiche destinati alla lavorazione delle pelli e specificatamente alla fase di lisciatura e ammorbidimento delle pelli conciate.

c) Percussori e martelli
La predominanza degli impatti di percussione, la presenza di più superfici attive e l'eterogeneità morfodimensionale rendono problematica l'attribuzione a questi gruppi di una funzione specifica e di una nomenclatura condivisa, cosicché essi rappresentano la categoria tipologica più difficile da confrontare.

Come supporti sono di frequente sfruttati ciottoli fluvio-alluvionali reperibili a breve o brevissima distanza dai siti e dotati di requisiti morfologici e funzionali che denotano una scelta non occasionale, benché essi non subiscano alcun trattamento tecnologico di preparazione e/o manutenzione, fatta eccezione, in area ligure, per i reperti frutto del riuso di lame d'ascia (Starnini, Voytek 1997a; Garibaldi *et al.* 2003).

Per quanto concerne la classe dei pestelli e dei martelli si delinea la predilezione per forme ergonomiche allungate, utili a un'agevole presa delle mani, e un peso medio compreso tra 150 e 300 g alle Arene Candide e in Veneto, mentre alla Pollera la media è più bassa (Garibaldi *et al.* 2003). Nei siti comparati questi tipi di strumenti sono stati associati a diversi impieghi, alcuni dei quali accomunabili (triturazione di alimenti, frantumazione di degrassanti e materiali duri), altri specifici dei singoli contesti (polverizzazione dell'ocra nei siti liguri: Starnini, Voytek 1997a; Garibaldi *et al.* 2003; Vicino 2009a). Nel Riparo di Pian del Ciliegio i vasi realizzati con impasti grossolani contengono come degrassante chamotte oppure calcite macinate con inclusi di 2-3 mm: questi degrassanti sono stati verosimilmente ottenuti pestandoli per mezzo di pestelli (Vicino, 2009a).
A Pian del Ciliegio e soprattutto alle Arene Candide è attestata la lavorazione di minerali (limonite, ematite e ossidi di manganese) attraverso pestatura/frantumazione di blocchetti di minerale con ciottoli di quarzite; nei siti veneti l'unico minerale riconosciuto in assenza di specifiche analisi chimiche è l'ocra rossa.

Diversi martelli provenienti dalle Arene Candide e dalla Pollera sono ottenuti dal recupero di lame d'ascia in pietra verde probabilmente danneggiate in corso di utilizzo: di esse i martelli conservano porzioni residuali di superfici levigate (Starnini, Voytek 1997a; Garibaldi *et al.* 2003). Questo fenomeno di reimpiego di pietra verde sembra essere documentato in Veneto solo in alcuni abitati palafitticoli dell'Età del Bronzo, dove ciottoli e lame d'ascia tipologicamente neolitiche sono stati reimpiegati verosimilmente come pestelli (Salzani 1996; Lunardi 2003a).

Un altro aspetto interessante riguarda la presenza alle Arene Candide, alla Pollera e in altri siti padano-alpino occidentali (Starnini, Voytek 1997a; Garibaldi *et al.* 2003; Luzzi 1996; Starnini *et al.* 2004) di percussori subsferoidali in pietra verde utilizzati per bocciardare le lame d'ascia, i quali documentano che almeno parte della lavorazione degli strumenti da taglio avvenisse nel contesto degli abitati. In Veneto questi strumenti sono assenti, ma ritornano più a oriente nel sito di Sammardenchia, dove si ritrova anche la prassi di riutilizzare le asce danneggiate sotto forma di martelli (D'Amico, Pessina 1999). Tale apparente discontinuità delle testimonianze archeologiche, rilevabile sulla scorta dei dati oggi disponibili, lascia presupporre modalità di sfruttamento della pietra verde alquanto complesse per la comprensione delle quali sarebbe indispensabile un approfondito e mirato studio sistematico.

d) Asce, accette e scalpelli

Gli strumenti da taglio in pietra levigata sono presenti in numero importante alle Arene Candide (Starnini, Voytek 1997a; Garibaldi *et al.* 1999), alla Pollera (Garibaldi *et al.* 2003) e nei siti veneti[36], mentre a Pian del Ciliegio è venuta alla luce un'unica lama d'ascia (Vicino 2009a).

Nel Neolitico lo scalpello, con caratteristiche morfolitologiche diversificate, è attestato in contesti abitativi e funerari su un territorio piuttosto ampio che si estende dalla Provenza già in contesti cardiali (Ricq-de Bouard 1996) all'area danubiana (Farruggia 1992) fino alla Carinzia (Pedrotti 1996b). Nel Nord Italia esemplari di scalpelli sono attestati alle Arene Candide (Starnini, Voytek 1997a), Alba (Venturino Gambari, Zamagni 1996a), San Damiano d'Asti (Ventura 1996), Brignano Frascata (Zamagni 1996a), Gaione (Bernabò Brea *et al.* 1996), Monte Savino (Garibaldi *et al.* 1996b), Sammardenchia (D'Amico *et al.* 1996b), oltre che in vari contesti funerari VBQ (Pedrotti 1996).

Il tipo di scalpello peculiare della fase VBQI-inizio VBQII, attestato alle Arene Candide, alla Pollera e in Veneto, presenta, nei reperti frammentari, un unico stretto margine tagliente, mentre negli esemplari integri entrambe le estremità sono affilate; la sezione trasversale è il più delle volte piano-convessa, ma può presentarsi ellissoidale o quadrangolare (Pessina, D'Amico 1999; Garibaldi *et al.* 2003). Alcuni esemplari sono lavorati con molta cura prestando attenzione sia alla regolarità degli elementi (fianchi rettilinei paralleli, taglienti simmetrici) che all'accuratezza della levigatura. Per questa categoria di strumenti mancano studi funzionali che ne chiariscano la cinematica d'uso (percussione appoggiata? Immanicati?) e la destinazione d'uso (lavorazione del legno?); sulla scorta delle caratteristiche morfologiche si ritiene plausibile un loro utilizzo principale in percussione appoggiata e in attività che non richiedano forza eccessiva quanto precisione (Thiraul 2004, 132).

Per quanto concerne le asce e le accette, le due aree archeologiche sono accomunate dalla presenza di due sottogruppi con precise caratteristiche tecnofunzionali. Al di là delle distinzioni di forma e dimensioni imputabili principalmente alle caratteristiche formali dei supporti originari, asce ed accette differiscono, come visto nel capitolo dedicato alla sperimentazione, nella cinematica d'uso e nelle tracce d'usura, benché queste non siano sempre chiaramente distinguibili. Dal punto di vista morfodimensionale, nella categoria delle accette rientrano in genere reperti di dimensioni medio-grandi, dalla spiccata forma triangolare e da una sezione trasversale in genere spessa e ovale; in quella delle asce si inseriscono strumenti contraddistinti da una maggiore variabilità di foggia e misure, probabilmente connessa a una più ampia versatilità d'impiego (Mills 1993; Hampton 1999; Pétrequin, Pétrequin 2000). Alle Arene Candide e nei siti veneti prevalgono nettamente le lame identificabili come asce rispetto alle accette. La Pollera, pur in assenza di specifiche osservazioni funzionali, si discosta avendo una maggioranza di reperti più piccoli e leggeri riferibili a strumenti maneggevoli (Garibaldi *et al.* 2003).

Le lame più comuni si contraddistinguono per una forma allungata (in genere tra 75 e 85 mm), sezione ellittica spessa (circa 20 mm) e un peso che non scende sotto i 100 g. Si tratta di reperti ottenuti in gran parte da ciottoli di eclogite, roccia che ben si presta, grazie alla tessitura cristallina con cristalli visibili spesso a occhio nudo, ad essere lavorata tramite bocciardatura (Lunardi 2003; Lunardi 2008a), operazione che lascia su fianchi, almeno metà corpo e tallone tracce di bocciardatura non rimosse dalla successiva levigatura. Quest'ultima, infatti, è riservata quasi esclusivamente a creare la parte attiva ed è realizzata con un movimento abrasivo generalmente ortogonale all'asse longitudinale del reperto.

Un secondo gruppo di reperti si distingue per dimensioni ridotte, sezione trasversale appiattita con spessore anche inferiore al centimetro e superfici generalmente levigate. Tali caratteristiche fanno pensare ad una produzione a partire da schegge, confermata dalla sperimentazione (Lunardi 2007, 2008b), oppure al risultato di una periodica rilavorazione di strumenti rotti o danneggiati da recuperare (Starnini, Voytek 1997a). Le strie di lavorazione sono per lo più parallele al margine tagliente, caratteristica che alcuni Autori hanno voluto ricondurre alla riaffilatura delle lame immanicate (Jeudy *et al.* 1997). Resta da confermare l'ipotesi in base alla quale questo secondo gruppo di lame possa essere il risultato, almeno in alcuni casi, di una lunga storia di utilizzo-danneggiamento-rilavorazione-utilizzo che potrebbe giustificare le loro dimensioni ridotte (Jeudy *et al.* 1997).
Tutti gli strumenti da taglio sono prodotti con pietre verdi di origine alpina occidentale. Se, come visto, il territorio veneto si inserisce nell'ambito dei circuiti di circolazione

[36] In Veneto il numero di asce deve essere valutata in rapporto alla limitata estensione delle aree archeologiche di ciascun sito.

a lungo raggio di materia prima/semilavorati/manufatti finiti, alle Arene Candide e alla Pollera la complessiva qualità non elevata dei litotipi e dei prodotti finiti lascia supporre che essi possano essere interpretati come siti di uso locale della pietra verde e quindi marginali nell'ambito dello sfruttamento e della circolazione di eclogiti e giade alpine (Garibaldi *et al.* 2003). La quantità e la qualità delle pietre verdi utilizzate nelle grotte liguri, infatti, si può spiegare con la relativa vicinanza alle fonti di approvvigionamento e con la presenza di un artigianato poco specializzato finalizzato alla produzione di strumenti ad uso interno alla comunità, ma comunque attento allo sfruttamento della materia prima. Diversamente, in Veneto sono assenti gli strumenti quali percussori in pietra verde necessari alla lavorazione delle lame d'ascia. Inoltre, alle Arene Candide e alla Pollera è stato riscontrato un incisivo fenomeno di riutilizzo delle lame d'ascia in pietra verde rotte o comunque danneggiate da eventi di ordine tecnologico e funzionale (Starnini, Voytek 1997a; Garibaldi *et al.* 2003); anche a Pian del Ciliegio è documentato lo sfruttamento di pietre verdi per strumenti non da taglio (Vicino 2009a). Diversamente, negli strumenti da taglio dei siti veneti le scheggiature d'uso sono in genere fresche e nette, indice del fatto che essi non hanno subito utilizzi successivi alla rottura/danneggiamento della loro parte funzionale.

Nei siti in cui la successione stratigrafica consente di operare considerazioni di ordine diacronico come alle Arene Candide, si riscontra con l'inizio della Cultura dei VBQ un incremento degli strumenti da taglio in pietra levigata, da cui si può dedurre sia un'intensificazione dello sfruttamento delle risorse boschive per finalità diverse (combustibile, per cuocere alimenti e ceramica, foraggio: Maggi, Nisbet 2000) sia un maggior peso del legno per infrastrutture abitative[37], domestiche, arredi e manufatti di vario genere. Da questo quadro sembra distaccarsi il sito di Pian del Ciliegio che ha restituito un unico esemplare di lama d'ascia: ciò può, tuttavia, essere ricondotto alla complessa dinamica di sedimentazione e di dilavamento del terreno che il sito ha subito e che probabilmente ha portato via parte del materiale archeologico. Una seconda possibilità prevede che questo sito fosse dedicato unicamente alla produzione ceramica e che, dunque, le attività legate all'uso delle asce levigate venissero effettuate in altra sede (Vicino 2009a).

In conclusione, è possibile sostenere che, a fronte di una supposta diversificazione delle attività di sussistenza ipotizzabile sulla base delle diverse condizioni ecologico-ambientali dei siti presi in esame, si constata una generale uniformità dello strumentario in pietra non scheggiata dal punto di vista morfotecnologico e parzialmente sotto il profilo funzionale. Da un lato, tutte le categorie di strumenti sono presenti in tutti i contesti, seppur con un diverso peso percentuale: macine, macinelli e strumenti da taglio costituiscono i gruppi più numerosi, oltre che quelli sottoposti a un maggior investimento tecnologico finalizzato a un impiego potenzialmente prolungato e di una ricerca di materie prime più idonee. Gli strumenti per lisciare e levigare occupano un posto rilevante probabilmente perché numerosi sono i materiali che richiedono una lavorazione tramite lisciatura/levigatura.

Infine, rivestono un ruolo secondario in tutti i siti gli strumenti percussori, forse a causa del loro utilizzo poco prolungato e non strettamente legato a materie prime specifiche (Lunardi, Starnini 2013). Una categoria tipologica peculiare dei contesti veneti è costituita dai pestelli-lisciatoi in serpentinite impiegati con una cinematica mista.

Come considerazione finale si fa riferimento alla disposizione dei reperti a Pian del Ciliegio e a Fimon. Nel riparo ligure è stata evidenziata una distribuzione differente dei reperti in selce scheggiata e dei reperti in pietra non scheggiata: i primi sono preferibilmente collocati nella parte anteriore del riparo, mentre i secondi (brunitoi e macine soprattutto) sono stati rinvenuti nella porzione più interna del riparo (Vicino 2009c). Ciò potrebbe essere ricondotto ad un probabile utilizzo diverso dello spazio, in base al quale la parte anteriore del riparo avrebbe assolto a una funzione di riparo e/o di postazione occasionale, mentre la parte più interna sarebbe stata destinata a spazio abitativo vero e proprio e alle attività artigianali di produzione della ceramica (Vicino 2009c).

Alcune macine, inoltre, si caratterizzano per una consistenza precaria causata da una esposizione prolungata al fuoco verosimilmente del focolare. Tale situazione presenta analogie con Fimon: in primo luogo, la presenza di macine nelle aree più interne dello spazio abitativo e in prossimità del focolare[38], che assume così il ruolo di centro delle attività domestiche; in secondo luogo, la parallela presenza, accanto alle macine, di strumenti destinati a svolgere attività di carattere artigianale (brunitoi per il trattamento delle ceramiche a Pian del Ciliegio e levigatoi/pestelli nella capanna 1 di Fimon). Simili affinità sembrerebbero testimoniare che anche gli strumenti non scheggiati, al pari della selce e della ceramica, concorrono con il proprio *status* a tracciare i confini di aree funzionali all'interno di un contesto abitativo.

5.6 Riassunto

Questo lavoro si è basato sullo studio degli strumenti rientranti nella definizione generale di "industria in pietra non scheggiata", categoria spesso trascurata dagli archeologi a vantaggio di altri reperti che possono

[37] Si citano, come esempio, gli elementi costruttivi lignei portati alla luce a Fimon (Bagolini *et al.* 1973).

[38] Anche alcune macine di Fimon presentano uno stato di conservazione precario e deterioramenti imputabili a una prolungata esposione al fuoco.

annoverare un'ampia e consolidata letteratura scientifica. Solo in questi ultimi anni il potenziale carico informativo desumibile dallo studio delle usure degli strumenti non scheggiati in ambito internazionale sta favorendo anche in Italia uno sviluppo proficuo delle ricerche. Ed è proprio sulla scia di questo filone che si inserisce la ricerca presentata.

Nella definizione archeologica d'insieme di pietra non scheggiata sono inclusi strumenti per macinare (macine e macinelli), strumenti per levigare e lisciare (levigatoi e lisciatoi), strumenti percussori (pestelli, percussori, trituratori), strumenti da taglio (asce, accette e scalpelli), strumenti polifunzionali (pestelli-lisciatoi e basi di lavorazione), oltre a reperti che, ad un'analisi preliminare, non sembrano potersi considerare veri e propri strumenti.

L'ambito geo-cronologico preso in esame corrisponde alla diffusione e allo sviluppo della Cultura VBQ nel territorio veneto centro-occidentale durante tutto il sesto millennio BP. Questa fase è coincisa con il consolidamento dell'economia di produzione e delle tecnologie neolitiche e si è tradotta in una *koinè* cultural-ideologica omogenea che ha unificato gran parte dell'Italia settentrionale. Dal punto di vista archeologico, tale coesione emerge dalla condivisione di aspetti stilistici e simbolici che si riconoscono nelle morfologie vascolari, nelle tecniche e negli stili decorativi, nei rituali funerari, oltre che nella produzione di figurette femminili e di pintaderas. Un ruolo fondamentale unificatore emerso dallo studio dell'industria in pietra non scheggiata è svolto anche dagli strumenti per macinare, sui quali si basa il sostentamento delle comunità neolitiche, e dagli strumenti da taglio in pietra levigata, efficaci nel disboscamento e elementi distintivi per le figure emergenti, simboli di prestigio sociale anche dopo la morte. A fronte di tale compattezza, tuttavia, la diversificazione delle scelte insediative e delle attività economiche conferisce alla Cultura VBQ un carattere dinamico e vitale che le ha permesso di affermarsi su un territorio vasto ed eterogeneo adattandosi alle risorse localmente disponibili, oltre che resistere a lungo a pressioni esterne.

Questa ricerca è stata affrontata con l'obiettivo principale di dare un contributo all'analisi del sistema economico e culturale VBQ attraverso lo studio dell'industria non scheggiata collegata alle trasformazioni tecnofunzionali e sociali indotte dall'affermarsi dell'economia produttiva.

Nei siti VBQ esaminati - Fimon Molino Casarotto (Vicenza), Quinzano e Rivoli Monte Rocca (Verona) - gli strumenti in pietra non scheggiata sono stati oggetto di un'analisi che ha consentito di ricavare dati interessanti in rapporto alle modalità di raccolta delle materie prime, alle tecniche di lavorazione, alla cinematica d'uso e alle funzioni a cui erano preposti, oltre che alla diversificata gestione dei supporti (riutilizzi, usi molteplici, operazioni di mantenimento delle superfici attive usurate). Ciò si è reso possibile grazie all'adozione di una metodologia basata su approcci integrati che hanno coinvolto l'aspetto morfologico, tecnologico, funzionale e sperimentale. Grazie alla rielaborazione dei risultati ottenuti è stata elaborata una tipologia tecnofunzionale degli strumenti non scheggiati e si è tentato di ricostruire il variegato quadro delle strategie economiche messe in atto dalle singole comunità neolitiche.

Dal punto di vista delle modalità di approvvigionamento e della lavorazione dei supporti finalizzata alla produzione degli strumenti, si riscontra una certa varietà di comportamenti dettata dalla natura delle materie prime e dal tipo di strumento. Le rocce reperibili nei locali depositi detritici alluvionali, parzialmente diverse da sito a sito (porfidi, arenarie, calcari, serpentiniti, selci, ecc.), sono state sfruttate prestando particolare attenzione alle caratteristiche morfodimensionali dei supporti per produrre tutti i tipi di strumenti (macine, macinelli, levigatoi, lisciatoi, percussori, pestelli-lisciatoi) ad esclusione delle asce in pietra levigata. Per queste ultime, con la sola eccezione di un frammento prodotto con roccia locale, si assiste all'uso esclusivo di pietre verdi (eclogiti e giade) provenienti dall'areale geografico delle Alpi Occidentali.

Nel complesso si riscontra un trattamento tecnologico omogeneo in tutti i siti per i medesimi tipi di strumenti. I supporti costituiti da ciottoli e blocchi di rocce locali e regionali vengono sottoposti a lavorazione solo nel caso degli strumenti per macinare, per i quali si segue un preciso iter tecnologico di preparazione e periodico ravvivamento della superficie attività tramite martellinatura. Più complessa, e quasi sicuramente solo in parte realizzata localmente, è la catena operativa di produzione degli strumenti in pietra levigata: per questi reperti, infatti, si assiste ad una radicale trasformazione del supporto tramite scheggiatura, bocciardatura e levigatura più o meno estesa al corpo della lama, oltre ad una periodica riaffilatura del tagliente usurato. Trattandosi di rocce non reperibili localmente, bensì frutto di una circolazione su lunga distanza, i dati archeologici disponibili permettono di ipotizzare che il traffico avesse luogo con prodotti finiti o semifiniti, nel qual caso ultimati nei siti di consumo, dove veniva anche effettuata la periodica manutenzione del tagliente.
L'analisi degli aspetti funzionali ha riservato importanti esiti arrivando a ricostruire la lavorazione di diversi tipi di sostanze di origine vegetale, animale e minerale per usi alimentari e artigianali. In particolare: preparazione alimentare (macinatura di cereali), acquisizione e lavorazione delle masse legnose, produzione tramite levigatura di manufatti in pietra e in materia dura animale, trattamento delle pelli, preparazione di coloranti (polverizzazione di ocra rossa per tingere pelli, tessuti, vasellame, statuine fittili, ecc. anche per mezzo delle pintaderas) ed, infine, attività di pestatura, frantumazione e triturazione di sostanze diverse.

Lo studio funzionale si è rivelato prezioso nell'identificazione delle sostanze trattate, sia quelle di uso strettamente alimentare come i cereali sia quelle deperibili (legno e pelle), che si conservano eccezionalmente nel record archeologico sia quelle riconducibili ad attività artigianali finalizzate alla fabbricazione di oggetti e utensili (pietra e materia dura animale). La varietà delle sostanze trattate corrobora l'ipotesi inerente la complessa struttura economica delle locali comunità VBQ. La versatilità delle strategie di sussistenza è stata, infatti, finora documentata essenzialmente dalla rielaborazione dei dati archeobotanici e zoologici e dalle analisi delle usure dei reperti in selce. Ciò ha consentito non solo di confermare il panorama economico localmente differenziato emerso dagli studi archeobotanici e archeozoologici, ma soprattutto di ampliare queste considerazioni a nuove categorie di strumenti e a nuove attività ad essi riconducibili.

Le diverse attività espletate per mezzo degli strumenti in pietra non scheggiata coinvolgono l'ambito strettamente domestico, ma anche la sfera sociale più ampia. Alcune attività, inoltre, testimoniano un'occupazione perlomeno prolungata o periodica degli insediamenti: si tratta, per esempio, della macinatura dei cereali, dimostrata da un numero non esiguo di macine e macinelli, che prevede a monte la messa a coltura dei terreni, l'immagazzinamento delle scorte alimentari ed un loro consumo dilazionato nel tempo grazie alla macinatura delle cariossidi effettuata nei momenti di necessità. In mancanza di resti carpologici nei siti, questo dato, avvalorato dall'analisi delle tracce d'usura sulle macine e macinelli, acquista rilevanza in termini di arricchimento del quadro relativo alle attività economico-sussistenziali localmente praticate.

Un'ulteriore acquisizione di grande interesse riguarda la pratica riconosciuta del riutilizzo di alcuni tipi di strumenti. Questo fenomeno, individuato in strumenti usati potenzialmente per un esteso arco temporale (es. macine), testimonia una complessa gestione delle materie prime e del ciclo di vita degli strumenti. Il grado di utilizzo e di riutilizzo sostiene l'ipotesi inerente un'occupazione non troppo limitata nel tempo/periodica degli insediamenti studiati in una fase in cui in Italia settentrionale l'acquisizione delle componenti tipicamente neolitiche andava consolidandosi e stabilizzandosi (Riedel 1990).

La nuova economia fondata sullo sfruttamento delle locali risorse agro-silvo-pastorali e sull'accumulo delle derrate alimentari in eccesso, in primis cereali, oltre a comportare un aumento demografico generale, ebbe notevoli ripercussioni anche sul piano ideologico e culturale. Tra queste si ricordano in particolare la necessità di costruire architetture abitative stabili e strutture adatte allo stile di vita sedentario e semisedentario caratterizzato da legami sociali più stabili e articolati, il bisogno di conservazione e distribuzione dei prodotti alimentari ottenuti dall'agricoltura e dall'allevamento, l'esigenza di difendere campi e bestiame da attacchi esterni anche medianti interventi cooperativi. Da tutto ciò si vengono a creare le prime vere forme di differenziazione sociale interna di una comunità sorte in seguito all'opportunità di accumulare ricchezze e attivare redistribuzioni e scambi. Testimone di tale evoluzione sociale è il corredo funerario che rispecchia l'importanza e il ruolo che il defunto aveva ricoperto in vita. Vengono, infatti, introdotte le prime reali distinzioni di ruolo non solo all'interno del singolo nucleo familiare, ma anche a livello comunitario. Alcuni individui maschi tendono ad assumere ruoli di prestigio che vengono mantenuti anche dopo la morte: armi e oggetti di prestigio prodotti con materie prime pregiate come punte di freccia e lame d'ascia servivano a marcare uno *status* sociale elevato. Diversamente, gli individui femminili sono normalmente associati a oggetti di uso quotidiano (ceramiche, macine) o di ornamento personale.

Pur avendo cercato di fornire alcuni risultati di ordine metodologico e analitico riguardo gli aspetti tecnofunzionali degli strumenti in pietra, questo lavoro non è stato inteso per esporre considerazioni conclusive né per essere ritenuto ultimato. Esso vuole piuttosto essere considerato un *work in progress* riguardo un aspetto nuovo ed interessante della cultura materiale (e non solo) prodotta dai gruppi affermatesi nel corso del sesto millennio BP in Italia settentrionale, auspicando che venga arricchito da apporti futuri in grado di colmare i vuoti sulle nostre attuali conoscenze e di fornire spunti per un dibattito scientifico allargato e proficuo.

BIBLIOGRAFIA

ADAMS, J. L., 1988 - Use-wear analysis on manos and hide-processing stones, *Journal of Field Archaeology*, 15, 3, pp. 307-315.

ADAMS, J. L., 1993 - Technological development of manos and metates on the Hopi Mesas, *Kiva*, 58, 3, pp. 331-344.

ADAMS, J. L., 1996 - *Manual for a technological approach to ground stone analysis*, Center for Desert Archaeology, Tucson.

ADAMS, J. L., 2002 - Mechanisms of Wear on Ground Stone Surfaces, in: PROCOPIOU, H., TREUIL, R. (eds.), *Moudre et Broyer. L'interprétation fonctionnelle de l'outillage de mouture et de broyage dans la Préhistoire et l'Antiquité*, Actes de la Table Ronde internationale (Clermont-Ferrand, 30/11 - 2/12 1995), I - Méthodes, Éditions CTHS, Paris, pp. 57-68.

ADAMS, J. L., 2010 - Understanding grinding technology through experimentation, in: FERGUSON, J. (ed.), *Designing Experimental Research in Archaeology: Examining Technology through Production and Use*, University Press of Colorado, Boulder, pp. 129-151.

ADAMS, J. L., 2014a - Ground Stone use-wear analysis: a review of terminology and experimental methods, *Journal of Archaeological Sciences*, 48, pp. 129-138.

ADAMS, J. L., 2014b - *Ground Stone Analysis. A Technological Approach* (Second Edition), University of Utah Press and American Southwest, Salt Lake City.

ADAMS, J. L., FALVEY, L. W., 2016 - Technological Traditions at the Yuma Wash Site, Reflected by Ground Stone Artifacts and Ecofacts, in: SWARTZ, D. L. (ed.), *Archaeological Investigations at the Yuma Wash Site and Outlying Settlements*, part 2, Anthropological Papers n. 49, Archaeology Southwest, Tucson, pp. 659-705.

ADAMS, J., DELGADO, S., DUBREUIL, L., HAMON, C., PLISSON, H., RISCH, R., 2009 - Functional Analysis of macro-lithic artefacts: a focus on working surfaces, in: STERNKE, F., EIGELAND, L., COSTA, L. J. (eds.), *Non-Flint Raw Material Use in Prehistory. Old prejudices and new directions*, Proceedings of the XV World Congress UISPP 11 (Lisbon, 4-9 September 2006), BAR International Series 1939, BAR Publishing, Oxford, pp. 43-66.

AIMAR, A., MALERBA, G., GIACOBINI, G., ZAMAGNI, B., 1996 - Lo studio microscopico delle superfici dei reperti archeologici, in: VENTURINO GAMBARI, M. (a cura di), *Le vie della pietra verde. L'industria litica levigata nella preistoria dell'Italia settentrionale*, catalogo della mostra, Omega Edizioni, Torino, pp. 271-276.

ALESSIO, M., BELLA, F., BELLUOMINI, G., CORTESI, C., IMPROTA, S., TURI, B., 1970 - University of Rome Carbon-14 Dates VII, *Radiocarbon*, 12, pp. 599-616.

ALESSIO, M., BELLA, F., BELLUOMINI, G., CORTESI, C., IMPROTA, S., TURI, B., 1974 - University of Tome Carbon-14 Dates XII, *Radiocarbon*, 16, 3, pp. 358-367.

ALESSIO, M., ALLEGRI, L., FERRARI, A., IMPROTA, S., PESSINA, A., 1995 - Nuovi dati di cronologia sulle prime comunità neolitiche dell'Italia nord-orientale, *Gortania*, Atti del Museo Friulano di Storia Naturale, 17 (1996), pp. 37-55.

ALONSO MARTINEZ, N., 2002 - Le moulin rotatif manuel au nord-est de la Péninsule ibérique: une innovation technique dans le contexte domestique de la mouture des céréales, in: PROCOPIOU, H., TREUIL, R. (eds.), *Moudre et Broyer. L'interprétation fonctionnelle de l'outillage de mouture et de broyage dans la Préhistoire et l'Antiquité*, Actes de la Table Ronde internationale (Clermont-Ferrand, 30/11 - 2/12 1995), II, Éditions CTHS, Paris, pp. 111-127.

ALONSO MARTINEZ, N., ANTOLÍN, F., LÓPEZ, D., CANTERO, F. J., PRATS, G., 2013 - The effect of dehusking on cereals: experimentation for archaeological comparison, in: ANDERSON, P., CHEVAL, C., DURAND, A. (eds.), *Regards croisés sur les outils liés au travail des végétaux*, Actes des XXXIII Rencontres Internationales d'Archéologie et d'Histoire d'Antibes (23-25 octobre 2012), Éditions APDCA, Antibes, pp. 155-168.

AMMERMAN, A. J., CAVALLI-SFORZA, L. L., 1973 - A Population Model for the Diffusion of Early Farming in Europe, in: RENFREW, C. (ed.), *The Explanation of Culture Change*, Duckworth, London, pp. 343-357.

AMMERMANN, A. J., POLGLASE, C., 1993 - New Evidence on the Exchange of Obsidian in Italy, in: SCARRE, C., HEALY, F. (eds.), *Trade and Exchange in Prehistoric Europe*, Oxbow Monographs, 33, Oxford, pp. 101-107.

ANASTASSOVA, E., 2008 - Stone Tools from the Early Neolithic Site Dobroslavtsi, Sofia Region, in: KOSTOV, R. I., GAYDARSKA, B., GUROVA, M. (eds.), *Geoarchaeology and Archaeometry*, Proceedings of the International Conference (Sofia, 29-30 October 2008), Publishing House St. Ivan Rilski, Sofia, pp. 51-54.

ANDERSON-GERFAUD, P., 1981 - *Contribution méthodologique à l'analyse des microtraces d'utilisation sur les outils préhistoriques*, Thèse de doctorat, Université de Bordeaux I.

ANTONIOLI, F., 2000 - Le fluttuazioni del clima nel corso dell'Olocene: stato dell'arte, *Italian Journal of Quaternary Sciences*, 13, 1, pp. 95-128.

ANTONOVIĆ, D., 1992 - *The Ground Stone Industry from Vinča*, University of Belgrade, Centre for Archaeological Research, 10, Belgrade.

ANTONOVIĆ, D., 2003 - *Neolitska industrija glačanog kamena u Srbiji (Neolithic Ground Stone Industry in Serbia)*, Archaeological Institute, Monographies, 37, Beograd.

ANTONOVIĆ, D., 2006 - On importance of study of the Neolithic Ground Stone Industry in the territory of Southeast Europe, *Analele Banatului*, S. N., Arheologie-Istorie, 14, 1, pp. 53-61.

ARANGUREN, B. M., PERAZZI, P., 1984 - L'insediamento preistorico di Podere Casanuova (Pontedera, Pisa): nota preliminare, *Rivista di Scienze Preistoriche*, 39, pp. 301-321.

ARANGUREN, B. M., REVEDIN, A., 1997 - Il ciottolo inciso e utilizzato dall'insediamento gravettiano di Bilancino e i "ciottoli a cuppelle" in Italia, *Rivista di Scienze Preistoriche*, 48, pp. 187-222.

ARANGUREN, B. M., PALLECCHI, P., REVEDIN, A., 2006 - Circolazione e utilizzo dell'ematite nell'ambito della diffusione di conoscenze tecnologiche nel Paleolitico superiore: l'esempio del Bilancino, *Atti della XXXIX Riunione Scientifica dell'I.I.P.P.: Materie prime e scambi nella preistoria italiana* (Firenze, 25-27 novembre 2004), I, Istituto Italiano di Preistoria e Protostoria, Firenze, pp. 253-266.

ARANGUREN, B. M., REVEDIN, A. (a cura di), 2008 - *Un accampamento di 30.000 anni fa a Bilancino (Mugello, Firenze)*, Origines, Istituto Italiano di Preistoria e Protostoria, Firenze.

AROBBA, D., CARAMIELLO, R., 2009 - Indagini archeobotaniche sul deposito neolitico del Riparo di Pian del Ciliegio, *Quaderni del Museo Archeologico del Finale*, 5, pp. 117-130.

AROBBA, D., DEL LUCCHESE, A., MELLI, P., CARAMIELLO, R., 2014 - Evidenze di scalvatura in rami di frassino del Neolitico medio a Genova, in: BERNABÒ BREA, M., MAGGI, R., MANFREDINI, A. (a cura di), *Il pieno sviluppo del Neolitico in Italia*, Atti del Convegno (Finale Ligure, 8-10 giugno 2009), Rivista di Studi Liguri, 75/79 (2011-2013), Bordighera, pp. 137-142.

ARRIGHI, S., BORGIA, V., D'ERRICO, F., RONCHITELLI, A., 2008 - I ciottoli decorati di Paglicci: raffigurazioni e utilizzo, *Rivista di Scienze Preistoriche*, 58, pp. 39-58.

ASPES, A., BORGHESANI, G., CASTAGNA, A., LONGO, L., NICOLIS, F., SALZANI, L., SIMEONI, G., ZORZIN, R., 2002 - Carta archeologico-preistorica del comune di Verona. Elenco dei siti preistorici sulla base delle collezioni del Museo di Storia Naturale di Verona e delle ricerche del Nucleo Operativo della Soprintendenza Archeologica del Veneto, *Bollettino del Museo Civico di Storia Naturale di Verona*, 26, Verona.

ATCHISON, J., FULLAGAR, R., 1998 - Starch residues on pounding implements from Jinmium rock-shelter, in: FULLAGAR, R. (ed.), *A Closer Look: Recent Australian Studies of Stone Tools*, Sydney University Archaeological Methods Series, 6, Archaeological Computing Laboratory, University of Sydney, Sydney, pp. 109-125.

AUDOUIN, F., PLISSON, H., 1982 - Les ocres et leurs témoins au Paléolithique en France: enquête et expériences sur leur validité archéologique, *Cahiers du centre de recherches préhistoriques*, 8, pp. 33-80.

AUDOUIN-ROUZEAU, F., BEYRIES, S. (sous la dir. de), 2002 - *Le travail du Cuir de la préhistoire à nos jours*, Actes des XXIIe Rencontres Internationales d'archéologie et d'Histoire d'Antibes (Antibes, 18-20 octobre 2001), Éditions ADAPCA, Antibes.

AUDOUZE, F., 2002 - Leroi-Gourhan, a Philosopher of Technique and Evolution, *Journal of Archaeological Research*, 10, 4, pp. 277-306.

BAGOLINI, B., 1980 - *Introduzione al Neolitico dell'Italia Settentrionale nel quadro dell'evoluzione delle prime culture agricole europee*, Società Naturalisti "Silvia Zenari", Pordenone.

BAGOLINI, B., 1982 - I processi neolitizzatori dell'Italia settentrionale nel quadro di una problematica generale, *Dialoghi di Archeologia*, nuova serie, 3, pp. 1-12.

BAGOLINI, B., 1984 - Neolitico, in: ASPES, A. (a cura di), *Il Veneto nell'antichità. Preistoria e Protostoria, I*, Banca Popolare di Verona, Verona, pp. 323-447.

BAGOLINI, B., 1986 - Westliche Einflüsse im neolithikum in Norditalien, *A Béri Balogh Adám Múzeum Évkönyve*, 13, pp. 365-371.

BAGOLINI, B., 1990a - Nuovi aspetti sepolcrali della Cultura dei vasi a bocca quadrata a La Vela di Trento, in: BIAGI, P. (ed.), *The Neolithisation of the Alpine Region*, International Round Table (Brescia 29 April - 1 May 1988), Monografie di Natura Bresciana, 13, Brescia, pp. 227-235.

BAGOLINI, B., 1990b - Il Neolitico nelle prealpi varesine, in: BIAGI, P. (ed.), *The Neolithisation of the Alpine Region*, International Round Table (Brescia 29 April - 1 May 1988), Monografie di Natura Bresciana, 13, Brescia, pp. 187-190.

BAGOLINI, B., BARFIELD, L.H., 1971 - Il neolitico di Chiozza di Scandiano nell'ambito delle culture padane, *Studi trentini di Scienze Naturali*, sez. B, 47, 1, pp. 3-74.

BAGOLINI, B., BIAGI, P., 1972-74 - La Cultura della Ceramica Impressa nel Neolitico inferiore della regione padana, *Bullettino di Paletnologia Italiana*, 81, pp. 81-112.

BAGOLINI, B., BARFIELD, L. H., BROGLIO, A., 1973 - Notizie preliminari delle ricerche sull'insediamento neolitico di Fimon Molino Casarotto (Vicenza) 1969-1972, *Rivista di Scienze Preistoriche*, 28, pp. 161-215.

BAGOLINI, B., SCANAVINI, A., 1974 - Ricerche funzionali e tipologiche su un gruppo di grattatoi neolitici, *Annali dell'Università di Ferrara*, n. s., sezione 15, pp. 217-246.

BAGOLINI, B., BIAGI, P., 1976 - Vhò Campo Ceresole: scavi 1976, *Preistoria Alpina*, 12, pp. 33-60.

BAGOLINI, B., BARBACOVI, F., BIAGI, P., 1979 - *Le Basse di Valcalaona (Colli Euganei). Alcune considerazioni su una facies con Vasi a Bocca Quadrata e sulla sua collocazione cronologico-culturale*, Monografie di Natura Bresciana, 3, Museo Civico di Storia Naturale di Brescia, Brescia.

BAGOLINI, B., CORRAIN, C., DALMERI, G., LEONI, M., NOVELLO, A., PASQUALI, T., RIEDEL, A., 1984 - Il riparo di Moletta Patone di Arco nel Trentino meridionale, *Preistoria Alpina*, 20, pp. 103-146.

BAGOLINI, B., BIAGI, P., 1986 - Chronology and distribution of the Square Mouth Pottery Culture settlements of Northern Italy, *A Béri Balogh Adám Múzeum Évkönyve*, 13, pp. 373-387.

BAGOLINI, B., BIAGI, P., 1987 - Il Neolitico in Lombardia. Aggiornamenti 1984-85, *Atti della XXVI Riunione Scientifica dell'I.I.P.P.: Il Neolitico in Italia (*Firenze 7-10 novembre 1985), I, Istituto Italiano di Preistoria e Protostoria, Firenze, pp. 197-202.

BAGOLINI, B., FERRARI, A., PASQUALI, T., 1987 - Il primo neolitico al Dos de la Forca di Mezzocorona (Trento), *Atti della XXVI Riunione Scientifica dell'I.I.P.P.: Il Neolitico in Italia (*Firenze 7-10 novembre 1985), I, Istituto Italiano di Preistoria e Protostoria, Firenze, pp. 425-432.

BAGOLINI, B., BIAGI, P., 1990 - The radiocarbon chronology of the Neolthic and Copper Age in Northern Italy, *Oxford Journal of archaeology*, 9, 1, pp. 1-23.

BAGOLINI, B., BARFIELD, L.H., 1991 - The European Context of Northern Italy during the Third Millennium, in: LICHARDUS, J. (ed.), *Die Kupferzeit als historische Epoche*, Saarbrücker Beitrage zur Altertumskunde 55, Saarland Museum, Habelt, Bonn, pp. 281-296.

BAGOLINI, B., GRIFONI CREMONESI, R., 1994 - Il Neolitico italiano: facies culturali e manifestazioni funerarie, *Bullettino di Paletnologia Italiana*, 85, pp. 139-170.

BAGOLINI, B., PEDROTTI, A., 1998 - L'Italie septentrionale, in: GUILAINE, J. (ed.), *Atlas du Néolithique européen. L'Europe occidentale*, ERAUL, 46, 2A, Liége, pp. 233-341.

BANCHIERI, D., 1990 - Il neolitico di Pizzo di Bodio nelle Prealpi Varesine, in: BIAGI, P. (ed.), *The Neolithisation of the Alpine Region*, International Round Table (Brescia 29 April - 1 May 1988), Monografie di Natura Bresciana, 13, Brescia, pp. 191-196.

BANCHIERI, D. G., CASTELLETTI, L., CERMESONI, B., MARTINELLI, E., OPPIZZI, P., 2014 - Modalità di occupazione e sfruttamento del territorio nel corso del V millennio a.C., in: BERNABÒ BREA, M., MAGGI, R., MANFREDINI, A. (a cura di), *Il pieno sviluppo del Neolitico in Italia*, Atti del Convegno (Finale Ligure, 8-10 giugno 2009), Rivista di Studi Liguri, 75/79 (2011-2013), Bordighera, pp. 41-46.

BARFIELD, L. H., 1966a - Excavations on the Rocca di Rivoli (Verona) 1963 and the prehistoric sequence in the Rivoli basin, *Memorie del Museo Civico di Storia Naturale di Verona*, 14, Verona.

BARFIELD, L. H., 1966b - Scavi sul Monte Rocca presso Rivoli Veronese, 1965, *Atti della X Riunione Scientifica dell'I.I.P.P.* (Verona, 21-23 novembre 1965), I, Istituto Italiano di Preistoria e Protostoria, Firenze, pp. 139-145.

BARFIELD, L. H., 1970 - La stazione neolitica de "La Vela" presso Trento. Considerazioni sulle tombe a cista del Trentino Alto-Adige, *Studi Trentini di Scienze Naturali*, sezione B, 47 (1), pp. 56-77.

BARFIELD, L. H., 1972 - The First Neolithic Cultures of North Eastern Italy, in: SCHWABEDISSEN, H. (ed.), *Die Anfänge des Neolithikums vom Orient bis Nordeuropa, Westliches Mittelmeergebiet und Britische Inseln*, Böhlau Verlag, Cologne, Fundamenta, 3A, pp. 182-216.

BARFIELD, L. H., 1981 - Patterns of North Italian Trade 5000-2000 BC, in: BARKER, G., HODGES, R. (eds.), *Archaeology and Italian Society: Prehistoric, Roman and Medieval Studies*, BAR International Series 102, BAR Publishing, Oxford, pp. 27-51.

BARFIELD, L. H., 1990 - The lithic factor: a study of the relantionship between stone sources and human settlement in the Monti Lessini and the Southern Alps, in: BIAGI, P. (ed.), *The Neolithisation of the Alpine Region*, International Round Table (Brescia 29 April - 1 May 1988), Monografie di Natura Bresciana, 13, Brescia, pp.147-158.

BARFIELD, L. H., 1993 - The Exploatation of Flint in the Monti Lessini, Northern Italy, in: ASHTON, N., DAVID, A. (eds.), *Stories in Stone. Lithic Studies Society Occasional Papers*, 4, Lithic Studies Society, London, pp. 71-83.

BARFIELD, L. H., 1996 - Le asce di pietra levigata nel Neolitico d'Europa e d'Italia, in: VENTURINO GAMBARI, M. (a cura di), *Le vie della pietra verde. L'industria litica levigata nella preistoria dell'Italia settentrionale*, catalogo della mostra, Omega Edizioni, Torino, pp. 57-65.

BARFIELD, L. H., 2000 - Commercio e scambio nel Neolitico dell'Italia settentrionale, in: PESSINA, A., MUSCIO, G. (a cura di), *La Neolitizzazione tra Oriente ed Occidente*, Atti del Convegno (Udine, 23-24 aprile 1999), Pubblicazioni del Museo Friulano di Storia Naturale, 35, Udine, pp. 55-66.

BARFIELD, L. H., 2003 - Social and symbolic meaning and value in stone tools, in: TSONEV, T., MONTAGNARI KOKELJ, E. (eds.), *The Humanized Mineral World: towards social and symbolic evaluation of prehistoric technologies in South Eastern Europe*, ERAUL, 103, Liège, pp. 109-113.

BARFIELD, L. H., 2004 - Lithics, culture and ethnic identity, *Lithics*, 25, pp. 65-77.

BARFIELD, L. H., 2006 - The reconstruction of the neolithic house at Rivoli Veronese, in: PESSINA, A., VISENTINI, P. (a cura di), *Preistoria dell'Italia settentrionale. Studi in ricordo di Bernardino Bagolini*, Atti del Convegno (Udine, 23-24 settembre 2005), pubblicazione del Museo Friulano di Storia Naturale, 53, Udine, pp. 187-191.

BARFIELD, L. H., 2007 - Stone Axehead and other stones, in: BARFIELD, L. H. (a cura di), *Excavations in the Riparo Valtenesi, Manerba 1976-1994*, Origines, Istituto Italiano di Preistoria e Protostoria, Firenze, pp. 276-283.

BARFIELD, L. H., BROGLIO, A., 1966 - Materiali per lo studio del Neolitico del territorio vicentino, *Bullettino di Paletnologia Italiana*, 75, pp. 51-96.

BARFIELD, L. H., BAGOLINI, B., 1976 - *The excavations on the Rocca di Rivoli, Verona 1963-1968*, Memorie del Museo Civico di Storia Naturale di Verona, II serie.

BARFIELD, L. H., CREMASCHI, M., CASTELLETTI, L., 1984 - Stanziamento del Vaso Campaniforme a Sant'Ilario d'Enza (Reggio Emilia), *Preistoria Alpina*, 11, pp. 155-199.

BARFIELD, L. H., BROGLIO, A., 1986 - Le ricerche preistoriche nelle Valli di Fimon, in: BARFIELD, L. H., BROGLIO, A. (a cura di), *L'insediamento neolitico di Molino Casarotto nelle Valli di Fimon (Colli Berici, Vicenza)*, parte I, Accademia Olimpica, Vicenza, pp. 27-33.

BARFIELD, L. H., BUTEUX, S., 1999 - Rocca di Manerba, Rocca di Rivoli, Rocca di Garda e l'uso di siti arroccati nella preistoria, in: BROGIOLO, G. P. (a cura di), Progetto archeologico Garda I - 1998, *Documenti di Archeologia*, 19, Mantova, pp. 13-27.

BARFIELD, L. H., WARDLE, D., 2006 - The white house at Rivoli Veronese, *Quaderni di Archeologia del Veneto*, 21, pp. 82-85.

BARKER, G., 1983 - Neolithic subsistence in the central Po Plain, in: BIAGI, P., BARKER, G., CREMASCHI, M. (a cura di), *La stazione di Casatico di Marcaria (MN) nel quadro paleoambientale ed archeologico dell'Olocene antico della Valle Padana centrale*, Università di Bergamo, Bergamo, pp. 45-68.

BARKER, G., BIAGI, P., CLARK, G., MAGGI, R., NISBET, R., 1990 - From Hunting to Herding in the Val Pennavaira (Liguria, Northhern Italy), in: BIAGI, P. (ed.), *The Neolithisation of the Alpine Region*, International Round Table (Brescia 29 April - 1 May 1988), Monografie di Natura Bresciana, 13, Brescia, pp. 13-90.

BARTOLOMEI, G., 1986 - Le Valli di Fimon, in: BARFIELD, L. H., BROGLIO, A. (a cura di), *L'insediamento neolitico di Molino Casarotto nelle Valli di Fimon (Colli Berici, Vicenza), parte I*, Accademia Olimpica, Vicenza, pp. 17-23.

BASSETTI, M., PESSINA, A., 2001 - Gli altri manufatti litici, in: FRONTINI, P. (a cura di), *Castellaro del Vhò. Campagne di scavo 1996-1999*, scavi delle Civiche Raccolte Archeologiche di Milano, Como, pp. 140-154.

BASSETTI, M., ZAMBONI, S., 2002 - L'industria su pietra non levigata di Isera La Torretta (Trento), *Atti della XXXIII Riunione Scientifica dell'I.I.P.P.: Preistoria e Protostoria del Trentino Alto Adige/Südtirol* (Trento, 21-24 ottobre 1997), II, Istituto Italiano di Preistoria e Protostoria, Firenze, pp. 327-330.

BATTAGLIA, R., 1958-59 - Dal Paleolitico alla Civiltà Atesina, in: *Storia di Venezia*, I, Officine Grafiche Carlo Ferrari, Venezia, pp. 79-177.

BAUDAIS, D., LUNDSTRÖM-BAUDAIS, K., 2002 - Enquête ethnoarchéologique dans un village du nord-ouest du Nepal, in: PROCOPIOU, H., TREUIL, R. (eds.), *Moudre et Broyer. L'interprétation fonctionnelle de l'outillage de mouture et de broyage dans la Préhistoire et l'Antiquité*, Actes de la Table Ronde internationale (Clermont-Ferrand, 30/11 - 2/12 1995), I - Méthodes, Éditions CTHS, Paris, pp. 155-180.

BAZZARELLA, M., 2002 - La fauna della Vela di Trento: analisi preliminare, *Atti della XXXIII Riunione Scientifica dell'I.I.P.P.: Preistoria e Protostoria del Trentino Alto Adige/Südtirol* (Trento, 21-24 ottobre 1997), II, Istituto Italiano di Preistoria e Protostoria, Firenze, pp. 245-250.

BAZZANELLA, M., MOSER, L., MOTTES, E., NICOLIS, F., 2000 - Il Neolitico antico di Mezzocorona-Borgonuovo (Trento), in: PESSINA, A., MUSCIO, G. (a cura di), *La Neolitizzazione tra Oriente ed Occidente*, Atti del Convegno (Udine, 23-24 aprile 1999), Pubblicazioni del Museo Friulano di Storia Naturale, 35, Udine, pp.151-71.

BEECHING, A., 1995 - Nouveau regard sur le Neolithique ancien et moyen du bassin rhodanien, in: VORUZ, J.-L. (ed.), *Chronologies neolithiques. De 6000 a 2000 avant notre`ere dans le Bassin rhodanien*, XIe Rencontres Neolithiques de Rhone-Alpes (Amberieu en-Bugey, 19-20 september 1992), Documents du Departement d'Anthropologie et d'Ecologie de l'Université de Geneve, 20, pp. 93-111.

BEECHING, A., 2003 - Organisation spatial et simbolique du ritual funéraire chasséen en moyenne vallée du Rhone: première approche, in: CHAMBON, P, LECLERC, J. (sous la dir. de), *Les pratiques funéraires néolithiques avant 3500 av.J.C. en France et dans les régions limitrophes*, Actes de la Table Ronde (Saint-Germain-en-Laye, 15-17 Juin 2001), Mémoire de la Société Préhistorique Française, XXXIII, pp. 231-239.

BELFER-COHEN, A., HOVERS, E., 2005 - The ground stone assemblages of the Natufian and Neolithic societies in the Levant. A brief review, *Journal of Israel Prehistoric Society*, 35, pp. 299-308.

BELGIORNO, M.-R., 2002 - Does tomb n. 21 at Pyrgos (Cyprus) belong to a blacksmith?, in: PROCOPIOU, H., TREUIL, R. (eds.), *Moudre et Broyer. L'interprétation fonctionnelle de l'outillage de mouture et de broyage dans la Préhistoire et l'Antiquité*, Actes de la Table Ronde internationale (Clermont-Ferrand, 30/11 - 2/12 1995), II, Éditions CTHS, Paris, pp. 73-80.

BERGER, J.-F., GUILAINE, J., 2009 - The 8200 cal BP abrupt environmental change and the Neolithic transition: a Mediterranean perspective, *Quaternary International*, 200, pp. 31-49.

BERMOND MONTANARI, G., 2000 - Datazioni radiometriche di Fornace Cappuccini - Faenza (Ravenna), in: BIAGI, P. (ed.), *Studi su Paleolitico, Mesolitico e Neolitico del Bacino dell'Adriatico in ricordo di A.M. Radmilli*, Società per la Preistoria e Protostoria della Regione Friuli-Venezia Giulia, Quaderno 8, Trieste, pp. 21-26.

BERNABÒ BREA, L., 1946 - *Gli scavi della Caverna delle Arene Candide. Parte I - Gli strati con ceramiche*, Collezione di Monografie Preistoriche ed Archeologiche, Istituto di Studi Liguri, Bordighera.

BERNABÒ BREA, M., 2004 - La Valle del Trebbia dal Neolitico all'Età del Bronzo, in: VENTURINO GAMBARI, M. (a cura di), *Alla Conquista dell'Appennino. Le prime comunità delle Valli, Curone, Grue e Ossona*, Omega Edizioni, Torino, pp. 95-114.

BERNABÒ BREA, M., STEFFÈ, G., GIUSBERTI, G., 1990 - Il Neolitico Antico a Savignano, in: SALA, B. (a cura di), *Nel segno dell'Elefante. Geologia, Paleontologia e archeologia nel territorio di Savignano sul Panaro*, Savignano sul Panaro, pp. 77-134.

BERNABÒ BREA, M., CATTANI, M., FARELLO, P., NISBET, R., 1994 - Una struttura insediativa del Neolitico Superiore a s. Andrea di Travo (PC), *Quaderni del Museo Archeologico Etnologico di Modena*, 1, pp. 55-87.

BERNABÒ BREA, M., D'AMICO, C., GHEDINI, M., GHIRETTI, M., OCCHI, S., 1996 - Gaione, loc. Case Catena, in: VENTURINO GAMBARI, M. (a cura di), *Le vie della pietra verde. L'industria litica levigata nella preistoria dell'Italia settentrionale*, catalogo della mostra, Omega Edizioni, Torino, pp. 122-136.

BERNABÒ BREA, M., CASTAGNA, D., OCCHI, S., 1999 - L'insediamento del Neolitico Superiore a S. Andrea di Travo (Piacenza), *Padusa*, 34/35, pp. 7-55.

BERNABÒ BREA, M., BATTISTON, C., MAZZIERI, P., OTTOMANO, C., 2000a - Un gruppo di figurine fittili dal sito di Ponte Ghiara (Parma), in: PESSINA, A., MUSCIO, G. (a cura di), *La Neolitizzazione tra Oriente ed Occidente*, Atti del Convegno (Udine, 23-24 aprile 1999), Pubblicazioni del Museo Friulano di Storia Naturale, 35, Udine, pp. 269-287.

BERNABÒ BREA, M., D'AMICO, C., GHEDINI, M., MAZZIERI, P., 2000b - La pietra verde di Ponte Ghiara, Fidenza (PR), *Mineralogica Petrographica Acta*, 43, pp. 233-243.

BERNABÒ BREA, M., SALVADEI, L., MAFFI, M., MAZZIERI, P., MUTTI, A., SANDIAS, M., 2006 - Le necropoli dei Vasi a Bocca Quadrata dell'Emilia occidentale: rapporti con gli abitati, rituali, corredi, dati antropologici, in: PESSINA, A., VISENTINI, P. (a cura di), *Preistoria dell'Italia settentrionale. Studi in ricordo di Bernardino Bagolini*, Atti del Convegno (Udine, 23-24 settembre 2005), pubblicazione del Museo Friulano di Storia Naturale, 53, Udine, pp. 169-186.

BERNABÒ BREA, M., MAZZIERI, P., MICHELI, R., 2010 - People, dogs and wild game: evidence of human-animal relations from Middle Neolithic burials and personal ornaments in northern Italy, *Documenta Praehistorica*, 37, pp. 125- 145.

BERNABÒ BREA, M., ERRERA, M., MAZZIERI, P., OCCHI, S., PÉTREQUIN, P., 2012 - Les haches alpines dans la Culture des VBQ en Emilie occidentale: context, typologie, chronologie et origine des matières premières, in: PÉTREQUIN, P., CASSEN, S., ERRERA, M., KLASSEN, L., SHERIDAN, A., PÉTREQUIN, A. M. (sous la dir. de), *JADE Grandes haches alpines du Néolithique européen, Ve et IVe millénaires av. J.-C.*, Les Cahiers de la MSHE Ledoux, 17, Séries Dynamiques territoriales, 6, 1, Presses universitaries de Franche-Comté, Besançon, pp. 822-871.

BERNABÒ BREA, M., CASTAGNA, D., MAFFI, M., MAZZIERI, P., PEDROTTI, A., SALVADEI, L., TIRABASSI, J., 2014a - Le necropoli VBQ in Emilia, in: BERNABÒ BREA, M., MAGGI, R., MANFREDINI, A. (a cura di), *Il pieno sviluppo del Neolitico in Italia*, Atti del Convegno (Finale Ligure, 8-10 giugno 2009), Rivista di Studi Liguri, 75/79 (2011-2013), Bordighera, pp. 303-314.

BERNABÒ BREA, M., MAGGI, R., MANFREDINI, A. (a cura di), 2014b - *Il pieno sviluppo del Neolitico in Italia*, Atti del Convegno (Finale Ligure, 8-10 giugno 2009), Rivista di Studi Liguri, 75/79 (2011-2013), Bordighera.

BERNARDINI, F., DE MIN, A., DEMARCHI, G., MONTAGNARI KOKELJ, E., VELUŠCEK, A., KOMŠO, D., 2009 - Shaft-hole axes from Slovenia and North-western Croatia: a first archaeometric study on artefacts mnufactured from meta-dolerites, *Archaeometry*, 51, 6, pp. 894-912.

BERTOLA, S., GARDIN, S., (in stampa) - Analisi tecnologica dell'industria litica proveniente dalla prima area di abitazione dell'insediamento neolitico di Molino Casarotto nelle Valli di Fimon (Colli Berici, Vicenza), in: *Neolitica. Identità culturali delle industrie litiche scheggiate del Neolitico in Italia,* Atti del Convegno (Firenze, 5-7 marzo 2009).

BEYRIES, S., HAYDEN, B., 1993 - L'importance du travail du bois en Préhistoire, in: ANDERSON, P. C., BEYRIES, S., OTTE, M., PLISSON, H. (sous la dir. de), *Traces et fonction: le gestes retrouvés*, Actes du colloque international (Liège 8-10 décembre 1990), Éditions ERAUL, 50, Liège, pp. 283-285.

BIAGI, P., 1974 - Il Neolitico di Quinzano Veronese, *Memorie del Museo Civico di Storia Naturale di Verona*, 20 (1972), pp. 413-485.

BIAGI, P., 1979 - Stazione neolitica a Ostiano (CR), località Dugali Alti, *Preistoria Alpina*, 14, pp. 25-38.

BIAGI, P., 1983 - Prima campagna di scavo nel riparo sotto roccia di Balm'Chanto, Val Chisone (TO), *Quaderni della Soprintendenza Archeologica del Piemonte*, 2, pp. 21-42.

BIAGI, P., 1987 - Il Neolitico della Liguria e del Piemonte, *Atti della XXVI Riunione Scientifica dell'I.I.P.P.: Il Neolitico in Italia* (Firenze, 7-10 novembre 1985), I, Istituto Italiano di Preistoria e Protostoria, Firenze, pp. 203-215.

BIAGI, P., 1991 - The Prehistory of the Early Atlantic Period along the Ligurian and Adriatic Coasts of Northern Italy in a Mediterranean Perspective, *Rivista di Archeologia*, 15, pp. 45- 54.

BIAGI, P., 1995a - The Neolithic Settlement Structures of Northern Italy, *Memorie del Museo Civico di Storia Naturale di Verona*, II serie, 4, pp. 289-293.

BIAGI, P. (ed.), 1995b - *L'insediamento neolitico di Ostiano-Dugali Alti (Cremona) nel suo contesto ambientale ed economico*, Museo Civico di Scienze Naturali di Brescia, Monografie di Natura Bresciana, 22.

BIAGI, P., 1995c - The Flint Assemblages, in: BIAGI, P. (ed.), *L'insediamento neolitico di Ostiano-Dugali Alti (Cremona) nel suo contesto ambientale ed economico*, Museo Civico di Scienze Naturali di Brescia, Monografie di Natura Bresciana, 22, pp. 43-51.

BIAGI, P., 1995-96 - Cultural, Environmental and Economic Changes in Northern Italy between the Seventh and the Sixth Millennium BP, *Sargetia*, n. s., 26, 1, pp. 105-125.

BIAGI, P., 1996 - North eastern Italy in the seventh millennium BP. A bridge between the Balkans and the west?, in: DRASOVEAN, F. (ed.), *The Vinča Culture, its role and cultural connections*, Timişoara, pp. 9-22.

BIAGI, P., 2001 - Some Aspects of the Late Mesolithic and Early Neolithic Periods in Northern Italy, in: KERTESZ, R., MAKKAY, J. (eds.), *From the Mesolithic to the Neolithic,* Archaeolingua, 11, Budapest, pp. 71-88.

BIAGI, P., 2002 - The Mesolithic/Neolithic Transition in North Eastern Italy and in the Adriatic Basin, *Saguntum*, 5, pp. 167-178.

BIAGI, P., 2003a - New data of the Early Neolithic of the Upper Adriatic Region, in: NIKOLOVA, L. (ed.), *Early Simbolic Systems for Communication in Southeast Europe*, BAR International Series 1139, BAR Publishing, Oxford, pp. 337-346.

BIAGI, P., 2003b - A Review of the Late Mesolitihic and Early Neolithic Periods in Northern Italy, in: AMMERMAN, A. J., BIAGI, P. (eds.), *The Widening Harvest. The Neolithic Transition in Europe*, Archaeological Institute of America, Colloquia and Conference Papers, 6, Boston, pp. 133-155.

BIAGI, P., 2003c - The rhyta of the Balkan Peninsula: Chronology, Origin, Dispersion and Function of a Neolithic "cult" Vessel, *Journal of Prehistoric Religion*, 16-17, pp. 16-26.

BIAGI, P., 2005 - Updating old concepts on the relationship between the Balkans and Northern Italy during the Neolithic, *Acta Terrae Septemcastrensis*, 4, pp. 11-21.

BIAGI, P., PERINI, M., 1979 - Scoperta di una sepoltura e di un abitato del Neolitico inferiore a Casalmoro in provincia di Mantova, *Preistoria Alpina*, 15, pp. 17-24.

BIAGI, P., BARKER, G. W. W., CREMASCHI, M., 1983 - *La stazione di Casatico di Marcaria (Mantova) nel quadro paleoambientale e archeologico dell'Olocene antico della Val Padana centrale*, Studi archeologici, 2, Bergamo.

BIAGI, P., CASTELLETTI, L., FRONTINI, P., LEONI, L., 1984 - Notizia Preliminare sugli Scavi di Montano Lucino 1984, *Rivista Archeologica dell'Antica Provincia e Diocesi di Como*, 166, pp. 5-24.

BIAGI, P., NISBET, R., 1987 - The earliest farming communities in northern Italy, in: GUILAINE, J., COURTIN, J., ROUDIL, J.-L., VERNET, J.-L. (sous la dir. de), *Premières communautés paysannes en Méditerranée occidentale*, Actes du colloque international du C.N.R.S. (Montpellier, 26-29 avril 1983), Paris, pp. 447-543.

BIAGI, P., MAGGI, R., NISBET, R., 1989 - Liguria: 11000-7000 BP, in: BONSALL, C. (ed.), *The Mesolithic in Europe*, Papers presented at the Third International Symposium, John Donald, Edinburgh, pp. 533-540.

BIAGI, P., VOYTEK, B. A., 1992 - The flint assemblages from Pits XVIII and XXXII of the Early Neolithic site of Campo Ceresole at Vhò di Piadena (Cremona, Northern Italy), *Natura Bresciana*, 27, pp. 243-288.

BIAGI, P., CREMASCHI, M., NISBET, R., 1993a - Soil Exploitation and Early Agriculture in Northern Italy, *The Holocene*, 3, 2, pp. 164-168.

BIAGI, P., STARNINI, E., VOYTEK, B. A., 1993b - The Late Mesolithic and Early Neolithic settlements of Northern Italy: recent consideration, *Poročilo o raziskovanju paleolita, neolita in eneolita v Sloveniji*, 21, pp. 45-67.

BIAGI, P., SPATARO, M., 2002 - The Mesolithic/Neolithic transition in north eastern Italy and in the Adriatic Basin, in: BADAL, E., BERNABEU, P., MARTÌ, B. (eds.), *El paisaje en el Neolitíco mediterráneo*, Saguntum extra-5, pp. 167-178.

BIAGI, P., STARNINI, E., VOYTEK, B. A., 2008 - The Mesolithic-Neolithic Transition in the Trieste Karst (north-eastern Italy) as seen from the excavations at the Edera Cave, in: BONSALL, C., BORONEANŢ, V., RADOVANOVIĆ, I. (eds.), *The Iron Gates in Prehistory New Perspectives*, BAR International Series 1893, BAR Publishing, Oxford, pp. 251-260.

BIAGI P., D'AMICO C., 2013 - The greenstone tools from the middle neolithic sites of Fimon and Villa del Ferro in the Berici Hills (Vicenza, Northern Italy), *Atti della Società per la Preistoria e Protostoria della Regione Friuli - Venezia Giulia*, 18, pp. 87-105.

BIAGI, P., STARNINI, E., 2016 - La Cultura della Ceramica Impressa nella Liguria di Ponente (Italia settentrionale): distribuzione, cronologia e aspetti culturali, in: *Del neolític a l'edat del bronze en el Mediterrani occidental. Estudis en homenatge a Bernat Martí Oliver*, Servicio de investigación prehistórica del Museo de Prehistoria de Valencia, Serie de Trabajos Varios, 119, Valencia, pp. 35-49.

BIANCHIN CITTON, E., 1996 - Indagine interdisciplinare nell'insediamento neolitico di Roncade (Treviso) località Biancade, *Quaderni di Archeologia del Veneto*, 12, pp. 94-119.

BIANCHIN CITTON, E., PEDROTTI, A., 1987 - Nuovi rinvenimenti neolitici nel bacino di Fimon (Colli Berici, VI), *Atti della XXVI Riunione Scientifica dell'I.I.P.P.: Il Neolitico in Italia (*Firenze, 7-10 novembre 1985), I, Istituto Italiano di Preistoria e Protostoria, Firenze, pp. 433-444.

BIANCHIN CITTON, E., BERTOLA, S., DEGASPERI, N., MONDINI, C., 2002 - Il sito umido di Ponte nelle Alpi, località Paluch. Le prime ricerche, in: FERRARI, A., VISENTINI, P. (a cura di), *Il declino del mondo neolitico. Ricerche in Italia centro-settentrionale fra aspetti peninsulari, occidentali e nord-alpini*, Atti del convegno (Pordenone 5-7 aprile 2001), Quaderni del Museo Archeologico del Friuli occidentale, 4, pp. 497-502.

BIANCOFIORE, F., 1967 - La necropoli eneolitica di Laterza, Origini, pp. 195-300.

BINDER, D., 1989 - Aspects de la néolithisation dans les areas padane, provençale et ligure, in: AURENCHE, O., CAUVIN, J. (sous la dir. de), *Néolithisation*, BAR International Series 516, BAR Publishing, Oxford, pp. 199-226.

BINDER, D., 1995 - Éléments pour la chronologie du Néolithique ancien à céramique imprimée dans le Midi, in: VORUZ, J.-L. (sous la dir. de), *Chronologies néolithiques. De 6000 à 2000 avant notre ére dans le Bassin rhodanien*, Société préhistorique rhodanienne, Documents du Département d'anthropologie de l'Université de Genève, 20, pp. 55-65.

BINDER, D., LEPÈRE, C., 2014 - From Impresso-Cardial to SMP and Chassey in Provence, in: BERNABÒ BREA, M., MAGGI, R., MANFREDINI, A. (a cura di), *Il pieno sviluppo del Neolitico in Italia*, Atti del Convegno (Finale Ligure, 8-10 giugno 2009), Rivista di Studi Liguri, 75/79 (2011-2013), Bordighera, pp. 21-32.

BINFORD, L. R., 1980 - Willow smoke and dogs' tails: Hunter-gatherer settlement and archaeological site formation, *American Antiquity*, 45, pp. 4-20.

BISI, F., BROGLIO, A., DALMERI, G., LANZINGER, M., SARTORELLI, A., 1987 - Bases Mesolithiques du Neolithique ancien au sud des Alpes, in: KOZŁOWSKI, J. K., KOZŁOWSKI, S. K. (eds.), *Chipped Stone Industries of the Early Farming Communities in Europe*, Archaeologia Interregionalis, Warsaw-Krakow, pp. 381-422.

BOFILL, M., 2012 - Quantitative analysis of use-wear patterns: a functional approach to the study of grinding stones, in: BORRELL, F., BOUSO, M., GÓMEZ, A., TORNERO, C., VICENTE, O. (eds.), *Broadening Horizons 3, Conference of Young Researchers Working in the Ancient Near East*, Congressos 8, Universitat Autònoma de Barcelona, Bellaterra, pp. 63-84.

BOFILL, M., CLOP, X., MOLIST, M., 2008 - Utillaje macrolític en els nivells neolític de l'assentament de la Caserna de Sant Pau, *Quarhis*, 4, pp. 48-51.

BOFILL, M., TAHA, B., 2013 - Experimental Approach to hide-processing tasks combining the use of bone and basalt tools: the neolithic case of Tell Halula (Middle Euphrate Valley, Syria), in: PALOMO, A., PIQUÉ, R., XAVIER, T. (eds.), *Experimentación en arqueología. Estudio y difusión del pasado*, Sèrie Monogràfica del MAC, Girona, pp. 45-55.

BOFILL, M., PROCOPIOU, H., VARGIOLU, R., ZAHOUANI, H., 2013 - Use-wear analysis of Near eastern prehistoric grinding stones, in: ANDERSON, P. C., CHEVAL, C., DURANS, A., (eds.), *Regards croisés sur les outils liés au travail des végétaux, an interdisciplinary focus on plant-working tools*, XXXIIIe Rencontres Internationales d'Archéologie et d'Histoire d'Antibes, Éditions APDCA, Antibes, pp. 219-236.

BORTENSCHLAGER, S., 1999 - Die Umwelt des Mannes aus dem Eis und sein Einfluss darauf, in: FOWLER, B., GABER, O., DE STEFANO, G. F. (eds.), *Die Gletschermumie aus der Kupferzeit 1: neue Forschungsergebnisse zum Mann aus dem Eis*, Schriften des Südtiroler Archäologiemuseums, Folio Verlag, Wien, pp. 81-96.

BORTENSCHLAGER, S. 2000 - The Iceman's environment, in: BORTENSCHLAGER, S., OEGGL, K. (eds.), *The Iceman and his Natural Environment. Palaeobotanical results*, Wien, pp. 11-24.

BOSCHIAN, G., 2000 - New Data on the Pastoral Use of Caves in Italy, *Atti della Società per la Preistoria e Protostoria della Regione Friuli-Venezia Giulia*, 8, pp. 63-72.

BRIL, B., ROUX, V. (sous la dir. de), 2002 - *Le geste technique. Réflexions méthodologiques et anthropologiques*, Technologies Idéologies Pratiques, Revue d'Anthropologie des Connaissances, 14, 2.

BROGLIO, A., FASANI, L., 1975 - *Le Valli di Fimon nella preistoria*, Editore Neri Pozza, Vicenza.

BROGLIO, A., LANZINGER, M., 1987 - Il ruolo dei complessi mesolitici locali nella formazione del Neolitico: l'esempio del bacino dell'Adige, *Atti della XXVI Riunione Scientifica dell'I.I.P.P.: Il Neolitico in Italia (*Firenze, 7-10 novembre 1985), I, Istituto Italiano di Preistoria e Protostoria, Firenze, pp. 147-155.

BRONZONI, L., FERRARI, A., 2014 - Elementi per una riflessione sulle strutture infossate della fase VBQ in Emilia occidentale, in: BERNABÒ BREA, M., MAGGI, R., MANFREDINI, A. (a cura di), *Il pieno sviluppo del Neolitico in Italia*, Atti del Convegno (Finale Ligure, 8-10 giugno 2009), Rivista di Studi Liguri, 75/79 (2011-2013), Bordighera, pp. 127-136.

BRUSIN, G., 1947 - Palafitte del lago di Fimon (Vicenza), *Rivista di Scienze Preistoriche*, 2, pp. 327-328.

BUCHSENSCHUTZ, O., POMMEPUY, C., 2002 - Les enjeux d'une recherche sur les meules rotatives dans le monde celtique, in: PROCOPIOU, H., TREUIL, R. (eds.), *Moudre et Broyer. L'interprétation fonctionnelle de l'outillage de mouture et de broyage dans la Préhistoire et l'Antiquité*, Actes de la Table Ronde internationale (Clermont-Ferrand, 30/11 - 2/12 1995), II, Éditions CTHS, Paris, pp. 177-182.

BURGESS, C., TOPPING, P., MORDANT, C., MADDISON, M. (eds.), 1988 - *Enclosures and defences in the Neolithic of Western Europe*, British Archaeological Reports 403, BAR Publishing, Oxford.

BURIĆ, M., BALEN, D., TEŽAK-GREGL, T., KURTANJEK, D., TIBLJAŠ, D., 2004 - A preliminary contribution to the petrography of the polished stone tools of Croatia, *Atti della Società per la Preistoria e Protostoria della Regione Friuli-Venezia Giulia*, 14, pp. 149-156.

CALANI, L., 1998 - Interpretazione dell'industria litica attraverso lo studio funzionale. Il Neolitico di Sammardenchia, in: PESSINA, A., MUSCIO, G. (a cura di), *Settemila anni fa... il primo pane. Ambienti e culture delle società neolitiche*, catalogo della mostra, Museo Friulano di Storia Naturale, Udine, pp. 159-164.

CANCI, A., MINOZZI, S., BORGOGNINI TARLI, S. M., 1996 - New Evidence of Tubercolosis Spondylitis from Neolithic Liguria (Italy), *International Journal of Osteoarchaeology*, 6, pp. 497-501.

CANDUSSIO, A., 1991 - Strumenti in pietra levigata di età eneolitica. Osservazioni sulla tecnica di foratura delle asce martello, *Quaderni Friulani di Archeologia*, 1, pp. 29-48.

CANNARELLA, D., CREMONESI, G., 1967 - Gli scavi nella Grotta Azzurra di Samatorza nel Carso Triestino, *Rivista di Scienze Preistoriche*, 22, 2, pp. 281-330.

CANNAVÒ, V., BERNABÒ BREA, M., LEVI, S. T., MAZZIERI, P., 2014a - Dati archeologici e analisi archeometrica di vasetti tipo "San Martino" rinvenuti in Emilia, in: BERNABÒ BREA, M., MAGGI, R., MANFREDINI, A. (a cura di), *Il pieno sviluppo del Neolitico in Italia*, Atti del Convegno (Finale Ligure, 8-10 giugno 2009), Rivista di Studi Liguri, 75/79 (2011-2013), Bordighera, pp. 191-202.

CANNAVÒ, V., LEVI, S. T., MANTINI, S., BERNABÒ BREA, M., 2014b - Analisi esplorativa della statuina neolitica di Vicofertile, in: BERNABÒ BREA, M., MAGGI, R., MANFREDINI, A. (a cura di), *Il pieno sviluppo del Neolitico in Italia*, Atti del Convegno (Finale Ligure, 8-10 giugno 2009), Rivista di Studi Liguri, 75/79 (2011-2013), Bordighera, pp. 211-214.

CARAZZETTI, R., DONATI, P., 1990 - La stazione neolitica di Castel Grande, *Die ersten Bauern*, 1, pp. 361-368.

CARDINI, L., 1980 - La necropoli Mesolitica delle Arene Candide (Liguria), *Memorie dell'Istituto Italiano di Paleontologia Umana*, 3, pp. 9-31.

CARRA, M., 2012 - *Per una storia della cerealicoltura in Italia settentrionale dal Neolitico all'Età del Ferro: strategie adattive e condizionamenti ambientali*, Tesi di Dottorato, XXIV Ciclo, Università degli Studi di Bologna.

CARRA, M., 2014 - I macroresti vegetali dal sito di Ponte Ghiara (PR): considerazioni paleo-ecologiche e paleo-economiche, in: BERNABÒ BREA, M., MAGGI, R., MANFREDINI, A. (a cura di), *Il pieno sviluppo del Neolitico in Italia*, Atti del Convegno (Finale Ligure, 8-10 giugno 2009), Rivista di Studi Liguri, 75/79 (2011-2013), Bordighera, pp. 41-46.

CARRISI, E., 2003 - I manufatti in pietra levigata, in: CAZZELLA, A., MOSCOLONI, M., RECCHIA, G. (a cura di), *Conelle di Arcevia. Tecnologia e contatti culturali nel Mediterraneo centrale fra IV e III Millennio a.C.*, II, Università degli Studi La Sapienza, Rubbettino, Roma, pp. 355-404.

CARTA GEOLOGICA D'ITALIA, 1:100000, Fogli 48-Peschiera e 49-Verona, 1968 - Servizio Geologico d'Italia, Grancona, Libreria Pederiva Editrice.

CASINI, S., 1997 - Considerazioni su alcune asce litiche rinvenute nel territorio bergamasco, *Notizie Archeologiche Bergomensi*, 5, pp. 11-27.

CASINI, S., 2001 - Comparisons between Figures of Axes on Valcamonica and Valtellina Stele (style IIIA) and archaeological finds, in: *Archaeology and Rock Art. Europe, Alps, Valcamonica*, Reports of the 2th International Congress of Rupestrian Archaeology (Darfo Boario Terme, 2-5 ottobre 1998), Milano, pp. 199-210.

CASINI, S., 2003 - Manufatti in pietra dalla palafitta del Lavagnone (Desenzano del Garda, Brescia), *Notizie Archeologiche Bergomensi*, 11, pp. 79-116.

CASINI, S., CHIESA, S., CONFORTINI, F., 2006 - Manufatti in pietra dalla palafitta del Lavagnone (Desenzano del Garda, Brescia), *Atti della XXXIX Riunione Scientifica dell'I.I.P.P.: Materie prime e scambi nella preistoria italiana* (Firenze, 25-27 novembre 2004), II, Istituto Italiano di Preistoria e Protostoria, Firenze, pp. 727-747.

CASSEN, S., PETREQUIN, P., 1999 - La chronologie des haches polies dites de prestige dans la moitié ouest de la France, *European Journal of Archaeology*, 2, 1, pp. 7-33.

CASTAGNA, D., GAZZONI, V., BERRUTI, G. L. F., DE MARCHI, M., 2014 - Studio preliminare sulle sepolture neolitiche del territorio mantovano: i casi di Bagnolo San Vito e San Giorgio, in: BERNABÒ BREA, M., MAGGI, R., MANFREDINI, A. (a cura di), *Il pieno sviluppo del Neolitico in Italia*, Atti del Convegno (Finale Ligure, 8-10 giugno 2009), Rivista di Studi Liguri, 75/79 (2011-2013), Bordighera, pp. 339-352.

CASTELLETTI, L., MASPERO, A., 1992 - Analisi dei resti vegetali di Campo Ceresole del Vhò di Piadena e di altri siti neolitici padani, *Natura Bresciana*, 27, pp. 289-305.

CASTELLETTI, L., CARUGATI, M. G., 1994 - I resti vegetali del sito neolitico di Sammardenchia di Pozzuolo del Friuli (Udine), *Atti della XXIX Riunione Scientifica dell'I.I.P.P.: Preistoria e Protostoria del Friuli Venezia Giulia e dell'Istria* (Trieste 28-30 settembre 1990), I, Istituto Italiano di Preistoria e Protostoria, Firenze, pp. 167-184.

CASTELLETTI, L., MASPERO, A., TOZZI, C., 1994 - Il popolamento della Valle del Serchio (Toscana settentrionale) durante il tardiglaciale würmiano e l'Olocene antico, in: BIAGI, P., NANDRIS, J. (eds.), *Hightland Zone Exploitation in Southern Europe*, Monografie di Natura Bresciana, 20, Brescia, pp. 189-204.

CASTELLETTI, L., ROTTOLI, M., 1998 - L'agricoltura neolitica italiana. Una sintesi delle conoscenze attuali, in: PESSINA, A., MUSCIO, G. (a cura di), *Settemila anni fa... il primo pane. Ambienti e culture delle società neolitiche*, catalogo della mostra, Museo Friulano di Storia Naturale, Udine, pp. 15-24.

CASTELLETTI, L., ROTTOLI, M., 2002 - Nuovi dati sull'agricoltura e l'ambiente del Neolitico dell'Italia settentrionale, *Atti della XXXIII Riunione Scientifica dell'I.I.P.P.: Preistoria e Protostoria del Trentino Alto Adige/Südtirol* (Trento, 21-24 ottobre 1997), II, Istituto Italiano di Preistoria e Protostoria, Firenze, pp. 271-276.

CATALANI, P., 1984 - Rivarolo Mantovano: la fauna, *Preistoria Alpina*, XX, pp. 255-260.

CATALANI, P., 1985 - Belforte di Gazzuolo (MN): la fauna, *Preistoria alpina*, XXI, pp. 98-108.

CATTANEO CASSANO, A., 1996 - Ritrovamenti di asce in pietra levigata in siti dell'Età del Ferro e di età storica, in: VENTURINO GAMBARI, M. (a cura di), *Le vie della pietra verde. L'industria litica levigata nella preistoria dell'Italia settentrionale*, catalogo della mostra, Omega Edizioni, Torino, pp. 251-253.

CAVALLI SFORZA, L. L., MENOZZI, P., PIAZZA, A., 1994 - *The History and Geography of Human Genes*, Princeton University Press, Princeton.

CAVULLI, F., 2008 - *Abitare il Neolitico. Le più antiche strutture antropiche del Neolitico in Italia settentrionale*, Preistoria Alpina, 43, Supplemento I, Trento.

CAZZELLA, A., CREMASCHI, M., MOSCOLONI, M., SALA, B., 1976 - Siti neolitici in località Razza di Campegine (Reggio Emilia), *Preistoria Alpina*, 12, pp. 79-126.

CERMESONI, B., FERRARI, A., MAZZIERI, F., PESSINA, A., TAINI, D., 1999 - Le strutture e la documentazione culturale. Il catalogo, in: FERRARI, A., PESSINA, A. (a cura di), *Sammardenchia Cueis. Contributo per la conoscenza di una comunità del primo neolitico*, Edizioni del Museo Friulano di Storia Naturale, 41, Udine, pp. 93-230.

CHIARENZA, N., GIUSTETTO, R., 2010 - L'officina litica di Pertus (Paesana - CN): testimonianze di lavorazione e analisi minero-petrografiche, *Quaderni della Soprintendenza Archeologica del Piemonte*, 25, pp. 13-29.

CHIARI, G., COMPAGNONI, R., GIUSTETTO, R., RICQ-DE BOUARD, M., 1996 - Metodi archeometrici per lo studio dei manufatti in pietra levigata, in: VENTURINO GAMBARI, M. (a cura di), *Le vie della pietra verde. L'industria litica levigata nella preistoria dell'Italia settentrionale*, catalogo della mostra, Omega Edizioni, Torino, pp. 35-53.

CHIERICI, G., 1881 - Speciali forme d'ascia di pietra levigata in Italia, *Bullettino di Paletnologia Italiana*, 7, pp. 1-28.

CHOULOT, S., ERNST, T., JOLY, F., MARÉCHAL, D., MONNIER, J.-L., WELLER, O., PÉTREQUIN, P., 1997 - L'abattage et le façonnage des bois d'œuvre, in: PÉTREQUIN, P. (sous la dir. de), *Les sites littoraux néolitiques de Clairvaux-les-Lacs et de Chalain (Jura), III, Chalain station 3, 3200-2900 av. J.-C.*, 2, Éditions de la Maison des Sciences de l'Homme, Paris, pp. 437-442.

CLARK, J. G. D., 1965 - Traffic in stone axes and adze blades, *Economic History Review*, 28, pp. 1-28.

CLARK, R., 1990 - The beginnings of agricolture in sub-alpine Italy: some theoretical considerations, in: BIAGI, P. (ed.), *The Neolithisation of the Alpine Region*, International Round Table (Brescia 29 April - 1 May 1988), Monografie di Natura Bresciana, 13, Brescia, pp. 123-138.

CLEMENTE, I., RISCH, R., GIBAJA, J. (eds.) 2002a - *Análisis funcional. Su aplicación al estudio de sociedades prehistóricas*, BAR International Series 1073, BAR Publishing, Oxford.

CLEMENTE, I., RISCH, R., ZURRO, D., 2002b - Complementariedad entre analisis de residuos y trazas de uso para la determinacion functional de los instrumentos macroliticos: su aplicacion a un ejemplo etnografico del pais Dogon (Mali), in: CLEMENTE, I., RISCH, R., GIBAJA, J. (eds.), *Analisis Funcional. Su Applicación al estudio de sociedades prehistoricas*, BAR International Series 1073, BAR Publishing, Oxford, pp. 87-96.

COLINI, G. A., 1882 - Martelli e mazzuoli litici con foro rinvenuti in Italia, *Bullettino di Paletnologia Italiana*, 18, pp. 149-235.

COLINI, G. A., 1898 - Il sepolcreto di Remedello Sotto nel Bresciano e il periodo eneolitico in Italia, *Bullettino di Paletnologia Italiana*, 24, pp. 1-47, 88-110, 206-260, 280-295.

COLINI, G. A., 1900 - Il sepolcreto di Remedello Sotto nel Bresciano e il periodo eneolitico in Italia, *Bullettino di Paletnologia Italiana*, 26, pp. 57-101.

COLINI, G. A., 1902 - Il sepolcreto di Remedello Sotto nel Bresciano e il periodo eneolitico in Italia, *Bullettino di Paletnologia Italiana*, 28, pp. 5-43.

COMPAGNONI, R., RICQ-DE BOUARD, M., GIUSETTO, R., COLOMBO, F., 1995 - Eclogite and Na-pyroxenite stone axes of southwestern Europe: a preliminary petrologic survey, *Bollettino del Museo Regionale di Scienze Naturali di Torino*, 13, 2, pp. 329-359.

COMPAGNONI, R., GIUSTETTO, R., RICQ-DE BOUARD, M., VENTURINO GAMBARI, M., 2006 - Studio archeometrico di reperti neolitici e dell'età del Rame in pietra levigata: discussione sulle tecniche analitiche ed interpretazione dei risultati, *Atti della XXXIX Riunione Scientifica dell'I.I.P.P.: Materie prime e scambi nella preistoria italiana* (Firenze, 25-27 novembre 2004), II, Istituto Italiano di Preistoria e Protostoria, Firenze, pp. 655-682.

CONARD, N. J., ZEIDI, M., 2013 - The ground stone tools from aceramic Neolithic site of Chogha Golan, Ilam province, western Iran, in: BORRELL, F., IBÀÑEZ, J. J., MOLIST, M. (eds.), *Stone Tools in Transition: from Hunter-Gatherers to Farming Societes in the Near East*, 7th Conference on PPN Chipped and Ground Stone Industries of the Fertile Crescent, Universitad Autònoma de Barcellona, Servei de Publicacions, Barcellona, pp. 365-376.

COPPOLA, D., 2003 - Dal Neolitico all'Età dei metalli in Italia sud-orientale: nuovi rinvenimenti nel Salento, *Atti della Società per la Preistoria e Protostoria della Regione Friuli-Venezia Giulia*, 13 (2001/2002), pp. 111-135.

CORDIER, G., BOCQUET, A., 1973 - Le dépôt de La Bégude-de-Mazec (Drôme) et les dépôts des haches néolithiques en France, *Études préhistoriques*, 6, pp. 1-17.

CORNAGGIA CASTIGLIONI, O., 1971 - La Cultura di Remedello. Problematica ed ergologia di una *facies* dell'Eneolitico padano, *Memorie del Museo di Storia Naturale di Milano*, 20.

CORONA, E., D'ALESSANDRO, R., FOLLIERI, M., 1974 - I pali lignei dell'abitato neolitico di Fimon Molino Casarotto (Vicenza), *Annali di Botanica*, 33, pp. 237-249.

CORRAIN, C., 1960 - I resti scheletrici umani dei livelli superiori del deposito quaternario di Quinzano Veronese, *Memorie del Museo Civico di Storia Naturale di Verona*, 8, pp. 241-280.

CORTESOGNO, L., DE PASCALE, A., GAGGERO, L., MAGGI, R., PEARCE, M., 2006 - Strumenti litici per estrazione mineraria: il caso di Monte Loreto (IV millennio BC), *Atti della XXXIX Riunione Scientifica dell'I.I.P.P.: Materie prime e scambi nella preistoria italiana* (Firenze, 25-27 novembre 2004), II, Istituto Italiano di Preistoria e Protostoria, Firenze, pp. 683-695.

CORTI, P., MARTINELLI, N., MICHELI, R., MONTAGNARI KOKELJ, E., PETRUCCI, G., RIEDEL, A., ROTTOLI, M., VISENTINI, P., VITRI, S., 1998 - Siti umidi tardoneolitici: nuovi dati da Palù di Livenza (Friuli-Venezia Giulia, Italia), *Atti del XIII Congresso dell'U.I.S.P.P.* (Forlì 8-14 settembre 1996), 6, 2, ABACO Edizioni, Forlì, pp. 1379-1391.

CORTI, P., MARTINELLI, N., ROTTOLI, M., TINAZZI, O., VITRI, S., 2002 - Nuovi dati sulle strutture lignee del Palù di Livenza, *Atti della XXXIX Riunione Scientifica dell'I.I.P.P.: Materie prime e scambi nella preistoria italiana* (Firenze, 25-27 novembre 2004), I, Istituto Italiano di Preistoria e Protostoria, Firenze, pp. 293-303.

COURAUD, C., 1988 - Pigments utilisés en préhistoire. Provenance, préparation, mode d'utilisation, *L'Anthropologie*, 92, 1, pp. 17-28.

CRANE, J., 2001 - *Secondary Products in the Italian Neolithic: a Re-investigation of the animal bones from Rivoli*, Undergraduate dissertation, University of Birmingham.

CREMASCHI, M., 1990 - Pedogenesi medio olocenica e uso dei suoli durante il Neolitico in Italia settentrionale, in: BIAGI, P. (ed.), *The Neolithisation of the Alpine Region*, International Round Table (Brescia 29 April - 1 May 1988), Monografie di Natura Bresciana, 13, Brescia, pp. 71-89.

CREMASCHI, M., 1995 - Le Glacialisme Quaternaire de la Vallée de l'Adige, *Preistoria Alpina*, 28, 2, pp. 285-290.

CREMASCHI, M., 2014 - L'uso del suolo nel Neolitico in ambito padano: lo stato dell'arte, in: BERNABÒ BREA, M., MAGGI, R., MANFREDINI, A. (a cura di), *Il pieno sviluppo del Neolitico in Italia*, Atti del Convegno (Finale Ligure, 8-10 giugno 2009), Rivista di Studi Liguri, 75/79 (2011-2013), Bordighera, pp. 33-40.

CREMONESI, G., PITTI, C., RADMILLI, A. M., 1984 - Considerazioni sul Mesolitico del Carso Triestino, *Atti della Società per la Preistoria e Protostoria della Regione Friuli-Venezia Giulia*, 5, pp. 229-240.

CREPALDI, F., 2001 - Les Chasseén en Ligurie, *Bulletin de la Société Préhistoire Française*, 98, 3, pp. 485-494.

CRISTIANI, E., DALMERI, G. P., 2011 - Functional analysis of the decorated ground stone tool from Terlago (TN), *Preistoria Alpina*, 45, pp. 185-191.

CRISTIANI, E., LEMORINI, C., DALMERI, G. P., 2012 - Ground stone tool production and use in the Late Upper Palaeolithic: The evidence from Riparo Dalmeri (Venetian Prealps, Italy), *Journal of Field Archaeology*, 37, 1, pp. 34-50.

CROUTSCH, C., 2005 - *Techniques et société néolithiques. Le sciage des roches tenaces au nord-ouest des Alpes (4300-2450 av. J.-C.)*, BAR International Series 1361, BAR Publishing, Oxford.

DALLA RIVA, M., 2016 - *Prehistoric technology and social agency in late Neolithic northern Italy. Knapping flint at Rocca di Rivoli, Verona*, PhD Thesis, University of Birmingham.

DALLATORRE, S., 2010-11 - *Studio di incisioni su reperti litici musteriani*, Tesi di Laurea magistrale in Quaternario, Preistoria e Archeologia, Università degli Studi di Ferrara.

DALMERI, G. P., BASSETTI, M., CUSINATO, A., KOMPATSCHER, K., HROZNY KOMPATSCHER, M., 2005 - The Discovery of a Painted Anthropomorphic Figure at Riparo Dalmeri and New Insights into Alpine Epigravettian Art, *Preistoria Alpina*, 41, pp. 163-169.

DALMERI, G. P., BASSETTI, M., CUSINATO, A., KOMPATSCHER, K., HROZNY KOMPATSCHER, M., 2006 - Le site Epigravettien de l'Abri Dalmeri: aspects artistiques a la fin du Paleolithique Superieur en Italie du Nord, *L'Anthropologie*, 110, pp. 511-529.

DAL RÌ L., 1994 - Le macine come problema archeologico. Alcune considerazioni, in: FORNI G. (a cura di), *Il grano e le macine. La macinazione di cereali in Alto Adige dall'Antichità al Medioevo*, Catalogo della mostra, Museo Provinciale di Castel Tirolo, Edizioni G. Ciurletti, Tirolo, pp. 51-72.

DAL RÌ, L., 1996 - Vadena, fiume Adige, in: VENTURINO GAMBARI, M. (a cura di), *Le vie della pietra verde. L'industria litica levigata nella preistoria dell'Italia settentrionale*, catalogo della mostra, Omega Edizioni, Torino, pp. 179-180.

DAL RÌ, C., PEDROTTI, A., VOLPIN, S., 2002 - La Vela (TN) Campagne di scavo 1987-1988. Analisi mineralogiche e chimiche su reperti pigmentati di rosso della tomba n. 3, *Atti della XXXIII Riunione Scientifica dell'I.I.P.P.: Preistoria e Protostoria del Trentino Alto Adige/Südtirol* (Trento, 21-24 ottobre 1997), II, Istituto Italiano di Preistoria e Protostoria, Firenze, pp. 261-266.

D'AMICO, C., 1998 - La circolazione delle materie prime nel Neolitico: le pietre verdi, in: PESSINA, A., MUSCIO, G. (a cura di), *Settemila anni fa... il primo pane. Ambienti e culture delle società neolitiche*, catalogo della mostra, Museo Friulano di Storia Naturale, Udine, pp. 177-183.

D'AMICO, C., 2000 - La pietra levigata neolitica in Italia settentrionale e in Europa. Litologia, produzione e circolazione, in: PESSINA, A., MUSCIO, G. (a cura di), *La Neolitizzazione tra Oriente ed Occidente*, Atti del Convegno (Udine, 23-24 aprile 1999), Pubblicazioni del Museo Friulano di Storia Naturale, 35, Udine, pp. 67-80.

D'AMICO, C., 2002 - La pietra levigata tra Neolitico e Bronzo nell'area alpino-padana, *Atti della XXXIII Riunione Scientifica dell'I.I.P.P.: Preistoria e Protostoria del Trentino Alto Adige/Südtirol* (Trento, 21-24 ottobre 1997), I, Istituto Italiano di Preistoria e Protostoria, Firenze, pp. 423-437.

D'AMICO, C., 2005 - Neolithic "Greenstone" Axe Blades from Northwestern Italy across Europe: a first petrographic comparison, *Archaeometry*, 47, 2, pp. 235-252.

D'AMICO, C., BARGOSSI, G. M., FELICE, G., MAZZEO, M., 1991 - Giade ed eclogiti in pietra levigata. Studio petroarcheometrico, *Mineralogica et Petrographica Acta*, XXXIV, pp. 257-284.

D'AMICO, C., CAMPANA, R., FELICE, G., GHEDINI, M., 1995 - Eclogites and jades as prehistoric implements in Europe. A case stydy, *European Journal of Mineralogy*, 7, 1, pp. 29-41.

D'AMICO, C., STARNINI, E., 1996 - Brignano Frascata (Scavi Tinè 1984), in: VENTURINO GAMBARI, M. (a cura di), *Le vie della pietra verde. L'industria litica levigata nella preistoria dell'Italia settentrionale*, catalogo della mostra, Omega Edizioni, Torino, pp. 74-79.

D'AMICO, C., GHEDINI, M., MICHELI, R., MONTAGNARI KOKELJ, E., 1996a - Le asce forate del Friuli-Venezia Giulia, in: VENTURINO GAMBARI, M. (a cura di), *Le vie della pietra verde. L'industria litica levigata nella preistoria dell'Italia settentrionale*, catalogo della mostra, Omega Edizioni, Torino, pp. 229-238.

D'AMICO, C., FERRARI, A., GHEDINI, M., PESSINA, A., 1996b - Sammardenchia (Pozzuolo del Friuli), in: VENTURINO GAMBARI, M. (a cura di), *Le vie della pietra verde. L'industria litica levigata nella preistoria dell'Italia settentrionale*, catalogo della mostra, Omega Edizioni, Torino, pp. 84-91.

D'AMICO, C., FELICE, G., GASPAROTTO, G., GHEDINI, M., NANNETTI, M. C., TRENTINI, P., 1997 - La pietra levigata neolitica di Sammardenchia (Friuli). Catalogo petrografico, *Mineralogica Petrographica Acta*, 40, pp. 385-426.

D'AMICO, C., STARNINI, E., 2000 - Eclogites, jades and other HP metaophiolithes of the Neolithic polished stone tools from Northern Italy, *Krystalinikum*, 26, pp. 9-20.

D'AMICO, C., GHEDINI, M., NANNETTI, M. C., TRENTINI, P., 2000 - La pietra levigata neolitica di Alba (CN). Catalogo petrografico e interpretazione archeometrica, *Mineralogica Petrografica Acta*, 43, pp. 176-206.

D'AMICO, C., BERNABÒ BREA, M., BIAGI, P., PEDROTTI, A., PESSINA, A., STARNINI, E., 2002 - Archeometrical analyses of polished stone tools from the Neolithic to the Bronze Age in northern Italy, in: JEREM, J., BIRÒ, K. T. (eds.), *Archaeometry 98*, Proceedings of the XXXI Symposium (Budapest, April 26 - May 3 1998), BAR International Series 1043, BAR Publishing, Oxford, pp. 691-696.

D'AMICO, C., MINALE, M., STARNINI, E., TRENTINI, P., 2003a - L'officina di produzione di asce in pietra levigata di Rivanazzano (PV). Dati archeometrici e catena operativa. Nota preliminare, *Atti della XXXV Riunione Scientifica dell'I.I.P.P.: Le comunità della Preistoria italiana. Studi e ricerche sul Neolitico e l'Età dei metalli*, II, Istituto Italiano di Preistoria e Protostoria, Firenze, pp. 981-986.

D'AMICO, C., STARNINI, E., GASPAROTTO, G., GHEDINI, M., 2003b - Eclogites, jades and other HP-metaophiolithes employed for prehistoric polished stone implemets in Italy and Europe, *Periodico di Mineralogia*, 73, pp. 17-42.

D'AMICO, C., SIMONE ZOPFI, L., STARNINI, E., 2004 - Rivanazzano, loc. Cascinetta, in: VENTURINO GAMBARI, M. (a cura di), *Alla conquista dell'Appennino. Le prime comunità delle valli Curone, Grue e Ossona*, Omega Edizioni, Torino, pp. 203-205.

D'AMICO, C., STARNINI, E., 2006a - L'atelier di Rivanazzano (PV): un'associazione litologica insolita nel quadro della "pietra verde" levigata in Italia settentrionale, in: PESSINA, A., VISENTINI, P. (a cura di), *Preistoria dell'Italia settentrionale. Studi in ricordo di Bernardino Bagolini*, Atti del convegno (Udine 23-24 settembre 2005), Edizioni del Museo Friulano di Storia Naturale, Udine, pp. 59-76.

D'AMICO, C., STARNINI, E., 2006b - Prehistoric polished stone artefacts in Italy: a petrographic and archaeologic assessment, in: MAGGETTI, M., MESSIGA, B. (eds.), *Geomaterials in Cultural Heritage*, Geological Society of London, Special Pubblication, 257, pp. 257-272.

D'AMICO, C., STARNINI, E., GHEDINI, M., 2006 - Le materie prime degli oggetti in pietra verde levigata dell'Italia settentrionale: sintesi delle conoscenze, problematiche aperte e nuovi dati archeometrici dalla Caverna delle Arene Candide (Finale Ligure, SV), *Atti della XXXIX Riunione Scientifica dell'I.I.P.P.: Materie prime e scambi nella preistoria italiana* (Firenze, 25-27 novembre 2004), I, Istituto Italiano di Preistoria e Protostoria, Firenze, pp. 641-654.

D'AMICO, C., STARNINI, E., 2007 - Parametri per l'interpretazione della circolazione della pietra verde levigata in Italia settentrionale durante il Neolitico, *Atti del IV Congresso Nazionale di Archeometria, Scienza e Beni Culturali* (Pisa 1-3 febbraio 2006), Patron, Bologna, pp. 263-278.

D'AMICO, C., DE ANGELIS, M. C., 2009 - Neolithic Greenstone in Umbria, from Bellucci Collection. Petrography, provenance, interpretation, *Rendiconti Lincei*, 20, pp. 61-76.

D'AMICO, C., STARNINI, E., 2012a - Circulation and provenance of the Neolithic "greenstones" in Italy, in: PÉTREQUIN, P., CASSEN, S., ERRERA, M., KLASSEN, L., SHERIDAN, A., PÉTREQUIN, A. M. (sous la dir. de), *JADE Grandes haches alpines du Néolithique européen, Ve et IVe millénaires av. J.-C.*, Les Cahiers de la MSHE Ledoux, 17, Séries Dynamiques territoriales, 6, 1, Presses universitaries de Franche-Comté, Besançon, pp. 728-748.

D'AMICO, C., STARNINI, E., 2012b - La production d'outils de pierre en Italie du Nord vue depuis l'atelier de Rivanazzano (province de Pavie, Lombardie): matières premières et chaîne opératoire, in: DE LABRIFFE, P.-A., THIRAULT, E. (eds.), *Produire des haches au Néolithique de la matière première à l'abandon*, Actes de la Table Ronde (Saint-Germain-en-Laye, 16-17 mars 2007), Société Préhistoriche Française, Paris, pp. 17-25.

D'AMICO, C., STARNINI, E., 2012c - Hypothèses sur la circulation et les strategies d'approvisionnement en "roches vertes" en Italie du Nord a la lumière des associations lithologiche présents dans les lames de hache, in: DE LABRIFFE, P.-A., THIRAULT, E. (eds.), *Produire des haches au Néolithique de la matière première à l'abandon*, Actes de la Table Ronde (Saint-Germain-en-Laye, 16-17 mars 2007), Société Préhistoriche Française, Paris, pp. 235-243.

D'AMICO, C., NENZIONI, G., CASADEI, S., LENZI, F., 2015 - Copper Age axe-hammers, other tools and their raw materials in the sub-Apenninic area east of Bologna (Italy), *Rendiconti Lincei*, 26, pp. 433-453.

DAMOUR, A., 1881 - Nouvelles analyses sur le jadéite et sur quelches roches sodifères, *Bulletin del la Société Française de Minéralogie*, 4, pp. 157-164.

DAULNY, L., DACHARY, M., 2009 - Approche comportementale du Magdalénien d'apres l'étude techno-fonctionelle de l'outillage lithique hors silex. La grotte de Bourrouilla, in: STERNKE, F., EIGELAND, L., COSTA, L. J. (eds.), *Non-Flint Raw Material Use in Prehistory. Old prejudices and new directions*, Proceedings of the XV World Congress UISPP 11 (Lisbon, 4-9 September 2006), BAR International Series 1939, BAR Publishing, Oxford, pp. 21-28.

DE BEAUNE, S., 1989a - Exemple ethnographique de l'usage pluri-fonctionel d'un galet de quarzt, *Bullettin de la Société Préhistorique Française*, 86, 2, pp. 61-64.

DE BEAUNE, S., 1989b - Essai d'une classification typologique des galets et plaquettes utilisés au Paléolithique, *Gallia Préhitorie*, 31, pp. 27-64.

DE BEAUNE, S., 1989c - Fonction et décor de certains utensiles paléolithique en pierre, *L'Anthropologie*, 93, pp. 547-584.

DE BEAUNE, S., 1993 - Le matériel lithique non taillé, *Gallia Préhistoire*, 35, pp. 112- 137.

DE BEAUNE, S., 1997 - Les galets utilisés au Paléolithique Supérieur. Approche archéologique et expérimentale, *Gallia Préhistoire*, 32, Supplément.

DE BEAUNE, S., 2000 - *Pour une archéologie du geste. Broyer, moudre, piler, des premiers chasseurs aux premiers agriculteurs*, CNRS Éditions, Paris.

DE BEAUNE, S., 2002 - Origine du matériel de broyage au Paleolithique, in: PROCOPIOU, H., TREUIL, R. (eds.), *Moudre et Broyer. L'interprétation fonctionnelle de l'outillage de mouture et de broyage dans la Préhistoire et l'Antiquité*, Actes de la Table Ronde internationale (Clermont-Ferrand, 30/11 - 2/12 1995), II, Éditions CTHS, Paris, pp. 27-44.

DE BEAUNE, S., 2004 - The Invention of Technology, *Current Anthropology*, 45, 2, pp. 139-162.

DE FRANCESCO, A. M., MIROCLE, G., LANZAFAME, U., 1998 - Metodo analitico non distruttivo in fluorescenza X per risalire alla provenienza di ossidiane archeologiche nell'area mediterranea, in: PESSINA, A., MUSCIO, G. (a cura di), *Settemila anni fa... il primo pane. Ambienti e culture delle società neolitiche*, catalogo della mostra, Museo Friulano di Storia Naturale, Udine, pp. 171-176.

DEGASPERI, N., 2000 - I pozzetti neolitici. Una proposta metodologica e interpretativa, *Annali del Museo Civico di Rovereto*, 15 (1999), pp. 3-37.

DEGASPERI, N., PEDROTTI, A., 2002a - Il sito neolitico de La Vela, Campagne di scavo 1987-88. Prime considerazioni sulle evidenze strutturali, *Atti della XXXIII Riunione Scientifica dell'I.I.P.P.: Preistoria e Protostoria del Trentino Alto Adige/Südtirol* (Trento, 21-24 ottobre 1997), I, Istituto Italiano di Preistoria e Protostoria, Firenze, pp. 229-233.

DEGASPERI, N., PEDROTTI A., 2002b - Il sito d'altura di Isera (TN): prime considerazioni sulle evidenze strutturali, *Atti della XXXIII Riunione Scientifica dell'I.I.P.P.: Preistoria e Protostoria del Trentino Alto Adige/Südtirol* (Trento, 21-24 ottobre 1997), I, Istituto Italiano di Preistoria e Protostoria, Firenze, pp. 325-326.

DEGASPERI, N., PEDROTTI, A., 2002c - Il sito neolitico di La Vela, campagne di scavo 1987-88. Prime considerazioni sui rituali funebri, *Atti della XXXIII Riunione Scientifica dell'I.I.P.P.: Preistoria e Protostoria del Trentino Alto Adige/Südtirol* (Trento, 21-24 ottobre 1997), I, Istituto Italiano di Preistoria e Protostoria, Firenze, pp. 235-240.

DEGASPERI, N., MOTTES, E., ROTTOLI, M., 2006 - Recenti indagini nel sito neolitico de La Vela di Trento, in: PESSINA, A., VISENTINI, P. (a cura di), *Preistoria dell'Italia settentrionale. Studi in ricordo di Bernardino Bagolini*, Atti del Convegno (Udine, 23-24 settembre 2005), pubblicazione del Museo Friulano di Storia Naturale, 53, Udine, pp. 143-168.

DELCARO, D., 1996 - L'attività sperimentale, in: VENTURINO GAMBARI, M. (a cura di), *Le vie della pietra verde. L'industria litica levigata nella preistoria dell'Italia settentrionale*, catalogo della mostra, Omega Edizioni, Torino, pp. 277-283.

DELCARO, D., 1999 - Il manufatto e la sua funzione. La sperimentazione come strumento interpretativo dell'industria litica preistorica, in: *Experimental Archaeology*, Convegno Internazionale di Archeologia sperimentale (Torino, 9-12 dicembre 1999), pre-prints, Civico Museo Archeologico di Chiomonte, Centro di Archeologia Sperimentale di Torino, pp. 35-45.

DELCARO, D., 2002 - L'industria litica levigata, in: BERTONE, A., FOZZATI, L. (a cura di), La *Maddalena di Chiomonte. 6000 anni di storia sulle prealpi occidentali*, Edizioni Nautilus, Torino, pp. 88-99.

DELFINO, E., CALABRIA, A., 1981 - *Liguria preistorica. Sepolture dal Paleolitico Superiore all'età del Ferro in Liguria e nell'area ligure*, Sabatelli, Savona.

DELGADO-RAACK, S., 2013 – *Tecnotipologìa y distribución especial del material macrolítico del Cerro de la Vigen de Orce (Granada)*, BAR International Series 2518, BAR Publishing, Oxford.

DELGADO-RAACK, S., GÓMEZ-GRAS, D., RISCH R., 2008 - Las propiedades mecánicas de los artefactos macrolíticos: una base metodológica para el análisis funcional, in: ROVINA, S., GARCÍA-HERAS, M., GENERY, M., MONTERO, I. (eds.), *Actas del VII Congreso Ibérico de Arqueometría*, Madrid, pp. 330-345.

DELLA CASA, P., 2005 - Lithic Resources in the Early Prehistory of the Alps, *Archaeometry*, 47, 2, pp. 221-234.

DEL LUCCHESE, A., 2009 - Il Riparo di Pian del Ciliegio campagne di scavo 1992-1997. Descrizione del sito e interpretazione della stratigrafia, *Quaderno del Museo Archeologico del Finale*, 5, pp. 9-36.

DE MARINIS, R., 1996 - La pietra levigata nell'età del Rame dell'Italia settentrionale, in: VENTURINO GAMBARI, M. (a cura di), *Le vie della pietra verde. L'industria litica levigata nella preistoria dell'Italia settentrionale*, catalogo della mostra, Omega Edizioni, Torino, pp. 174-177.

DE MARINIS, R., PEDROTTI, E., 1997 - L'Età del rame nel versante italiano delle Alpi, *Atti della XXXIII Riunione Scientifica dell'I.I.P.P.: Preistoria e Protostoria del Trentino Alto Adige/Südtirol* (Trento, 21-24 ottobre 1997), II, Istituto Italiano di Preistoria e Protostoria, Firenze, pp. 247-300.

DE PASCALE, A., 2003 - Hammerstones from early copper mines: sintesi dei ritrovamenti in Europa e nel Mediterraneo orientale e prime considerazioni sui mazzuoli di Monte Loreto (IV millennio BC, Liguria), *Rivista di Studi Liguri*, 64, pp. 5-42.

DIAMOND, J., 1997 - *Guns, Germs and Steel: the Fates of Human Societes*, Cape, London.

DOHERTY, C., EVELY, D., 2002 - Lithic observations from Palaikastro, Crete, in: PROCOPIOU, H., TREUIL, R. (eds.), *Moudre et Broyer. L'interprétation fonctionnelle de l'outillage de mouture et de broyage dans la Préhistoire et l'Antiquité*, Actes de la Table Ronde internationale (Clermont-Ferrand, 30/11 - 2/12 1995), I - Méthodes, Éditions CTHS, Paris, pp. 81-92.

DOLFINI, A., 2004 - La necropoli di Rinaldone (Montefiascone, Viterbo): rituale funerario e dinamiche sociali di una comunità eneolitica in Italia centrale, *Bullettino di Paletnologia Italiana*, 95, pp. 127-278.

DOLFINI, A., 2006 - La necropoli di Rinaldone e il problema delle sepolture primarie in Italia centrale tra IV e III millennio a.C., in: *Preistoria e Protostoria in Etruria. Pastori e guerrieri nell'Etruria del IV e III millennio a.C.. La Civiltà di Rinaldone a 100 anni dalle prime scoperte*, Atti del Settimo Incontro di Studi, volume I, Centro di Studi di Preistoria e Archeologia, Milano, pp. 77-96.

DONATI, P., 1986 - Bellinzona a Castel Grande. 6000 anni di storia, *Archäologie der Schweiz*, 9, 3, pp. 94-109.

DONNART, K., 2012 - Le macro-outillage néolithique, in: JOUSSAUME, R. (ed.), *L'enceinte néolithique de Champ-Durand à Nieul-sur-l'Autize (Vendée)*, Mémoire 46, Éditions Association des Publications Chauvinoise A.P.C., Chauvigny, pp. 443-482.

DONNART, K., HAMON, C., DAIRE, M. Y., 2012 - L'outillage en pierre à l'Âge du Fer: exemples d'un potentiel à exploiter, in: MARCHAND, G., QUERRÉ, G. (eds.), *Roches et sociétés de la Préhistoire entre Massif cristallins et Bassins sédimentaires: le Nord-Ouest de la France dans son contexte européen*, Presses Universitaires de Rennes, Rennes, pp. 239-252.

DONNER, M., MARZOLI, C., 1994 - La macinazione. Evoluzione delle tecniche e degli strumenti, in: FORNI, G. (a cura di), *Il grano e le macine. La macinazione di cereali in Alto Adige dall'Antichità al Medioevo*, Catalogo della mostra, Museo Provinciale di Castel Tirolo, Tirolo, pp. 73-98.

DRAŞOVEAN, F., LUCA, S.-A., 1990 - Consideraţii preliminare asupra materialelor neo-eneolitice din aşezarea de la Mintia, *Studii şi Cercetări de Istoria Veche şi Arheologie*, 41, 1, pp. 7-17.

DRESCHER-SCHNEIDER, R., 1990 - L'influsso umano sulla vegetazione neolitica nel territorio di Varese dedotto dai diagrammi pollinici, in: BIAGI, P. (ed.), *The Neolithisation of the Alpine Region*, International Round Table (Brescia 29 April - 1 May 1988), Monografie di Natura Bresciana, 13, Brescia, pp. 91-98.

DUBREUIL, L., 2002 - *Etude functionnelle des outils de broyage natoufiens: nouvelles perpectives sur l'émergence de l'agriculture au Proche-Orient*, Thèse de Doctorat, Université de Bordeaux 1.

DUBREUIL, L., 2003 - Nouvelles données concernant l'utilisation des outils de broyage natoufiens. Un regard sur la diversité des modes d'exploitations des plantes à l'orée du Néolithique, in: ANDERSON, P. C., CUMMINGS, L. S., SCHIPPERS, T. K., SIMONEL, B. (eds.), *Le traitement des récoltes: un regard sur la diversité du Néolithique au présent*, Actes des XXIIIe Rencontres Internationales d'archéologie et d'histoire d'Antibes (17-19 octobre 2002), Editions APDCA, Antibes, pp. 235-248.

DUBREUIL, L., 2004 - Long-term trend in Natufian subsistence: a use-wear analysis of ground stone tools, *Journal of Archaeological Sciences*, 31, pp. 1613-1629.

DUBREUIL, L., 2008 - Mortar versus grinding-slabs: function in the context of the neolithization process in the Near East, in: LONGO, L., SKAKUN, N. (eds.), *Prehistoric Technology 40 years later: functional studies and the Russian legacy*, Proceedings of the International Congress (Verona, 20-23 April 2005), BAR International Series 1783, BAR Publishing, Oxford, pp. 169-178.

DUBREUIL, L., GROSMAN, L., 2009 - Ochre and hideworking at a Natufian burial place, *Antiquity*, 83, pp. 935-954.

DUBREUIL, L., PLISSON, H., 2010 - Natufian flint versus ground stone tools: a use-wear perspective on subsistence change, *Eurasian Prehistory*, 7, 1, pp. 47-63.

DUBREUIL, L., SAVANE, D., 2013 - Ground stones: a synthesis of the use-wear approach, *Journal of Archaeological Sciences*, 48, pp. 139-153.

DUBREUIL, L., SAVAGE, D., DELGADO-RAACK, S., PLISSON, H., STEPHENSON, B., DE LA TORRE, I., 2015 - Current Analytical Frameworks for Studies of Use-Wear on Ground Stone Tools, in: MARREIROS, J. M., GIBAJA BAO, J. F., FERREIRA BICHO, N. (eds.), *Use-Wear and Residue Analysis in Archaeology*, Manuals in Archaeological Method, Theory and Tecnique, Springer, pp. 105-158.

DURANTE PASA, M. V., 1972 - Analisi polliniche nell'insediamento di Molino Casarotto (Lago di Fimon), *Memorie del Museo Civico di Storia Naturale di Verona*, 20, pp. 9-16.

EGG, M., SPLINDLER, K., 1993 - Die Gletschermumie vom Ende der Steinzeit aus den Ötztaler Alpen, *Jahrbuch des Römisch-Germanischen Zentralmuseums*, 39, pp. 3-100.

ELBURG, R., HEIN, W., PROBST, A., WALTER, P., 2015 - Field trials in Neolithic woodworking. (Re)Learning to use Early Neolithic stone adzes, in: KELM, R. (ed.), *Archaeology and Crafts. Experiences and Experiments on tradidional Skills and Handicrafts in Archaeological Open-Air Museums in Europe*, Proceedings of the VI OpenArch-Conference (Albersdorf, 23-27 September 2013), Husum, pp. 62-77.

ÉQUIPE D'ALORDA PARK, 2002 - Les meules rotatives du site ibérique d'Alorda Park (Calafell, Baix Penedés, Tarragone), in: PROCOPIOU, H., TREUIL, R. (eds.), *Moudre et Broyer. L'interprétation fonctionnelle de l'outillage de mouture et de broyage dans la Préhistoire et l'Antiquité*, Actes de la Table Ronde internationale (Clermont-Ferrand, 30/11 - 2/12 1995), II, Éditions CTHS, Paris, pp. 155-175.

FARRUGGIA, J.-P., 1992 - *Les outils e les armes en pierre dans le rituel funéraire du Néolithique Danubien*, BAR International Series 581, BAR Publishing, Oxford.

FASANI, L., BIAGI, P., D'AMICO, C., STARNINI, E., VOYTEK, B. A., 1993 - Stazione neolitica a Valer (Azzano Decimo, Pordenone): rapporto preliminare degli scavi 1990-1991, *Atti della Società per la Preistoria e Protostoria della Regione Friuli-Venezia Giulia*, 8 (1994), pp. 97-113.

FERRARI, A., PESSINA, A. (a cura di), 1996 - *Sammardenchia e i primi agricoltori del Friuli*, Banca di Credito Cooperativo di Basiliano, Arti Grafiche Friulane, Udine.

FERRARI, A., MAZZIERI, P., 1998 - Fonti e processi di scambio di rocce silicee scheggiabili, in: PESSINA, A., MUSCIO, G. (a cura di), *Settemila anni fa... il primo pane. Ambienti e culture delle società neolitiche*, catalogo della mostra, Museo Friulano di Storia Naturale, Udine, pp. 165-170.

FERRARI, A., PESSINA, A., 2000 - Il sito neolitico di Sammardenchia fra oriente e occidente, in: PESSINA, A., MUSCIO, G. (a cura di), *La Neolitizzazione tra Oriente ed Occidente*, Atti del Convegno (Udine, 23-24 aprile 1999), Pubblicazioni del Museo Friulano di Storia Naturale, 35, Udine, pp. 185-198.

FERRARI, A., VISENTINI, P. (a cura di), 2002 - *Il declino del mondo neolitico. Ricerche in Italia centro-settentrionale fra aspetti peninsulari, occidentali e nord-alpini*, Atti del Convegno (Pordenone, 5-7 aprile 2001), Quaderni del Museo Archeologico del Friuli Occidentale, 4.

FERRARI, A., DELFINO, C., PETRUCCI, G., ROTTOLI, M., VISENTINI, P., 2002a - Introduzione all'ultimo Neolitico dell'Italia padano-alpina e nord-adriatica, in: FERRARI, A., VISENTINI, P. (a cura di), *Il declino del mondo neolitico. Ricerche in Italia centro-settentrionale fra aspetti peninsulari, occidentali e nord-alpini*, Atti del Convegno (Pordenone, 5-7 aprile 2001), Quaderni del Museo Archeologico del Friuli Occidentale, 4, pp. 101-121.

FERRARI, A., MAZZIERI, P., STEFFÈ, G., 2002b - Aggiornamenti sulle testimonianze neolitiche del Pescale, in: FERRARI, A., VISENTINI, P. (a cura di), *Il declino del mondo neolitico. Ricerche in Italia centro-settentrionale fra aspetti peninsulari, occidentali e nord-alpini*, Atti del Convegno (Pordenone, 5-7 aprile 2001), Quaderni del Museo Archeologico del Friuli Occidentale, 4, pp. 361-378.

FERRARI, A., MAZZIERI, P., STEFFÈ, G., 2006 - La fine della Cultura di Fiorano e le prime attestazioni della Cultura dei vasi a bocca quadrata: il caso del Pescale (Prignano sulla Secchia, Modena), in: PESSINA, A., VISENTINI, P. (a cura di), *Preistoria dell'Italia settentrionale. Studi in ricordo di Bernardino Bagolini*, Atti del Convegno (Udine, 23-24 settembre 2005), pubblicazione del Museo Friulano di Storia Naturale, 53, Udine, pp. 103-128.

FONTANA, V., 1998 - Procedures to Analyse Intra-Site Pottery Distribution applied to the Neolithic Site of Fimon Molino Casarotto (Italy), Housesite No. 3, *Journal of Archaeological Science*, 25, pp. 1067-1072.

FORENBAHER, S., MIRACLE, P.T., 2005 - The Spread of Farming in the Eastern Adriatic, *Antiquity*, 79, pp. 514-528.

FORENBAHER, S., KAISER, T., MIRACLE, P.T., 2013 - Dating the East Adriatic Neolithic, *European Journal of Archaeology*, 16, 4, pp. 589-609.

FORNI, G., 1994 - Che cosa e perché si macina. Come l'uomo ha "creato" i cereali: una prospettiva storica, in: FORNI, G. (a cura di), *Il grano e le macine. La macinazione di cereali in Alto Adige dall'Antichità al Medioevo*, Catalogo della mostra, Museo Provinciale di Castel Tirolo, Tirolo, pp. 13-35.

FRANCHI, S., 1900 - Sopra alcuni giacimenti di rocce giadeitiche nelle Alpi occidentali e nell'Appennino ligure, *Bollettino del Regio Comitato Geologico Italiano*, 4, pp. 119-158.

FRANCO, C., 2011 - *La fine del Mesolitico in Italia. Identità culturale e distribuzione spaziale degli ultimi cacciatori-raccoglitori*, Società per la Preistoria e Protostoria della Regione Friuli-Venezia Giulia, Quaderno 13, Trieste.

FULLAGAR, R., FIELD, J., 1997 - Pleistocene seed-grinding implements from the Australian arid zone, *Antiquity*, 71, pp. 300-307.

FULLAGAR, R., LOY, T., COX, S., 1998 - Starch grains, sediments and stone tool function, evidence from Bitokara, Papua New Guinea, in: FULLAGAR, R. (ed.), *A Closer Look: Recent Australian Studies of Stone Tools*, Sydney University Archaeological Methods Series, 6, Archaeological Computing Laboratory, University of Sydney, Sydney, pp. 49-60.

FULLAGAR, R., LIU, L., BESTEL, S., JONES, D., GE, W., WILSON, A., ZHAI, S., 2012 - Stone tool-use experiments to determine the function of grinding stones and denticulate sickles, *Bulletin of the Indo-Pacific Prehistory Association*, 32, pp. 29-44.

GARDIN, S., 2007 - *Analisi tecnologica dell'industria litica proveniente dalla prima area di abitazione dell'insediamento neolitico di Molino Casarotto nelle Valli di Fimon (Colli Berici, Vicenza)*, Tesi di Laurea, Università degli Studi di Ferrara.

GARIBALDI, P., ISETTI, E., 1994 - Funzionalità degli strumenti in pietra levigata. Considerazioni sull'immanicatura di alcuni reperti della Caverna delle Arene Candide (SV), *Bollettino dei Musei Civici Genovesi*, 15, pp. 5-10.

GARIBALDI, P., ISETTI, E., ROSSI, G., 1996a - Grotte delle Arene Candide e della Pollera (Finale Ligure), in: VENTURINO GAMBARI, M. (a cura di), *Le vie della pietra verde. L'industria litica levigata nella preistoria dell'Italia settentrionale*, catalogo della mostra, Omega Edizioni, Torino, pp. 108-113.

GARIBALDI, P., ISETTI, E., ROSSI, G., 1996b - Monte Savino (Sassello) e Appennino ligure-piemontese, in: VENTURINO GAMBARI, M. (a cura di), *Le vie della pietra verde. L'industria litica levigata nella preistoria dell'Italia settentrionale*, catalogo della mostra, Omega Edizioni, Torino, pp. 113-119.

GARIBALDI, P., ISETTI, E., ROSSI, G., 1999 - Industria litica non in selce, in: TINÉ, S. (a cura di), *Il Neolitico nella Caverna delle Arene Candide. Scavi 1972-1977*, Collezione di Monografie Preistoriche ed Archeologiche, 10, Istituto Internazionale di Studi Liguri, Bordighera, pp. 237-256.

GARIBALDI, P., ISETTI, E., ROSSI, G., 2003 - Industria in pietra verde dalla Grotta Pollera (SV), *Bollettino dei Musei Civici Genovesi*, 55/63 (1997-1999), pp. 51-81.

GEBEL, H. G. K., 2013 - The Neolithic commodification of stone, in: BORRELL, F., IBÀÑEZ, J. J., MOLIST, M. (eds.), *Stone Tools in Transition: from Hunter-Gatherers to Farming Societes in the Near East*, 7th Conference on PPN Chipped and Ground Stone Industries of the Fertile Crescent, Universitad Autònoma de Barcellona, Servei de Publicacions, Bellaterra (Barcellona), pp. 191-205.

GENIOLA, A., 2002 - Nuovi elementi decorativi incisi della Cultura di Serra D'Alto nel quadro dei rapporti tra area balcanica, padano-tridentina ed apula, *Atti della XXXIII Riunione Scientifica dell'I.I.P.P.: Preistoria e Protostoria del Trentino Alto Adige/Südtirol* (Trento, 21-24 ottobre 1997), II, Istituto Italiano di Preistoria e Protostoria, Firenze, pp. 305-311.

GILLI, E., MONTAGNARI KOKELJ, E., 1993 - La Grotta delle Gallerie nel Carso Triestino, *Atti della Società per la Preistoria e Protostoria della Regione Friuli Venezia Giulia*, 8, pp. 121-194.

GIUSTETTO, R., COMPAGNONI, R., 2004 - Studio archeometrico dei manufatti in pietra levigata del Piemonte sud-orientale: Valli Curone, Grue, Ossona, in: VENTURINO GAMBARI, M. (a cura di), *Alla conquista dell'Appennino. Le prime comunità delle valli Curone, Grue e Ossona*, Omega Edizioni, Torino, pp. 45-59.

GOBBO, I., 2010 - *Archeobotanica di siti mesolitici, neolitici ed eneolitici di pianura dell'Emilia Romagna*, Tesi di Dottorato, XXIII Ciclo, Università degli Studi di Ferrara.

GOMART, L., HACHEM, L., HAMON, C., GILIGNY, F., ILETT, M., 2015 - Household integration in Neolithic villages: a new model for the Linear Pottery Culture in west-central Europe, *Journal of Archaeological Sciences*, 40, pp. 230-249.

GONZÁLEZ, J. E., IBÁNEZ, J. J., 2002 - The use of pebbles in Eastern Vizcaya between 12000 and 10000 B.P., in: PROCOPIOU, H., TREUIL, R. (eds.), *Moudre et Broyer. L'interprétation fonctionnelle de l'outillage de mouture et de broyage dans la Préhistoire et l'Antiquité*, Actes de la Table Ronde internationale (Clermont-Ferrand, 30/11 - 2/12 1995), I - Méthodes, Éditions CTHS, Paris, pp. 69-80.

GOREN-INBAR, N., SHAREN, G., MELAMED, Y., KISLEY, M., 2002 - Nuts, nut cracking and pitted stones at Gesher Benot Ya'aqov, Israel, *Proceedings of the National Academy of Science*, 99, 4, pp. 2455-2460.

GRAEFE, J., HAMON, C., LIDSTRÖM-HOLMBERG, C., TSORAKI, C., WATTS, S., 2009 - Subsistence, social and ritual practices: quern deposits in the neolithic societies of Europe, in: BONNARDIN, S., HAMON, C., LAUWERS, M., QUILLIEC, B. (eds.), *Du materiél au spirituel. Réalités archéologiques et historiques des «dépôts» de la Préhistoire à nos jours*, XXIXe Rencontres Internationales d'archéologie et d'histoire d'Antibes (Antibes, 16-18 octobre 2008), Éditions APDCA, Antibes, pp. 87-96.

GRAZIOSI, P., 1939 - Un giacimento paleolitico a Quinzano presso Verona, *Archivio per l'Antropologia e l'Etnologia*, 69, pp. 31-58.

GRÉGOIRE, J.-P., 1992 - Les grandes unités de transformation des céréales: l'exemple des minoteries de la Mésopotamie du Sud à la fin du IIIème millénaire avant notre ère, in: ANDERSON, P. (sous la dir. de), *Préhistoire de l'agricolture: nouvelles approches expérimentales et ethnographiques*, Monographie du CRA, 6, CNRS Éditions, Paris, pp. 321-339.

GRIFONI CREMONESI, R., 1998a - La neolitizzazione dell'Italia. L'Italia centro meridionale, in: GRIFONI CREMONESI, R., GUILAINE, J., L'HELGOUACH, J. (eds.), *The Neolithic in the Near East and Europe*, XIII International Congress of Prehistoric and Protostoric Sciences (Forlì, 8-14 September 1996), 9, Abaco Edizioni, Forlì, pp. 69-79.

GRIFONI CREMONESI, R., 1998b - Il Neolitico antico nella fascia peninsulare adriatica, in: PESSINA, A., MUSCIO, G. (a cura di), *Settemila anni fa... il primo pane. Ambienti e culture delle società neolitiche*, catalogo della mostra, Museo Friulano di Storia Naturale, Udine, pp. 59-69.

GUERRESCHI, A., 1976-77 - La stratigrafia dell'Isolino di Varese dedotta dall'analisi della ceramica (scavi Bertolone 1955-1959), *Sibrium*, 13, pp. 29-528.

GUERRESCHI, A., 1986 - Industria litica, in: BARFIELD, L. H., BROGLIO, A. (a cura di), *L'insediamento neolitico di Fimon - Molino Casarotto nelle Valli di Fimon (Colli Berici, Vicenza)*, Accademia Olimpica, Vicenza, pp. 73-109.

GUERRESCHI, A., 1990 - Nuovi dati sulla stratigrafia dell'Isolino di Varese, in: BIAGI, P. (ed.), *The Neolithisation of the Alpine Region*, International Round Table (Brescia 29 April - 1 May 1988), Monografie di Natura Bresciana, 13, Brescia, pp. 197-206.

GUERRESCHI, A., BRESSAN, F., 1998 - Il sito del Riparo di Biarzo, in: PESSINA, A., MUSCIO, G. (a cura di), *Settemila anni fa... il primo pane. Ambienti e culture delle società neolitiche*, catalogo della mostra, Museo Friulano di Storia Naturale, Udine, pp. 91-94.

GUILAINE, J., 1998 - La Néolithisation de la Mediterranée occidentale, in: GRIFONI CREMONESI, R., GUILAINE, J., L'HELGOUACH, J. (eds.), *The Neolithic in the Near East and Europe*, XIII International Congress of Prehistoric and Protostoric Sciences (Forlì, 8-14 September 1996), 9, Abaco Edizioni, Forlì, pp. 53-68.

GUILAINE, J., 2000 - De l'orient a l'occident: la néolithisation de la Méditerranée: questions ouvertes, in: PESSINA, A., MUSCIO, G. (a cura di), *La Neolitizzazione tra Oriente ed Occidente*, Atti del Convegno (Udine, 23-24 aprile 1999), Pubblicazioni del Museo Friulano di Storia Naturale, 35, Udine, pp. 11-21.

GUILAINE, J., 2007 - Du Concept de Céramique Imprimée Méditerranéenne à la Genèse du Cardial, in: GUILAINE, J., MANEN, C., VIGNE, J.-D. (eds.), *Pont de Roque-Haute. Nouveaux Regards sur la Néolithisation de la France Méditerranéenne*, Archives d'Écologie Préhistorique, Toulouse, pp. 21-38.

GUILAINE, J., 2013 - The Neolithic Transition in Europe: some comments on gaps, contacts, arhytmic model, genetics, in: STARNINI, E. (ed.), *Unconformist Archaeology Papers in honour of Paolo Biagi*, BAR International Series 2528, BAR Publishing, Oxford, pp. 55-64.

HAMON, C., 2003a - De l'utilisation des outils de mouture, broyage et polissage au Néolithique en Bassin parisien: apports de la tracéologie, *Bulletin de la Société préhistorique française*, 100, pp. 101-116.

HAMON, C., 2003b - Les outils de mouture, percussion et polissage du site de Poses "Sur La Mare", in: BOSTYN, F. (ed.), *Néolithique Ancien en Haute-Normandie: le village Villeneuve-Saint-Germain de Pose "Sur La Mare" et les sites de la bouche du Vaudreuil*, Société Préhistorie Française, Travaux 4, pp. 267-286.

HAMON, C., 2004 - Le status des outils de broyage et d'abrasion dans l'espace domestique au Nèolithique ancien en Bassin parisien, *Notae Praehistoricae*, 24, pp. 117-228.

HAMON, C., 2006 - *Broyage et abrasion au Néolithique Ancien. Caractérisation technique et fonctionnelle de l'outillage en grès du Bassin Parisien*, BAR International Series 1551, BAR Publishing, Oxford.

HAMON, C., 2007 - Outils de broyage et outils d'abrasion en contexte rubané de Hesbaye: premiers résultas d'une analyse techno-fonctionnelle, *Notae Praehistoricae*, 27, pp. 109-119.

HAMON, C., 2008a - Functional analysis of stone grinding and polishing tools from the earliest Neolithic of north-western Europe, *Journal of Archaeological Sciences*, 35, pp. 1502-1520.

HAMON, C., 2008b - From Neolithic to Calcolithic in the Southern Caucasus: Economy and Macrolithic Implements from Shulaveri-Shomu Sites of Kwemo-Kartli (Georgia), *Paléorient*, 34, 2, pp. 85-135.

HAMON, C., MILLEVILLE, A., 2006 - La meule rhabillée, le plus simple appareil? Fabriquer et utiliser un moulin au Néolithique, in: ASTRUC, L., BON, F., LEA, V., MILCENT, P.-Y., PHILIBERT, S. (eds.), *Normes techniques et pratiques sociales. De la simplicité des outillages pré- et protostoriques*, XXVIe Rencontres Internationales d'archéologie et d'histoire d'Antibes (Antibes, 20-22 octobre 2005), Éditions APDCA, Antibes, pp. 173-184.

HAMON, C., AMBERT, P., LAROCHE, M., GUENDON, J.-L., ROVIRA, S., BOUCHET, L., 2009 - Les outils à cupules, marqueurs de la métallurgie du district de Cabrières-Péret (Hérault) au Chalcolithique, *Gallia Préhistoire*, 51, pp. 179-212.

HAMON, C., LE GALL, V., 2013 - Millet and sauce: The uses and functions of querns among the Minyanka (Mali), *Journal of Anthropological Archaeology*, 32, pp. 109-121.

HAMON, C., BLANCHET, S., 2015 - Le macro-outillage lithique sur les sites de l'âge du Bronze armoricain : quelques hypothèses fonctionnelles pour aborder la notion d'artisanat, in: BOULUD-GAZO, S., NICOLAS, T. (sous la dir. de), *Artisanats et productions à l'âge du Bronze*, Actes de la journée de la Société Préhistorique Française (Nantes, 8 octobre 2011), Séances de la Société Préhistorique Française, 4, pp. 63-82.

HAMPTON, O. W., 1999 - *Culture of Stone. Sacred and Profane Uses of Stone among the Dani*, College Station, Texas A&M University Press.

HANSEN, E., EIGELAND, L., 2009 - The rock that rocks that rock. An experimental study with hammerstones, in: STERNKE, F., EIGELAND, L., COSTA, L. J. (eds.), *Non-Flint Raw Material Use in Prehistory. Old prejudices and new directions*, Proceedings of the XV World Congress UISPP 11 (Lisbon, 4-9 September 2006), BAR International Series 1939, BAR Publishing, Oxford, pp. 67-75.

HAYDEN, B., 1987 - *Lithic Studies Among the Contemporary Highland Maya*, The University of Arizona Press, Tucson.

HAYDEN, B., 1990 - The right rub: hide working in high ranking households, in: KNUTSSON, H., KNUTSSON, K., TAFFINDER, J. (eds.), *The interpretative possibilities of microwear studies*, Societas Archaeologica Upsaliensis, Uppsala, pp. 89-101.

HAYDEN, B., 1993 - Investigating status with hideworking use-wear: a preliminary assessment, in: ANDERSON, P. C., BEYRIES, S., OTTE, M., PLISSON, H. (sous la dir. de), *Traces et fonction: le gestes retrouvés*, Actes du colloque international (Liège, 8-10 décembre 1990), Éditions ERAUL, 50, Lyon, pp. 119-130.

HERSH, T. L., 1981 - *Grinding stones and food processing techniques of the Neolithic societies of Turkey and Greece: Statistical, experimental and ethnographic approaches to the archaeological problem-solving*, PhD Thesis, Columbia University, Ann Arbor, University Microfilms International.

HORSFALL, G. A., 1987 - Design Theory and Grinding Stones, in: HAYDEN, B. (ed.), *Lithic Studies Among the Contemporary Highland Maya*, The University of Arizona Press, Tucson, pp. 332-377.

IACUMIN, P., DI MATTEO, A., MANTOVANI, L., 2014 - Gli isotopi stabili nelle popolazioni del Neolitico Medio, in: BERNABÒ BREA, M., MAGGI, R., MANFREDINI, A. (a cura di), *Il pieno sviluppo del Neolitico in Italia*, Atti del Convegno (Finale Ligure, 8-10 giugno 2009), Rivista di Studi Liguri, 75/79 (2011-2013), Bordighera, pp. 361-364.

IMPRONTA, S., PESSINA, A., 1998 - La Neolitizzazione dell'Italia settentrionale: il nuovo quadro cronologico, in: PESSINA, A., MUSCIO, G. (a cura di), *Settemila anni fa... il primo pane. Ambienti e culture delle società neolitiche*, catalogo della mostra, Museo Friulano di Storia Naturale, Udine, pp. 107-15.

JACOMET, S., 2007 - Neolithic plant economies in the northern Alpine Foreland from 5500-3500 cal BC, in: COLLEDGE, C., CONOLLY, J. (eds.), *The Origins and Spread of Domestic Plants in Southwest Asia and Europe*, University College London Institute of Archaeological Pubblications, pp. 221-258.

JANNY, F., COSTA, L. J., 2004 - Évolution et transformation des industries lithiques taillées et polie durant le Chalcolithique et l'Âge du Bronze en Corse, *L'Anthropologie*, 108, pp. 111-119.

JARMAN, M. R., 1971 - Culture and Economy in the North Italian Neolithic, *World Archaeology*, 2, pp. 255-265.

JARMAN, M. R., 1976a - Prehistoric economy development in sub-Alpine Italy, in: SIEVEKING, G., LONGWORTH, I. H., WILSON, H. E. (eds.), *Problems in Economy and Social Archaeology*, Duckworth, London, pp. 523-548.

JARMAN, M. R., 1976b - Rivoli: the fauna, in: BARFIELD, L. H., BAGOLINI, B. (eds.), *The excavations on the Rocca di Rivoli (Verona)*, Memorie del Museo Civico di Storia Naturale di Verona, II serie, pp. 158-173.

JARMAN, M. R., BAILEY, G. N., JARMAN, H. N., 1982 - *Early European Agricolture. Its foundation and development*, Cambrige University Press, Cambrige.

JEUDY, F., MAITRE, A., PRAUD, I., PÉTREQUIN, A. M., PÉTREQUIN, P., 1997 - Les lames de pierre polie, in: PÉTREQUIN, P. (sous la dir. de), *Les sites littoraux néolithiques de Clairvaux-les-lacs et de Chalain (Jura), III, Chalain 3, 3200-2900 av. J.-C.*, Éditions de la Maison des Sciences de l'Homme, Paris, pp. 455-465.

JONES, T. L., 1996 - Mortars, pestles, and division of labor in Prehistoric California: a view from Big Sur, *American Antiquity*, 61, 2, pp. 243-264.

JONES, T. D., VALAMOTI, S., CHARLES, M., 2000 - Early crop diversity: a "new" glume wheat from northern Greece, *Vegetation History and Archaebotany*, 9, pp. 133-146.

JULIEN, M., 1985 - L'outillage lithique non façonné, in: LAVALLÉE, D. (ed.), *Telarmachay. Chasseurs et pasteurs préhistoriques des Andes*, Recherches sur les Civilisations, synthèse n. 20, Paris, pp. 207-213.

KEELEY, L.H., 1980 - *Experimental determination of stone tool uses*, University of Chicago Press, Chigago.

KLEIN, R. G., 2009 - *The human career: Human biological and cultural origins*, University of Chicago Press, Chicago.

KLIMSCHA, F., 2010 - Production and use of flint and ground-stone axes at Măgura Gorgana near Pietrele, Giurgiu County, Romania, *Lithics: the Journal of the Lithic Studies Society*, 31, pp. 55-67.

KLIMSCHA, F., 2011 - Flint axes, ground stone axes and "battle axes" of the Copper Age in the Eastern Balkans (Romania, Bulgaria), in: DAVIS, V., EDMONS, M. (eds.), *Stone Axe Studies*, 3, Oxbow Books, Oxford, pp. 361-384.

KOFLER, W., OEGGL, K., 2001 - L'evoluzione del clima e dell'ambiente alpino negli ultimi 15000 anni, in: CASON, E. (a cura di), *Uso dei valichi alpini orientali dalla preistoria ai pellegrinaggi medievali*, Atti del Convegno (Belluno, 23-24 ottobre 1999), Forum Editrice Universitaria Udinese, Udine, pp. 19-27.

KÖNINGER, J., SCHLICHTERLE, H., 2002 - Forein elements in South-west German Lake-Dwellings: transalpine relations in the Late Neolithic and Early Bronze Ages, *Atti della XXXIII Riunione Scientifica dell'I.I.P.P.: Preistoria e Protostoria del Trentino Alto Adige/Südtirol* (Trento, 21-24 ottobre 1997), II, Istituto Italiano di Preistoria e Protostoria, Firenze, pp. 39-51.

KOZŁOWSKI, S. K., 2009 - *Thinking Mesolithic*, Oxbow Books, Oxford.

KOZŁOWSKI, S. K., DALMERI, G., 2000 - Riparo Gaban: the Mesolithic layers, *Preistoria Alpina*, 36, pp. 3-42.

LAMMERS-KEIJSERS, Y. M. J., 2008 - *Tracing Traces from Present to Past. A Functional Analysis of pre-Columbian shell and stone artefacts from Anse à la Gourde and Morel, Guadeloupe, FWI*, ASLU 15, Leiden University Press.

LAVIOSA ZAMBOTTI, P., 1943 - *Le più antiche culture agricole europee. L'Italia, i Balcani e l'Europa Centrale durante il Neo-Eneolitico*, Principato, Milano/Messina.

LAVIOSA ZAMBOTTI, P., 1954 - I Balcani e l'Italia nella preistoria. Premessa alla comprensione del mondo classico, *Origines, Raccolta di scritti in onore di Mons. Giovanni Baserga*, Noseda, Como, pp. 161-454.

LEAKEY, M. D., 1971 - *Olduvai Gorge, Excavations in Beds I and II, 1960-1963*, vol. 3, Cambridge University Press, Cambridge.

LEIGHTON, R., 1992 - Stone axes and exchange in South Italian Prehistory: new evidence from old collections, *Accordia Research Papers*, 3, pp. 7-36.

LEIGHTON, R., DIXON, J. E., 1992 - Jade and greenstone in the prehistory of Sicily and Southern Italy, *Oxford Journal of Archaeology*, 11, 2, pp. 179-200.

LEMORINI, C., ROSSETTI, P., CUCINATO, A., DALMERI, G., HROZNY KOMPATSCHER, M., KOMPATSCHER, K., 2006 - L'analisi delle tracce d'uso e l'elaborazione spaziale: il riconoscimento di un'area specializzata nel sito epigravettiano di Riparo Dalmeri, livelli 26b e 26c (Trento), *Preistoria Alpina*, 41, pp. 171-197.

LEMONNIER, P., 1992 - Leroi-Gourhan, ethnologue des techniques, *Les Nouvelles d'Archéologie*, 48/49, pp. 13 -17.

LEONARDI, P., 1942 - Risultati paletnologici di uno scavo sistematico nel deposito pleistocenico di Quinzano presso Verona, *Commentationes Pontificia Academia Scientiarum*, 6, 14, pp. 609-635.

LEONARDI, P., 1979 - Una serie di ritoccatoi prevalentemente musteriani del Riparo Tagliente in Valpantena presso Verona, *Preistoria Alpina*, 15, pp. 7-15.

LEONARDI, P., 1983 - Incisioni e segni vari paleolitici del Riparo Tagliente di Stallavena nei Monti Lessini presso Verona (Italia), Campagne di scavo 1972-1982, *Atti del Museo Civico di Storia Naturale di Trieste*, 34, pp. 143-176.

LERNER, H., 2009 - Lithic Raw Material variability and use-wear accrual on short-term use implements: an example from Northwestern New Mexico, in: STERNKE, F., EIGELAND, L., COSTA, L. J. (eds.), *Non-Flint Raw Material Use in Prehistory. Old prejudices and new directions*, Proceedings of the XV World Congress UISPP 11 (Lisbon, 4-9 September 2006), BAR International Series 1939, BAR Publishing, Oxford, pp. 81-91.

LEROI-GOURHAN, A., 1971 - *L'homme et la matière*, Albin Michel, Paris.

LIOY, P., 1864-65 - *Le abitazioni lacustri dell'età della Pietra nel Vicentino*, Atti dell'Istituto Veneto di Scienze, Lettere ed Arti, Venezia.

LIOY, P., 1876 - Le abitazioni lacustri di Fimon, *Memorie del Reale Istituto Veneto di Scienze e Lettere*, 19, 2, pp. 1-152.

LONGO, L., LUNARDI, A., 2008 - Descrizione delle tracce d'usura, in: ARANGUREN, B., REVEDIN, A. (a cura di), *Un accampamento di 30000 anni fa a Bilancino (Mugello, Firenze)*, Origines, Istituto Italiano di Preistoria e Protostoria, pp. 160-162.

LUBŠINA-TUŠEK, M., 1993 - Kamnito orodje v severovzhodni Sloveniji, in: LAMUT, B. (ed.), *Ptujski Archeološki Zbornik ob 100-letnici Muzeja in Muzejskega Društva*, Ptuj, pp. 31-158.

LUNARDI, A., 2003a - Le lame d'ascia in pietra verde del territorio veronese dal Neolitico all'età del Bronzo: petrografia, tipologia e funzione, *Atti della Società per la Preistoria e Protostoria della Regione Friuli-Venezia Giulia*, 13 (2001/2002), pp. 57-110.

LUNARDI, A., 2003b - Nota sulle lame d'ascia in pietra verde della Lessinia. Aspetti tipologici e petrografici dei reperti in pietra levigata dal Neolitico all'età del Rame, *La Lessinia Ieri Oggi Domani*, 26, pp. 55-62.

LUNARDI, A., 2006 - Processi di produzione e di utilizzo delle lame d'ascia in pietra levigata. Proposta metodologica applicata ai reperti del territorio veronese, *Atti della XXXIX Riunione Scientifica dell'I.I.P.P.: Materie prime e scambi nella preistoria italiana* (Firenze, 25-27 novembre 2004), I, Istituto Italiano di Preistoria e Protostoria, Firenze, pp. 763-767.

LUNARDI, A., 2007 - *Studio tecno-funzionale degli strumenti in pietra per una ricostruzione del contesto socio-economico della Cultura dei vasi a bocca quadrata. L'esempio delle comunità di Fimon, Quinzano e Rivoli (Veneto)*, Tesi di Dottorato, XIX Ciclo, Università degli Studi di Siena.

LUNARDI, A., 2008a - La selezione delle materie prime e il loro utilizzo durante l'Olocene. Un'applicazione ai siti neolitici di Quinzano e Rivoli nella Valle dell'Adige (Verona), *Rivista di Scienze Preistoriche*, 58, pp. 59-74.

LUNARDI, A., 2008b - Experimental Testing with Polished Green Stone Axes and Adzes: Technology and Use, in: LONGO, L., SKAKUN, N. (eds.), *Prehistoric Technology 40 years later: functional studies and the Russian legacy*, Proceedings of the International Congress (Verona, 20-23 April 2005), BAR International Series 1783, BAR Publishing, Oxford, pp. 369-373.

LUNARDI, A., 2009a - Quinzano and Rivoli, two Middle Neolithic sites in the Adige Valley (Verona, North-eastern Italy): lithic choices and functional aspects of the non-flint stone implements, in: STERNKE, F., EIGELAND, L., COSTA, L. J. (eds.), *Non-Flint Raw Material Use in Prehistory. Old prejudices and new directions*, Proceedings of the XV World Congress UISPP 11 (Lisbon, 4-9 September 2006), BAR International Series 1939, BAR Publishing, Oxford, pp. 111-121.

LUNARDI, A., 2009b - Analisi tecno-funzionale degli strumenti in pietra non scheggiata per una ricostruzione del contesto economico della Cultura dei vasi a bocca quadrata. I siti di Fimon - Molino Casarotto, Quinzano e Rivoli - Rocca (Veneto), *Padusa*, 40, pp. 191-227.

LUNARDI, A., STARNINI, E., 2013 - Tipologia, uso e materie prime delle industrie in pietra non scheggiata della Cultura dei VBQ: materiali dal Veneto e dalla Liguria a confronto, *Atti della Società per la Preistoria e Protostoria della Regione Friuli - Venezia Giulia*, 28, pp. 53-86.

LUNZ, R., 1996 - Castelbadia (San Lorenzo di Sebato), loc. Sonnenburg, in: VENTURINO GAMBARI, M. (a cura di), *Le vie della pietra verde. L'industria litica levigata nella preistoria dell'Italia settentrionale*, catalogo della mostra, Omega Edizioni, Torino, pp. 178-179.

LUZZI, M., 1996 - Macine, macinelli e percussori, in: VENTURINO GAMBARI, M. (a cura di), *Le vie della pietra verde. L'industria litica levigata nella preistoria dell'Italia settentrionale*, catalogo della mostra, Omega Edizioni, Torino, pp. 208-216.

MADDEN, M., 1989 - Social Network systems amongst hunter-gatherers considered within southern Norway, in: TORRENCE, R. (ed.), *Time, Energy and Stone Tools*, Cambridge University Press, Cambridge, pp. 191-202.

MAGGI, R., STARNINI, E., VOYTEK, B. A. (a cura di), 1997 - *Arene Candide: a functional and enviromental assessment of the Holocene sequence (Excavatiom Bernabo Brea-Cardini 1940-50)*, Memorie dell'Istituto Italiano di Paleontologia Umana, Nuova Serie, 5, Roma.

MAGGI, R., STARNINI, E., 1997 - Some aspects of the pottery production, in: MAGGI, R., STARNINI, E., VOYTEK, B. A., (eds.), *Arene Candide: a functional and environmental assessment of the Holocene sequence (Excavatiom Bernabo Brea-Cardini 1940-50)*, Monografie dell'Istituto Italiano di Paleontologia Umana, Nuova Serie, 5, Roma, pp. 279-337.

MAGGI, R., CHELLA, P., 1999 - Chronologie par le radiocarbone du Neolithique des Arene Candide (Fouilles Bernabo Brea), in: VAQUER, J. (ed.), *Le Neolithique du nord-ouest Méditerranéen*, Actes du XXIV Congrès Préhistorique de France (Carcassone, 26-30 september 1994), Société Préhistorique Française, Paris, pp. 99-110.

MAGGI, R., NISBET, R., 2000 - Alberi da foraggio e scalvatura neolitica: nuovi dati dalle Arene Candide, in: PESSINA, A., MUSCIO, G. (a cura di), *La Neolitizzazione tra Oriente ed Occidente*, Atti del Convegno (Udine, 23-24 aprile 1999), Pubblicazioni del Museo Friulano di Storia Naturale, 35, Udine, pp. 289-308.

MAIGROT, Y., 2001 - Le débitage du bois de cerf au Néolithique final à Chalain et Clairvaux (Jura, France). Approche expérimentale, in: BOURGUIGNON, L., ORTEGA, I., FRÈRE-SAUTOT, M.-C. (sous la dir. de), *Préhistoire et approche expérimentale*, Éditions Monique Mergoil, Montagnac, pp. 165-172.

MALAVOLTI, F., 1951-52 - Appunti per una cronologia relativa del Neo-eneolitico emiliano, *Emilia Preromana*, 3, pp. 3-28.

MALAVOLTI, F., 1953-55 - Appunti per una cronologia relativa al Neo-eneolitico emiliano, *Emilia Preromana*, 4, pp. 5-43.

MANNONI, T., STARNINI, E., ZOPFI, S., 1996 - Rivanazzano, in: VENTURINO GAMBARI, M. (a cura di), *Le vie della pietra verde. L'industria litica levigata nella preistoria dell'Italia settentrionale*, catalogo della mostra, Omega Edizioni, Torino, pp. 119-122.

MANO, L., 1996 - La cote dei fulmini. Sopravvivenza di un mito, in: VENTURINO GAMBARI, M. (a cura di), *Le vie della pietra verde. L'industria litica levigata nella preistoria dell'Italia settentrionale*, catalogo della mostra, Omega Edizioni, Torino, pp. 15-22.

MANSUR, M. E., 1997 - Functional analysis of polished stone-tools: some considerations about the nature of polishing, in: BUSTILLO, M. A., RAMOS MILLAN, A. (eds.), *Siliceous Rocks and Culture*, IV International Flint Symposium (Madrid, September 1991), Editorial Universidad de Granada, Campus Universitario de Cartuja, Granada, pp. 465-486.

MARCHESINI, M., GOBBO, I., MARVELLI, S., 2014 - La ricostruzione del paesaggio vegetale nel Neolitico medio in Emilia Romagna attraverso le indagini palinologiche, in: BERNABÒ BREA, M., MAGGI, R., MANFREDINI, A. (a cura di), *Il pieno sviluppo del Neolitico in Italia*, Atti del Convegno (Finale Ligure, 8-10 giugno 2009), Rivista di Studi Liguri, 75/79 (2011-2013), Bordighera, pp. 63-70.

MARCHI, D., SPARACELLO, V. S., 2014 - Un approccio biomeccanico alla ricostruzione delle strategie di sussistenza delle popolazioni neolitiche in Liguria occidentale, in: BERNABÒ BREA, M., MAGGI, R., MANFREDINI, A. (a cura di), *Il pieno sviluppo del Neolitico in Italia*, Atti del Convegno (Finale Ligure, 8-10 giugno 2009), Rivista di Studi Liguri, 75/79 (2011-2013), Bordighera, pp. 365-370.

MATHIEU, J. R., 2002 - *Experimental Archaeology: Replicating Past Object, Behaviors and Processess*, BAR International Series 1035, BAR Publishing, Oxford.

MARTINATI, P., 1876 - *Storia della Paletnologia Veronese*, Atti e Memorie dell'Accademia di Agricoltura, Scienze e Lettere di Verona.

MAVIGLIA, C., 1947 - I resti umani, le industrie litiche rinvenute in Val de Marca, *Rivista di Scienze Preistoriche*, 2, pp. 71-97.

MAXIM-KALMAR, Z., 1991 - *Turdaş, Cluj-Napoca*, Muzeul de Istorie al Transilvaniei Cluj, pp. 3-20.

MAZZIERI, P., MICHELI, R., 2014 - Tradizioni funeriarie e ornamenti personali: alcune osservazioni dalla sfera VBQ emiliana alla luce delle ultime scoperte, in: BERNABÒ BREA, M., MAGGI, R., MANFREDINI, A. (a cura di), *Il pieno sviluppo del Neolitico in Italia*, Atti del Convegno (Finale Ligure, 8-10 giugno 2009), Rivista di Studi Liguri, 75/79 (2011-2013), Bordighera, pp. 323-330.

MAZZIERI, P., OCCHI, S., 2014 - Le asce nei corredi sepolcrali dell'Emilia occidentale, in: BERNABÒ BREA, M., MAGGI, R., MANFREDINI, A. (a cura di), *Il pieno sviluppo del Neolitico in Italia*, Atti del Convegno (Finale Ligure, 8-10 giugno 2009), Rivista di Studi Liguri, 75/79 (2011-2013), Bordighera, pp. 331-338.

MCBRYDE, I., 1997 - The Landscape is a Series of Stories. Grindstones, Quarries and Exchange in Aborigenal Australia: a Lake Eyre Case Study, in: BUSTILLO, M. A., RAMOS MILLAN, A. (eds.), *Siliceous Rocks and Culture*, IV International Flint Symposium (Madrid, September 1991), Editorial Universidad de Granada, Campus Universitario de Cartuja, Granada, pp. 587-607.

MC CARTHY, F. D., 1976 - *Australian Aboriginal Stone Implements*, The Australian Museum Trust, Sydney.

MENASANCH, M., RISCH, R., SOLDEVILLA, J. A., 2002 - Las tecnologias del processado de cereal en el sudeste de la Peninsula Iberica durante el III y el II milenio A.N.E., in: PROCOPIOU, H., TREUIL, R. (eds.), *Moudre et Broyer. L'interprétation fonctionnelle de l'outillage de mouture et de broyage dans la Préhistoire et l'Antiquité*, Actes de la Table Ronde internationale (Clermont-Ferrand, 30/11 - 2/12 1995), I - Méthodes, Éditions CTHS, Paris, pp. 81-110.

MESCHINELLI, L., 1889 - Avanzi preistorici della Valle di Fontega in provincia di Vicenza, *Bullettino di Paletnologia Italiana*, 15, pp. 125-132.

MESCHINELLI, L., 1890 - Contribuzioni alla paletnologia vicentina, I, Oggetti preistorici provenienti dalla Valle di Fontega, II La torbiera di Val di Marca, *Bullettino di Paletnologia Italiana*, 16, pp. 144-148.

MIARI, M., 1993 - La necropoli eneolitica di Ponte San Pietro (Ischia di Castro - VT), *Rivista di Scienze Preistoriche*, 45, pp. 101-166.

MIARI, M., 1994 - Il rituale funerario della necropoli eneolitica di Ponte San Pietro (Ischia di Castro - Viterbo), *Origini*, 18, pp. 351-390.

MICHELI, R., 2004 - Gli ornamenti in conchiglia del Neolitico dell'Italia settentrionale, *Preistoria Alpina*, 40, suppl. I, pp. 53-70.

MICHELI, R., 2006a - Bracciali in conchiglia del Neolitico Italiano: distribuzione, inquadramento culturale e tecnologia, in: PESSINA, A., VISENTINI, P. (a cura di), *Preistoria dell'Italia settentrionale. Studi in ricordo di Bernardino Bagolini*, Atti del Convegno (Udine, 23-24 settembre 2005), pubblicazione del Museo Friulano di Storia Naturale, 53, Udine, pp. 437-446.

MICHELI, R., 2006b - La conchiglia e il dente. Ornamenti neolitici in materia dura animale dell'Emilia occidentale, in: PESSINA, A., VISENTINI, P. (a cura di), *Preistoria dell'Italia settentrionale. Studi in ricordo di Bernardino Bagolini*, Atti del Convegno (Udine, 23-24 settembre 2005), pubblicazione del Museo Friulano di Storia Naturale, 53, Udine, pp. 447-452.

MICHELI, R., 2012 - Raw materials, personal ornaments and Neolithic Groups: some observations on stone bracelets of the Early Neolithic of Northern Italy, Congrés International Xarxes al Neolític - Neolithic Networks Rubricatum, *Revista del Museo de Gavà*, 5, pp. 241-248.

MICHELI, R., 2014 - Ornamenti personali e gruppi neolitici: elementi di differenziazione culturale nell'ambito della Cultura dei vasi a bocca quadrata, in: BERNABÒ BREA, M., MAGGI, R., MANFREDINI, A. (a cura di), *Il pieno sviluppo del Neolitico in Italia*, Atti del Convegno (Finale Ligure, 8-10 giugno 2009), Rivista di Studi Liguri, 75/79 (2011-2013), Bordighera, pp. 235-242.

MIETTO, P., 1988 - Aspetti geologici dei Monti Berici, in: *I colli Berici: natura e civiltà*, Edizioni Signum, Limena, pp. 227-241.

MIGLIAVACCA, M., ATZORI, A., LONGO, L., 2008 - Ethnohistorical analogies and functional contexts: grinding/pounding tools from the site of Monte Loffa (Monti Lessini, Verona), in: LUGLI, F., STOPPIELLO, A. (eds.), *Proceedings of the 3th Italian Congress of Ethnoarchaeology, Atti del III Convegno Nazionale di Etnoarcheologia* (Mondaino, 17-19 marzo 2004), BAR International Series 1841, BAR Publishing, Oxford, pp. 76-81.

MILLER, M., 2002 - Grindstones in Greek Neolithic Ornament Production, in: PROCOPIOU, H., TREUIL, R. (eds.), *Moudre et Broyer. L'interprétation fonctionnelle de l'outillage de mouture et de broyage dans la Préhistoire et l'Antiquité*, Actes de la Table Ronde internationale (Clermont-Ferrand, 30/11 - 2/12 1995), II, Éditions CTHS, Paris, pp. 45-55.

MILLS, P. R., 1993 - An axe to grind: a functional analysis of Anasazi stone axes from Sand Canyon Pueblo Ruin (5MT765), Southwestern Colorado, *Kiva*, 58, 3, pp. 393-413.

MOLIST, M., BOFILL, M., ORTIZ, A., TAHA, B., 2013 - Grooved stones and other macrolithic objects with incised decoration from the PPNB at Tell Halula (Syria, Middle Euphrates Valley), in: BORRELL, F., IBÀÑEZ, J. J., MOLIST, M. (eds.), *Stone Tools in Transition: from Hunter-Gatherers to Farming Societes in the Near East*, 7th Conference on PPN Chipped and Ground Stone Industries of the Fertile Crescent, Bellaterra (Barcellona), Universitad Autònoma de Barcellona, Servei de Publicacions, pp. 421-434.

MONNIER, J.-L., PÉTREQUIN, P., RICHARD, A., PÉTREQUIN, A. M., GENTIZON, A.-L., 1991 - Preparer les bois d'œuvre, in: MONNIER, J.-L., PÉTREQUIN, P., RICHARD, A., PÉTREQUIN, A. M., GENTIZON, A.-L. (sous la dir. de), *Construire une maison 3000 ans avant J.C.. Le lac de Chalain au Néolithique*, Éditions Errance, Paris, pp. 28-31.

MONNIER, J.-L., PÉTREQUIN, A. M., PRAUD, I., PÉTREQUIN, P., RICHARD, A., 1997a - Bouchardes, percuteurs et blocs-enclumes, in: PÉTREQUIN, P. (sous la dir. de), *Les sites littoraux néolitiques de Clairvaux-les-Lacs et de Chalain (Jura), III, Chalain station 3, 3200-2900 av. J.-C.*, Éditions de la Maison des Sciences de l'Homme, Paris, pp. 437-442.

MONNIER, J.-L., PÉTREQUIN, A. M., PRAUD, I., PÉTREQUIN, P., ROSSY, M., 1997b - Les polissoir, in: PÉTREQUIN, P. (sous la dir. de), *Les sites littoraux néolithiques de Clairvaux-les-lacs et de Chalain (Jura), III, Chalain 3, 3200-2900 av. J.-C.*, Éditions de la Maison des Sciences de l'Homme, Paris, pp. 447-453.

MONTAGNARI KOKELJ, E., 2001 - Pietra verde, Neolitico e Post-neolitico, Carso e Friuli (Italia nord-orientale): lo stato della questione, *Atti e Memorie della Commissione Grotte "Eugenio Boegan"*, 38, pp. 71-86.

MONTAGNARI KOKELJ, E., VITRI, S., 1989 - Palù di Livenza (Pordenone): abitato palafitticolo, *Aquileia Nostra*, 60, pp. 383-390.

MONTAGNARI KOKELJ, E., D'AMICO, C., ALBERTI, A., BERNARDINI, F., BURIĆ, M., KOMŠO, D., PRINCIVALLE, F., TEŽAK-GREGL, T., VELUŠČEK, A., 2006 - "Greenstone" shaft-hole axes of North-Eastern Italy, Slovenia, Croatia: a new research project, *Atti della XXXIX Riunione Scientifica dell'I.I.P.P.: Materie prime e scambi nella preistoria italiana* (Firenze, 25-27 novembre 2004), I, Istituto Italiano di Preistoria e Protostoria, Firenze, pp. 713-725.

MOORE, A.M.T., HILLMAN, G.C., LEGGE, A., J., 2000 - *Village on the Euphrates. From Foraging to Farming at Abu Hureira*, Oxford University Press, Oxford.

MORA, R., DE LA TORRE, I., 2005 - Percussion tools in Olduvai Beds I and II (Tanzania): Implications for early human activities, *Journal of Anthropological Archaeology*, 24, pp. 179-192.

MORELLI, N., 1901 - *Iconografia della Preistoria Ligustica*, Tipografia Regio Istituto Sordomuti, Genova.

MORERO, É., PROCOPIOU, H., 2006 - Des outils simples pour des artisan spécialisés: l'example du Quartier Mu de Malia, in: ASTRUC, L., BON, F., LEA, V., MILCENT, P.-Y., PHILIBERT, S. (eds.), *Normes techniques et pratiques sociales. De la simplicité des outillages pré- et protostoriques*, XXVIe Rencontres Internationales d'archéologie et d'histoire d'Antibes (Antibes, 20-22 octobre 2005), Éditions APDCA, Antibes, pp. 383-390.

MOSER, L., 2000 - Il sito neolitico di Lugo di Grezzana (Verona). I materiali archeologici della campagna di scavo 1993, in: PESSINA, A., MUSCIO, G. (a cura di), *La Neolitizzazione tra Oriente ed Occidente*, Atti del Convegno (Udine, 23-24 aprile 1999), Pubblicazioni del Museo Friulano di Storia Naturale, 35, Udine, pp. 125-150.

MOTTES, E. 1996 - Le sepolture neolitiche di Pederzano - Pal Alt e le tombe a cista della regione atesina, in: TECCHIATI, U. (a cura di), *Archeologia del Comun Comunale Lagarino. Storia e forme dell'insediamento dalla Preistoria al Medio Evo*, Litografia Stella, Rovereto, pp. 87-96.

MOTTES, E., 2002 - Scambio e circolazione della selce subalpina nei territori a nord delle Alpi in età preistorica, in: CIURLETTI, G., SCHNEKENBURGER, G. (a cura di), *AttraVerso le Alpi. Uomini, vie, scambi nell'antichità*, catalogo della mostra, Archäologisches Landesmuseum Baden-Württemberg, ALManach 7/8, pp. 95-105.

MOTTES, E. (a cura di), in stampa - *Vasi a bocca quadrata. Evoluzione delle conoscenze. Nuovi approcci interpretativi*, Convegno di Studi (Riva del Garda, 13-15 maggio 2009).

MOTTES, E., NICOLIS, F., 2002 - Il territorio del Trentino tra Neolitico recente ed eta del Rame: analisi e interpretazione dei dati, in: FERRARI, A., VISENTINI, P. (a cura di), *Il declino del mondo neolitico. Ricerche in Italia centro-settentrionale fra aspetti peninsulari, occidentali e nord-alpini*, Atti del Convegno (Pordenone, 5-7 aprile 2001), Quaderni del Museo Archeologico del Friuli Occidentale, 4, pp. 237-256.

MOTTES, E., NICOLIS, F., SCHLICHTHERLE, H., 2002 - Rapporti culturali tra i territori a nord e a sud delle Alpi centrali durante il Neolitico e l'eta del Rame, in: CIURLETTI, G., SCHNEKENBURGER, G. (a cura di), *AttraVerso le Alpi. Uomini, vie, scambi nell'antichità*, catalogo della mostra, Archäologisches Landesmuseum Baden-Württemberg, ALManach 7/8, pp.119-35.

MOTTES, E., ROTTOLI, M., 2006 - I resti carpologici del sito neolitico de La Vela di Trento (campagne di scavo 1975 e 1976), in: PESSINA, A., VISENTINI, P. (a cura di), *Preistoria dell'Italia settentrionale. Studi in ricordo di Bernardino Bagolini*, Atti del Convegno (Udine, 23-24 settembre 2005), pubblicazione del Museo Friulano di Storia Naturale, 53, Udine, pp. 129-142.

MOTTES, E., PETRUCCI, G., ROTTOLI, M., VISENTINI, P., 2010 - Evolution of the Square Mouthed Pottery Culture in Trentino-Alto Adige, Veneto and Friuli: Cultural, Chronological, Paleoeconomic and Environmental Aspects, *Gortania*, 31 (2009), pp. 97-124.

MOUNDREA-AGRAFIOTI, A., 2002 - Moudre et broyer dans l'espace construit d'une ville du début du Bronze récent égéen (Akrotiri, Théra), in: PROCOPIOU, H., TREUIL, R. (eds.), *Moudre et Broyer. L'interprétation fonctionnelle de l'outillage de mouture et de broyage dans la Préhistoire et l'Antiquité*, Actes de la Table Ronde internationale (Clermont-Ferrand, 30/11 - 2/12 1995), II, Éditions CTHS, Paris, pp. 93-108.

MÜLLER, J., 1991 - Die ostadriatische Impresso-Kultur: Zeitliche Gliederung und kulturelle Einbindung, *Germania*, 69, 2, pp. 311-358.

NEGRINO, F., SALZANI, P., VENTURINO GAMBARI, M., 2004 - La circolazione delle materie prime dal Neolitico all'età del Rame nel Piemonte sud-orientale, in: VENTURINO GAMBARI, M. (a cura di), *Alla conquista dell'Appennino. Le prime comunità delle valli Curone, Grue e Ossona*, Omega Edizioni, Torino, pp. 69-78.

NEUVILLE, P., 2002 - Aperçu sur le matériel de broyage de Corse, in: PROCOPIOU, H., TREUIL, R. (eds.), *Moudre et Broyer. L'interprétation fonctionnelle de l'outillage de mouture et de broyage dans la Préhistoire et l'Antiquité*, Actes de la Table Ronde internationale (Clermont-Ferrand, 30/11 - 2/12 1995), II, Éditions CTHS, Paris, pp. 57-70.

NICOUD, É., 2010 - Les chaîne opératoires sur galets en roches volcaniques et quartz dans l'industrie lithique du gisement mousterien de Champ Grand (Saint-Maurice-Sur-Loire, Loire), in: MOURRE, V., JARRY, M. (sous la dir. de), *«Entre le marteau et l'enclume...». La percussion directe au percuteur dur et la diversité de ses modalités d'application*, Actes de la Table Ronde (Toulouse, 15-17 mars 2004), Paléo, 2009-2010, numéro spécial, pp. 101-117.

NIERLÈ, M. C., 1983 - Mureybet et Cheik Hassan (Syrie): outillage de mouture et de broyage (IXe et VIIIe millénaires), *Cahiers de l'Eufrate*, 3, pp. 177-216.

NISBET, R., BIAGI, P. (a cura di), 1987 - *Balm'Chanto: un riparo sottoroccia dell'età del Rame nelle Alpi Cozie*, Archeologia dell'Italia Settentrionale, 4, Edizioni New Press, Como.

OCCHI, S., 1997 - La pietra verde levigata nelle terramare, in: BERNABÒ BREA, M., CARDARELLI, A., CREMASCHI, M. (a cura di), *Le Terramare. La più antica civiltà padana*, Catalogo della mostra, Edizioni Electa, Bologna, pp. 520-523.

ODETTI, G., 1972 - Cento anni di scavi nella grotta Pollera, *Atti della Società Savonese di Storia Patria*, 6, n. s., pp. 11-32.

ODETTI, G., 1974 - Gli strati neolitici della grotta Pollera, *Atti della XVI Riunione Scientifica dell'I.I.P.P.*, Istituto Italiano di Preistoria e Protostoria, Firenze, pp. 141-150.

ODETTI, G., 1987 - La culture matérielle du Néolithique ancien en Ligurie et ses rapports avec le midi de la France, in: GUILAINE, J., COURTIN, J., ROUDUL, J. L., VERNET, J. L. (sous la dir. de), *Premiéres communautés paysannes en Méditerranée occidentale*, Actes du Colloque International du CNRS (Montpellier, 26-27 avril 1983), Édition du CNRS, Paris, pp. 475-478.

ODETTI, G., 1988 - Saggio nei livelli neolitici della Grotta Pollera, *Rivista Ingauna e Intemelia*, 45, n. s. (1-4), pp. 109-145.

OEGGL, K., 1994 - Cereali della preistoria e della protostoria nelle Alpi centrali, in: FORNI, G. (a cura di), *Il grano e le macine. La macinazione di cereali in Alto Adige dall'Antichità al Medioevo*, Catalogo della mostra, Museo Provinciale di Castel Tirolo, Tirolo, pp. 37-50.

OEGGL, K., SPLINDLER, K., 2000 - Ein weiterer Neolithischer Beilholm vom Hauslabjoch, *Archäologisches Korrespondenzblatt*, 30, 1, pp. 53-60.

OROZCO-KÖLLER, T., 2000 - *Aprovisionamento e interscambio, Análisis petrológico del utillaje pulimentado en la Prehistoria Reciente del País Valenciano (España)*, BAR International Series 867, BAR Publishing, Oxford.

OSIPOWICZ, G., BOTH, F., 2006 - Drilling through stone axes, Experimentelle Archäologie in Europa, *Bilanz 2005*, 4, pp. 115-121.

OTTOMANO, C., 1998 - Suoli e uso del suolo nel Neolitico dell'Italia nord-orientale. Il contributo della micromorfologia, in: PESSINA, A., MUSCIO, G. (a cura di), *Settemila anni fa... il primo pane. Ambienti e culture delle società neolitiche*, catalogo della mostra, Museo Friulano di Storia Naturale, Udine, pp. 147-158.

OTTOMANO, C., 2009 - Caratteristiche micromorfologiche della successione stratigrafica neolitica del Riparo di Pian del Ciliegio, *Quaderno del Museo Archeologico del Finale*, 5, pp. 131-140.

PASA, A., 1956 - Nuovi indici paleoclimatici nel deposito di Quinzano (Veronese), Estratto dagli *Atti dell'Accademia di Agricoltura, Scienze e Lettere di Verona*, serie 6, 6, pp. 39-59.

PATAY, P., 1984 - *Die Kupferzeitliche Meißel, Beile und Äxte in Ungarn*, Prähistorische Bronzefunde IX, 15, C. H. Beck, München.

PEARCE, M., 2013 - *Rethinking the North Italian Early Neolithic*, Accordia Specialist Studies on Italy, 17, Accordia Research Institute, University of London.

PEDROTTI, A., 1986 - I rinvenimenti neolitici nel bacino di Fimon, in: BARFIELD, L. H., BROGLIO, A. (a cura di), *L'insediamento neolitico di Fimon Molino Casarotto nelle Valli di Fimon (Colli Berici, Vicenza)*, Accademia Olimpica, Vicenza, pp. 35-45.

PEDROTTI, A., 1990 - L'abitato neolitico de La Vela di Trento, *Die ersten Bauern, Schweizerisches Landesmuseum Zürich*, 2, pp. 219-224.

PEDROTTI, A., 1996a - La pietra levigata nei corredi delle sepolture neolitiche dell'Italia settentrionale, in: VENTURINO GAMBARI, M. (a cura di), *Le vie della pietra verde. L'industria litica levigata nella preistoria dell'Italia settentrionale*, catalogo della mostra, Omega Edizioni, Torino, pp. 150-164.

PEDROTTI, A., 1996b - L'insediamento di Kanzianiberg: rapporti culturali tra Carinzia ed Italia settentrionale durante il Neolitico, in: BIAGI, P. (ed.), *The Neolithisation of the Alpine Region*, International Round Table (Brescia 29 April - 1 May 1988), Monografie di Natura Bresciana, 13, Brescia, pp. 213-226.

PEDROTTI, A., 2001 - Il Neolitico, in: LANZINGER, M., MARZATICO, F., PEDROTTI, A. (a cura di), *Storia del Trentino. La Preistoria e la Protostoria*, 1, Bologna, Il Mulino, pp. 119-181.

PEDROTTI, A., 2002 - Neolitico Antico, in: ASPES, A. (a cura di), *Preistoria veronese. Contributi e aggiornamenti*, Memorie del Museo Civico di Storia Naturale di Verona, Sezione Scienze dell'Uomo, 5, pp. 59-67.

PEDROTTI, A., CAVULLI, F., MIORELLI, A., 2000 - Lugo di Grezzana (Verona). Insediamento neolitico della Cultura di Fiorano: l'industria ceramica del settore IX, in: PESSINA, A., MUSCIO, G. (a cura di), *La Neolitizzazione tra Oriente ed Occidente*, Atti del Convegno (Udine, 23-24 aprile 1999), Pubblicazioni del Museo Friulano di Storia Naturale, 35, Udine, pp. 111-124.

PELLEGRINI, G., 1875 - *Officina preistorica con armi e utensili di selce, avanzi umani ed animali e frammenti di stoviglie scoperta a Rivole Veronese*, Franchini, Verona.

PELLIZZARI, S., 2014-15 - *"Scavando" tra archivi, musei... e torbe. Restituzione della Collezione Trevisiol al Museo Naturalistico Archeologico di Vicenza. Censimento, analisi e studio dei materiali*, Tesi di Laurea Magistrale, Università degli Studi di Ferrara.

PERETTO, C., TAFFARELLI, C., 1973 - Un insediamento del Neolitico recente al Palù di Livenza (Pordenone), *Rivista di Scienze Preistoriche*, 28, 1, pp. 235-260.

PERINI, R., 1987 - *Scavi archeologici nella zona palafitticola di Fiavè-Carera, Campagne 1969-1976*, Parte 2 - Resti della cultura materiale: metallo, osso, litica, legno, Patrimonio Storico e artistico del Trentino, 9, pp. 297-305.

PERINI, M., 2011 - *Sulle sponde dell'antico Koùsios. Le tracce dell'uomo nel territorio di Casalmoro e del Basso Chiese dalle origini ai Celti*, Sometti, Mantova.

PERLÈS, C., 2001 - *The Early Neolithic in Greece*, Cambrige University Press, Cambrige.

PESSINA, A., 1998a - Aspetti culturali e problematiche del Primo Neolitico dell'Italia settentrionale, in: PESSINA, A., MUSCIO, G. (a cura di), *Settemila anni fa... il primo pane. Ambienti e culture delle società neolitiche*, catalogo della mostra, Museo Friulano di Storia Naturale, Udine, pp. 95-106.

PESSINA, A., 1998b - Le strutture accessorie: silos e sistemi di stoccaggio sotterranei. Alcuni esempi dalla Preistoria al Medioevo, *Archeologia dell'Italia settentrionale*, 7, pp. 63-76.

PESSINA, A., 2000 - Il primo neolitico dell'Italia settentrionale. Problemi generali, in: PESSINA, A., MUSCIO, G. (a cura di), *La Neolitizzazione tra Oriente ed Occidente*, Atti del Convegno (Udine, 23-24 aprile 1999), Pubblicazioni del Museo Friulano di Storia Naturale, 35, Udine, pp. 81-90.

PESSINA, A., 2006 - Nuovi dati sugli aspetti culturali del Primo Neolitico in Friuli e sui rapporti con l'Adriatico orientale in: PESSINA, A., VISENTINI, P. (a cura di), *Preistoria dell'Italia settentrionale. Studi in ricordo di Bernardino Bagolini*, Atti del Convegno (Udine, 23-24 settembre 2005), pubblicazione del Museo Friulano di Storia Naturale, 53, Udine, pp. 279-302.

PESSINA, A., ROTTOLI M., 1996 - New Evidence on the Earliest Farming Cultures in Northern Italy: Archaeological and Palaeobotanical Data, *Poročilo o raziskovanju paleolita, neolita in eneolita v Sloveniji*, 23, pp. 77-103.

PESSINA, A., FERRARI, A., FONTANA, A., 1998 - Le prime popolazioni agricole del Friuli, in: PESSINA, A., MUSCIO, G. (a cura di), *Settemila anni fa... il primo pane. Ambienti e culture delle società neolitiche*, catalogo della mostra, Museo Friulano di Storia Naturale, Udine, pp. 133-146.

PESSINA, A., D'AMICO, C., 1999 - L'industria in pietra levigata del sito neolitico di Sammardenchia (Pozzuolo del Friuli, Udine). Aspetti archeologici e petroarcheometrici, in: FERRARI, A., PESSINA, A. (a cura di), *Sammardenchia-Cueis: contributi per la conoscenza di una comunità di primo neolitico*, Edizioni del Museo Friulano di Storia Naturale, pubblicazione n. 41, Udine, pp. 23-92.

PESSINA, A., BASTIANI, G., DELLA BIANCA, B., TONDELLA, L., 2006 - Nuove segnalazioni di industrie in pietra levigata dal Friuli, in: PESSINA, A., VISENTINI, P. (a cura di), *Preistoria dell'Italia settentrionale. Studi in ricordo di Bernardino Bagolini*, Atti del Convegno (Udine, 23-24 settembre 2005), pubblicazione del Museo Friulano di Storia Naturale, 53, Udine, pp. 429-436.

PÉTREQUIN, P. (sous la dir. de), 1997 - *Les sites littoraux néolithique de Clairvaux-les-Lacs et de Chalain (Jura)*, Éditions de La Maison des Sciences de l'Homme, Paris.

PÉTREQUIN, A. M., PÉTREQUIN, P., 1988 - *Le Néolithique des lacs. Préhistoire des lacs de Chalain et de Clairvaux (4000-2000 av. J.C.)*, Éditions Errance, Paris.

PÉTREQUIN, P., JEUNESSE, C., 1995 - *La hache de pierre. Carrières vosgiennes de lames polies pedant le Néolithique (5400-2100 av. J.C.)*, Éditions Errance, Paris.

PÉTREQUIN, A. M., PÉTREQUIN, P., RICHARD, A., ROSSY, M., 1997 - Meules et broyons, in: PÉTREQUIN, P. (sous la dir. de), *Les sites littoraux néolithiques de Clairvaux-les-lacs et de Chalain (Jura), III, Chalain 3, 3200-2900 av. J.-C.*, Éditions de la Maison des Sciences de l'Homme, Paris, pp. 443-446.

PÉTREQUIN, P., PÉTREQUIN, A. M., CASSEN, S., 1998 - Les longues lames polies des élites, *La Recherche*, 312, pp. 70-75.

PÉTREQUIN, P., PÉTREQUIN, A. M., 2000 - *Écologie d'un outil: la hache de pierre en Irian Jaya (Indonésie)*, CNRS Editions, Paris.

PÉTREQUIN, P., CASSEN, S., CROUTSCH, C., ERRERA, M., 2002 - La valorisation sociale des longues haches dans l'Europe Néolihique, in: GUILAINE, J. (ed.), *Matériaux, production, circulation du Néolithique à l'Age du Bronze*, Éditions Errance, Paris, pp. 67-98.

PÉTREQUIN, P., PÉTREQUIN, A. M., ERRERA, M., CASSEN, S., CROUTSCH, C., KLASSEN, L., ROSSY, M., GARIBALDI, P., ISETTI, E., ROSSI, G., DELCARO, D., 2006a - Produzione e circolazione delle asce in rocce alpine nel Neolitico dell'Europa occidentale. Verso un approccio multidisciplinare, *Atti della XXXIX Riunione Scientifica dell'I.I.P.P.: Materie prime e scambi nella preistoria italiana* (Firenze, 25-27 novembre 2004), II, Istituto Italiano di Preistoria e Protostoria, Firenze, pp. 629-639.

PÉTREQUIN, P., PÉTREQUIN, A. M., ERRERA, M., CASSEN, S., CROUTSCH, C., 2006b - Complexité technique et valorisation sociale: haches polies de Nuovelle-Guinée et du Neolithique Alpin, in: ASTRUC, L., BON, F., LEA, V., MILCENT, P.-Y., PHILIBERT, S. (eds.), *Normes techniques et pratiques sociales. De la simplicité des outillages pré- et protostoriques*, XXVIe Rencontres Internationales d'archéologie et d'histoire d'Antibes (Antibes, 20-22 octobre 2005), Éditions APDCA, Antibes, pp. 419-433.

PÉTREQUIN, P., PÉTREQUIN, A. M., ERRERA, M., CASSEN, S., CROUTSCH, C., DUFRAISE, A., GAUTHIER, E., ROSSY, M., 2007 - *Le carrières Néolithique du Mont Viso (Piémont, Italie). Chronologie et conditions d'exploitation*, Actes du XIe Colloque sur les Alpes dans l'antiquité (Campsec Val de Bagne Valais-Suisse, 15-17 septembre 2006), Bulletin d'études prehistoriques et archeologiques alpines, 28, pp. 167-188.

PÉTREQUIN, P., PÉTREQUIN, A. M., ERRERA, M., 2008a - Oncino. Produzione di asce neolitiche nel massiccio del Monviso, *Quaderni della Soprintendenza Archeologica del Piemonte*, 23, pp. 210-220.

PÉTREQUIN, P., PÉTREQUIN, A. M., ERRERA, M., JAIME RIVERON, O., BAILLY, M., GAUTHIER, E., ROSSI, G., 2008b - Premiers épisodes de la fabrication des longues haches alpines: ramassage des galets or choc termique sur des blocs?, *Bulletin de la Société Préhistorique Française*, 105, 2, pp. 309-334.

PÉTREQUIN, A. M., PÉTREQUIN, P., 2012 - Les modèles ethnoarchéologique de Nouvelle-Guinée, in: PÉTREQUIN., P., CASSEN., S., ERRERA, M., KLASSEN, L., SHERIDAN, A., PÉTREQUIN, A. M., (sous la dir. de), *JADE Grandes haches alpines du Néolithique européen, V[e] et IVe millénaires av. J.-C.*, Les Cahiers de la MSHE Ledoux, 17, Séries Dynamiques territoriales, 6, 1, Presses universitaries de Franche-Comté, Besançon, pp. 27-44.

PÉTREQUIN, P., BONTEMPS, C., BUTHOD-RUFFIER, D., LE MAUX, N., 2012 - Approche expérimentale de la production des haches alpines, in: PÉTREQUIN, P., CASSEN, S., ERRERA, M., KLASSEN, L., SHERIDAN, A., PÉTREQUIN, A. M. (sous la dir. de), *JADE Grandes haches alpines du Néolithique européen, V[e] et IVe millénaires av. J.-C.*, Les Cahiers de la MSHE Ledoux, 17, Séries Dynamiques territoriales, 6, 1, Presses universitaries de Franche-Comté, Besançon, pp. 258-291.

PÉTREQUIN, P., CASSEN, S., CHEVILLOT, C., ERRERA, M., PAILLER, Y., PÉTREQUIN, A. M., PRICHYSTAL, A., PRODÉO, F., 2015 - La production des anneaux-disques alpinis pedant le VIe et V[e] millénaires av. J.-C. et le Mont Viso, in: REY, P.-J., DUMONT, A., *L'homme et son environnement: des lacs, des montagnes et des rivières*, Bulles d'archéologie offertes à André Marguet, Revue d'Archéologie de l'Est, supplément RAE 40, Dijon, pp . 259-302.

PETRUCCI, G., 2005 - La fauna, in: VISENTINI, P. (a cura di), *Bannia - Palazzine di Sopra. Una comunità preistorica del V millennio a.C.*, Quaderni del Museo Archeologico del Friuli Occidentale, V, pp. 146-170.

PETRUCCI, G., RIEDEL, A., 1998 - La domesticazione degli animali e le prime faune domestiche del primo neolitico dell'Italia settentrionale, in: PESSINA, A., MUSCIO, G. (a cura di), *Settemila anni fa... il primo pane. Ambienti e culture delle società neolitiche*, catalogo della mostra, Museo Friulano di Storia Naturale, Udine, pp. 25-33.

PHILIBERT, S., 1993 - Quelle interprétation fonctionelle pour les grattoirs ocrés de la Balma Margineda (Andorre), in: ANDERSON, P. C., BEYRIES, S., OTTE, M., PLISSON, H. (sous la dir. de), *Traces et fonction: le gestes retrouvés*, Actes du colloque international (Liège, 8-10 décembre 1990), Éditions ERAUL, 50, Lyon, pp. 131-137.

PIGORINI, L., 1866 - Discussioni agitate nel 1865 intorno a fatti particolari o alla scienza in genere della Paleoetnologia, *Annuario Scientifico e Industriale*, 2, pp. 238-246.

PIPER, L., 2010 - Born to be wild? The problems with Pigs in the North Italian Neolithic: a re-analysis of the animal bone assemblage from Rocca di Rivoli, in: DALLA RIVA, M. (a cura di), *Alle origini del territorio di Rivoli. Contributi alla scoperta della paleontologia e archeologia di Rivoli Veronese*, Atti della giornata di Studi (Rivoli, 17 maggio 2008), Redaprint Arti Grafiche, pp. 31-44.

PIPERNO, D., WEISS, E., HOLST, I., NADEL, D., 2004 - Processing of wild cereal grains in the Upper Palaeolithic revealed by starch grain analysis, *Nature*, 430, pp. 670-673.

PLUCIENNIK, M., 1997 - Radiocarbon Determinations and the Mesolithic-Neolithic Transition in Southern Italy, *Journal of Mediterranean Archaeology*, 10, 2, pp. 115-150.

PORTILLO, M., ROSEN, A., WEINSTEIN-EVRON, M., 2010 - Natufian plant uses at el-Wad terrace (Mount Carmel, Israel): the phytolith evidence, *Eurasian Prehistory*, 7, 1, pp. 99-112.

PORTILLO, M., BOFILL, M., MOLIST, M., ALBERT, M. R., 2013 - Phytolith and use-wear functional evidence for grinding stones from the Near East, in: ANDERSON, P. C., CHEVAL, C., DURANS, A. (eds.), *Regards croisés sur les outils liés au travail des végétaux, an interdisciplinary focus on plant-working tools*, XXXIIIe Rencontres Internationales d'Archéologie et d'Histoire d'Antibes (Antibes, 23-25 octobre), Éditions APDCA, Antibes, pp. 205-218.

PROCOPIOU, H., 2004 - Le broyage des matières minérales: l'apport de la tribologie à l'identification de la transformation des matières minérales, *Dossiers d'Archéologie*, La Tribologie, 290, pp. 58-61.

PROCOPIOU, H., JAUTEE, E., VANGIOLU, R., ZAHOUNI, H., 1998 - Petrographic and use-wear analysis of a quern from Syvritos Kephala, in: FACCHINI, F., PALMA DE CESNOLA, A., PIPERNO, M., PERETTO, C. (sous la dir. de), Actes du XIIIeme Congres de l'U.I.S.P.P. (Forlì 8-14 settembre 1996), 6, ABACO Edizioni, Forlì, pp. 1183-1192.

PROCOPIOU, H., ANDERSON, P., FORMENTI, F., JUAN, J. T., 2002 - Étude des matières transformées sur les outils de mouture: identification des résidus et des traces d'usure par analyse chimique et par observations en microscopie optique et életronique, in: PROCOPIOU, H., TREUIL, R. (eds.), *Moudre et Broyer. L'interprétation fonctionnelle de l'outillage de mouture et de broyage dans la Préhistoire et l'Antiquité*, Actes de la Table Ronde internationale (Clermont-Ferrand, 30/11 - 2/12 1995), I - Méthodes, Éditions CTHS, Paris, pp. 111-127.

RADI, G., 1995 - Osservazioni sulla Ceramica Impressa abruzzese marchigiana, in: *Miscellanea in memoria di Giuliano Cremonesi*, ETS, Pisa, pp. 129-156.

RAK, O., 2011 - *The Rhyton from Danilo. Structure and symbolism of a Middle Neolithic cult-vessel*, Oxbow Books, Oxford and Oakville.

RANDLE, K., BARFIELD, L. H., BAGOLINI, B., 1993 - Recent Italian Obsidian Analyses, *Journal of Archaeological Sciences*, 20, 5, pp. 503-510.

REVEDIN, A., ARANGUREN, B., BECATTINI, R., LONGO, L., MARCONI, E., MARIOTTI LIPPI, M., SINITSYNF, A., SPIRIDONOVAG, E., 2009 - Alimenti vegetali a Bilancino e a Kostienki 16: il progetto dell'IIPP "Le risorse vegetali nel Paleolitico", *Rivista di Scienze Preistoriche*, 59, pp. 63-75.

REVEDIN, A., ARANGUREN, B., BECATTINI, R., LONGO, L., MARCONI, E., MARIOTTI LIPPI, M., SKAKUN, N., SINITSYNF, A., SPIRIDONOVAG, E., SVOBODAH, J., 2010 - Thirty thousand-year-old evidence of plant food Processing, *Proceedings of the Nathional Academy of Sciences of the United States of America*, 107, 44, pp. 18815-18819.

RICHARD, C., 1941-42 - Scavi nell'Arma dell'Aquila a Finale Ligure. Prima relazione, *Bullettino di Paletnologia Italiana*, n. s., 5-6, pp. 43-101.

RICQ-DE BOUARD, M., 1996 - *Petrographie et sociétés néolithiques en France méditerranéenne. L'outillage en pierre polie*, Monographie du Centre du Recerches Archeologiches, 16, CNRS Éditions, Paris.

RICQ-DE BOUARD, M., BURET, C., 1987 - Traces superficielles et emmanchement. Premières observations sur l'outillage lithique poli du Néolithique du Sud Méditerranéen de la France, avec quelche références au matériel du Néolithique d'Auvernier, in: STORDEUR, D. (sous la dir. de), *La main et l'outil. Manches et emmanchements préhistoriques*, Table Ronde C.N.R.S. (Lyon, 26-29 novembre 1984), Travaux de la Maison de l'Orient, 15, II, Lyon, pp. 177-184.

RICQ-DE BOUARD, M., COMPAGNONI, R., DESMONS, J., FEDELE, F., 1990 - Les roches alpines dans l'outillage poli néolithique de la France Méditerranéenne. Classification, origine, circulation, *Gallia Préhistoire*, 32, pp. 125-149.

RICQ-DE BOUARD, M., FEDELE, F., 1993 - Neolithic Rock Resources across the Western Alps: Circulation Data and Models, *Geoarchaeology*, 8, 1, pp. 1-22.

RIEDEL, A., 1948 - La fauna olocenica delle torbiere dei Colli Berici, *Bollettino della Società Adriatica di Scienze Naturali*, 44, pp. 1-41.

RIEDEL, A., 1981 - La fauna di Spilamberto S. Cesario, in: BAGOLINI, B. (a cura di), *Il Neolitico e l'Età del Rame. Ricerche a Spilamberto e a S. Cesario (1977-1980)*, Arti Grafiche Tamari, Bologna, pp. 135-138.

RIEDEL, A., 1995 - Nogara, Scavo di pozzetti neolitici in località Olmo. La fauna neolitica, *Quaderni di Archeologia del Veneto*, 11, pp. 56-63.

RIEDEL, A., 1990 - Remarks on some neolithic faunas of North-eastern Italy and on the neolithisation process, in: BIAGI, P. (ed.), *The Neolithisation of the Alpine Region*, International Round Table (Brescia 29 April - 1 May 1988), Monografie di Natura Bresciana, 13, Brescia, pp. 139-146.

RIODA, V., 2010 - Caratteri geologici e paleoambientali del territorio rivolese, in: DALLA RIVA, M. (a cura di), *Alle origini del territorio di Rivoli. Contributi alla scoperta della paleontologia e archeologia di Rivoli Veronese*, Atti della giornata di Studi (Rivoli, 17 maggio 2008), Redaprint Arti Grafiche, pp. 13-17.

RISCH, R., 2003 - Los artefactos macrolíticos del yacimiento del Puig Morter de Son Ferragut, in: CASTRO-MARTÌNEZ, P.V., ESCORIZA-MATEU, T., SANAHUJA, M. E. (a cura di), *Mujeres y Hombres en Espacios Domésticos: Trabajo y Vida Social en la Prehistoria de Mallorca (c. 700-500 cal ANE). El Edificio Alfa del Puig Morter de Son Ferragut (Sineu, Mallorca)*, BAR International Series 1162, BAR Publishing, Oxford, pp. 306-319.

RISCH, R., 2008 - From production traces to social organization: Towards an epistemology of functional analysis, in: LONGO, L., SKAKUN, N. (eds.), *"Prehistoric Technology" 40 years later: Functional studies and the russian legacy*, BAR International Series 1783, BAR Publishing, Oxford, pp. 519-527.

RISCH, R., 2011 - Social and economic organisation of stone axe production and distribution in the western Mediterranean, in: DAVIS, V., EDMONDS, M. (eds.), *Stone Axes Studies III*, Oxbow Books, Oxford, pp. 99-118.

ROSENBERG, D., KAUFMAN, D., YESHURUN, R., WEINSTEIN-EVRON, M., 2012 - The broken record: the Natufian groundstone assemblage from el-Wad terrace (Mount Carmel, Israel). Attributes and their interpretation. *Eurasian Prehistory*, 9, 1-2, pp. 93-128.

ROTTOLI, M., 2000 - Nascita e sviluppo dell'agricoltura in Italia settentrionale. I nuovi dati archeobotanici, in: PESSINA, A., MUSCIO, G. (a cura di), *La Neolitizzazione tra Oriente ed Occidente*, Atti del Convegno (Udine, 23-24 aprile 1999), Pubblicazioni del Museo Friulano di Storia Naturale, 35, Udine, pp. 91-98.

ROTTOLI, M., 2005 - Un nuovo frumento vestito nei siti neolitici del Friuli Venezia Giulia (Italia nord orientale), *Gortania*, 26, pp. 67-78.

ROTTOLI, M., CASTIGLIONI, E., 2009 - Prehistory of plant growing and collecting in Northern Italy, based on seed remains from the Early Neolithic to the Chalcolithic (c. 5600-2100 Cal B.C.), *Vegetation History and Archaeobotany*, 18, 1, pp. 91-103.

ROTTOLI, M., REGOLA, E., 2014 - L'agricoltura in Italia nel V millennio a.C.: nuovi dati e vecchi problemi, in: BERNABÒ BREA, M., MAGGI, R., MANFREDINI, A. (a cura di), *Il pieno sviluppo del Neolitico in Italia*, Atti del Convegno (Finale Ligure, 8-10 giugno 2009), Rivista di Studi Liguri, 75/79 (2011-2013), Bordighera, pp. 55-62.

ROUSSOT-LARROQUE, J., 1990 - Inventaire des bracelets, in: CAHEN, D., OTTE, M. (sous la dir. de), *Rubané et Cardial*, Actes du Colloque (Liège, novembre 1988), ERAUL, 39, Lyon, pp. 361-381.

ROUX, V., 1985 - *Le matériel de broyage. Etude ethnoarchéologique à Tichitt (R. I. Mauritanie)*, Éditions Recherche sur les Civilisations, Memoire n. 58, Paris.

ROWAN, Y. M., EBELING, J. R. (eds.), 2008 - *New Approaches to old stones: recent studies of ground stone artefacts*, Approaches to Anthropological Archaeology, Equinox, London and Oakville.

ROWLEY-CONWY, P., 1995 - Wild or domestic? On the evidence for the Earliest Domestic Cattle and Pigs in South Scandinavia and Iberia, *International Journal of Osteoarchaeology*, 5, pp. 115-126.

ROWLEY-CONWY, P., 1997 - The animal bones from Arene Candide, in: MAGGI, R. (ed.), *Arene Candide: A Functional and Environmental Assessment of the Holocene Sequence. Excavations Bernabo Brea-Cardini (1940-1950)*, Monografie dell'Istituto Italiano di Paleontologia Umana, n. s., 5, Il Calamo, Roma, pp. 31-52.

ROWLEY-CONWY, P., 2001 - Time, change and the archaeology of hunter-gatherers: how original is the 'Original Affluent Society'?, in: PANTER-BRICK, C., LAYTON, R. H., ROWLEY-CONWY, P. (eds.), *Hunter-gatherers an Interdisciplinary perspective*, Cambridge University Press, Cambridge, pp. 39-72.

SALZANI, L., 1986 - Rassegna dei ritrovamenti preistorici nella Valdadige meridionale, *Annuario Storico della Valpolicella*, 1985-86, pp. 53-78.

SALZANI, L., 1996 - Industria in pietra levigata negli abitati dell'età del Bronzo del Veneto occidentale, in: VENTURINO GAMBARI, M. (a cura di), *Le vie della pietra verde. L'industria litica levigata nella preistoria dell'Italia settentrionale*, catalogo della mostra, Omega Edizioni, Torino, pp. 144-149.

SALZANI, L., 2002a - L'abitato del Neolitico Recente di Gazzo Veronese località Scolo Gelmina, in: ASPES, A. (a cura di), *Preistoria veronese. Contributi e aggiornamenti*, Memorie del Museo Civico di Storia Naturale di Verona, Sezione Scienze dell'uomo, 5, pp. 80-81.

SALZANI, L., 2002b - L'abitato del Neolitico Recente di Gazzo Veronese località Scolo Gelmina, in: FERRARI, A., VISENTINI, P. (a cura di), *Il declino del mondo neolitico. Ricerche in Italia centro-settentrionale fra aspetti peninsulari, occidentali e nord-alpini*, Atti del convegno (Pordenone 5-7 aprile 2001), Quaderni del Museo Archeologico del Friuli occidentale, Pordenone, 4, pp. 515-520.

SALZANI, L., 2002c - Gazzo Veronese località Ponte Nuovo. Due pozzetti della Cultura dei vasi a bocca quadrata di Stile menadro-spiralico, in: ASPES, A. (a cura di), *Preistoria veronese. Contributi e aggiornamenti*, Memorie del Museo Civico di Storia Naturale di Verona, Sezione Scienze dell'uomo, 5, pp. 82.

SALZANI, L., 2002d - Il sito del Neolitico Recente di Gazzo Veronese loc. Scolo Gelmina, in: FERRARI, A., VISENTINI, P. (a cura di), *Il declino del mondo neolitico. Ricerche in Italia centro-settentrionale fra aspetti peninsulari, occidentali e nord-alpini*, Atti del Convegno (Pordenone, 5-7 aprile 2001), Quaderni del Museo Archeologico del Friuli Occidentale, 4, pp. 517-521.

SAMMARTINO, F., 2006 - Asce-martello forate dal territorio livornese, *Quaderno del Museo di Storia Naturale di Livorno*, 19, pp. 5-12.

SANTALLIER, D., CARON, V., GISCLON, J.-L., JAUTEE, É., RANTSORDAS, S., 2002 - Les qualités mécaniques des matériaux lithiques utilisés pour la confection du matériel de broyage et de mouture. Riflexions préliminaires, in: PROCOPIOU, H., TREUIL, R. (eds.), *Moudre et Broyer. L'interprétation fonctionnelle de l'outillage de mouture et de broyage dans la Préhistoire et l'Antiquité*, Actes de la Table Ronde internationale (Clermont-Ferrand, 30/11 - 2/12 1995), I - Méthodes, Éditions CTHS, Paris, pp. 15-29.

SAURO, U. 1992 - Dal ghiacciaio al fiume, in: TURRI, E., RUFFO, S. (a cura di), *L'Adige. Il fiume, gli uomini, la storia*, Cierre Edizioni, Verona, pp. 23-60.

SAURO, U., 2002 - The Monti Berici: a Peculiar Type of Karst in the Southern Alps, *Acta Carsologica*, 6, pp. 99-114.

SCHNEIDER, J. S., 2002 - Milling Tool Design, Stone Texture, and Function, in: PROCOPIOU, H., TREUIL, R. (eds.), *Moudre et Broyer. L'interprétation fonctionnelle de l'outillage de mouture et de broyage dans la Préhistoire et l'Antiquité*, Actes de la Table Ronde internationale (Clermont-Ferrand, 30/11 - 2/12 1995), I - Méthodes, Éditions CTHS, Paris, pp. 31-53.

SCHOUMACKER, A., 1993 - Apports de la technologie et de la pétrographie pour la caractérisation des meules, in: ANDERSON, P. C., BEYRIES, S., OTTE, M., PLISSON, H. (sous la dir. de), *Traces et fonction: le gestes retrouvés*, Actes du colloque international (Liège, 8-10 décembre 1990), Éditions ERAUL, 50, Lyon, pp. 163-176.

SEBESTA, G., 1977 - *La via dei mulini. Dall'esperienza della macinatura all'arte di macinare (molinologia)*, Museo Provinciale degli Usi e dei Costumi della Gente Trentina, S. Michele all'Adige, Arti Grafiche Saturnia s.a.s, Trento.

SÉFÉRIADES, M., 1995 - La Grèce, in: KOZŁOWSKI, J. (sous la dir. de), *Atlas de Néolithique Européen. L'Europe orientale*, ERAUL, 45, I, Lyon, pp. 7-60.

SELLET, F., 1993 - Chaîne opératoire, the concept and its application, *Lithic Technology*, 18, p. 106-112.

SEMENOV, S. A., 1964 - *Prehistoric Technology. An Experimental Study of the oldest Tools and Artefacts from traces of Manufacture and Wear*, Adams&Dart, Bath.

SESTIER, C., 2001a - De la reproduction de tranchets et ciseaux néolithiques à la production d'hypothèses testables, in: BOURGUIGNON, L., ORTEGA, I., FRÈRE-SAUTOT, M.-C. (sous la dir. de), *Préhistoire et approche expérimentale*, Éditions Monique Mergoil, Montagnac, pp. 187-199.

SESTIER, C., 2001b - Évalutation de l'aptitude fonctionnelle du tranchet néolithique pour le travail du bois, in: BOURGUIGNON, L., ORTEGA, I., FRÈRE-SAUTOT, M.-C. (sous la dir. de), *Préhistoire et approche expérimentale*, Éditions Monique Mergoil, Montagnac, pp. 267-280.

SHACKLETON, J. C., VAN ANDEL, T. H., 1985 - Late Paleolithic and Mesolithic coastlines of the Western Mediterranean, *Cahiers Ligure de Préhistoire et de Protohistorie*, 2, pp. 7-19.

SHAHAM, D., BELFER-COHEN, A., 2013 - Incised slabs from Hayonim cave: a methodological case study for reading Natufian art, in: BORRELL, F., IBÀÑEZ, J. J., MOLIST, M. (eds.), *Stone Tools in Transition: from Hunter-Gatherers to Farming Societes in the Near East*, 7th Conference on PPN Chipped and Ground Stone Industries of the Fertile Crescent, Universitad Autònoma de Barcellona, Servei de Publicacions, Bellaterra (Barcellona), pp. 407-420.

SHOTTON, F. W., BLUNDELL, D. J., WILLIAMS, R. E. G., 1970 - Birmingham University Radiocarbon Dates IV, *Radiocarbon*, 12, 2, pp. 385-399.

SHOTTON, F. W., WILLIAMS, R. E. G., 1973 - Birmingham University Radiocarbon Dates VI, *Radiocarbon*, 15, 1, pp. 1-12.

SIGAUT, F., 1991 - Un couteau ne sert pas à couper mais en coupant. Structure, fonctionnement et fonction dans l'analyse des objets, in: PERLÈS, C. (ed.), *25 ans d'études technologiques en préhistoire. XIe Rencontres Internationales d'Archéologie et l'Histoire d'Antibes (Antibes, 18-20 octobre)*, Juan-les-Pins, éditions APDCA, pp. 21-34.

SILVESTRINI, M., PIGNOCCHI, M., 1998 - La neolitizzazione lungo l'Adriatico: le Marche, in: PESSINA, A., MUSCIO, G. (a cura di), *Settemila anni fa... il primo pane. Ambienti e culture delle società neolitiche*, catalogo della mostra, Museo Friulano di Storia Naturale, Udine, pp. 71-78.

SILVESTRINI, M., PIGNOCCHI, M., 2000 - Il primo neolitico nelle Marche: considerazioni e riflessioni alla luce di recenti acquisizioni, in: PESSINA, A., MUSCIO, G. (a cura di), *La Neolitizzazione tra Oriente ed Occidente*, Atti del Convegno (Udine, 23-24 aprile 1999), Pubblicazioni del Museo Friulano di Storia Naturale, 35, Udine, pp. 341-354.

ŠIMEK, M., DRAŽEN, K., PAUNOVIĆ, M., 2002 - Eneolitičkee glačane kamene alatke iz špilje vindije (sz Hrvatska), *Opuscula Archaeologica*, 26, pp. 39-54.

SIMONE ZOPFI, L., 2004a - La neolitizzazione nell'Oltrepò pavese, in: VENTURINO GAMBARI, M., (a cura di), *Alla conquista dell'Appennino. Le prime comunità delle valli Curone, Grue e Ossona*, Omega Edizioni, Torino, pp. 89-94.

SIMONE ZOPFI, L., 2004b - Rivanazzano (PV), Località La Cascinetta. Sondaggi nell'area dell'officina di asce in pietra verde, *Notiziario* 2001-2002, Milano, Sovrintendenza Archeologica della Lombardia, pp. 25-26.

SKEATES, R., 2002 - Axe Aesthetics: stone axes and visual culture in prehistoric Malta, *Oxford Journal of Archaeology*, 21, 1, pp. 13-22.

SKEATES, R., WHITEHOUSE, R., 1994 - *Radiocarbon Dating and Italian Prehistory*, Accordia Specialist Studies on Italy, 3, London.

SORRENTINO, C., 2009 - Il materiale osteologico animale del Riparo di Pian del Ciliegio, *Quaderni del Museo Archeologio del Finale*, 5, pp. 107-115.

SPATARO, M., 2001 - An interpretative approach to the prehistory of the Edera Cave in the Trieste Karts (Northeastern Italy): the archaeology of the ceramic assemblage, *Accordia Research Papers*, 8, pp. 83-99.

SPATARO, M., 2002 - *The Fisrt Farming Communities of the Adriatic: Pottery Production and Circulation in the Early and Middle Neolithic*, Società per la Preistoria e Protostoria della Regione Friuli-Venezia Giulia, Quaderno 9, Trieste.

SPERL, G., 1992 - Das Beil vom Hauslabjoch, in: HÖPFEL, F., PLATZER, W., SPLINDLER, K. (eds.), *Der Man im Eis*, Band 1, Berich über das Internationale Symposium, Veröffentlichungen der Universität Innsbruch 187, Innsbruch, pp. 61-66.

STARNINI, E., 1994 - L'industria litica non scheggiata, in: FASANI, L., BIAGI, P., D'AMICO, C., STARNINI, E., VOYTEK, B.A. (a cura di), *Stazione neolitica a Valer (Azzano Decimo-Pordenone): rapporto preliminare degli scavi 1990-1991*, Atti della Società per la Preistoria e Protostoria della Regione Friuli-Venezia Giulia, 8, pp. 97-113.

STARNINI, E., 1995 - L'industria litica non scheggiata, in: BIAGI, P. (a cura di), *L'insediamento neolitico di Ostiano Dugali Alti (Cremona) nel suo contesto ambientale ed economico*, Monografie di Natura Bresciana, 22, Brescia, pp. 88-92.

STARNINI, E., 1998 - Le industrie litiche delle prime culture agricole dell'Ungheria, in: PESSINA, A., MUSCIO, G. (a cura di), *Settemila anni fa... il primo pane. Ambienti e culture delle società neolitiche*, catalogo della mostra, Museo Friulano di Storia Naturale, Udine, pp. 55-58.

STARNINI, E., VOYTEK, B. A., 1995 - The use of stone resources from the Neolithic levels of Arene Candide (Liguria, Italy), *Archaeologia Polona*, 33, pp. 173-186.

STARNINI, E., VOYTEK, B. A. 1997a - New light on old stones: the ground stone assemblage from the Bernabò Brea excavation at Arene Candide, in: MAGGI, R., STARNINI, E., VOYTEK, B. A, (a cura di), *Arene Candide: a functional and environmental assessment of the Holocene sequence excavated by L. Bernabò Brea (1940-50)*, Monografie dell'Istituto Italiano di Paleontologia Umana, Nuova Serie, 5, pp. 427-511.

STARNINI, E., VOYTEK, B. A., 1997b - The Neolithic chipped stone artefacts from the Bernabò Brea - Cardini excavation, in: MAGGI, R., (a cura di), *Arene Candide: a functional and environmental assessment of the Holocene sequence excavated by L. Bernabò Brea (1940-50)*, Monografie dell'Istituto Italiano di Paleontologia Umana, Nuova Serie, 5, pp. 349-426.

STARNINI, E., GHISOTTI, F., GIROD, A., NISBET, R., 2000 - Nuovi dati sul Neolitico Antico della Pianura Padana Centrale dal sito di Isorella (Brescia), in: PESSINA, A., MUSCIO, G. (a cura di), *La Neolitizzazione tra Oriente ed Occidente*, Atti del Convegno (Udine, 23-24 aprile 1999), Pubblicazioni del Museo Friulano di Storia Naturale, 35, Udine, pp. 231-255.

STARNINI, E., D'AMICO, C., BIAGI, P., GHEDINI, M., PITTI, G., 2004 - Strumenti in pietra levigata della Lombardia orientale: aspetti archeometrici e culturali, *Bullettino di Paletnologia Italiana*, 95, pp. 21-82.

STARNINI, E., SZAKMÁNY, G., WHITTLE, A., 2007 - Polished, ground and other Stone Artefacts, in: WHITTLE, A. (ed.), *The Early Neolithic on the Great Hungarian Plain. Investigations of the Körös culture site of Ecsegfalva 23, Country Békés*, Varia Archaeologica Hungarica, 21, pp. 667-676.

STARNINI, E., BIAGI, P., MAZZUCCO, N., 2017 - The beginning of the Neolithic in the Po Plain (northern Italy). Problems and perspectives, *Quaternary International*, pp. 1-17 (in stampa).

STOUT, D., 2002 - Skill and Cognition in Stone Tool Production. An Ethnographic Case Study from Irian Jaya, *Current Anthropology*, 43, 5, pp. 693-722.

STROULIA, A., 2010 - *Flexible Stones. Ground Stone Tools from Franchthi Cave (Greece)*, Fascicle 14, Indiana University Press, Bloomington and Indianapolis.

TAÇON, P.S.C., 1991 - The power of stone: symbolic aspects of stone use and tool development in western Arnhem Land, Australia, *Antiquity*, 65, pp. 192-207.

TANDA, G., 1977 - Gli anelloni litici italiani, *Preistoria Alpina*, 13, pp. 111-155.

TEŽAK-GREGL, T., BURIĆ, M., 2002 - Polished stone implements of the Neolithic Starčevo Culture in Northern Croatia, *Opuscula Archaeologica*, 26, pp. 13-17.

THIRAULT, É., 2004 - *Échanges néolithiques: les haches alpines*, Édtion Monique Mergoil, Montagnac.

THIRAULT, É., 2005 - The politics of supply: the Neolithic axe industry in Alpine Europe, *Antiquity*, 79, pp. 34-50.

THIRAULT, É., 2006 - Pourquoi faire simple… Évaluation de la complexité dans la fabrication des lames de pierre polie alpines, in: ASTRUC, L., BON, F., LEA, V., MILCENT, P.-Y., PHILIBERT, S. (eds.), *Normes techniques et pratiques sociales. De la simplicité des outillages pré- et protostoriques*, XXVIe Rencontres Internationales d'archéologie et d'histoire d'Antibes (Antibes, 20-22 octobre 2005), Éditions APDCA, Antibes, pp. 243-254.

THIRAULT, É., 2007 - Les pointes polies alpines des IVe et IIIe millénaires av. J.-C.: caractérisation expérimentale de la chaîne opératoire de fabbrication, *Bulletin de la Société Préhistorique française*, 104, pp. 89-100.

TINÈ, S., 1972 - Gli scavi nella Grotta Arene Candide e della Pollera, *Atti della XV Riunione Scientifica dell'I.I.P.P.* (Verona, Trento, 27-29 ottobre 1972), Istituto Italiano di Preistoria e Protostoria, Firenze, pp. 253-266.

TINÈ, S., 1983 - *I primi agricoltori. L'uomo e la civiltà in Liguria*, Edizioni Sagep, Genova.

TIRABASSI, J., 1987 - Prima campagna di scavo a Rivaltella Cà Rosmini, *Atti della XXVI Riunione Scientifica dell'I.I.P.P.: Il Neolitico in Italia (*Firenze, 7-10 novembre 1985), I, Istituto Italiano di Preistoria e Protostoria, Firenze, pp. 28-39.

TIRABASSI, J., 1998 - Il sito di Rivaltella Cà Rosmini: scavi 1981-1991. Seconda relazione preliminare, in: GRIFONI CREMONESI, R., GUILAINE, J., L'HELGOUACH, J. (eds.), *The Neolithic in the Near East and Europe*, XIII International Congress of Prehistoric and Protostoric Sciences (Forlì, 8-14 September 1996), 9, Abaco Edizioni, Forlì, pp. 249-252.

TIRABASSI, I., 2014 - La fase iniziale della Cultura VBQ documentata a Rivaltella - Ca' Romensini (RE), in: BERNABÒ BREA, M., MAGGI, R., MANFREDINI, A. (a cura di), *Il pieno sviluppo del Neolitico in Italia*, Atti del Convegno (Finale Ligure, 8-10 giugno 2009), Rivista di Studi Liguri, 75/79 (2011-2013), Bordighera, pp. 429-438.

TRAVERSONE, B., 1996 - Oggetti ornamentali, in: VENTURINO GAMBARI, M. (a cura di), *Le vie della pietra verde. L'industria litica levigata nella preistoria dell'Italia settentrionale*, catalogo della mostra, Omega Edizioni, Torino, pp. 197-207.

TRAVERSONE, B., 1999 - Le parures, in: TINÈ, S. (a cura di), *Il Neolitico nella Caverna delle Arene Candide (scavi 1972 - 1977)*, Collezione di Monografie Preistoriche ed Archeologiche, 10, Istituto Internazionale di Studi Liguri, Bordighera, pp. 283-298.

TREVISIOL, G., 1944-45 - Rinvenimenti preistorici nelle torbiere delle Valli di Fimon nel Vicentino. Nota postuma, *Atti dell'Istituto Veneto di Scienze, Lettere ed Arti*, 104, 2, pp. 743-760.

TRUMP, D., 1966 - *Central and southern Italy before Rome*, Thames and Hudson, London.

TYKOT, R. H., 1996 - Obsidian Procurement and Distribution in the Central and Western Mediterranean, *Journal of Mediterranean Archaeology*, 9, 1, pp. 39-82.

VACHER, S., JÉRÉMIE, S., BRIAND, J. (sous la dir. de), 1998 - *Amérindiens du Sinnamary (Guyane). Archéologie en forêt équatoriale*, Documents d'Archéologie Française, Éditions de la Maison des Sciences de l'Homme, Paris.

VALSECCHI, V., FINSINGER, W., TINNER, W., AMMANN, B., 2008 - Testing the influence of climate, human impact and fire on the Holocene population expansion of Fagus sylvatica in the Southern Prealps (Italy), *The Holocene*, 18, pp. 603-614.

VALZOLGHER, E., LINCETTI, S., 2002 - La necropoli eneolitica di Scalucce di Molina. Gli scavi De Stefani del 1883, in: SALZANI, L., BRUGNOLI, A. (a cura di), *Stefano De Stefani pioniere della ricerca preistorica veronese. Le ricerche sui Monti Lessini e in Valpolicella*, Atti del Convegno (Fumane, 26 maggio 2001), Centro di Documentazione per la Storia della Valpolicella, Tipolitografia La Grafica, Vago di Lavagno, pp. 159-206.

VAN GIJN, A. L., 1990 - *The wear and tear of flint: Principles of functional analysis applied to Dutch Neolithic assemblages*, Analecta Praehistorica Leidensia, 22.

VAN GIJN, A. L., 1999 - The interpretation of "sickles", a cautionary tale, in: ANDERSON, P. C. (ed.), *The prehistory of agriculture. New Experimental and Ethnographic Approaches*, Institute of Archaeology, University of California, Monograph 40, Los Angeles, pp. 363-372.

VAN PEER, P., FULLAGAR, R., STOKES, S., BAILEY, R. M., MOEYERSONS, J., STEENHOUDT, F., GEERTS, A., VANDERBEKEN, T., DE DAPPER, M., GEUS, F., 2003 - The early to middle Stone Age transition and the emergence of modern human behaviour at site 8-B-11, Sai Island, Sudan, *Journal of Human Evolution*, 45, 2, pp.187-193.

VAQUER, J., 1977 - Le décor rayé-quadrillé dans le midi de la France, in: TINÈ, S., BAGOLINI, B. (a cura di), *Le ceramiche graffite nel Neolitico del Mediterraneo centro-occidentale*, Atti del Convegno (Genova, 20-24 gennaio 1977), Preistoria Alpina, 13, pp. 227-232.

VELO, J., 1984 - Ochre as medicine: a suggestion for the interpretation of the archaeological record, *Current Anthropology*, 25, 5, pp. 674.

VENTURA, V., 1996 - San Damiano d'Asti, loc. San Giulio, in: VENTURINO GAMBARI, M. (a cura di), *Le vie della pietra verde. L'industria litica levigata nella preistoria dell'Italia settentrionale*, catalogo della mostra, Omega Edizioni, Torino, pp. 105-108.

VENTURINO GAMBARI, M., 1987 - Scavo di strutture del Neolitico Antico ad Alba, località Borgo Moretta. Nota preliminare, *Quaderni della Soprintendenza Archeologica del Piemonte*, 6, pp. 23-61.

VENTURINO GAMBARI, M. (a cura di), 1995 - *Navigatori e contadini. Alba e la Valle del Tanaro nella preistoria*, Quaderni della Soprintendenza Archeologica del Piemonte, Monografie, 4, Alba.

VENTURINO GAMBARI, M. (a cura di), 1996 - *Le vie della pietra verde. L'industria litica levigata nella preistoria dell'Italia settentrionale*, catalogo della mostra, Omega Edizioni, Torino.

VENTURINO GAMBARI, M., 2004 - Dalla pietra al metallo. Il Neolitico e l'Età del Rame nelle Valli Curone, Grue e Ossona, in: VENTURINO GAMBARI, M. (a cura di), *Alla conquista dell'Appennino. Le prime comunità delle valli Curone, Grue e Ossona*, Omega Edizioni, Torino, pp. 25-43.

VENTURINO GAMBARI, M., ZAMAGNI, B., 1996a - Alba, in: VENTURINO GAMBARI, M. (a cura di), *Le vie della pietra verde. L'industria litica levigata nella preistoria dell'Italia settentrionale*, catalogo della mostra, Omega Edizioni, Torino, pp. 92-98.

VENTURINO GAMBARI, M., ZAMAGNI, B., 1996b - Castello di Annone, in: VENTURINO GAMBARI, M. (a cura di), *Le vie della pietra verde. L'industria litica levigata nella preistoria dell'Italia settentrionale*, catalogo della mostra, Omega Edizioni, Torino, pp. 98-105.

VERED, A., 2013 - Grooved stones in the Southern Levant: typology, function and chronology, in: BORRELL, F., IBÀÑEZ, J. J., MOLIST, M. (eds.), *Stone Tools in Transition: from Hunter-Gatherers to Farming Societes in the Near East*, 7th Conference on PPN Chipped and Ground Stone Industries of the Fertile Crescent, Universitad Autònoma de Barcellona, Servei de Publicacions, Bellaterra (Barcellona), pp. 435-448.

VICINO, G., 2009a - L'industria litica levigata del Riparo di Pian del Ciliegio. Brunitoi e accette, *Quaderno del Museo Archeologico del Finale*, 5, pp. 59-74.

VICINO, G., 2009b - L'industria su pietra abrasiva del Riparo di Pian del Ciliegio, *Quaderno del Museo Archeologico del Finale*, 5, pp. 75-86.

VICINO, G., 2009c - L'industria litica scheggiata del riparo di Pian del Ciliegio, *Quaderno del Museo Archeologico del Finale*, 5, pp. 87-96.

VISENTINI, P., 2002 - I siti di Bannia - Palazzine di Sopra e di Palù di Livenza nel quadro del Neolitico recente e tardo del Friuli, in: FERRARI, A., VISENTINI, P. (a cura di), *Il declino del mondo neolitico. Ricerche in Italia centro-settentrionale fra aspetti peninsulari, occidentali e nord-alpini*, Atti del Convegno (Pordenone, 5-7 aprile 2001), Quaderni del Museo Archeologico del Friuli Occidentale, 4, pp. 199-212.

VISENTINI, P. (a cura di), 2005 - *Bannia - Palazzine di Sopra, Una comunità preistorica del V millennio*, Quaderni del Museo Archeologico del Friuli Occidentale, 5.

VISENTINI, P., 2006 - Aspetti cronologici e culturali della fine del Neolitico nell'Italia nord-orientale, in: PESSINA, A., VISENTINI, P. (a cura di), *Preistoria dell'Italia settentrionale. Studi in ricordo di Bernardino Bagolini*, Atti del Convegno (Udine, 23-24 settembre 2005), pubblicazione del Museo Friulano di Storia Naturale, 53, Udine, pp. 225-241.

VISENTINI, P., BERNABÒ BREA, M., KROMER, B., FASANI, L., SALZANI, L., SALZANI, P., TALAMO, S., 2004 - Preliminari considerazioni sulle ultime fasi del Neolitico dell'Italia settentrionale alla luce dei recenti ritrovamenti e delle nuove datazioni assolute, *Bollettino del Museo Civico di Storia Naturale di Verona*, 28, pp. 133-146.

VITRI, S., MARTINELLI, N., ČUFAR, K., 2002 - Dati cronologici dal sito di Palù di Livenza, in: FERRARI, A., VISENTINI, P. (a cura di), *Il declino del mondo neolitico. Ricerche in Italia centro-settentrionale fra aspetti peninsulari, occidentali e nord-alpini*, Atti del Convegno (Pordenone, 5-7 aprile 2001), Quaderni del Museo Archeologico del Friuli Occidentale, 4, pp. 187-198.

VOYTEK, B. A., 1995 - The Microwear Analysis, in: BIAGI, P. (ed.), *L'insediamento neolitico di Ostiano-Dugali Alti (Cremona) nel suo contesto ambientale ed economico*, Monografie di Natura Bresciana, 22, Museo Civico di Scienze Naturali di Brescia, Brescia, pp. 51-88.

WAHL, J., KÖNIG, H., 1987 - Anthropologisch-Traumologische Untersuchung der Menschlichen Skelettreste aus dem Bandkeramischen Massengrab bei Talheim, Kreis Heilbronn, *Fundberichte aus Baden-Wurtemberg*, 12, pp. 65-193.

WEISS, J., 1994 - Erfahrungen beim Herstellen und Brennen von prähistorischen Keramikkopien, *Jahrbuch Schweizerische Gesellschaft für Ur- und Frühgeschichte*, 77, pp. 115-122.

WHITTLE, A., 1995 - Gifts from the earth: symbolic dimensions of the use and production of Neolithic Flint and Stone Axes, *Archaeologia Polona*, 33, pp. 247-259.

WRIGHT, K., 1991 - The origins and development of ground stone assemblages in late Pleistocene SouthWest Asia, *Paléorient*, 17, 1, pp. 19-45.

WRIGHT, K., 1992 - A Classification System for ground stone tools from the Prehistoric Levant, *Paléorient*, 18, pp. 53-81.

WRIGHT, K., 1994 - Ground-stone tools and hunter-gatherer subsistence in Southwest Asia: implications for the transition to farming, *American Antiquity*, 59, pp. 238-263.

WRIGHT, K., 2008 - Craft Production and the organisation of ground stone technologies, in: ROWAN, Y. M., EBELING, J. R. (eds.), *New Approaches to old stones: recent studies of ground stone artefacts*, Equinox, London, pp. 130-143.

YESHURUN, R., BAR-OZ, G., WEINSTEIN-EVRON, M., 2014 - Intensification and sedentism in the Pleistocene Natufian sequence of el-Wad Terrace (Israel), *Journal of Human Evolution*, 70, pp. 16-35.

ZAFFANELLA, G. C., 1981 - Geomorfologia e archeologia preistorica nel territorio compreso tra l'Adige, i Colli Berici e i Colli Euganei, Estratto da *Padusa*, 15, pp. 3-51.

ZALAI-GAÁL, I., GÁL, E., 2005 - Gerät oder Machtabzeichen? Die Hirschgeweihäxte des Transdanubischen Spätneolithikums, *Acta Archaeologica Academiae Scientarum Hungaricae*, 56, pp. 29-66.

ZAMAGNI, B., 1996a - Brignano Frascata, in: VENTURINO GAMBARI, M. (a cura di), *Le vie della pietra verde. L'industria litica levigata nella preistoria dell'Italia settentrionale*, catalogo della mostra, Omega Edizioni, Torino, pp. 79-84.

ZAMAGNI, B., 1996b - L'ascia come simbolo. Prestigio, distinzione sociale, accumulo di ricchezza, in: VENTURINO GAMBARI, M. (a cura di), *Le vie della pietra verde. L'industria litica levigata nella preistoria dell'Italia settentrionale*, catalogo della mostra, Omega Edizioni, Torino, pp. 144-149.

ZAMAGNI, B., 2003 - L'industria litica levigata, in: TOZZI, C., ZAMAGNI, B. (a cura di), *Gli scavi nel villaggio neolitico di Catignano (1971-1980)*, Istituto Italiano di Preistoria e Protostoria, Firenze, pp. 175-184.

ZAMAGNI, B., 2007 - Reperti in pietra non scheggiata, in: TOZZI, C., WEISS, M. C. (eds.), *Préhistoire and Protohistoire de l'aire thyrrénienne / Preistoria e Protostoria dell'area tirrenica*, Felici Editore, Pisa, pp. 127-133.

ZÁPOTOCKÝ, M., 1992 - *Streitäxte des mitteleeuropäischen Äneoithikums, Quellen und Forschungen zur prähistorischen und provinzialrömischen Archäologie,* Acta humaniora, 6, Weinheim.

ZILHÃO, J., 1997 - Maritime pioneer colonisation in the Early Neolithic of the west Mediterranean. Testing the model against the evidence, *Poročilo o raziskovanju paleolita, neolita in eneolita v Sloveniji*, 24, pp. 19-42.

ZILHÃO, J., 2001- From the Mesolithic to the Neolithic in the Iberian Peninsula, in: PRICE, T. D. (ed.), *Europe's First Farmers*, Cambridge University Press, Cambridge, pp. 144-182.

ZILHÃO, J., 2003 - The Neolithic Transition in Portugal and the Role of Demic Diffusion in the Spread of Agriculture across Western Mediterranean Europe, in: AMMERMANN, A. J., BIAGI, P. (eds.), *The Widening Harvest. The Neolithic Transition in Europe*, Colloquia and Conference Papers, 6, Archaeological Institute of America Boston, pp. 207-223.

ZORZI, F., 1955 - I vasi a bocca quadrata dei livelli superiori del deposito quaternario di Quinzano Veronese, *Volume in memoria di F. Malavolti*, Verona, pp. 139-145.

ZORZI, F., 1960 - Preistoria Veronese. Insediamenti e stirpi, in: *Verona e il suo territorio*, I, Istituto per gli Studi Storici Veronesi, Valdonega, pp. 75-153.

ZORZI, F., PASA, A., 1944-45 - Il deposito quaternario di Villa di Quinzano presso Verona, *Bullettino di Paletnologia Italiana*, 8, 1, pp. 15-73.

ZORZI, F., PASA, A., 1946 - Il deposito quaternario di Villa di Quinzano presso Verona. *Bullettino di Paletnologia Italiana*, 8, 2, pp. 1-11.

ZORZIN, R., 2005 - Le terre coloranti dei Monti Lessini, in: BROGLIO, A., DALMERI, G. (a cura di), *Pitture paleolitiche nelle prealpi Venete. Grotta di Fumane e Riparo Dalmeri*, Memorie del Museo Civico di Storia Naturale di Verona, 9, Museo Civico di Storia Naturale di Verona, Verona, pp. 47-49.

ZURRO, D., RISCH, R., CLEMENTE CONTE, I., 2005 - Analysis on an archaeological grinding tool: What to do with archaeological artefacts?, in: TERRADAS, X. (ed.), *L'outillage lithique en contextes ethnoarchéologiques*, BAR International Series 1370, BAR Publishing, Oxford, pp. 57-64.

ZVELEBIL, M., 1986 - Mesolithic Prelude and Neolithic Revolution, in: ZVELEBIL, M. (ed.), *Hunters in Transition: Mesolithic Societies of Temperate Eurasia and Their Transition to Farming*, Cambridge University Press, Cambridge, pp. 5-16.

ZVELEBIL, M., 1994 - Plant Use in the Mesolithic and its role in the transition to farming, *Proceedings of the Prehistoric Society*, 60, pp. 35-74.

ZVELEBIL, M., 2000 - Enculturation of Mesolithic Landscapes, in: LARSSON, L., KINDGREN, H., KNUTSSON, K., ÅKKERLUND, A. (eds.), *Mesolithic on the move*, Oxbow Books, Oxford, pp. 65-73.

ZVELEBIL, M., ZVELEBIL, K. V., 1988 - Agricultural transition and Indo-European dispersal, *Antiquity*, 62, pp. 574-583.

ZVELIBIL, M., LILLIE, M., 2000 - Transition to Agriculture in Eastern Europe, in: PRICE, T. D. (ed.), *Europe's First Farmers*, Cambridge University Press, Cambridge, pp. 57-92.

APPENDICE I - INVENTARIO DEGLI STRUMENTI

Num. Invent. / *Number*: numero di inventario con cui è catalogato il reperto

Sigla / *Designation*: riferimento identificativo di ciascun strumento rintracciabile nelle tavole dei reperti in Appendice II

Provenienza e struttura / *Layer and feature*: indicazione dello strato o della struttura di rinvenimento del reperto

Strumento / *Tool*: [M] macina / *quern*; [m] macinello / *handstone*; [L] levigatoio / *abrader*; [l] lisciatoio / *polisher*;
[Ps] pestello / *pestle*; [Pc] percussore / *pecking stone*; [T] trituratore / *hammer stone;*
[A] ascia / *adze*; [Ac] accetta / *axe*; [S] scalpello / *chisel*; [AA] lama d'ascia / *axe blade*;
[PL] pestello-lisciatoio / *pestle-polisher*; [BL] base di lavorazione / *working slab.*

Status: [I] intero / *complete*; [F] frammento / *fragment;*

Materia prima / *Raw material*: indicazione della roccia con cui è stato prodotto il reperto (il ? indica un dubbio di identificazione)

Lavorazione / *Working:* [Y] presenza di tracce di lavorazione / *evidence for working*; [N] assenza di tracce di lavorazione / *no evidence for working*;

Grado di usura / *Degree of wear*: [A] lieve / *low*; [B] medio / *medium*; [C] forte / *strong*; [N] assenza di tracce d'uso / *no evidence of wear traces*;

Residui / *Stains*: [N] assenza di residui / *no staining*; [O] residui di ocra rossa / *red ochre staining*

Fimon Molino Casarotto

Num. invent.	Sigla	Provenienza	Struttura	Strumento	Status	Materia prima	Lungh (mm)	Largh (mm)	Spessore (mm)	Peso (g)	Lavorazione	Tipo di lavorazione	Grado di usura	Residui	Uso I	Uso II	Note
-	**M1**	4-34L	Capanna I	**M**	F	Basalto? (alterato)	303	225	87	7200 ca.	Y	Ravvivamento	B	N	M? (cereali?)	-	
-	**M2**	3-38N	Capanna III	**M**	F	Basalto? (alterato)	216	166	40	2469	N	-	B	N	M (cereali)	-	
-	**M3**	4-35M	Capanna I	**M**	F	Basalto? (alterato)	130	86	30	412	N	-	B	N	M	-	
-	**M4**	4-40L	Capanna I	**M**	F	Arenaria (alterata)	112	95	54	636	N	-	B	N	M	M	Tracce di bruciatura
IG 30623	**M5**	Vecchi recuperi	-	**M**	I	Arenaria	350	198	69	8800 ca.	Y	Ravvivamento	C	N	M (cereali)	-	
IG 256374	**M6**	Vecchi recuperi	-	**M**	I	Basalto? (alterato)	472	215	100	11400 ca.	Y	Ravvivamento	C	N	M (cereali)	-	
IG 256375	**M7**	Vecchi recuperi	-	**M**	F	Roccia porfirica	295	215	110	8600 ca.	Y	Ravvivamento	C	N	M (cereali)	-	
-	**m1**	4-38H	Capanna I	**m**	F	Roccia porfirica	117	85	55	886	Y	Ravvivamento	C	N	m (cereali)	-	
-	**m2**	4-40G	Capanna I	**m**	F	Roccia porfirica (alterata)	120	88	82	925	N	-	C	N	m (cereali)	-	combacia con frammento indeterminato I3
-	**m3**	4-36M	Capanna I	**m**	F	Roccia porfirica (alterata)	110	68	69	468	N	-	C	N	m (cereali)	-	tracce di bruciatura
-	**m4?**	4-35K	Capanna I	**m?**	F	Roccia porfirica (alterata)	55	61	53	230	N	-	B	N	m?	-	
IG 256776	**m5**	Vecchi recuperi	-	**m**	I	Roccia granitica?	231	114	68	2623	Y	Schegg. margini, ravvivam.	B	N	m (cereali)	-	
IG 256377	**m6**	Vecchi recuperi	-	**m**	I	Roccia porfirica	200	114	45	1943	Y	Schegg., ravvivam.	C	N	m (cereali)	-	
-	**L1**	4-37U	Capanna I	**L**	I?	Arenaria	168	137	43	1198	N	-	B	N	L (materie dure)	-	
-	**L2**	4-36K	Capanna I	**L**	I?	Biocalcarenite (alterata)	134	101	41	710	N	-	B	N	L (materie dure)	-	forse usato anche con movimento circolare in percussione appoggiata
-	**L3**	4-37/38N/T	Capanna I	**L**	I?	arenaria	210	145	33	1058	N	-	B	N	L (materie dure)	-	

Num. invent.	Sigla	Provenienza	Struttura	Strumento	Status	Materia prima	Lungh (mm)	Largh (mm)	Spessore (mm)	Peso (g)	Lavorazione	Tipo di lavorazione	Grado di usura	Residui	Uso I	Uso II	Note
-	**L4**	4-35K	Capanna I	**L**	F?	Arenaria/ quarzite	123	112	30	571	N	-	B	N	L (materie dure)	-	
-	**L5**	4-26GG	Capanna II	**L**	F	Biocalcarenite (alterata)	98	72	37	254	N	-	B	N	L (materie dure)	-	*Heart stone* (L. H. Barfield, com. pers. 2005)
-	**L6**	4-35L	Capanna I	**L**	F	Arenaria (alterata)	132	95	75	1257	N	-	B	N	L (materie dure)	L (materie dure)	Sembra combaciare con L8
-	**L7**	4-33O	Capanna I	**L**	F	Basalto (alterato)	121	91	39	528	N	-	B	N	L (materie dure?)	-	
-	**L8**	4-36L	Capanna I	**L**	F	Arenaria (alterata)	172	102	88	1474	N	-	B	N	L (materie dure)	L (materie dure)	Sembra combaciare con L6
-	**L9**	4-36O	Capanna I	**L**	F	Calcarenite (alterata)	88	57	45	207	N	-	B	N	L	-	
-	**L10**	4-40F	Capanna I	**l**	F	Basalto (alterato)	65	65	42	221	N	-	B	N	l	-	
-	**L11**	3-38L	Capanna III	**l**	I	Roccia porfirica (alterata)	44	27	21	34	N	-	A	N	l	-	
-	**L12**	3-43L	Capanna III	**l**	I	Roccia porfirica	51	26	22	48	N	-	B	N	l	-	
-	**L13**	4-38E	Capanna I	**l**	I	Calcarenite	72	37	27	82	N	-	B	N	l?	-	
-	**L14**	4-37H	Capanna I	**l**	I	Basalto?	50	42	19	56	N	-	C	N	l	Strum. Percus	
-	**L15**	4-37J	Capanna I	**l**	I	Riolite?	56	31	15	-	N	-	B	N	l	l	
-	**P1**	4-37K	Capanna I	**T**	F	Roccia porfirica (alterata)	68	73	62	426	N	-	B	N	T	-	trovato nel focolare della capanna I
-	**P2**	4-28FF	Capanna II	**T**	F	Roccia porfirica (alterata)	65	77	54	388	N	-	B	N	T	-	
IG 32564	**P3**	3-37L	Capanna III	**Pc**	I	Selce	40	41	41	85	N	-	C	N	Pc	-	
IG 30596	**P4**	4-37H	Capanna I	**Pc**	I	Selce	69	66	54	304	N	-	C	N	Pc	-	
IG 30616	**A1**	4-36J	Capanna I	**AA**	F	Fe-giada	28	27	9	10	Y	levigatura	-	N	AA	-	
IG 30617	**A2**	4-39H	Capanna I	**AA**	F	giadeitite	19	21	7	4	Y	levigatura	-	N	AA	-	
IG 30614	**A3**	4-39O	Capanna I	**AA**	I	Mg-eclogite	45	35	6	20	Y	levigatura	N	N	AA	-	

Num. invent.	Sigla	Provenienza	Struttura	Strumento	Status	Materia prima	Lungh (mm)	Largh (mm)	Spessore (mm)	Peso (g)	Lavorazione	Tipo di lavorazione	Grado di usura	Residui	Uso I	Uso II	Note
IG 30612	**A4**	4-35L	Capanna I	**A**	I	Giada mista	58	42	9	32	Y	Scheg. + levigatura	A	N	A	-	
IG 32199	**A5**	3-37F	Capanna III	**A**	I	Eclogite	64	35	12	50	Y	Bocciard. + levigatura	A	N	A	-	
IG 32197	**A6**	3-40I	Capanna III	**AA**	I	Giada	97	38	24	151	Y	Bocciard. + levigatura	N	N	AA	-	
IG 30603	**A7**	4-42M	Capanna I	**A**	I	Fe-eclogite	76	46	19	103	Y	Scheg + bocciard. + levig. + riaf.	C	N	A	-	
IG 30602	**A8**	4-36O	Capanna I	**AA**	I	Scisto omfacitico	87	49	21	134	Y	Bocciard. + levig. + riaf.	C	N	AA	-	
IG 30608	**A9**	4-36P	Capanna I	**AA**	I	Roccia glaucofanitica	91	50	23	145	Y	Bocciard. + levig. + riaf.	C	N	AA	-	
IG 30606	**A10**	4-42K	Capanna I	**Ac (?)**	I	Fe-eclogite	121	54	22	209	Y	Bocciard. + levig. + riaf.	N	N	Ac (?)	-	
IG 30613	**A11**	4-38H	Capanna I	**AA**	I	Giadeitite	88	43	24	136	Y	Bocciard. + levigatura	C	N	AA	-	
IG 30604	**A12**	4-42O	Capanna I	**AA**	I	Fe-eclogite	69	45	11	56	Y	Bocciard. + levig. + riaf.	N	N	AA	-	
IG 30604	**A12**	4-42O	Capanna I	**AA**	I	Fe-eclogite	69	45	11	56	Y	Bocciard. + levig. + riaf.	N	N	AA	-	
IG 30609	**A13**	4-37L	Capanna I	**AA**	I	Fe-eclogite	81	41	19	113	Y	Bocciard. + levig. + riaf.	A	N	AA	-	
IG 30610	**A14**	4-40K	Capanna I	**A**	I	Mg-eclogite	111	48	26	211	Y	Bocciard. + levigatura	A	N	A	-	
IG 30607	**A15**	4-38H	Capanna I	**A**	I	Mg-eclogite	112	53	27	244	Y	Bocciard. + levigatura	B	N	A	-	
IG 30601	**A16**	4-41L	Capanna I	**AA**	I	Fe-eclogite	125	48	29	272	Y	Scheg. + bocciard. + levigatura	B	N	AA	-	
IG 32318	**A17**	3-38P	Capanna III	**AA**	F	Eclogite?	80	34	23	101	Y	Bocciard. + levigatura	N	N	AA	-	
IG 30615	**S1**	4-?	Capanna I	**S**	F	Mg-eclogite	53	22	11	23	Y	Bocciard. + levigatura	B	N	S	-	
-	**PL1**	4-32DD	Capanna II	**PL**	F	Serpentinite?	69	49	37	161	N	-	C	N	PL	-	
IG 163873	**PL2**	4-28CC	Capanna II	**PL**	F	Serpentinite	24	49	43	67	N	-	C	N	PL	-	

Quinzano

Num. invent.	Sigla	Provenienza	Struttura	Strumento	Status	Materia prima	Lungh (mm)	Largh (mm)	Spessore (mm)	Peso (g)	Lavorazione	Tipo di lavorazione	Grado di usura	Residui	Uso I	Uso II	Note
	M1			**M**	I	Roccia magmatica intrusiva (alterata)	227	140	42	2310	Y?	Ravvivamento?	C	N	M (cereali?)	-	
	m1	Ultima Cava Nuova (sez. sud)		**m**	I	Porfido (alterato)	195	118	53	1917	Y?	Ravvivamento?	C	O?	m (ocra?)	-	
	m2	III Cava Nuova		**m**	I	Porfido (alterato)	227	101	52	1741	N	-	C	N	M	-	
	m3	III Cava Nuova		**m**	I	Roccia metam. scistosa	228	126	62	3410	N	-	C	O?	m (ocra?)	-	
	L1	III Cava Nuova		**L**	I	Basalto	92	30	22	84	N	-	N	N	L	-	
	L2	III Cava Nuova		**l**	I	Anfibolite	52	51	12	74	N	-	B	N	l	-	
	L3	III Cava Nuova		**L**	F	Calcare marnoso/ siltite	88	44	38	177	N	-	C	N	L	L	Due superfici attive adiacenti
	L4	?		**l**	I	Serpent./ anfibolite	56	31	14	36	N	-	B	N	l	-	
	L5	Cava Bassa		**l**	I	Serpent./ anfibolite	70	53	33	212	N	-	C	N	l	l	Due superficie attive adiacenti
	L6	Cava Bassa		**l**	I	Serpent./ anfibolite	36	41	21	52	N	-	C	N	l	-	
	L7	Cava Bassa		**l**	I	Serpent./ anfibolite	144	90	34	668	N	-	C	N	l	-	
	L8	III Cava Nuova		**L**	I	Calcare marnoso/ siltite	50	18	16	19	N	-	B	N	L	-	
	L9	?		**L**	I	Calcare marnoso/ siltite	67	23	16	36	N	-	B	N	L	-	
	L10	Cava Bassa		**L**	F	Arenaria	112	112	47	603	N	-	C	N	L	L	Forse usato anche con movimento circolare in percussione appoggiata
	P1	III Cava Nuova		**Pc**	I	Selce	49	50	46	133	N	-	C	N	Nucleo?	Pc	Ravvivamento macine
	P2	III Cava Nuova		**Pc**	I	Roccia porfirica	52	50	50	159	N	-	C	N	Pc	-	Ravvivamento macine
	P3			**Pc**	I	Roccia porfirica (alterata)	43	41	40	86	N	-	C	N	Pc	-	Ravvivamento macine

Num. invent.	Sigla	Provenienza	Struttura	Strumento	Status	Materia prima	Lungh (mm)	Largh (mm)	Spessore (mm)	Peso (g)	Lavorazione	Tipo di lavorazione	Grado di usura	Residui	Uso I	Uso II	Note
	P4	Cava Bassa		**Pc**	I	Calcare nero	41	33	18	36	N	-	A	N	Pc	-	
	P5			**T**	I	Serpent./ anfibolite	134	130	52	1353	N	-	B	N	T	Incu dine?	incrostazione di color chiaro che ricopre circa metà di una faccia
	P6			**Ps**	I	Serpent./ anfibolite	90	68	27	304	N	-	C	N	Ps	-	Forse percussore per scheggiare
	P?7			**Pc?**	I	Porfido (alterato)	58	58	29	134	N	-	N	N	Pc?	-	
	P8	III Cava Nuova		**Ps**	I	Anfibolite	83	31	21	74	N	-	C	N	Ps	-	*polish* dovuto al contatto delle mani o all'uso di grassi?
	P9	III Cava Nuova		**Ps**	I	Roccia ignea intrusiva (sienite?)	72	30	28	97	N	-	B	N	Ps	-	
IG 203462	**A1**			**A**	I	Giada	61	36	8	30	Y	Scheg. + bocciard. + levigatura	A	N	A	-	
IG 203464	**A2**	III Cava Nuova		**A**	I	Eclogite retromorfica	45	26	8	20	Y	Scheg. + bocciard. + levigatura	A	N	A	-	
IG 203465	**A3**			**Ac**	F	Eclogite	84	49	21	160	Y	Scheg. + bocciard. + levigatura	B	N	Ac	-	
IG 203466	**A4**	III Cava Nuova		**A**	F	Eclogite	73	46	27	147	Y	Bocciard. + levigatura	C	N	A	-	
IG 28452	**A5**	Cava Bassa		**A**	I	Eclogite	75	51	21	-	Y	Bocciard. + levigatura	C	N	A	-	
IG 28453	**A6**	III Cava Nuova		**A**	I	Eclogite	62	37	18	-	Y	Bocciard. + levigatura	B	N	A	-	
IG VR 62978	**A7**	III Cava Nuova		**AA**	F	Eclogite	92	49	21	-	Y	Bocciard. + levigatura	N	N	AA	-	
IG VR 62979	**A8**	Cava Bassa		**A**	I	Eclogite	65	45	13	-	Y	Bocciard. + levigatura	C	N	A	-	Tracce di immanicatura
IG VR 62980	**A9**	Ultima Cava Nuova		**A**	I	Eclogite glaucofanizzata	45	35	9	-	Y	Bocciard.+ levigatura	C	N	A	-	
IG VR 62981	**A10**			**Ac**	F	Serpentinite (locale)	62	59	36	-	Y	Bocciard.+ levigatura	C	N	Ac	-	
IG VR 62982	**A11**	Cava Bassa		**AA**	F	Eclogite	85	43	26	-	Y	Schegg.+ bocciard.	N.	N	AA	-	
	S1	III C. N. (sotto il muro di volta?)		**S**	F	Eclogite	56	29	21	-	Y	Bocciard.+ levigatura	C	N	S	-	

Num. invent.	Sigla	Provenienza	Struttura	Strumento	Status	Materia prima	Lungh (mm)	Largh (mm)	Spessore (mm)	Peso (g)	Lavorazione	Tipo di lavorazione	Grado di usura	Residui	Uso I	Uso II	Note
IG 28454	**S2**	III Cava Nuova		**S**	I	Omfacite	111	19	14	50	Y	Bocciard.+ levigatura a specchio	N	N	-	-	Rinvenuto in contesto funerario
	PL1	Cava Bassa		**PL**	I	Anfibolite	105	34	27	182	N	.	C	N	Attività di pestatura e lisciatura		
	PL2			**PL**	I	Serpentinite	70	78	39	321	N	-	C	N	Attività di pestatura e lisciatura		
	PL3	Cava Bassa		**PL**	I	Serpentinite	76	88	24	312	N	-	C	N	Attività di pestatura e lisciatura		
	PL4	Cava Bassa		**PL**	F	Anfibolite	102	70	42	445	N	-	C	N	Attività di pestatura e lisciatura; usi consecutivi (prima L poi P): gli impatti di percussione si sovrappongono alle striature		
	PL5	Cava Bassa		**PL**	I	Anfibolite	108	77	30	351	N	-	C	N	Attività di pestatura e lisciatura		
	PL6	Cava Bassa	Con il cranio umano	**PL**	I	Serpentinite	114	96	34	400	N	_	B	N	Attività di pestatura e lisciatura		
	PL7	Cava Bassa		**PL**	I	Serpentinite	136	89	42	703	N	-	C	N	Attività di pestatura e lisciatura		
	PL8	Cava Bassa		**PL**	I	Serpentinite	168	114	55	1623	N	-	B	N	Attività di pestatura e lisciatura; usi consecutivi (prima L poi P): gli impatti di percussione si sovrappongono alle striature		
	PL9	Cava Bassa		**PL**	I	Roccia intrusiva (tonalite?)	109	60	32	348	N	-	B	N	Attività di pestatura e lisciatura	Forse uso occasionale come lisciatoio	
	BL1	III Cava Nuova		**BL**	I	Porfido	216	187	23	1439	N	-	B	N	Pestatura	abrasione	Probabili residui di minerale rosso su una faccia; usi diacronici?
	BL2			**BL**	I	Porfido	272	231	-	-	N	-	B	N	Pestatura	Lisciatura	Usi diacronici?

Rivoli Monte Rocca - *Site L*

Num. invent.	Sigla	Prove nienza	Struttura	Stru men to	Status	Materia prima	Lungh (mm)	Largh (mm)	Spes sore (mm)	Peso (g)	Lavora zione	Tipo di lavorazione	Grado di usura	Residui	Uso I	Uso II	Note
	M1	L XIII	Pit P	**M**	F	Porfido	285	186	960	-	N	-	C	O	M (per ocra)	M (per ocra)	
	M2	L XV		**M**	F	Porfido	203	144	128	-	Y	Ravviva mento	C	N	M (per cereali)	-	
	M3	L XV		**M**	F	Granodio rite? (alterata)	186	247	97	-	Y	Ravviva mento	A	N	M (per cereali)	-	Macina probabilmente usata per poco tempo
	M4	L XIX		**M**	F	Porfido	150	112	55	1559	Y	Ravviva mento	B	N	M (per cereali)	-	
	M5	L XVIII		**M**	F	Porfido	131	104	46	1073	Y	Ravviva mento	B	N	M (per cereali)	Macina?	
	M6	L XVI		**M**	F	Porfido	246	138	68	3165	Y	Ravviva mento	C	N	M (per cereali)	-	
	M7	L XV		**M**	F	Porfido (alterato)	162	250	79	4190	Y	Ravviva mento	B	N	M (per cereali)	-	
	M8	L XV		**M**	F	Porfido	247	171	57	-	Y	Ravviva mento	C	N	M (per cereali)	Macina per cereali	Entrambe le superfici usate
	M9	L XV		**M**	F	Porfido	211	115	53	2357	Y	Ravviva mento	C	N	M (per cereali)		Conservato il margine naturale del masso
	M10	L XV		**M?**	F	Porfido (alterato)	12	125	-	-	Y	Ravviva mento?	A?	N	M?	-	
	M11	L XVI		**M**	F	Porfido	115	129	50	1433	Y	Ravviva mento	C	N	M (per cereali)	Levigatoio per materie dure	
	M12	L IV		**M?**	F	Porfido	97	54	42	323	Y	Ravviva mento?	B	N	Macina?	Macina?	
	m1	L XIII	Feature XIII	**m**	I	Grano diorite? (alterata)	244	109	54	2495	Y	Ravviva mento	B	N	m (per cereali)	-	
	m2	L XVI		**m**	F	Porfido	145	117	66	2268	Y	Ravviva mento	B	N	m (per cereali)	Levigatoio	
	m3	L XIII		**m**	I	Porfido	243	117	54	2492	Y	Ravviva mento	A	N	m (per cereali)	-	

Num. invent.	Sigla	Prove nienza	Struttura	Stru men to	Status	Materia prima	Lungh (mm)	Largh (mm)	Spes sore (mm)	Peso (g)	Lavora zione	Tipo di lavorazione	Grado di usura	Residui	Uso I	Uso II	Note
	m4	L XV		**m**	F	Porfido (alterato)	148	114	80	2354	Y	Ravviva mento	A	N	m (per cereali)	-	
	m5	L XV	Feature VI	**m**	I	Porfido	244	122	73	2993	Y	Schegg. + Ravviva mento	C	O	m (per ocra)	-	
	m6	L XIX	Pit S?	**m**	I	Porfido	185	105	81	2232	Y	Ravviva mento	B	O	m (per ocra)	-	
	m7	L XIII	Feature IX P	**m**	F	Porfido	168	109	64	1884	Y	Ravviva mento	B	O	m (per ocra)	-	
	m8	L XIII	Feature XII P	**m**	F	Porfido (alterato)	198	135	85	3460	Y	Ravviva mento	B	N	m (per cereali)	-	
	m9	L XVIII		**m**	I	Porfido (alterato)	188	133	63	2484	N	N	A	N	Maci nello	-	
	m10	L XVI	Feature I	**m**	I	Porfido	255	144	80	-	Y	Ravviva mento	N	N	Maci nello	-	
	m11	L XVI		**m**	F	Porfido (alterato)	181	153	62	2680	Y	Ravviva mento?	A	N	m (per cereali)	-	
	m12	L		**m?**	I	Porfido (alterato)	205	110	57	2027	Y?	Ravviva mento?	A	N	Maci nello?	-	
	m13	L XIX	Pit S	**m**	F	Granodio rite?	181	104	64	1937	Y	Ravviva mento	B	N	m (per cereali)	-	
	m14	L XVIII		**m**	I	Porfido (alterato)	257	138	93	-	Y	Ravviva mento	B	N	Maci nello	-	
	L1	L XV	Feature IV Pit D	**l**	F?	Serpent./ anfibolite	38	40	22	47	N	-	C	N	l (pelle?)	-	
	L2	L XVI	Feature I Pit V	**L**	I	arenaria	60	37	17	56	N	-	A	N	L	-	
	L3	L XVIII		**L**	I	Porfido (alterato)	129	63	51	682	N	-	B	O	L	-	Probabilmente più superfici attive
	L4	L IV	Pit F	**l**	F?	Serpent./ anfibolite	38	45	21	51	N	-	C	-	l (pelle)	-	S36 in Barfield, Bagolini 1976
	L5	L II	Feature II	**L**	I	Porfido (alterato)	65	72	42	242	N	-	B	O?	L	-	
	L6	L II	Feature II	**L**	F?	Porfido (alterato)	71	83	40	316	N	-	B	O?	L	-	
	L7	L XI		**L**	F?	Arenaria	88	92	22	167	N	-	C	N	L	-	S38 in Barfield, Bagolini 1976

Num. invent.	Sigla	Provenienza	Struttura	Strumento	Status	Materia prima	Lungh (mm)	Largh (mm)	Spessore (mm)	Peso (g)	Lavorazione	Tipo di lavorazione	Grado di usura	Residui	Uso I	Uso II	Note
	L8	L XI	Pit J	**l**	I	Serpent./ anfibolite	125	82	31	500	N	-	C	N	l (pelle?)	-	S35 in Barfield, Bagolini 1976
	L9	L XVIII		**l**	I	Serpent./ anfibolite	62	44	26	92	N	-	B	N	l (pelle?)	-	
	L10	L II	Feature II	**L**	I	Porfido (alterato)	78	57	41	259	N	-	B	N	L	-	
	L11	L XX		**L?**	F?	Scisto	177	106	42	995	N	-	A	N	L?	-	
	L12	L XIV		**l?**	I	Gneiss	90	50	33	244	N	-	A	N	L?	-	
	L13	L II	Feature II	**l**	I	Calcare	109	62	38	377	N	-	A	N	L	-	
	P1	L XVIII	Feature XIIA Pit R	**Ps**	I	Porfido	60	37	30	92	N	-	A	N	Ps	-	
	P2	L XX		**Ps**	F	Porfido	67	53	38	195	N	-	A	N	Ps	-	S22 in Barfield, Bagolini 1976
	P3	L XIX		**Pc**	I	Porfido (alterato)	56	49	27	111	N	-	B	N	Pc	-	
	P4	L L XV	Lower file pit	**Ps?**	I	Porfido (alterato)	73	55	51	270	N	-	A	N	Ps	-	
	P5	H		**Pc**	I	selce	52	50	25	194	N	-	B	N	Nucleo?	Pc	
	P6	L XIX		**T**	I	porfido	103	64	54	451	N	-	B	N	T	-	
	P7	L XI	Pit M	**Ps**	I	Sienite	59	44	34	152	N	-	B	N	Ps	-	S31 in Barfield, Bagolini 1976
	P8	L XI	Neolithic floor	**Ps**	I	Calcare nite	78	40	31	158	N	-	B	N	Ps	-	S32 in Barfield, Bagolini 1976
	P9	L XVI	Pit U	**Ps**	I	Calcare	115	43	28	233	N	-	B	N	Ps	-	
	P10	L XVIII	Pit L	**Ps**	I	Gneiss	71	47	22	129	N	-	B	N	Ps	-	
IG VR 63000	**A1**	L XVI livello neolitico		**A**	I	Eclogite	47	38	13	-	Y	Bocciard. + levigatura	C	N	A	-	S1 in Barfield, Bagolini 1976
IG VR 62992	**A2**	L XX livello neolitico		**A**	I	Eclogite	55	32	8	-	Y	Schegg. ? +levigatura	A	N	A	-	S2 in Barfield, Bagolini 1976; tracce di immanicatura
IG VR 62998	**A3**	L X superficie		**A**	I	Eclogite	62	36	22	-	Y	Bocciard. + levigatura	C	N	A	-	S4 in Barfield, Bagolini 1976
IG VR 62993	**A4**	L XVII livello neolitico	Feature I	**AA**	F	Eclogite	27	36	11	-	Y	Bocciard. + levigatura	N	N	AA	-	S8 in Barfield, Bagolini 1976
IG VR 62994	**A5**	L X superficie		**A**	F	Eclogite	32	44	20	-	Y	Bocciard. + levigatura	B	N	A	-	S12 in Barfield, Bagolini 1976

Num. invent.	Sigla	Provenienza	Struttura	Strumento	Status	Materia prima	Lungh (mm)	Largh (mm)	Spessore (mm)	Peso (g)	Lavorazione	Tipo di lavorazione	Grado di usura	Residui	Uso I	Uso II	Note
IG VR 62995	**A6**	L XIII livello neolitico	XIIB	**AA**	F	Eclogite	39	33	20	-	Y	Bocciard. + levigatura	N	N	AA	-	S6 in Barfield, Bagolini 1976
IG VR 62999	**A7**	L VII Superfici e pit G	Pit G	**AA**	F	Eclogite	48	27	18	-	Y	Bocciard. + levigatura	N	N	AA	-	S21 in Barfield, Bagolini 1976
IG VR 62997	**A8**	L XV-XIV superficie		**A**	F	Omfacite	23	36	8	-	Y	Schegg.? +levigatura	B	N	A	-	S17 in Barfield, Bagolini 1976
IG VR 63001	**A9**	L XIV superficie		**AA**	F	Giada	30	27	12	-	Y	levigatura	N	N	AA	-	S18 in Barfield, Bagolini 1976
IG VR 62996	**A10**	L XV livello neolitico		**AA**	F	Eclogite	25	28	9	-	Y	Bocciard. + levigatura	N	N	AA	-	S7 in Barfield, Bagolini 1976
	A11	L XV-XIV superficie		**AA**	F	-	-	-	-	-	Y	levigatura	N	N	AA?	-	S19 in Barfileld, Bagolini, 1976; decorato con almeno 5 piccoli anelli
	A12	L V superficie		**AA?**	F	-	-	-	-	-	Y	levigatura	N	N	AA?	–	S15 in Barfield, Bagolini 1976
	A13	L XIV livello del Bronzo Antico		**AA?**	F	-	-	-	-	-	Y	levigatura	N	N	AA?	-	S9 in Barfield, Bagolini 1976
	A14	L IV livello medioevale		**AA?**	F	-	-	-	-	-	Y	levigatura	N	N	AA?	-	S13 in Barfield, Bagolini 1976
	A15	L VIII Livello del Bronzo antico		**AA?**	F	-	-	-	-	-	Y	levigatura	N	N	AA?	-	
	A16	L XIII		**AA?**	F	-	-	-	-	-	Y	levigatura	N	N	AA?	-	
IG 31613	**A17**	L XVIII Livello medioevale		**A**	I	Serpentinite	41	30	12	18	Y	Schegg.?+ bocciard.+ levigatura+ riaffilatura	A	N	A	-	S5 in Barfield, Bagolini 1976
IG 119436	**A18**	L XIX Livello del Bronzo Antico		**A**	I	Giada	56	34	16	56	Y	Schegg.+ Bocciard.+ levigatura	B	N	A	-	S3 in Barfield, Bagolini 1976

Num. invent.	Sigla	Provenienza	Struttura	Strumento	Status	Materia prima	Lungh (mm)	Largh (mm)	Spessore (mm)	Peso (g)	Lavorazione	Tipo di lavorazione	Grado di usura	Residui	Uso I	Uso II	Note
	S1	L XV Livello del Bronzo Antico		**S**	F	Eclogite	46	19	12	21	Y	Bocciard.+ levigatura	B	N	S	-	S23 in Barfield, Bagolini 1976; forse immanicato con guaina in corno di cervo (Barfield, Bagolini 1976, fig. 121, b40, 129)
	PL1	L XIII	Feature VI P Pit O	**PL**	I	Serpent./ anfibolite	59	28	20	48	N	-	B	N	Attività di pestatura e lisciatura lisciatura		
	PL2	L XVIII	Pit Z	**PL**	I	Serpent./ anfibolite	54	33	20	54	N	-	B	N	Attività di pestatura e lisciatura		
	PL3	L XVII	Pit Z + L	**PL**	I	Serpent./ anfibolite	92	47	32	207	N	-	B	N	Attività di pestatura e lisciatura		
	PL4	L XVI	Feature IX Pit T	**PL**	I	Serpentinite	86	68	35	276	N	-	B	N	Attività di pestatura e lisciatura		
	PL5	L XIX		**PL**	F	Serpent./ anfibolite.	97	73	30	300	N	-	B	N	Attività di pestatura e lisciatura		Una parte coperta da incrostazioni
	PL6	L XIII	Festure XIIB P	**PL**	I	Porfido (alterato)	63	83	52	392	N	-	A	O?	Attività di pestatura e lisciatura		
	PL7	L XVI		**PL?**	I	Porfido (alterato)	104	90	54	705	N	-	A	N	Attività di pestatura e lisciatura		
	PL8	L XV		**PL**	I	Serpent./ anfibolite	75	67	37	288	N	-	B	N	Attività di pestatura e lisciatura		
	PL9	L II	Feature II	**PL**	I	Tonalite? (alterata)	62	77	64	504	N	-	B	N	Attività di pestatura e lisciatura		
	PL10	L XV	Neolithic floor	**PL**	I	Serpent./ anfibolite	81	91	42	468	N	-	C	N	Attività di pestatura e lisciatura		S33 in Barfield, Bagolini 1976
	PL11	L XVIII		**PL**	I	Serpent./ anfibolite	112	95	50	724	N	-	C	N	Attività di pestatura e lisciatura		
	PL12	L X/XI Livello del Bronzo Antico		**PL**	I	Serpent./ anfibolite	120	71	41	560	N	-	C	N	Attività di pestatura e lisciatura		S34 in Barfield, Bagolini 1976
	PL13	L XV	Trample layer	**PL**	F	Serpent./ anfibolite	68	52	29	140	N	-	B	N	Attività di pestatura e lisciatura		
	PL14	L XVII		**PL**	I	Serpent./ anfibolite	157	107	51	1150	N	-	C	N	Attività di pestatura e lisciatura		
	BL1	L XVIII		**BL**	F	Porfido	150	117	55	1695	N	-	B	N	Attività di pestatura	Attività di levigatura?	

SIMBOLOGIA GRAFICA

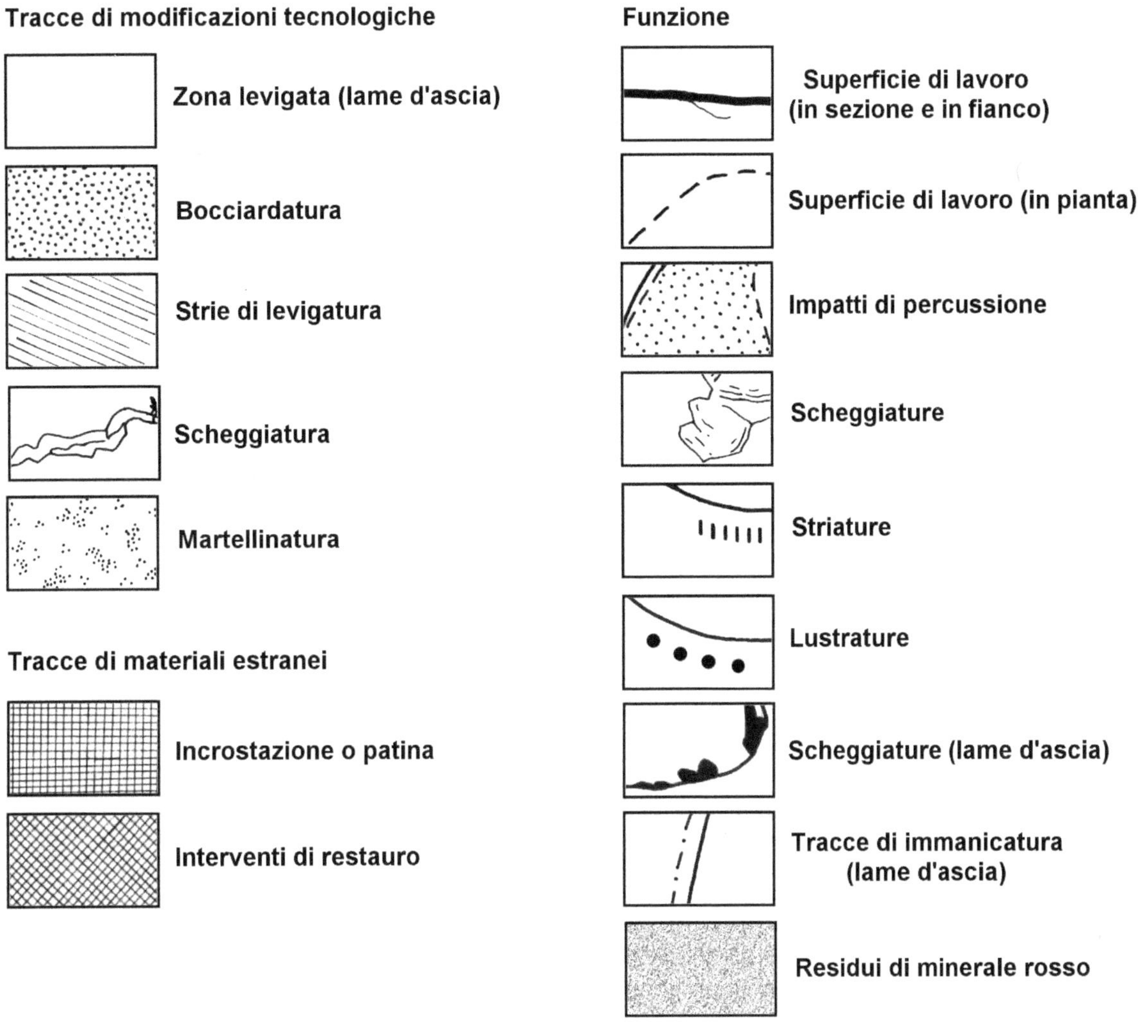

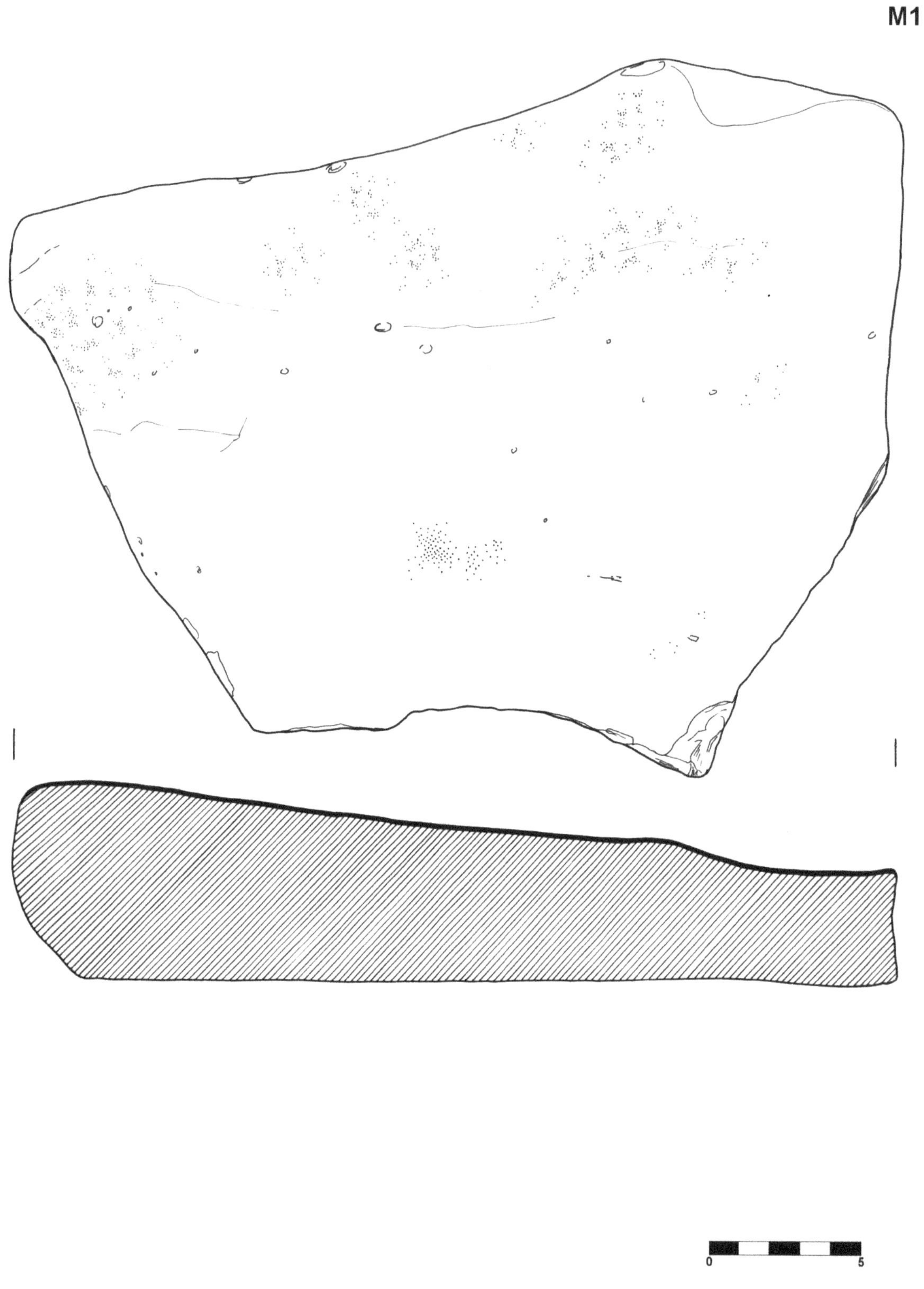

Tavola 1 - Fimon Molino Casarotto: strumenti per macinare (macina)
Table 1 - Fimon Molino Casarotto: grinding tools (quern)

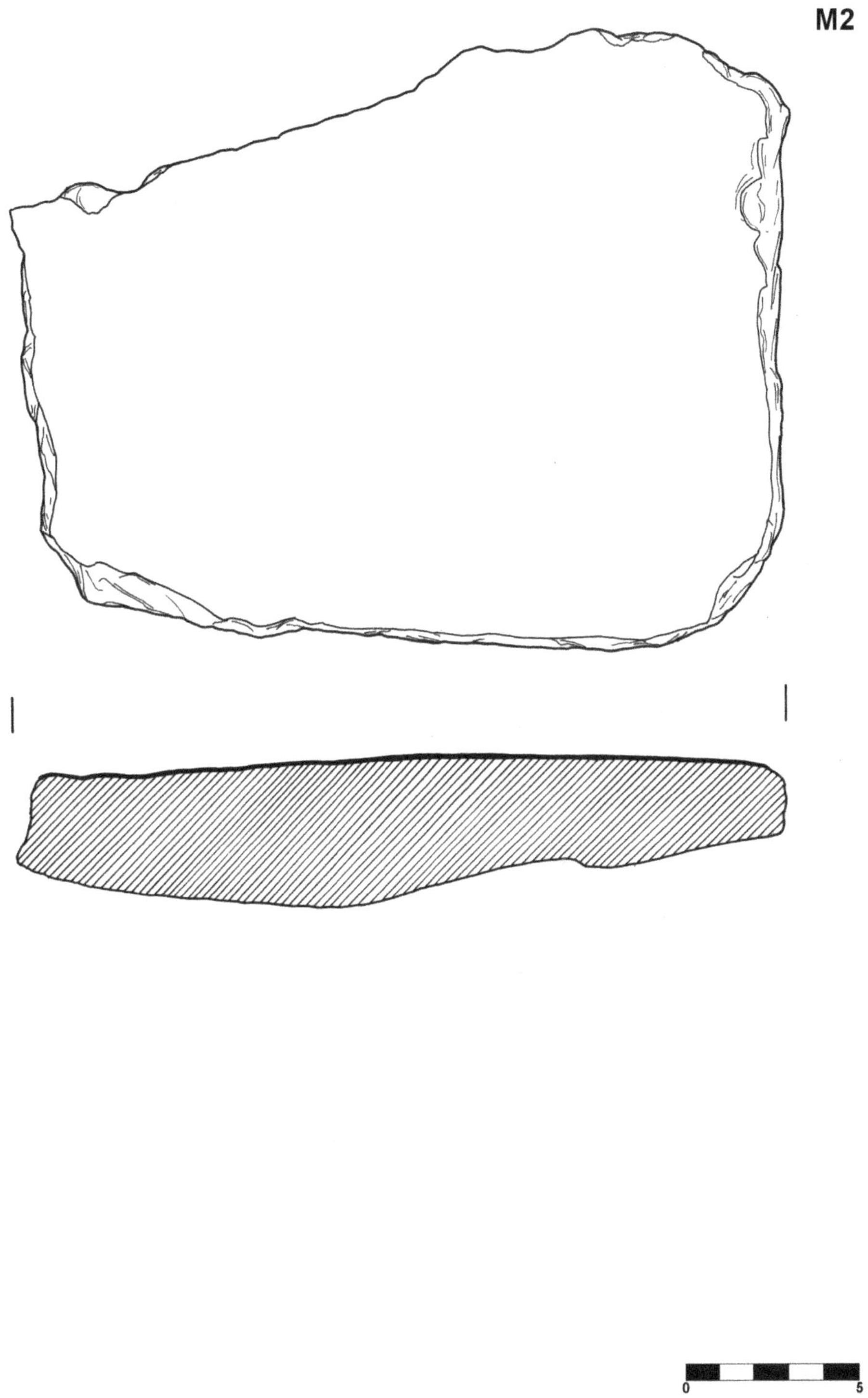

Tavola 2 - Fimon Molino Casarotto: strumenti per macinare (macina)
Table 2 - Fimon Molino Casarotto: grinding tools (quern)

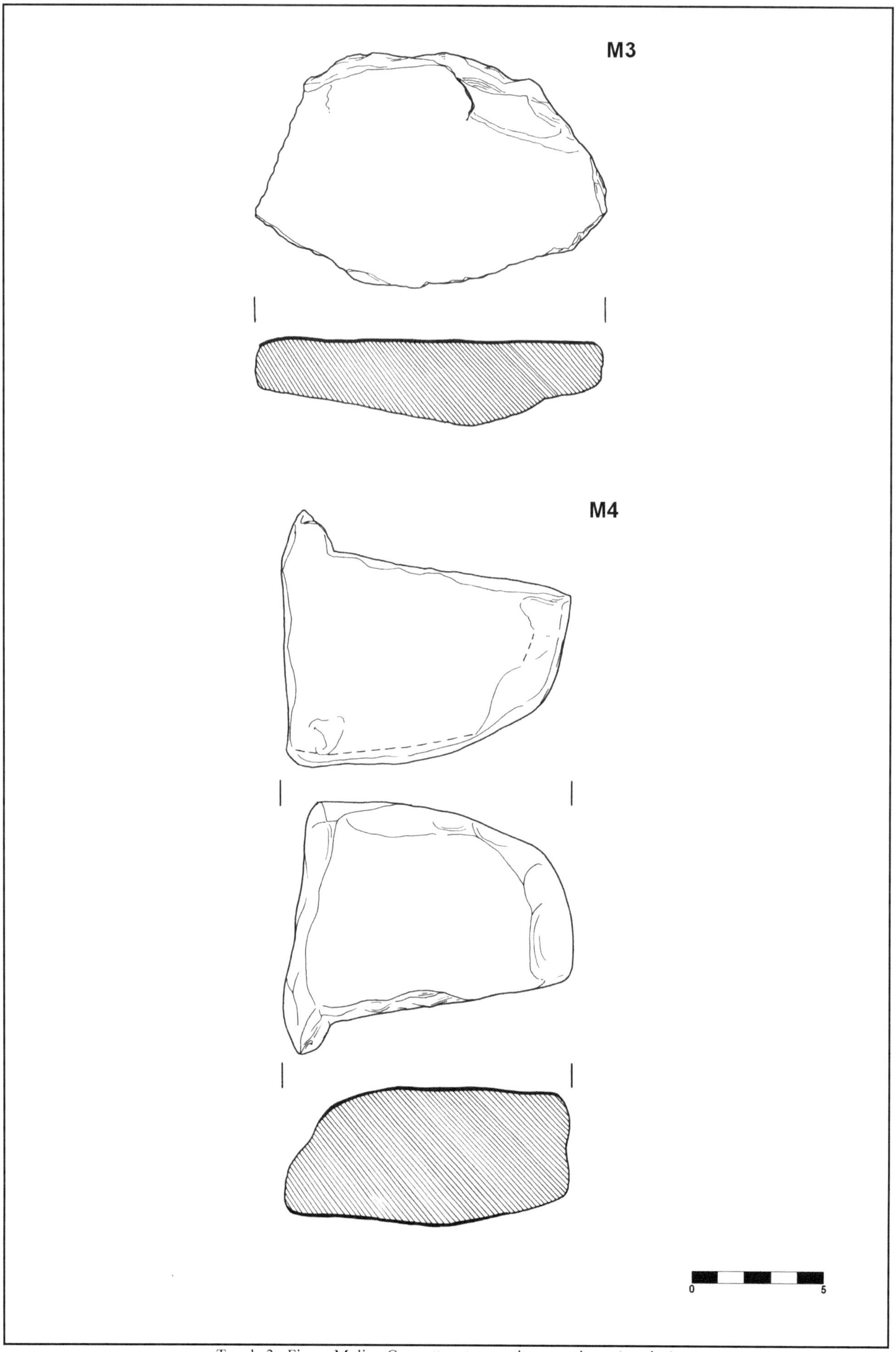

Tavola 3 - Fimon Molino Casarotto: strumenti per macinare (macine)
Table 3 - Fimon Molino Casarotto: grinding tools (querns)

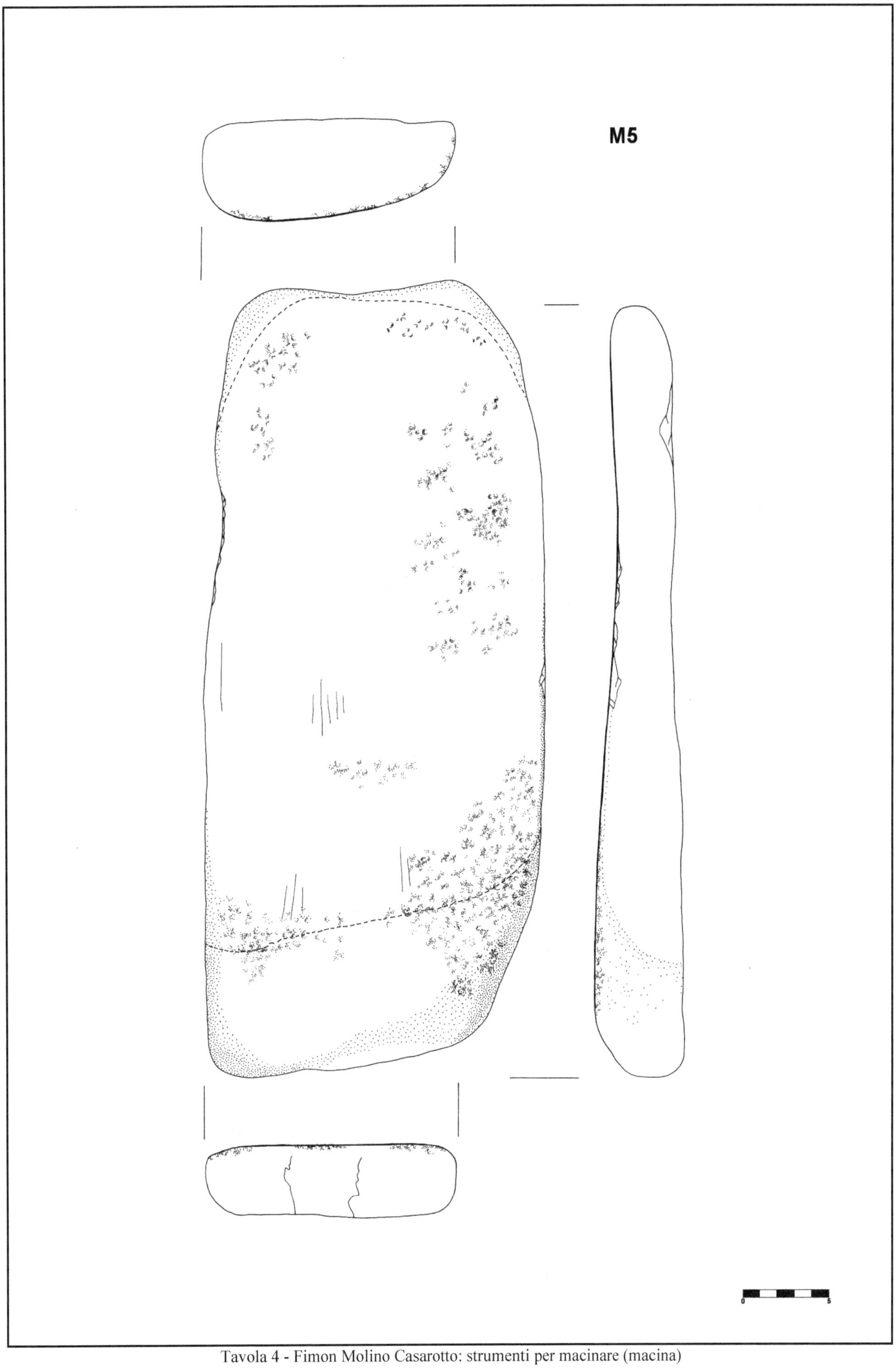

Tavola 4 - Fimon Molino Casarotto: strumenti per macinare (macina)
Table 4 - Fimon Molino Casarotto: grinding tools (quern)

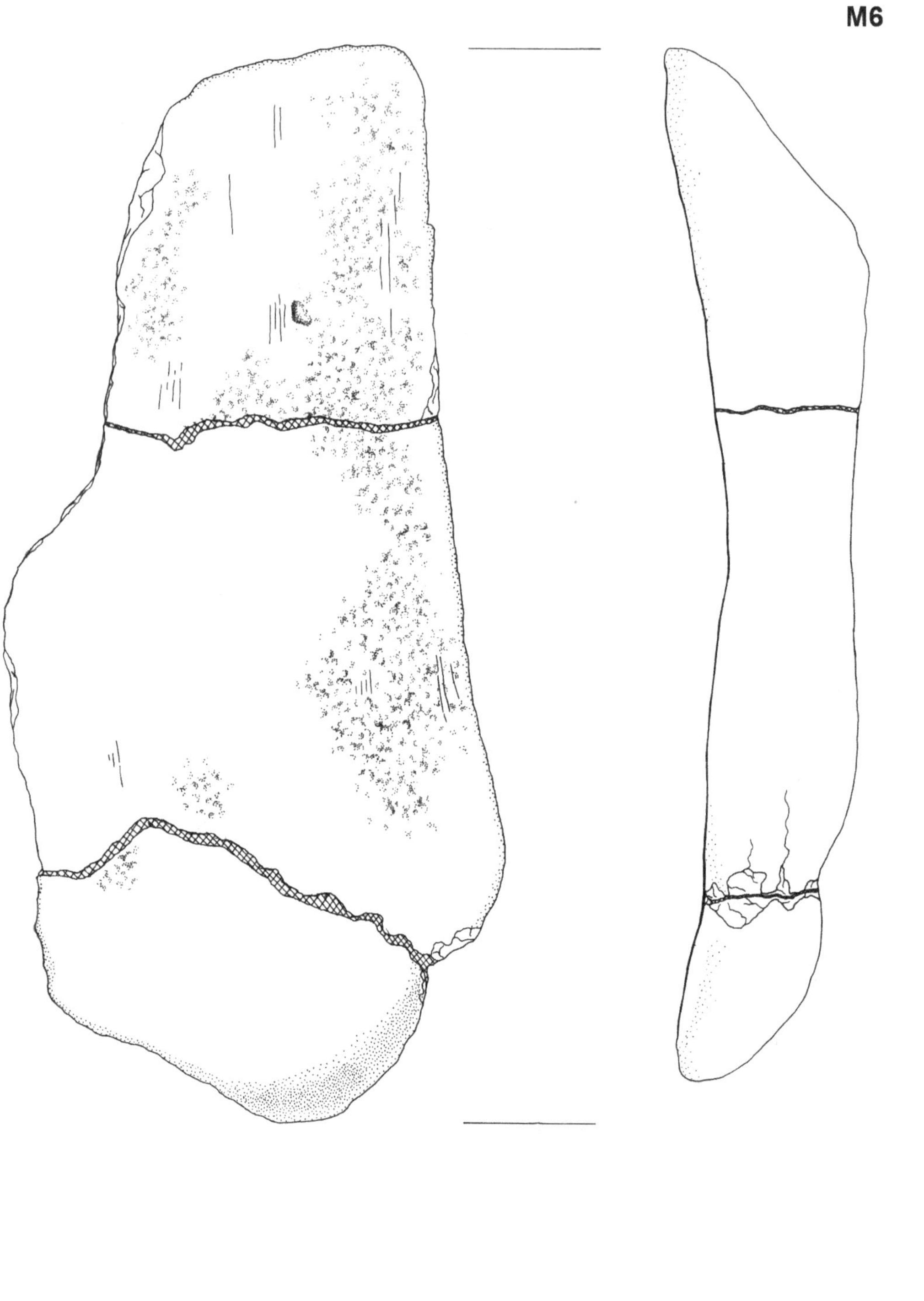

Tavola 5 - Fimon Molino Casarotto: strumenti per macinare (macina)
Table 5 - Fimon Molino Casarotto: grinding tools (quern)

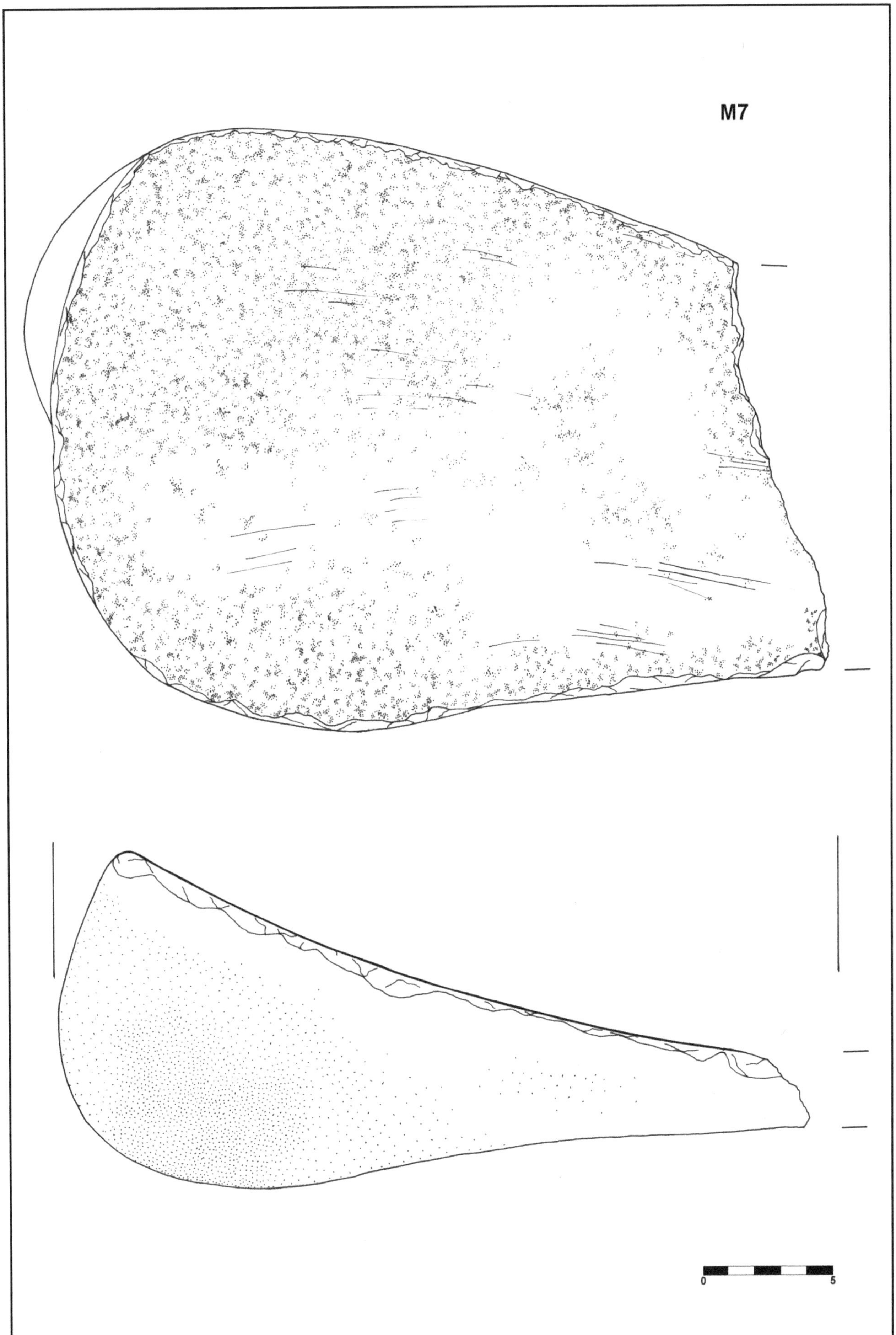

Tavola 6 - Fimon Molino Casarotto: strumenti per macinare (macina)

Table 6 - Fimon Molino Casarotto: grinding tools (quern)

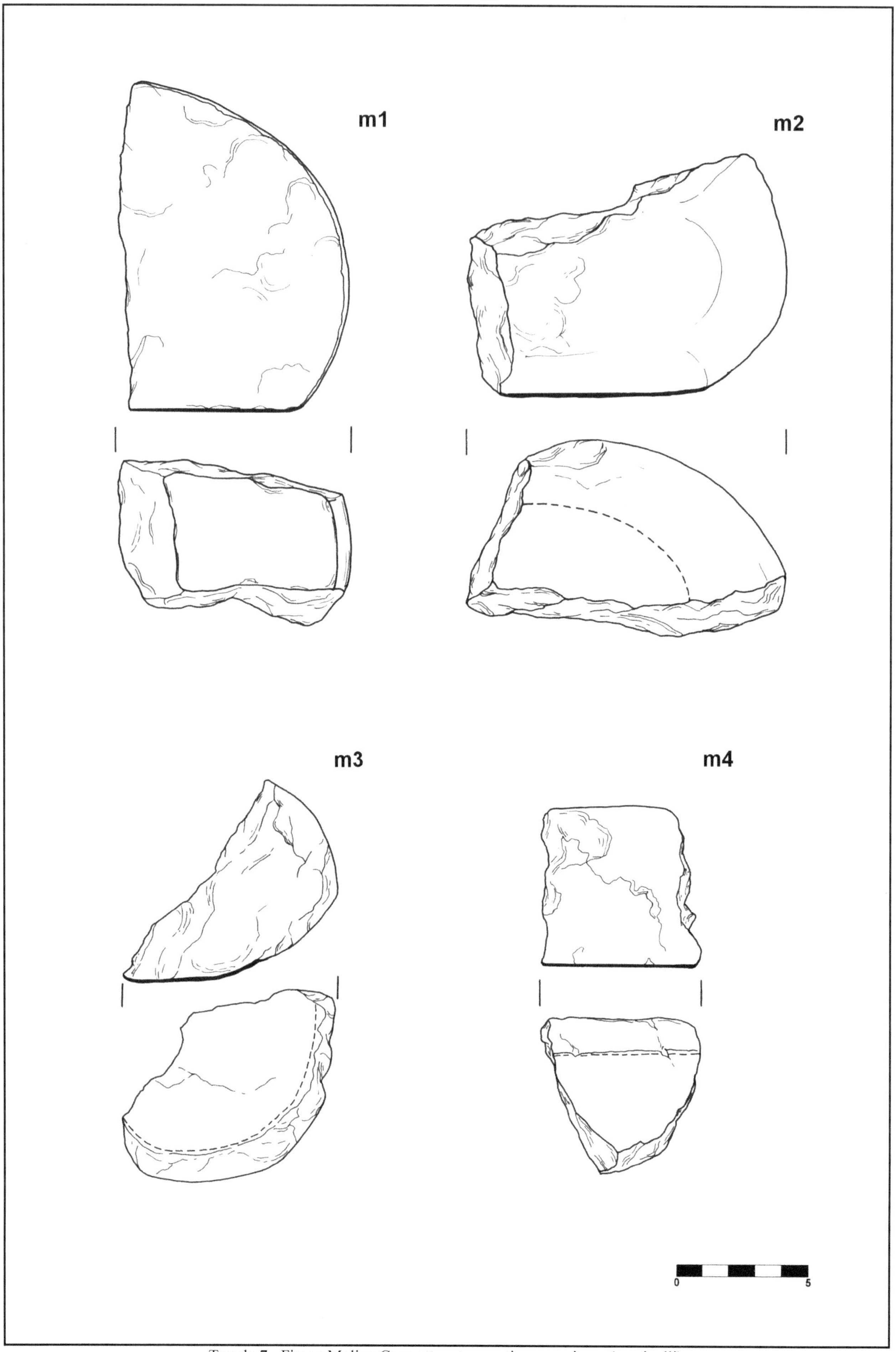

Tavola 7 - Fimon Molino Casarotto: strumenti per macinare (macinelli)

Table 7 - Fimon Molino Casarotto: grinding tools (handstones)

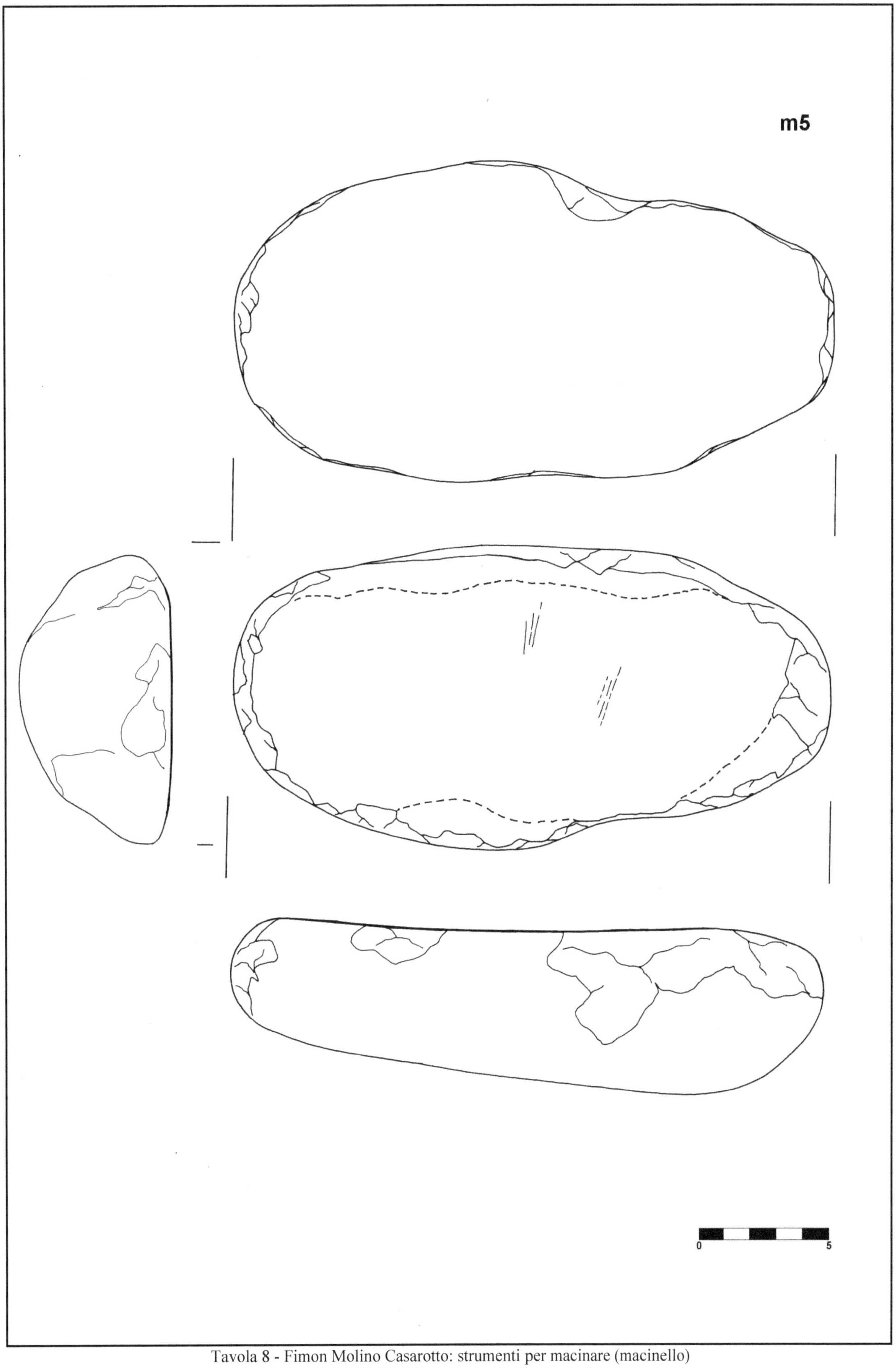

Tavola 8 - Fimon Molino Casarotto: strumenti per macinare (macinello)
Table 8 - Fimon Molino Casarotto: grinding tools (handstone)

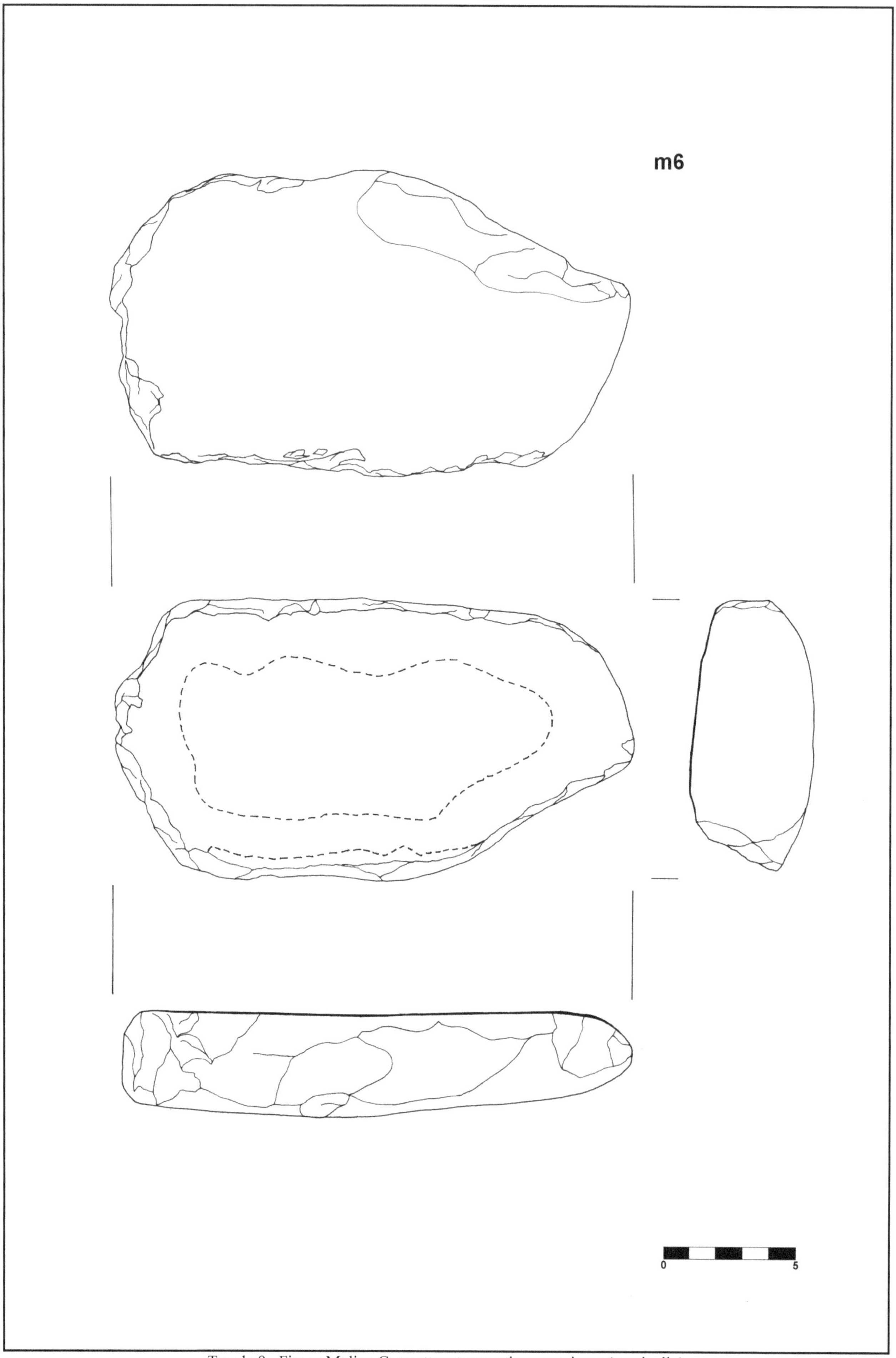

Tavola 9 - Fimon Molino Casarotto: strumenti per macinare (macinello)
Table 9 - Fimon Molino Casarotto: grinding tools (handstone)

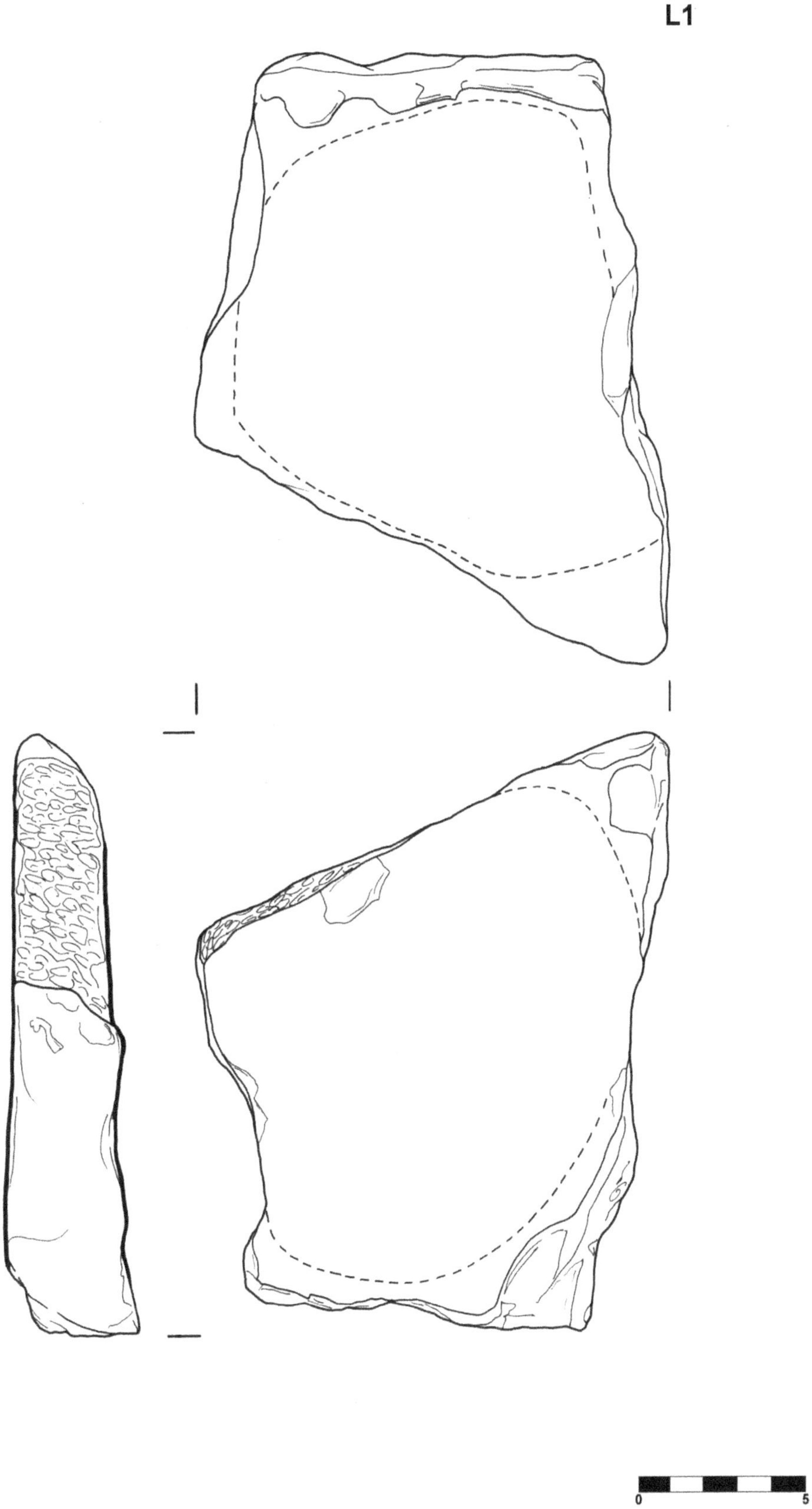

Tavola 10 - Fimon Molino Casarotto: strumenti per levigare e lisciare (levigatoio)
Table 10 - Fimon Molino Casarotto: abrading and polishing tools (abrader)

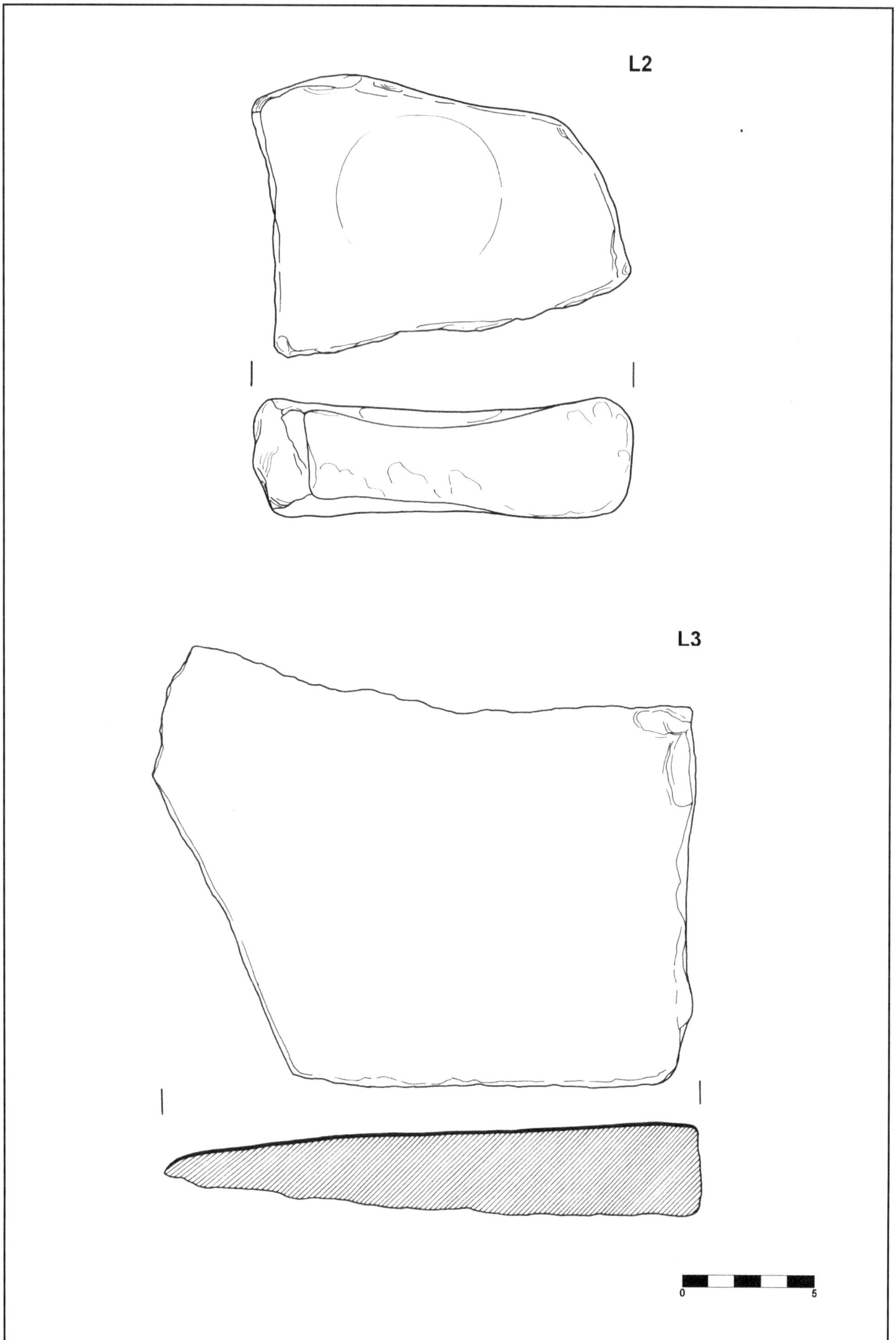

Tavola 11 - Fimon Molino Casarotto: strumenti per levigare e lisciare (levigatoi)

Table 11 - Fimon Molino Casarotto: abrading and polishing tools (abraders)

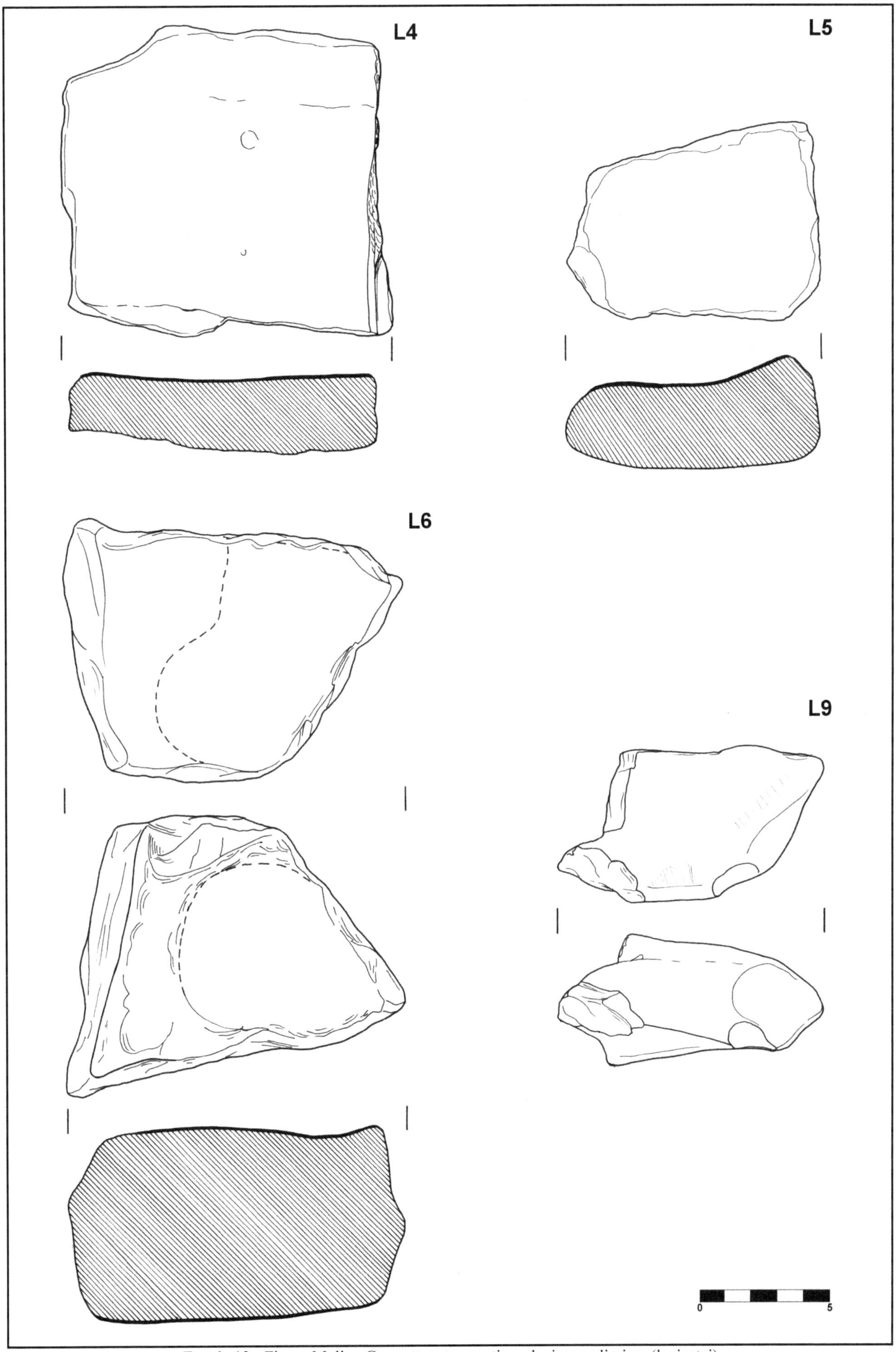

Tavola 12 - Fimon Molino Casarotto: strumenti per levigare e lisciare (levigatoi)
Table 12 - Fimon Molino Casarotto: abrading and polishing tools (abraders)

L7

L8

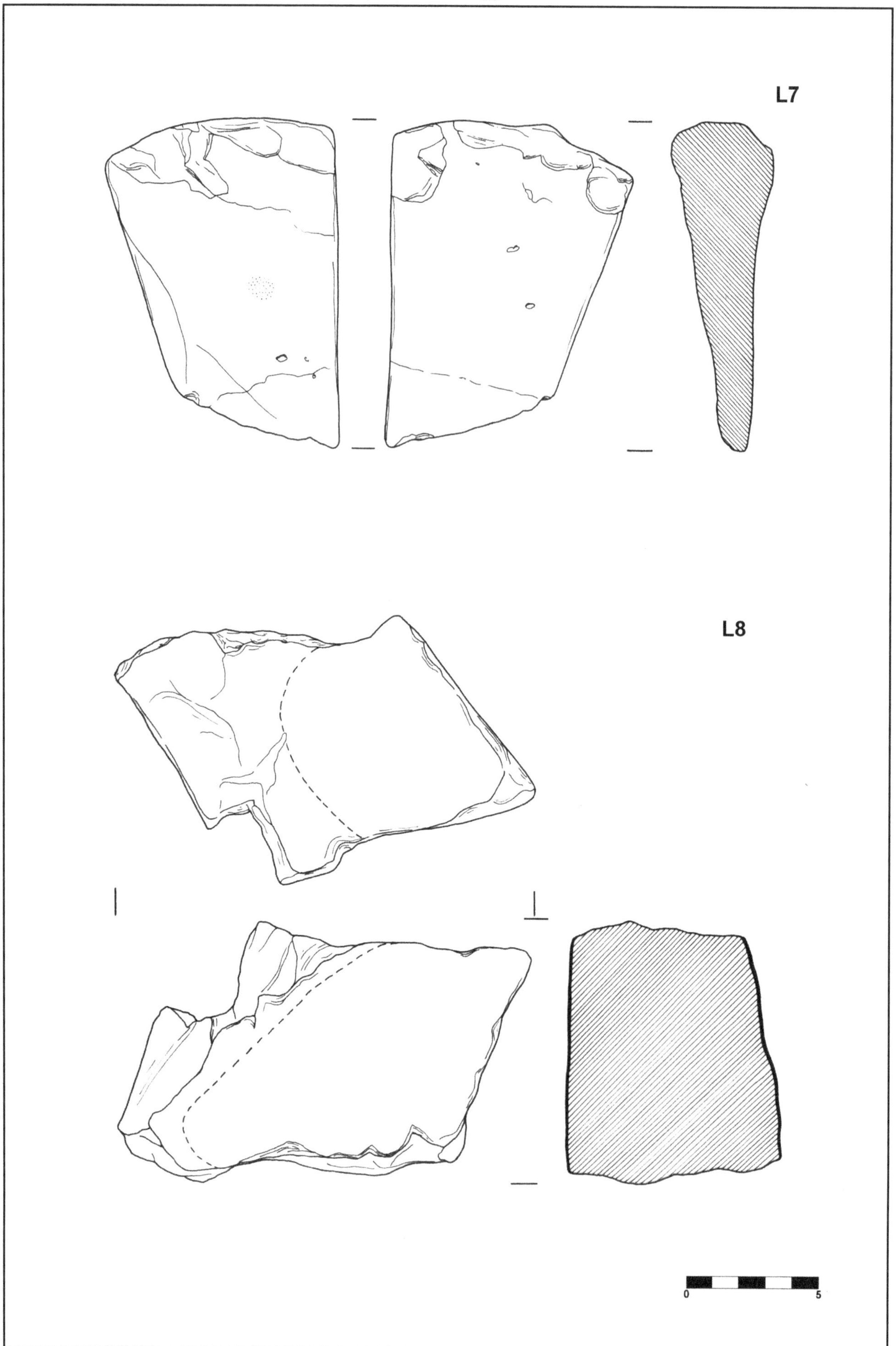

Tavola 13 - Fimon Molino Casarotto: strumenti per levigare e lisciare (levigatoi)
Table 13 - Fimon Molino Casarotto: abrading and polishing tools (abraders)

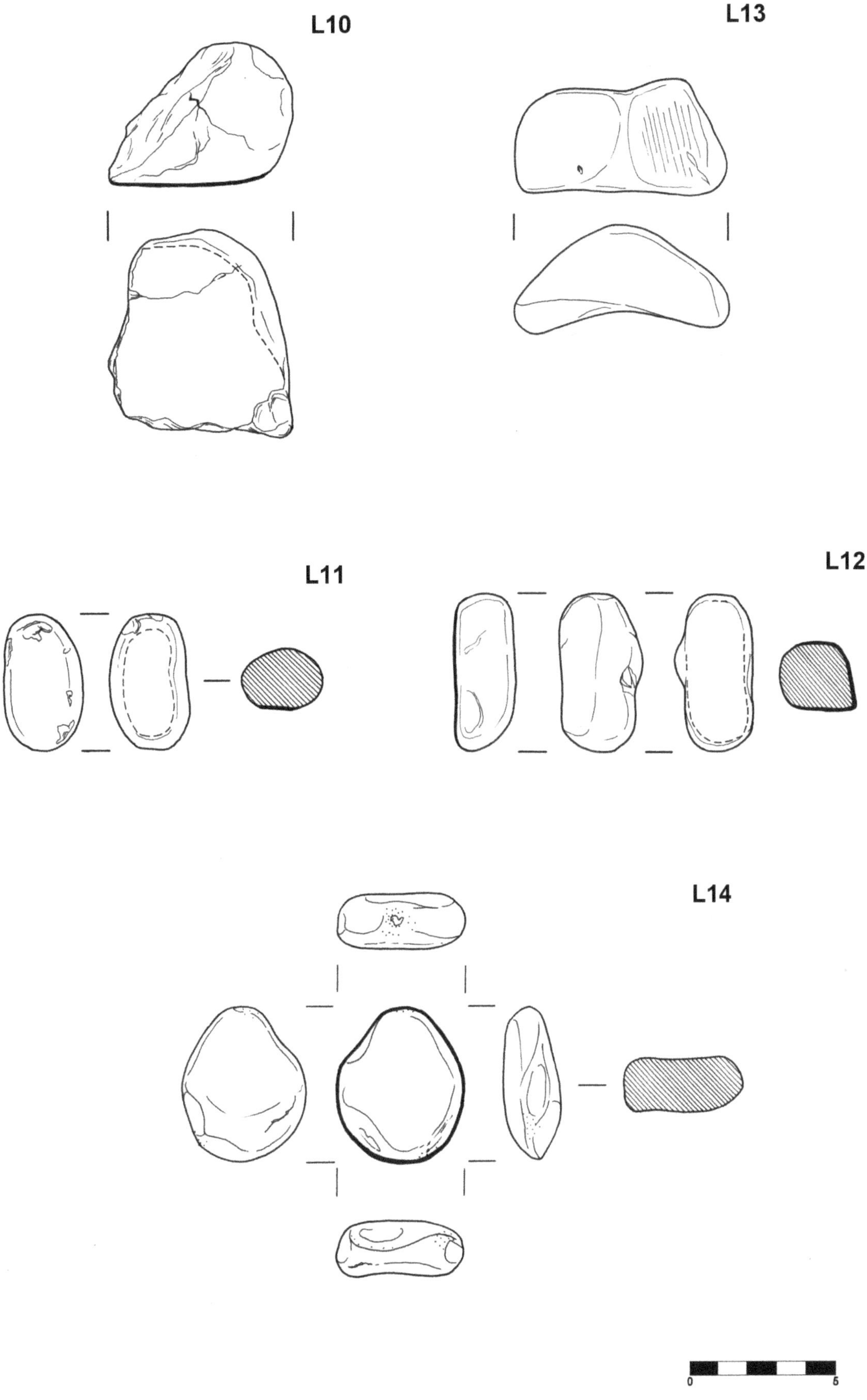

Tavola 14 - Fimon Molino Casarotto: strumenti per levigare e lisciare (lisciatoi)
Table 14 - Fimon Molino Casarotto: abrading and polishing tools (polishing stones)

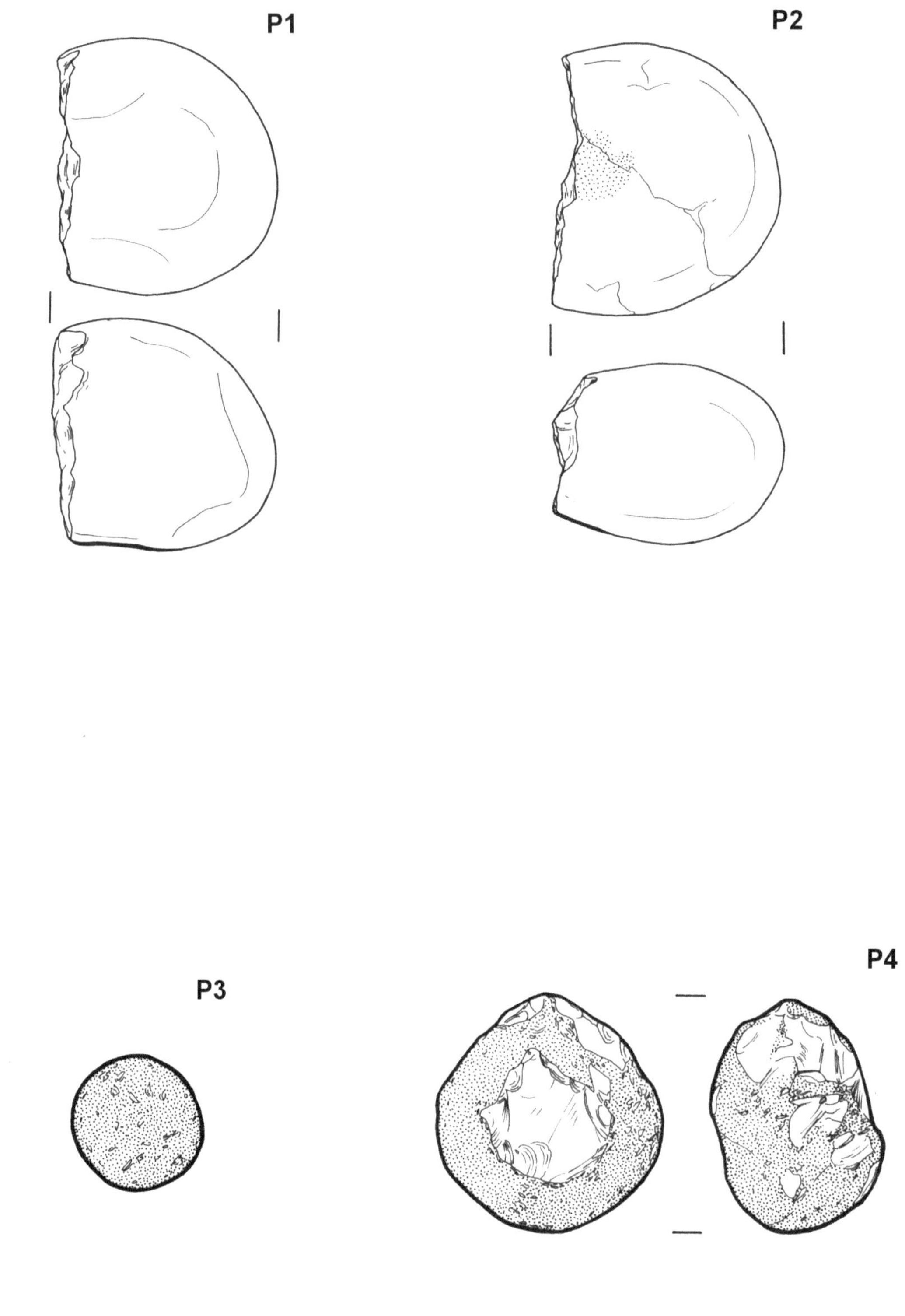

Tavola 15 - Fimon Molino Casarotto: strumenti percussori (martelli-trituratori e percussori)
Table 15 - Fimon Molino Casarotto: percussion tools (hammers and pecking stones)

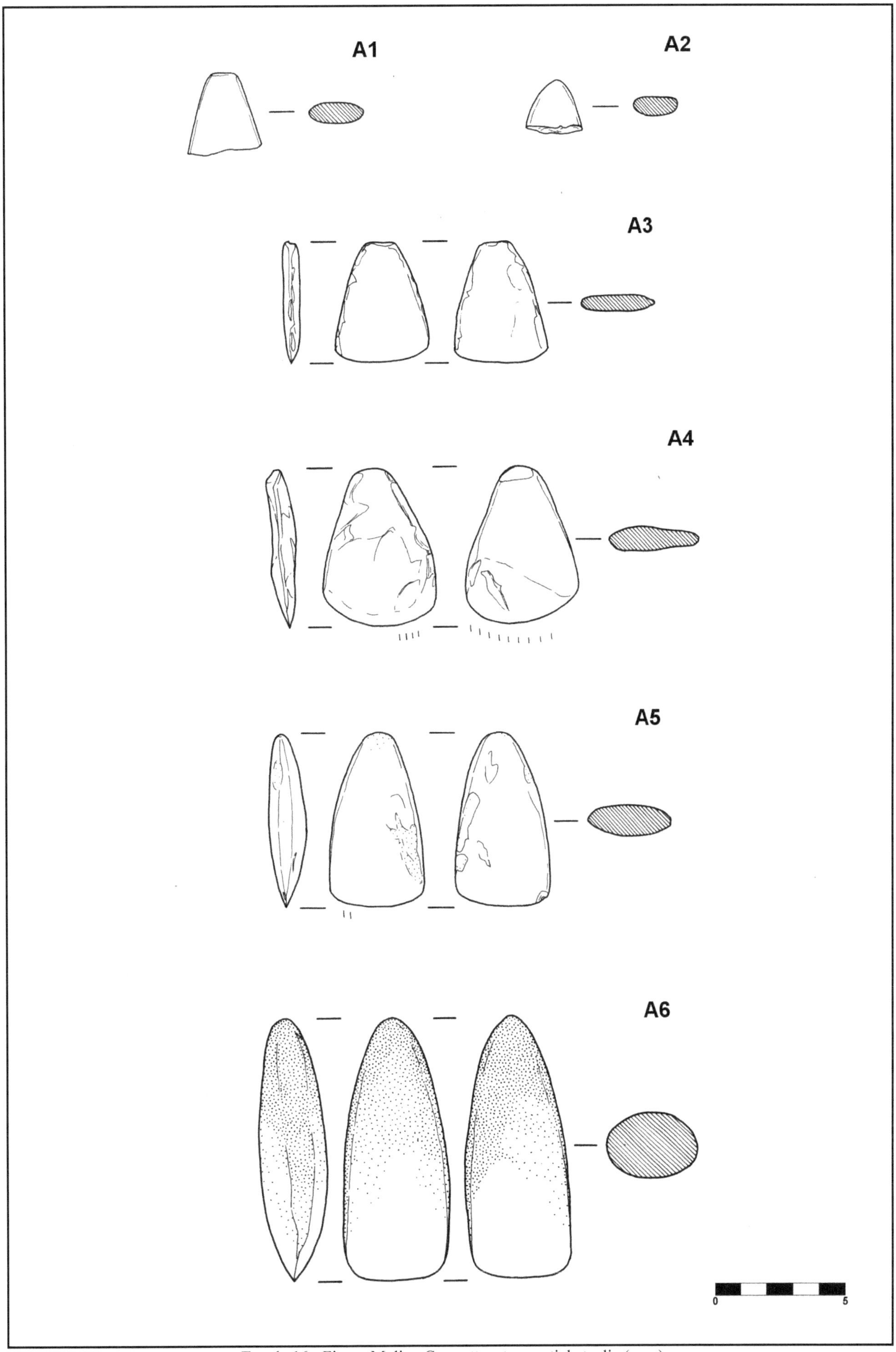

Tavola 16 - Fimon Molino Casarotto: strumenti da taglio (asce)
Table 16 - Fimon Molino Casarotto: cutting edge tools (adzes)

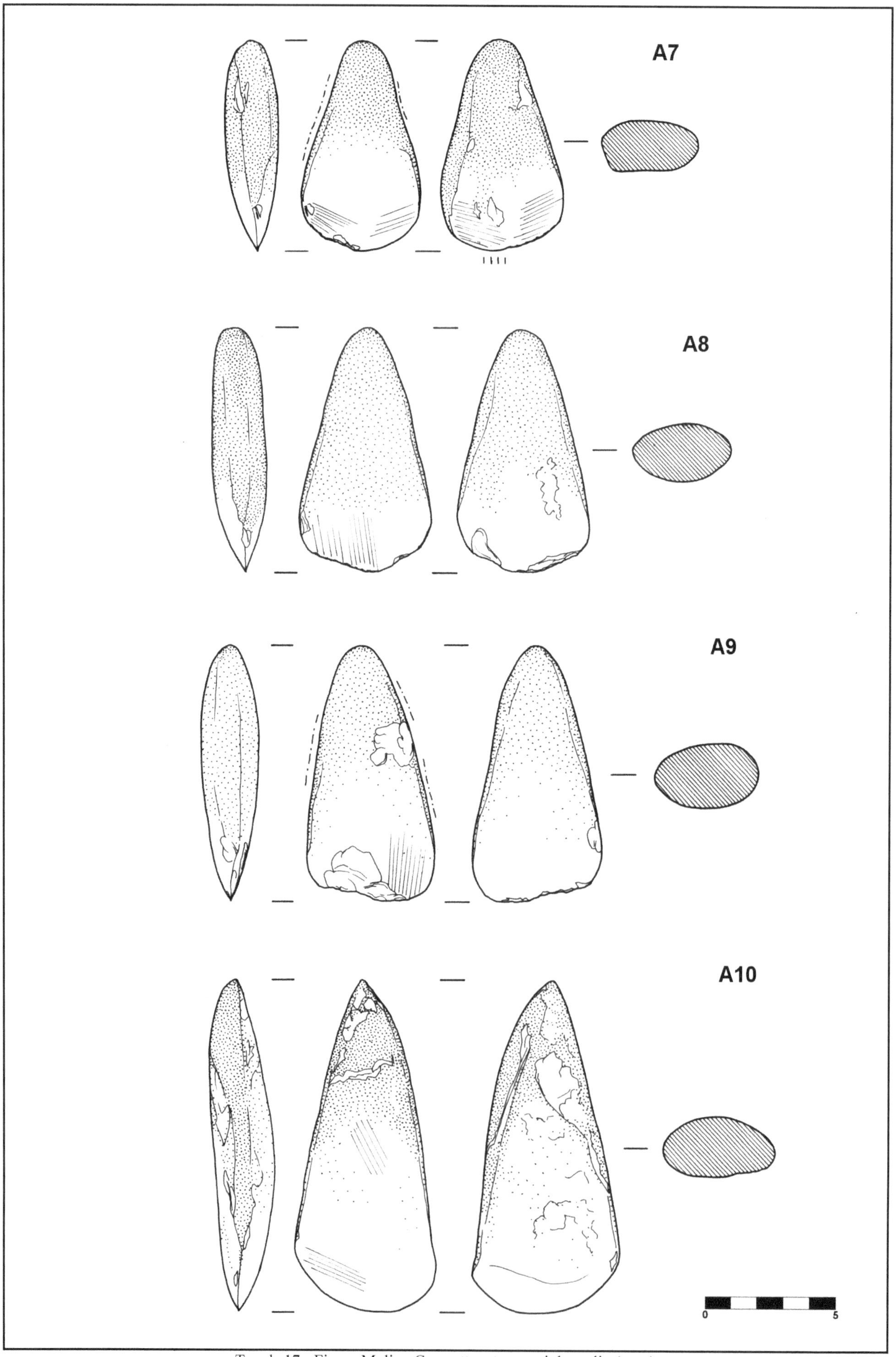

Tavola 17 - Fimon Molino Casarotto: strumenti da taglio (asce)
Table 17 - Fimon Molino Casarotto: cutting edge tools (adzes)

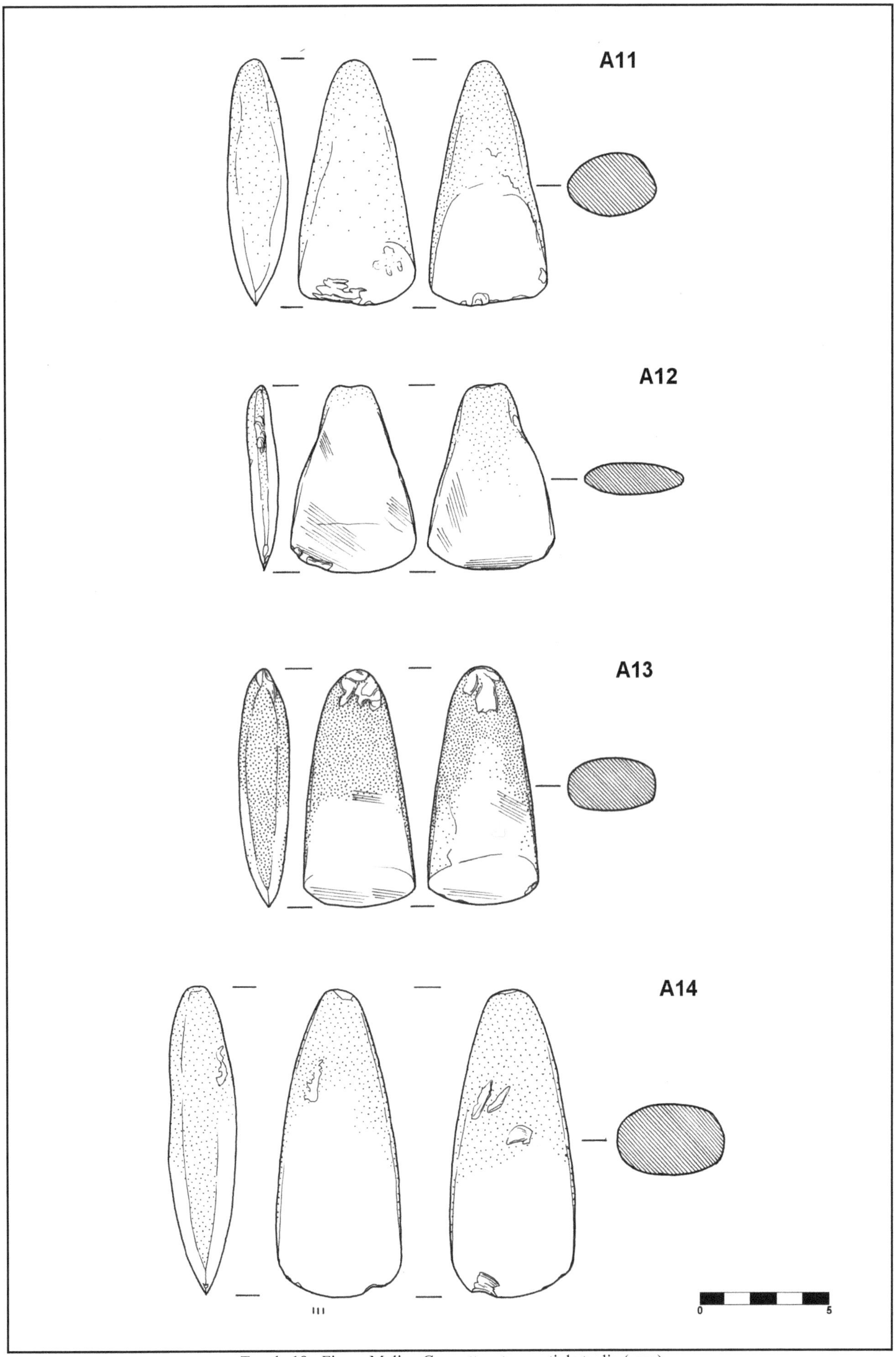

Tavola 18 - Fimon Molino Casarotto: strumenti da taglio (asce)
Table 18 - Fimon Molino Casarotto: cutting edge tools (adzes)

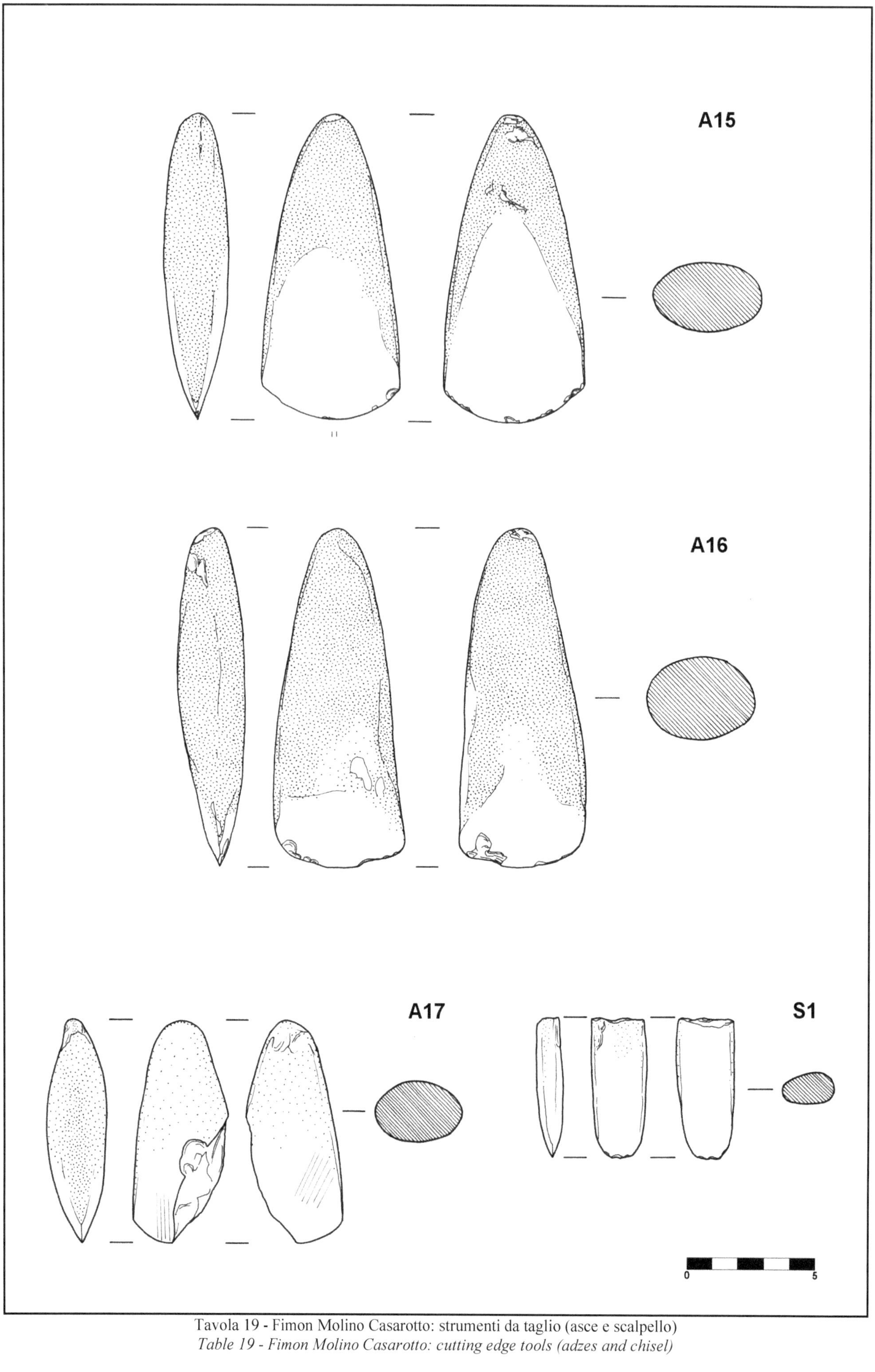

Tavola 19 - Fimon Molino Casarotto: strumenti da taglio (asce e scalpello)

Table 19 - Fimon Molino Casarotto: cutting edge tools (adzes and chisel)

PL1

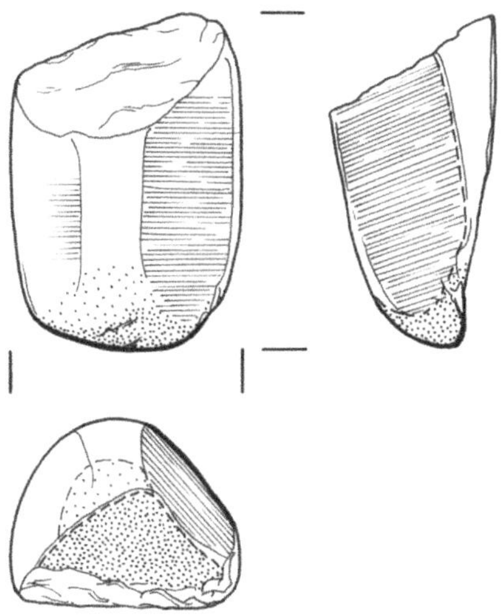

PL2

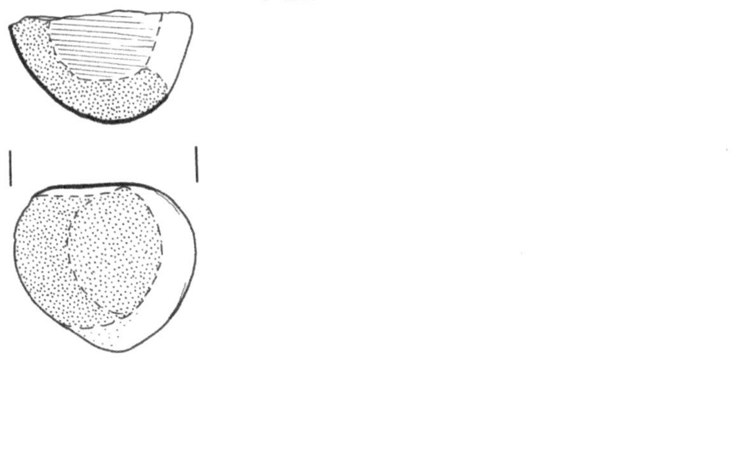

Tavola 20 - Fimon Molino Casarotto: strumenti polifunzionali (pestelli-lisciatoi)
Table 20 - Fimon Molino Casarotto: multifunctional tools (pestles-polishers)

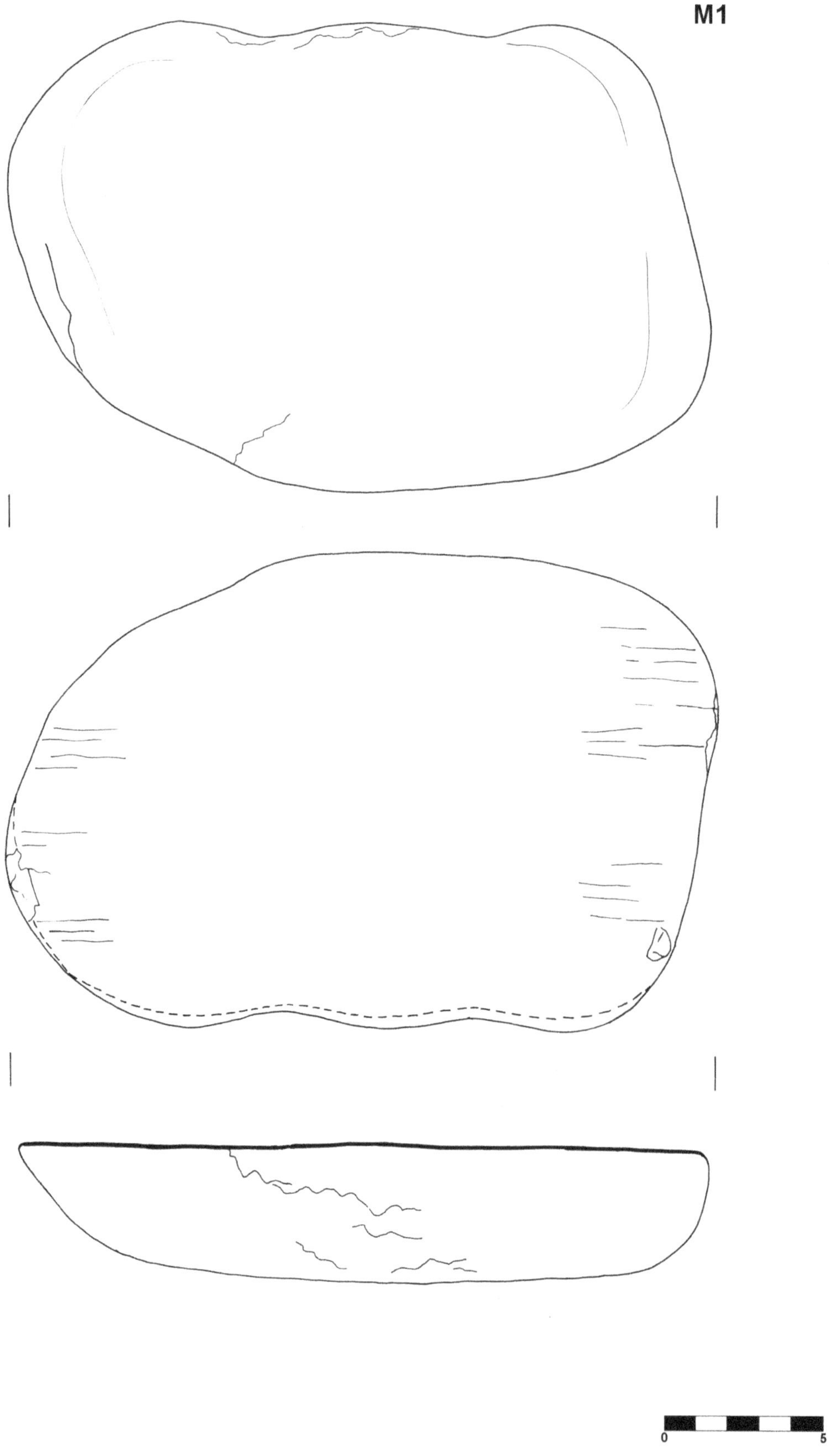

Tavola 21 - Quinzano: strumenti per macinare (macina)
Table 21 - Quinzano: grinding tools (quern)

m1

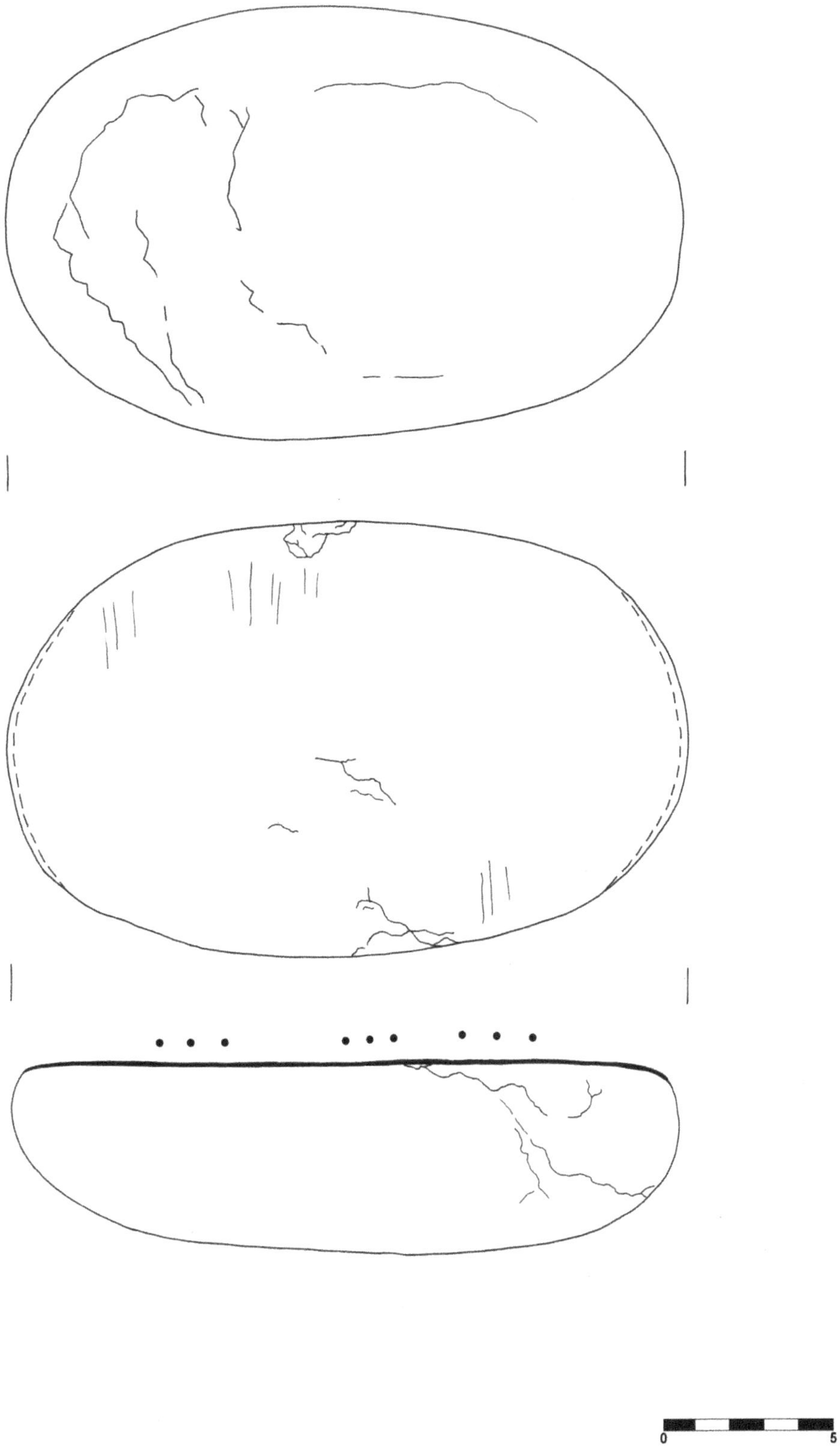

Tavola 22 - Quinzano: strumenti per macinare (macinello)
Table 22 - Quinzano: grinding tools (handstone)

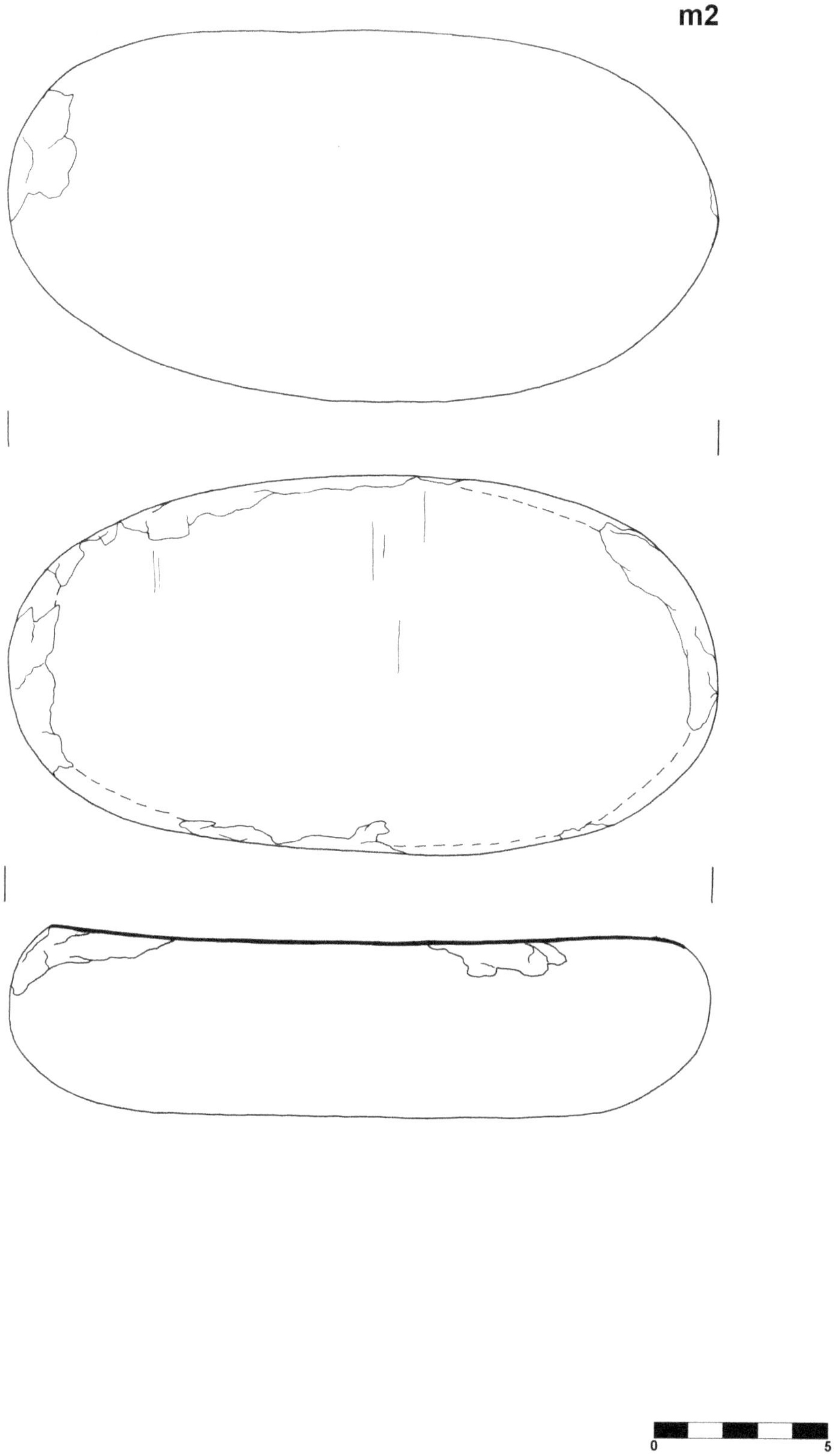

Tavola 23 - Quinzano: strumenti per macinare (macinello)
Table 23 - Quinzano: grinding tools (handstone)

m3

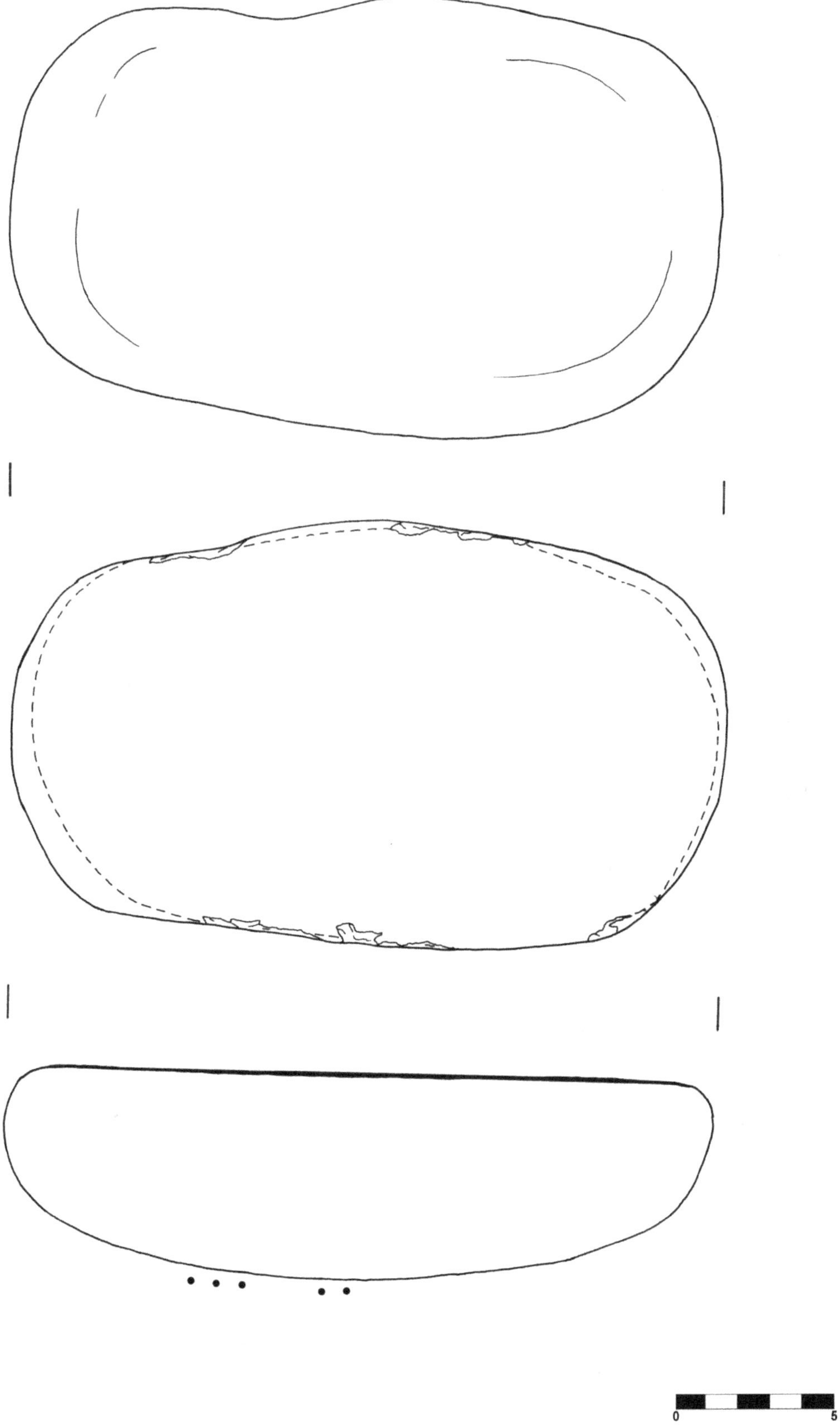

Tavola 24 - Quinzano: strumenti per macinare (macinello)
Table 24 - Quinzano: grinding tools (handstone)

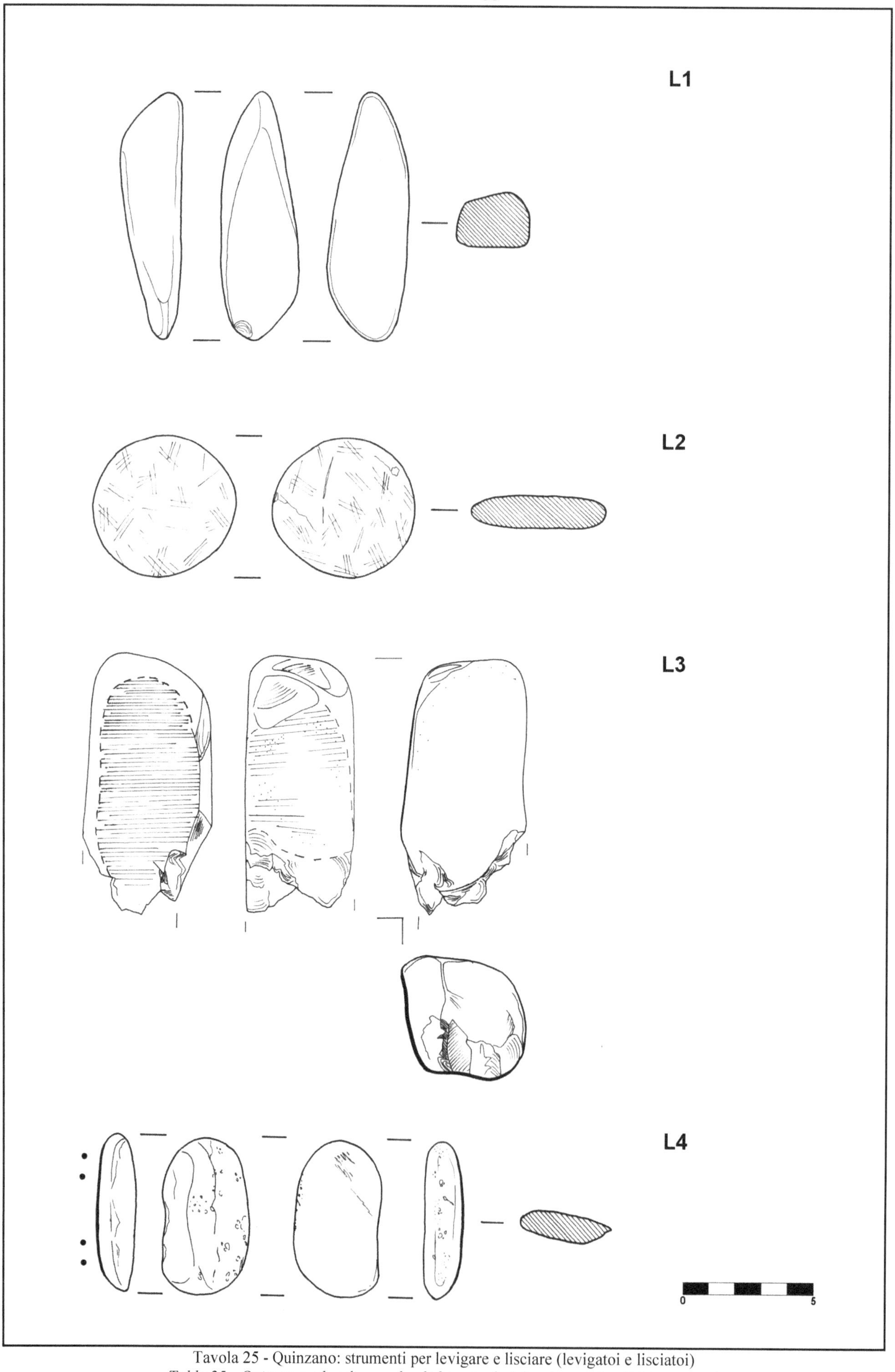

Tavola 25 - Quinzano: strumenti per levigare e lisciare (levigatoi e lisciatoi)
Table 25 - Quinzano: abrading and polishing tools (abraders and polishing stones)

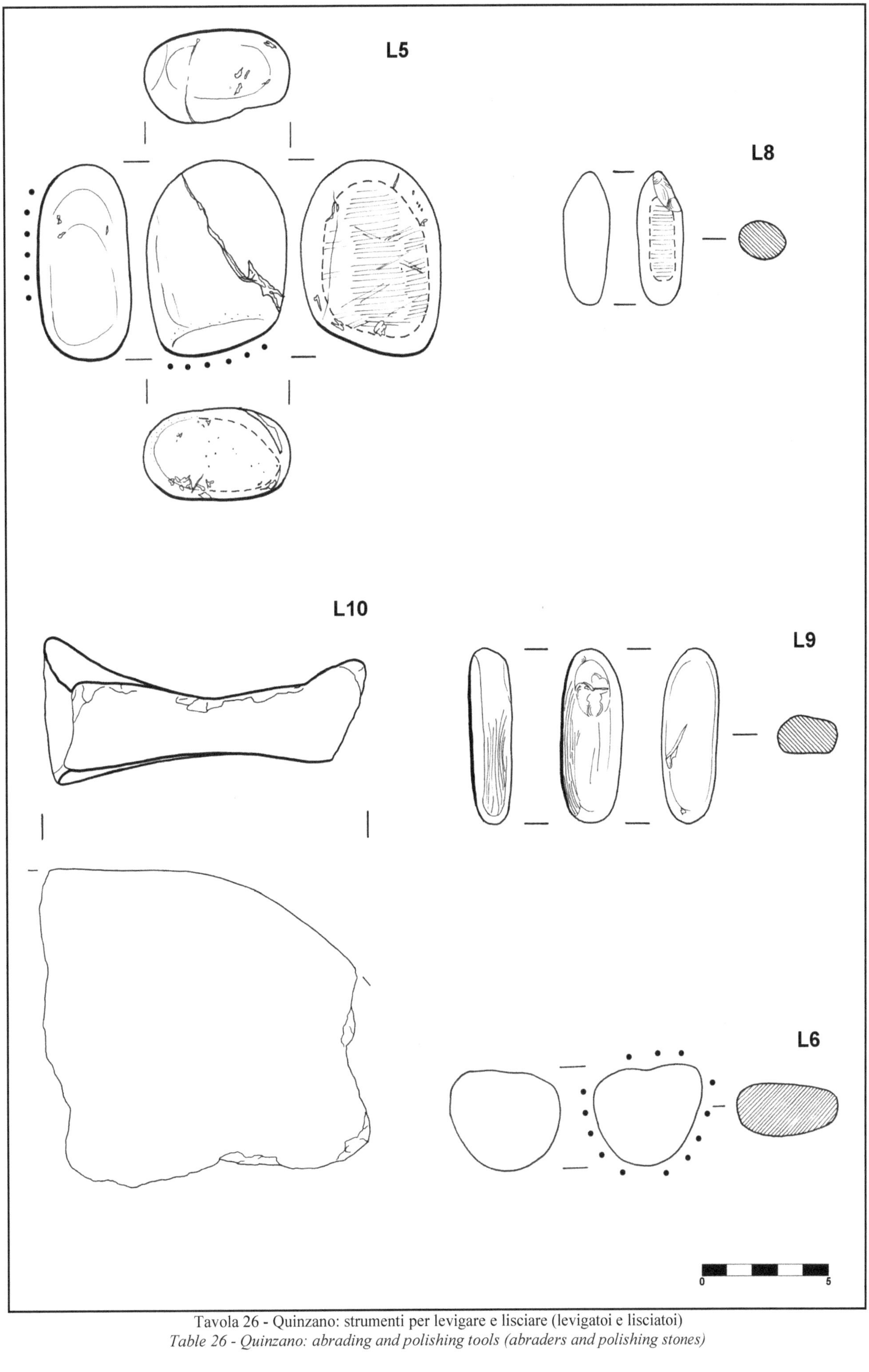

Tavola 26 - Quinzano: strumenti per levigare e lisciare (levigatoi e lisciatoi)

Table 26 - Quinzano: abrading and polishing tools (abraders and polishing stones)

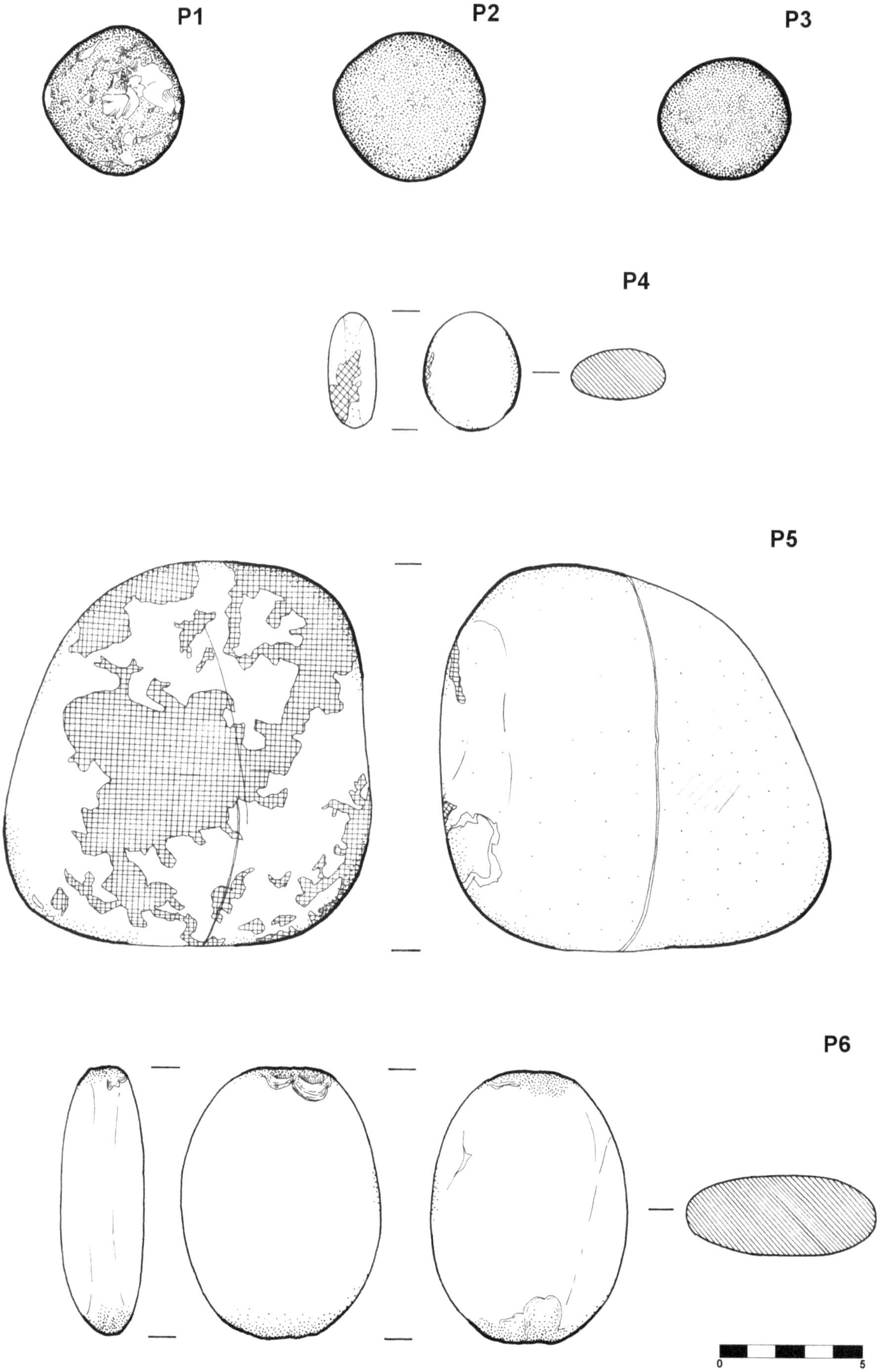

Tavola 27 - Quinzano: strumenti percussori (percussori, martello-trituratore e pestello); P1 (*)
Table 27 - Quinzano: percussion tools (pecking stones, hammer and pestle); P1 (*)

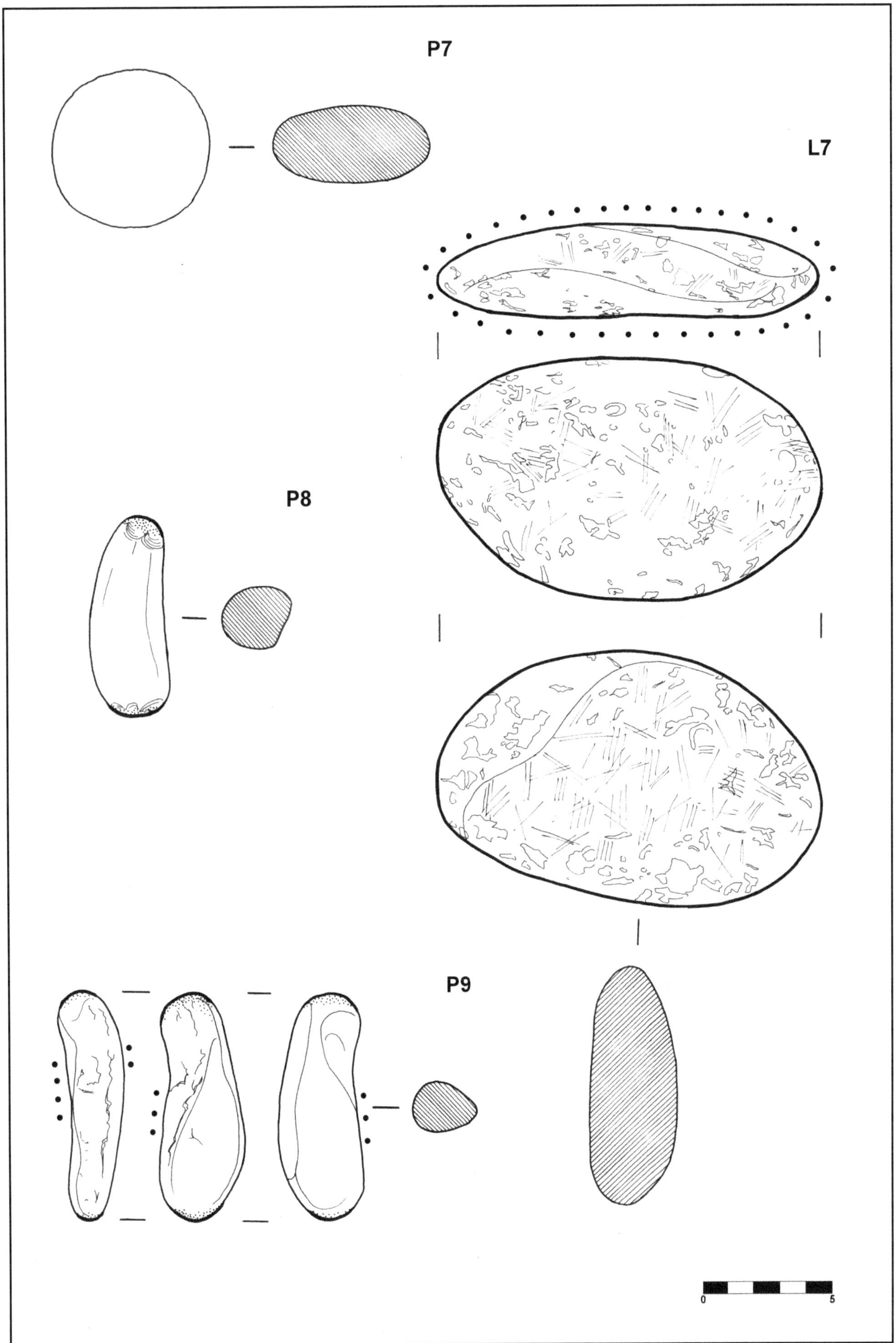

Tavola 28 - Quinzano: strumenti percussori (pestelli) e strumenti per levigare e lisciare (lisciatoio)
Table 28 - Quinzano: percussion tools (pestles) and abrading and polishing tools (polishing stone)

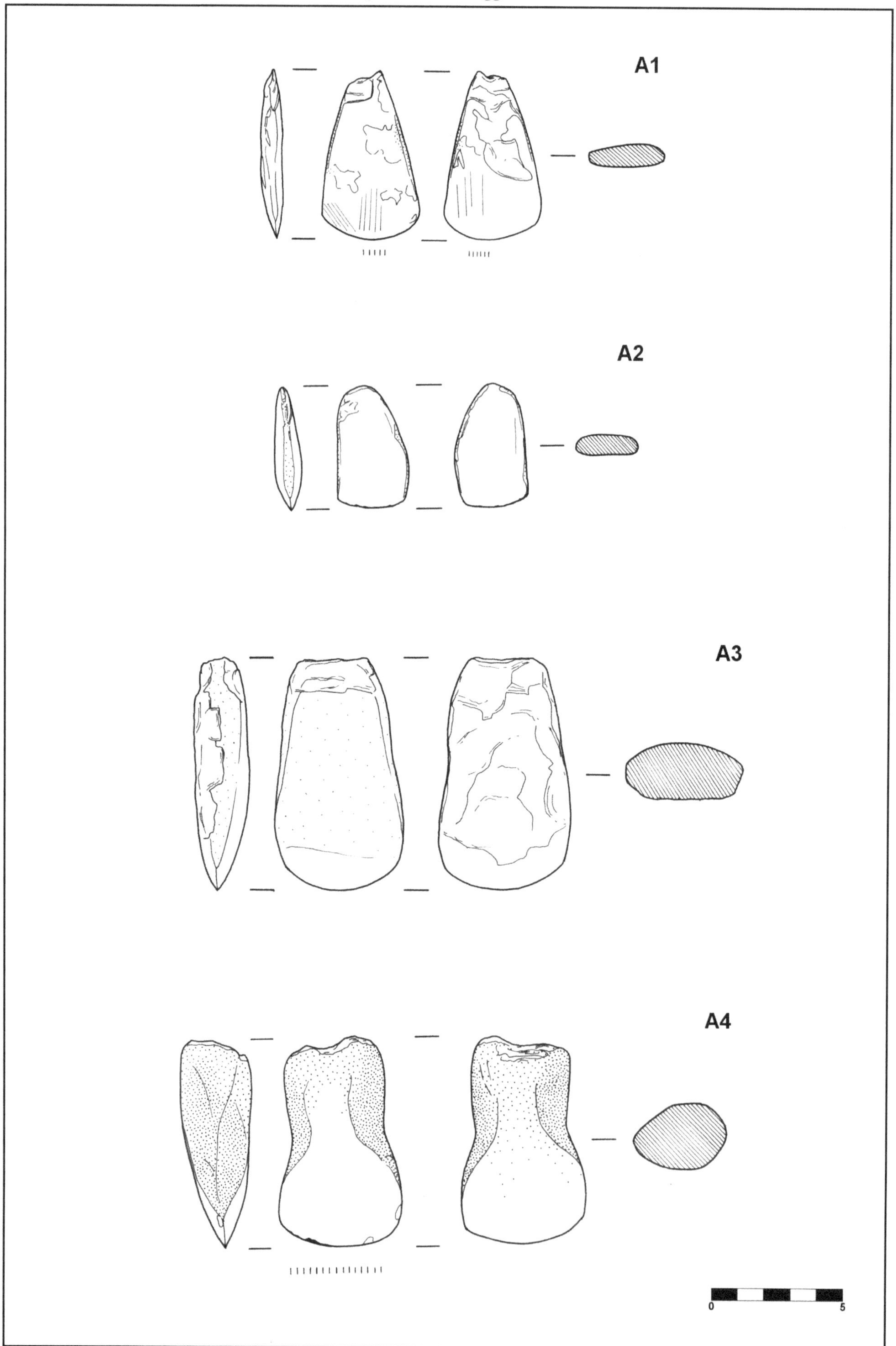

Tavola 29 - Quinzano: strumenti da taglio (asce); A2 (*)

Table 29 - Quinzano: cutting edge tools (adzes); A2 (*)

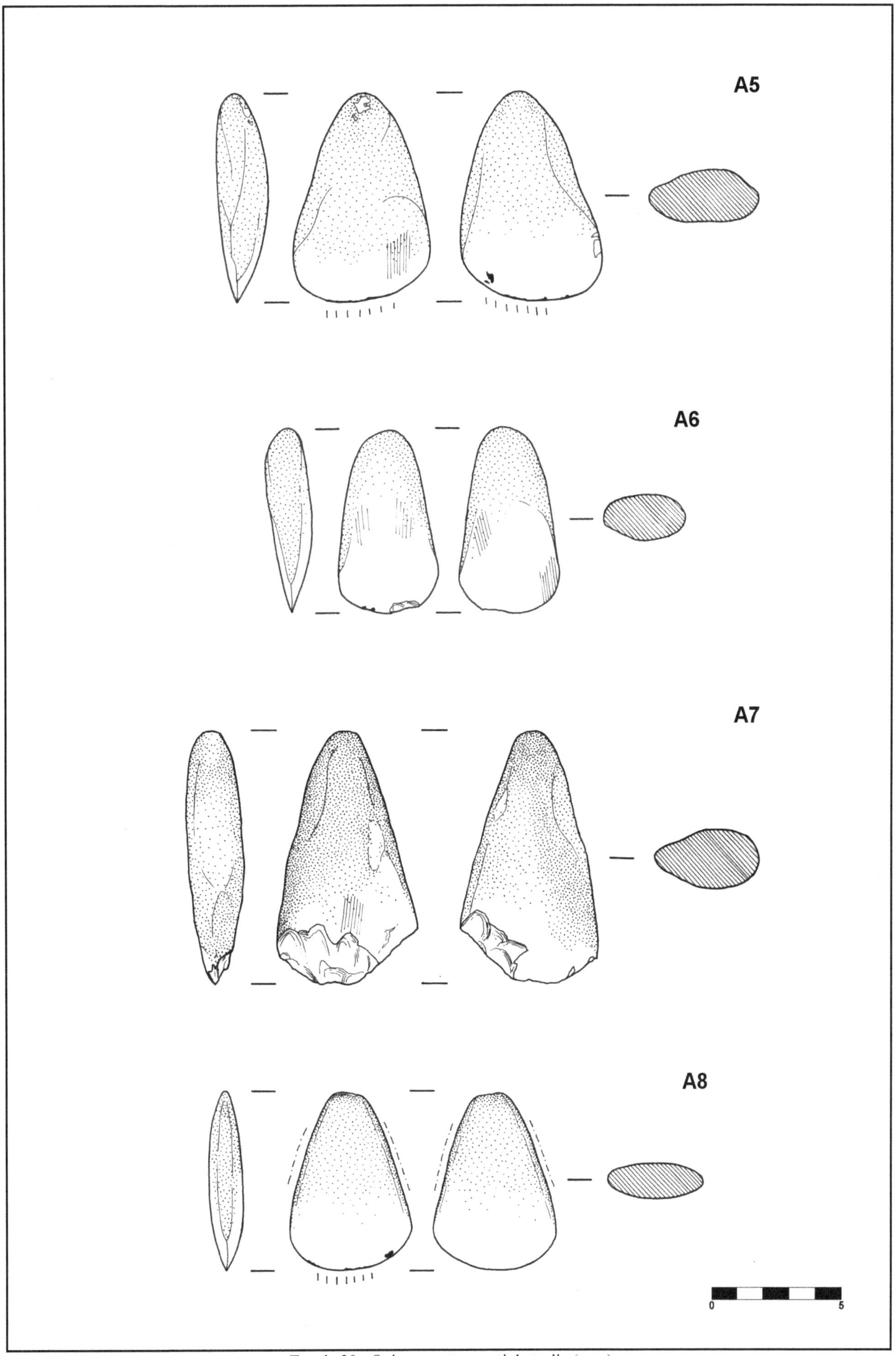

Tavola 30 - Quinzano: strumenti da taglio (asce)
Table 30 - Quinzano: cutting edge tools (adzes)

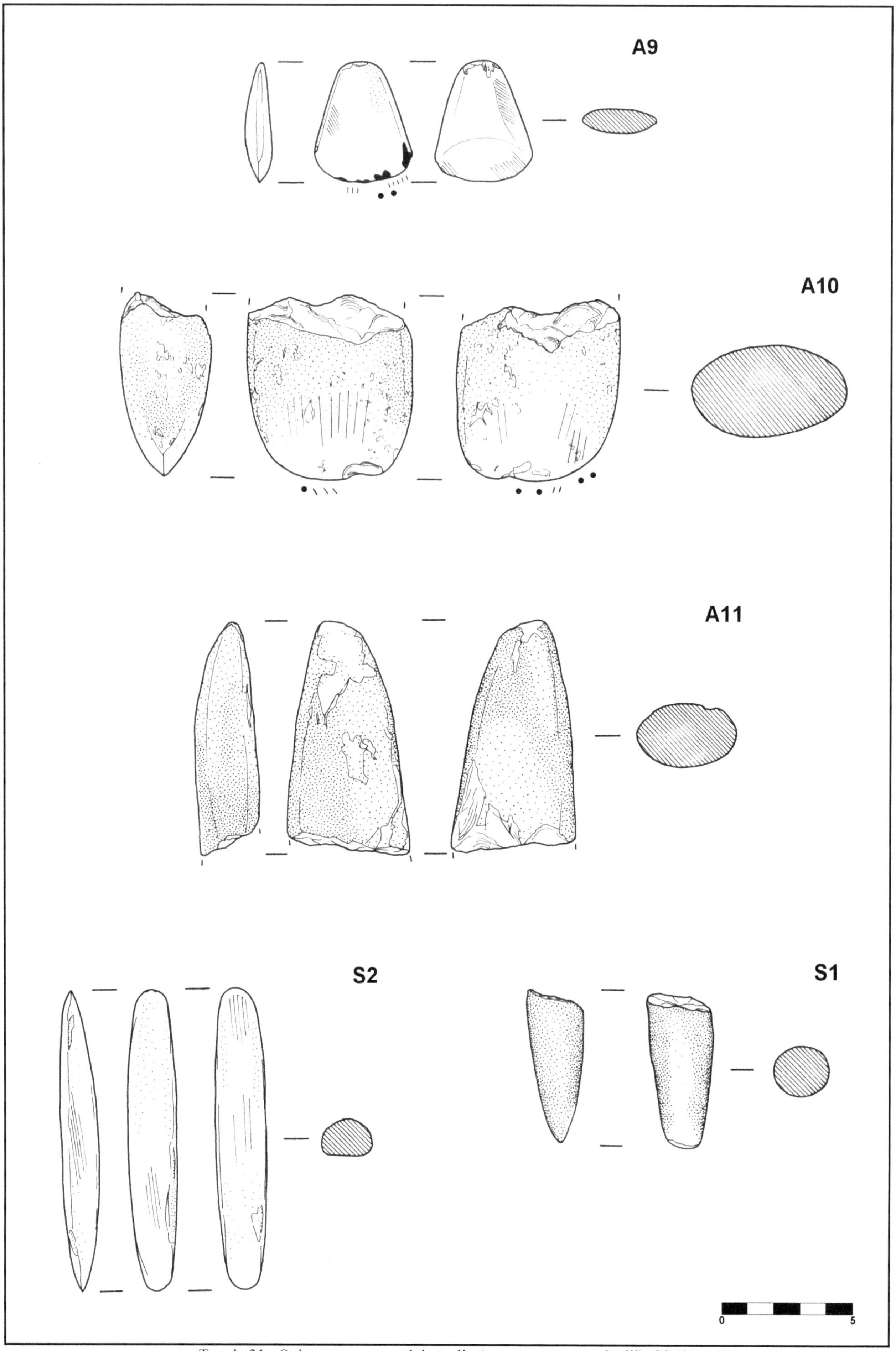

Tavola 31 - Quinzano: strumenti da taglio (asce, accetta e scalpelli); S2 (*)
Table 31 - Quinzano: cutting edge tools (adzes, axe and chisels); S2 (*)

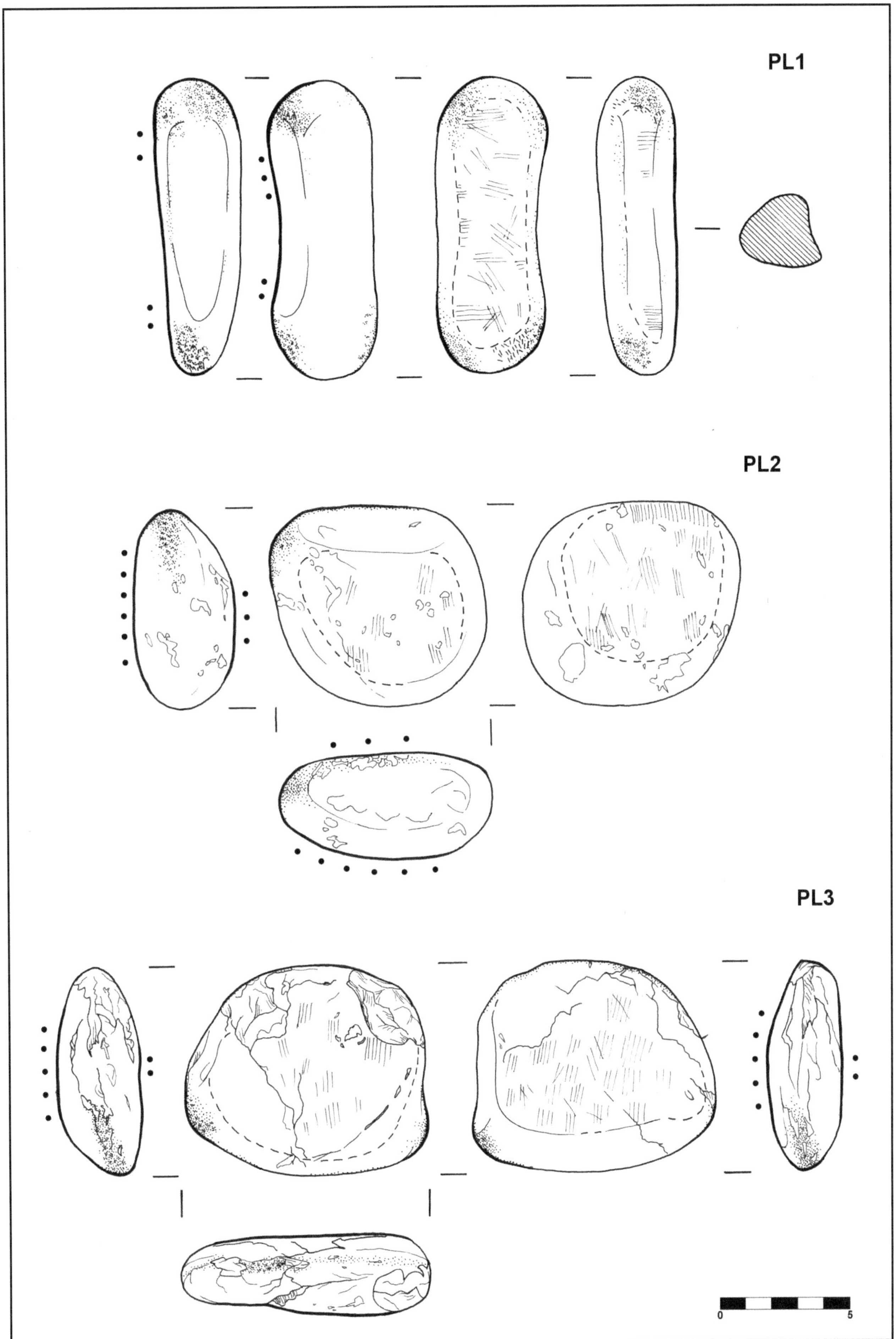

Tavola 32 - Quinzano: strumenti polifunzionali (pestelli-lisciatoi); PL1 (*)

Table 32 - Quinzano: multifunctional tools (pestles-polishers); PL1 (*)

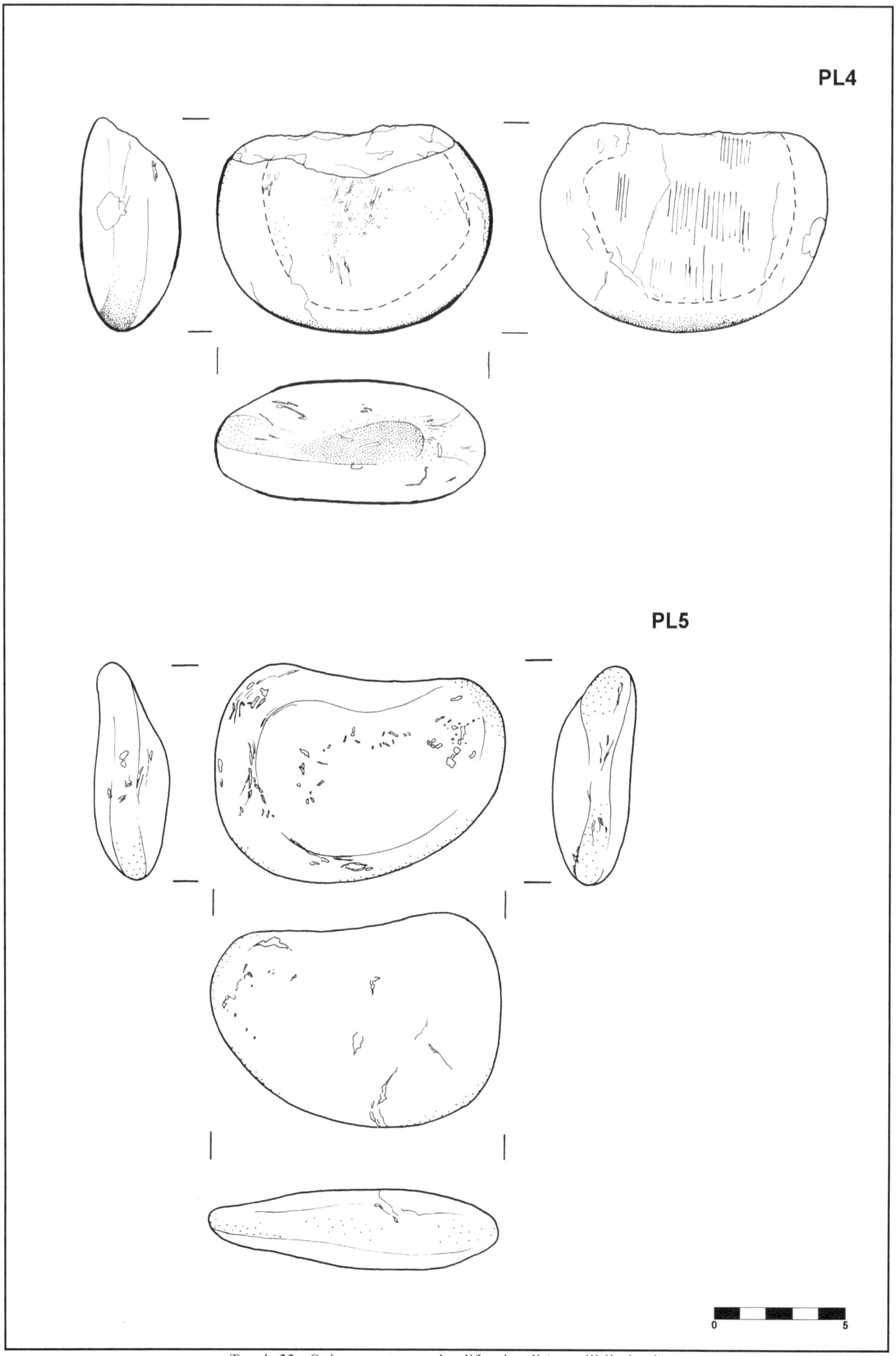

Tavola 33 - Quinzano: strumenti polifunzionali (pestelli-lisciatoi)
Table 33 - Quinzano: multifunctional tools (pestles-polishers)

PL6

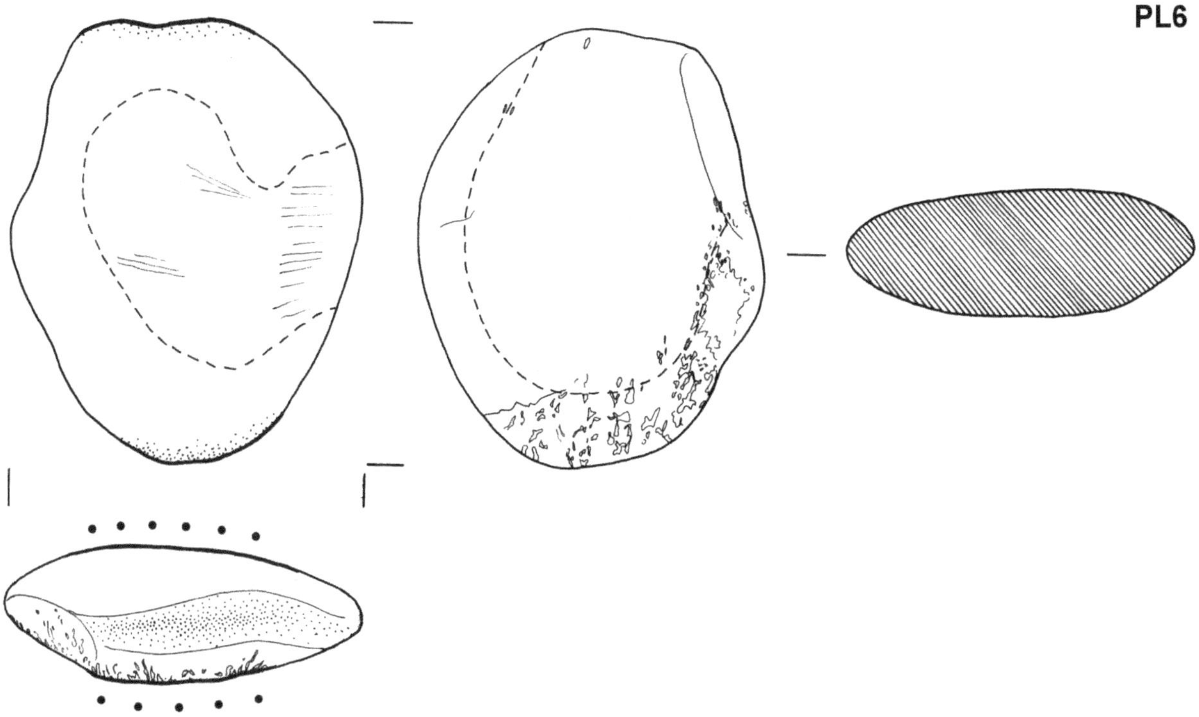

PL7

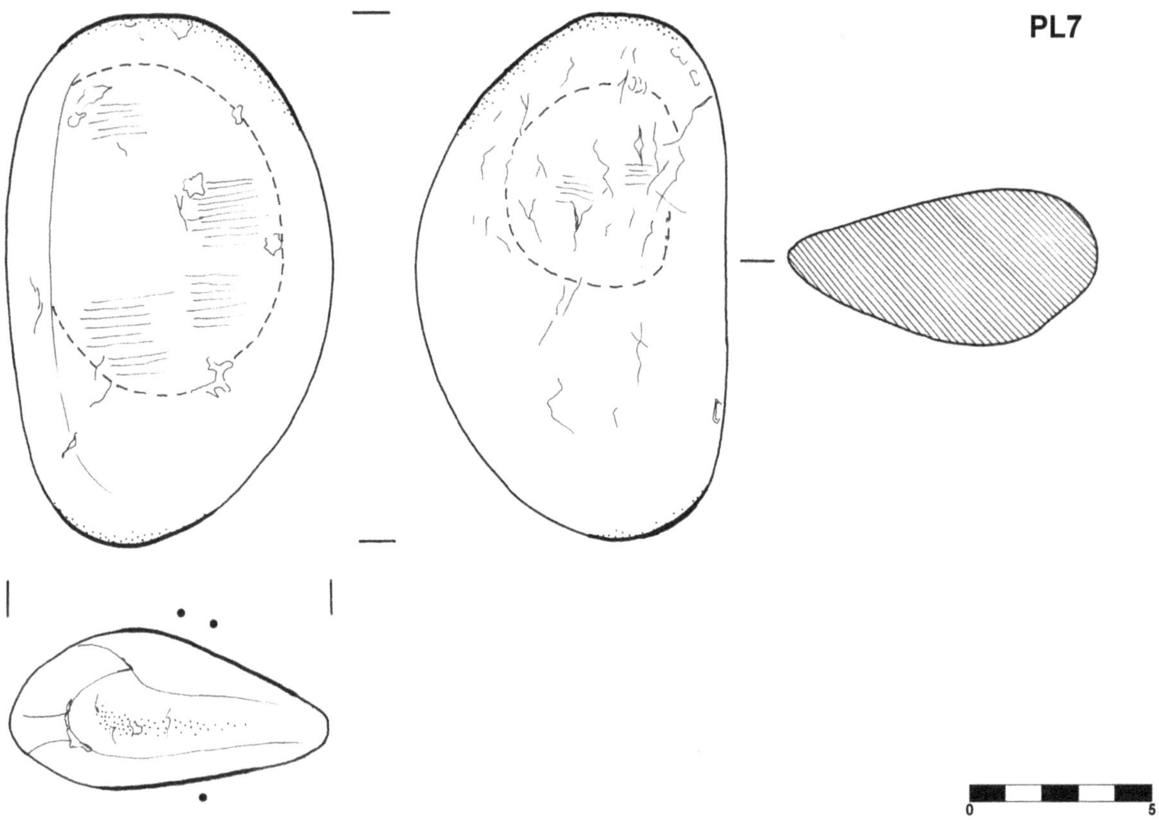

Tavola 34 - Quinzano: strumenti polifunzionali (pestelli-lisciatoi)

Table 34 - Quinzano: multifunctional tools (pestles-polishers)

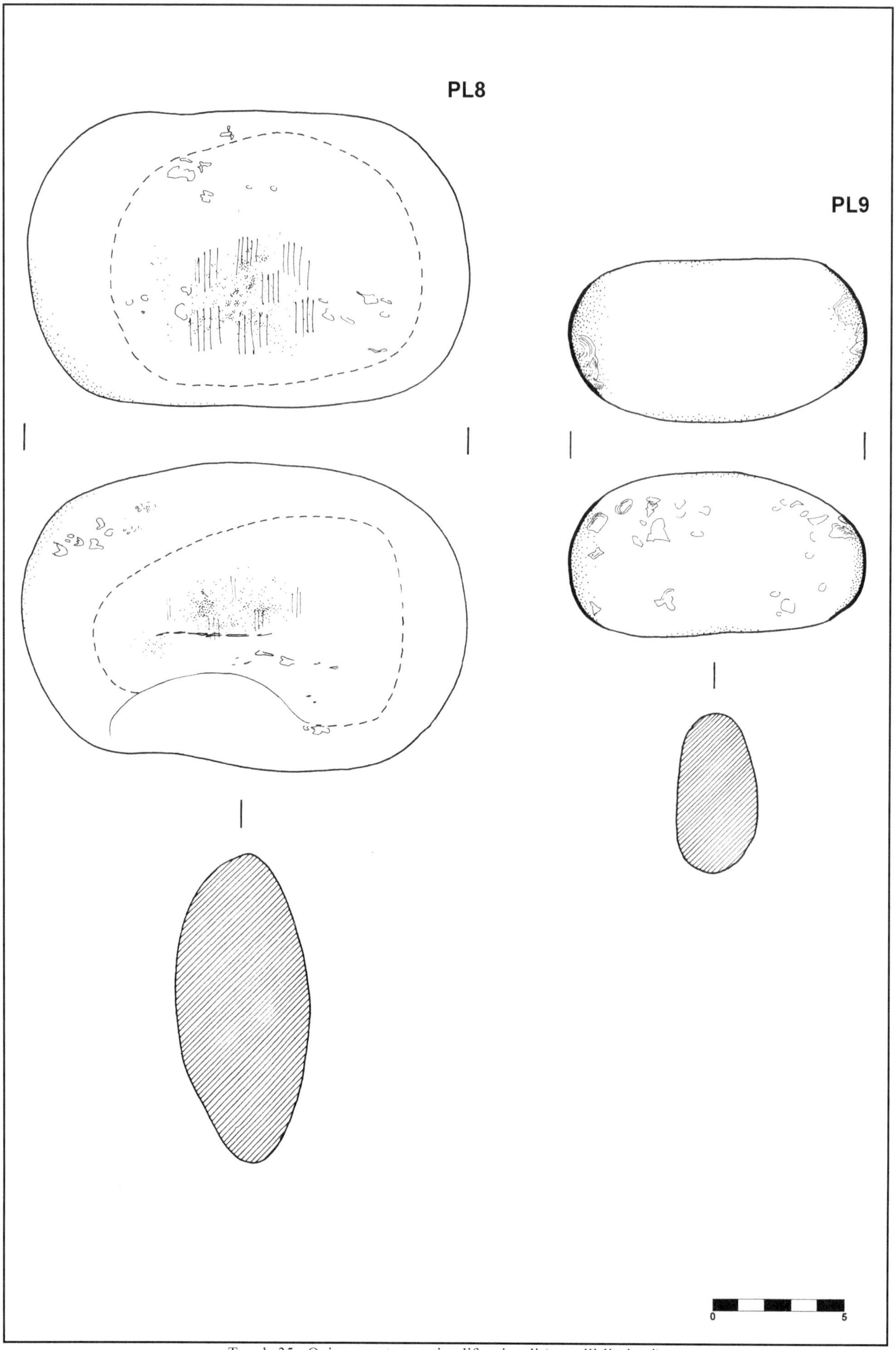

Tavola 35 - Quinzano: strumenti polifunzionali (pestelli-lisciatoi)
Table 35 - Quinzano: multifunctional tools (pestles-polishers)

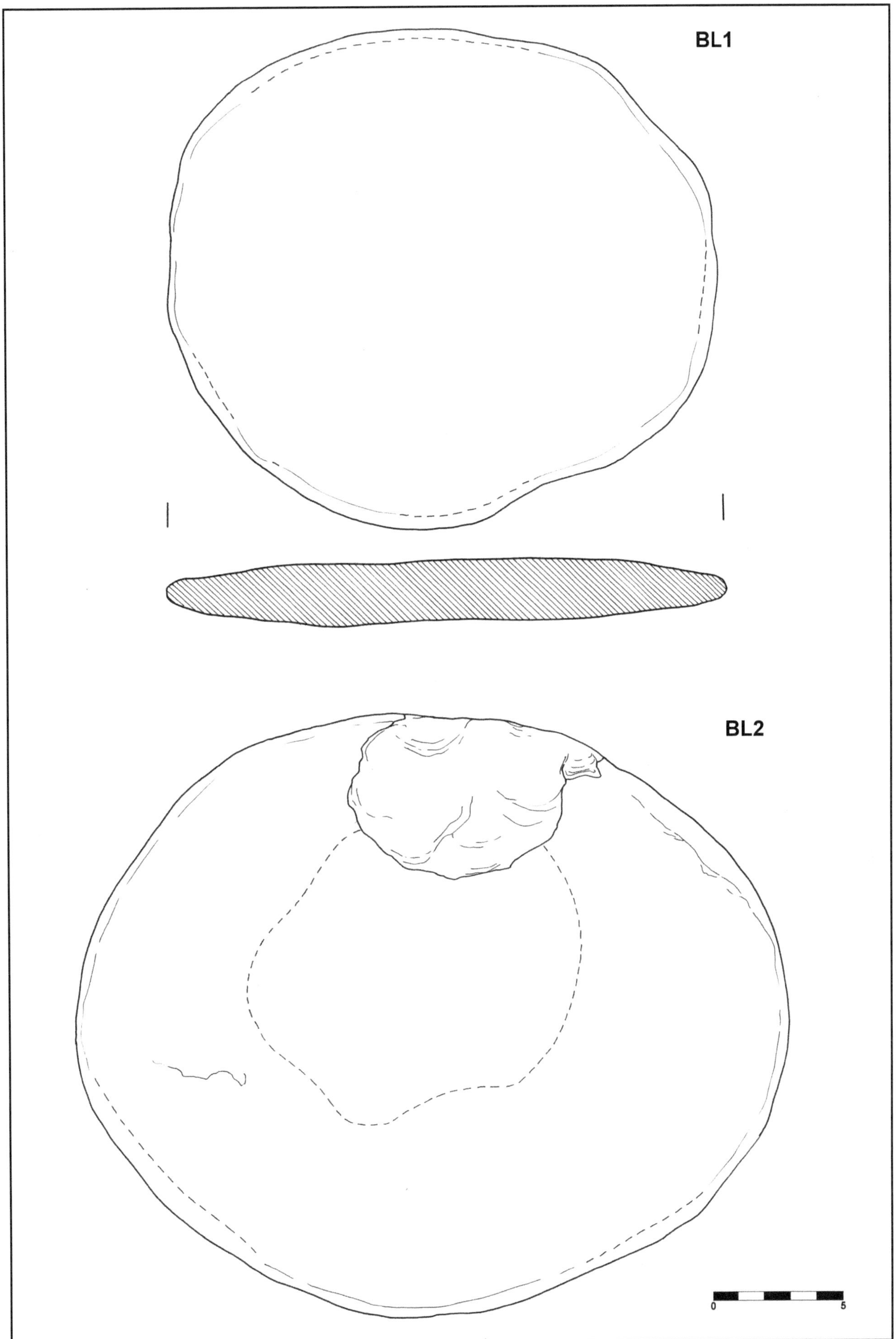

Tavola 36 - Quinzano: strumenti polifunzionali (basi di lavorazione)
Table 36 - Quinzano: multifunctional tools (working slab)

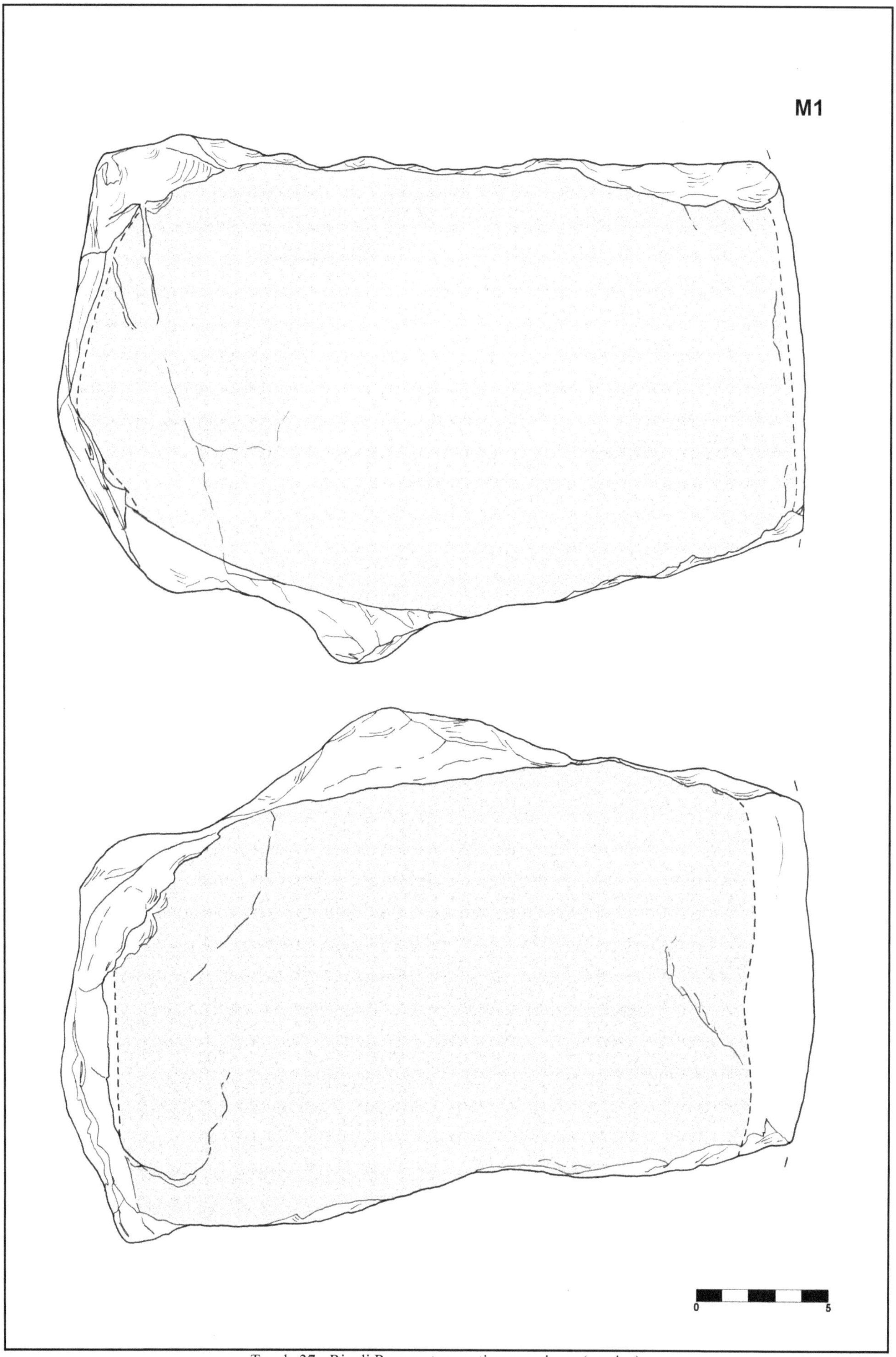

Tavola 37 - Rivoli Rocca: strumenti per macinare (macina)
Table 37 – Rivoli Rocca: grinding tools (quern)

M2

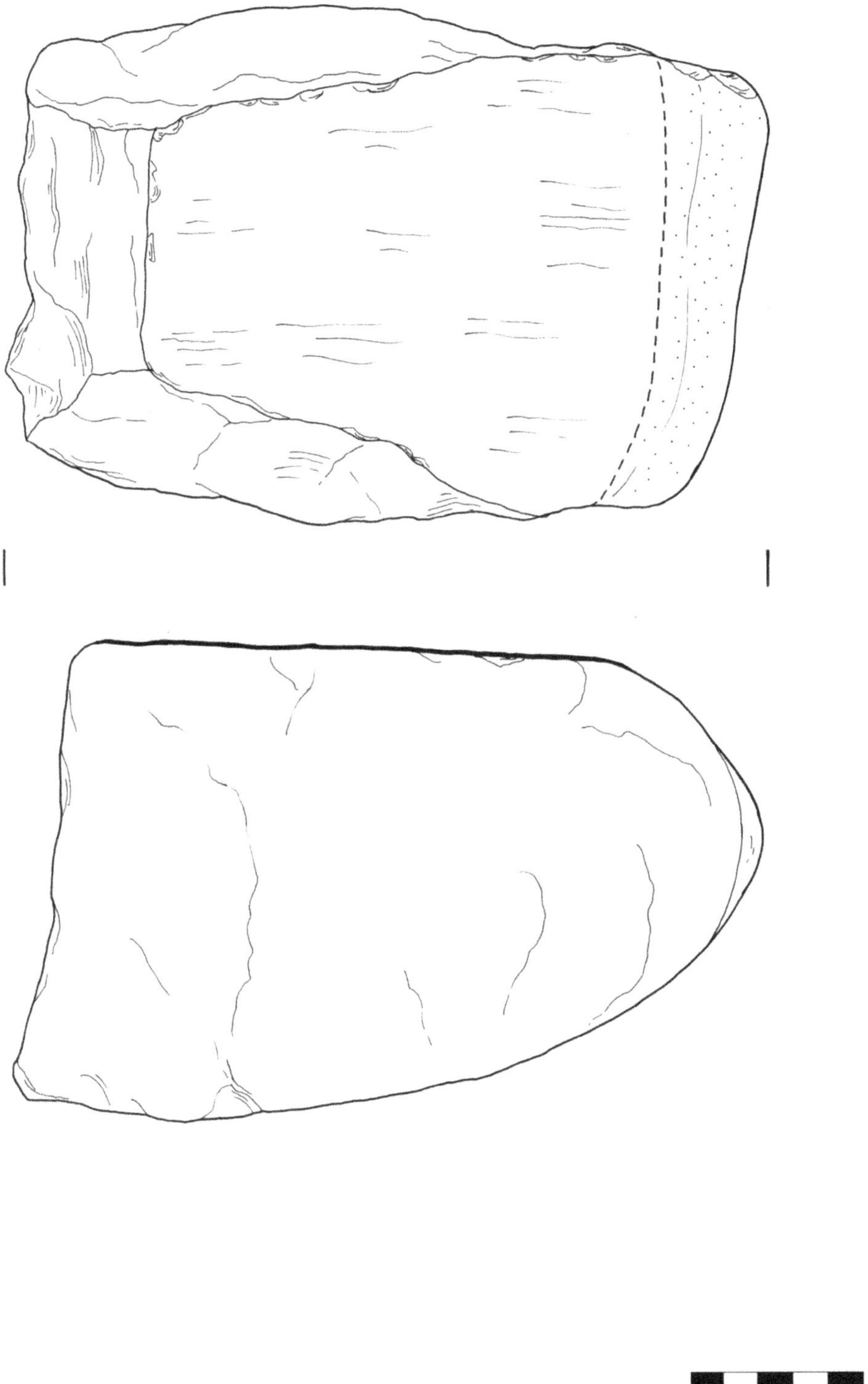

Tavola 38 - Rivoli Rocca: strumenti per macinare (macina)
Table 38 - Rivoli Rocca: grinding tools (quern)

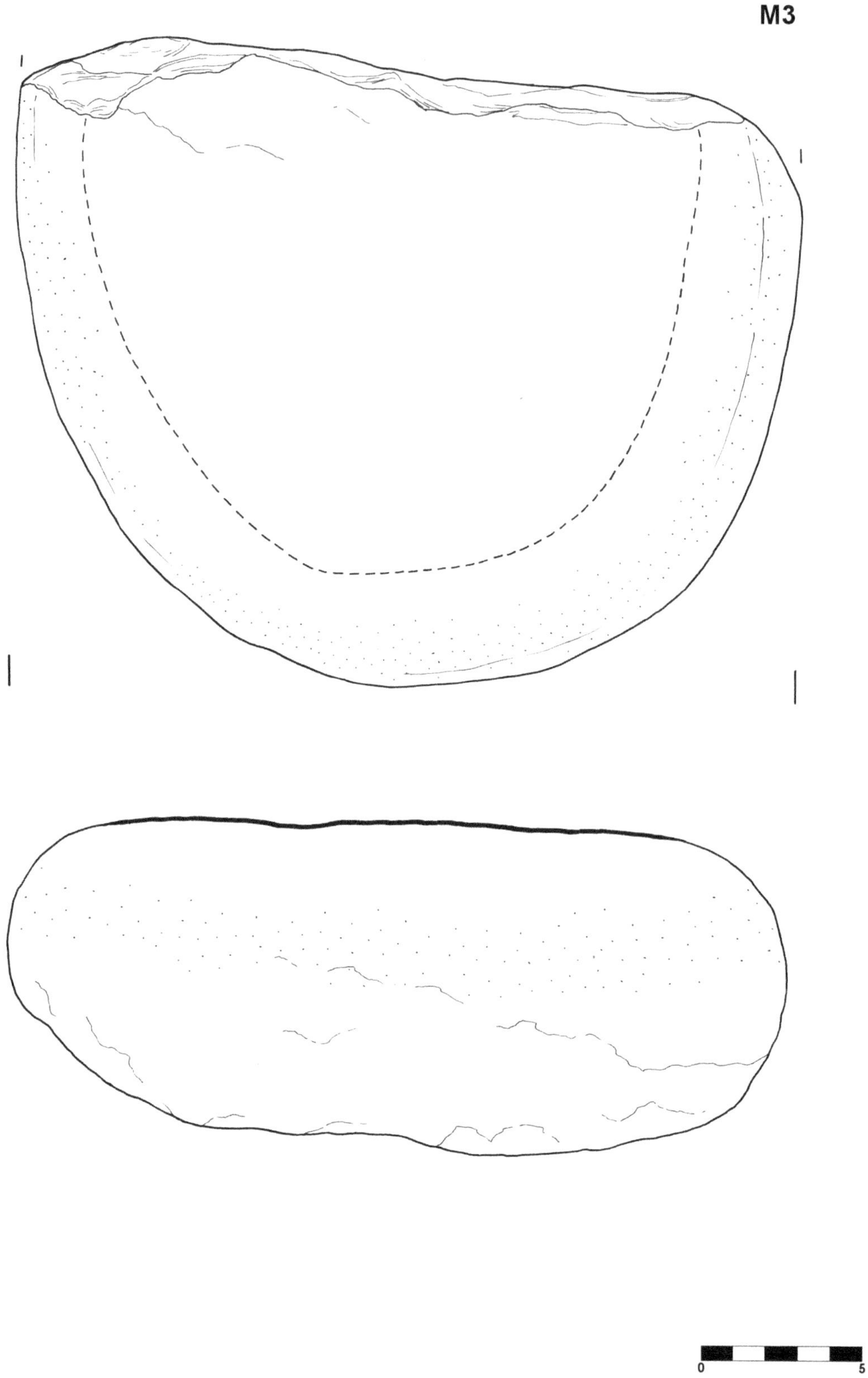

Tavola 39 - Rivoli Rocca: strumenti per macinare (macina)
Table 39 - Rivoli Rocca: grinding tools (quern)

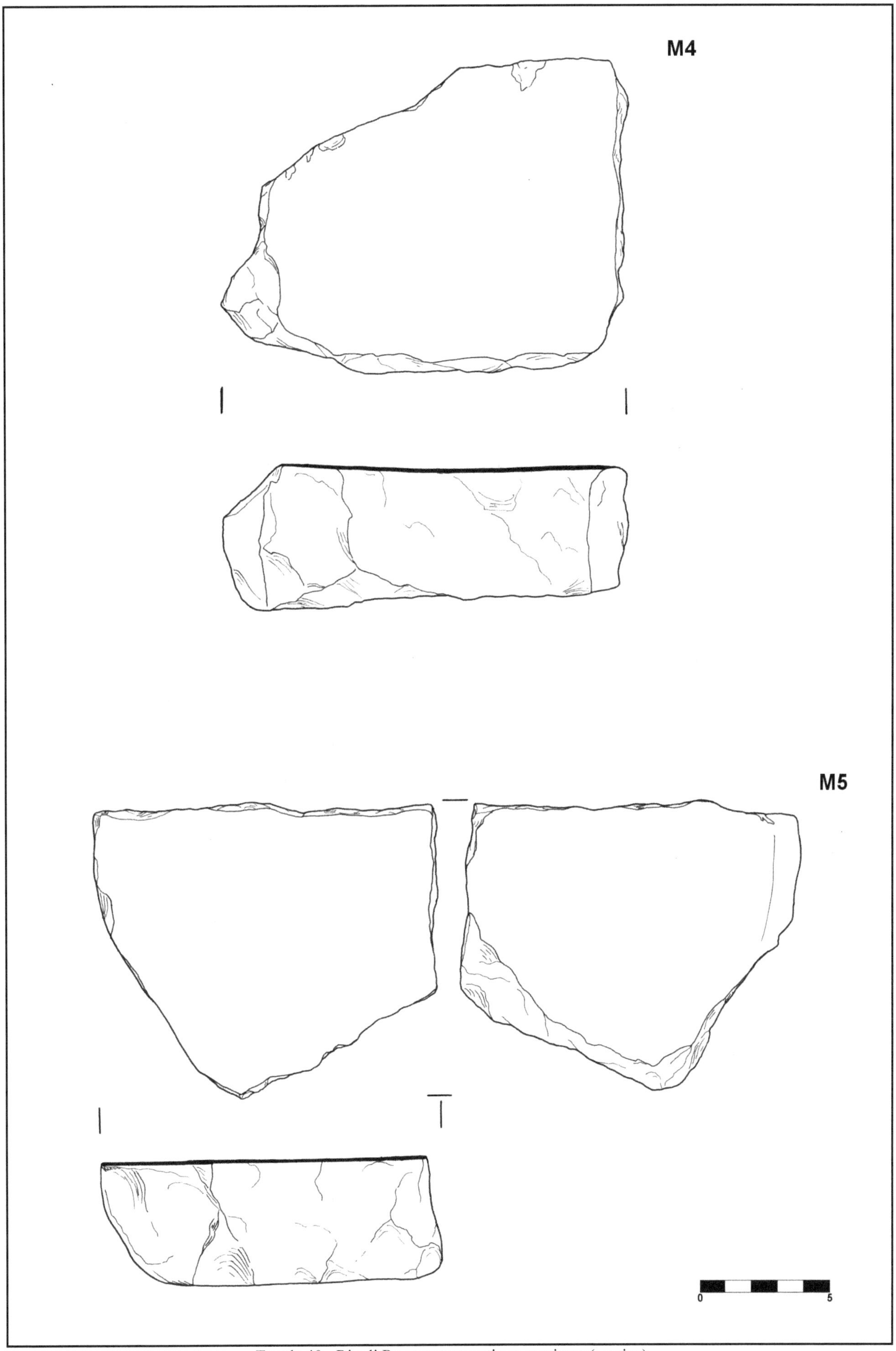

Tavola 40 - Rivoli Rocca: strumenti per macinare (macine)
Table 40 - Rivoli Rocca: grinding tools (querns)

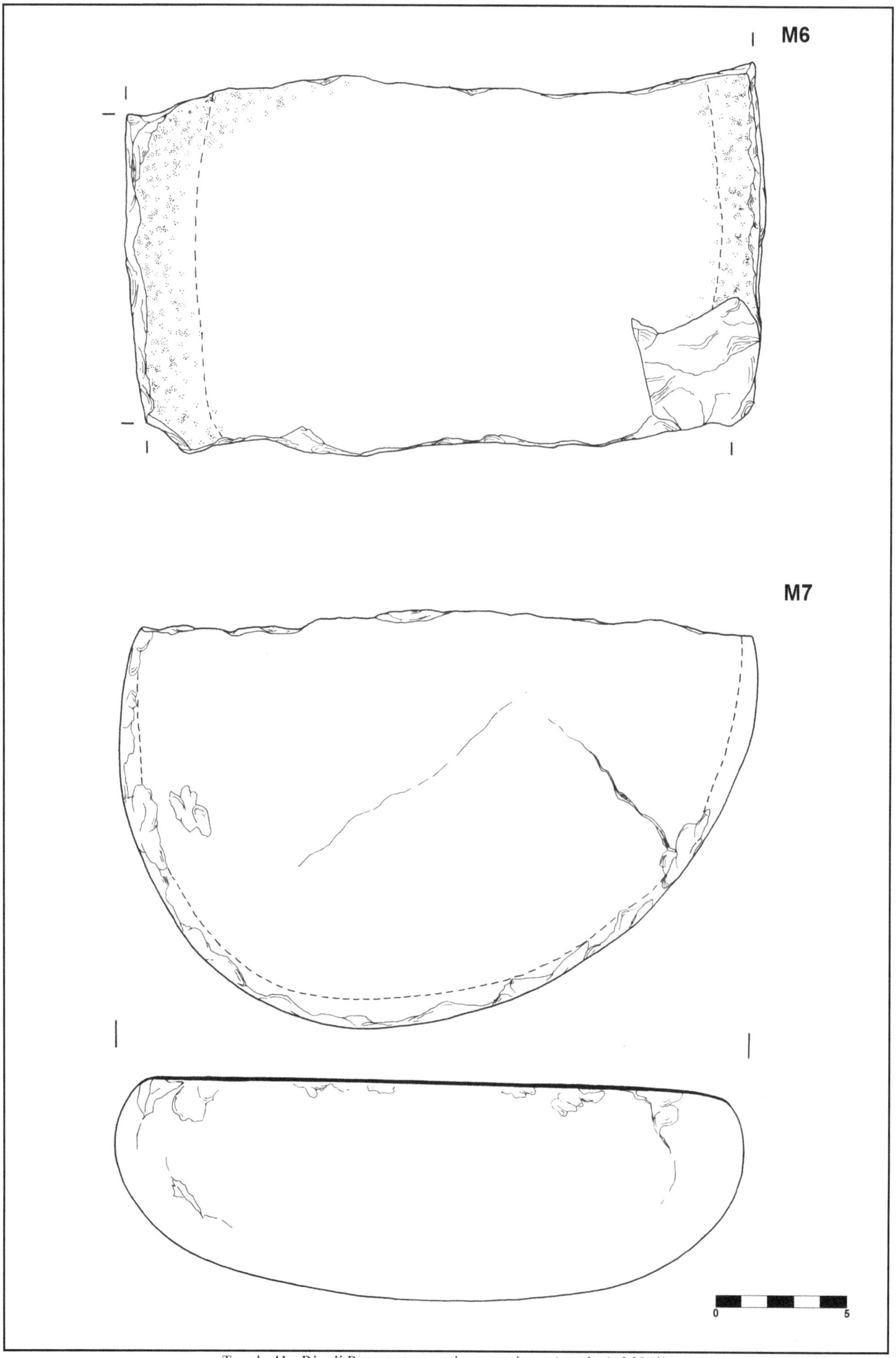

Tavola 41 - Rivoli Rocca: strumenti per macinare (macine); M6 (*)
Table 41 - Rivoli Rocca: grinding tools (querns); M6 (*)

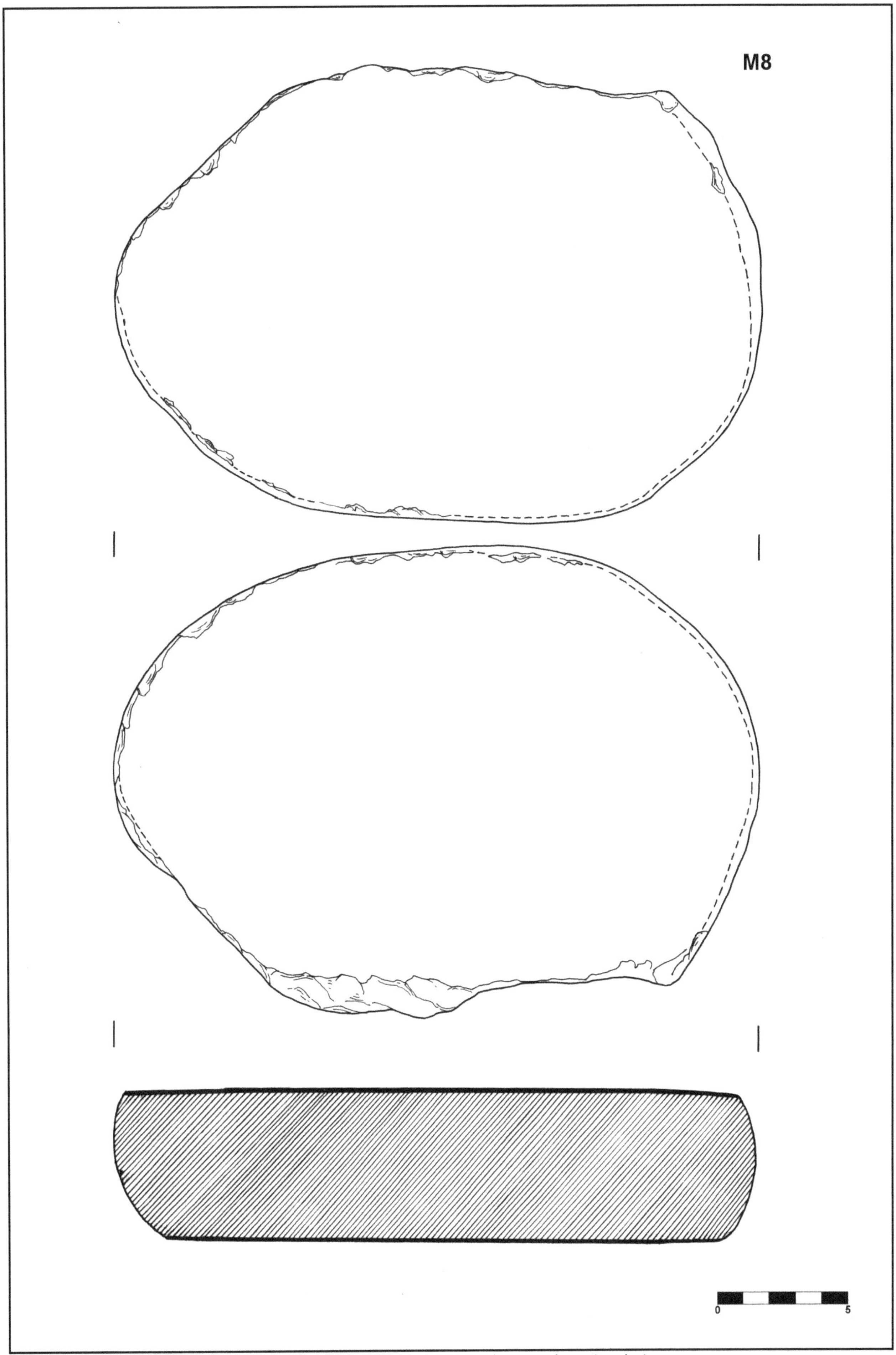

Tavola 42 - Rivoli Rocca: strumenti per macinare (macina)
Table 42 - Rivoli Rocca: grinding tools (quern)

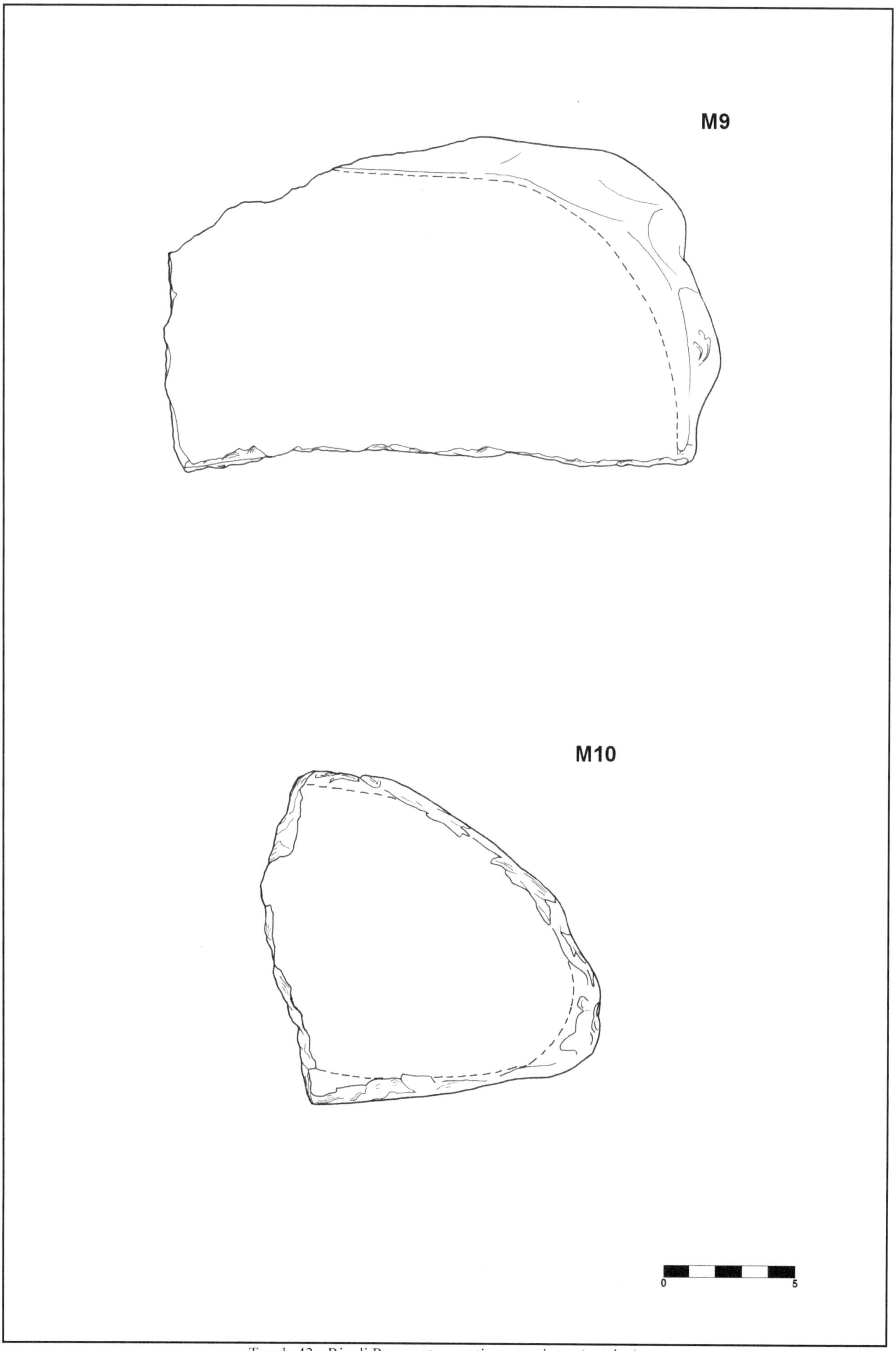

Tavola 43 - Rivoli Rocca: strumenti per macinare (macine)

Table 43 - Rivoli Rocca: grinding tools (querns)

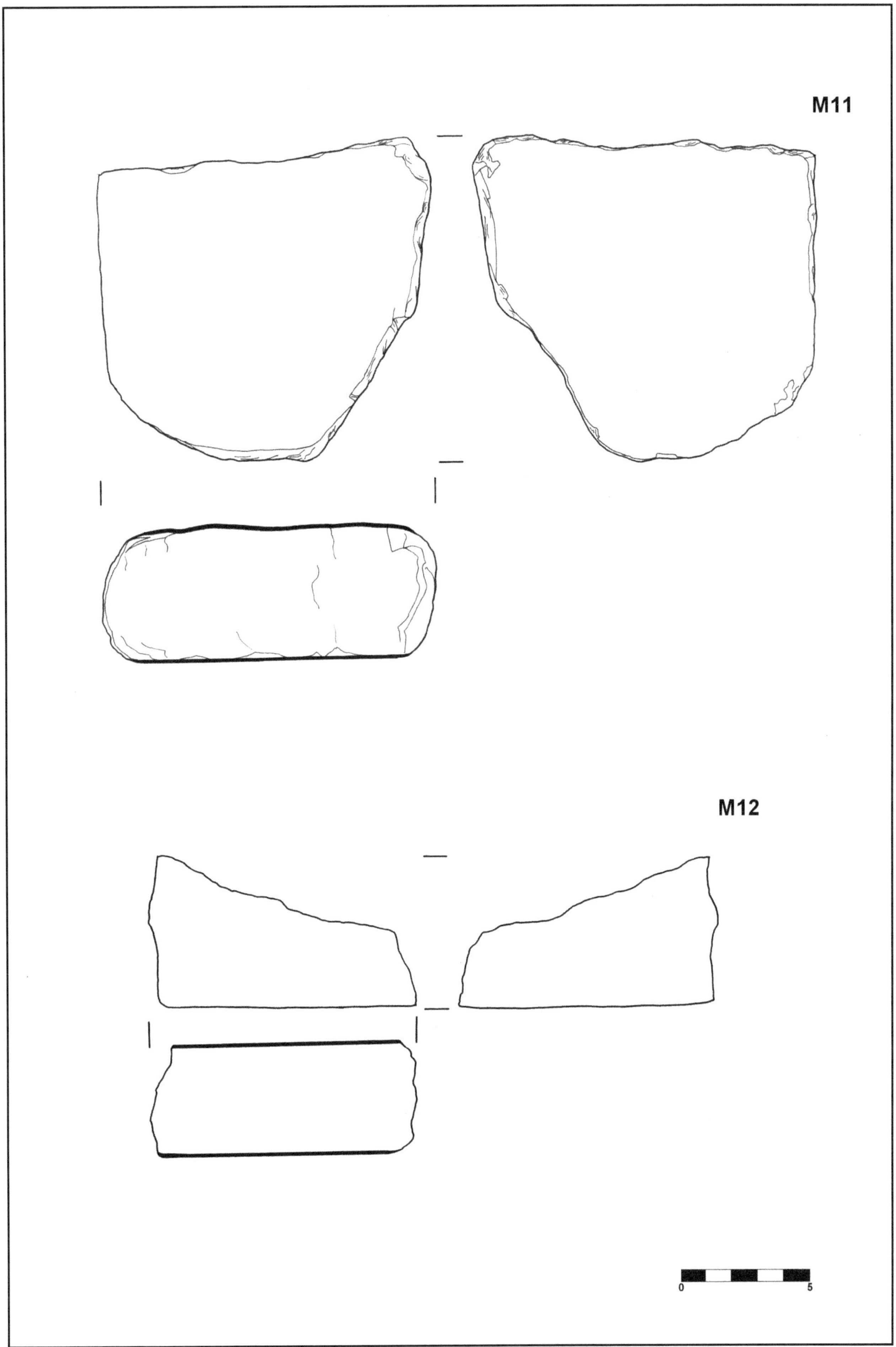

Tavola 44 - Rivoli Rocca: strumenti per macinare (macine)
Table 44 - Rivoli Rocca: grinding tools (querns)

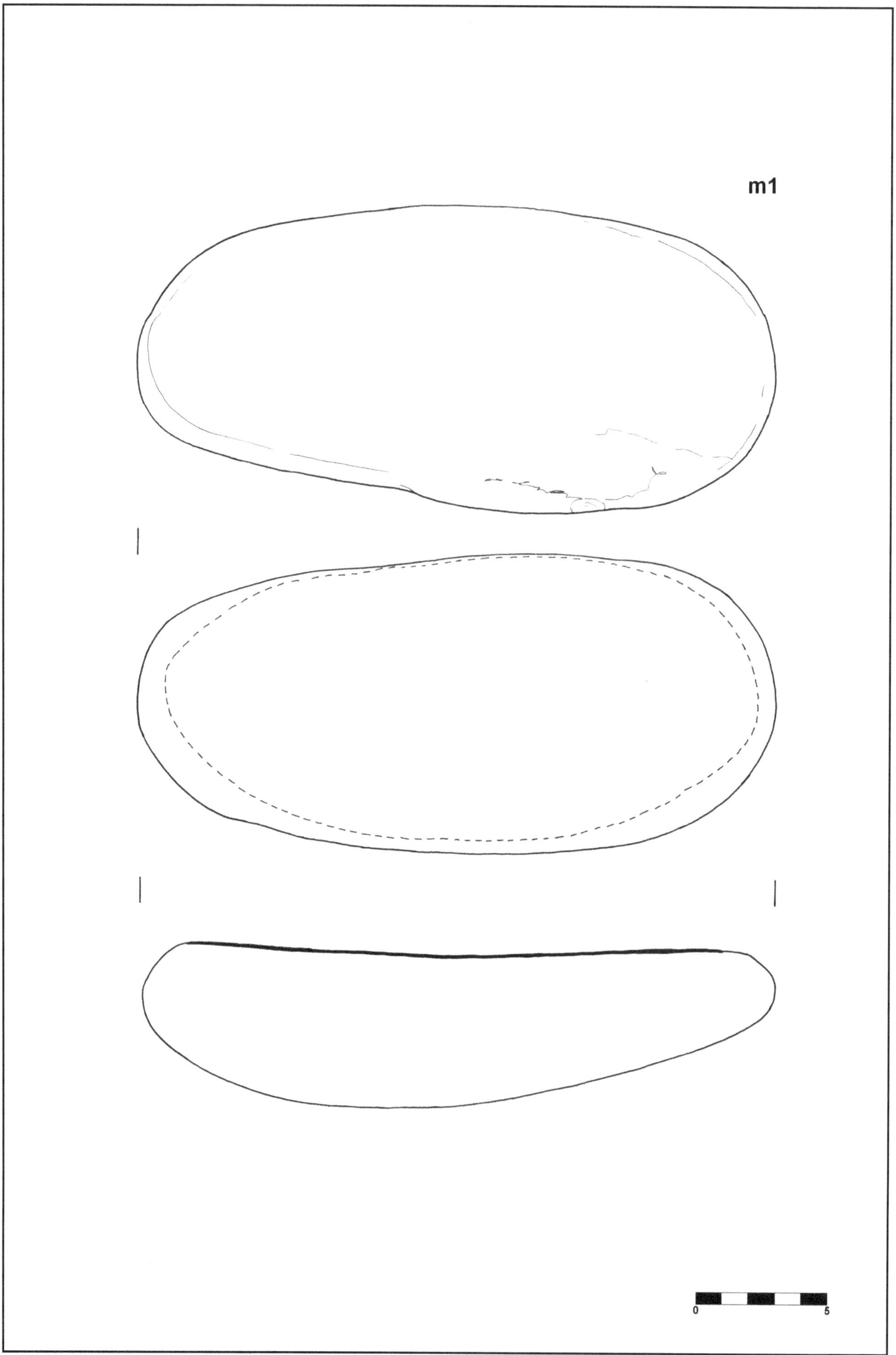

Tavola 45 - Rivoli Rocca: strumenti per macinare (macinello)
Table 45 - Rivoli Rocca: grinding tools (handstone)

m2

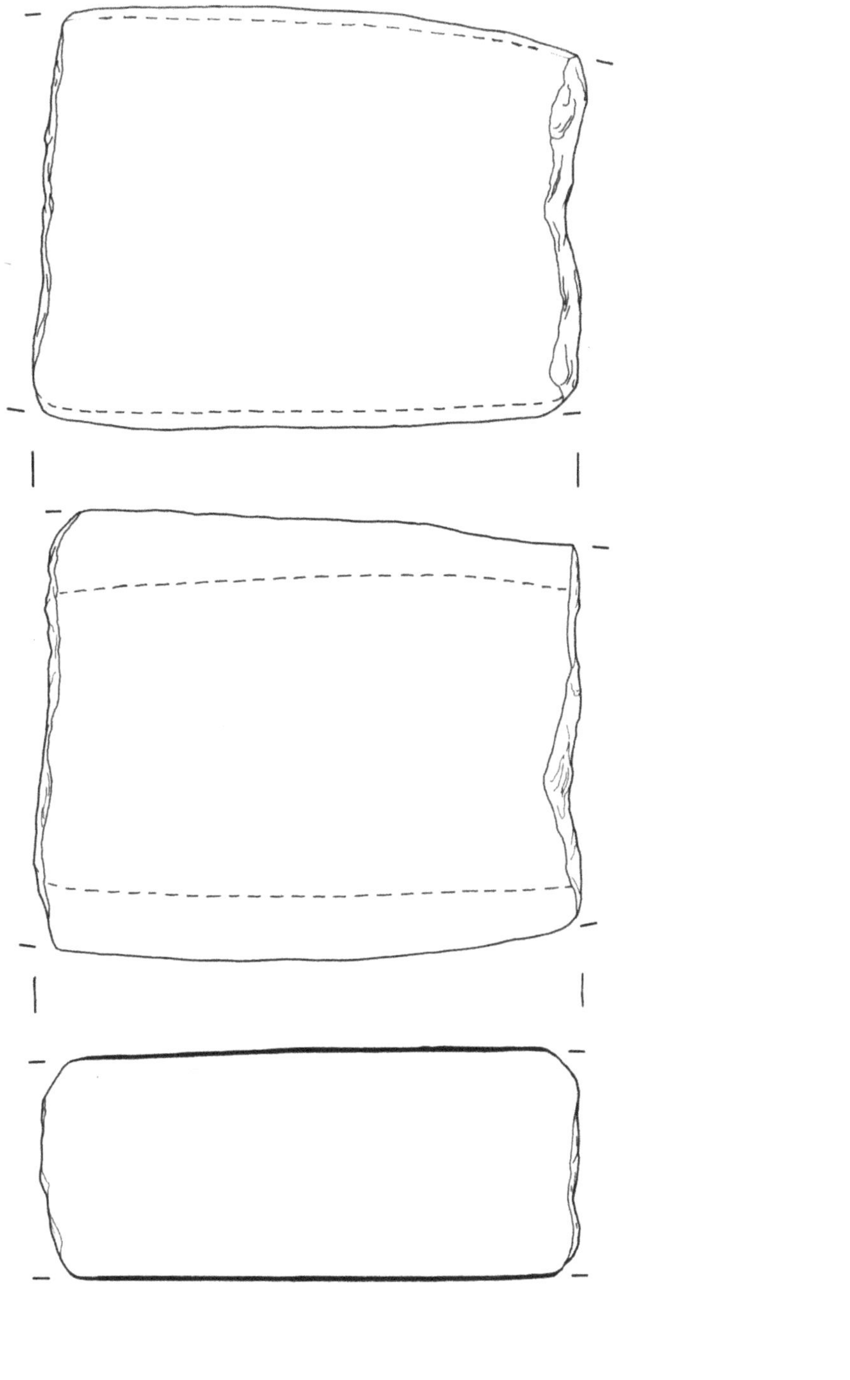

Tavola 46 - Rivoli Rocca: strumenti per macinare (macinello)
Table 46 - Rivoli Rocca: grinding tools (handstone)

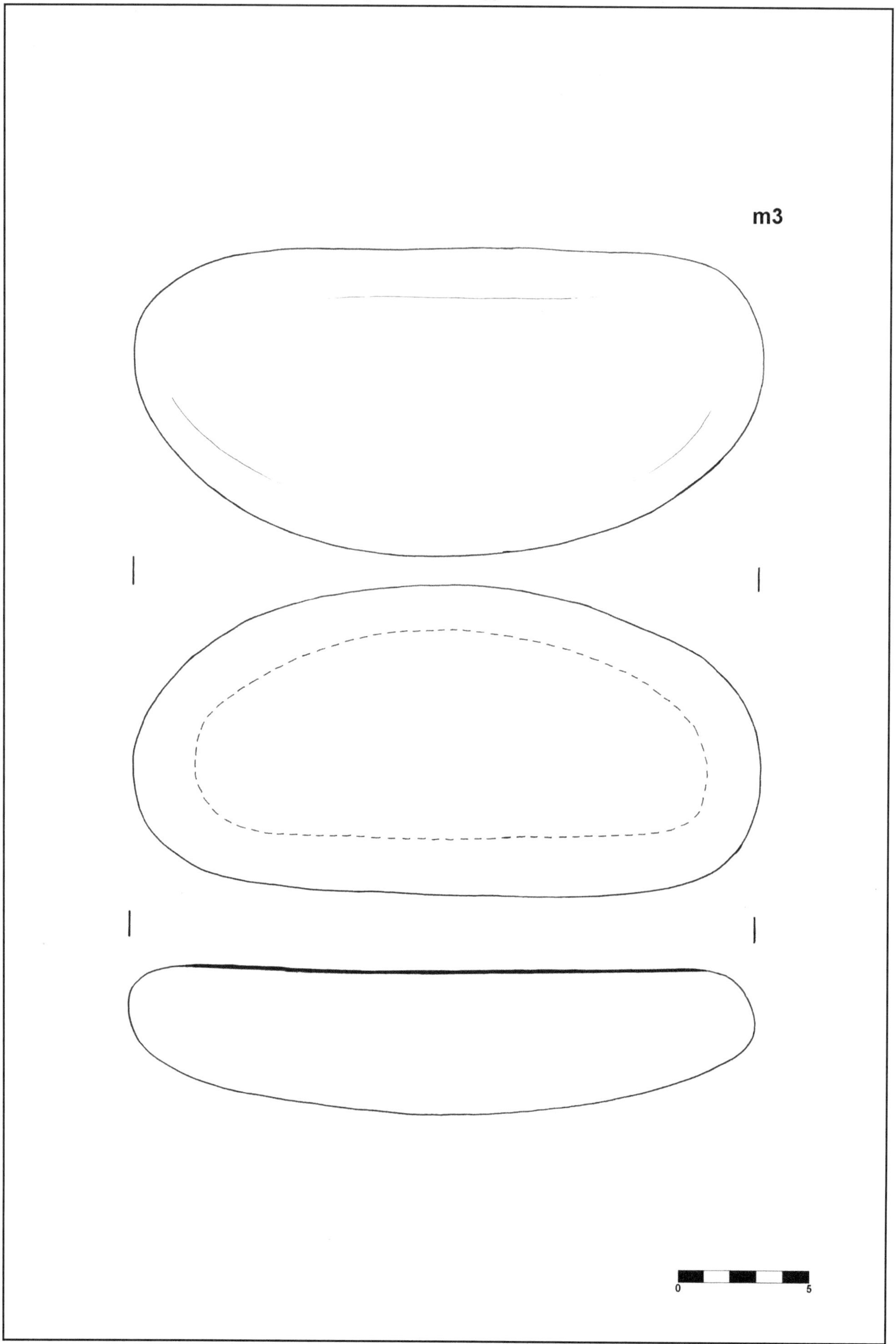

Tavola 47 - Rivoli Rocca: strumenti per macinare (macinello)
Table 47 - Rivoli Rocca: grinding tools (handstone)

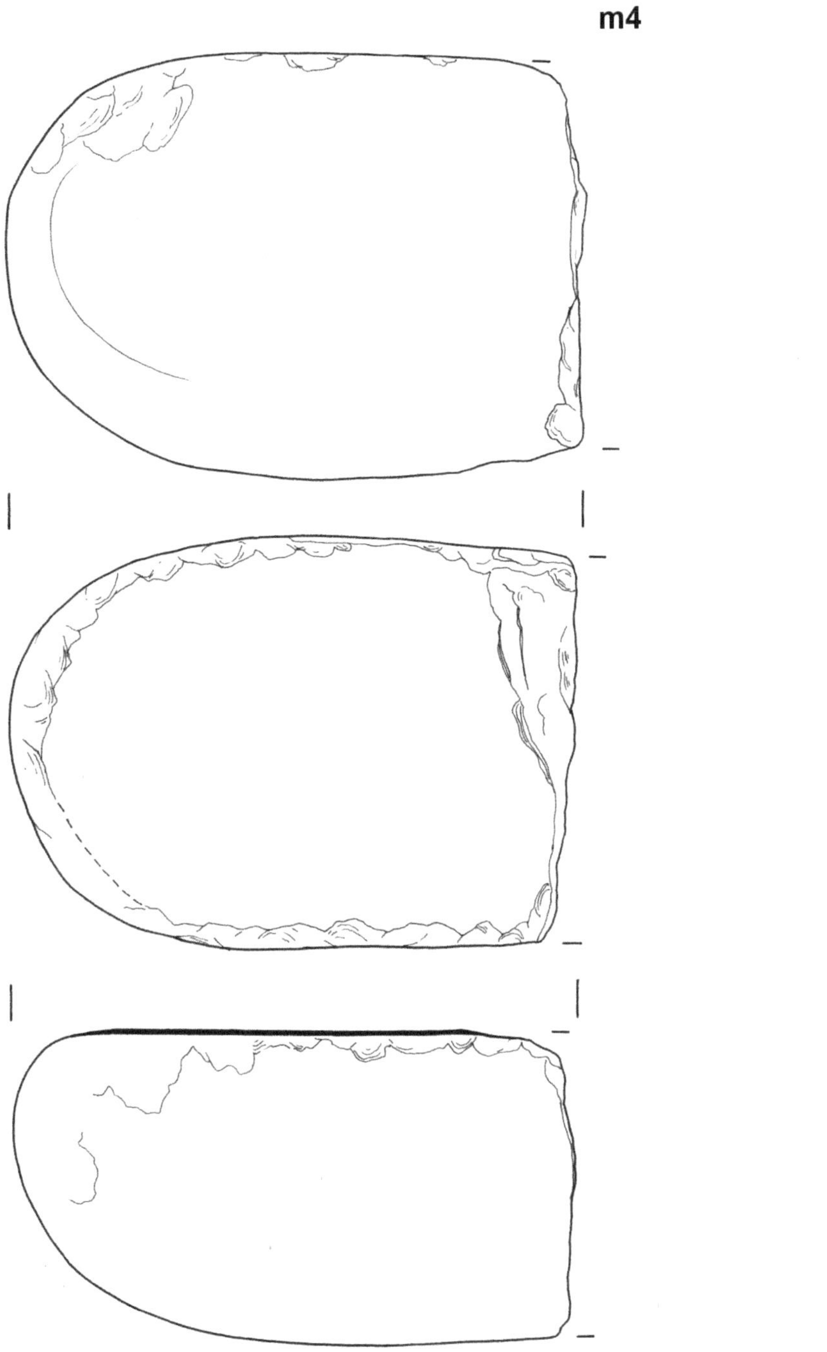

Tavola 48 - Rivoli Rocca: strumenti per macinare (macinello)
Table 48 - Rivoli Rocca: grinding tools (handstone)

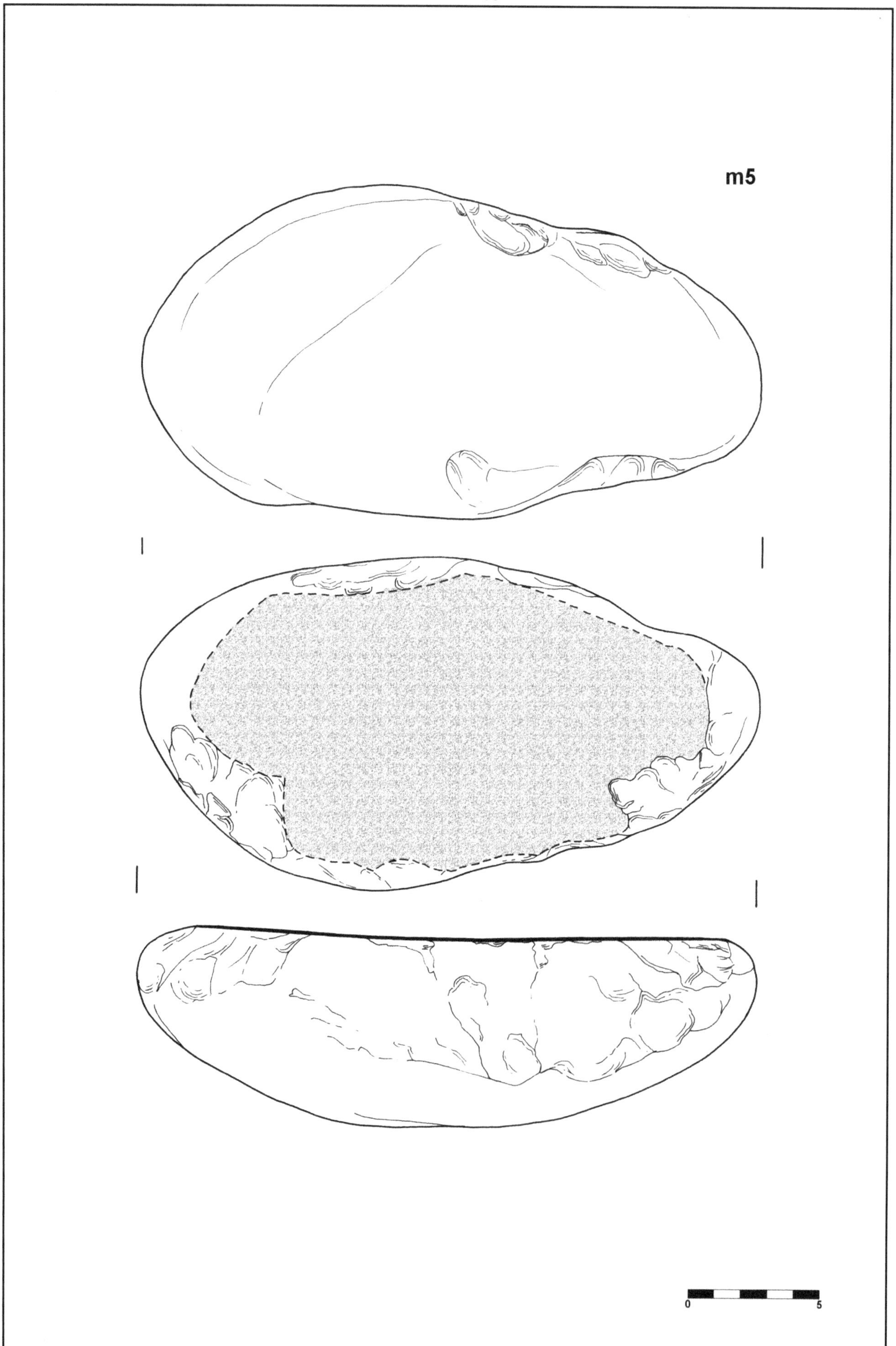

Tavola 49 - Rivoli Rocca: strumenti per macinare (macinello); m5 (*)
Table 49 - Rivoli Rocca: grinding tools (handstone); m5 (*)

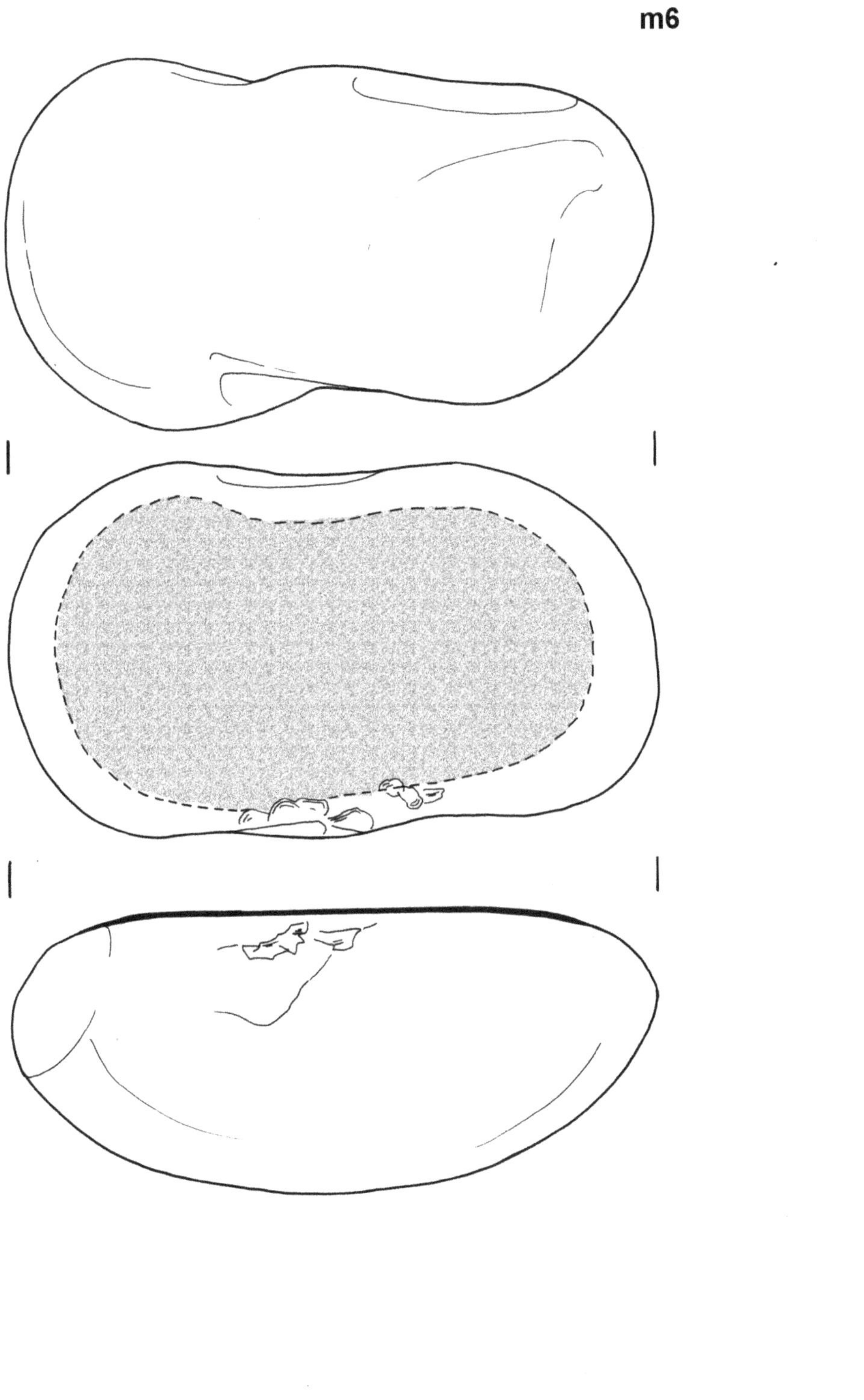

Tavola 50 - Rivoli Rocca: strumenti per macinare (macinello)
Table 50 - Rivoli Rocca: grinding tools (handstone)

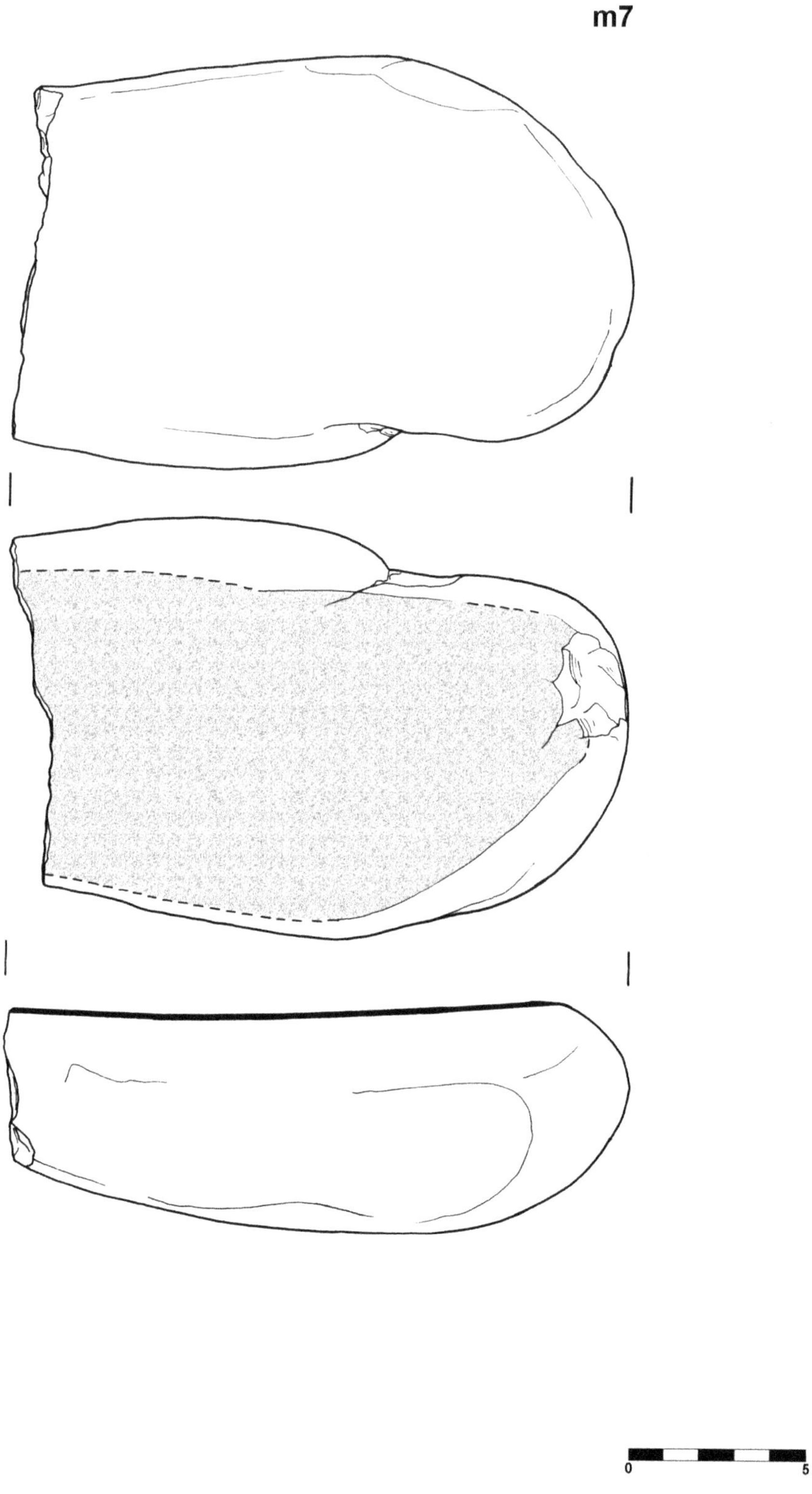

Tavola 51 - Rivoli Rocca: strumenti per macinare (macinello)
Table 51 - Rivoli Rocca: grinding tools (handstone)

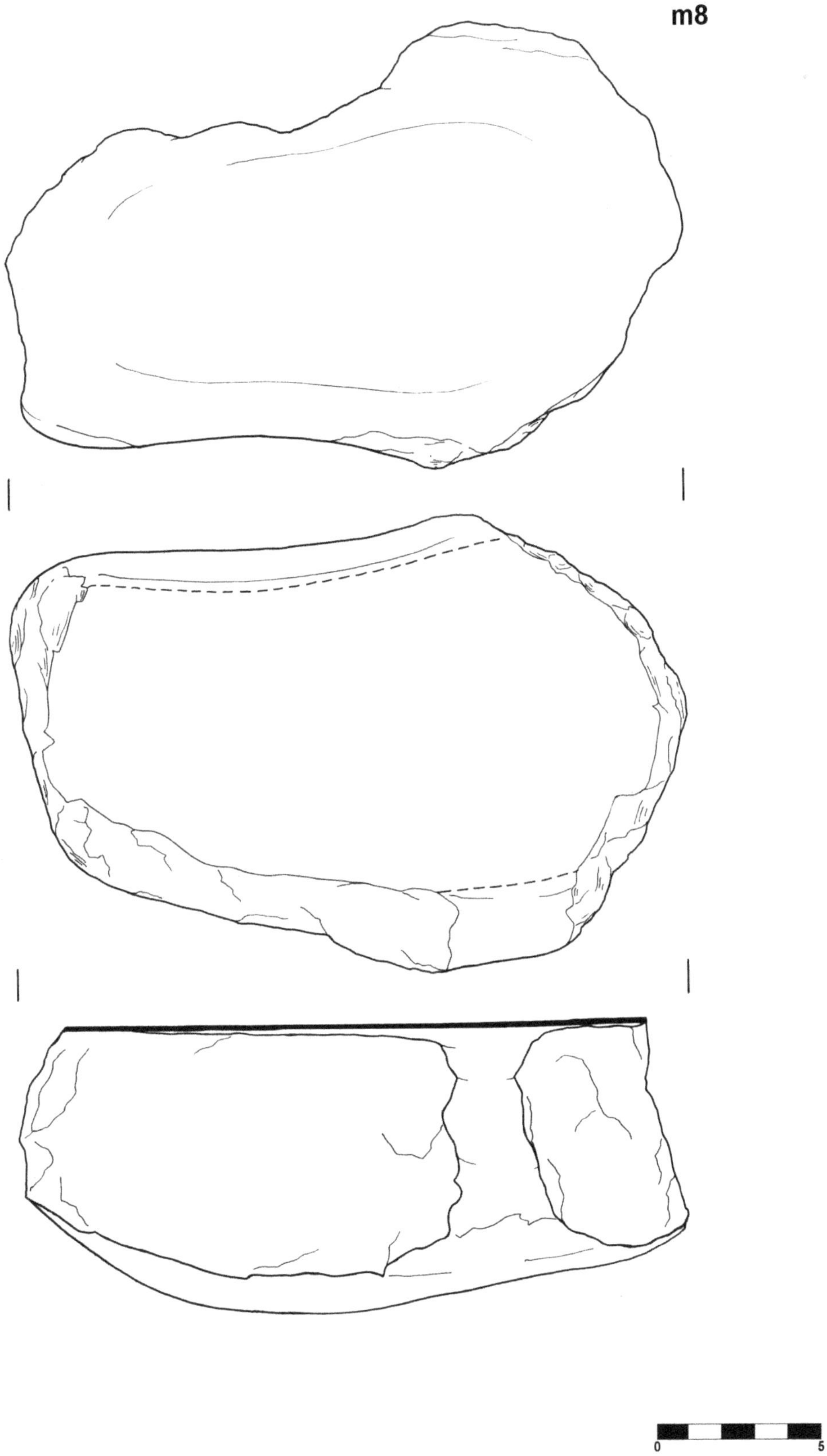

Tavola 52 - Rivoli Rocca: strumenti per macinare (macinello)
Table 52 - Rivoli Rocca: grinding tools (handstone)

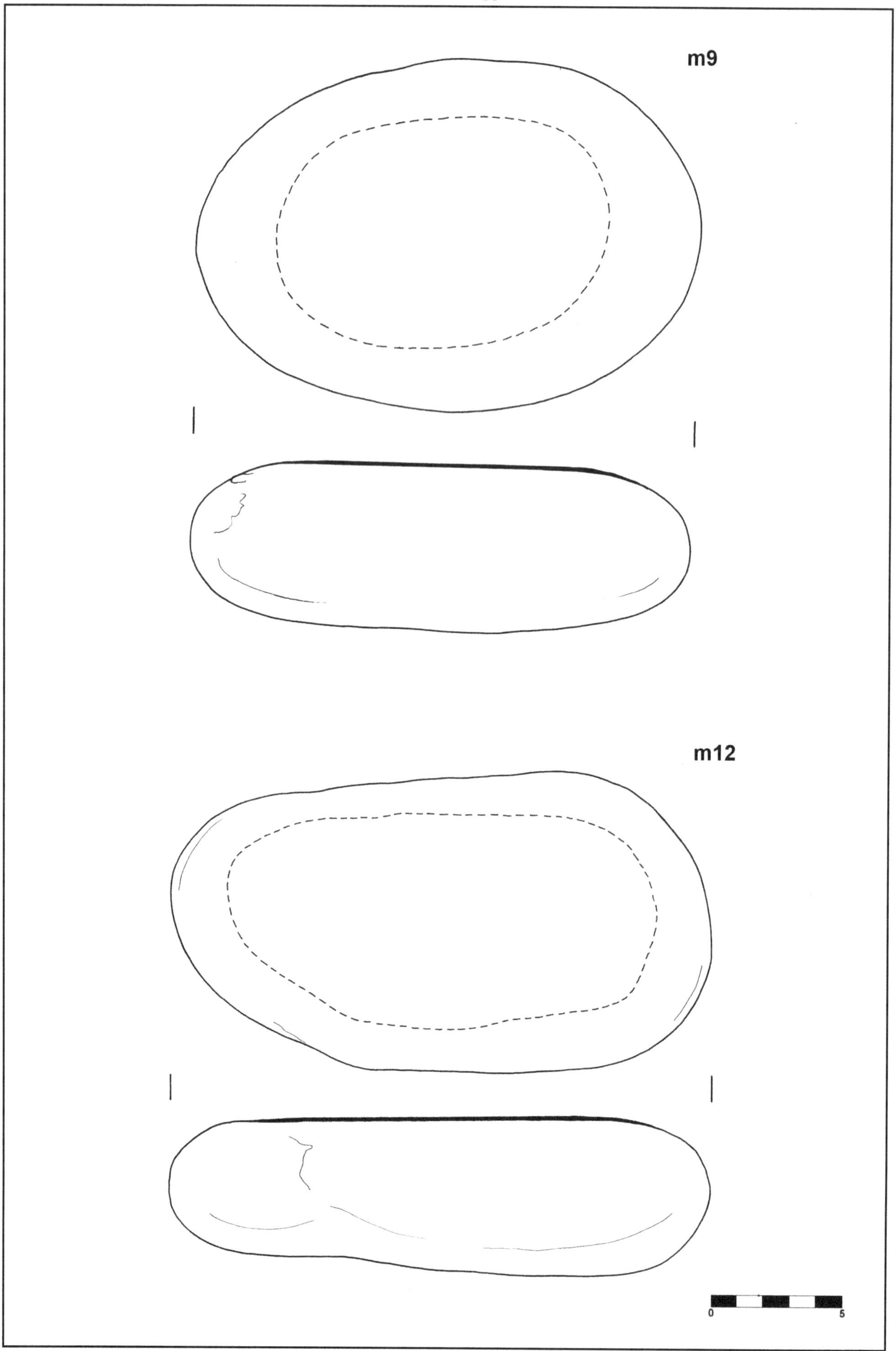

Tavola 53 - Rivoli Rocca: strumenti per macinare (macinelli)
Table 53 - Rivoli Rocca: grinding tools (handstones)

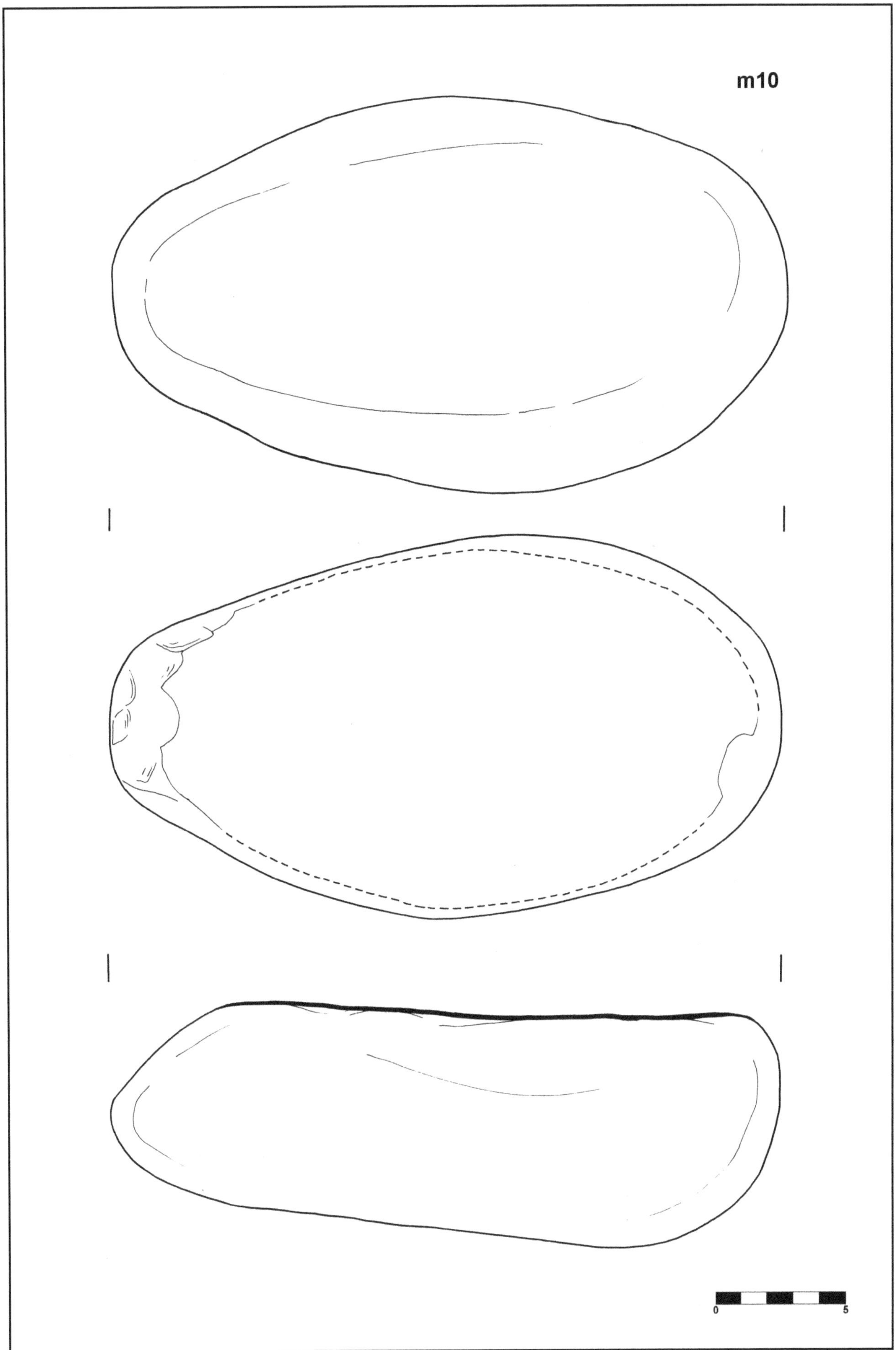

Tavola 54 - Rivoli Rocca: strumenti per macinare (macinello)
Table 54 - Rivoli Rocca: grinding tools (handstone)

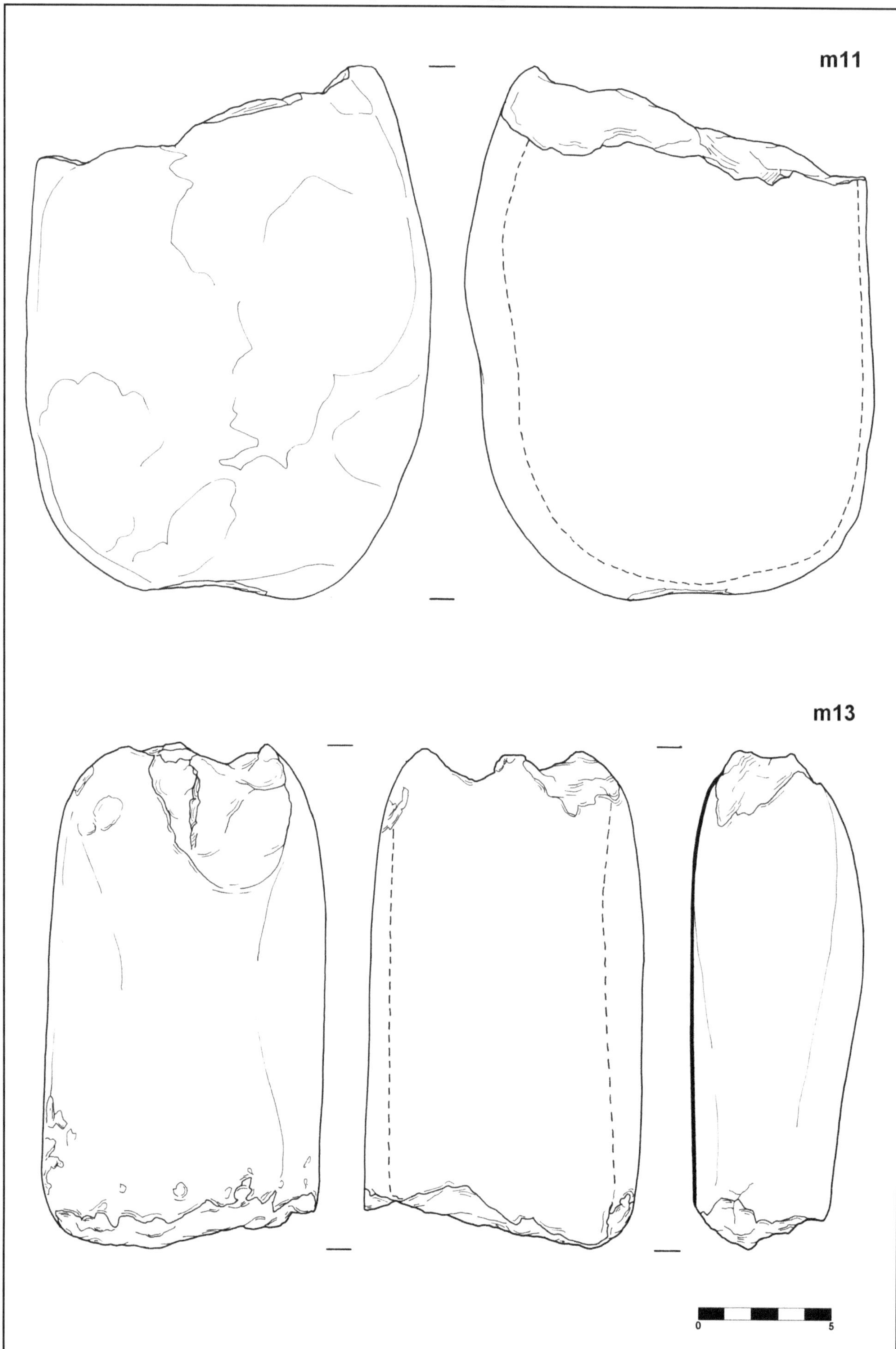

Tavola 55 - Rivoli Rocca: strumenti per macinare (macinelli)
Table 55 - Rivoli Rocca: grinding tools (handstones)

m14

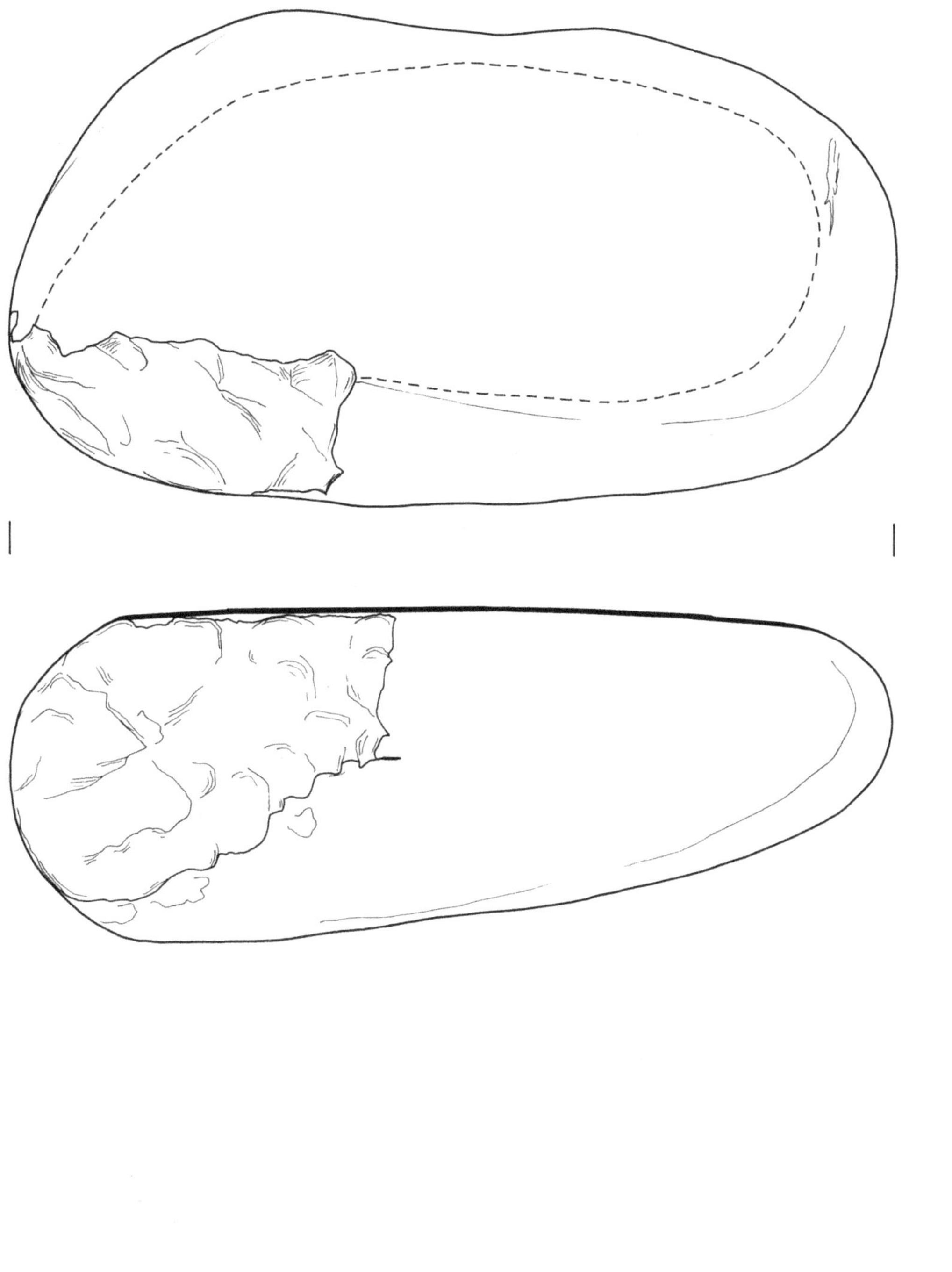

Tavola 56 - Rivoli Rocca: strumenti per macinare (macinello)
Table 56 - Rivoli Rocca: grinding tools (handstone)

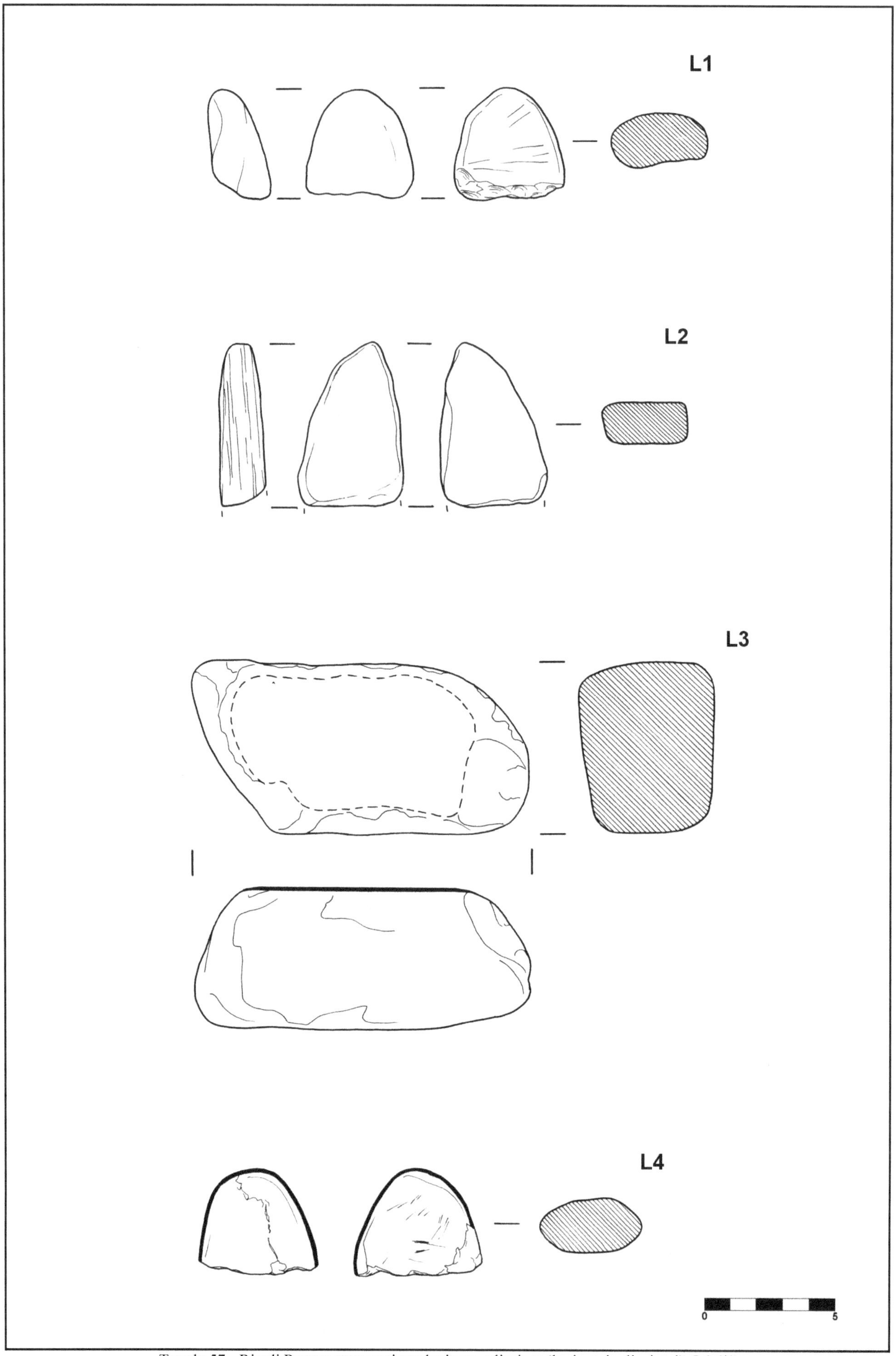

Tavola 57 - Rivoli Rocca: strumenti per levigare e lisciare (levigatoi e lisciatoi); L1 (*)
Table 57 - Rivoli Rocca: abrading and polishing tools (abraders and polishing stones); L1 (*)

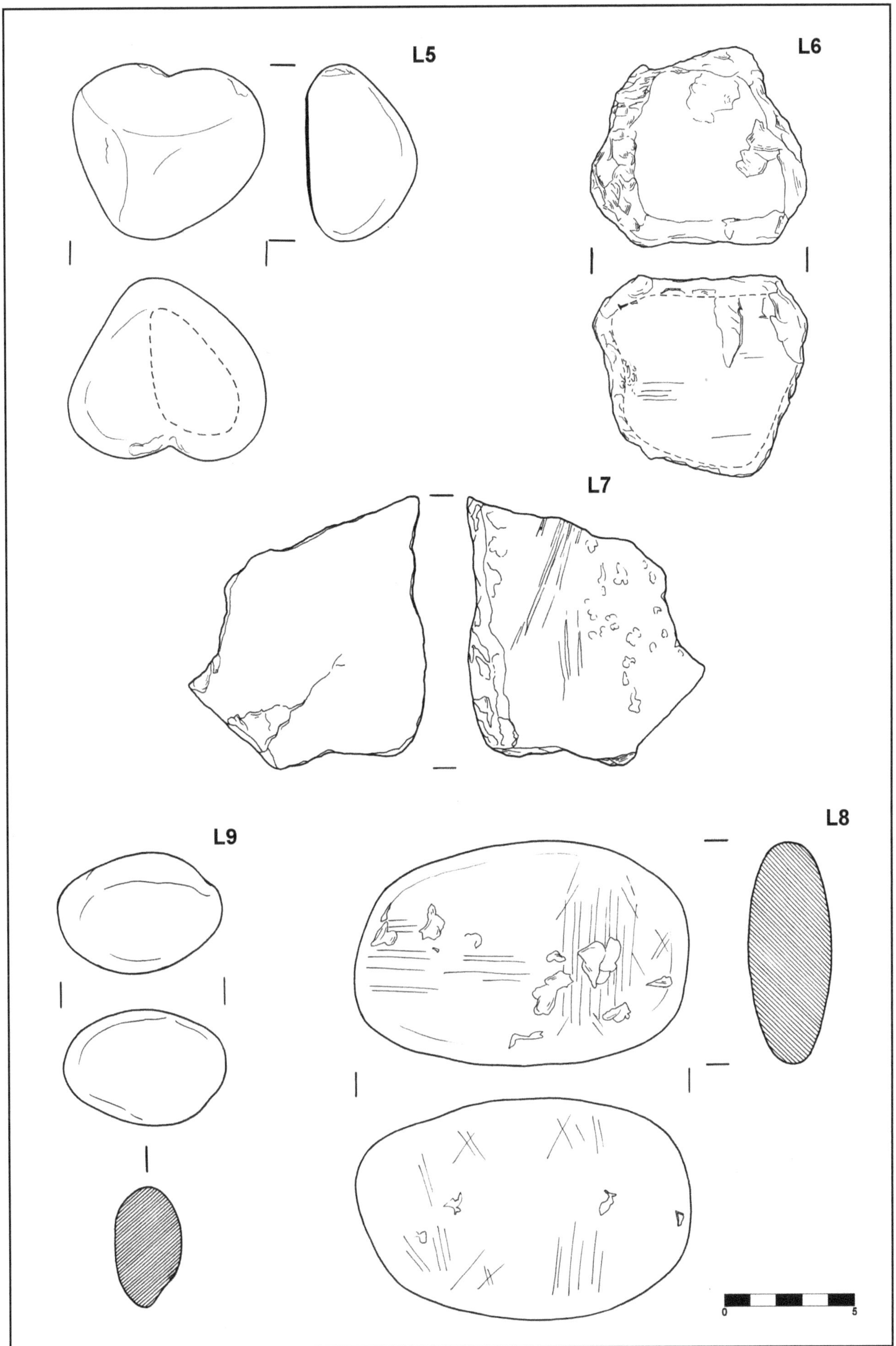

Tavola 58 - Rivoli Rocca: strumenti per levigare e lisciare (levigatoi e lisciatoi)
Table 58 - Rivoli Rocca: abrading and polishing tools (abraders and polishing stones)

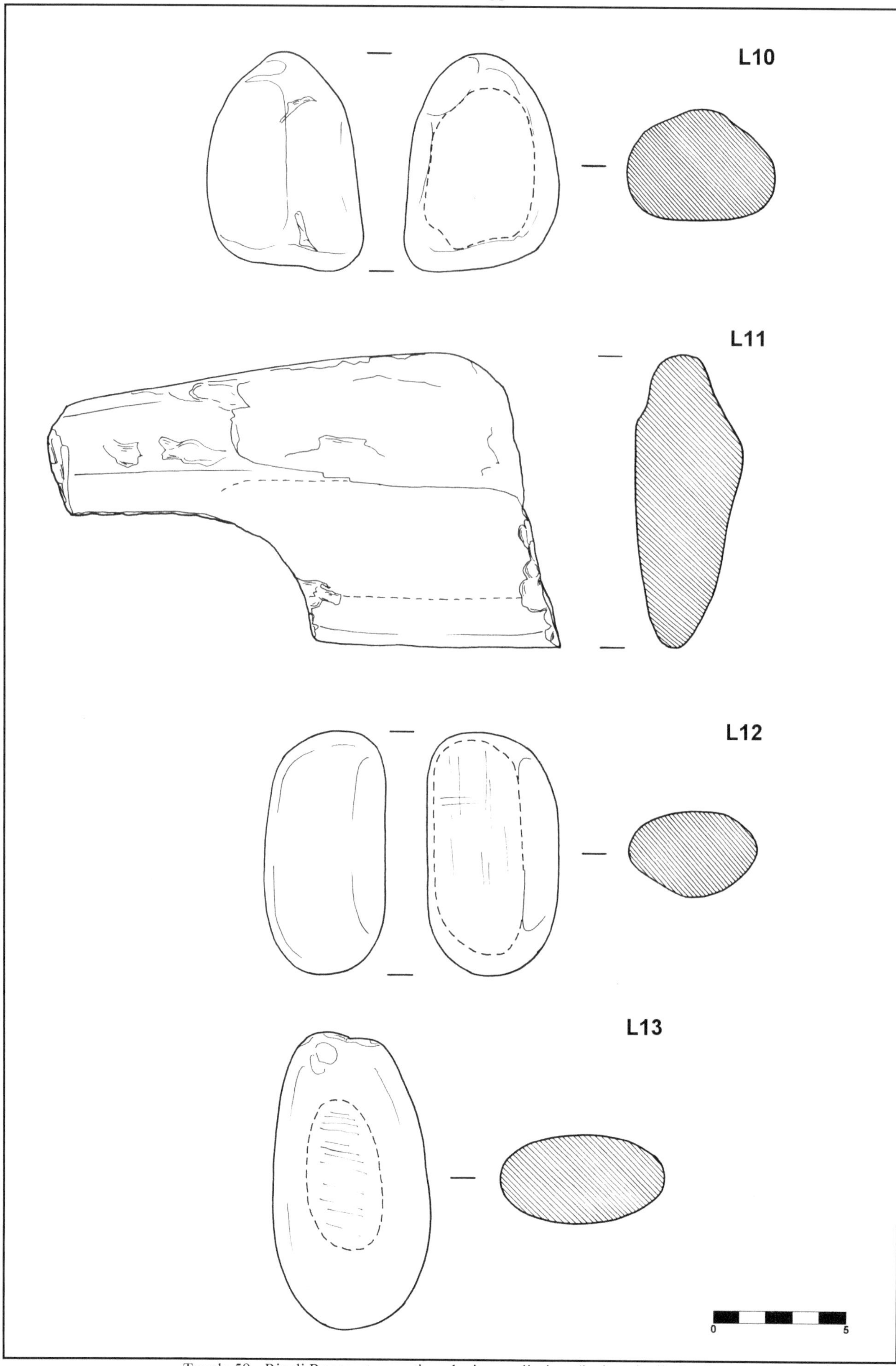

Tavola 59 - Rivoli Rocca: strumenti per levigare e lisciare (levigatoi e lisciatoi)
Table 59 - Rivoli Rocca: abrading and polishing tools (abraders and polishing stones)

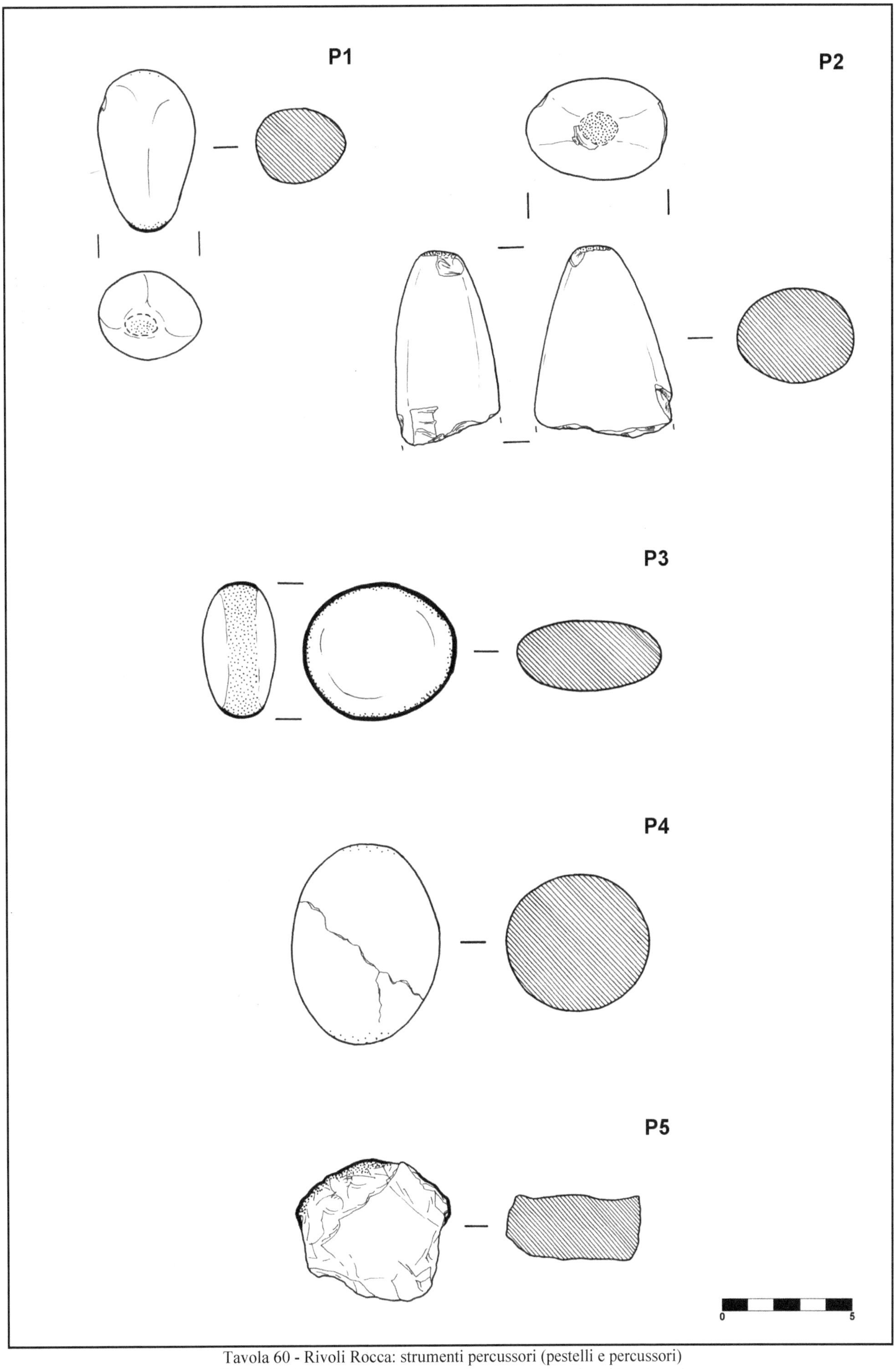

Tavola 60 - Rivoli Rocca: strumenti percussori (pestelli e percussori)
Table 60 - Rivoli Rocca: percussion tools (pestles and pecking stones)

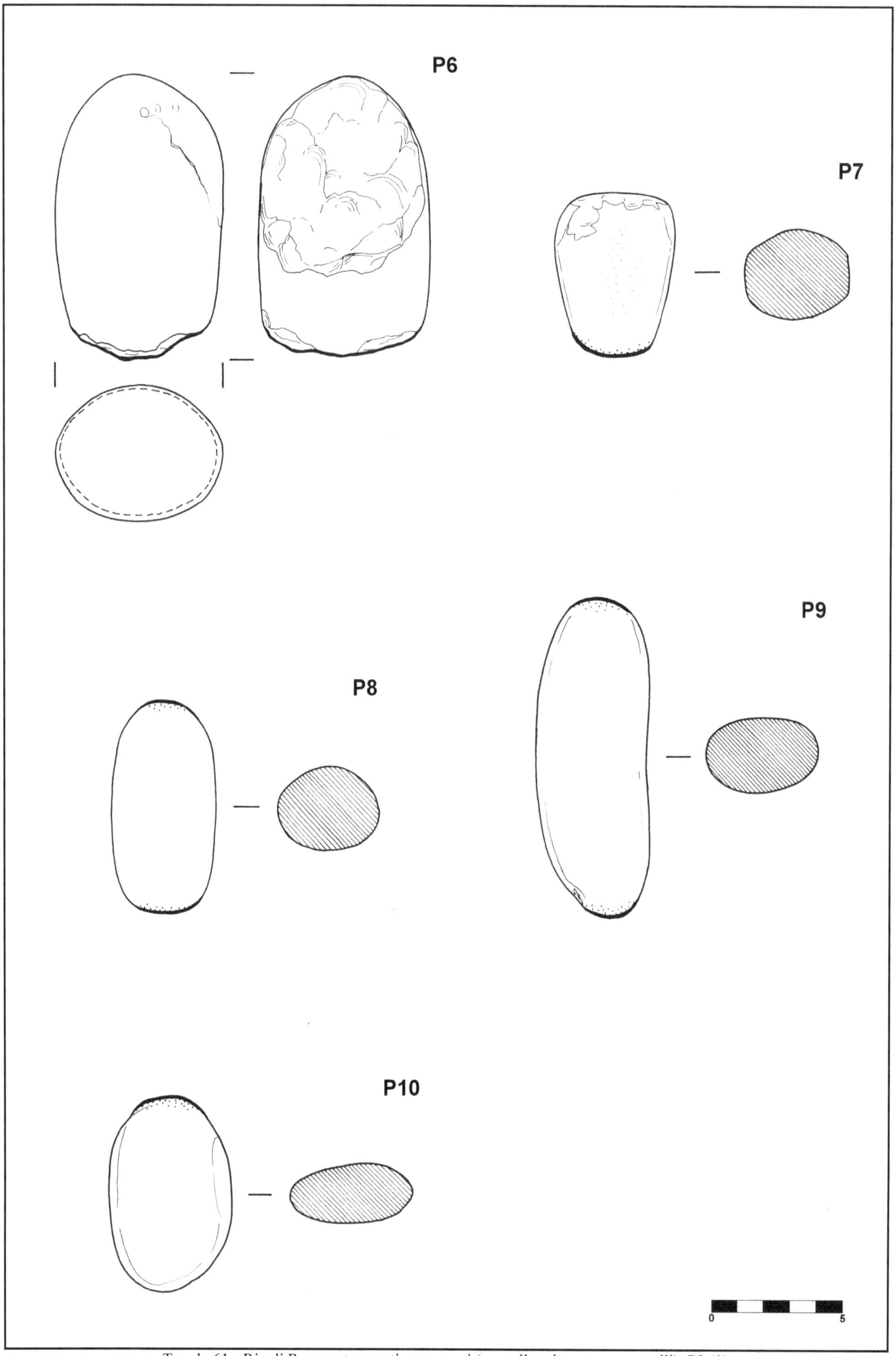

Tavola 61 - Rivoli Rocca: strumenti percussori (martello-trituratore e pestelli); P9 (*)
Table 61 - Rivoli Rocca: percussion tools (hammer and pestles); P9 (*)

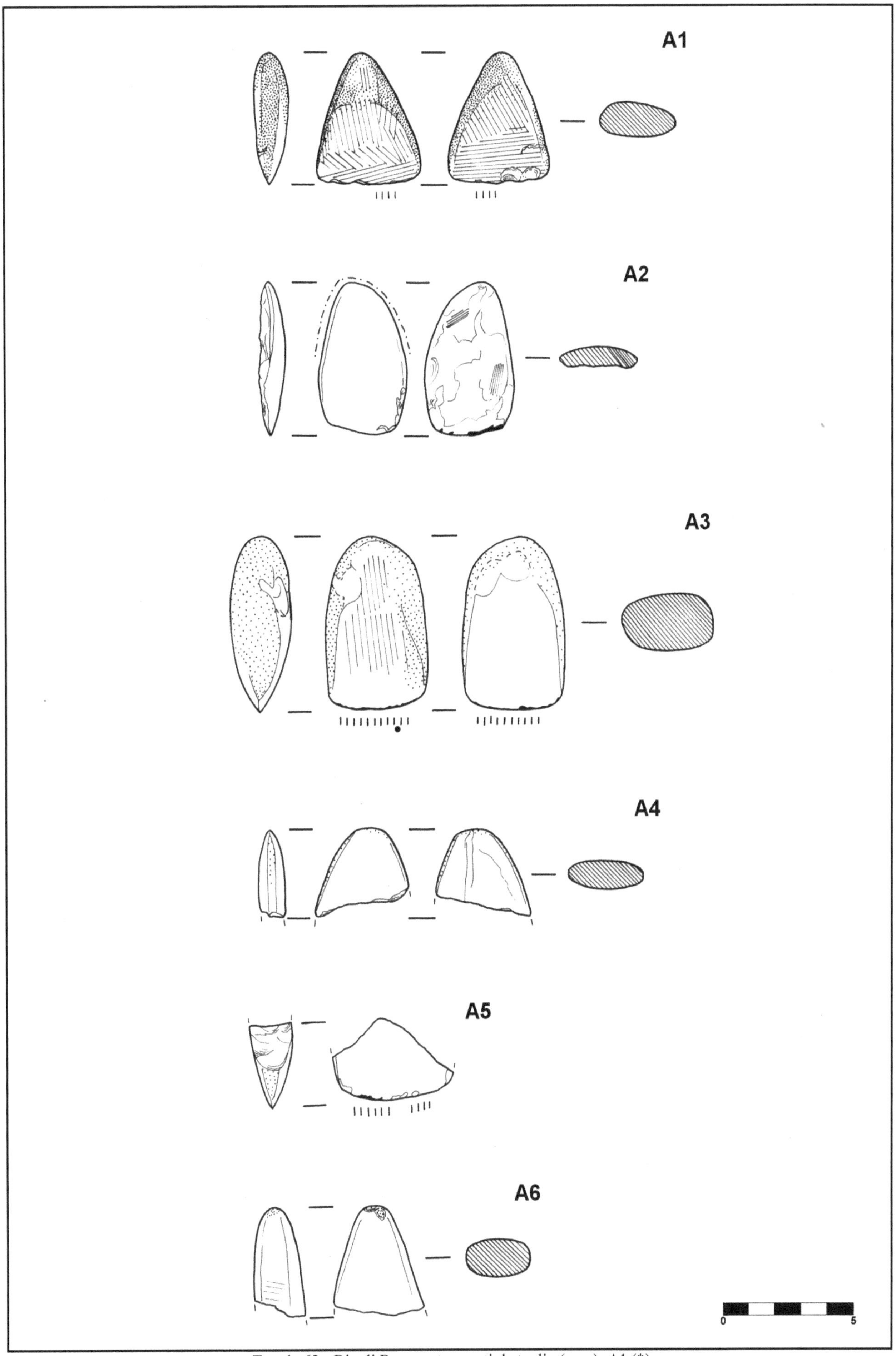

Tavola 62 - Rivoli Rocca: strumenti da taglio (asce); A1 (*)

Table 62 - Rivoli Rocca: cutting edge tools (adzes); A1 (*)

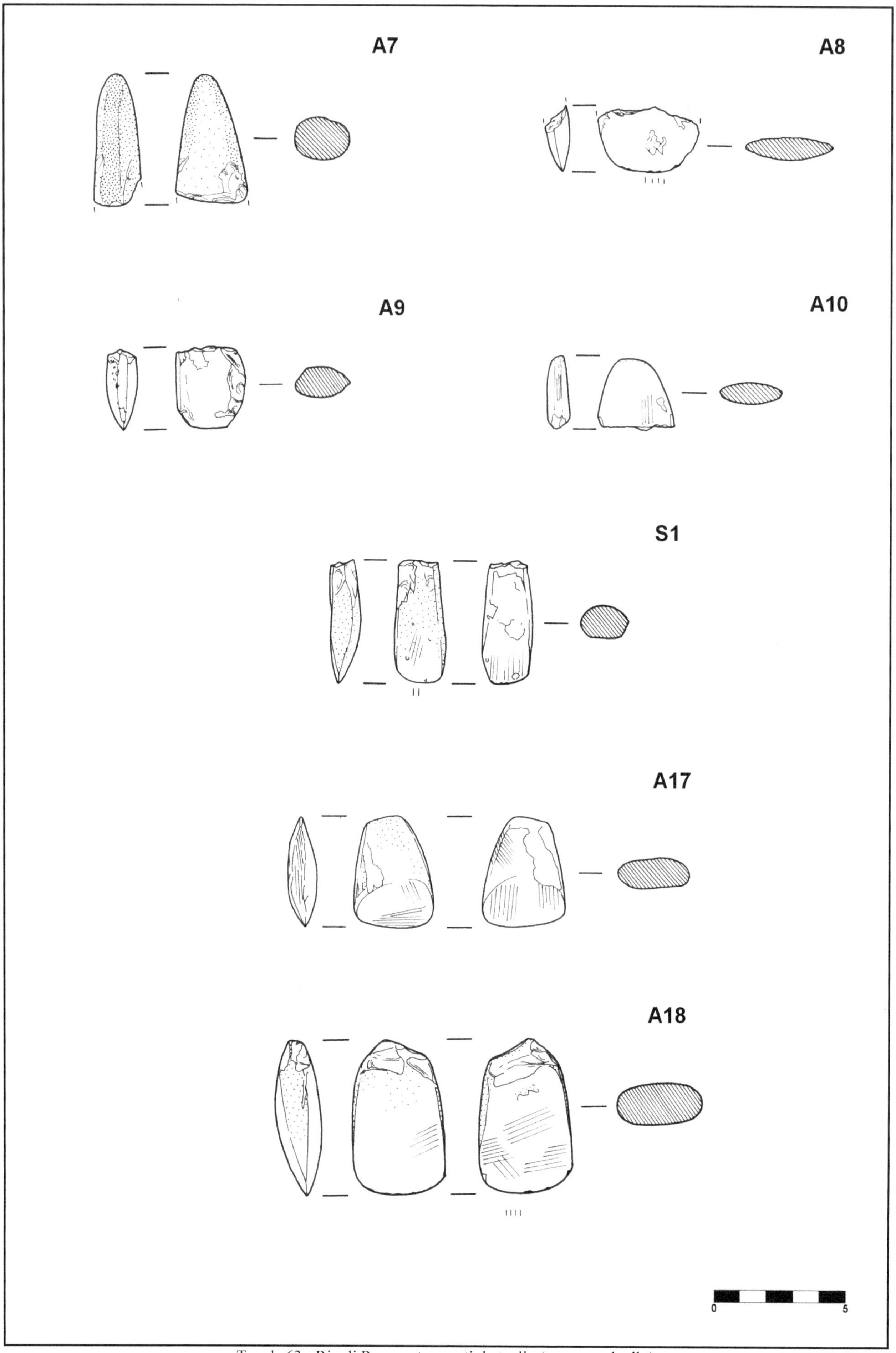

Tavola 63 - Rivoli Rocca: strumenti da taglio (asce e scalpello)
Table 63 - Rivoli Rocca: cutting edge tools (adzes and chisel)

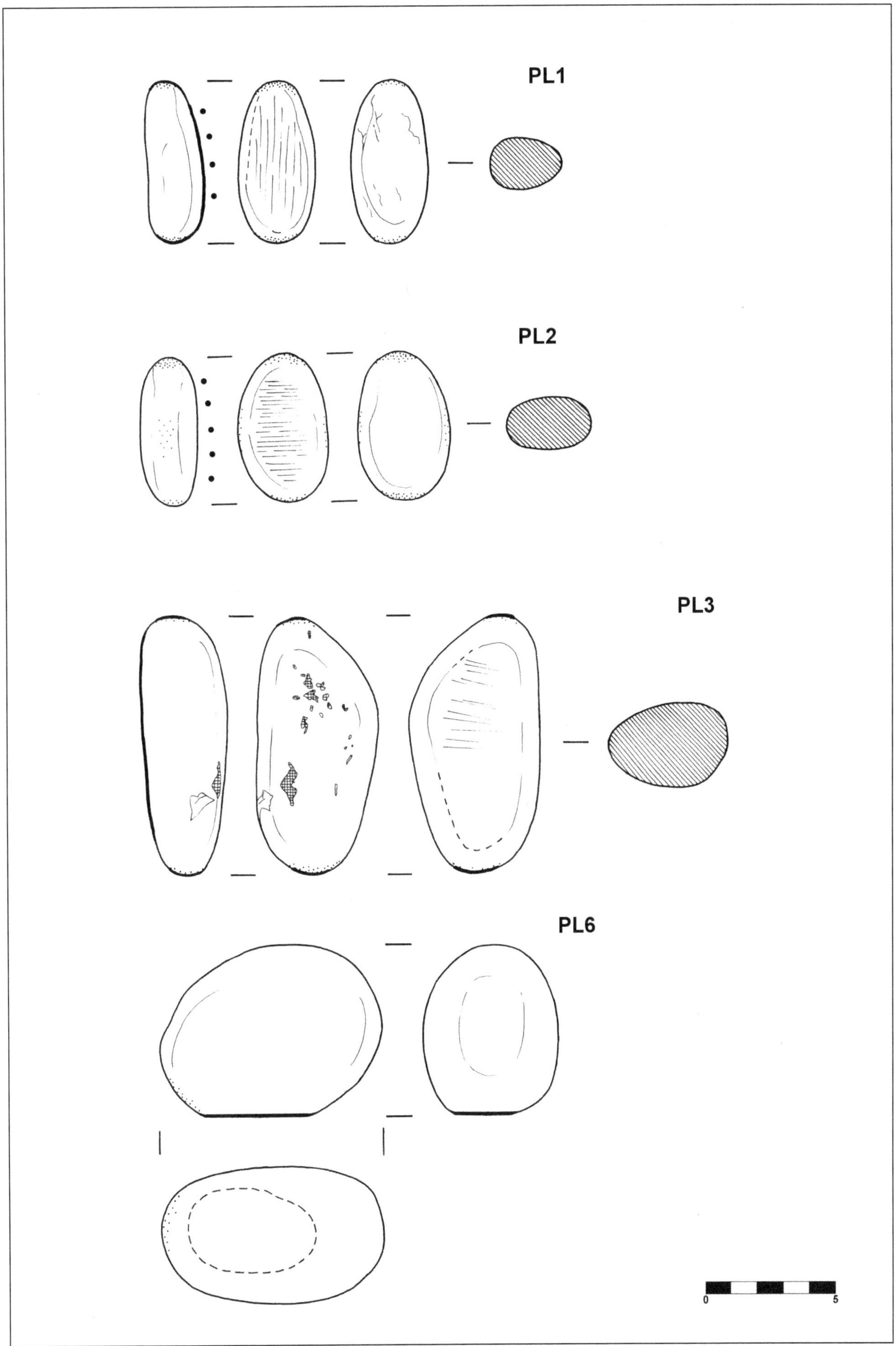

Tavola 64 - Rivoli Rocca: strumenti polifunzionali (pestelli-lisciatoi); PL2 (*)
Table 64 - Rivoli Rocca: multifunctional tools (pestles-polishers); PL2 (*)

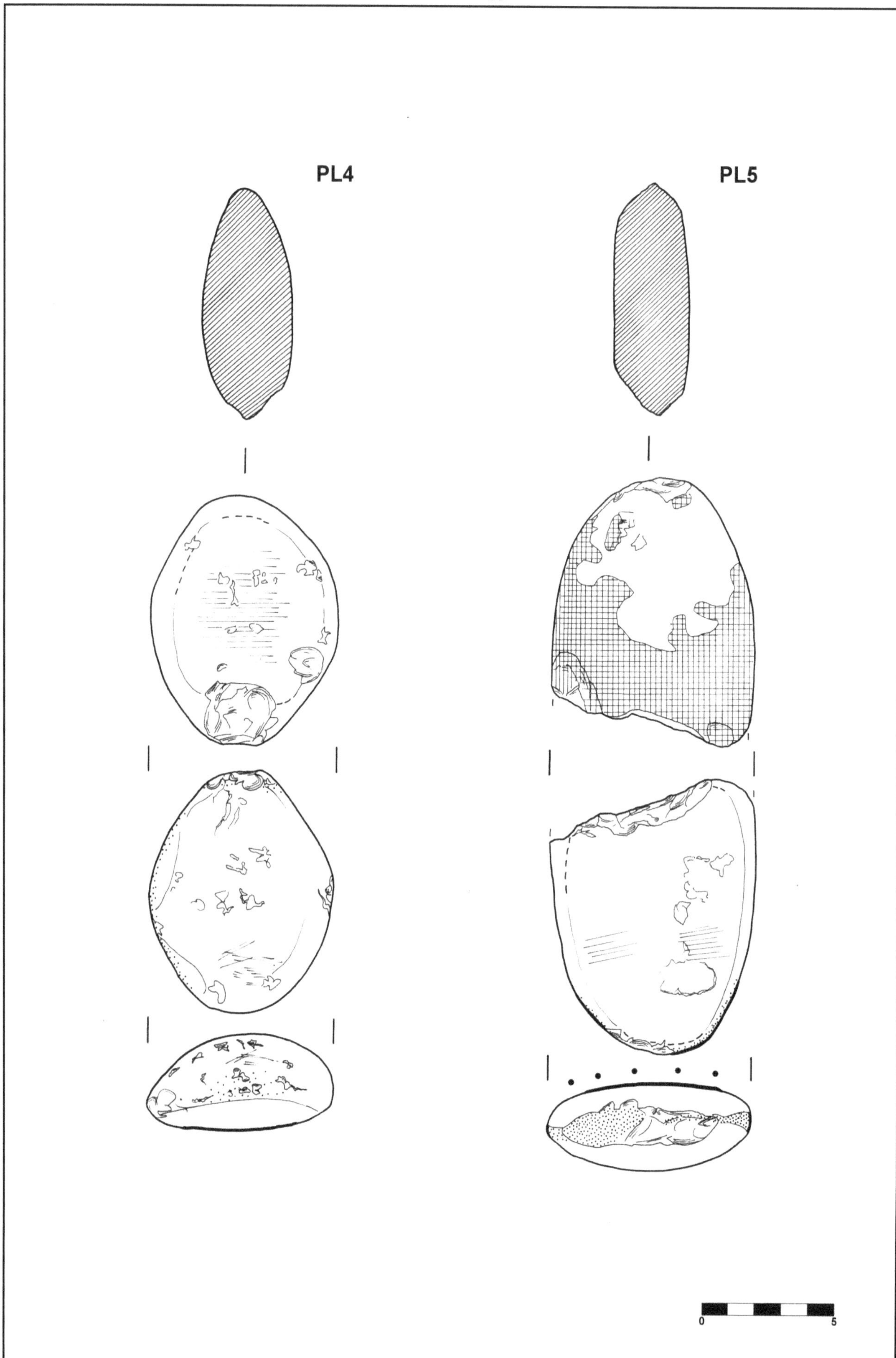

Tavola 65 - Rivoli Rocca: strumenti polifunzionali (pestelli-lisciatoi)
Table 65 - Rivoli Rocca: multifunctional tools (pestles-polishers)

PL7

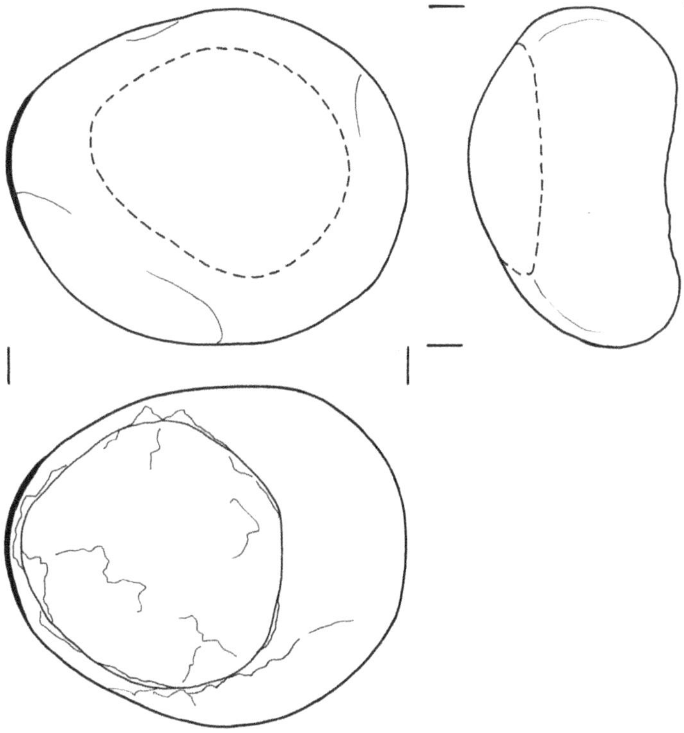

PL8

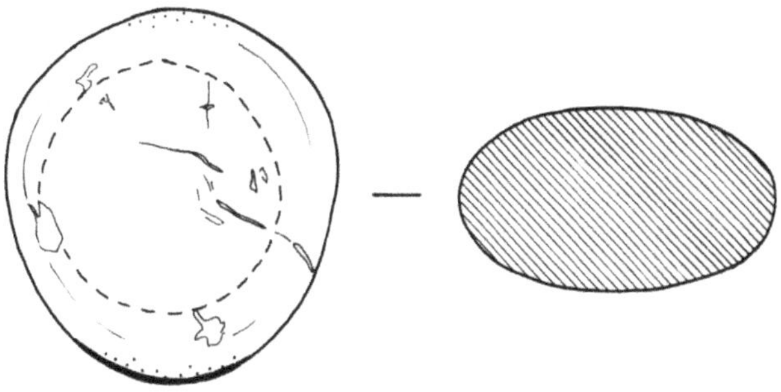

PL9

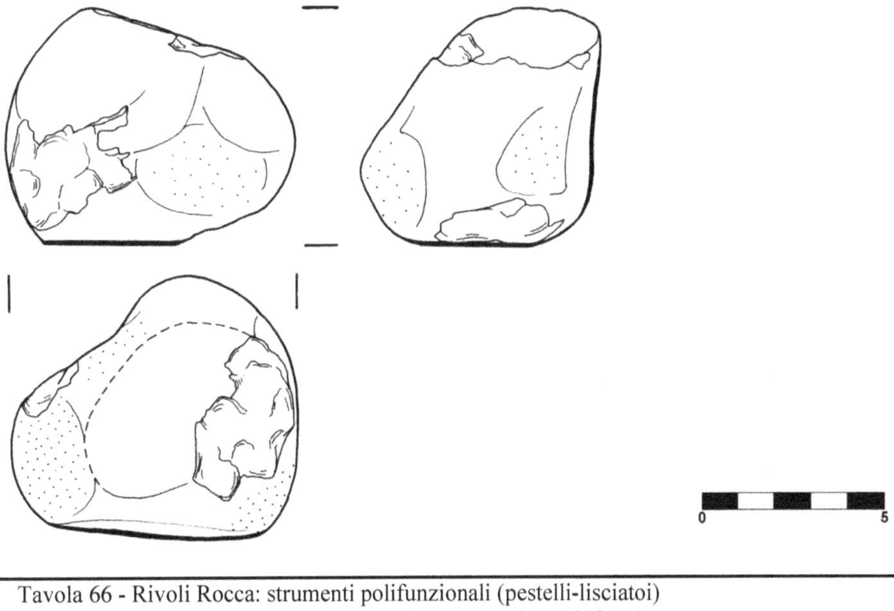

Tavola 66 - Rivoli Rocca: strumenti polifunzionali (pestelli-lisciatoi)

Table 66 - Rivoli Rocca: multifunctional tools (pestles-polishers)

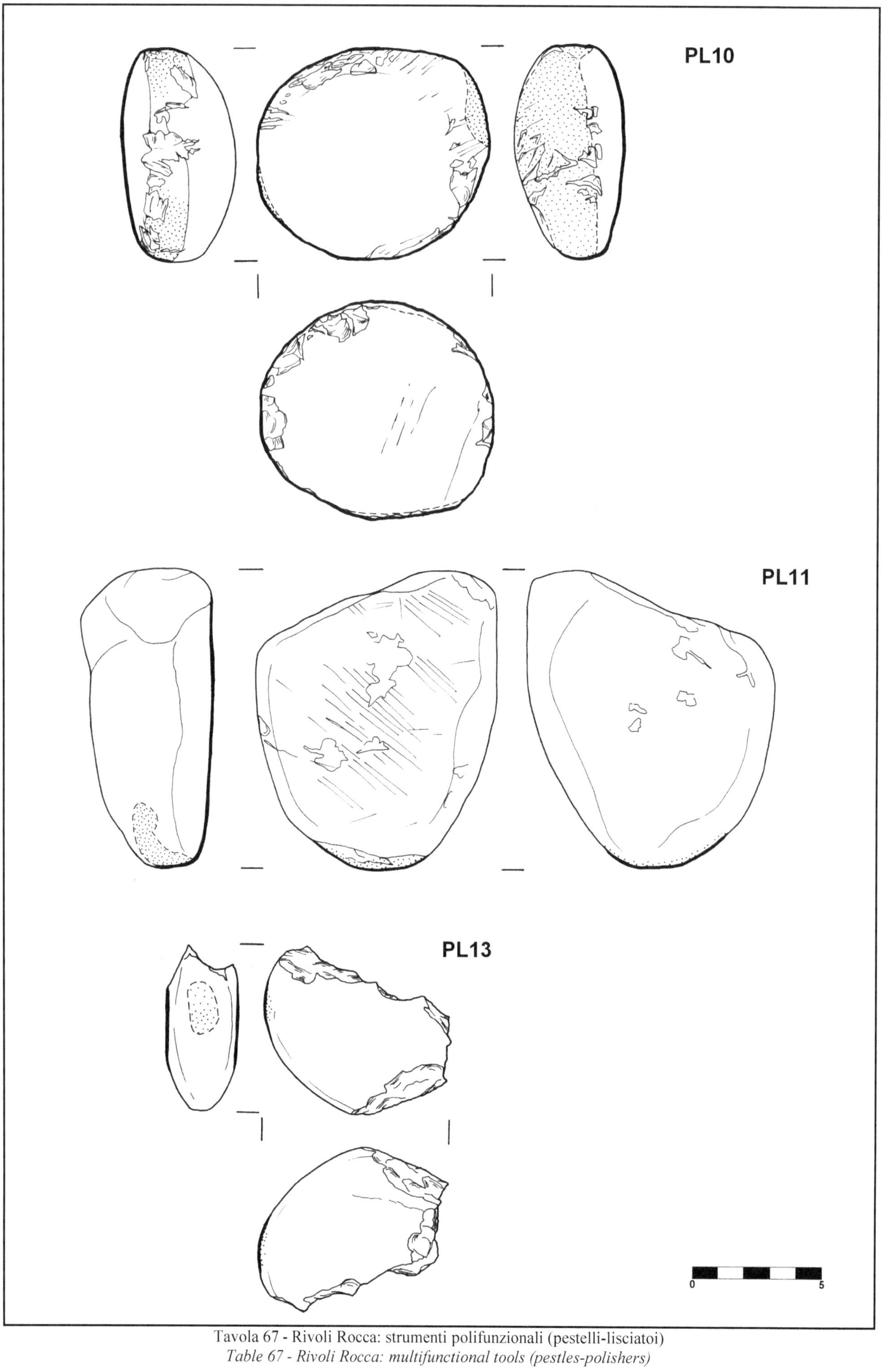

Tavola 67 - Rivoli Rocca: strumenti polifunzionali (pestelli-lisciatoi)
Table 67 - Rivoli Rocca: multifunctional tools (pestles-polishers)

PL12

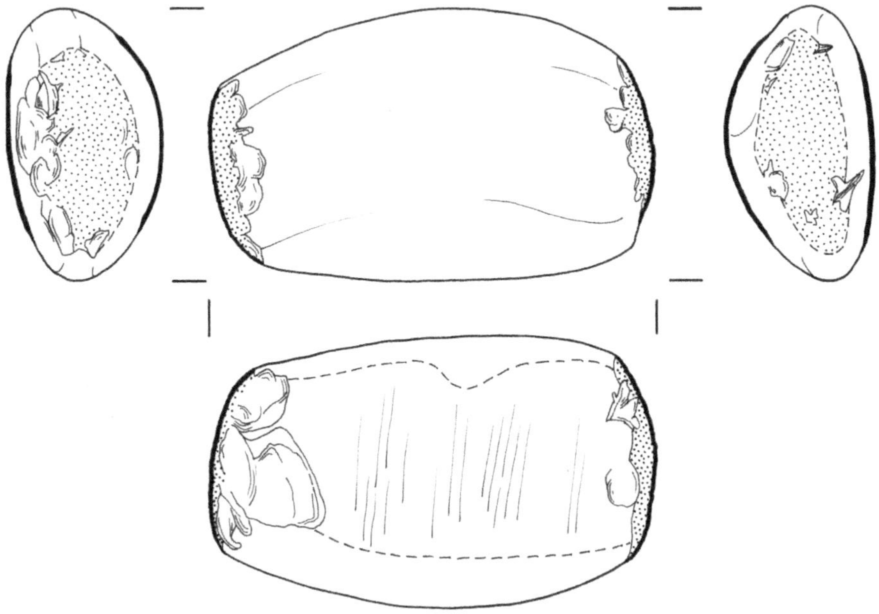

PL14

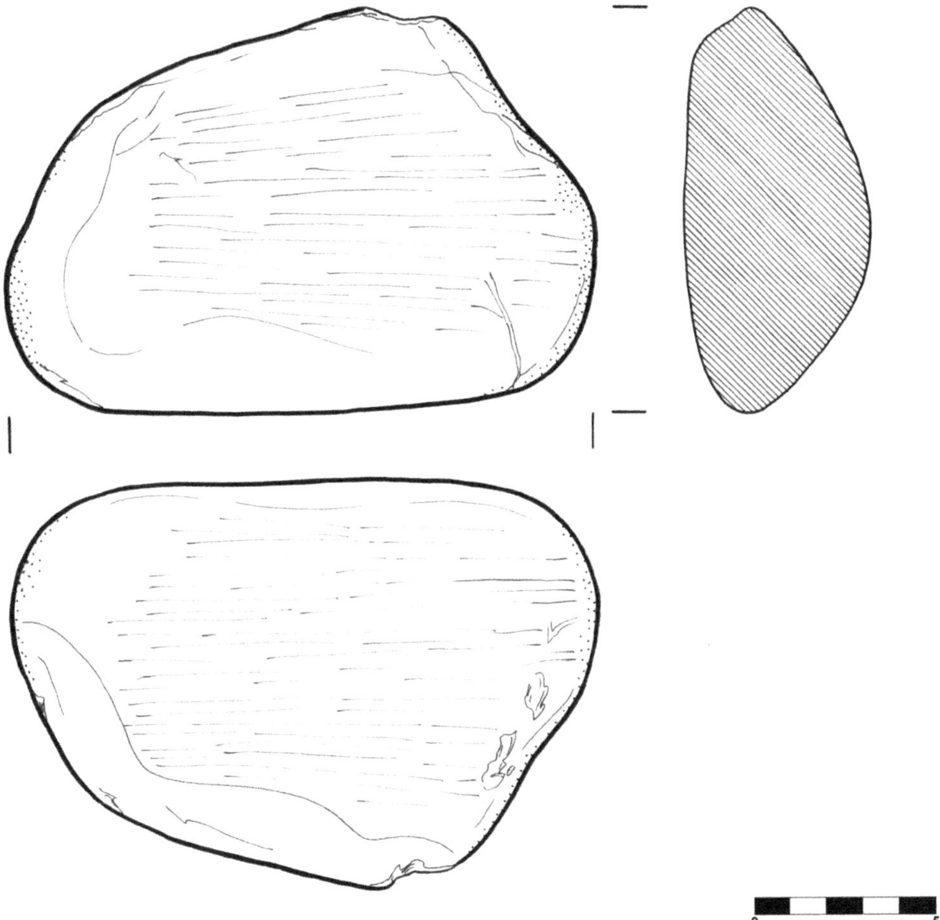

Tavola 68 - Rivoli Rocca: strumenti polifunzionali (pestelli-lisciatoi)
Table 68 - Rivoli Rocca: multifunctional tools (pestles-polishers)

BL1

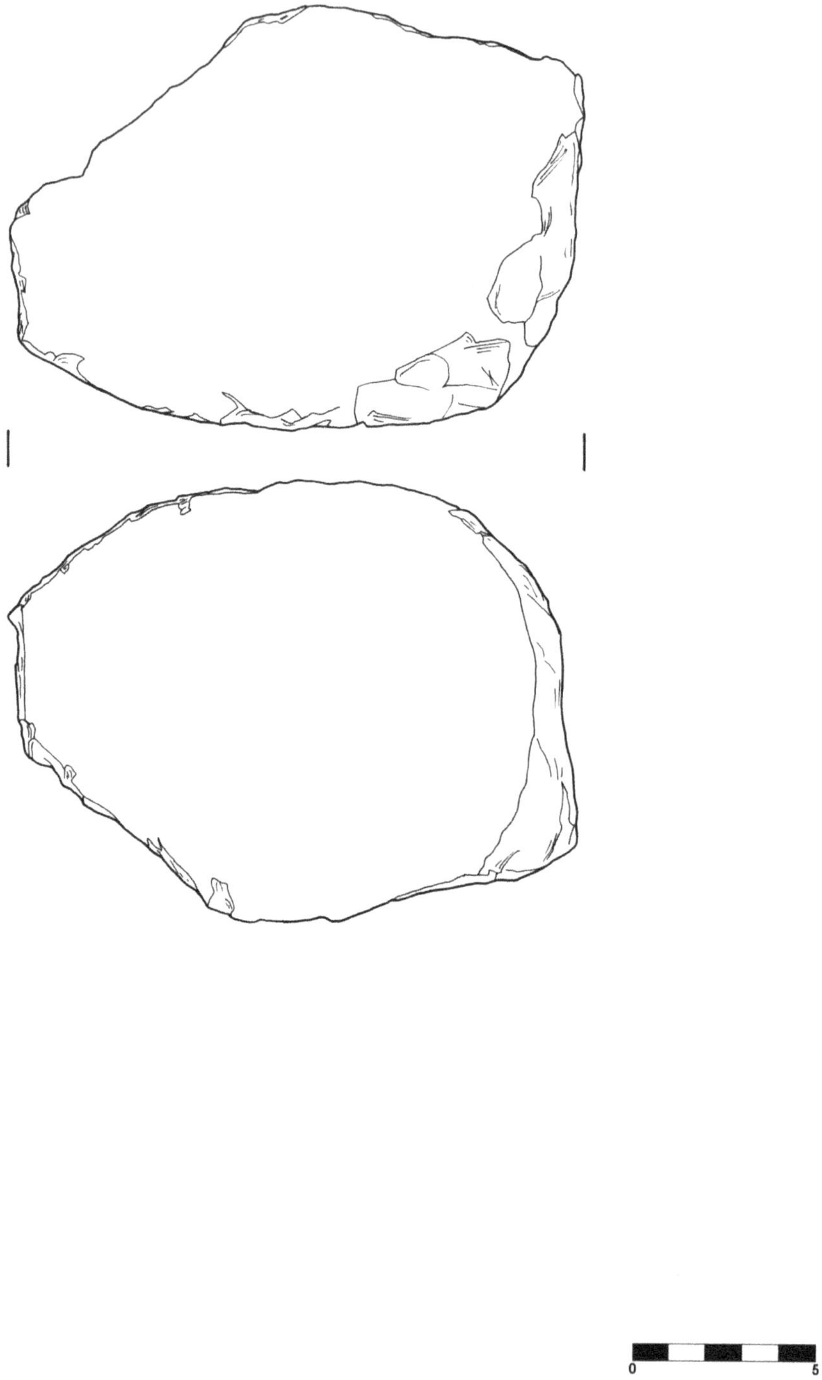

Tavola 69 - Rivoli Rocca: strumenti polifunzionali (base di lavorazione)
Table 69 - Rivoli Rocca: multifunctional tools (working slab)

Milton Keynes UK
Ingram Content Group UK Ltd.
UKHW050607171123
432702UK00008B/80

9 781407 316024